U0922611

北京通州年鉴

BEIJING TONGZHOU NIANJIAN

2011

北京市通州区党史区志办公室　编

方志出版社

图书在版编目（CIP）数据

北京通州年鉴. 2011/北京市通州区党史区志办公室编. —北京：方志出版社，2011.9
ISBN 978-7-5144-0257-5

I. ①北… II. ①北… III. ①通州区—2011—年鉴 IV. ①Z521.3

中国版本图书馆CIP数据核字（2011）第202058号

北京通州年鉴（2011）

编　　者：北京市通州区党史区志办公室
责任编辑：梅中英
出 版 者：方 志 出 版 社
（北京市建国门内大街5号中国社会科学院科研大楼12层）
邮编　100732
网址　http://www.fzph.org
发　　行：方志出版社发行部
（010）85195814　85196281
经　　销：新华书店总店北京发行所
法律顾问：北京市大禹律师事务所
印　　刷：北京楠萍印刷有限公司
开　　本：889×1194　1/16
印　　张：31
字　　数：813千
版　　次：2011年09月第1版　2011年09月第1次印刷
印　　数：0001—2000册
ISBN 978-7-5144-0257-5K·208　定价：150.00元

通州区地方志编纂委员会

《北京通州年鉴》编辑部

地　　址：北京市通州区玉带河西街3号

电　　话：010—69543594

电子邮箱：tongzhounj@126.com

编 辑 说 明

一、《北京通州年鉴》是一部大型的综合性资料工具书和史料文献。在通州区委、区政府的领导下，由区地方志编纂委员会主持编纂，区史志办公室具体承办。

二、本年鉴以马列主义、毛泽东思想、邓小平理论、“三个代表”重要思想为指导，贯彻落实科学发展观，以经济建设为中心，坚持四项基本原则，科学地反映客观情况。

三、本年鉴采用文（文献或专文）、鉴（条目）、记（大事记）、图（图片、照片）、表（统计表）、录（附录）六种载体，以鉴（条目）为主体，用规范的语体文、记述体直陈其事，文字力求言简意赅。

四、本年鉴从1999年开始逐年编辑。当年出版的年鉴全面汇集上一年度通州区政治、经济、文化、社会发展等诸方面的重大事件和新的情况，为各级领导决策提供参考依据，为各行各业提供有价值的信息资料，为各方面人士了解通州提供全面情况和最新信息。本年鉴反映2010年1月1日至12月31日期间情况(部分内容依据实际情况时限略有前后延伸)，文中一般直书月、日，不再写年份。本年鉴农用面积采用亩为计量单位。

五、本卷年鉴文字内容，设有综述、特载、大事记、附录和党派、政权·政治协商、群众团体、政法·武装、经济管理、财税·金融·审计、农业、工业·信息化、商贸·旅游、交通·邮电、城乡建设、科教文卫体、社会生活、街道、乡镇、人物、统计表共17个类目，94个分目，93个子目，1977个条目。

六、本卷年鉴收有通州区党、政、军，区各民主党派、群众团体、区各街道、乡镇和各局(公司)、事业单位负责人名录，所列均以2010年内任职为限，其中有任免情况的分别予以注明。收录2010年内获得市以上各类先进人物、先进单位名单。

七、选入年鉴的文章和条目，均由各部门各单位确定专人撰写，经部门单位主要领导审阅，并经由区委、区政府的有关部、委、办领导审查。统计资料由统计局提供。照片由各单位提供。

八、本年鉴的编辑工作得到各撰稿单位及各方面的热情关怀和大力支持，在此深表谢意。由于水平有限，对本书的疏漏之处与不足，恳请各界批评指正，以利于今后改进。

▶ 2010年12月16日，中共北京市通州区第四届委员会第十次全体（扩大）会议召开

◀ 2011年1月10日，北京市通州区第四届人民代表大会第七次会议召开

▶ 2011年1月5日，政协北京市通州区第四届委员会第五次会议召开

通州区深入开展创先争优活动动员大会

践行“三个心系”签名活动

通州区务虚工作会议

通州区帮扶农村工作总结部署会

通州区各界人士暨中市属单位新春团拜会

◀ 玉桥东里小区保障性住房项目竣工暨发钥匙仪式

▶ 大运河森林公园开园仪式

沿运河历史文化名城城区政协主席通州年会

北京市百姓读书月暨通州区益民书屋百姓读书月活动启动式

北京通州国际新城规划论坛

北京通州国际新城规划论坛

通州现代化国际新城核心区开工启动仪式

通州现代化国际新城核心区开工奠基仪式

派格5D秀文化置业项目集群落户通州签约仪式

新乐城项目落户通州签约典礼

中国国际电子商务示范基地（北京 · 通州）与乐天百度电子商务项目合作备忘录签约仪式

佩罗集团一行在通州参观访问

朝阳北路东延二期工程竣工

道路工程通车仪式

张凤路工程竣工通车仪式

五条道路建设工程开工仪式

▼ 商务园展示接待中心

北京小学通州分校落成剪彩

北京小学通州分校

通州区社区文化活动中心

通州区中医医院

蓝岛大厦落户通州

“运河清风”标识揭幕仪式

第六届宋庄文化艺术节盛大开幕

丰富多彩的群众文化活动

第30届安捷伦北京青少年科技创新大赛活动在通州举行

健身操舞展示活动

目　　录

综　　述

特　　载

大　事　记

党　　派

中国共产党北京市通州区委员会

民主党派

政权·政治协商

通州区人民代表大会常务委员会

通州区人民政府

群 众 团 体

通州区总工会

通州区科学技术协会

通州区红十字会

政 法 · 武 装

政　法

经 济 管 理

综合调控

统　计

物价管理

工商行政管理

私营个体经济

消费保护与监管

质量技术监督

北京市通州区投资服务中心

财税・金融・审计

财　政

税　务

金　融

北京通政国有资产经营公司

农 业

工业·信息化

重点企业

信息化工作

商贸·旅游

商 业

对外及港澳台经济贸易

旅 游

交通·邮电

公　路

运　输

邮　政

电　信

城乡建设

重点工程

规划管理

国土资源管理

房屋管理

城镇住房制度改革

房地产开发

建筑·建材

市政建设

环境卫生

水务管理

城管监察

新农村建设

北京新城基业投资发展有限公司

科 教 文 卫 体

科　技

教　育

卫 生

·医疗卫生·

·药品监督管理·

·潞河医院·

体 育

社 会 生 活

精神文明建设

人口管理

民　政

·民政工作·

·优抚安置·

·救灾救济·

·社区建设·

街　　道

中仓街道

新华街道

北苑街道

玉桥街道

乡　　镇

永顺镇

梨园镇

宋庄镇

张家湾镇

漷县镇

人 物

统计表

附 录

综　　述

地情概况

通州区位于北京市东南部，京杭大运河北端。区域地理坐标北纬39º 36′～40º 02′,东经116º 32′～116º 56′。东西宽36.5公里，南北长48公里，面积906.28（北京市集体土地调查数据）平方公里。西邻朝阳区、大兴区，北与顺义区接壤，东隔潮白河与河北省三河市、大厂回族自治县、香河县相连，南和天津市武清区、河北省廊坊市安次区交界。全区地处永定河、潮白河洪冲积平原，地势平坦，平均海拔高程20米。分布13条河流，总长245.3公里，主要河流有北运河、潮白河、凉水河、凤港减河。气候属暖温带大陆性半湿润季风气候区，年日照2157.9小时，年平均气温12.6℃，降水495.1毫米。

通州区历史悠久，早在新石器时期，境域内即有人类活动。西汉初(公元前195年)始建路县，后先后改称通路亭、潞县、通州、通县。1948年12月通县解放，分置通县、通州市。1958年3月县市由河北省划归北京市后，合并为北京市通州区。1960年复称通县。1997年4月撤销通县设立通州区。通州区辖10个镇、1个乡、4个街道。年末户籍人口66.3万人，其中非农业人口33万人、农业人口33.3万人。全年人口出生率8.02‰，人口自然增长率0.26‰。

2010年国民经济和社会发展

2010年,地区生产总值344.78亿元，比上年增长23.6%。其中一、二、三产业增加值分别为14.74亿元、167.57亿元和162.47亿元，同比分别增长4.4%、42%和10.7%。三次产业构成为4.3：48.6：47.1。税收总额103.4亿元,比上年增长23.6%；地方财政收入174.67亿元，增长164.3%。全社会固定资产投资364.7亿元，增长17.6%。全社会消费品零售额187.7亿元,增长16%；城镇居民人均可支配收入24427元，农民人均纯收入12613元,分别比上年增长8.8%和11%。城乡居民储蓄余额565.6亿元,增长23.3%。

农　业

农业生产稳步发展，实现农林牧渔业总产值39.79亿元，比上年增长3.5%。其中农业产值23.22亿元、林业产值1.17亿元、牧业产值12.32亿元、渔业产值2.3亿元、农林牧渔业服务业产值0.76亿元。全年粮食总产量20.84万吨，蔬菜产量68.09万吨，比上年分别下降10.9%和0.7%。

都市型现代农业持续发展，加强农业基础设施建设，完成5.3万亩都市型现代农业基础建设项目、东南郊水网工程和1.3万亩农业综合节水改造工程。创建粮食高产面积和高标准农田3.8万亩。新建、改造设施农业面积4000亩。加强品牌农业建设，台湖数字农业、西集樱桃、张家湾葡萄、漷县花卉等乡镇特色农业加快发展。建设国际种业园核心区，11家知名种业公司入驻园区。完成20个采摘园规范建设。东升方圆等6家企业被评为市级农业龙头企业。落实支农惠农政策,粮食直补6700余万元,推进政策性农业保险,加强金融支农服务体系建设,成立北京澳美小额贷款公司。

年内，出栏生猪31.04万头,下降6.5%;羊10.1万只,下降4.2%；肉牛1.21万头,下降16.3%；肉鸭559万只,增长11.4%。产鲜奶9.02万吨,增长12%；鲜蛋7257吨,增长2.1%；水产品9878吨,增长3.1%。

年内，实施市、区和乡镇级重点绿化工程33项，绿化面积1700公顷，栽植各类苗木593.3万株。完成滨河森林公园“六园十八景”建设。13.1万人次参加义务植树活动，植树70余万株。

工　业

全年实现工业增加值129.8亿万元,比上年增长48%。规模以上工业总产值594.6亿元,规模以上工业利润总额27.6亿元,增长78%。产业发展继续向高端化方向推进,引进30余个投资亿元以上项目,其中10亿元以上项目9个,北京国际航空城、天安数码城、四环医药等一批项目签约落户。重点项目建设顺利推进,华润物流、邮政综合处理中心、捷宸阳光等项目竣工投产；玲珑轮胎、珠江钢琴、枢密院等一批项目主体完工；北汽动力总成、金融街园中园、IDC数据中心、光谷创新置业园等项目开工建设。

产业园区继续快速发展。园区全年实现总收入492亿元，同比增长15%；利润总额19.9亿元，增长14%；税收26.6元，增长20%。光机电基地税收超过10亿元，金桥基地税收超过5亿元，通州经济开发区东区和宋庄文化创意产业集聚区增长幅度超过100%。年内，园区共引进各类企业项目80个，协议投资总额131.93亿元。推进品牌园区、特色园区建设，商务园成为“北京市电子商务聚集区”，商务园、物流基地和通州经济开发区西区创业园形成“一主两辅”的中国国际电子商务示范基地。光机电基地形成现代制造业产业基地，金桥基地打造能源环保总部基地，通州经济开发区西区建设以中国仿真战略技术研发和新兴产业化基地为龙头的数字文化产业园。漷县镇农民就业基地升级为通州经济开发区南区。

建筑业完成总产值324.2亿元，比上年增长43.7%。实现增加值37.8亿元，增长24.5%。全区有资质的建筑业企业234家。年内，房屋建筑开复工面积2524.4万平方米，竣工面积298.9万平方米，比上年分别增长62%和21.8%。

商业　对外经贸

全年实现社会消费品零售额187.7亿元，比上年增长16%。吃、穿、用、烧类零售额分别为41.5亿元、14.8亿元、124亿元、7.4亿元，同比分别增长11.2%、3.5%、19.1%和20.2%。积极引进品牌商业，促进产业发展。1月，北京华联武夷购物中心正式营业，占地面积三万平方米，为一站式消费场所，包括百货商场、超市及餐饮、银行等其他配套业态；11月，万龙洲海鲜通州店开业，营业面积5500平方米；年底，蓝岛大厦项目完成主体建筑，建筑面积2.6万平方米。

全区接待旅游者231万人次，同比下降14.7%；实现旅游收入5.7亿元，同比增长7.9%。区旅游咨询服务中心接待各类游客咨询80075人次，同比增长50.5%。

年内，新批三资企业36家，其中外商独资企业28家、中外合资企业8家。全年投资总额1.1亿美元，同比下降65.6%；实际利用外资9042万美元，增长11.8%；实现出口创汇总额14.3亿美元，增长52.1%；进出口贸易总额23.6亿美元，增长42%。

城乡建设

通州现代化国际新城核心区开发建设全面启动,举行新城规划论坛，完成重点地块规划和城市设计方案。新城拆迁工作坚持

“惠民、阳光、依法、和谐”方针，2010年实施了运河核心区及西海子棚户区拆迁改造，拆迁总面积达78.12万平方米，动迁总户数11334户，在全额奖励期内完成签约率95.6%。

基础设施和公用设施体系不断完善。加快路网建设，张凤路、朝阳北路东延二期、潞苑北大街、玉带河东街东延等4条道路竣工通车；北运河东滨河路等5条道路开工；五里店西路等一批道路微循环改造工程相继竣工；地铁M6号线二期工程开工建设。

完善新城供热体系，三河热电联供项目管网建设全面展开，玉桥南里锅炉房实现供热，城西5号锅炉房整合工程竣工，替代分散燃煤锅炉房43座。铺设燃气管线36公里，新发展天然气用户2.8万户。

全区政策性房屋施工面积155.3万平方米，增长8.7%。其中经济适用房施工面积30.3万平方米，比上年增长8.2%；限价房施工面积119.6万平方米，增长6.3%；廉租房施工面积2.3万平方米，增幅与上年持平；公租房施工面积3.1万平方米，定向安置房施工面积121.5万平方米。

农村基础设施全面提升。全面完成“五项基础设施”（村庄街坊路硬化和两侧绿化、污水处理、垃圾处理、农村厕所改造）和“十二项全覆盖”工程。2010年，完成全区街坊路建设工程硬化建设350万平方米及两侧绿化173万平方米，改造农村户厕4.2万座，新建农村公厕437座，完成农村污水处理项目2处，实施完成5个乡镇垃圾分类处理项目。“三起来”工程完成安装农村节能路灯1.2万盏，农宅保温改造676户。

城乡生态环境建设水平大幅提升。成立区城乡环境建设委员会，完成区级环卫作业中心改革。加强市容环境整治，拆除7万平方米违法建设和3328块户外广告、牌匾。新增一批环卫车辆和设备，改造垃圾收集站点22处，垃圾分类管理工作稳步推进。开展农村环境综合治理，完成13个生态文明村和10个首都绿色村庄创建工作，张家湾镇、潞城镇分别被评为环境优美乡镇和园林小城镇。滨水生态环境进一步改善，通惠河北部截污等一批工程竣工，完成大运河森林公园等一批绿化美化工程。

科技 教育 文化 卫生 体育

全年组织实施科技项目35项，包括市级11项，区级24项。其中“通州区低碳现代农业示范园建设”项目被列为市委、市政府重点工作及区县政府应急项目；“通州现代化国际新城低碳城市标准体系研究”项目被列为北京市科委绿色通道项目；“设施蔬菜生物防控先导技术的应用”项目被列为北京市科委重大科技成果转化落地项目。完成技术合同认定登记103份，技术交易额17.23亿元；利用全区147个农村远程教育工作站开展“节水农业势在必行”、“特菜栽培技术”、“京郊低碳经济适宜技术”等培训537期，培训人数1.86万人次；全面实施北京市知识产权战略纲要，年内全区累计申请专利1069件，专利授权899件。

全区有幼儿园74所、小学85所、中学43所、特殊教育学校1所。小学、初中入学率100%，特殊教育普及率98.3%，高中阶段入学率95%以上，高考上线率90.7%。3.02万名流动儿童在公办、民办学校接受义务教育。优化教育资源，北京小学通州分校、新通州区幼儿园、东里幼儿园分园投入使用，新第三中学、觅子店中小学、宋庄镇中心小学主体完工，东关小学、芙蓉小学开工建设，完成27所学校13.3万平方米校舍安全加固工程。调整教育布局，撤并5所小学。整合区一、二、三职校教育资源，组建成立北京新城职业学校。永乐店成人文化技术学校成为市级示范校。

全区有公共图书馆1个，总藏书33万册。拥有区级以上文物保护单位54处，博物馆1座，韩美林艺术馆1座。年内新增有线电视接收用户3.7万户，年末实有30.4万户。全区专业电影院1个，电影放映队16个；艺术表演场所2个，基层文化中心15个，文化演出场次1597场；审批文化市场经营单位114家，同比增加22家；年内，投资3225万元新建基层文化设施48个。广泛开展群众文化活动，举办北京通州运河艺术节，开展一系列公益性文化活动和商业文化活动。艺术节期间，进行10余场精彩的文艺表演，展出作品近100幅，吸引观众近10万人次。

全区卫生机构257个，实有床位2608张，卫生技术人员5878人。加强医疗卫生设施建设，新中医医院、妇幼保健院儿童门诊用房建成并投入使用，潞河医院手术病房楼主体完工。推动医药卫生体制改革，启动公费医疗制度改革。建有标准化社区卫生中心18所，社区卫生站135个，开展家庭医生服务模式试点工作。年内，全区参加新型农村合作医疗人员33.67万人（包括低保人员7137人），参合率98.6%。2010年，通州区通过专家组验收，进入国家卫生区行列。

全年体育活动经费投入1240万元。其中群众体育经费77万元、竞技160万元、体育场馆896万元、体育器材107万元。年内，组织各类全区性体育竞赛，举办健身操舞风采展示活动、区第四届男子篮球联赛等；组织镇（局）级各类竞赛230次；参加市级各类竞赛获得奖牌45枚，其中金牌8枚、银牌18枚、铜牌19枚。

劳动和社会保障

统筹推进城乡就业，城镇登记失业率控制在1.92%，年内，全区新增就业2.45万人；累计城镇登记失业人员16373人，实现就业11825人，城镇登记就业率达到72.22%；全区实现农村劳动力转移就业达到9146人。

贯彻落实各项社会保险政策，全区五项基金收缴稳步递增，收缴率均达到95%以上。积极推进“持卡就医，实时结算”全市民生亮点工程，大力推进区公费医疗制度与基本医疗保险制度整合。各项社会保障制度覆盖本市户籍人员数近62万人，占全区户籍人口总数的94%；其中城乡居民养老保险参保人数实现95%的高覆盖率。城镇“五险”扩面征缴17.6亿元，同比上年增收6.35亿元，增幅56.3%。

精神文明建设

精神文明建设以北京建设世界城市、通州建设现代化国际新城为契机，以“做文明有礼的北京人”活动为主题，开展群众性精神文明创建活动，配合全市重点推进“个十百千万”工程，即：1个突破口“倡导垃圾减量和垃圾分类”、10个品牌文明团队、100个“文明北京新市民”、1000个文明示范楼门庭院、10000名孝星。举办“做文明有礼的北京人——垃圾减量、垃圾分类、绿色旅游从我做起”活动倡导仪式、开展“快乐假期——争当文明小使者”主题教育实践活动，组织开展“身边好人”推荐投票活动。在全市开展的宣传树立10个品牌文明团队活动中，通州区的“暖阳志愿者团队”入选十大品牌文明团队、“北苑街道道德警察团队”被评为北京优秀文明团队。年内，开展“2006～2010年度首都精神文明建设奖”评选活动。市民文明素质和城市文明程度进一步提升。

特　　载

奋发有为　勇创一流
在新起点上实现北京现代化国际新城建设新跨越

——2010年12月16日在中共北京市通州区委四届十次全体（扩大）会议上的报告

中共通州区委书记　王云峰

同志们：

今天，我们召开区委四届十次全会，会议的主要任务是，认真贯彻落实中央十七届五中全会、中央经济工作会议和市委十届八次全会精神，审议通过《中共北京市通州区委关于制定国民经济和社会发展第十二个五年规划的建议》，总结“十一五”时期特别是2010年工作，研究部署2011年及今后五年任务，进一步动员全区各级党组织、全体共产党员和广大干部群众，抢抓机遇，攻坚克难，奋发有为，勇创一流，在新起点上实现北京现代化国际新城建设新跨越。

现在，我受区委常委会委托，向全会作工作报告。

一、2010年主要工作回顾

区委四届九次全会以来，常委会先后召开29次会议，紧紧把握市委集中力量、聚焦通州，建设现代化国际新城的大势，坚持总揽全局、把握方向，统筹兼顾、突出重点，对全区重大事项作出决策部署，团结带领全区广大党员干部群众，以现代化国际新城建设为统领，把发展作为第一要务、把稳定作为第一责任、把人民幸福作为第一追求、把党建作为第一保障，高起点、高标准、大气魄、大力度推进新城建设，全面实现“十一五”规划目标任务。认真研究和谋划了“十二五”发展规划。

1.广大干部群众思想观念实现新提升。市委提出“集中力量，聚焦通州”以来，常委会迅速引领全区上下将思想统一到这一宏伟目标上来，形成了大干快进的意识和气势，主动想事、埋头做事、千方百计干成事成为主流。实践中，大家的眼界更加宽阔，思路更加清晰，办法更多，凝心聚力建新城氛围更加浓厚，新城建设开局良好。

2.现代化国际新城建设取得新突破。常委会坚持以新城核心区建设为龙头，聚全区之力推进现代化国际新城建设。新城核心区开发建设开局良好。充分利用国际国内资源，高标准编制完成新城核心区规划并深化了相关专项规划；成功举办现代化国际新城发展论坛等专题研讨会，明确了“北京发展新磁极、首都功能新载体”的发展定位，新城发展方向更加清晰；成功举办现代化国际新城建设项目发布会系列推介活动，通州在全国乃至世界的知名度、影响力不断提升；大力推进新城核心区拆迁，顺利实施惠民搬迁、和谐搬迁、阳光搬迁，进一步拓展了发展空间。首批4宗土地成功上市，建设项目破土动工，各类资源汇聚通州的良好态势初步形成，新城建设蓄势待发。重点功能区建设取得积极进展。商务园、环渤海高端总部基地（两站一街）、北苑商务区建设加快推进，主题休闲旅游度假区前期工作积极开展。大规模推进土地一级开发，完成土地储备开发投资138亿元，达到历史最高水平。基础设施和生态建设快速推进。朝阳北路东延二期等工程顺利完工，徐尹路等工程积极推进，新城交通体系更加完善。三河热电联供等工程加快推进，城市承载力不断增强。国家卫生区创建通过验收，大运河森林公园在全市率先开园，新城绿色、生态、低碳、人文理念初步显现。

3.经济发展迈上新台阶。常委会坚持把加快经济发展作为建设现代化国际新城的重要战略任务，不断提升经济发展质量和效益。主要经济指标快速增长。预计全年完成地区生产总值315亿元，同比增长12.9%；税收总额实现104亿元，增长24.9%；一般预算收入31.5亿元，同比增长20.9%；全社会固定资产投资360亿元，同比增长16.1%。项目引进建设的规模和质量进一步提升。北京国际航空城等一批投资十亿元以上的大项目正式签约，乔治费歇尔等一批项目竣工，北汽动力总成等一批项目开工建设，金融、文化创意、电子商务、总部经济等产业集聚效应逐步显现。乡镇经济发展迅速，园区经济主战场作用更加明显。园区的基础设施建设和招商引资工作积极推进，预计实现税收27.6亿元，同比增长22.6%，带动作用不断增强，经济贡献率不断增加。

4.城乡一体化取得新进展。常委会坚持城乡统筹，有序推进城乡规划、产业布局、基础设施、公共服务等一体化。都市型现代农业加快发展，第18届国际食用菌大会顺利签约，农业产业化水平不断提升。教育、文化、医疗等公共服务资源加速向农村延伸。新农村建设各项工程加快推进。“五项基础设施”和“十二项全覆盖”工程全部完成，“三起来”工程进展顺利。城乡道路、水利、通信等工程建设步伐不断加快。镇村建设有序开展。城乡结合部市级重点挂账整治村工作顺利，农村社区建设实现快速发展，特色小城镇建设取得新成果，城乡面貌焕然一新。

5.社会建设开创新局面。常委会坚持民生优先，深入推进创业富民、就业惠民、社保安民，扎实办好改善民生实事工程。城乡居民收入持续增长。严格落实市级就业促进政策，多渠道扩大就业，突出抓好特殊群体就业工作，多途径增加居民工资性、经营性、财产性收入，预计城镇居民人均可支配收入和农民人均纯收入分别达到24476元和12497元，同比增长9%和10%，人民生活水平不断提高。城乡社会保障水平进一步提高。新型农村合作医疗、城镇居民医疗保险、城乡养老保险等覆盖面、参保率不断提高。全区一级以上医院在全市率先实现新农合医疗信息化管理，实现“出院即报”。社会救助工作稳步开展，困难群众基本生活得到有效保障。教育卫生等各项事业较快发展。新通幼儿园、北京小学通州分校投入使用，新三中等开工建设，校舍安全加固工程进展顺利，新中医院正式运营，教育医疗基础设施进一步改善。文化、体育、科技、旅游等事业进一步发展。保障性住房建设力度不断加大。玉桥东小区等项目交付使用，困难家庭和低收入家庭居住条件进一步改善。为民办实事工程进展顺利。社会建设不断加强。枢纽型社会组织建设全面开展，社区规范化建设稳步推进。

6.和谐通州建设取得新成效。常委会坚持把打造“和谐通州”作为重要任务，和谐社会建设不断取得新成效。精神文明建设工作深入推进。六大文明引导行动和群众性精神文明创建活动深入开展，未成年人思想道德建设加快推进，公民道德建设效果明显。文化设施实现村村全覆盖，读书月活动、运河艺术节等群众文化活动品牌吸引社会各界广泛关注。民主政治建设不断加强。区委分别召开第三次区人大、区政协工作会议，积极支持人大和政协履行职能，围绕现代化国际新城建设和“十二五”规划制定等广泛调研、献计献策。统战工作围绕中心、服务大局，不断开创新局面。工会、共青团、妇联、科协等群众组织采取多种形式发挥桥梁纽带作用。全国双拥模范城创建进展顺利。安定稳定社会局面进一步形成。社会稳定风险评估机制全面落实，社会矛盾化解成效显著。加大社会治安综合治理力度，深入开展社会治安重点地区排查整治工作，社会持续和谐稳定。流动人口管理和服务工作不断加强。安全生产形势保持稳定。

7.党的建设得到新加强。常委会坚持以改革创新精神加强和改进党的建设，努力为推动现代化国际新城建设提供坚强的政治和组织保障。创先争优活动扎实推进。以“深入学习实践科学发展观，全力推进现代化国际新城建设”为主题，以“三个心系”为载体，在全市率先启动创先争优活动，深入开展为群众办实事办好事活动，取得丰硕成果。“三级联创”活动排名全市前列。村“两委”班子换届选举工作圆满完成。党的基层组织建设和党员队伍建设全面加强，覆盖面和影响力不断扩大。人才队伍建设扎实推进。着力推进人才强区战略，召开全区人才工作会议，下发了《中共北京市通州区委关于进一步加强党管人才工作的意见》，制定了《北京市通州区中长期人才发展规划（2010—2020年）》，开展首届“通州杰出人才”评选表彰活动，形成了重视人才、关心人才的浓厚氛围。党风廉政建设扎实推进。全面落实党风廉政建设责任制，扎实推进惩防体系建设，深化廉政风险防范管理，“运河清风”廉政文化品牌建设工作深入开展，“加强作风建设、优化发展环境”主题活动成效显著。

8.干部队伍建设迈出新步伐。着眼于服务现代化国际新城建设需要选干部、配班子，先后11次进行干部调整，任免干部190名，其中提拔58名，全区干部队伍结构得到进一步优化，整体素质得到进一步提升。不断加大竞争性选拔力度，推出26个处级职位面向社会公开选拔，一批德才兼备的优秀干部脱颖而出。推行区委常委会票决干部制度，13名同志经票决走上正处级领导岗位，干部选拔任用工作的科学化、民主化水平进一步提升。完善干部选拔任用工作全程纪实制度，健全任前公示制度，实行考察对象报告个人有关事项和廉政明示制度，对干部选拔任用工作的监督进一步加强。认真学习贯彻干部选拔任用四项监督制度，始终把整治用人上不正之风、提高选人用人公信度工作放在重要位置。制定出台《进一步加强干部监督工作的意见》及相关配套制度，整治用人上不正之风工作“1+X”制度体系初步形成。在全区107家单位开展“一报告两评议”和组织工作满意度调查，实现整治用人上不正之风满意度的动态监测。

回顾2010年工作，成绩来之不易，是市委市政府亲切关怀、正确领导的结果，是区四套班子团结协作、全区广大人民群众奋力拼搏进取的结果。我们深深体会到：创造、抓住、用好机遇，赢得优势，是现代化国际新城又好又快发展的重要前提；站在建设中国特色世界城市大局的高度，审时度势、科学决策、民主决策是现代化国际新城又好又快发展的根本；始终保持昂扬斗志、勇于奉献、敢于攻坚克难的干部队伍，是现代化国际新城又好又快发展的重要保障。在此，我代表区委常委会，向在座的各位同志、向全区各级党组织和广大党员群众表示衷心的感谢!

回顾过去的一年，我们也要清醒地看到发展中存在的主要问题和不足。解放思想，用改革创新的办法破解新城建设难题的步伐还需进一步加快；转变发展方式的任务还很繁重；城乡一体化的力度仍需进一步加大；干部作风还需进一步改进；发展环境还需进一步优化。这些，都需要我们在今后工作中认真加以解决。

二、“十二五”时期北京现代化国际新城大发展的指导思想、要求和主要目标

北京现代化国际新城大发展已经具备坚实基础。过去的五年极不平凡。在市委的正确领导下，全区广大干部群众以学习实践科学发展观为统领，紧紧围绕构建“创意、活力、和谐”通州，积极应对金融危机，坚持创新体制、调整结构、优化环境、全面发展，圆满完成了服务保障筹办奥运、新中国成立60周年国庆活动，全区经济社会发展取得了显著成绩，全面实现了“十一五”规划的奋斗目标。经济持续快速增长，产业结构不断优化，综合实力稳步提升，地区生产总值、税收、地方财政一般预算收入年均分别增长17.1%、22.7%、22%。新城建设快速推进，城市管理不断完善。城乡统筹力度加大，新农村建设成效显著。社会事业全面进步，公共服务水平大幅提升。环境建设力度加大，生态文明成果突出。城乡居民收入稳步增长，生活质量显著提升。体制机制创新力度加大，发展环境持续改善，发展活力不断增强。市委、市政府提出“集中力量，聚焦通州”以后，北京现代化国际新城建设高起点、高标准、高效率推进，社会各界对通州的关注程度前所未有，通州国际国内知名度和影响力明显增强，发展态势良好。五年的成绩来之不易，五年的经验弥足珍贵，这些都奠定了“十二五”时期北京现代化国际新城大发展的坚实基础。

通州正处在大有作为的重要机遇期。“十二五”时期，是北京现代化国际新城大建设见形象的关键期，是加快转变经济发展方式、经济强劲发展的攻坚期，是形成城乡一体化新格局走在全市郊区县前列的加速期，是全区人民群众生活水平改善的提升期，更是全区各级领导干部创先争优、大有作为的考验期。

我们必须认真贯彻党的十七大、十七届三中、四中、五中全会和市委十届七次、八次全会精神，深入贯彻落实科学发展观，认真落实“三个北京”、“四个服务”、“五个之都”和市委对通州工作的新要求，以科学发展为主题，以加快转变经济发展方式为主线，以建设北京现代化国际新城为目标，立足服务首都、造福百姓，瞄准世界一流和走在前列，打造通州精神，创造通州速度，树立通州形象，实施“四大战略”，在推进“创意、活力、和谐”通州上迈出坚实步伐，推动通州成为北京发展新磁极、首都功能新载体，为建设中国特色世界城市增光添彩。

我们必须坚持世界一流和走在前列，坚持加快转变经济发展方式，坚持充分利用国际国内资源，坚持人才强区，坚持做好群众工作，坚持加强和改进党的领导。必须强化机遇意识、责任意识、忧患意识，站在更高起点，坚持更高标准，奋发有为，创先争优，实现北京现代化国际新城建设一年一跨越、五年展雏形、十年出形象。

我们要全面完成新城核心区、环渤海高端总部基地（两站一街）、主题休闲旅游度假区建设及经济发展、城乡一体化、生态文明建设、社会建设、改革创新、党的建设等方面的任务，加快实现经济社会发展“三大跨越”、“三大提升”、“一个深化”的主要目标，即区域经济发展实现大跨越，城市建设管理实现大跨越，城乡一体化实现大跨越，人民生活品质大提升，社会建设水平大提升，生态文明大提升，区域合作进一步深化。

三、2011年面临的主要形势

2011年是全面实施“十二五”规划的开局之年。通州作为北京现代化国际新城，站在了更高起点，面临着难得机遇，迎来了更大考验。

我们正处在跨越发展的黄金机遇期：

一是新城进入大建设期。黄金机遇期为通州新城大建设提供了强大动力。国家正在加快实施区域发展总体战略，新城是首都参与环渤海经济圈发展的桥头堡，加快推进新城建设，是首都加强区域合作，在新一轮竞争中保持领先地位的迫切需要。首都正在加快建设中国特色世界城市，面临着人口、资源、环境、交通的巨大压力，原有的重要功能和新增功能迫切需要由新城来承载，加快推进新城建设是必然的选择。从通州自身看，经过全区上下齐心协力，艰苦奋战，各项工作齐头并进，力度之大、进展之快、影响之广前所未有，为大建设奠定了坚实基础。市委书记刘淇在市委十届八次全会上明确提出，“十二五”期间要突出重点，提高标准，整合政策和资金，聚焦通州新城建设，力求取得重大突破，把新城推向了政策聚集、目光聚焦、要素聚合的前沿，政策、资金将进一步向新城倾斜，基础设施和产业项目将进一步向新城布局，优质资源将进一步向新城聚集，新城将迎来千载难逢的大建设期。

二是经济进入大提速期。新城大建设必然带来经济的大提速。新城是首都发展新的战略空间，未来新的经济增长极，以加快新城产业大发展带动经济发展方式转变，是首都站在新的起点上实现更高水平发展的必然之路。首都提出要打造高端企业总部聚集之都，新城“三中心、一基地”的产业发展目标，符合首都未来高端产业的发展方向，有着巨大的发展潜力。从通州自身看，新城核心区、环渤海高端总部基地（两站一街）等城市功能区的大规模、高强度开发建设，为新城承载高端产业进一步拓展了空间；一系列高层次的招商推介活动，极大提升了新城的知名度和影响力，为产业发展注入了强劲动力；园区发展势头迅猛，重大项目招商形势喜人，各类高端资源汇集通州的态势初步显现，新城产业将迎来新一轮的大提速期。

三是民生进入大改善期。经济大提速必然带来民生的大改善。国家保障和改善民生力度不断加大，相继制定出台了一大批保障和改善民生的政策措施，为改善民生奠定了重要基础；首都城乡一体化继续向纵深推进，将继续加大对郊区和“三农”投入，推动城乡结合部地区改造，加快农村城镇化进程，为改善民生提供了强大支撑。从通州自身来看，我们具备了加快改善民生的经济实力。为了让群众切实从发展中得到实惠，投资上百亿元推进了安置房建设、公共服务设施建设和社会保障工作，覆盖全区群众居住、医疗、教育各个方面，投入力度之大、覆盖面之广前所未有。全区人民的居住条件、生活环境将得到大幅提升，新城将迎来民生的大改善期。

我们正处于负重而上的严峻考验期：

一是外部环境更加复杂。国际金融危机影响深远，发展中的不稳定、不确定因素仍然存在。国家将实施积极的财政政策和稳健的货币政策，信贷和融资管理将更加严格，房地产调控政策不断深化，这些都可能成为影响新城跨越式发展的重要因素。区域竞争更加激烈。周边省市的高速发展，特别是天津滨海新区的集聚优势愈发显现，河北将整合行政区划，围绕北京打造一批百万以上人口的新型城市群，对我们构成了严峻挑战。北部顺义、昌平发展势头迅猛，西部朝阳CBD东扩快马加鞭，南部亦庄大兴合并如虎添翼，各区县都在千方百计吸引生产要素，加快产业聚集，都在千方百计抢占发展先机，多层面的竞争激烈程度前所未有。我们正处于前有标兵、后有追兵、左右有强兵的竞争夹缝中，正处于不进则退的紧要关口。

二是工作任务更加艰巨。大发展必然要求工作标准的大提升。新城是世界一流水平的新城，这就要求我们工作必须体现世界一流标准、世界一流效率、世界一流质量，实现月月有新进展、一年一跨越的目标，在首都建设中国特色世界城市中发挥示范表率作用，标准之高、时间之紧前所未有。大发展必然带来工作任务的大增长。当前，拆迁安置、土地开发、项目招商进入了关键时期和攻坚阶段，需要破解的难题数量之多、难度之大前所未有。能不能在有限的人力物力条件下，挑起新城建设的千斤重担，对我们提出了严峻挑战。

三是稳定形势更加紧迫。稳定是硬任务，是第一责任，是建设现代化国际新城的前提和基础。新城大建设必然涉及利益的大调整，特别是拆迁安置等工作，涉及群众数量大，群众期望高，诉求多样，稍有不慎就会引发新的社会矛盾，影响新城建设的顺利推进。新城大建设必然带来社会管理格局的大变化，人流、物流更加频繁，加强社会管理要求更加紧迫。如何在复杂的形势下做好群众工作，妥善处理各方利益关系，维护社会和谐稳定，对我们提出了严峻挑战。

四、2011年工作的总体思路、目标和任务

2011年工作总体思路：全面贯彻党的十七大和十七届三中、四中、五中全会精神，中央经济工作会议和市委十届七次、八次全会精神，深入学习实践科学发展观，以科学发展为主题，以加快转变经济发展方式为主线，全面推进北京现代化国际新城建设，努力打造新城建设先行区、高端产业聚集区、城乡一体化示范区、社会建设模范区、和谐社会首善区、党建工作创新区，在新起点上实现北京现代化国际新城建设新跨越，以优异成绩迎接中国共产党成立90周年！

2011年经济社会发展主要目标：在优化结构、提高效益、降低消耗和保护环境的基础上，地区生产总值增长15%左右，税收总额增长15%，地方财政一般预算收入增长12%，全社会固定资产投资额增长20%左右，社会消费品零售额增长15%左右，城镇居民人均可支配收入和农民人均纯收入分别增长10%和12%。

1. 在提升新城建设品质上实现新跨越，努力打造新城建设先行区

坚持重点突破、全面推进，高强度推进新城核心区建设，加快功能区建设，提高城市综合承载力，提升新城品质，努力打造新城建设先行区。

高强度推进新城核心区建设。继续深化完善新城功能定位研究。发挥规划有序引导新城建设的作用，加快推进核心区各项规划的深化与编制报审工作，按照世界一流标准做精做优单体建筑设计。完成新城核心区及相关区域搬迁扫尾工作，启动南大街棚户区等地区改造，加快全区土地一级开发，拓展发展空间。全面做好拆迁安置房建设，为加快搬迁创造有利条件。加快启动新城核心区配套基础设施建设。及时推进核心区土地上市。坚持“在建一批、新开一批、跟进一批”，高效推进项目建设，力争早出形象。

大力推进功能区开发建设。启动主题休闲旅游度假区开发建设，加快前期手续办理、土地一级开发和项目储备。全面推进环渤海高端总部基地（两站一街）征地拆迁上市步伐，明确功能定位，加快基础设施建设。完成北苑商务区全部地块的上市交易，推动城市综合体项目落地。引进战略性合作伙伴，高水平推进新城医疗康体功能区的规划建设，吸引一批优质资源入驻医疗康体功能区。不断提升宋庄文化创意产业集聚区、商务园能级。

加快推进基础设施建设。高度重视新城路网体系建设，继续构筑新城路网主骨架，加快实施一批重点道路工程，畅通与机场、中心城以及周边地区交通。完善道路微循

环，缓解交通压力。启动北苑公交换乘枢纽规划建设。进一步加快市政设施建设。加快推进城市大管网集中供热。实施老旧小区管网改造及供热计量改革等工作。加快燃气支线管网向小城镇延伸。

加大城乡环境建设管理力度。全面加强环境纵深治理。着力加大城乡街道牌匾广告、卫生保洁、市容村貌等整治力度。做好垃圾减量分类工作。城区要加大重点地区的综合治理，着力营造良好的城市秩序和环境。乡镇要开展精品街建设。落实辖区管理责任，注重发挥乡镇、街道在城乡环境整治中的作用。全面提升滨水生态环境。完成森林公园后期建设，推进园林绿地景观建设。启动“一镇一园”、“一镇一街”等乡村绿化建设试点，提高城乡绿化、美化水平。加强主要河道水系治理，加大治污力度，改善区域生态环境和人居环境。全面提升城市管理水平，实行网格化、责任化、数字化、精细化管理模式，广泛引导居民参与城市管理。

2. 在转变经济发展方式上实现新跨越，努力打造高端产业聚集区

坚持“提升一产二产、集聚做强三产、加快产业融合、突出发展高端产业”的发展思路，加快推进城市功能区和产业园区建设，促进新城产业高端化、集聚化，不断提升新城产业能级。

聚焦城市功能区，打造产业发展新引擎。集中力量推进城市功能区产业项目建设，突出发展与新城功能相适应的高端服务业。新城核心区、商务园等功能区要瞄准世界产业发展前沿，着力引进一批高端企业总部、金融机构和金融中介组织、高端城市综合体项目。宋庄文化创意产业集聚区要加快重大项目落地建设，将文化品牌优势转化为文化产业优势。环渤海高端总部基地（两站一街）要大力引进总部型企业，建设总部经济集聚区。主题休闲旅游度假区要加快高端演艺和大型主题休闲娱乐项目引进。初步形成以商务商贸、金融服务、文化创意、休闲娱乐为支撑的高端服务业发展新格局，把城市功能区打造成新城聚集高端服务业的新载体、城市发展的新亮点、转变经济发展方式的龙头。

加快园区建设，构筑产业发展新高地。认真做好金桥基地、通州开发区东区、南区、商务园等园区扩区工作。按照“十通一平”的标准加快完善园区基础设施和配套服务设施建设，进一步提升园区对大项目的承载能力。加快园区土地一级开发，为大项目落地创造条件。加大闲置、低效土地盘活力度，提高园区土地利用效率。做强农民就业基地。围绕“一园一特色”的目标，下大气力推进符合园区功能定位、龙头带动效应强的种子项目建设，着力推进北京国际航空城等一批签约项目落地，着力推进动向集团等一批重点项目开工建设，加快北汽动力总成等一批重点项目竣工投产。把园区打造成为新城现代制造业、高端物流业、战略性新兴产业发展的主要承载地。

推进机制创新，营造产业发展新环境。建立和完善新城、功能区开发建设的体制机制。完善新城产业发展扶持鼓励政策，有序引导低端产业退出，加快高端和战略性新兴产业发展，积极推进产业转型升级。探索园区、功能区开发建设新模式，积极推动与国内外知名园区和机构的联系合作，提升园区、功能区整体运作水平。建立完善促进产业发展的协调机制，确保有关政策和各项工作落实到位。围绕建设高效服务型政府，加快完善促进经济发展方式转变的体制机制，完善绿色审批通道长效机制，规范行政执法行为，建立更加快速、更加简化、更加协调的行政服务模式。

3. 在推进新农村建设上实现新跨越，努力打造城乡一体化示范区

以推进产业融合为重点加快都市型现代农业发展，以城乡结合部为突破口带动城乡一体化建设，以改革为动力推进农村经济发

展，努力打造城乡一体化示范区。

加快都市型现代农业发展。加快设施农业发展，推进张凤路、觅西路设施农业产业带项目建设，打造一批万亩蔬菜生产区。加快观光休闲农业发展，继续推进北运河、潮白河观光旅游产业带项目建设，打造一批乡村旅游、休闲度假示范村。按照精准农业、低碳农业、创意农业的要求，加快农业产业园区建设。积极培育食用菌、大樱桃、观赏鱼等农产品特色品牌。培育壮大东升方圆、金福艺农等农产品加工龙头企业。提升农产品科技水平、流通水平。完善农业标准化体系、农产品检测检验体系和农产品质量认证体系。积极筹办国际食用菌大会，推动全区食用菌产业发展。

加快推动城市（城镇）化、社区化。加强对旧村改造的统一规范管理，有序推进城市化进程。加快中心城规划范围内农村城市化，完成城乡结合部4个重点村安置楼建设和拆迁工作，启动25个重点村建设，推进新型城市社区建设，加快农村产业升级和农转居进程。加快中心城规划范围外农村城镇化，推进镇中心区土地一级开发、基础设施和市政配套设施建设，力争实现新突破。加快建设宋庄、台湖、张家湾等一批特色小城镇，启动20个村旧村改造和社区化建设，推进产业集中布局和人口向城镇集聚。加快推动规划保留村庄新型农村社区建设，加大城市管理、公共服务和社会保障全覆盖的力度。继续完善农村基础设施建设，推进村庄绿化美化工程。健全农村基础设施管护制度，确保各项基础设施高效运行。

深化农村改革。基本完成全区符合条件的村集体产权制度改革工作。理顺集体资产经营、管理和分配机制，提高集体资产运营效率。扩大“撤村建居”集体资产处置试点工作，确保农民利益最大化。大力发展农民专业合作社，提高规范化建设水平。加强对土地流转的引导，扎实推进农村土地股份合作社建设。拓宽农民增收渠道，形成农民增收的长效机制。规范农村“三资”管理。加快完成基层林业站、集体林权制度改革工作。

4. 在改善民生质量上实现新跨越，努力打造社会建设模范区

坚持把保障和改善民生放在更加突出的位置，大力推进城乡公共服务均等化，积极改善民生，不断增强人民群众的幸福感。

努力办人民满意的教育。加快推进学前教育发展，扩大公办幼儿园覆盖率。继续加大教育投入，加快学校布局调整，继续引进名牌中小学、高等院校等优质教育资源，完成新三中等一批重点工程建设，加快名师培养，打造品牌校。加强农村教师队伍建设，促进优质教育资源均衡配置。促进各级各类教育均衡发展，全面提高教育质量。积极推进学习型组织创建。

加快医疗卫生事业发展。继续深化医药卫生体制改革。引进优质卫生资源，提升高端医疗服务水平。整合医疗卫生资源，加快潞河医院、新华医院等区域医疗中心和公共卫生机构基础设施建设。提高农村基本医疗服务及保障水平。强化公共卫生安全和防控体系建设，增强应急保障和疾病预防控制能力。切实优化社区卫生服务环境，不断提高社区卫生服务和管理水平。积极推进“全国农村中医工作先进区”创建。

千方百计扩大就业。多渠道开发就业岗位，促进城乡劳动力充分就业。整合公共就业服务资源，建立城乡一体、统一规范的人力资源市场和公共就业服务体系。继续推进充分就业社区（村）和网络村村通工作。积极开展多层次、多形式的职业技能培训。

完善社会保障和救助体系。推进城乡医疗保险制度改革，着力构建城乡一体的医疗保障新格局。加强社会保险扩面征缴，促进各项社会保障应保尽保。推进公费医疗改革。积极推进政策性住房建设，不断改善群众居住条件。健全城乡最低生活保障制度和社会救助体系，支持社会福利事业发展，鼓

励社会慈善、社会捐赠、群众互助等社会扶助活动。保障妇女儿童权益，发展养老服务业和残疾人事业。

提升社会事业发展水平。加快“枢纽型”社会组织建设。全面推进社区规范化建设，打造规范化精品社区。大力发展社区服务，开展“一刻钟社区服务圈”试点。加强社会工作人才队伍和志愿者队伍建设。加强科技科普工作，发挥科技在新城发展中的重要作用。积极推进重点文化体育设施建设，促进文化、体育事业繁荣发展。继续推进广播电视、人口计生、史志、档案等各项事业发展。

5. 在营造安定团结的政治局面上实现新提升，努力打造和谐社会首善区

按照构建和谐通州要求，加强社会主义民主政治建设，推进宣传思想工作，打造平安通州，为现代化国际新城建设营造和谐稳定的社会氛围。

加强社会主义民主政治建设。坚持和完善人民代表大会制度，切实履行人大法制职能，为新城建设提供坚强的民主法治保障。加强人民政协政治协商制度建设，为推进现代化国际新城科学发展提供民主政治保障。充分发挥人大、政协的优势，围绕现代化国际新城建设开展调查研究，汇民智、聚民力，建言献策。发挥统战工作的优势，做好民族、宗教、侨务、对台工作，促进政党关系、民族关系、宗教关系、阶层关系、海内外同胞关系的和谐，凝聚力量，推进新城建设。充分发挥非公经济作用，引导民间资本参与新城建设。工会、共青团、妇联、科协等群众组织要结合各自特点，找准着力点，在新城建设中发挥更大的作用。加强基层民主建设，推进村民和社区居民自治，拓宽社情民意表达渠道，不断扩大基层民主权利。围绕建设法治政府，全面推进依法行政，继续抓好普法教育工作。深入开展双拥共建活动，提升全民国防教育质量。

推进宣传思想工作。推进学习型党组织建设，提升干部群众建设现代化国际新城的能力和素质。加大现代化国际新城宣传推介力度，全面展示通州精神、通州速度、通州形象。加大舆论引导力度，努力营造建设现代化国际新城的良好氛围。围绕“做文明有礼的北京人，树立现代化国际新城新形象”主题，深化精神文明创建活动，提高市民文明素质和城市文明程度。继续做好“公德之星”和道德模范评选工作，打造体现通州特色的公民道德建设品牌。拓展基层创建工作领域，推进文明风尚建设活动向来通务工人员、“两新”组织等社会群体延伸。

打造平安通州。切实加强安全稳定工作，为现代化国际新城建设营造良好的社会环境。深化完善大稳定、大政法、大综治工作格局，形成党委政府总揽全局、各部门齐抓共管、社会各界广泛参与的大稳定工作局面。加强社会治安综合治理，创新治安防控机制，发挥志愿者在治安防控中的作用，实现社会治安防控精细化、社会化、信息化。完善维护群众权益机制，畅通民意表达渠道。强化流动人口服务管理，深入研究探索流动人口服务管理有效模式和途径，实现新的突破。加强政法队伍建设。加强安全生产、公共卫生、社会突发事件的预防和应急管理，严防重特大安全事故发生，妥善处理各类突发事件。

6. 在创先争优上取得新成效，努力打造党建工作创新区

深入开展创先争优活动，全面加强党的建设，不断提升党组织的凝聚力和战斗力，提高广大党员和各级干部的创造力和执行力，努力打造党建工作创新区。

深入开展创先争优活动。继续巩固提高创先争优活动的成效。找准创先争优的着力点，切实把创先争优活动落实到推动新城建设发展上，落实到服务人民群众、促进社会和谐上，落实到民生改善上。各部门、各单位、每名党员都要从职能任务和岗位职责出发，找准创先争优的具体标准，立足本职工作创先争优。扎实做好庆祝建党90周年工作。

加强领导班子和干部队伍建设。强化领导班子和干部在新城建设中的带动和示范作用。坚持德才兼备、以德为先，拓宽选人途径，切实把政治坚定、开拓创新、清正廉洁、群众公认、勇于担当、有工作实绩的干部选拔到领导岗位。坚持正确用人导向，切实重用那些重打基础、实绩突出的干部，提高使用干部的科学化水平。着力强化班子整体效能，提升各个班子在推进发展中的坚强核心作用。结合乡镇换届，配好配强乡镇党政领导班子。有序推进乡镇机构改革。加强干部培训，提高干部推进新城建设的能力和水平。严格考核，加大治庸治懒治散力度。

加强基层基础建设。发挥好基层党组织和党员在新城建设中主力军作用。以构建城乡统筹的基层组织建设新格局为重点，全面加强村、社区等基层党组织书记队伍建设，优化城乡基层党组织设置，强化党员教育管理监督和提供服务，加强新经济新社会组织党建工作，使基层组织真正成为推动新城建设发展、服务群众、凝聚人心、促进和谐的坚强堡垒，使广大党员真正成为信念坚定、牢记宗旨、爱岗敬业、勇于进取的先锋模范。

加强人才队伍建设。以人才的大发展促进新城大发展。要善于发现、培养现有人才，使其脱颖而出。要全力聚才，落实《通州区培养引进紧缺适用人才暂行办法》，制定《紧缺适用人才导向目录》，加大集聚高层次人才和团队的力度，为未来发展提前储备一批人才。要用好人才，发挥人才的最大效益，为人才搭建干事创业的舞台。要管好人才，健全完善人才评价体系、激励机制与考核制度。要服务好人才，让人才有好的发展空间，有好的工作、生活环境。

加强党风廉政建设。要通过廉洁建新城树立通州干部新形象。认真落实党风廉政建设责任制，不断推进惩治和预防腐败体系建设。全面推进反腐倡廉教育，深化“运河清风”廉政文化品牌建设。借鉴和推广“廉洁奥运”成功经验，着力构建全方位监督网络，加强对重点领域、重点工程、重点对象和重点环节廉政风险防范管理。加强作风建设，优化发展环境。加强对区委、区政府重大决策部署贯彻落实情况的监督检查，严肃政治纪律，维护政令畅通。深入推进农村基层党风廉政建设工作。

加强群众工作。充分相信和依靠群众，发扬党的这一优良传统。要以更加鲜明的群众观点，增强群众观念。要深入群众，汲取群众智慧，激发他们的热情和激情，调动他们的积极性和主动性，使他们成为新城建设的支持者、参与者、推动者。要以更加坚定的群众立场，维护群众利益。坚持想问题、作决策、做工作，都要从群众利益出发，对关系群众切身利益的就业、住房、社会保障等方面的问题和实事，要一个一个去解决、一件一件去落实，让广大人民群众共享发展成果。要以更加丰富的工作方法，密切党群关系。进一步健全和完善服务群众制度、联系群众制度、信访制度。要健全维护群众权益机制，健全正确处理人民内部矛盾的工作机制，完善矛盾纠纷排查化解机制，坚持走进矛盾、解决问题，积极预防和有效化解矛盾纠纷。

五、2011年的工作要求

通州的发展处于黄金机遇期，我们一定要抢抓机遇，乘势而上，在现代化国际新城建设的伟大事业中打造通州精神、创造通州速度、树立通州形象，以通州精神、通州速度、通州形象成就现代化国际新城建设的伟大事业。

1. 以通州精神引领新城大发展

通州精神就是在推进现代化国际新城大发展中展现出的奋发有为、勇创一流，迎难而上、勇于担当，拼搏奉献、勇于创新的精神。为此我们要做到：

奋发有为，勇创一流。机遇前所未有，

挑战更是前所未有，新城建设大好开局来之不易，加快发展更需奋发有为，勇创一流，实现新辉煌。面对重任，广大干部要始终保持最佳的精神状态，再接再厉，以战胜困难的激情、加快发展的热情，锐意进取、不辞劳苦，把全部心思和精力投入到新城建设中。要始终保持最高的工作标准，树立精品意识，追求最佳，以超前的眼光、先进的理念规划建设新城。要始终保持最优的绩效，按照世界城市的标准，以每个人和每个部门的一流工作，高质、高效推进新城建设发展。

迎难而上，勇于担当。建设现代化国际新城重任落到我们身上，任务艰巨，责任重大，使命光荣。唯有勇于担当，迎难而上，才能不辱共产党员之名，不负市委重托和通州百姓期望，才能创造出无愧于历史、无愧于人民的业绩。责任和使命要求我们必须勇于担当。要勇于担当重任，服从大局，不讲条件，主动承担急难险重任务。要勇于担当风险，遇到风险无私无畏，敢于靠前指挥、带头冲锋，不躲避不退却，敢于承担。要勇于担当责任，面对任务，敢于啃硬骨头、打硬仗，面对失误，不推卸，勇于负责。艰巨的任务要求我们更需知难不畏，迎难而上，排难而进，努力攻克新城建设重点项目、重点工作的难关。以我们艰苦的付出、高超的智慧、科学的方法，为新城建设赢得更好的发展条件，汇聚更多的有利要素，推进新城建设大发展。

拼搏奉献，勇于创新。现代化国际新城建设进入攻坚阶段，发展进入关键时期，我们必须在拼搏奉献中推进，在勇于创新中实现新突破。要弘扬无私奉献的精神，鼓起排除万难的勇气、坚忍不拔的斗志、昂扬奋发的干劲，强力推进各项工作，要拼、要抢、要争，以实实在在的工作和成效，为现代化国际新城建设赢得更多、更大的关注、支持和帮助。广大干部在拼搏奉献中还要以创新的思维审视区情，以创新的勇气面对困难，以创新的精神大胆实践，善于抓住制约新城发展的关键问题、节点问题，以创新寻对策、找出路、求突破，全力破解新城建设中的重大问题和难题，推进新城更好更快发展。

2. 以通州速度推进新城大发展

通州速度就是以与首都发展需求相适应、与走在前列要求相一致高速可持续的发展速度，推进现代化国际新城建设，实现“一年一跨越、五年展雏形、十年出形象”。为此我们要做到：

快马加鞭，大干快上。成绩来之不易，发展更须奋进。五年基本建成新城核心区，十年基本建成新城中心区是我们的奋斗目标，更是向市委和通州人民立下的军令状，任务繁重，时间紧迫；周边地区都在百舸争流，抢前进位。面对竞争的压力与肩负的责任，我们必须疾起奋进，要有干不好工作就食不甘味、夜不能寐的劲头，始终保持旺盛的工作热情和昂扬的斗志。要时不我待、只争朝夕，毫不懈怠地抓好每一天、每一项工作。要立说立行，不拖拉不耽搁，加快工作节奏，提高工作效率，说好的事情，定下的工作，必须抢时间、争速度、比干劲，在规定的时限内提速完成。

凝心聚力，身先士卒。现代化国际新城建设是全新伟业，更需统一思想，凝心聚力，更需广大干部作表率，身先士卒。要同心，共创伟业；要同力，上下拧成一股绳，形成合力；要同向，瞄准新城建设宏伟目标，努力奋进；要同调，全区党员干部要同一声音，步调一致；要同荣辱，新城建设快慢关系到每一个人，荣则同荣，辱则同辱。领导干部要身先士卒、以身作则，发挥表率作用，团结带领人民群众真干、大干、苦干、实干。充分调动和发挥广大人民群众的积极性、主动性和创造性，更好更快推进现代化国际新城建设。

突出重点，统筹兼顾。突出重点、统筹兼顾是推进新城科学发展需要长期坚持的工作方法。要善于把握大势，把新城发展置于全市大局中思考和谋划，在服务和满足首都发展新需求中加快自身发展。要善于抓重点、抓关键，实现重点突破。要善于统筹，把握好大建设大发展与大稳定、加快转变经济发展方式与增长速度、新城建设与城乡一体化以及长远与近期、局部与整体、现实与可能等方面的关系，实现全面协调可持续发展。要善于调度，统筹区内力量，利用国际国内优质资源，推动新城建设和发展。

3. 以通州形象保障新城大发展

通州形象就是通州广大干部群众在现代化国际新城建设中发挥表率和示范作用，展现出的求真务实、风清气正、廉洁高效的形象。为此我们要做到：

求真务实。推进新城建设又好又快发展，求真务实是关键。广大干部必须做到言必责实、行必责实、功必责实。言必责实，就是讲真话，实事求是。行必责实，就是真正把心思集中在“想干事”上，把胆识体现在“敢干事”上，把能力展现在“会干事”上，把目标落实在“干成事”上，说实话、鼓实劲、办实事、求实效，心无旁骛地抓发展。对拆迁难、产业项目落地难等关键问题要真抓、敢抓、会抓，取得实质性突破。功必责实，就是做到明奖惩，建立健全工作责任制和评价激励机制，对因作风飘浮、敷衍塞责引发重大事件或造成重大损失的，要严肃追究责任。

风清气正。要营造良好的干事环境，坚持不让综合素质高的人吃亏，不让干事的人吃亏，不让老实人吃亏，真正做到让综合素质高的人有机会，让干事的人有舞台，让老实人得到尊重和关心，激发干部积极性、凝聚干部队伍力量。要营造良好的发展环境，围绕更加快速、更加简化、更加协调，推进体制机制创新，把通州打造成审批环节更优、办事效率更高、服务质量更好的区域，为投资者和百姓提供更加优质的服务、更加高效的办事效率、更加风清气正的办事环境。

廉洁高效。实现建设现代化国际新城的目标，更需要廉洁高效的干事之风。要加强预防，遏制腐败，把廉洁全过程、全方位、全覆盖地贯穿于工作之中，确保权力运行到哪里，风险防范措施就跟进到哪里，监督就落实到哪里，确保“工程安全、资金安全、干部安全”，力争做到“零腐败”。要建立健全重大项目与重要工作“限时办结制”和严格的责任倒追等机制，做到事有专管之人、人有明确之责、责有限定之期，形成一级抓一级，层层抓落实的责任机制。要加强对全区重点工作进展情况的跟踪督查，紧紧抓住“不落实的事”，督查“不抓落实的人”，确保工作高效落实。

同志们，通州的发展正处于继往开来的重要历史时期。让我们站在新的历史起点上，在市委正确领导下，以科学发展观统领全局，奋发有为、勇创一流，为在新起点上实现北京现代化国际新城建设新跨越而努力奋斗！为中国共产党建党90周年献上一份厚礼！

通州区人民代表大会常务委员会工作报告

——2011年1月12日在通州区第四届人民代表大会第七次会议上

通州区人大常委会主任　张文山

各位代表：

我受通州区第四届人民代表大会常务委员会委托，向大会报告工作，请予审议。

2010年的主要工作

2010年，是通州区深入贯彻落实科学发展观，加快推进现代化国际新城建设，保持经济社会平稳较快发展的重要一年；是本区人民代表大会制度建设和人大工作取得重要进展的一年。区人大常委会在区委的领导下，认真贯彻市委及区委第三次人大工作会议精神，认真执行区四届人大五次会议决议，紧紧围绕全区工作大局，依法履行职权，着力完善工作方式，提高工作质量，各项工作取得了新的进展。

一年来，共召开7次常委会会议，听取和审议16项议题，其中专项工作报告10项；依法作出4项决议、决定；任免国家机关工作人员43人次，其中任免区人大常委会工作机构负责人3人次，区政府组成部门负责人8人次，“两院”工作人员32人次；召开26次主任会议，听取“一府两院”专题工作汇报18项；组织代表视察15次，参加代表600余人次；督办代表议案1件、建议134件；开展专题调研6项，全面完成了区四届人大五次会议确定的工作任务，发挥了地方国家权力机关的职能作用。

一、认真落实市委、区委第三次人大工作会议精神，努力开创人大工作新局面

自2005年区委第二次人大工作会议以来，区人大常委会认真履行职能，取得了突出成绩。2009年12月11日，市委召开了第三次人大工作会议，对新时期坚持和完善人民代表大会制度、全面做好人大工作提出了新的任务和要求。面对新形势和新任务，区人大常委会认真学习大会文件，领会大会精神，积极落实市委人大工作会议提出的各项任务。首先，以市委人大工作会议精神为指导，研究工作，将改进工作方式、提高工作质量贯穿到全年各项工作当中；其次，结合我区工作实际，召开各种座谈会，听取各方面的建议，努力提高区人大工作水平；第三，常委会党组结合新时期新特点，研究提出了《关于做好当前人大工作的若干意见》。意见报请区委常委会研究。区委以京通发〔2010〕14号文件转发了区人大常委会党组意见，并于2010年5月20日召开了区委第三次人大工作会议。区委第三次人大工作会议充分肯定了人民代表大会制度在全区经济社会发展中的作用，对新形势下坚持和完善人民代表大会制度作出了重要部署，要求各级党委和组织要支持人大及其常委会依法行使职权，促进人大工作在民主法制的基础上健康有序地开展。会议要求，区人大及其常委会要围绕全区经济社会发展全局依法有效行使职能，把人民代表大会制度的优势充分发挥出来；要提高人民代表大会会议的质量和实效，保证人民代表大会充分行使职权；要准确把握人大监督的性质和特点，不断增强监督实效；要保障代表依法执行职务，密切代表同人民群众的联系；要加强区人大常委会街道工作委员会和乡镇人大工作，推进基层民主政治建设；要加强人大常委会及机关建设，进一步提高履职能力和工作水平。区委人大工作会议的召开增强了全区各级组织坚持和完善人民代表大会制度的自觉性和坚定性，有力地推动了人大工作不断向前发展。区人大常委会将区委人大工作会议精神落实到依法履职的各项工作当中，进一步搞好监督工作，完善工作方式，加强调查研究，各项工作取得了良好成效。在2010年工作中，常委会主要领导率队深入到全区各乡镇、街道、园区和有关部门开展调研，听取经济社会发展情况和人大工作的开展情况，对推进经济社会发展及做好人大工作提出具体意见。各乡镇党委、乡镇人大和人大街工委贯彻区委人大工作会议精神，研究落实各项任务要求，人大专门工作机构积极履行职责，努力发挥代表作用，人大工作呈现出新的局面。区委人大工作会议的召开，使全区各级党组织和广大群众对人民代表大会制度的认识有了新的提高，支持和保障人大工作的自觉性进一步增强，从而有力推进了全区民主法制进程。

二、围绕中心，服务大局，发挥人民代表大会制度优势，全力推进现代化国际新城建设

建设现代化国际新城是市委作出的重要战略部署，是通州区的重要战略任务，是促进区域经济社会发展的千载难逢的历史机遇。为了加快推进现代化国际新城建设，动员号召全区人民为现代化国际新城建设做贡献，区人大常委会在区委的领导下，精心准备，统筹安排，筹备召开了区四届人大六次会议。会议听取和审议了区政府《关于加快现代化国际新城建设的报告》，作出了《关于加快现代化国际新城建设的决议》。决议要求，全区人民要团结一致，奋发有为，全力做好现代化国际新城建设的各项工作。第一，要完善新城规划和各项专项规划，科学编制“十二五”规划，严格规划实施和管理，确保现代化国际新城建设科学有序进行；第二，要突出抓好新城核心区开发建设、产业发展、公共服务设施建设和安居工程建设等重点工作，全力推进现代化国际新城建设进程；第三，要统筹兼顾，加快农村城市化和新农村建设，搞好新城中心区与其他区域的统筹建设，着力保障和改善民生，推动现代化国际新城全面协调发展；第四，要坚持改革创新，优化管理服务，为现代化国际新城建设创造一流环境；第五，要加大宣传力度，营造现代化国际新城建设的浓厚氛围；第六，要加强领导，强化监督，把建设现代化国际新城的各项任务落到实处。会议的成功召开，发挥了人民代表大会作为地方国家权力机关的职能作用，为现代化国际新城建设提供了民主法制保障。2010年下半年以来，我区高标准完善新城规划，举办了多场不同形式的新城论坛推介活动，如期实现新城核心区土地上市，相继引进一批重大项目，首批项目已于2010年10月13日正式开工建设，现代化国际新城建设得到快速推进。

2010年是“十一五”规划实施的最后一年，2011年是“十二五”规划的开局之年。认真总结过去五年工作，科学编制“十二五”规划是全区经济社会发展中的一件大事，关系到现代化国际新城建设的全局。区人大常委会和人大代表积极参与“十二五”规划的编制，专题审议规划编制情况报告，并就编制“十二五”规划提出以下建议：一是要加快经济发展方式转变和产业优化升级，推动都市型现代农业、高端制造业和现代服务业发展；加强园区和重点产业功能区的建设，更好地集聚资源要素、引领产业方向、支撑高端发展。二是要抓好教育、卫生、文化、体育等公共服务设施的规划与建设，全面提升公共服务能力，保障和改善民生，让人民共享新城发展的成果。三是要统筹城乡发展，推进工业化、城镇化和农业农村现代化，促进公共资源在城乡之间均衡配置、生产要素在城乡之间自由流动。四是要建立健全城市运行管理机制，探索城市管理市场化运作模式，提升城市管理水平。五是要加强道路及交通设施建设，优先发展公共交通，构建立体交通体系，完善交通管理系统，着力解决城市交通问题。区委、区政府高度重视这些建议，要求在规划编制中，认真研究吸纳。区政府有关部门在编制“十二五”规划纲要草案中对区人大常委会和人大代表提出的意见、建议给予了充分反映。

三、突出重点，完善方式，监督实效有了新提高

常委会深入贯彻落实监督法，紧紧围绕全区中心工作和人民群众普遍关注的问题，完善监督方式，提高监督质量，监督工作取得新的实效。

（一）加强对现代化国际新城建设中重大问题的监督

建设现代化国际新城，产业发展是重中之重，是推动经济社会发展和新城建设的重要支撑。区人大常委会积极履职，突出重点，把促进产业发展，提高产业升级作为监督工作的重要内容。专门成立4个调研组，深入到乡镇、园区、政府部门及重点企业，对全区农业、工业、建筑房地产业、现代服务业及文化产业的发展，对招商引资、产业政策措施落实等情况进行专题调研，全面了解产业发展现状，认真分析产业发展存在的问题，深入研究推进产业发展的意见。在调查研究的基础上，常委会听取和审议了区政府关于产业发展情况的报告，听取了调研组专题调研报告。审议中，常委会组成人员就加快产业发展、实现产业融合、提高园区竞争力等方面提出了审议意见：一是要把加快产业发展纳入现代化国际新城建设的整体部署之中，不断解放思想、更新观念、创新方式、破解难点，坚定不移地推动产业发展。二是要站在北京建设世界城市和通州建设现代化国际新城的高度，从推进经济社会发展、提升产业升级的全局出发，加快推进三次产业的融合发展；以推进现代农业和都市农业为目标，大力发展科技、生态、绿色农业，提高农业集约化、精品化水平；推进工业高端化发展速度，优化发展产业集聚区，提高园区竞争力；加快现代服务业发展，明确现代服务业的发展定位和发展重点，着力落实现代服务业项目。三是要努力破解产业发展存在的突出问题，加大政策支撑力度，发挥土地资源优势，改善投资环境。四是要搞好宣传工作，宣传通州的优势，扩大通州在国际国内的知名度和影响力。区政府及有关部门高度重视，按照常委会审议意见，研究加快推进产业发展的具体措施，促进全区产业的积极快速发展。

新城核心区的拆迁建设，是现代化国际新城建设的基础，是关系人民群众切身利益的重大问题。为了支持现代化国际新城建设，确保拆迁工作依法有序公正进行，切实维护人民群众的切身利益，常委会改变了事后监督的方式，提前介入，即时监督，成立专题调研组，积极开展调研。先后召开3次座谈会，听取5个政府部门汇报，征求拆迁区域内各街道、乡镇有关负责人、16名区人大代表及部分被拆迁户的意见，针对调研中发现的问题，及时与区政府有关部门沟通，推动有关方面研究改进工作。2010年9月，常委会听取和审议了区政府关于依法拆迁，加快新城核心区及棚户区改造，推动新城建设情况的报告，听取了调研组专题调研报告，提出了以下审议意见：一是要多方入手，切实做好拆迁对象的工作，加强对拆迁工作的管理考核，最大限度地减少拆迁矛盾纠纷，实现和谐拆迁。二是要强化拆迁政策落实，加大有关法律、法规和政策的宣传力度，发挥正确的舆论导向作用，推进拆迁工作和新城建设。三是要统筹抓好安置房建设，按照有关政策要求依法安置，阳光操作，兑现承诺，取信于民。四是要深入细致地做好帮扶特困家庭工作，帮助他们解决搬迁安置中的实际困难，让特困家庭共享新城建设发展成果。五是要完善拆迁政策，严格拆迁操作程序，维护好被拆迁群众的合法权益，为今后新城建设全面做好拆迁工作打好基础。这次对拆迁工作的调研和专项审议，围绕中心，及时跟进，在拆迁实施过程中进行，改进了人大监督工作方式，增强了人大监督工作时效，得到了各有关单位和各界群众的较好评价。

（二）加强对事关民生问题的监督

2010年，常委会高度关注民生，着力推动民生问题的解决。

“十一五”期间我区教育事业得到全面发展。为了使教育事业更好地适应新城建设和人民群众对优质教育的需求，常委会听取和审议了区政府关于教育资源整合与布局结构调整规划落实情况的报告，充分肯定了几年来教育工作取得的成效，提出了以下审议意见：一是要把教育摆在优先发展的地位，下大力量，加快教育改革创新，全面提高教育工作水平。二是要科学规划建设，着力解决重点地区教育设施紧缺、教育资源不足、儿童入园难等突出问题。三是要适应现代化国际新城建设需要，切实抓好职业教育，引进并办好高等教育，实现教育均衡发展。四是要严格执行政策，优先保障教育投入，优先安排教育设施用地，切实保证教育设施达标，促进教育事业不断发展。

近年来，我区文化建设成效明显。为了实现现代化国际新城的功能定位，推动文化发展，不断满足人民群众日益增长的文化需求，常委会主任会议听取了文化工作汇报，建议区政府要加快文化产业发展，壮大文化产业规模，提升文化产业水平；做好文化遗产的保护和传承工作，加大市场研究和功能项目引进，使文化遗产在保护中得到发展；加强文化设施建设，完善文化设施网络体系，提高文化设施利用率，最大限度地满足人民群众的文化需求；开展多种形式的文化活动，打造各具特色的文化品牌，适应不同层次的文化需求，提高通州文化软实力。

2008年以来，我区交通运输管理工作不断取得新进展。为了推动交通运输状况的持续改善，方便群众出行，常委会主任会议听取了交通运输管理工作汇报，提出要根据全区交通现状，科学设置区交通运输管理综合协调机构，加大交通运输管理工作协调力度；科学编制“十二五”交通运输规划，改善新城交通运输微循环，着力解决公交线路与区内小公共对接问题；优先发展公共交通，优化交通运输线路，建设交通枢纽，打造符合现代化国际新城建设发展需要的人民满意的交通运输体系；抓好交通运输管理队伍建设，提高交通运输管理服务水平。这些意见和建议已经列入交通运输管理工作规划。

几年来，市、区人大代表一直关注北运河水系综合治理，北运河水系综合治理取得阶段性成果。2009年市人大通州代表团联合昌平、顺义、朝阳等代表团领衔提出关于北运河水系综合治理的议案。议案被市十三届人大二次会议确定，并由市人大常委会主任牵头督办。2009年区人大常委会积极配合市人大常委会专题审议，2010年又听取汇报，组织代表视察，继续进行跟踪监督，着力推动北运河水系综合治理的深入进行和水环境质量的持续改善。近年来，北运河水系得到持续治理。市政府规划总投资162亿元，确定了治理项目和阶段目标。北运河流域内污水处理和再生水厂建设加快，农业种养殖污染防控和非正规垃圾场治理扎实推进，重点工业污染源监管和水资源循环利用力度加大，整个流域水环境有了明显改善。与此同时，常委会高度重视大运河森林公园建设，连续三年持续关注，着力推动森林公园建设。2010年9月25日，大运河森林公园正式开园。北运河通州城市段水绿交融、岸青水碧，已经成为群众观光休闲的靓丽风景，成群的水鸟重回风景如画的大运河畔。

2010年，常委会还对新城规划完善、村委会组织法实施、"北京市实施'农民专业合作社法'办法"执行、医疗机构设置规划制定、科技创安、市政工程建设、看守所建设、新农村建设等工作进行监督，监督工作不断取得新的成效，推动了全区各项工作开展。

（三）加强对司法工作的监督

常委会紧紧围绕促进公正司法这个主题，加强对法院审判事务管理、检察院诉讼监督、社区矫正等司法工作的监督，组织代表旁听法院审理案件，司法监督工作进一步开展。

常委会主任会议听取区法院关于开展审判事务管理工作的汇报，要求区法院进一步做好审判事务管理工作，加强审判事务管理队伍建设，全面发挥审判事务管理办公室的职能作用，努力为当事人和审判人员提供优质高效服务。区法院认真落实主任会议意见，积极做好诉讼引导、案件查询、诉讼材料收转和卷宗调取等工作，推进了诉讼服务规范化建设，提升了审判事务管理的工作水平。

常委会主任会议听取区检察院关于开展诉讼监督工作的汇报，要求区检察院强化诉讼监督职能，创新诉讼监督机制，提高诉讼监督能力，加强和改进民事行政诉讼监督，增强监督者接受监督的自觉性。区检察院按照主任会议要求，进一步推进对诉讼活动的全程监督，细化诉讼监督工作规范和办案流程，加强对诉讼监督的业务考评，主动接受人大和社会舆论的监督，诉讼监督工作取得了新的成效。

（四）加强对计划和预算的监督

区四届人大六次会议审议了2010年上半年国民经济、社会发展计划和财政预算执行情况的报告。区人大常委会依法听取和审议了2009年财政决算报告和审计工作报告，审查批准了2009年财政决算，批准调整了2010年财政预算。在审议区政府2009年财政决算报告中，常委会根据多年来财政预算监督中存在的问题，提出了强化预算管理，细化预算科目，抓好预算规范等审议意见。要求在预算编制和预算执行中：第一，要发挥财政在经济中的调节作用，不断推进体制机制创新，推进经济结构调整和发展方式转变，推动区域经济跨越式发展；优化财政支出结构，严格支出管理，集中财力办大事，确保重点工程、重点项目的资金需求，注重在民生、科技、基础设施、环境和城乡一体化建设等重点领域的投入；增加财政支出透明度，确保财政资金安全、高效运行。第二，要科学预测土地出让金和市级专项资金收入，合理确定部门预算基本支出标准，科学核定部门项目支出预算，增强预算编制的科学性和准确性；进一步规范预算行为，及时有序地批复、调整及拨付预算资金；加强对超收收入使用的管理，控制和压缩一般性开支。第三，要认真研究财政政策，积极争取上级财政支持，提高吸纳域外资金力度，为现代化国际新城建设提供资金保障。第四，要加强政府债务管理，全面掌控政府债务融资情况，建立健全政府债务风险的预警机制和偿还机制，保证债务资金高效运作，防范和化解债务风险。第五，要创新审计方法，突出审计重点，加大对重点部门、重大投资项目以及人民群众关心的热点、难点问题的审计监督力度，确保审计意见落实，提高审计监督绩效。区政府及相关部门根据常委会的审议意见，进一步规范和细化预算编制，今年首次将《通州区2011年部门项目预算》提交人民代表大会会议审议，为大会和各位代表全面了解全区财政状况，审查和批准财政预算打下较好基础。

四、提高为代表履职服务的水平，代表作用得到进一步发挥

常委会落实市委及区委第三次人大工作会议精神，努力提高为代表履职服务的水平，支持和保障代表依法行使职权，代表作用得到进一步发挥。

（一）加强代表服务保障工作

一是结合新城建设的中心任务，抓好代表培训。以代表小组为基础，组织开展多种形式的学习培训活动；邀请北京市城市规划设计研究院专家及区规划分局负责人就北京建设世界城市和通州建设现代化国际新城给全体代表作了专题讲座；邀请市人大常委会代表联络室领导就如何提出高质量议案和建议对常委会组成人员和部分代表进行了授课，进一步提高了代表履职的能力和水平。二是坚持为代表提供人大常委会及“一府两院”重要工作信息资料，方便代表了解各方面工作情况，保障代表知情知政。三是坚持常委会主任、副主任联系代表小组、常委会组成人员联系代表、代表联系选民制度，开展了代表联系选民月活动，密切了代表与人民群众的联系，畅通了利益表达渠道。四是向代表征集监督议题，使常委会的监督工作更有基础和针对性。五是认真组织代表调研、视察、检查等活动，扩大代表对常委会工作的参与，发挥代表在闭会期间的作用。六是积极协助市人大常委会搞好市人大代表的学习培训、视察检查、座谈交流等活动，努力为市人大代表依法履职提供良好服务和保障。

（二）加强代表议案、建议督办工作

区三届人大三次会议提出了“整合职业教育资源、建设国内一流水平的通州区职业教育中心校”的议案。在常委会连续几年的督办和区政府坚持不懈的努力下，我区于2010年整合职教资源，撤销一职、二职、三职和中等职业学校，成立了北京新城职业学校，议案得到落实。

区四届人大五次会议上人大代表提出133件建议，闭会期间代表提出1件建议，全部得到办复。在代表建议办理中，常委会坚持主任、副主任牵头督办重点建议制度，加强办中督查和办后复查，使办理工作取得了较好实效。常委会主任、副主任牵头督办的关于“加快新城建设中拆迁工作”的建议，在2010年的新城核心区拆迁中得到很好落实。承办单位制定了《新建片区拆迁安置补偿方案》和《拆迁安置补偿实施细则》，使新建片区拆迁工作顺利推进。主任牵头督办的关于“将漷县镇农民就业产业基地晋升为通州经济开发区南区”的建议得到有效办理。目前已经将漷县镇农民就业产业基地升格为通州经济开发区南区，为推动漷县镇经济发展提供了有利条件。代表提出的“加快发展都市农业”、“在经适房小区设立社区居委会”、“修通砖厂西路”、“完善梨园中街基础设施”、“加强互联网监督与管理”等一批建议，均得到认真办复落实。

一年来，区人大常委会不断加强人大街工委工作，加强对乡镇人大的指导与联系，人大街工委工作和乡镇人大工作取得积极进展。

2010年，区人大常委会及工作机关适应新形势、新任务和新要求，着力抓好自身建设，完善工作方式，提高工作质量和实效。一是组织常委会组成人员和机关干部深入学习实践科学发展观，学习党的十七届五中全会精神和市委、区委人大工作会议精神，提高思想政治素质，增强新时期做好人大工作的自觉性。二是树立正确的工作价值观，科学确定工作目标和任务，紧紧围绕全区发展和人民群众的需要，依法履行职权，做该做、能做、有用、有效的事。坚持围绕中心，服务大局，突出重点，注重实效。不断提高工作标准，优化工作格局，完善工作机制。三是结合实际，制定常委会执法检查工作程序、听取和审议专项工作报告工作程序和审议意见办理工作程序，增强了工作规范性和严肃性。坚持“会议的质量在会前，会议的实效抓会后”，着力抓好会前准备、会中审议和会后督查等环节，常委会会议质量不断提高。四是在机关党员干部中开展“创先争优”活动，开展学习型机关建设，开展学习考察、交流研讨等活动，抓好干部培训、交流、选拔、考核等工作，积极改善机关办公条件和工作环境，提高了干部队伍的能力素质，调动了干部的积极性。

常委会积极做好信访工作，全年共办理各类信访63件次，促进了有关问题的解决。努力做好宣传、信息和老干部等工作。认真完成市人大常委会交办的工作任务，为市人大常委会在我区开展调研、检查等工作提供服务和保障。

各位代表，一年来，常委会各项工作取得了明显的进展和成效。这是在区委正确领导下，全体常委会组成人员和人大代表辛勤工作、共同努力的结果，是“一府两院”密切配合，广大人民群众和社会各方面关心、支持、帮助的结果。在此，我代表区人大常委会，向各位代表和所有关心、支持人大工作的同志们、朋友们，表示崇高的敬意和衷心的感谢！

面对新形势、新任务、新要求，我们也清醒地认识到，常委会的工作还有不少差距。一是对人民代表大会制度、人大工作特点和规律的认识需要继续深化。二是监督工作中如何深化预算监督、人事监督和对市垂直管理部门的监督，增强监督实效，需要探索和实践。三是代表履职的服务保障工作有待改进，市、区、镇三级人大代表发挥联动作用需要加强，代表议案、建议办理工作需要重点推进。四是工作制度、工作机制和工作方法需要进一步完善，常委会履职能力和机关服务水平需要进一步提高。区人大常委会将认真研究这些问题，不断加强和改进工作，使之更适应现代化国际新城建设的需要。

2011年的主要任务

2011年是“十二五”规划实施的第一年，是全面建设现代化国际新城的重要一年，是本届人大及其常委会任期的最后一年。区人大常委会要在区委的领导下，认真贯彻党的十七届五中全会、市委十届八次全会、区委四届十次全会和第三次人大工作会议精神，紧紧围绕现代化国际新城建设的战略任务，立足全局，抓住重点，完善方式，突出实效，依法行使职权，进一步提高人大各项工作水平，为实现“十二五”规划良好开局，加快推进现代化国际新城建设作出新的更大贡献。

一、切实履行监督职权，推动经济发展方式转变和现代化国际新城建设

围绕中心，服务大局，把推进通州科学发展、转变经济发展方式，落实人大及其常委会决议、决定和审议意见，推动人民群众普遍关心的重点问题的解决作为监督工作的重要内容。丰富和完善监督方式，改进监督方法，使人大监督工作更有深度、更具实效。

2011年拟听取和审议区政府关于上半年工作、“六五”普法规划、保障性住房及拆迁安置房建设、农村集体经济产权制度改革、代表议案建议办理等情况报告。配合市人大常委会做好对学前教育工作的监督、对防震减灾法实施情况的检查以及对首都国家文化中心建设情况的专题调研。抓好2010年5项议题审议意见落实情况的跟踪检查。研究探讨常委会组成人员质询办法，增强监督效果。

做好国民经济、社会发展计划和财政预算监督工作。听取和审议区政府关于2010年财政决算报告、2010年财政预算执行和其他财政收支的审计工作报告，审查批准2010年财政决算；听取和审议区政府关于2011年上半年国民经济、社会发展计划和财政预算执行情况的报告；开展对部门预算执行及财政资金使用绩效的监督，支持审计机关发挥职能作用，促进政府预算管理水平的提高。

综合运用多种方式，加强对“十二五”规划实施、现代化国际新城建设、就业和社会保障、城市管理、统筹城乡一体化发展等工作的监督，推动经济发展方式转变和社会各项事业进步，推动现代化国际新城建设和城乡一体化进程，促进全区经济社会的健康发展。

二、全面做好区、镇两级人大代表换届选举工作，依法行使重大事项决定权和人事任免权

2011年下半年，区、镇两级人大代表将进行换届选举。做好这次换届选举工作，对于坚持和完善人民代表大会制度，加强基层政权建设，发展基层民主政治具有重要意义。常委会要在区委的领导下，充分发扬民主，严格依法办事，着力抓好以下工作：一是深入开展调研，认真分析新形势下换届选举中出现的新情况、新问题，及时研究解决相关问题。二是精心谋划，统筹安排，制订工作方案，明确选举各个阶段的工作任务和目标。三是加强对选举工作人员的培训，把培训贯穿于选举的全过程，努力提高选举工作人员的思想认识和业务水平。四是深入宣传，广泛动员，激发广大选民参选的政治热情。五是抓好选举各个阶段工作的督查指导，及时掌握工作进度，总结推广典型经验，明确工作要求，确保换届选举工作依法有序顺利完成。六是认真指导各乡镇开好新一届人民代表大会第一次会议，积极做好通州区第五届人民代表大会第一次会议的各项筹备工作。

坚持和完善“一府两院”向人大常委会报告重大事项制度，对关系全区改革发展稳定的重大问题，适时作出决议决定。进一步做好人事任免工作，从组织上保证国家机关的正常运行。探索对拟任命人员进行任前考察工作；探索对区政府组成部门和“两院”部门开展工作评议制度；继续开展对常委会任命的区政府各委主任、各局局长和区法院副院长、区检察院副检察长的年度书面述职备案工作。

三、加强代表工作，发挥代表作用

保障代表知情知政，坚持搞好代表培训，特别是开展好对新一届代表的集中培训，帮助代表提高履职能力。丰富代表活动，拓宽市、区、镇三级人大代表发挥联动作用的渠道，增强代表活动实效。推进代表议案、建议办理工作，加强对议案、建议的综合分析，加大调查研究和沟通协调力度，完善督办机制，增强办理实效。做好代表服务保障工作。全面总结本届代表工作，开展代表履职经验交流，认真听取代表对常委会工作的意见和建议。

各位代表，“十二五”规划描绘了未来五年通州发展的美好蓝图，我区已经进入新的发展阶段。加快推进现代化国际新城建设，已经成为全区人民的共同愿望。让我们在区委的领导下，以更加奋发有为的精神状态，更加求真务实的工作作风，更加扎实有效的工作措施，做好2011年人大及其常委会的各项工作，为坚持和完善人民代表大会制度，实现现代化国际新城建设新跨越而努力奋斗！

政府工作报告

——2011年1月10日在通州区第四届人民代表大会第七次会议上

通州区区长　岳鹏

各位代表：

现在，我代表通州区人民政府向大会报告工作，请予审议。

2010年工作回顾

2010年是通州发展史上极为不平凡的一年。一年来，在市委、市政府和区委的正确领导下，全区上下以科学发展观为统领，紧紧抓住“集中力量、聚焦通州，借助国际国内资源，尽快形成与首都发展需求相适应的现代化国际新城”这一前所未有、千载难逢的机遇，以超常的干劲、超常的举措和超常的效率，在经济社会各条战线上奋勇拼搏，取得了显著成绩，圆满完成了区四届人大五次会议和六次会议确定的各项任务。预计全年地区生产总值实现315亿元，增长12.9%；税收总额实现104亿元，增长24.5%；地方财政一般预算收入实现31.65亿元，增长21.5%；全社会固定资产投资额实现360亿元，增长16.1%；社会消费品零售额实现188亿元，增长16.2%；城镇居民人均可支配收入实现24476元，农民人均纯收入实现12497元，分别增长9%和10%。

一、现代化国际新城建设取得突破性进展

高起点提升新城发展定位。立足首都世界城市建设，通过举办“通州国际新城发展论坛”等系列活动，明确了现代化国际新城“北京发展新磁极、首都功能新载体”的发展定位，提出了将通州打造成为中心城功能疏解的重要承接地、世界城市新功能的核心承载区、首都经济新的增长极和滨水低碳宜居新典范，为高水平推进现代化国际新城建设奠定了坚实基础。

高标准推进核心区规划建设。充分借助国际国内资源，按照国际一流标准，全面深化新城核心区规划，完成了重点地块规划和城市设计方案，开展了景观环境、道路交通、地下空间等专项设计，与佩罗集团合作编制了首个低碳城市指标体系。举办高水平宣传推介活动，快速形成了各类优质资源汇聚通州的良好态势，新加坡嘉德置地、万达集团等30余家国内外知名企业明确了投资意向，香港富华、华业地产投资建设的首批项目顺利开工。

大规模实施土地一级开发和旧城旧村改造。编制完成新一轮土地利用总体规划。落实土地储备开发投资269亿元，全面推进园区、功能区和重要节点的土地一级开发，完成1.1万余户村、居民搬迁，32宗地块陆续实现上市交易。旧城旧村改造不断加快，启动24个村的旧村改造；4个市级重点村搬迁工作加快推进，村民安置楼工程完成量均在60%以上。

大力度展开基础设施建设。路网建设不断加强，潞苑北大街等4条道路竣工通车；徐尹路等5条道路工程加紧推进；北运河东滨河路等5条道路开工；五里店西路等一批道路微循环改造工程相继完工；地铁M6号线二期工程开工建设。优化公共交通体系，完成客运“一卡通”系统建设，新增和更新126辆区内客运车辆。新城供热体系进一步完善，三河热电联供项目管网建设全面展开，玉桥南里锅炉房实现供热，城西5号锅炉房整合工程完工，替代分散燃煤锅炉房43座。铺设燃气管线36公里，新发展天然气用户2.8万户。

二、经济发展迈上新台阶

大项目引进建设力度加大。产业发展继续向高端化方向推进，具有重大战略意义的大项目引进建设速度不断加快，引进投资亿元以上项目38家，北京国际航空城、四环医药等一批十亿级、百亿级投资的高端产业项目和上市公司签约落户；北汽动力总成、IDC数据中心等一批项目正式开工；枢密院、玲珑轮胎等一批项目建设顺利推进；邮政综合处理中心、华润物流等一批项目竣工投产。

乡镇、园区发展势头强劲。乡镇完成税收79.8亿元，占全区税收总额76.7%，台湖镇税收达到16亿元，马驹桥镇、梨园镇税收突破10亿元。园区完成税收27.6亿元，占全区税收四分之一，光机电基地税收突破10亿元。商务园成为北京市电子商务聚集区，与物流基地、开发区西区创业园形成“一主两辅”的中国国际电子商务示范基地；开发区西区申报加入中关村国家自主创新示范区取得新进展，与中关村发展集团合作筹建国家院所通州产业园；宋庄文化创意产业集聚区公共服务平台工程竣工；金桥基地扩区工作全面启动；漷县镇农民就业基地升级为通州经济开发区南区。

经济发展方式更趋合理。加大节能减排力度，淘汰黄标车2508辆，退出“三高”企业14家，11家企业完成资源综合利用和清洁生产促进工作，万元地区生产总值能耗下降5%。自主创新能力持续增强，中关村通州园高新技术企业达到78家，32个产品成为中关村自主创新产品。促进土地集约利用，盘活闲置土地157处，厂房面积47万平方米。深入开展违法用地专项整治行动，腾退耕地257亩。家电以旧换新等消费促进工作深入展开。

资金保障能力显著提升。区级总财力突破200亿元，财政支出结构进一步优化，重点投入新城建设、重大工程、改善民生等领域。创新国有资产经营管理模式，搭建国有资本运营平台；完善投融资机制，开展政府融资平台清理及资金监管，积极推进银政合作，筹措银团贷款95亿元；开展小额贷款公司试点，澳美、首诚两家公司正式开业。引导社会资本参与新城建设和产业发展的力度进一步加大。

三、新农村建设取得阶段性成果

都市型现代农业持续发展。完成5.3万亩都市型现代农业基础建设，创建粮食高产面积和高标准农田3.8万亩。新建、改造设施农业面积4000亩。建设国际种业园核心区，11家国内外知名种业公司入住园区。完成20个采摘园规范化建设。东升方圆等6家企业被评为市级农业龙头企业，第18届国际食用菌大会定址通州，举办樱桃文化节，完成通州大樱桃国家级地理标志申报认定。动植物疾病防控、农产品质量认证、农业机械化、农业保险等工作得到加强。

农村基础设施建设不断加强。全面完成“五项基础设施”和“十二项全覆盖”工程，编制完成全区483个村的村庄规划，完成350万平方米街坊路建设及173万平方米两侧绿化，改造户厕4.2万座，建设农村公厕437座。“三起来”工程加快实施，安装节能路灯1.2万盏，完成农宅保温改造676户。

农村各项改革继续深化。完成185个村的集体经济产权制度改革；流转土地1.2万亩；发展农民专业合作社18家，成功举办首届农民专业合作社成果展。强化村级经济事项招投标工作；成立全市首家镇级集体资产交易市场。区农村土地承包仲裁委员会正式成立。集体林权制度主体改革任务全面完成。森林采伐管理改革试点工作稳步推进。

城乡生态环境建设水平大幅提升。成立区城乡环境建设委员会，完成区级环卫作业中心改革。加强市容环境整治，拆除7万平方米违法建设和3328块户外广告、牌匾。新增一批环卫车辆和设备，改造垃圾收集站点22处，垃圾分类管理工作稳步推进。开展农村环境综合治理，完成13个生态文明村和10个首都绿色村庄创建工作，张家湾镇、潞城镇分别被评为环境优美乡镇和园林小城镇。滨水生态环境进一步改善，通惠河北部截污等一批工程竣工，完成大运河森林公园等一批绿化美化工程。

四、以改善民生为重点的社会建设稳步推进

各项事业健康发展。教育事业快速发展。优化教育资源布局规划，北京小学通州分校投入使用，新第三中学等3所学校主体完工，西集中学建设进展顺利，芙蓉小学开工建设，27所中小学校校舍安全加固工程全面完成，北京新城职业学校成立，永乐店成人文化技术学校成为市级示范校。学习型组织创建工作取得新进展。医疗卫生事业全面推进。完善医疗机构布局规划，进一步优化资源配置；中医医院、妇幼保健院儿童门诊用房建成并投入使用，潞河医院手术病房楼主体完工，新华医院、骨伤医院、老年病医院顺利完成搬迁；积极推动医药卫生体制改革，启动公费医疗制度改革。文化体育事业取得新成果。通州电影院落成开放，区文化中心开工建设；广泛开展群众文化体育活动，成功举办运河艺术节；十三届市运会上通州代表团取得优异成绩。科技事业加快推进。新城低碳可持续发展实施标准研究等项目被列为市级重大科技项目，“北京市创新型科普社区”正式揭牌。人口计生、广播电视、新闻、气象、档案、史志、保密、民防、红十字等各项事业发展呈现新局面。

民生状况持续改善。就业促进工作成效显著，城镇登记失业率控制在1.92%，为486家用人单位发放各类就业补贴2258万元，5100名就业困难人员实现就业，转移农村劳动力9000人。社会保险覆盖面不断扩大，全区“五险”参保人员29.8万人，城乡居民养老保险参保人数20.1万人。全面落实养老助残“九养政策”和老年优待办法。加强社会救助工作，3076名残疾人享受到最低生活保障，区慈善协会正式成立。住房保障工作稳步推进，13个政策性住房项目开工建设，玉桥东小区等项目交付使用，提供房源10354套。33项为民办实事工程顺利完成。

社会建设不断加强。完成50个城市社区规范化建设，发展两家区级“枢纽型”社会组织。建成6个镇级社区服务中心和394个农村社区服务站，基本实现农村社区全覆盖。深入开展安全生产“百日平安行动”和“金安企业”创建活动，安全生产形势平稳有序；完善应急体系建设，预防和处置突发事件的综合能力进一步提升；做好矛盾纠纷排查调处工作，社会治安整体防控水平明显提高。全国双拥模范城创建工作取得阶段性成果，创建国家卫生区工作顺利通过专家组验收。第六次人口普查顺利展开。

五、优化发展环境工作取得新成果

服务型政府建设全面展开。以“廉洁建新城、树立通州形象”为基本要求，明确提出利用三年时间建设服务型政府的目标；以营造舆论氛围、培育示范窗口、构建服务体系和形成监督网络为重点，全面推进“四个一”工程建设。出台《促进电子商务企业发展暂行办法》等一系列政策措施；创新项目管理服务模式，挂牌成立区行政服务中心，健全和完善绿色审批通道，对经济贡献大的企业实行“绿卡”服务。

精神文明和民主法制建设持续加强。深入开展系列主题活动，实施六大文明引导行动；积极推动群众性精神文明创建工作，培育良好社会风尚，为现代化国际新城建设营造文明和谐的社会氛围。加大法制宣传教育和行政执法监督力度，推进依法行政工作，自觉接受人大法律监督、工作监督和政协民主监督，办复人大代表建议144件、政协委员提案185件。

全面支持新城建设的局面更加显现。围绕现代化国际新城建设，区人大、区政协进一步加强了对区政府工作的监督和指导，代表、委员提出了大量有针对性的建议和提案，有力地支持了新城建设；民族、宗教、侨务和对台工作在招商推介、维护稳定中发挥了越来越重要的作用；工、青、妇等群团组织桥梁纽带作用得到进一步发挥。

各位代表，2010年全区围绕现代化国际新城建设开展的各项工作，目标和水平之高前所未有，规模和力度之大前所未有，取得的成绩来之不易。回顾过去一年，我们深深感到：一是加快发展必须抢抓机遇。市委、市政府提出集中力量建设现代化国际新城的战略部署后，我们紧紧抓住这一千载难逢的发展机遇，充分发挥自身能动性，以最快的速度卓有成效地开展了一系列工作，巩固和发展了各类优质资源聚焦通州的优势，为通州发展创造了有利条件。二是加快发展必须具备强烈的紧迫感和危机意识。从环渤海经济圈到整个北京市，新一轮竞争正不断加剧，我们必须要付出几倍于人的努力，具备比别人更快的发展速度和更加强烈的紧迫感与危机意识，才能实现跨越式的发展。三是加快发展必须统一思想、团结一致。面对现代化国际新城建设这一战略任务，区委、区人大、区政府、区政协四套班子思想高度统一，各单位、各部门自觉服从服务于大局，相互支持、相互补台，迅速形成了集中力量建新城的强大精神动力和舆论氛围，从而实现了现代化国际新城建设的高起点开局。四是加快发展必须有敢于负责和勇于奉献的精神。现代化国际新城建设是一项全新课题，新情况多、新问题多、新难点多。全区各级领导干部在困难面前，没有表现出退缩和畏难情绪，勇于扛大梁、挑重担，以敢为天下先的精神开展工作，积极破解难题，创新方法、走出新路。面对时间紧、任务重的实际，各级领导干部深入一线、靠前指挥，广大干部职工加班加点，牺牲了大量休息时间，确保各项任务按时、按质完成。五是加快发展必须坚持以人为本。建新城、促发展的出发点和落脚点都是为了全区人民的根本利益。我们在各项工作中，始终坚持以人为本，得到了绝大多数群众的拥护和社会各界的广泛支持。在大规模搬迁工作中，我们本着最大程度让利于民、最大程度给老百姓实惠的原则，在最短的时间内实现了最快的搬迁。在推动企业发展上，将人性化的服务落实到项目引进建设和生产经营的全过程，切实想企业所想，急企业所急，主动、高效、热情地为企业服务，有效地推动了产业发展。

各位代表，过去一年通州发展的优异成绩，为“十一五”时期画上了圆满的句号。五年来，在市委、市政府和区委的坚强领导下，全区广大干部群众以学习实践科学发展观为统领，紧紧围绕构建“创意、活力、和谐”通州，坚持创新体制、调整结构、优化环境、全面发展，全区经济社会建设取得了显著成绩，圆满完成奥运会和新中国成立60周年庆典活动的服务保障工作。全区经济持续快速增长，地区生产总值比“十五”期末翻一番，人均地区生产总值超过4000美元，达到中等发达地区水平；转变经济发展方式的步伐不断加快，产业发展质量和水平显著提升，引进建设了一大批高端、高效、高辐射的项目；新城建设快速推进，基础设施和市政设施不断完善，城市管理水平显著提升，进入了建设现代化国际新城的新阶段；新农村建设全面推进，都市型现代农业迅猛发展，农村基础设施建设取得长足进展，城乡面貌明显改观；各项社会事业加快发展，民生状况持续改善，城乡居民收入大幅提高，城乡医疗养老保险制度实现全覆盖。

五年的成绩来之不易。这是市委、市政府和区委正确领导的结果，是区人大、区政协积极支持和有效监督的结果，是各民主党派、人民团体、驻通部队、武警官兵、公安干警、驻通中市属单位鼎力支持的结果，是全区人民共同努力奋斗的结果。在此，我代表区政府向奋战在各条战线上的广大干部职工和所有关心支持通州发展的各界人士表示崇高的敬意和衷心的感谢！

在肯定成绩的同时，我们也清醒地认识到，经济社会发展中还存在不少困难和问题，主要表现在：现代化国际新城建设虽取得良好开局，但在实现总体目标的过程中还将面临大量艰苦工作和严峻挑战；发展环境还需进一步优化，项目落地建设速度与全区产业发展的要求还存在差距；农村城市化、城镇化的速度还需进一步加快，“两新”建设的协调发展还需加强统筹；人口的有效控制与管理还面临较大压力，人口、资源、环境的矛盾依然突出。这些问题都需要引起我们的高度重视，并在今后的工作中努力加以解决。

2011年工作的总体思路、奋斗目标和主要任务

2011年是实施“十二五”规划的开局之年，也是全面推动全区经济社会实现跨越式发展的关键之年。做好今年的各项工作，对于实现今后五年现代化国际新城建设的战略目标至关重要。我们要紧抓机遇，开拓创新，加快发展，努力开创全区经济社会发展的新局面。

2011年政府工作的总体思路是：全面贯彻党的十七届五中全会、中央经济工作会议、市委十届八次全会精神，深入学习实践科学发展观，以科学发展为主题，以加快转变经济发展方式为主线，以现代化国际新城建设为目标，围绕区委四届十次全会提出的“打造新城建设先行区、高端产业聚集区、城乡一体化示范区、社会建设模范区、和谐社会首善区、党建工作创新区”要求，在新起点上实现现代化国际新城建设的新跨越。

2011年全区经济社会发展的主要目标是：地区生产总值增长15%左右，税收总额增长15%，地方财政一般预算收入增长12%，全社会固定资产投资额增长20%左右，社会消费品零售额增长15%左右，城镇居民人均可支配收入和农民人均纯收入分别增长10%和12%，万元地区生产总值能耗、大气污染物和水污染物排放完成市里下达的节能减排任务。

2011年全区经济社会发展的主要任务是：

一、以更快速度、更高标准推进新城建设

大力推进新城中心区开发，全面掀起建设高潮。加快富华、华业首批项目建设速度，全面启动五河交汇处、上营棚户区等重点地块的项目建设；全面推进新城核心区16平方公里后续地块的一级开发，实施南大街棚户区、杨坨、司空小区等重点地块的搬迁改造，形成滚动开发的良好态势。借鉴奥运中心区建设经验，全面启动核心区基础设施建设，加快实施地下空间综合开发、立体式绿色交通路网体系等配套工程。深化核心区控规方案，高水平完成建筑项目设计，尽快打造新城的精品和典范区域。细化48平方公里新城中心区功能分区，突出抓好医疗康体功能区的开发建设，力争在大型医疗康体项目建设上取得突破。

同步推进重要功能板块开发建设，形成多点支撑的城市发展格局。按照新城核心区标准，高水平推进环渤海高端总部基地、文化创意产业集聚区、主题休闲旅游度假区等功能板块的开发建设。环渤海高端总部基地要进一步明确功能定位，完成土地一级开发，分批推出地块上市，全面开展基础设施建设，实实在在地启动一批项目，形成体现世界一流标准的又一典范区域；主题休闲旅游度假区要全面启动土地一级开发，积极促

进派格5D秀、新乐城等综合文化休闲项目落地；文化创意产业集聚区要加快土地一级开发和基础设施建设，力促北京世贸中心、中国艺术品产业博览会和交易中心等一批重大项目落地；商务园要完成二、三期规划编制，并启动土地一级开发，加快金融街园中园、阳光保险等项目建设；北苑商务区城市综合体项目要取得实质性进展。

打造现代化基础设施体系，不断增强城市承载力。全面加强市政道路设施和公共服务设施建设，优化城市功能布局。加快建设宋郎路北延等8条道路，启动建设张采路北延等4条道路，打通外环路、壁富路等多条道路断点，筹建漷马路等3条南部交通主干道，完成京哈高速西集综合检查站建设。确保三河热电联供项目年内实现向新城供热，完成竹木厂锅炉房建设，改造热力站40座，分步实施供热计量改革工作。启动南水北调通州水厂工程和城区供水保障工程，提升新城供水能力。对接国际先进技术，引进垃圾真空回收系统，提升生活垃圾减量化、资源化、无害化水平，实现50%的居民小区垃圾减量分类。

坚持建管并重，不断提高城市管理水平。加大城市管理力度，提升规范化、精细化管理水平，建立适应现代化国际新城内在需求的城市管理机制。坚持公交优先原则，大力发展公共交通；规划建设北苑换乘枢纽，分流新华大街等主要道路的公交车辆；开展公共自行车租赁试点，倡导居民绿色出行，着力缓解交通压力。完善重大安全隐患治理机制，启动运河东大街消防站、商务园消防站建设。筹建人口计生综合服务中心，研究建立人口计生工作新机制，着力控制人口数量、优化人口结构，解决好流动人口的管理与服务问题。

二、在更高水平、更高层次上加快产业发展

围绕新城产业定位，突出抓好大项目引进建设。全面提升招商引资水平，力促一批高端、高效、高辐射的产业项目和功能性项目落地建设，突出打造高端商务、文化创意、金融服务、医疗康体、旅游休闲等符合未来新城发展要求的现代服务业，不断做强现代物流、高端制造等优势产业。巩固和扩大项目梯次推进、滚动发展的良好态势，加快北京国际航空城、国际金融论坛永久会址等签约项目的建设速度；力促中国动向集团、四环医药等一批亿元以上投资项目开工建设；确保北汽动力总成、苏宁华北总部等一批项目竣工投产；推动天宇朗通、鸿仪四方等企业加快上市步伐。

优化产业发展平台，突出抓好园区建设。进一步明确园区发展定位，创新发展模式，提升发展水平，推进园区产业高端化、资源集约化、环境生态化发展，努力打造功能完善、环境优越、低碳生态的特色园区。加快园区道路、变电站、生活配套等基础设施建设，增强园区承载力和吸引力。加快土地一级开发进度，储备一批产业用地，为大项目落地创造条件。扩展园区发展空间，提升园区发展质量；抓住中央给予中关村“先行先试”优惠政策的机遇，加快金桥基地扩区前期手续办理，推进开发区西区“中关村国家院所通州产业园”建设，加快吸引优质产业项目入住；加快光谷创新置业、联东总部科创园等园中园建设，充分发挥聚集高端产业的作用。

创造一流发展环境，突出抓好为企业服务。全方位优化政策环境和政务环境，进一步完善促进产业发展的体制机制，全力打造“政策最优惠、办事最便捷、服务最到位”的首善之区。继续推进区行政服务中心建设，提高窗口即时办结率。建立产业项目动态信息库，进一步明确各相关单位、部门的责任和工作要求，实现对项目的服务责任制。全面推行“绿卡”企业服务制度，完善服务机制，使更多的企业得到一流服务。

三、在更大力度、更深内涵上推进城乡一体化

加快农村城市化、城镇化进程。全面完成4个市级重点村城市化建设，在新城范围内再启动25个村的旧村改造，统筹解决农民转非安置、社会保障、劳动就业等问题。以重点小城镇建设为突破口，启动20个村的旧村改造，加快乡镇中心区周边的农村城镇化进程。进一步加强新型农村社区建设，延伸城市社区管理模式，提升农村社区化管理水平。

大力推进新农村建设。深入开发农业的生产、生活、生态、示范功能，促进农业与二三产业融合发展。新建一批标准化生产基地，加快建设国际种业、创意农业等5大现代农业园区，全力打造5个万亩蔬菜生产区。加快观光农业、体验农业发展，高水平建设一批农业观光休闲园。培育东升方圆、金福艺农等龙头企业上市。按照“查漏补缺、解决需求”的原则，继续加强农村基础设施建设，建立长效管护运行机制。继续深化农村各项改革，年内基本完成全区符合条件村的集体经济产权制度改革；继续推进土地流转和基层林业站改革工作；规范提升一批农民专业合作社；加强政策性农业保险工作；完成森林采伐管理改革试点工作。

全面加强城乡生态环境建设。以巩固国家卫生区创建成果和迎接建党90周年为契机，全面加强城乡生态环境建设。推进城市环境整治，实施梨园路等一批道路架空线入地改造，加大对无照经营、占道经营等违法行为的治理力度。打造整洁亮丽的村镇环境，启动“一镇一园”建设试点，开展“一镇一街”示范工程。加强生态水系景观建设，完成河东再生水厂主体建设等一批工程，着力打造“三个绿环”，形成水绿交融的绿色景观。大力推进违法建筑拆除和违法用地治理，加强对已搬迁区域的管护。建立乡镇污水处理厂补偿机制。明确主要污染物减排工作责任，将减排指标分解落实到乡镇、部门和具体项目，进一步加强减排工作力度。

四、在更多方面、更多领域上不断改善民生

大力发展社会事业。均衡配置义务教育优质资源，高标准建设一批中小学校，完成31所中小学加固改造，加大名校引进力度，着力打造新第三中学、贡院小学等本地名校。扩大公立幼儿园覆盖率，创建成人文化技术学校市级示范校。加强对教育教学成果的奖励，培育一批学科带头人。继续推进学习型新城区建设。整合新城医疗卫生资源，加快区域医疗中心建设，完成第四区域医疗中心选址。启动新华医院、公共卫生大厦、潞河医院门诊楼和教学楼建设，实施牛堡屯卫生院改扩建工程，确保潞河医院手术病房楼投入使用。加大高端医疗康体项目和三甲医院引进力度，年内力争有所突破。深入推进医药卫生体制和公费医疗制度改革，开展公立医院改革试点，全面推进“全国农村中医工作先进区”创建工作。加快文化体育事业与旅游产业融合发展，推进区文化中心建设，加快运河博物馆前期手续办理，做强运河艺术节文化品牌，推动现代文化休闲旅游业发展。加快梨园体育中心项目进程，引进高水平运动项目，开发体育竞赛表演市场。广泛开展群众文化和全民健身活动，改造一批乡镇群众文化服务中心，打造“一区一品”群众体育品牌。以科技项目为载体，以科技创新为途径，以科技普及为手段，不断提升科技服务区域经济和社会发展的能力。继续做好民族、宗教、侨务和对台工作，促进人口计生、广播电视、新闻、气象、档案、史志、保密、民防、红十字等各项事业发展。

切实做好社会保障工作。全面落实市区两级就业政策，加大公共就业服务资源整合力度，多层次开展职业技能培训，多渠道开发就业岗位，城镇登记失业率控制在3.5%以内。完善城乡统筹的社会保障体系，扩大社会保险覆盖面，继续做好社会保险扩面征缴工作，确保基金征缴率达到98%以上，加强新农合医疗机构和经办机构的规范化管理。认真落实“九养”政策，完善居家养老服务网络，推广养老餐桌和托老所经验，建设区级养老服务机构，拓展残疾人机构托养服务范围。改善群众住房条件，统筹解决好不同人群的住房需求。

努力加强社会建设。推进社会组织改革与发展，推广建立社区社会组织联合会，认定5家“枢纽型”社会组织，初步形成“枢纽型”社会组织工作体系框架。完成27个社区的规范化建设，打造20%的规范化精品城市社区，力争市级精品农村社区达到50%。加强安全生产宣传教育，深入开展安全生产标准化工作。加强隐患排查治理，及时消除各类安全隐患。加强应急管理工作，提高突发事件应急反应和处置能力。建立治安防控新模式，提高科技创安水平。深化“大维稳”格局建设，建立重大事项社会稳定风险评估机制，切实维护和谐稳定的社会环境。

继续开展精神文明建设。充分发挥精神文明建设对现代化国际新城建设和全区经济社会发展的积极推动作用，围绕构建“创意、活力、和谐”通州，以“打造通州精神、创造通州速度、树立通州形象”为目标，深化精神文明创建活动，提高群众文明素质和城市文明程度，努力为现代化国际新城建设营造良好氛围。

五、在更实基础、更多环节上加强政府自身建设

大力开展效能建设。以强化政府工作督查考核为重点，提高政府工作的执行力。以建立和完善政府各项制度为重点，提高政府工作规范化、科学化水平。以启动政府信息管理网络建设为重点，全面提高政府系统工作效率。

深入推进法制建设。加强法治型政府建设，出台相关措施，加大行政执法监督力度，落实行政执法责任制，进一步提升政府部门依法行政的能力和水平。自觉接受人大法律监督、工作监督和政协民主监督，认真办理人大代表议案、建议和政协委员提案。全面启动“六五”普法工作。

全力加强廉政建设。按照“廉洁建新城”的要求，深入推进廉政风险防范管理工作，切实提高领导干部拒腐防变的能力。坚持关口前移，加强对重点项目、重大资金和财政资金的审计监察，努力探索规范长效的管理机制。

关于国民经济和社会发展第十二个五年规划纲要（草案）的说明

区委四届十次全会通过的《关于制定通州区国民经济和社会发展第十二个五年规划建议》（以下简称《建议》），提出了未来五年全区经济和社会发展的指导思想、奋斗目标和主要任务。根据《建议》精神，区政府制定了《通州区国民经济和社会发展第十二个五年规划纲要（草案）》（以下简称《纲要（草案）》），已提请大会审查。下面，我就几个问题作简要说明。

一、《纲要（草案）》的编制过程和主要特点

区委、区政府高度重视“十二五”规划编制工作，成立了“十二五”规划编制领导小组，统筹指导全区规划研究编制的各项工作。从去年4月份开始，组织有关部门和专业研究机构对事关现代化国际新城建设和通州可持续发展的重大问题进行了广泛深入的调研，在此基础上形成了《纲要（草案）》初稿。区委、区政府多次召开专题会议对一系列重大问题进行研究决策，区人大、区政协组织代表、委员深入调研，对《纲要（草案）》提出了很多很好的意见和建议。同时，《纲要（草案）》广泛征求了各单位、各部门的意见，吸纳了社会各界的建议。《纲要（草案）》的形成过程，是发扬民主、集思广益、科学决策的过程，是统一全区思想认识、形成社会共识的过程。

《纲要（草案）》的编制突出以科学发

展为主题，以加快转变经济发展方式为主线，以现代化国际新城建设为目标，立足推动首都世界城市建设和践行“人文、科技、绿色”北京的要求，强调低碳、绿色、环保、可持续发展等先进理念。同时，《纲要（草案）》力求重点突出、特色鲜明，更具有操作性，切实起到凝聚共识、鼓舞人心的作用。

二、“十二五”时期通州区经济社会发展的指导思想和主要目标

“十二五”时期，是推动全区经济社会实现跨越式发展的关键时期，也是全面建设现代化国际新城的重要时期。

《纲要（草案）》全面贯彻落实科学发展观，体现了区委《建议》提出的指导思想，这就是：认真贯彻中央十七届五中全会、市委十届八次全会精神，深入贯彻落实科学发展观，认真落实“三个北京”、“四个服务”、“五个之都”和市委、市政府对通州工作的新要求，以科学发展为主题，以加快转变经济发展方式为主线，以建设现代化国际新城为目标，立足服务首都、造福百姓，瞄准世界一流和走在前列，打造通州精神，创造通州速度，树立通州形象，实施“四大战略”，在推进“创意、活力、和谐”通州上迈出坚实步伐，推动通州成为北京发展新磁极、首都功能新载体，为建设中国特色世界城市增光添彩。

根据区委的《建议》，《纲要（草案）》提出了“十二五”时期经济社会发展的主要目标，包括区域经济发展实现大跨越、城市建设管理实现大跨越、城乡一体化实现大跨越、人民生活品质实现大提升、社会建设水平实现大提升、生态文明实现大提升、区域合作进一步深化等七个方面。

这些目标突出了三个特点，一是发展目标定位科学合理。《纲要（草案）》中提出未来五年的目标，是在综合研判我区发展条件和发展趋势的基础上确定的，并充分考虑到现代化国际新城是世界城市的重要组成部分，必须在各个领域迈出更大的步伐，实现跨越式发展。有理由相信，我们所制定的目标通过努力是完全能够实现的。二是更加突出统筹协调可持续。《纲要（草案）》所确定的目标，重点就城乡之间、区域之间、经济与社会之间、人口资源环境之间的统筹协调可持续发展提出了要求，这是基于我区发展全局做出的科学安排。通州未来的发展将是地区间协作的发展，将是全区906平方公里的协同发展，将是正确处理人口资源环境关系的可持续发展，将是经济与社会的全面发展。三是更加关注民生。《纲要（草案）》中明确了更加以人为本、更加关注民生的指标体系，从居民住房条件、收入状况、社会保障等方面提出了与经济发展相一致的目标要求，充分体现了经济发展与新城建设的出发点和落脚点都是为了保障人民群众根本利益这一核心宗旨，让群众最大程度地享受到发展带来的成果与实惠。

三、“十二五”时期的发展格局和主要任务

《纲要（草案）》明确了“十二五”时期现代化国际新城　“一核、三区、三带、四组团”的区域空间格局。一核，即新城中心区，是现代化国际新城建设和发展的战略引擎区，是疏解首都中心城商务功能、提升消费功能、补充国际功能、聚集文化功能的重要空间载体，是北京建设中国特色世界城市的先行区、实验区和示范区。三区，即主题休闲旅游度假区、文化创意产业集聚区、环渤海高端总部基地三大功能区，将实现特色产业集群化发展，成为推动现代化国际新城经济发展和功能提升的重要高端功能区。三带，即北运河水岸经济带、京哈高速产业带、京沪高速产业带，是现代化国际新城产业发展的重要集聚带。四组团，即着力打造台湖、西集、漷县、永乐店等四个重点镇，以重点镇建设推动城乡一体化进程，形成新的各具特色、功能配套的发展组团。

《纲要（草案）》对“十二五”时期的

新城建设、经济社会发展等方面，都做出了全面部署，提出了明确的任务和措施。

一是高标准推进现代化国际新城建设，彰显新城品质魅力。《纲要（草案）》把推进现代化国际新城建设作为“十二五”时期的首要任务。提出了五年基本建成新城核心区16平方公里，十年基本建成新城中心区48平方公里，实现新城建设“一年一跨越、五年展雏形、十年出形象”。明确了要将新城打造成交通高度发达、滨水特色突出、历史与现代完美融合、经典与时尚交相辉映的北方魅力水城和全球低碳发展示范区。

二是加快转变经济发展方式，实现经济转型和高端发展。《纲要（草案）》提出以“服务化、高端化、集约化、低碳化”为方向，瞄准产业的高端领域、高端形态和高端业态，按照“提升一产二产，集聚做强三产，加快产业融合，突出发展高端产业”的发展思路，以加快转变经济发展方式为主线，以创新创意为动力，以重点功能区为载体，重点打造高端商务、高端制造、现代物流三大产业，着力培育文化创意、金融服务、医疗康体、旅游休闲四大新兴产业，形成现代服务业与高端制造业齐头并进、相互促进、跨越发展的新格局。

三是着力改善民生，让人民共享发展成果。《纲要（草案）》明确在“十二五”时期要进一步加大社会公共服务领域的政府投入，进一步健全社会公共服务体系和社会管理机制，更好地实现“发展为了人民”，努力提升人民的幸福感，让人民更好地享受新城发展的成果，更好地参与到新城的建设当中。

四是加快城乡一体化步伐，推进城乡一体融合进步。《纲要（草案）》强调，要按照“双轮驱动、镇村统筹、突出重点、梯次推进、协调发展”的要求，坚持城乡发展规划、产业布局、基础设施、社会事业、劳动保障、公共服务“六个一体化”，夯实农业农村发展基础，提高农业现代化和农民生活水平，建设农民幸福生活的美好家园。

五是提升可持续发展能力，让人口资源环境更协调。《纲要（草案）》提出以建设滨水低碳宜居城市为目标，坚持“绿色、低碳、环保”理念，做好水文章，打足生态牌，加快建设资源节约型、环境友好型新城，促进人口、资源、环境协调发展。重点做好人口规模调控与结构优化两项工作，抓好能源节约与资源节约两件大事；做好“水”、“绿”两篇文章。

六是加强国际交流与合作，提高国际影响力和区域开放度。《纲要（草案）》明确了未来五年要全面实施国际化战略，大力发展外向型经济，加快推进新城国际交流与合作，全力营造国际化的工作生活环境，将现代化国际新城打造成为首都参与国际交往的新窗口、提升国际竞争力的战略新区。

为确保圆满完成“十二五”时期的任务，《纲要（草案）》对政府自身建设进行了部署，强调要以转变政府职能为核心，全面提高行政效率，切实加强廉政建设和依法行政，增强政府的执行力和公信力，加强法治型政府、效率型政府和服务型政府建设。

各位代表！2011年的各项任务已经明确，“十二五”时期的宏伟蓝图已经绘就，让我们在市委、市政府和区委的坚强领导下，全面贯彻落实科学发展观，解放思想，开拓创新，扎实工作，为实现通州经济社会的跨越式发展而努力奋斗！

政府工作报告名词解释

（按在报告中出现的先后顺序排列）

1. 低碳城市指标体系。是指用于指导城市低碳化建设（包括低碳经济、低碳建筑、低碳交通、低碳人文等方面），衡量和评价城市低碳化程度、低碳管理水平的标准集合。

2. 4个市级重点村。2010年，北京市确定了城乡结合部地区首批50个市级挂账整治督办重点村，其中包括通州区六合村、北神树村、高楼金村和杨庄村。

3. 地铁M6号线。该线路西起海淀五路，东至通州东小营，全长41.74公里，一期工程由五路至草房，二期工程由草房至通州东小营。

4. 北京国际航空城。海航集团拟投资建设的以航空总部经济、电子商务与临空商贸、航空金融及衍生服务业、航空主题文化产业四大组团为核心内容的世界级国际航空城。

5. 四环医药。集总部、销售、结算中心及新药研发、生产基地为一体的医药上市公司。

6. 北汽动力总成。集汽车发动机和变速器的研发、设计、制造为一体的现代化动力总成生产研发基地。

7. 枢密院。光机电基地园中园项目，着力打造中国白酒总部产业园。

8. 玲珑轮胎。世界轮胎20强、全国三大轮胎生产厂家之一。

9. “三高”企业。即高污染、高耗能、高耗水企业。

10. 国家级地理标志。是指产自特定地域，所具有的质量、声誉或其他特性本质上取决于该产地自然因素和人文因素的产品，经审核批准以地理名称进行命名。

11. 五项基础设施。指新农村建设中，村庄的街坊路工程、安全饮水工程、污水处理工程、厕所改造工程和垃圾处理工程等。

12. “十二项全覆盖”工程。我区在推进新农村建设过程中，以普惠制为基础，实施了12项工程，并设定了相应的指标。包括农村的垃圾密闭化管理、社区卫生服务、安全饮水工程、村级主干路建设、体育健身场所、信息服务站、亮起来工程、便民连锁超市、文化活动中心、卫生厕所、有线电视入户、村域林木绿化率。

13. “三起来”工程。是指“让农村亮起来、农民暖起来、农业资源循环起来”的新农村建设工程。

14. “九养”政策。2009年11月12日，北京市出台《北京市市民居家养老(助残)服务办法》，制定了包括“居家养老(助残)券服务制度”在内的9条惠及老年人和残疾人的相关政策，简称“九养政策”。

15. “枢纽型”社会组织。即同类别、同性质、同领域社会组织的业务主管单位，是社会组织与原有行政部门由“主管主办”关系向“行业指导”关系转变过程中的产物，它对同类别、同性质、同领域社会组织进行分类管理，不断促进社会组织自我管理、自主发展。

16. “金安企业”。是指我区以推进安全生产标准化工作为基础，在全市创新开展的一项安全生产创建活动，达标企业可获此荣誉称号。

17. “绿卡”服务。是我区优化发展环境的一项重要举措，指对贡献大的企业实施的一项服务措施。

18. 六大文明引导行动。是指由市精神文明办发起的“爱首都、讲文明、树新风——做文明有礼的北京人”活动的主要内容，包括礼仪、环境、秩序、服务、观赏、网络等六个方面的文明引导行动。

19. 环渤海高端总部基地。即台湖镇“两站一街”地区，用地规模17.19平方公里，建成后将面向环渤海地区服务，成为加强区域合作的重要功能区。

20. 派格5D秀、新乐城。2010年12月新签约的两个综合文化休闲旅游项目。派格5D秀是包含水幕剧院、全球著名博物馆数字艺术展示中心等内容的大型文化休闲项目；新乐城是以音乐为主题，以数字、视频等新技术为表现形式，以构建音乐全产业链为核心价值的大型旅游休闲产业区。

21. 城市综合体。是指将城市中的商业、办公、居住、旅店、展览、餐饮、会议、文娱和交通等城市生活空间的三项以上进行组合，并在各部分间建立一种相互依存、相互助益的能动关系，从而形成的一个多功能、高效率的综合体。

22. 垃圾真空回收系统。是指利用负压技术对垃圾进行收集处理的管道收运系统，目前已经在美国、德国等三十多个国家与地区推广应用。

23. 国际金融论坛永久会址。全球金融领域最高级别的常设论坛，项目选址漷县镇中心区东区，占地约1700亩。

24. 动向集团。国际运动服装品牌企业，“KAPPA”为其重要品牌。

25. 天宇朗通。一家具有设计、生产、分销和售后服务的专业手机公司。

26. 鸿仪四方。一家进行辐照技术服务的高新技术企业。

27. “三个绿环”。是指我区生态绿化建设的一项工程，即沿运河核心区形成绿核内环；新城边缘由绿色廊道连接生态板块形成绿色中环；行政辖区边缘以水系为链接、以绿化隔离带为主形成郊野游憩外环。

28. “一区一品”群众体育品牌。按照《北京市创建“一区一品”群众体育品牌活动标准及办法》，由各区县根据区域特色和已形成传统的全民健身活动，进行的全民健身品牌创建活动。

29. “四个服务”。中央提出，北京作为首都，要搞好“四个服务”，即为党、政、军首脑机关正常开展工作服务，为日益扩大的国际交往服务，为国家教育、科技和文化的发展服务，为市民的工作和生活服务。

30. “五个之都”。北京市提出要努力打造国际活动聚集之都、世界高端企业总部聚集之都、世界高端人才聚集之都、中国特色社会主义先进文化之都、和谐宜居之都。

31. “四大战略”。即新城中心区引擎战略、高端要素集聚战略、城乡一体化加速战略、国际化发展战略。

政协北京市通州区第四届委员会常务委员会工作报告

——2011年1月5日在政协通州区第四届委员会第五次会议上

政协通州区委员会主席　王春元

各位委员：

现在，我受政协北京市通州区第四届委员会常务委员会的委托，向大会报告工作，请予审议。

2010年工作回顾

2010年是极不平凡的一年，是我区按照市委集中力量、聚焦通州，建设现代化国际新城的部署，高起点、高标准、大气魄、大力度推进新城建设的第一年。在中共通州区委的领导下，区政协常委会坚持围绕中心，服务大局，牢牢把握团结和民主两大主题，把推动科学发展作为第一要务，把促进社会和谐作为重要责任，积极履行政治协商、民主监督、参政议政职能，为推进通州跨越式发展，建设现代化国际新城作出了应有贡献。

一、坚持围绕大局，突出重点，政治协商稳步推进

区委高度重视人民政协工作，认真落实市委第三次政协工作会议精神，及时召开了通州区第三次政协工作会议，制订了《中共北京市通州区委关于加强人民政协政治协商制度建设的意见》，从主要内容、主要形式、基本程序等六个方面，就加强政治协商提出了要求，为我区更好地坚持和完善中国共产党领导的多党合作和政治协商制度，推进社会主义民主政治建设，提供了制度保障。区政协按照区委的要求，广泛调研论证，积极参与了区委《意见》的制定。在工作中，紧紧围绕现代化国际新城建设中的重大决策、重要部署，组织委员多层次开展政治协商活动，为区委、区政府科学决策、民主决策提供了重要参考。

整体协商全面深入。协商讨论政府工作报告是四届四次全会的一项重要议程。全会前，将《政府工作报告》（征求意见稿）寄送给全体委员，征求委员意见建议，并安排主席扩大会议协商讨论。全会期间，委员们围绕《政府工作报告》畅所欲言，就建设现代化国际新城以及人民群众普遍关心的热点、难点问题，坦诚建言，广献良策，许多意见建议被采纳。

专题协商、重点协商有序开展。常委会议、主席会议协商讨论了关于加快现代化国际新城建设的报告、“十二五”规划纲要（草案）、运河核心区规划、医疗机构设置规划等，提出了许多有见解、有价值的意见建议，受到区委、区政府和有关部门高度重视。例如，委员们在协商讨论医疗机构设置规划时提出的应突出规划的前瞻性、科学性、可操作性，加强乡镇卫生院建设，积极引进优质卫生资源等建议，在规划中得到了切实体现。

对口协商效果突出。在为编制“十二五”规划建言献策活动中，各专委会就“十二五”有关专项规划进行了认真细致的讨论，委员们发挥专业特长和智力优势，在深入调查研究的基础上提出意见建议80余条，为编制我区“十二五”规划及专项规划提供了重要参考。有关专委会采取情况通报会或寄发书面材料的形式组织委员就二十多个政府职能部门的2010年工作部署进行协商讨论，提出的40余条意见建议多数被采纳。

二、坚持以人为本，履职为民，民主监督力度明显增强

常委会坚持以人为本、履职为民，以区委、区政府重大决策、重要部署的贯彻落实情况为重点，通过多种形式履行民主监督职能，取得了较好的效果。

视察、专题座谈等活动富有成效。常委会议就党风廉政建设、重点产业项目发展、大运河森林公园建设，主席会议就基础设施重点工程建设、政法工作等开展了视察、专题座谈和情况通报等活动，提出了大量建设性的意见建议，促进了相关工作。

提案工作质量稳步提高。加大提案宣传力度，拓宽提案线索征集渠道，推动了提案质量的提高。各民主党派、人民团体和各界委员共提出提案223件，经提案委员会审查，立案203件。加大督办力度，改进督办方式，推动了提案办理工作。编发23期《重要提案摘报》呈送区委、区政府主要领导，驻会主席对增设公办幼儿园等3件群众关注度高、影响面大的提案进行重点督办，促进了相关问题的解决。经过承办部门的努力，203件提案全部办复，提案涉及的问题在年内得到解决或基本解决的占提案总数的55.2%。

反映社情民意工作继续加强。精心组织召开了社情民意恳谈会。恳谈会前，组织全体委员听取了区政府关于经济社会发展情况的通报，并有针对性地开展调查研究工作；恳谈会上，各民主党派、人民团体负责人和各界委员代表畅所欲言，从改善通州境内河流的水质、加强通马路综合治理、加强流动人口管理等方面提出了意见建议。区委书记王云峰、区长岳鹏等区委、区政府领导到会听取了委员们的意见建议，并给予了高度评价，认为委员们讲真话，表实情，体现了荣辱与共、肝胆相照的精神，对于区委、区政府全面了解社情民意、科学决策、改进工作、维护社会稳定具有重要作用。各民主党派、人民团体和各界委员高度重视社情民意信息工作，围绕区委、区政府重视和人民群众普遍关注的重要问题，及时了解和反映社情民意。区政协共收到社情民意信息484篇，编发《委员之声》172期，向市政协报送重要信息11篇。区委、区政府领导多次对《委员之声》作出批示。关于加强居民小区健身设施管理、增设大运河森林公园的公共卫生设施、强化学校安保工作等许多建议得到了落实。

特约监督工作有序推进。100多位担任区政府及34个职能部门特约监督员的委员，以高度的责任感和使命感，深入实际明察暗访，主动了解各部门履职情况，积极参加政风行风评议活动，及时反映群众的意见和要求，督促有关部门转变作风，改进工作，较好地发挥了民主监督作用。

三、坚持以调查研究为基础，参政议政成效显著

常委会坚持把调查研究作为履行职能的基础，组织各界委员就我区经济社会发展中的重要问题以及人民群众普遍关心的热点、难点问题，广泛开展调查研究，积极参政议政，取得了实实在在的效果。

专题调研成果丰硕。各民主党派、人民团体和各界委员紧紧围绕建设现代化国际新城的目标，积极开展专题调研工作，就提高市政市容管理水平、加快旅游业发展、加强新形势下基层统战工作等课题进行了深入调研，完成了20余篇内容详实、观点鲜明、建议可行的调研报告，形成了关于提高通州市政市容环境管理水平、关于加快通州旅游业发展等两份常委会议建议案和一批高质量的提案，提出了大量有针对性、前瞻性和可操作性的建议。例如，关于提高市政市容管理水平的报告，从更新城市管理理念、创新城市管理体制、提高市政公共服务设施建设水平等七个方面提出了具体建议；关于加快旅游业发展的报告，从高水平制定我区“十二五”时期旅游发展规划、打造具有通州特色的旅游精品项目、积极创新旅游开发管理体制机制等四个方面提出了建议；关于加强新形势下基层统战工作的报告，从提升基层统战工作地位、发挥基层统战工作作用、激发基层统战工作活力等方面提出了对策与建议。这些建议得到了区委、区政府和有关部门的高度重视，其中不少建议已经得到落实。

知情议政活动广泛开展。各专委会分别就政策性住房建设、新农村建设、园区建设、校舍抗震加固、药品市场管理、古树名木保护等工作开展了视察、情况通报等活动，提出了很多好的意见建议。例如，经济科技委员会在视察我区新农村建设时，从加强新农村基础设施的管理使用、加快农村产业发展、规范惠民项目运营成本核算等方面提出了意见建议，推动了相关工作。

界别活动更加活跃。工商联、农业、医药卫生、共青团、台胞台属归侨侨眷、特邀界均提出了界别提案。各界别组分别就新城建设、数字电影工程建设、文化创意产业发展等开展了视察、参观活动，拓宽了委员知情议政的渠道。

委员地区组活动丰富多彩。各地区组主动与所在地区党委、政府加强联系，围绕地区经济社会发展中的一些重要问题，深入调查研究，开展了视察、座谈等活动。宋庄潞城、马驹桥张家湾、梨园台湖地区组均以地区组名义提出了提案，积极为本地区发展献计出力。

四、坚持团结和民主两大主题，在建设和谐通州中发挥重要作用

常委会牢牢把握团结和民主两大主题，发挥政协组织的独特优势，充分调动各方面的积极性、主动性和创造性，凝聚各方智慧和力量共同推进和谐通州建设。

各民主党派、无党派人士和人民团体在政协中的作用得到充分发挥。坚持“长期共存、互相监督、肝胆相照、荣辱与共”的方针和“民主协商、求同存异”的原则，积极营造团结、民主、宽松、和谐的政治氛围，支持各民主党派、无党派人士和人民团体通过政协平台发挥作用。实行与各民主党派、人民团体联合调研制度，不断拓宽党派团体的知情议政渠道。高度重视党派团体提案，坚持由主席阅后报送区委主要领导阅批。加强同民族宗教界委员及代表人士的联系，协助区委、区政府认真做好民族宗教工作，促进了民族团结和宗教和睦。

沿运河历史文化名城城区政协主席（通州）年会促进了合作与发展。与会的七个城区政协主席就京杭大运河资源的开发利用和保护进行了交流研讨，参观考察了新城建设规划展、宋庄画家村、通州文化古迹等，了解了通州深厚的文化底蕴、得天独厚的自然地理环境和美好的发展前景。年会大力宣传、推介了现代化国际新城的建设和发展，为现代化国际新城建设提供了可借鉴的经验和有益的启示，为弘扬运河文化、促进运河资源的开发利用和保护、推动运河沿线城市合作与发展搭建了平台。

文史资料的抢救、征集工作取得新成绩。利用电视、报刊、网络等媒体向政协委员和社会各界征集文史资料83篇，23万余字，图片资料35张。组织开展了“爱通州、知通州、记录通州”采访征文活动，40多名青年基层工作者撰写文史资料48篇近10万字。编辑完成了《文史选刊》第26期和《通州诗旅》一书。向市政协上报了通州地区有关辛亥革命的资料和图片，丰富了《纪念辛亥革命100周年资料专辑》的素材。

五、坚持改革创新，与时俱进，自身建设进一步加强

常委会按照科学发展观的要求，坚持改革创新，不断完善发挥委员主体作用、机关服务保障作用的机制，自身建设取得新进展。

委员履职能力进一步提高。组织委员深入学习贯彻科学发展观和中央、市委、区委大政方针及工作部署。举办了“学习贯彻胡锦涛总书记在庆祝人民政协成立60周年大会上的讲话精神，全面推进人民政协工作”专题报告会和提案撰写培训会。以认真学习贯彻胡锦涛总书记的讲话精神，做好新时期人民政协工作为主题举办了第三期常委读书班。组织有关委员参加了市政协组织的“关于宏观经济”和“转型期社会风险与社会和谐”等报告会。给每位委员订阅《人民政协报》、《中国统一战线》和《通州时讯》，为委员加强学习、提高自身素质，更好地建言献策、参政议政提供了帮助。

政协机关服务水平逐步提升。开展了践行“三个心系”、奋力创先争优、创建“四型机关”的教育活动，推动了政协机关的各项工作。积极运用互联网络、手机短信等新媒体手段，建立了委员公共邮箱，开通了网络群呼系统，实行“无纸化简报”和“无纸化会议活动通知”，进一步提高了政协信息的传递效率。坚持政协领导和机关各室分别走访委员制度，认真听取委员及其所在单位领导的意见，积极为委员履职创造条件。坚持给每位委员寄送生日贺卡，尽力帮助委员解决工作和生活中的困难，努力让各界委员感受政协大家庭的温暖。

各位委员，过去的一年，政协各项工作取得了新的进展。这些成绩的取得，是市政协有力指导、中共通州区委正确领导的结果，是区人大、区政府大力支持、有关部门密切配合的结果，是各民主党派、人民团体和全体委员认真履职、团结合作的结果，也是历届老领导、老同志关心、支持的结果。在这里，我代表区政协常委会，向市政协、区委、区人大、区政府各位领导，向所有关心、支持区政协工作的单位和各界人士，向为政协工作付出心血、作出贡献的各民主党派、人民团体和各界委员，向历届老领导、老同志，致以衷心的感谢和崇高的敬意！

回顾一年的工作，我们深深地体会到，做好人民政协工作，必须坚持党的领导，保持政协工作的正确方向；必须坚持围绕中心、服务大局，在建设现代化国际新城的大局中谋划政协工作；必须坚持政协委员的主体地位，在政协工作中充分展现委员的智慧和创造力；必须坚持解放思想、与时俱进，以改革创新的精神推进人民政协事业。在肯定工作成绩的同时，我们也清醒地认识到，我们的工作还存在一些亟须加强和改进的方面：按照市委、区委关于加强人民政协政治协商制度建设的意见要求，政治协商职能仍需进一步强化；民主监督力度有待进一步增强；委员参政议政能力和水平还需继续提升；机关服务水平仍需进一步提高等。对这些问题，我们要认真研究，积极探索，在今后的工作中不断加以改进。

2011年工作意见

2011年是我区实施“十二五”规划的开局之年。实现“十二五”规划的良好开局，对于完成建设现代化国际新城的目标至关重要。通州的发展站在了更高的起点上，面临着千载难逢的黄金机遇，也面临着严峻的挑战，机遇大于挑战。刚刚闭幕的区委四届十次全会提出了我区“十二五”时期及2011年的奋斗目标和工作任务。奋发有为，勇创一流，在新起点上实现现代化国际新城建设新跨越，人民政协肩负着重大任务。

在新的一年，区政协工作的指导思想是：以邓小平理论和“三个代表”重要思想为指导，深入贯彻落实科学发展观，全面贯彻中共十七大、十七届三中、四中、五中全会和胡锦涛总书记在庆祝人民政协成立60周年大会上的重要讲话精神，认真贯彻落实市委十届八次全会、区委四届十次全会和区委第三次政协工作会议精神，坚持团结和民主两大主题，紧紧围绕建设现代化国际新城的目标，聚焦发展、关注民生，在建真言、谋良策、出实招上下工夫，以改革创新的精神推进人民政协事业，认真履行政协职能，切实发挥好协调关系、汇聚力量、建言献策、服务大局的作用，为实现现代化国际新城建设新跨越作出更大的贡献。

2011年重点做好以下几个方面的工作：

一、切实服务大局、履行职能，进一步为现代化国际新城建设献计出力

围绕现代化国际新城建设中的重大问题，认真履行政治协商职能。认真贯彻落实区委《关于加强人民政协政治协商制度建设的意见》，围绕我区“十二五”规划的实施、建设现代化国际新城的重大决策部署、经济社会发展中的重大事项和人民群众普遍关注的重大问题，通过常委会议、主席会议和专题协商会等形式，开展协商议政活动，力求提出具有针对性、前瞻性和可操作性的建议，为区委、区政府科学决策、民主决策提供参考。

围绕保障和改善民生，认真履行民主监督职能。把实现好、维护好、发展好最广大人民群众的根本利益作为人民政协责无旁贷的使命和重任。切实发挥政协优势，就城市建设和产业发展的重大项目进展情况、财政预算执行情况、依法行政、社会保障等人民群众普遍关注的重大问题，充分利用提案、信息、特约监督、民主监督小组等有效形式，切实履行民主监督职能。积极探索民主监督的新途径、新办法，在知情、沟通和反馈等环节上下工夫，进一步完善民主监督制度，畅通民主监督渠道。

围绕促进科学发展，认真履行参政议政职能。坚持把促进科学发展作为履行职能的第一要务，是人民政协围绕中心、服务大局的内在要求和具体体现。围绕现代化国际新城产业发展、城市建设管理、社会事业建设等重大问题，深入开展专题调研，提出有针对性的建议，形成高质量的提案、调研报告和建议案，为区委、区政府科学决策、民主决策提供参考。结合专题调研，就经济社会发展中的重大问题举办专题议政会，为现代化国际新城建设建言献策。积极探索开展界别活动的新方法、新途径，切实发挥政协界别的重要作用。各乡镇地区委员活动组要结合地区实际，精心组织座谈、调研、视察等活动，不断拓宽委员知情议政渠道。

围绕建设现代化国际新城的目标，开展“聚焦新城建设，助推通州发展”活动。在建设现代化国际新城的伟大事业中，人民政协既要建有用之言、献务实之策，还要出实在之力，办实在之事。充分发挥政协人才荟萃、智力密集、联系广泛、位置超脱等优势，组织各界委员广泛开展促进对外交流与合作，引进项目、资金和人才等优质资源，送科技、医疗、文化“三下乡”，扶贫助困等形式多样的助推活动。广大委员要从实际出发，认真分析研究自身优势与助推活动的结合点，找准着力点，积极为通州科学发展建诤言、献良策、出实力、办实事，力求在履职实践上有新探索，在助推发展上有新实效。

二、切实发挥人民政协的优势，进一步为促进和谐通州建设凝心聚力

发挥好人民政协作为中国共产党领导的多党合作和政治协商的重要机构作用。认真贯彻中国共产党同各民主党派长期共存、互相监督、肝胆相照、荣辱与共的方针，充分发挥各民主党派、无党派人士和人民团体的作用，围绕全区重大方针政策进行协商讨论，巩固坚持和发展中国特色社会主义的共同政治基础。鼓励民主党派、无党派人士和人民团体单独开展调研或联合开展调研。召开庆祝中国共产党成立九十周年座谈会，进一步坚定在中国共产党领导下走中国特色社会主义道路的信念。组织好民主党派、人民团体负责人和各界委员代表参加的社情民意恳谈会，反映各界、各阶层群众的愿望和诉求。坚持政协领导和机关各室走访委员制度，促进区政协各参加单位和各界委员的团结合作。

发挥好人民政协作为大团结大联合组织的作用。充分发挥人民政协作为党和政府联系群众、团结各界的重要桥梁和纽带作用，充分调动各方面积极性和主动性，把各方面智慧和力量凝聚到推进“创意、活力、和谐”通州上来，凝聚到推动通州成为北京发展新磁极、首都功能新载体上来，凝聚到实现现代化国际新城建设新跨越上来。认真贯彻党的民族宗教政策，加强同民族宗教界代表人士的联系，努力发挥民族宗教在建设和谐社会中的作用。发挥台胞台属归侨侨眷界委员的优势，为促进对外开放，推动海峡两岸关系和平发展，实现祖国统一作出贡献。各界委员要密切联系群众，深入体察民情、了解民意，及时向党和政府反映群众的意见和建议。积极宣传党的路线方针政策，协助党和政府做好协调关系、化解矛盾、凝聚人心、增进团结的工作，为促进全区稳定与和谐作出应有贡献。

三、切实发挥委员主体作用，进一步加强提案、信息、文史工作

加强提案工作。创新提案工作方式方法，健全提案工作机制，利用网络征集提案线索，不断拓宽委员知情渠道，为各界委员在提案工作中发挥主体作用创造更为有利的条件。认真开展好提案研讨、提案评优等活动，鼓励和引导各界委员更加重视调查研究，努力提高提案质量。切实强化督办、跟踪、反馈等环节的工作，推动提案办理工作质量的提高。加大提案工作宣传力度，扩大社会影响，积极争取社会各界对提案工作的支持。

加强社情民意信息工作。进一步建立健

全信息工作激励机制，畅通信息渠道，拓宽信息来源，提高反映社情民意信息工作的质量和时效。加强与有关方面的联系，进一步做好委员信息办理的追踪和反馈工作，切实增强信息在反映社情民意、促进科学民主决策方面的功能。广大委员要密切与社会各界的联系，真正把及时了解和反映人民群众的意愿要求作为义不容辞的责任。

加强文史工作。积极拓宽工作领域，丰富工作手段，广泛动员政协委员和社会各界积极搜集、撰写近现代文史资料。各界委员要充分发挥代表面宽、联系面广的优势，积极撰写“三亲”（亲历、亲见、亲闻）史料，努力推动文史工作创新发展。召开纪念辛亥革命100周年座谈会，广泛搜集通州地区有关辛亥革命的史料，编辑、出版《辛亥革命文史资料专辑》，发挥好“存史、资政、团结、育人”的作用，为社会主义现代化建设服务。

四、切实加强自身建设，进一步提高履职能力和水平

加强自身建设，提高履职能力，是人民政协充分发挥作用的重要基础和前提。建设现代化国际新城的伟业对加强人民政协自身建设提出了更高的要求。

加强委员队伍建设。切实加强常委会自身建设，继续举办好常委读书班，着力在提高常委会组成人员履职能力和水平上下工夫。要强化委员的学习和培训，通过举办形势报告会、研讨会、编发学习资料以及与先进地区交流经验等形式，组织委员认真学习中国特色社会主义理论和人民政协理论，深入学习领会中共十七届五中全会精神，加强对市场经济、科技、现代管理等方面知识的学习，不断优化知识结构，拓宽知识面，努力提高履职能力和水平。要强化委员的管理，健全委员参加政协会议活动考勤制度，坚持委员年末述职制度。广大委员要珍惜荣誉，进一步增强政治意识、大局意识和责任意识，紧紧围绕现代化国际新城建设中的重大问题建睿智之言、献务实之策，切实发挥好在本职工作中的带头作用、政协工作中的主体作用、界别群众中的代表作用，为打造通州精神、创造通州速度、树立通州形象，建设“创意、活力、和谐”通州贡献智慧和力量。

加强政协机关建设。按照建设学习型、服务型、创新型、和谐型机关的要求，加强政协机关工作人员的培训和管理，着力增强工作人员的全局观念和服务意识、责任意识，着力提高合作共事能力、政务性服务能力、统筹协调能力。加强政协网站建设，密切同新闻媒体的协作和配合，广泛宣传中国共产党领导的多党合作和政治协商制度，宣传人民政协履行职能的成果，宣传广大委员认真履职的先进事迹。加强机关工作制度化、规范化建设，更加规范有序、优质高效地做好各项工作，为政协和政协委员有效履行职能提供服务和保障，使政协机关成为更温馨的“委员之家”。

各位委员，回顾过去，我们感到欣慰和自豪；展望未来，我们满怀希望和信心。让我们紧密团结在以胡锦涛同志为总书记的中共中央周围，高举中国特色社会主义伟大旗帜，在中共通州区委的坚强领导下，振奋精神，扎实工作，为开创人民政协事业新局面，为推动通州科学发展、全面建设现代化国际新城，作出新的更大的贡献！

关于通州区2010年国民经济、社会发展计划执行情况和2011年计划草案的报告

——2011年1月10日在通州区第四届人民代表大会第七次会议上

通州区发展和改革委员会主任　崔松光

各位代表：

我受区政府委托，向大会报告2010年国民经济、社会发展计划执行情况和2011年计划草案，请予审议。

一、2010年国民经济和社会发展计划执行情况

2010年，面对极其复杂的宏观形势和极为繁重的工作任务，在区委的正确领导下，在区人大和区政协的监督、指导下，全区上下紧紧抓住建设现代化国际新城这一前所未有、千载难逢的历史性机遇，按照科学发展观要求，认真贯彻落实中央和市委市政府决策部署，全面推进区委四届八次、九次全会和区四届人大五次、六次会议确定的各项任务，快节奏、高水平、高强度、创造性地开展工作，高标准推进新城建设，大力度发展高端产业，积极推进城乡一体化发展，全面促进各项社会事业进步，经济社会呈现平稳快速发展的良好态势，圆满完成了区四届人大五次会议批准的年度计划，顺利实现了“十一五”规划确定的目标和主要任务，为实施“十二五”规划打下了良好基础。

（一）经济发展迈上新台阶，质量效益稳步提升。

经济实现快速增长。主要经济指标比“十五”末均实现了翻一番，地区生产总值预计（下同）达到315亿元，同比增长12.9%，五年年均增长17.1%；全社会固定资产投资额达到360亿元，同比增长16.1%，五年年均增长26.2%；全社会消费品零售额达到188亿元，同比增长16.2%，五年年均增长18%。

质量效益进一步提升。税收总额实现104亿元，同比增长24.4%，是“十五”末的2.8倍。一般预算收入实现31.5亿元，同比增长20.9%，区级可支配财力显著增强。城乡居民收入稳步增长，城镇居民人均可支配收入、农民人均纯收入分别达到24476元和12497元，同比分别增长9%和10%。城镇登记失业率控制在1.92%，低于3.5%的调控目标。加大节能减排力度，万元GDP能耗进一步下降，二氧化硫和化学需氧量完成减排任务。金融业发展态势良好，驻通银行类金融机构资产总额、存款余额双双突破千亿元。

乡镇经济发展不断加快。11个乡镇（含园区）累计完成税收79.8亿元，同比增长25%，占全区税收总额的比重达到76.7%，其中，台湖超过16亿元，马驹桥、梨园突破10亿元。梨园、永顺、宋庄增幅超过30%。

园区累计完成税收27.6亿元，同比增长22.6%，其中，光机电基地突破10亿元。

（二）现代化国际新城建设高起点开局，取得突破性进展。

核心区开发建设全面启动。高标准、高水平编制核心区规划。举办了“通州国际新城规划论坛”、“通州国际新城发展论坛”等一系列活动，邀请国内外顶尖规划设计大师、知名专家学者，对新城规划、发展定位等进行论证和深化，完成了一版充分体现亲水生态、低碳环保和地下空间综合利用的新城核心区规划。进一步细化地块规划方案，深化了景观环境、道路交通、地下空间等专项设计。与美国佩罗集团组建合资公司，编制了首个低碳城市指标体系。搬迁和土地一级开发快速推进。实施惠民搬迁、和谐搬迁、阳光搬迁，完成1.1万余户村、居民搬迁工作。首批4宗多功能用地成功入市，后续地块开发上市工作加快推进。招商工作成效显著，香港富华、华业地产投资建设的首批项目顺利开工。配套基础设施建设同步推进，初步编制完成基础设施和市政设施建设实施方案，地铁M6号线二期开工建设，东关大道地下隧道、地下交通环廊等工程前期工作积极推进。

重点功能区建设有序推进。商务园完成全部8个授权地块搬迁，4个地块成功上市，滨榆东路、商通大道南段等道路实现通车。北苑商务区前期手续全部取得，搬迁进入收尾阶段，二级开发积极跟进。文化创意产业集聚区六合村安置楼建设快速推进，住宅搬迁方案加快编制，潞苑南大街、规划三路等道路开工建设。环渤海高端总部基地（两站一街）获得25个地块一级开发立项批复，非住宅搬迁完成签约，地上物拆除基本完成，定向安置房一期工程全部封顶，住宅拆迁开始入户清登，规划编制加快推进。主题休闲旅游度假区街区控规编制工作启动，整体布局及功能定位研究工作进一步深入。

基础设施建设取得新成效。加快路网建设。张凤路、朝阳北路东延二期、潞苑北大街、玉带河东大街东延等道路实现通车，乔庄北街东延、五里店西路等微循环道路改造工程相继完工，城市路网通行能力进一步提高；宋郎路北延、内环路改造、六环西侧路北延等工程进展顺利；京哈北侧路、张采路北延等工程前期手续加快推进。加快市政设施建设。三河热电联供管网建设全面推进，5号锅炉房后续替代工程顺利完成，玉桥南里锅炉房实现供热；完成通惠河北部截污和北运河城区段补水净化工程，启动河东再生水厂及配套管网工程建设；完成消防指挥中心和特勤消防站建设。生态环境建设再上新台阶，大运河森林公园建成开园，成为全市首个建成的万亩滨河森林公园。

城市运行管理水平进一步提升。深入开展创建国家卫生区工作，顺利通过全国爱卫会专家组评估。强化市容环境管理，开展环境秩序“百日整治行动”，对新华南北路等沿线户外广告进行专项整治，对过街天桥进行美化，城乡环境面貌得到明显改观。加强综合执法检查，实施市政、公安、工商、卫生等多部门联勤联动执法，有力打击了影响市容环境的痼疾顽症。健全市政设施巡查机制，建立GPS卫星定位巡查体系，及时迅速反馈市政设施巡查情况。民防建设积极融入百姓生产生活，民防设施得到充分利用。深入开展垃圾分类工作，完成11个试点小区、23家党政机关和6所学校的垃圾分类工作。

（三）产业呈现高端集聚势头，结构调整取得明显成效。

产业结构不断优化。按照现代化国际新城发展的新要求，坚持发展高端产业和产业高端环节，取得积极成果。引入乐天百度、深圳华强等项目，电子商务产业得到有效培育；引入北京世贸中心、派格5D秀、新乐城等项目，文化创意产业发展态势良好；引入亦茂中心总部、吉林森工总部等项目，总部经济不断壮大；引入兴业银行、浦发银行、国都证券等金融机构，金融业态进一步丰富。加强建筑房地产业调控和引导，逐步实现平稳健康发展。加快淘汰落后产能，退出“三高”企业14家。

项目引进建设得到有力推进。拓展招商渠道，对接高端资源，项目引进规模和质量明显提升。全年共引进投资亿元以上项目38个，其中10亿元以上项目11个，北京国际航空城、天安数码城、四环医药等项目签约落户。重点项目建设梯次推进，华润物流（一期）、捷宸阳光（一期）等项目竣工，玲珑轮胎（一期）、珠江钢琴、枢密院等项目主体完工，北汽动力总成、金融街园中园、IDC数据中心、光谷创新置业园等项目开工建设，动向集团、数字文化产业园等项目前期手续加紧推进。

园区建设取得新进展。品牌园区、特色园区建设有效推进。商务园成为“北京市电子商务聚集区”，商务园、物流基地和开发区西区创业园成为“中国国际电子商务示范基地”。光机电基地基本形成现代制造业产业基地。金桥基地打造能源环保总部基地，产业体系进一步完善。开发区东区全力打造高端制造业基地，开发区西区积极打造以中国仿真战略技术研发和新兴产业化基地为龙头的数字文化产业园。漷县镇农民就业基地升级为通州经济开发区南区，产业定位更加清晰。大力实施基础设施建设，光机电基地嘉创一路、文化创意产业集聚区公共服务平台、开发区东区供暖中心、物流基地外电源等工程完工，金桥基地景盛北三街、开发区西区天然气管线等工程正加快建设。加快园区土地一级开发，促进项目落地，15个地块实现上市交易。

发展环境进一步优化。优化投资环境，坚持和完善重大项目联席会议制度、区级领导联系重点项目制度、帮扶企业调度会制度和项目审批绿色通道，实施“四个一”工程，优化审批环节，缩短审批时限，加快审批进度，全区172个项目列入市区两级绿色审批通道管理。优化政务环境，组建区行政服务中心，集中区内各项行政许可和服务职能，实行“一站式服务”。优化政策环境，支持电子商务产业发展，制定出台《促进电子商务企业发展暂行办法》，在项目落地、建设、运营等各方面给予支持。

（四）城乡一体化稳步推进，城市化进程加快。

都市型现代农业加快发展。推进农业园区建设，新发展集农产品采摘、农业体验等于一体的农业观光休闲园区23处。加强品牌农业建设，台湖数字农业、西集樱桃、张家湾葡萄、漷县花卉等乡镇特色农业加快发展，完成第18届国际食用菌大会签约。积极培育龙头企业，东升方圆等6家企业被评为市级农业龙头企业。加强农业基础设施建设，完成5.3万亩都市型现代农业基础建设项目、东南郊水网工程和1.3万亩农业综合节水改造工程。落实支农惠农政策，发放各项农业补贴6700余万元，推进政策性农业保险，加强金融支农服务体系建设，成立北京澳美小额贷款公司。

镇村建设步伐加快。积极推进农村城市化、城镇化、社区化。加强旧城旧村改造，永顺、新建等村安置楼项目加快推进。加强城乡结合部整治，4个市级重点村建设进展顺利，安置楼全部开工建设。加快重点镇建设，漷县镇漷兴北一街、漷城西一路等工程基本完工，台湖镇京湖路等4条道路前期手续办理完毕，西集镇政府大街、永乐店镇永德路等项目前期工作加快。推进农村社区化管理，启动100个村社区建设。

新农村建设扎实开展。“四年任务两年完成”目标顺利实现，“五项基础设施”和“十二项全覆盖”工程全面完成，硬化街坊路350万平方米，绿化173万平方米，改造户厕4.2万座，建设公厕437座，实施污水处理工程2处。“三起来”工程进展顺利，安装节能路灯1.2万盏，完成农宅保温改造676户。新农合制度稳步推进，一级以上医院在全市率先实现新农合医疗信息化管理。深入推进园林小城镇、绿色村庄等创建活动，镇村面貌得到改观。

（五）社会各项事业协调发展，民生保障持续加强。

教育、卫生等社会各项事业全面发展。教育基础设施建设取得新进展，北京小学通州分校、新通幼儿园、东里幼儿园分园投入使用，新第三中学、觅子店中小学、宋庄镇中心小学主体完工，西集中学完成工程基础，东关小学、芙蓉小学开工建设，完成27所学校13.3万平方米校舍安全加固工程。撤并5所小学。成立北京新城职业学校，永乐店成人文化技术学校成为市级示范校。学习型组织创建工作取得新进展，评选认定25个区级学习型组织先进单位，区成人教育中心被认定为市级学习型组织先进单位。推进卫生事业发展，中医医院投入使用，潞河医院手术病房楼主体完工，新华医院、区公共卫生大厦等项目前期手续积极推进。加强文化、体育、人口计生事业发展，开工建设区文化中心，完成街道健身器材更新，区人口计生综合服务中心前期手续加快办理。加快科技事业发展，科技服务体系进一步完善，科技创新能力逐步提高，专利授权量744件，技术合同认定登记成交额56.7亿元，实施区级和区级以上科技项目20余项。

劳动就业和社会保障工作取得新成效。统筹推进城乡就业，城镇登记失业率控制在1.92%，实现5100名困难人员就业，农村劳动力向二三产业转移就业9000人。全区五项基金收缴稳步递增，收缴率均达到95%以上。完善城乡社会保障体系，一体化进程稳步推进。养老助残等民生福利体系建设得到加强。加快政策性住房建设，玉桥东小区经适房、半壁店限价房、京贸家园定向安置房陆续竣工并交付使用，化工六厂、铜牛针织厂搬迁安置房项目开工建设。

社会管理不断完善。严厉打击查处各类违法犯罪活动，积极化解各类社会矛盾，治安秩序态势良好。广泛开展了安全生产“百日平安行动”和“金安企业”创建工作，启动消防安全“防火墙”建设工程，安全生产形势平稳有序。社区建设取得新进展，完成50个城市社区规范化建设，建成6个镇级社区服务中心和394个农村社区服务站。“枢纽型”社会组织建设积极开展。

（六）以增强发展活力为目标，体制机制创新取得新进展。

农村改革工作稳步推进。加快推进村级产权制度改革，启动243个村改革工作，完成185个村。规范发展农民专业合作社，新发展18家，有效带动农民增收致富。推进农村土地承包经营权有序流转，新增流转面积1.2万亩。完成集体林权制度主体改革任务，森林采伐管理改革试点工作进展顺利。

医药卫生体制改革扎实开展。成立医药卫生体制改革领导小组，制定了《通州区深化医药卫生体制改革方案》。推进基本医疗保障制度建设，提高城镇职工、居民医疗保险参保率，将公费医疗人员纳入城镇职工基本医疗保险体系，推进新农合医疗费用即时结算。完善医疗服务体系，加强村卫生室建设和村医技术支持，推进社区卫生服务机构与大医院转诊预约试点。

创新投融资机制。大力开展银政合作，筹措银团贷款，实现融资95亿元，有效保障了新城核心区搬迁等重点工作的顺利开展。创新融资模式，与北京建工集团合作，首次在回迁楼和安置房工程建设上采用建设——移交模式，尝试与社会企业合作发起成立私募股权基金，低成本、低风险破解新城建设融资难题，为新城土地一级开发、基础设施和市政设施建设提供资金支持。

环境建设管理体制改革稳步推进。加强环境建设工作的统筹协调和组织领导，成立区城乡环境建设委员会。完成区级环卫作业中心改革，整合现有环卫资源，理顺环卫管理体制，成立区环卫服务中心，初步实现政事分开、管干分离的管理体制，全面提高我区环卫管理和运行水平，推进环卫市场化、产业化进程。

继续深化国企改革。推进国企内部债务整合，整体打包处理1.2亿元债务。拓展国资发展新领域，与中信、台湾富邦银行共同出资设立中信融资租赁公司。商业企业内部改革稳步推进，人民商场整体包装租赁改革顺利进行，华联商场国有股权合理转让，彻底解决商业行业债务危机。

同时，妇女儿童、广播电视、档案、史志、气象、保密等各项事业全面发展。

各位代表，过去一年取得了令人振奋的成绩，是区委科学决策、精心领导和区人大、区政协监督指导的结果，也是全区人民团结一致、攻坚克难、拼搏创新的结果。在肯定成绩的同时，我们也要清醒地看到，经济社会实现跨越式发展还面临着一些矛盾和问题。一是经济总量相对不足，推进产业结构调整和发展方式转变的任务依然很重。产业发展还不充分，高端产业、高端资源还很短缺，集聚效应有待进一步增强，加快项目引进和落地建设还需做大量工作。二是人口资源环境协调性需进一步增强。快速城市化过程中，新城建设基础性、功能性项目不足，人口、交通等问题逐渐显现，节能降耗、景观水质改善等工作需进一步提升。三是区域发展仍然不平衡。城乡之间、乡镇之间、园区之间发展差距明显，统筹发展的任务仍然繁重。四是开展体制机制创新，破解发展难题，加快推进现代化国际新城建设、各类高端要素聚集还需进一步加强。

二、2011年发展环境和国民经济、社会发展主要目标

2011年是“十二五”规划实施的开局之年，是全面推进现代化国际新城建设的关键之年，也是保持全区经济社会平稳快速发展、深化结构调整的重要一年，并将迎来建党90周年，面临前所未有的重大机遇，同时也面临着复杂的形势和挑战，安排好全年国民经济和社会发展计划至关重要。

（一）面临难得的历史机遇，困难和挑战不容低估。

当前，市委市政府集中力量，聚焦通州，按照世界一流标准，加快建设现代化国际新城，我区进入发展黄金机遇期。但是，世界经济不稳定不确定因素仍然较多，国内经济社会发展的积极变化和不利因素相互交织，全市进入产业结构深度调整和经济社会深度转型时期，国际国内经济形势更趋复杂多变。

一方面，宏观形势总体有利，蕴含重大发展机遇。一是北京加快建设中国特色世界城市，并以建设一个全新北京的要求，大力度推进现代化国际新城建设，深入推动解决人口、交通、产业结构调整问题，为具有良好区位优势和基础条件的我区，带来难得的历史机遇。二是“十二五”规划的全面发布实施，进一步明确了发展方向，统一了思想、凝聚了力量，必将为经济结构加快调整和社会和谐发展，释放持久发展动力。三是现代化国际新城建设进入全面启动建设时期，并按照更高的定位、更高的要求、更高的标准建设基础设施和重点项目，区域知名度和美誉度明显提升，为我区寻求多方面合作、更好的集聚高端要素资源提供了重要机遇。四是世界经济温和复苏，国内经济平稳增长、宏观政策更趋稳健，为经济发展提供了有利的外部环境。

另一方面，机遇和挑战并存，形势依然十分复杂。一是世界经济复苏内生动力缺乏，能源、食品等价格波动走高、通胀压力加大等宏观经济走势，势必对经济平稳发展形成一定的冲击。二是北京市在解决人口和交通拥堵等问题方面，陆续出台控制汽车总量增长、加强人口调控管理等一系列政策，将对全市消费增长带来巨大压力，同时对我区消费增长和与汽车产业相关企业的发展带来一定影响。三是虽然土地和项目储备相对充足，但房地产调控、政府投融资平台规范清理、流动性紧缩、搬迁难等对项目落地和建设进度形成一定制约，对投资较快增长形成挑战。四是现代化国际新城建设处于起步阶段，“十二五”规划目标处于打基础阶段，发展环境在形成区域发展竞争优势上仍有差距。五是社会结构变化更加复杂，教育、医疗、住房、收入分配等问题日益成为社会关注的焦点，多元利益诉求协调难度加大。

（二）发展计划安排的总体思路和经济社会发展主要目标。

2011年我区国民经济和社会发展计划安排的思路是：以科学发展为主题，以加快转变经济发展方式为主线，围绕现代化国际新城建设这个中心任务，大力推进新城核心区等区域开发带动城市建设，大力推进重点项目建设带动经济结构调整升级，大力推进镇村建设带动城乡一体化进程，大力推进以民生为重点的社会事业发展带动公共服务水平的提升，大力推进改革创新和统筹协调，提高发展的全面性、协调性、可持续性，加快打造“北京发展新磁极，首都功能新载体”，确保“十二五”规划开好局，起好步。

按照统筹兼顾、规划衔接、引导预期的原则，在充分考虑“十二五”规划发展定位、发展战略、发展目标以及发展布局的基础上，建议主要目标安排如下：

——地区生产总值比上年增长15%左右

——地方财政一般预算收入比上年增长12%

——全社会固定资产投资额比上年增长20%左右

——社会消费品零售额比上年增长15%左右

——城镇居民人均可支配收入比上年增长10%

——农民人均纯收入比上年增长12%

——城镇登记失业率控制在3.5%以内

——社会保险基金目标完成率稳定在98%以上

——万元地区生产总值能耗、大气污染物和水污染物排放完成市下达任务

——食品抽检合格率稳定在98%以上

——药品抽检合格率稳定在98%以上

三、实现2011年国民经济、社会发展计划的主要措施

紧紧围绕建设现代化国际新城战略目标，落实“十二五”规划各项任务，按照世界一流标准，全面推进经济发展与结构调整、城市建设与管理、社会事业发展与民生改善，着重抓好以下工作任务。

（一）抓好运行调度，着力推进经济平稳快速发展。

加大投资促进力度，提高拉动作用。一是保持政府投资合理增长。加大城市基础设施和公用事业、社会事业投资力度，引导带动社会投资。二是加大产业投资促进力度。推进现代制造业、现代服务业、文化创意产业、都市型农业等项目投资落地进度，提升产业投资在投资总量中的比重。三是加大城市建设投资力度。加快新城核心区等重点区域集中连片开发，高标准打造精品和经典工程，承接高端产业转移。加大商务楼宇和政策性住房投资。四是拓宽融资渠道。创新开发模式和项目运作模式，争取社会各方面资金参与新城开发建设；加强融资平台建设，提升平台可持续融资能力。五是强化土地储备和调控。加强协调服务，促进已上市地块项目建设，加强土地储备开发投资，合理安排土地供应结构和时序，保障要素供给。

优化消费环境，挖掘消费潜力。一是大力推进商务商贸中心建设，优化商业设施和服务网点布局，开工建设潞城、永乐店奥特莱斯以及一批城市综合体，营造良好消费环境。二是巩固提升传统消费，组织开展购物季、家电下乡等活动，带动百货、餐饮等重点行业消费。三是加大运河游、农业休闲游等旅游市场开发和宣传力度，增加外来消费。四是大力发展文化娱乐、体育健身、医疗保健等新型消费。五是认真落实国家收入分配政策，落实好各项惠民补贴，多渠道增

加城乡居民收入，增强消费能力。

加强经济调度，提高发展效率。提升经济调控水平，推进经济运行动态监测、重点任务责任分解和督查考核、投融资模式创新、征地搬迁专项协调等体制机制长效化，提高在资金、政策、工作等方面统筹协调力度，确保各项工作高效有序推进。提升政府行政效能，加强区行政服务中心建设，进一步深化行政审批制度改革，认真落实联合审批和全程代办制度，不断完善重大项目绿色审批通道制度，提高审批效率。积极把握形势变化，密切关注宏观调控和国内外形势变化对经济发展的影响，认真落实国家、北京市各项决策部署，灵活高效地开展工作。

（二）抓好新城核心区开发，推进现代化国际新城建设。

加快核心区规划细化和中心区规划编制工作。加强研究，进一步深化“北京发展新磁极、首都功能新载体”发展定位。加快街区及地块控规编制，进一步细化新城核心区规划，深化新城中心区规划，完成南大街、杨坨地块、河东地块等重点项目控规编制报审工作。加强城市规划设计，完成核心区地下交通、地下空间规划编制，对新城核心区进行城市设计整合，对新城中心区公共服务、公共安全、市政基础三大设施进行整合。

加快推进土地一级开发和项目对接。全面推进核心区后续地块一级开发，实施南大街棚户区、杨坨、司空小区等重点地块搬迁改造。全面启动五河交汇地区、上营棚户区等地块的建设项目，加快推进香港富华、华业地产已开工项目的建设进度，形成梯次开发、整体推进的建设高潮。加大招商引资力度，积极引入国际资源，密切跟踪对新城核心区后续地块投资意向明确的重点企业，力争使每个地块都有项目对接。加快推进安置房建设，谋划落实新的1万套安置房建设。

高标准推进基础设施建设。以新理念、新标准推进新城基础设施建设和改造升级，大幅提升新城综合承载能力。借鉴奥运中心区建设的成功经验，推动核心区市政基础设施建设。启动东关大道地下隧道、北环隧道、市政综合管廊等一批地下工程。加快水系治理和水乡景观建设，启动北运河、通惠河等河道治理和堤防景观工程。启动运河、西上园等变电站工程。完善对外道路系统，推进地铁M6号线二期加快建设，推动东部发展带联络线建设。

加快功能区开发建设。加快主题休闲旅游度假区设计深化研究，启动搬迁，加快土地一级开发进度，力促派格5D秀、新乐城等项目落地。加快环渤海高端总部基地（两站一街）开发，完成安置楼建设、住宅搬迁和城市规划设计，推动部分地块上市，启动项目建设。加快文化创意产业集聚区开发建设，确保一期地块全面上市并部分开工建设，推进规划三路、潞苑南大街等工程建设，完成六合村搬迁。加快商务园开发建设，确保一期已开发地块全部上市，取得一期剩余2个地块的开发授权，启动二期土地一级开发，完成道路、电站、高压线迁改等工程。推进北苑商务区土地入市，开工建设城市综合体项目。

（三）抓好产业结构调整，推动产业高端化发展。

促进产业高端化、融合化发展。瞄准产业的高端领域、高端形态和高端业态，做大做强高端商务、高端制造、现代物流三大产业，大力培育文化创意、金融服务等四大新兴产业，突出抓好金融商务集聚区、文化创意产业集聚区等现代服务业集聚区和光机电基地等高端产业集聚区建设，逐渐形成现代服务业与高端制造业相互促进、跨越式发展的良好格局。同时，积极发展新一代信息技术、节能环保、新能源等战略性新兴产业，推动产业结构调整升级，促进经济发展方式转变。

大力推进项目落地建设。突出抓好招商引资，创新招商方式，构建全程服务体系，力争在商务总部、文化创意、高端制造等领域引进一批科技含量高、带动能力强、附加值高、符合环保要求的重大项目。突出抓好重点项目建设，加快推进北汽动力总成、IDC数据中心、金融街园中园、商务园示范园等项目建设，力争竣工投产一批；开工建设北京世贸中心、天安数码城、动向集团、数字文化产业园等项目；加快推进北京国际航空城、医疗康体城等项目前期手续办理，力争早日开工。

进一步优化产业发展环境。加强宣传推介，扩大北京现代化国际新城的知名度和美誉度，充分发挥宣传推介对推动经济发展、提速新城建设的作用。加强投资服务，加强政府行政服务中心建设，健全项目梯次联动推进机制，充分发挥“一站式”服务平台和大项目联席会议、领导联系重点项目、绿色审批通道等制度作用，促进项目签约、开工、投产、建设各环节无缝对接。进一步完善政企、企企沟通平台，加强政企交流，落实各项优惠政策，全面推行“绿卡”企业服务制度。

进一步提升园区综合承载力。继续加大基础设施投资力度，完成光机电基地科创七街、金桥基地景盛北三街等道路工程，开工建设物流基地兴贸三街二期等工程。推进配套服务设施建设，实施开发区东区电站、永乐开发区供暖中心、金桥基地人才公寓等项目。拓展园区发展空间，积极推进金桥基地扩区工作。推进开发区西区“中关村国家院所通州产业园”建设，加快吸引优质产业项目入驻。加快各园区土地一级开发进程，为大项目落户创造条件。完善产业项目准入标准，健全项目退出机制，进一步提高土地利用率和产出率。

继续狠抓节能减排。确定“十二五”期间全区节能减排目标分解和考核机制，强化目标责任制。发挥企业节能主体作用，强化重点用能单位能源审计和能源报告制度。加大节能专项资金投入力度，组织实施企业节能技术改造、建筑节能改造等工程。加快构建节能型产业体系，加快淘汰落后产能。推进企业资源综合利用、清洁生产促进工作。控制污染物排放，加强污水处理，加快黄标车淘汰，加大煤烟污染减量。

（四）抓好重点工程建设，提高城市承载能力。

加强道路基础设施建设。继续完善新城交通框架体系，积极推进北运河东滨河路、东六环西侧路北延、宋郎路北延、群芳南街、潞苑北大街二期等工程，开工建设朝阳北路东延三期、张采路北延等工程。继续完善城市微循环和保障房周边配套路网建设，实施玉桥西路、杨庄路改造等工程。强化与北京中心城的交通联系，做好通朝大街与两广路、潞苑北大街与姚家园路、徐尹路与温榆河大道的连接。

加强市政设施建设。完善新城供热体系，完成三河热电联供管网、竹木厂燃气锅炉房建设工程，加快分散燃煤锅炉房替代，改造热力站40座，同步做好老旧小区供热管网改造。加强燃气管网建设，推进张采路北段、玉带河东延等8条燃气管网建设。提高新城供水保障能力，启动南水北调通州水厂工程和城区供水保障工程。加强污水处理设施建设，加快河东再生水厂及配套管网建设，推动碧水污水处理厂升级改造。加强环卫基础设施建设，建立和完善垃圾分类收集、分类运输体系，筹建通州区餐厨和粪便污物集中处理站，配合实施梁家务生活垃圾综合处理厂项目。

加强生态环境建设。推进通州生态城建设，加快与瑞典公司合作实施垃圾真空回收系统。推进水环境整治，实施通惠河、小中河等五河治理工程，提升河道景观水平。打造新城绿色生态屏障，继续实施平原治沙、第二道绿化隔离带、“三北”防护林等重点绿化工程。全面完成园林小城镇创建工作，继续开展首都绿色村庄、花园式单位、花园式社区等群众性创建活动。大力宣传“碳中和”理念，倡导低碳、环保的生活方式。

（五）抓好镇村建设，推进城乡一体化发展。

加快小城镇建设。推进农村城市化，启动新城规划范围内25个“城中村”搬迁改造，全面完成4个市级重点村建设，做好“撤村转居”工作。推进城镇化建设，加强台湖、西集等重点小城镇建设，加快台湖生态镇土地一级开发，开工建设台湖镇中心区路网，完成西集政府路、漷县镇漷兴六街等道路工程，做好于家务乡中心区土地一级开发工作，力争实现上市和项目落地。加强路网建设，推进房通路西延、孔兴路北延、漷马路等工程。推进农村社区建设，启动乡镇中心区周边20个村的改造和社区化建设，开展农村精品社区创建工作。

加快都市型农业发展。推进农业园区建设，打造国际种业园、创意农业示范园、食用菌产业示范园等现代农业园区，推进第18届国际食用菌大会项目建设。发展观光休闲农业，打造乡村旅游产业带和休闲度假示范村。发展设施农业，新建、改建设施农业5000亩。加快农业产业化发展，大力发展精准农业，积极培育一批农业龙头企业。完善农业标准化体系、农产品检测检验体系和农产品质量认证体系。

完善农村基础设施和公共服务设施。按照“查漏补缺、解决需求”的原则，继续加强农村基础设施建设。加强农村地区防汛排涝工作，实施村庄排水沟渠整治、污水坑塘治理工程。继续实施街坊路绿化、节能路灯安装、农宅节能保温改造等工程。继续完善新农村流通网络，提升农村连锁超市配送率。完成西集中学、觅子店中小学、宋庄中心小学建设，提升农村教育教学水平。加快实施西集、永乐店等镇级文体活动中心工程，完善农村公共文化服务设施。

不断深化农村各项改革。基本完成全区符合条件村的集体经济产权制度改革。进一步推进农业规模经营，引导土地承包经营权向经济效益和社会效益双优的都市型农业项目流转。进一步拓宽农民增收渠道，增加农民经营性、财产性和工资性收入。进一步提高农村金融服务质量和水平，引导更多信贷资金和社会资金投向农村。进一步加大对农民专业合作社的扶持力度。健全农村基础设施管护机制。

（六）抓好民生保障工作，提升社会公共服务水平。

推进教育、文化、体育事业科学发展。加快教育基础设施建设。增加公办幼儿园数量，缓解幼儿园入园压力。完成芙蓉小学、东关小学、贡院小学、新第三中学建设。完成31所中小学校舍加固改造。积极引进市级名校。优化职、成教育资源配置，推进职业教育集团建设，创建成人文化技术学校市级示范校。继续推进各类学习型组织创建工作，努力建设学习型新城区。加强教师队伍建设，大力培养专业化、高水平的教育教学人才。加快文化事业发展，推进区文化中心建设，启动运河水乡文化历史景区、运河博物馆前期手续办理。加快体育事业发展，推进梨园体育中心项目，深入开展全民健身活动。加快人口计生事业发展，启动区人口计生综合服务中心建设。

加快发展医疗卫生、科技事业。积极与市级以上三甲医院合作，完成第四区域医疗中心的选址工作。完成潞河医院手术病房楼工程，启动新华医院、公共卫生大厦、潞河医院门诊楼和教学楼等工程建设，改扩建牛堡屯卫生院。加快筹建医疗康体城，引进高端医疗康体项目。继续深化医药卫生体制改革，加强基本医疗保障体系建设，健全公共卫生服务体系，推动城乡公共卫生服务一体化，完善药品供应保障体系。提升科技服务区域经济社会发展的能力和水平，实施一批科技示范项目。加强对高新技术企业的管理和服务，建立多元科技投入体系。加强自主创新，加快成果转化。进一步加强知识产权保护工作。

积极做好劳动就业和社会保障工作。落实市区两级就业政策，发挥政策的拉动作用。继续推进充分就业社区（村）和网络村村通工作。加强技能培训，提高城镇登记失业人员、农村转移就业劳动力的就业能力。做好城镇五项社会保险扩面征缴工作，确保年内五项基金征缴率达到98%。做好各项社会保障待遇标准调整及发放工作，深入推进医疗保险“持卡就医、实时结算”工作。推进养老设施建设，开工建设区养老院。加强政策性住房建设，推进西马庄、铜牛针织厂等项目建设，统筹解决好不同人群的住房需求。

加快推进社会建设。探索社会服务管理长效机制，开展梨园、马驹桥两个镇的社会服务管理创新综合试点工作。积极培育和发展社会组织，完成5家“枢纽型”社会组织认定工作和27个社区的规范化建设。积极扩大社区公共服务覆盖面，开发居民急需的特色服务项目。继续深化楼门文化建设，提升建设水平。抓好安全生产工作，强化安全生产监管执法，深入开展重点领域和重点行业隐患排查治理。加强公安消防工作，推进运河东大街消防站、商务园消防站等一批消防设施建设。加强社会治安综合治理，有效维护社会和谐稳定。加强民防设施的开发利用，为社区居民停车提供便利。

（七）抓好城市管理，保障城市高效运行。

加强人口调控管理。控制人口规模，加强户籍管理，减少人口机械性增长；做好流动人口服务与管理，积极实施“以业控人”、“以房管人”，强化企业用工管理，加快“城中村”改造，控制流动人口过快增长。优化人口结构，清理淘汰低端产业，减少从业人员，发展高端产业，吸引高素质人才。加强学习型社会建设，提高人口素质。

积极构建城市管理长效机制。巩固创建国家卫生区工作成果，健全城市管理的长效机制。进一步健全城管监察联席会议、协查办案、资源共享等工作机制，形成联动互动、合力攻坚的联合监管体系。加强上下联动机制，充分调动社区工作者、城管志愿者等社会各界力量，营造全民动员、共同参与的工作格局。

提高城市精细化管理水平。进一步完善城市管理制度，提高城市管理工作规范化、精细化水平。推进城市管理全面向社区延伸，逐步形成分级管理、条块结合的社区环境卫生管理新格局。继续推进城市网格化管理，建立网格化管理信息平台，实现区、街道、专业处置部门多级联动的管理模式，全面提升市容市貌、环境卫生、园林绿化工作水平。

提高城市管理信息化水平。以政务运行的全程网络化为目标，启动电子政务基础平台建设，完善政务数据中心功能，促进政务信息资源共建共享。启动重点区域信息化基础设施和新城信息枢纽建设，推进光纤宽带升级改造和无线网络搭建。开展物联网示范工程建设，做好重点园区、重点企业物联网应用试点工作。完善科技创安图像系统及安全生产信息化平台，打造平安通州。探索推行信息化在民生保障等领域的应用，提供智能化民生服务。

（八）抓好统筹协调，保障计划顺利实施。

明确责任分工，狠抓落实。围绕计划目标任务，层层分解，明确责任，分工到人，狠抓落实，确保各项目标任务按照进度要求有步骤、有计划地实施。加强督查考核，将目标任务的落实完成情况和年度考核挂钩，确保计划落到实处。

积极应对，确保各项指标圆满完成。2011年是“十二五”规划的开局之年，各项指标的完成与否直接关系到“十二五”规划纲要的落实情况，面对当前复杂的经济形势，及国家宏观调控政策对部分行业、领域的不利影响，各部门要采取有力措施，确保各项指标圆满完成。

加快项目实施，增强项目的带动作用。发挥重大项目对经济发展的带动作用，组织和实施一批重点项目。建立重大项目洽谈、落户、开工、建设、达产全过程的跟踪、服务和促进机制。充分发挥绿色审批通道、大项目联席会议等制度作用，完善项目审批机制，缩短审批周期，促进项目早开工、早投产、早见效。

各位代表，2011年是我们鼓足干劲、全力推进现代化国际新城大发展的重要一年。全区上下要认真贯彻十七届五中全会和中央经济工作会议、市委十届八次全会精神，深入实践科学发展观，全面落实区委四届十次全会和区四届人大七次会议工作部署，解放思想，抓住机遇，求真务实，开拓创新，为全面建设现代化国际新城、实现通州国民经济和社会事业的跨越式发展而努力奋斗！

关于通州区2010年财政预算执行情况和2011年财政预算草案的报告

——2011年1月10日在通州区第四届人民代表大会第七次会议上

通州区财政局局长　刘汝林

各位代表：

我受区人民政府委托，向大会报告我区2010年度财政预算执行情况和2011年财政预算草案，请予审议。

一、2010年财政预算执行情况

2010年，在区委的正确领导下，在区人大和区政协的监督指导下，区财税部门全面贯彻落实市委十届七次全会、区委四届九次全会及区四届人大五次会议精神，围绕现代化国际新城建设各项部署，坚持依法聚财、科学理财，努力增收节支，优化支出结构，不断提高财政精细化管理水平，各项工作得到全面推进，顺利完成全年预算收支任务。

（一）财政收入预算执行情况

2010年地方财政收入完成1414260万元，同比增长114%。其中，一般预算收入预计完成315000万元，同比增长20.9%；比年初人代会批复一般预算收入任务286668万元增长9.9%；基金收入完成1099260万元，比去年同期400252万元增加699008万元。其中，国有土地使用权出让金收入完成1002374万元，去年同期收入为285128万元。

2010年财政预算内区级总财力实现2368706万元(本年实现总财力1951055万元)。其中：一般预算总收入814979万元。包括：地方一般预算收入315000万元，市体制返还及转移支付补助资金277000万元，市追加专项资金132785万元，上年结转90194万元；基金预算收入1552827万元。包括：本年收入1099260万元，市级追加专项127010万元，上年结转326557万元。

（二）财政支出预算执行情况

区四届人大五次会议批准：2010年财政支出预算为946051万元。后经区四届人大常委会第28次会议批准调整为1640000万元。其中：一般预算支出720000万元，基金预算支出920000万元（预算调整数与年初预算安排数变化较大的主要原因：一是经济形势向好，地方一般预算收入较年初预算增加；二是当年市级专项资金年初未安排预算，随着市级专项的逐步到位收入增加；三是因年初土地出让金收入等情况无法预计，基金预算未安排本年收入，因今年房地产市场回暖，土地整理和土地交易增加，基金本年收入增加）。今年以来，财政部门进一步优化支出结构，统筹调度，保障财政支出稳健运行。2010年财政总支出1757311万元，完成调整预算的107.2%。其中：一般预算支出728702万元，完成调整预算的101.2%；基金支出1028609万元，完成调整预算的111.8%。

1．一般预算支出728702万元，主要支出情况如下：

一般公共服务支出71382万元，完成调整预算64000万元的111.5%。主要是保障党政机关正常运转支出。

国防支出1434万元，完成调整预算900万元的159.3%。增长较多的原因主要是市级专项增加121万元、卫星地面站及弱电工程135万元、设备购置等经费150万元。专项资金主要用于人防工程、应急指挥平台运行维护及屏蔽机房建设、全民国防教育、兵役征集等支出。

公共安全支出34291万元，完成调整预算31000万元的110.6%。专项资金主要用于消防指挥中心特勤站建设、看守所、社区保安、民调进所经费、法律服务室和法律服务中心建设、普法经费以及公检法司防护设备、技术装备、办案费等支出。

教育支出106968万元，完成调整预算89500万元的119.5%。其中区本级支出66880万元，比上年57162万元增长17%，高于财政经常性收入增长比例（财政经常性收入增幅为15.2%，下同），符合法定增长要求。专项资金主要用于中小学校舍抗震加固和校园安全工程、中小学办学条件达标工程、落实两免一补政策、来京务工子女免借读费补助、义务教育教师绩效工资、优质高中校建设还贷贴息、中小学迁址新建工程、教学设备购置及小学规范化建设等支出。

科学技术支出2133万元，完成调整预算1850万元的115.3%。其中区本级支出1718万元，比上年1391万元增长23.5%，高于财政经常性收入增长比例，符合法定增长要求。专项资金主要用于科技成果转化与扩散项目、科学技术创新与奖励、科普宣传、科技直通车、社区科普益民项目等支出。

文化体育与传媒支出6847万元，完成调整预算6000万元的114.1%。专项资金主要用于社区群众文化活动中心改造、“周末场演出计划”和农村公益电影放映、公共文化设施维修改造、设备购置、文物普查与征集等支出。

社会保障和就业支出94315万元，完成调整预算85000万元的111%。专项资金主要用于城乡无保障老年人福利金、城乡居民基础养老金、城（农）低保补助、“一老一小”医疗保障、抚恤补助、社会救济、基层政权和社区建设、就业经费、退役安置、供热燃料补贴等支出。

医疗卫生支出56486万元，完成调整预算51000万元的110.8%。其中区本级支出41362万元，比上年35268万元增长17.3%，高于财政经常性支出增长比例，符合法定增长要求。专项资金主要用于新型农村合作医疗补助、中医医院搬迁开办费、潞河医院手术病房楼建设、防治重大传染病经费、为全区老幼妇免费体检经费、公费医疗、医疗设备购置等支出。

环境保护支出8115万元，完成调整预算6000万元的135.3%。增长较多的主要原因是市级专项增加供热燃料补贴支出 2000万元。专项资金主要用于滆县镇中心污水处理厂建设、供热燃料补贴、既有居住建筑供热计量及节能改造补助等支出。

城乡社区事务支出150466万元，完成调整预算144885万元的103.9%。专项资金主要用于区属重点工程征地补偿款、城区照明设施节能改造、城乡市政设施改造、城市维护养护、路灯电费、供热供暖补贴、扫雪铲冰车辆购置、路灯远程控制改造等支出。

农林水事务支出76291万元，完成调整预算72500万元的105.2%。其中区本级支出36968万元，比上年30292万元增长22%，高于财政经常性收入增长比例，符合法定增长要求。专项资金主要用于新农村建设、农业结构调整补贴、农业生产资料补贴、三北防护林工程、小型农田水利建设工程、林业畜牧病虫害防治及重大动物疫病防控、农业保险及农业技术推广、农业综合开发土地治理和产业化经营项目等支出。

交通运输支出6612万元，完成调整预算5600万元的118.1%。专项资金主要用于小公共运营补贴、65岁以上老年人乘坐境内客运车辆补贴、交通运输管理、治超经费等支出。

资源勘探电力信息等事务支出45908万元，完成调整预算56000万元的82%。主要用于乡镇及园区给予企业的扶持发展资金、中小企业和商品流通企业发展专项资金等支出。

商业服务业等事务支出36232万元，完成调整预算34000万元的106.6%。专项资金主要用于家电以旧换新补贴、家电下乡及汽车下乡中央补贴、旅游产业发展奖励资金、支持服务业聚集功能区项目资金等支出。

金融监管等事务支出44万元，完成调整预算30万元的146.7%。主要用于金融服务管理支出。

地震灾后恢复重建支出2607万元。

国土气象资源等事务支出465万元，完成调整预算400万元的116.3%。专项资金主要用于新城地震小区划经费、地震监测点补助、应急设备购置等支出。

住房保障支出10245万元，完成调整预算9500万元的107.8%。主要用于住房公积金支出。

粮油物资储备支出435万元，完成调整预算430万元的101.2%。主要用于粮食风险金支出。

其他支出17426万元，完成调整预算58798万元的30%。减少的主要原因是预算调整时不能细化到科目的支出按照实际预算执行情况列入相关科目。专项资金主要用于偿债资金、润泰医疗废弃物处理项目资金、纳税大户奖励资金、工商驰（著）名商标奖励经费、综合经济部门奖励经费、土地储备开发规划编制工作经费、食品安全检查经费等支出。

2．基金预算支出1028609万元，完成调整预算920000万元的111.8%。与调整预算数相比增加支出108609万元，主要原因是土地出让金收入增加，经区委区政府研究决定给予乡镇基础设施建设补助资金110000万元。主要支出科目如下：

文化与体育传媒支出359万元。主要是文化建设事业费支出。

社会保障和就业支出3392万元。主要是残疾人就业保障金支出。

城乡社区事务支出1016698万元。主要用于城乡基础设施、重点工程和新农村“五加三”工程基础设施建设支出659000万元，征地拆迁补偿207000万元，土地开发成本返还支出123000万元，教育、卫生、民政等社会事业建设支出27000万元等。

农林水事务支出5455万元。主要是地方水利建设基金支出。主要用于东郊水网建设、通惠河北部截污工程支出。

资源勘探电力信息事务支出297万元。主要是新型墙体材料专项基金支出。

其他支出2408万元。主要是彩票公益金

等支出。

（三）财政预算执行特点

一是财政收入保持较高增长，提前完成全年收入任务。今年以来，财政收入增长较快，提前两个月完成全年收入任务。这首先得益于全区经济平稳向好势头的继续巩固带动税收增长；其次，去年年底房地产市场交易活跃，政策的惯性和税收的相对滞后性使得今年年初房地产营业税大幅增长；此外，加强组收联动对收入增长起到了积极的促进作用。

二是乡镇园区经济发展态势良好，对收入贡献作用突出。全区11个乡镇(含园区)预计实现税收798000万元，较去年同期增加159400万元，同比增长25%。台湖、马驹桥、梨园三个乡镇税收超过100000万元。实现一般预算收入237000万元，较去年同期增加44000万元，增长22.8%，占全区一般预算收入比重为75.2%，乡镇及园区作为全区经济发展的主导地位更加明显。

三是基金收入增长较大，总财力实现快速增长。2010年，预算内区级总财力实现2367806万元，其中土地出让金收入实现1002374万元，同比增长252%。继2009年区级总财力突破百亿元后，一年间再次突破两百亿元，为现代化国际新城建设和构建和谐社会提供了财力保障。

四是支出结构进一步优化，公共服务保障能力不断提升。按照建立公共财政的要求，加强和改善民生，进一步优化财政支出结构，继续加大对公共服务领域的资金投入,经济社会发展的各项重点支出得到切实保障。

(四)2010年预算平衡情况

2010年预算内区级总财力2367806万元，总支出1757311万元,收支相抵后结余610495万元。其中：一般预算结余86277万元（含市级专项结转39000万元，乡镇结转17100万元，预留2011年1月份人员公用及需要执行的社会事业类项目经费30177万元）；基金结余524218万元，主要是土地出让金结余329249万元、城市基础设施配套费结余126095万元、农业土地开发资金结余25013万元等。

需要说明的是，上述数字是根据截至12月25日收支预算执行情况，初步统计汇总的结果，待地方财政决算完成后，还会有所变化。

（五）预算外财政专户收支情况

2010年，预算外财政专户累计收入209633万元，其中，上年结余95924万元（含预算外土地出让金38303万元），本年收入113709万元。本年累计支出63765万元，收支相抵账面余额145868万元（含征地超转人员经费59220万元，教育经费3309万元，卫生收支两条线资金11953万元、拆迁补偿资金11342万元、预算外土地出让金22010万元、垃圾处理费2988万元等）。重点支出项目包括：

1．教育支出20086万元，主要用于中小学校舍改造、运河核心区内学校拆迁安置和补充教育经费等支出。

2．卫生支出36507万元，主要用于社区卫生服务中心药品及医疗成本等支出。

3．社会保障和就业支出3160万元，主要用于征地超转人员补助支出。

4．其他支出4012万元。

总体来看，2010年，预算执行情况良好。各组收部门认真履行职责，加强协调配合，保障了财政收入的持续稳定增长。财政支出结构不断优化，新城建设和民生政策等各项支出得到切实保障，圆满完成全年预算收支任务。

二、2010年财政主要工作

（一）积极“聚财源、保增长”，圆满完成财政增收任务

为确保全年收入任务的顺利完成，区财税部门充分发挥促进经济发展的作用，狠抓财源建设工作。一是加大税收及非税收入的征管力度。建立“逐户跟踪”税源监

管机制，对建筑房地产业等重点行业进行全方位监管。强化非税收入管理，规范非税收入收缴程序，加大征管力度，努力做到应收尽收。二是完善组收联动机制。继续坚持财政、国税、地税、工商等部门联席会议制度，定期召开会议，把握全区经济发展特点，有针对性的抓好收入征管工作。三是继续完善国地财联合工作小组及三部门主管领导联系乡镇（园区）的工作机制，进一步加强经济运行分析，为全年增收任务的顺利完成提供有效保障。四是落实责任，激发部门组收积极性。结合全区经济形势及各乡镇实际，对全年收入任务进行分解，明确任务，细化责任，保证全年增收目标顺利实现。通过全区上下共同努力，超额完成了全年增收任务。在打赢收入攻坚战的同时，注重加强财政支出管理，统筹调度，有保有压，保证新城重点工程建设、改善民生、法定支出增长及政权运转等资金需求，严格控制一般性支出及追加预算，压缩办公设备、车辆购置、会议培训等支出，集中财力办大事。

（二）努力“促产业、求发展”，为现代化国际新城建设夯实基础

一是扩大产业发展资金的规模和覆盖范围，安排资金20000亿元，积极落实各项产业发展政策，重点支持文化创意、商务总部、电子物流、金融保险等战略性新兴产业发展。二是灵活运用财税扶植政策，促进园区与重点产业健康发展。进一步加大对园区基础设施和配套设施的投入力度，提升园区品质。认真落实《通州区促进产业发展办法》、《通州区促进电子商务企业发展暂行办法》等一系列鼓励政策，吸引北京国际航空城、四环医药等符合新城功能定位的大型项目签约落户，努力积蓄后续财源。三是充分发挥财政资金的扶持引导作用，通过财政补贴、资本注入、贷款担保等多种形式，解决企业融资难题。拨入平台资金100000万元，确保了北苑商务区建设顺利推进；拨付企业扶持资金1800余万元，支持企业技术改造及产业升级；为70余家企业办理担保贷款30000万元，有利促进了我区中小企业健康发展。四是加快推进现代化国际新城建设，做好新城宣传推介的资金保障工作。安排资金1650万元，支持举办了“通州国际新城发展论坛”、“通州现代化国际新城全球企业邀约活动”、“中外知名企业通州行”等大型活动，扩大新城的知名度和影响力，加速优质资源向通州聚集。五是拨付资金4000万元，全面启动“十二五”规划、新城核心区规划等编制工作，为高标准建设新城奠定基础。

（三）坚持“高起点、高标准”，保障新城建设顺利推进

2010年，按照现代化国际新城建设的总体部署，统筹安排资金736000万元，全力保障新城基础设施及重点工程建设的顺利推进。新城核心区、朝阳北路东延、宋郎路北延等重点工程拆迁补助如期拨付；通胡大街、怡乐中路等绿化景观工程进展顺利；运河西大街、潞苑北大街等地段高压入地工程相继完工；大运河森林公园投入运营；通惠河北部城区污水截流工程竣工；东南郊水网一期工程基本完工；三河热电联供、玉桥南里和竹木厂锅炉房等建设工程加快推进；运河核心区建设进展顺利，新第三中学、新东关小学开工建设，新华医院、骨伤医院等拆迁安置工作加快推进；加大住房保障工作力度，回购廉租住房374套，低收入群体住房需求得到基本保障；坚持建管并重，积极贯彻落实《2010年通州区主要污染物总量减排工作方案》，顺利完成2010年老旧小区等既有建筑节能改造任务，支持市容管理、节能减排、大气治理、垃圾治理、黄标车淘汰等综合整治工作深入开展，为成功创建国家卫生区及建设绿色新城奠定了基础。

（四）切实“重投入、惠三农”，新农村建设成效显著

支持新农村建设，全面加大财政涉农领域投入。一是投入资金65000万元，全力支

持新农村“五加三”工程建设，“四年任务两年完成”的工作目标顺利实现；二是支持农业产业化发展。继续推进张凤路、“潞大路”农业生态走廊建设，大力发展数字化农业基地和农产品加工基地，积极扶持农业龙头企业和农民合作组织发展。三是进一步提升农业综合生产能力，全面完成4.2万亩中低产田改造，新建、改造设施农业面积4000亩。四是及时拨付资金，支持筹备第18届国际食用菌大会，成功举办樱桃文化节。五是发放各项农业补贴资金6700余万元，粮食直补、生态作物及良种补贴等惠农政策得到全面落实。六是投入资金20000万元，林业绿化、病虫害防治、水环境治理等工作进展顺利。七是全面落实“家电下乡”、“家电以旧换新”、“汽车下乡”、“汽车以旧换新”等惠民政策，全年共支出36000万元，农民享受到更多实惠。八是加大农村社会保障、教科文卫等方面投入，农村公益事业得到全面发展。

（五）全力“保民生、促和谐”，社会各项事业取得新发展

一是加大社会保障、卫生和就业投入。发放基础养老金和福利养老金24000万元，全区9.3万名老年人基本生活得到有效保障。发放城乡低保资金2100万元，1.2万名困难群众得到及时救助。积极落实居家养老（助残）服务政策，拨付资金2300余万元，确保居家养老（助残）服务券发放及孝星表彰等工作顺利开展。深化新型农村合作医疗改革，筹集资金17400万元，进一步提高报付水平，切实减轻群众医疗负担。改进新农合报销制度，26家医院及社区服务中心实现出院即报，看病难、看病贵问题得到有效缓解。建立城乡特困人员住院押金减免和农村孕产妇住院分娩补助制度，减轻弱势群体医疗负担。继续加大医疗基础设施建设，新中医医院投入使用，潞河医院手术病房楼建设加快推进。支持完成400个镇（村）社区服务中心（站）建设，基本实现农村社区全覆盖。安排资金2000余万元，支持全区12家规范化社区建设。安排资金2400余万元，用于公益性岗位补贴、劳动力市场建设、职业介绍及培训，积极引导农村富余劳动力和城镇失业人员实现再就业。进一步加大双拥工作投入，积极支持创建“双拥模范城”。 二是促进教科文体等社会公益事业发展。投入资金122000 万元，重点保障校舍抗震加固、校园安全工程、中小学校舍迁建及基础教育课程改革、教育人才培养等工作的顺利推进。增加科技事业投入，支持开展双百对接活动、科技服务创新等工作开展，鼓励节能环保应用技术的研发利用。加大文化事业投入，启动区文化中心建设，支持农村文艺演出“星火工程”、公益电影放映以及竞技体育活动开展。科技通州、文化通州建设得到有力推进。 三是统筹安排资金，投入资金860000万元，保证了区委、区政府为民办实事、折子工程及全区重点工程建设的全面推进，城市面貌和居民生活环境明显提升，和谐社会建设基础更加稳固。

（六）突出“科学化、精细化”，着力做好 2011 年部门预算编制工作

细化部门预算编制是今年财政管理工作的重头戏，其根本目的是整合各种财力，调整和优化支出结构，强化财政资金监管，促进财政资金分配向科学化、规范化、制度化迈进，努力提高部门预算管理水平，为推动我区经济社会又好又快发展提供有力保障。2011年部门预算编制的最大特点是启动时间早、收入涵盖全、支出项目细，基本实现了综合预算编制。一是成立预算编审中心，健全预算编制的组织机制和管理体系，为提升部门预算编制水平，细化部门预算管理打下基础。二是制定实施《通州区区级基本支出预算管理办法》及《通州区区级项目支出预算管理办法》，提高部门预算的可执行性。三是制定实施《通州区行政事业单位财政性结余资金管理办法》，加强结余资金管理，避免资金沉淀，提高资金使用效率。四是扩

大部门预算涵盖范围，除法律法规另有规定的教育收费外，其他各类预算外资金，全部纳入预算内管理。五是严格按照收支规定编制基金预算，努力保障全区重点工程及现代化国际新城重点建设项目的资金需要。六是积极推进财政预算信息公开，认真接受区人大、区政协的依法监督，区审计、监察部门的专门监督及社会监督，不断规范财政管理行为。

（七）注重“抓改革、促实效”，依法理财水平得到新提高

一是强化国库管理工作。进一步加强制度建设，研究制定《通州区行政事业单位银行存款账户管理办法》及《通州区财政资金拨付管理办法》，分别从资金使用渠道和资金拨付方法两方面规范业务流程，加强制度约束，保证财政资金安全规范运行。继续推进国库集中支付工作，全区二级以上预算单位全部实现工资统发。

二是推动政府采购工作健康发展。制定实施《通州区政府采购资金结算管理规定》，严格按照《政府采购法》的规定开展各项政府采购工作，做到“应采尽采”、“方式合法”、“程序合规”。坚决贯彻《通州区行政事业单位会议费管理办法》和《通州区行政事业单位公务用车统一维修管理暂行办法》，完善相关政府采购工作。加强政府采购资金管理，强化各环节的监督制约，提高了政府采购预算管理水平。全年共完成采购项目300个，采购资金25500万元。

三是强化投资评审工作。进一步拓宽评审范围，积极探索投资评审与政府采购相结合的途径，建立“先评审、后招标”的机制，提高了财政资金使用效益。全年共完成评审项目192项，送审金额40.8亿元，审定金额35.8亿元，审减5亿元，审减率12.3%。

四是加强行政事业单位国有资产管理，不断提高资产使用效益。制定实施《通州区行政事业单位国有资产处置管理实施细则》，完善制度体系。强化行政事业单位资产管理网络建设，对全区行政事业单位336名资产管理人员进行业务培训，提升了行政事业单位资产管理水平。加强对行政事业单位资产出租、出借、担保行为的监管，严格按照规定进行审批。加强拆迁范围内行政事业单位资产管理，可利用资产全部上缴公物仓、拆迁补偿资金全部缴入财政专户，有效避免了国有资产流失。

五是扩大绩效考评范围，加大考评力度，提高财政资金使用效益。考评区级项目19个，考评资金3.28亿元，涉及卫生、交通、科教、公安等多个领域，有力提升了财政资金使用效益和规范化水平。

六是加强政府债务管理。严格执行《通州区政府债务管理办法》，防范和化解财政风险。根据国务院及北京市有关工作部署，积极做好政府融资平台清理及资金监管工作。

七是强化乡镇财政财务管理。根据乡镇发展实际，建立乡镇收入目标考核机制，发挥乡镇经济的主体作用，保障了全区经济稳定增长。指导乡镇细化预算编制，进一步加强乡镇预算管理，乡镇财政支出的规范化水平明显提高。

八是加强会计管理。强化会计代理记账审批，加强会计信息质量监控，积极开展各系统会计继续教育和培训工作，全区会计管理水平进一步提升。

九是强化监督职能，确保财政工作高效规范运行。制定完善《通州区财政局财政监督检查工作制度》、《通州区财政局行政处罚工作规程》等内控机制，提高工作规范化水平。创新工作方法，积极开展专项资金、“小金库”、“假发票”检查工作。对预算单位各类财政资金使用情况进行检查，使财政监督贯穿于财政运行的各个环节，确保财政工作高效规范运行。积极邀请人大代表、政协委员视察、监督财政工作，认真做好议案、提案的办理工作，财政工作环境更加开放、透明。着力加强党风廉政、精神文明

及财政干部队伍建设，深入开展 “争先创优”等主题教育活动，财政干部综合素质得到提升。

各位代表，过去一年，在区委的正确领导和区人大、区政协的监督、指导、支持下，各项财税工作目标顺利实现，经济和社会事业全面发展。2010年，是财政“十一五”规划收官之年。“十一五”期间，财政一般预算收入累计达到1104800万元，是“十五”期间403700万元的2.7倍；年均增幅达到22 %，远高于 “十一五”规划确定的年均13%的收入增长目标；地方财政收入累计达到2806000万元，是“十五”期间419900万元的6.7倍；包括市级补助在内的财政总支出累计达到4156000万元，是“十五”期间920900万元的4.5倍。财政实力的增强和支出结构的优化，为切实解决人民群众关心的重点、热点、难点问题提供了有力保障，使全区人民享受到更多改革和发展的成果。经济实力不断提升的同时，财政管理工作也得到全面加强。部门预算、国库集中支付等财政改革全面深化，精细化、科学化、规范化水平明显提升；财政投资评审、政府采购等工作全面加强，财政资金使用的规范性、安全性和有效性不断提升。财政监督制约机制更加完善，依法行政工作得到有效落实。财政事业的全面发展，区域经济实力的显著增强，财政运行与经济发展的良性互动，为“十二五”规划的顺利开局及现代化国际新城建设的全面推进奠定了坚实的基础。

与此同时，随着新城建设各项重点工作的全面启动，资金供需矛盾将日益凸显，财政工作如何适应现代化国际新城建设的总体要求，更好地为新城建设服务，仍存在一些亟待研究解决的问题。一是财政收入稳定增长机制还需进一步巩固；二是支持经济发展的财政调控政策还需进一步改善；三是财政科学化、精细化管理水平还需进一步提高；四是融资机制建设和防范债务风险能力还需进一步加强。这些问题，需要我们高度重视，在今后的工作中采取有效措施切实予以解决。

三、2011年财政预算草案

根据《预算法》有关规定，按照北京市财政局关于2011年财政预算编制工作的总体要求，综合考虑全市和全区经济发展形势，确定通州区2011年财政预算(草案)的指导思想是：以科学发展为主题，以转变经济发展方式为主线，按照区委、区政府的总体部署，紧紧围绕现代化国际新城建设，积极发挥公共财政职能，着力支持经济结构调整，积极培育和涵养财源，依法加强收入征管；进一步强化统筹协调、优化财政支出结构，严格控制一般性支出，切实保障和改善民生，确保全区各项重点工作扎实推进；加强综合预算管理，不断提升科学化、精细化预算管理水平，为新城区实现跨越式发展提供坚实的财力保障。

根据上述指导思想，综合考虑2011年经济社会发展和财政预算管理面临的各种因素，按照实事求是、积极稳妥、统筹兼顾、集中财力办大事的原则，2011年财政预算草案安排如下：

（一）2011 年财政收支预算安排情况

财政收入预算：2011年，区级地方财政收入4230300万元。其中：一般预算总收入726100万元。包括：当年财政收入352800万元，较上年增长12%；市对区县财力性转移支付补助270900万元；市对区县专项转移补助16100万元；上年结转86300万元（含市专结转39000万元，乡镇结转17100万元）。基金预算收入3504200万元。包括：当年收入2980000万元（含前期土地开发成本2414500万元），上年结转524200万元。

财政支出预算：财政支出预算安排3957800万元，其中：一般预算支出726100万元;基金预算支出3231700万元。

1. 一般预算支出安排726100万元，具体安排如下： 一般公共服务69000万元；

国防支出1000万元；公共安全支出32500万元；教育支出79000万元；科学技术支出6650万元；文化体育与传媒支出7600万元；社会保障和就业支出90000万元；医疗卫生支出53000万元；节能环保支出7000万元；城乡社区事务支出154355万元；农林水事务支出61500万元；交通运输支出7000万元；资源勘探电力信息等事务支出65000万元；商业服务业等事务支出4350万元；金融监管等事务支出70万元；国土资源气象等事务支出150万元；住房保障支出13000万元；粮油物资管理事务支出430万元；援建支出1615万元；其他支出72880万元。

2．基金支出预算安排3231700万元。一是土地出让金安排支出3046800万元，主要用于土地前期开发成本2414500万元、全区在建续建重点工程123800万元、重点工程征地拆迁等补偿支出176600万元、内环路高压线入地工程80000万元、落实住房补贴政策资金90000万元、新城规划设计费11000万元、五号燃煤锅炉整合工程款17000万元、新农村建设综合项目24000万元、街坊路建设尾款资金5000万元、水利老旧管网改造3700万元、计提廉租住房保障基金57600万元、计提国有土地出让收益32400万元、计提农业综合开发资金1800万元、土地出让业务支出2000万元等。二是城市基础设施配套费安排支出180000万元，主要用于全区重点工程及教育、卫生等社会事业类项目。三是安排残疾人保障金安排支出4200万元，主要用于残疾人就业、技能培训、康复、重残补助等项目。四是新型墙体材料基金安排支出700万元，主要用于新型墙体材料研发及征收管理等。

基金安排上述支出后，预计结余272500万元。基金收入没有全部安排支出，主要原因一是依据政策规定，各项基金实行专款专用。二是新城建设全面启动后，在资金需求方面存在着不确定性。三是新城建设的持续性，要求留有一定的资金储备。

（二）2011年财政预算安排考虑的主要因素：

1．收入预算安排保持与经济增长相适应

2011年，是十二五规划的开局之年，更是现代化国际新城建设全面推进之年，经济发展环境有利与不利因素并存，财政工作机遇与挑战并存。首先，财政增收的因素进一步增多。一是外部环境使得通州的发展进入了前所未有的机遇期。通州是北京世界城市建设的重要组成部分，“集中力量，聚焦通州”，将会有力促进和推动现代化国际新城建设。同时，“十二五”期间，作为首都定位的环渤海经济圈桥头堡，我区的区位发展优势将进一步显现。二是区内经济发展的基础更为坚实。随着现代化新城建设的全面推进，一批高端制造业、金融服务、商务、文化创意等高效、高辐射的产业项目和功能项目将落地建设，区域投资规模将随新城区建设全面启动进一步扩大，经济运行中的诸多积极因素必将在2011年财政收入中有所体现。三是区域经济发展的支撑力量不断增强。乡镇、园区发展增势平稳，产业结构不断优化，税源建设成效明显，经济发展的内在动力不断增强，财政增收基础更加稳固。四是随着新城核心区后续地块一级开发及保障性住房项目的开工建设，有助于促进房地产业的发展。五是重点税源大户及新增税源增加，将成为拉动我区财政收入增长的重要力量。北汽控股动力总成、中国动向集团、金融街分区、阳光保险、北京萌蒂制药等一批新企业陆续开工投产将会进一步拉动税收增长。这些都为财政收入增长奠定了较为坚实的基础。 其次，财政增收的不确定因素依然存在。一是随着房地产业政策逐步调整，2011年房地产业对财政收入的贡献度存在不确定性，影响财政收入的稳定性。二是国家结构性减税政策的持续性影响仍然存在，也会减少财政收入。三是部分重点企业减收等因素进一步加剧组收压力。四是2010

年收入增长中包含了加大土地增值税清缴等非正常经济增长因素，抬高了收入基数，2011年收入实现较快增长难度加大。

综合考虑上述因素，按照“积极稳妥、实事求是”的原则，合理确定“十二五”期间年度收入增长目标，安排2011年地方一般预算收入352800万元，同比增长12%。

2．支出预算安排坚持“统筹资金、综合协调、突出重点，兼顾一般”的原则。按照公共财政的要求，进一步优化财政支出结构，科学合理安排预算资金，确保法定增长、民生需求、新城建设、政府重点工作及社会各项事业的顺利进行。同时，压缩一般性支出，集中财力办大事。

一是保证教育、科学、卫生、文化等社会重点事业投入依法增长。2011年教育安排79000万元，主要用于落实各项教育减免政策、选派优秀教师出国培训、支持中小学校舍抗震加固工程、中小学达标工程、校园安全工程等。卫生安排53000万元，主要用于医疗保险经费、医院设备购置、落实各项免费体检政策、中医事业发展经费等。文化体育安排7600万元，主要用于保障全区全年系列文化体育活动。科技安排6650万元，进一步加大科技投入，支持开展“科技示范区”创建工作。

二是落实各项涉及民生的社会保障政策。加大对保障和改善民生的投入力度，全区社会保障支出安排90000万元，安排城（农）低保和帮困资金，切实保障困难群众基本生活；安排就业再就业资金，加大职业技能培训，保持就业形势基本稳定；安排医疗改革经费、落实“一老一小”和城镇无业居民医疗保险调标补助资金，进一步做好医疗保障工作；安排城乡无保障老人福利金及基础养老金、落实九养政策及高龄老年人津贴，完善养老服务体系，提高为老服务水平；安排社会救助资金，落实各项社会救助政策。

三是按照“保基本、保运转、保稳定”的预算安排原则，保障各部门履行职能的经费需求。落实全区机关事业单位工资改革，压缩调整出经费61900万元，保障改革经费足额安排；根据有关法律法规和政策，安排预备费20000万元，应对公共突发事件及其他难以预料的开支；落实政法保障机制，支持政法系统装备建设，保障执法办案经费；提高消防救援能力，不断完善社会治安综合治理体系和公共安全事件应急处置救援机制，维护社会稳定。

四是加大对经济结构调整的投入，促进区域经济协调发展。统筹安排产业发展资金2.8亿元，促进产业结构调整和优化升级，进一步壮大财政增收基础。

五是集中财力保障新城建设重点投入。统筹安排规划设计费11100万元，用于支持新城发展规划及人才发展规划的编制工作，促进高标准、高起点规划建设现代化国际新城。安排城市维护管护经费36680万元，继续做好垃圾清运、市政设施维护、绿化美化等工作，不断提高新城宜居水平。坚持高标准建设新城，加大新城基础设施建设及重点工程投入，安排区级基金支出640000万元，切实保障全区20项新建、在建工程、重点工程和农业基础设施、教育、卫生等社会事业类基本建设项目顺利进行。

六是加大农业投入，保证法定增长，推进城乡一体化进程。安排支出61500万元，重点支持都市型现代农业、观光农业发展，发挥农业龙头企业的引导带动作用，促进农业产业结构优化升级。认真落实各项涉农补贴政策，进一步增加农民收入。支持扩大农业保险覆盖面，增加农业减灾抗灾能力。推进农业综合开发，加强产业化经营项目建设。加大新农村基础设施建设管护投入，进一步改善农村面貌。落实奥运四通道占地补偿与管理资金、滨河森林公园占地补偿政策，让公共财政更多的惠及农民。

七是控制和压缩一般性支出，继续做好援建工作。落实中央及市委关于厉行节约的要求，2011继续严格控制出国（境）费、车辆购置及运行费、公务接待费等支出，加强行政事业单位资产管理，促进资源整合，切实控制和降低行政运行成本。按照市委、市政府的要求，筹集资金1615万元，继续做好援疆和对口帮扶内蒙古贫困地区援建工作。

四、突出重点，扎实工作，确保完成2011年各项任务

2011年是“十二五”规划开局之年，更是全面推进新城建设的关键一年，做好今年的财税工作，对今后五年的发展至关重要。为此，全区财税工作要在区委的正确领导下，坚持以科学发展观为指导，全面贯彻落实党的十七届五中全会及区委四届十次全会精神，紧紧围绕“十二五”规划及 “现代化国际新城”建设战略部署，进一步转变财政职能，管好财政资金，用足财政政策，重点向新城建设、城乡一体化、产业发展、民生投入及社会公共事业等领域倾斜，努力形成“服务型、民生型、效率型、阳光型”财政运行机制，为实现新城跨越式发展夯实基础。

（一）大力增收节支，提升经济增长内在动力

一是以调整优化财税结构、增加区级财力为重点，积极落实各项产业发展政策，吸引优势企业落户通州，进一步壮大区域经济总量。二是创新财政资金投入机制，促进产业优化升级，支持中小企业健康发展，巩固经济基础，壮大后续财源。三是继续做好收入征管工作。加大税收征管力度，强化对重点税源的跟踪监测，挖掘增收潜力；加强非税收入管理，着力推进财政票据电子化管理试点工作，确保全年增收目标顺利实现。四是提升组收工作的信息化水平，积极推进财政收入综合服务平台建设，全面、及时掌握经济动态，为区委、区政府科学决策提供数据支撑。五是继续加强乡镇经济运行分析，密切关注税源及结构变化，把握组收工作主动性。六是继续加大项目库建设力度，努力找准与上级政策的对接点，多渠道争取资金支持新城建设。七是全面加强预算资金管理，统筹安排支出，支持重大项目和重点行业发展。八是厉行节俭，有保有压，保证法定支出、政权运转、改善民生、重点工程、新城建设等资金需求，严格控制一般性支出及追加预算，集中财力保障新城建设顺利进行。

（二）统筹城乡协调发展，加快形成一体化新格局

加快推进现代化国际新城建设。继续推进新城基础设施建设，完善新城路网体系，提高城市承载能力。加快推进新城重点建设项目，进一步优化产业结构，支持高端商务、现代物流、医疗康体、文化创意等新兴产业发展。坚持建管并重，进一步加大城市管理投入，提高公共服务水平，努力建设经济发达、低碳环保的生态新城。

继续推进新农村建设。加大对农村各项事业的支持力度，重点支持农村基础设施、低碳农业、数字农业和循环农业发展。加大产业结构调整力度，培育壮大农产品加工业，支持都市型现代农业发展，打造地区生态观光旅游带。加大农村公益事业投入，提高公共服务保障水平。认真落实粮食直补、家电下乡等惠民政策，让公共财政更多的惠及农民。

（三）着力保障和改善民生，推动社会事业稳步发展

加大社会保障、卫生和就业投入。继续扩大社会保障覆盖面，做好城乡低保和优抚社救工作。加快推进公费医疗改革，实现公费医疗与职工基本医疗保险制度并轨。支持农村卫生事业发展，完善以大病统筹为主的新型农村合作医疗制度和农村特困医疗救助制度。统筹做好城乡就业工作，保证各项财政鼓励政策得到落实。

促进教科文体事业发展。加大教育投入，积极落实校安工程、教育布局调整等资金需求，加强绩效跟踪，保证资金安全、高效使用。继续加大科技、文化、体育等事业投入，保证各项事业协调发展。

（四）进一步细化预算编制，严格预算执行，加大管理力度，建立更加科学合理的预算体制系

一是严格执行2011年部门预算，强化预算约束，维护部门预算执行的严肃性。二是细化预算，加强预算编制与预算执行、资产管理、政府采购、绩效评价等环节的有机结合，不断提高财政资金的使用效益。三是加强项目库建设力度，提高项目申报质量。2011年起，逐步建立项目前期评审机制，对拟进入项目库的建设项目进行先期评审，切实提高项目的可执行性。四是逐步建立预算执行管控机制，维护预算支出的严肃性。五是提前谋划，做好2012年部门预算编制工作。

（五）深入推进财政管理改革，进一步提升财政管理水平

推进国库集中支付改革。做好基本建设资金的国库集中支付工作。建立财政资金安全管理长效机制，确保财政资金规范、高效使用。

推动政府采购工作健康发展。加强政府采购各环节监管力度，重点做好政府采购合同的监督管理，维护政府采购市场秩序。探索建立政府采购与国库集中支付相衔接的有效途径，提高对采购项目的管控能力。积极推进政府采购信息化建设，搭建二手车网上交易平台，使政府采购工作更加公开透明。

加大财政投资评审工作力度。做好区政府重点工程的竣工决算评审，力争工程竣工一项，决算评审完成一项。完善《通州区土地储备及一级开发项目评审管理暂行规定》等相关工作机制，积极探索我区土地一级开发项目评审工作。

加强政府债务管理。严格执行《通州区政府债务管理办法》，规范举债程序，掌控债务规模，完善政府债务预警指标评价体系，逐步实现政府债务实时、动态、全程监控，防范和化解财政风险。

（六）坚持依法理财，增强为新城建设服务的实效

加大财政资金监督检查力度，建立健全内部控制和审核的长效机制，完善财政资金运行的效益追踪和责任追究制度，重点加大对会计信息质量、财政专项资金和“小金库”资金的检查力度。认真接受区人大、区政协及社会各界的监督，确保财政资金安全、规范运行。

各位代表，在加快推进现代化国际新城建设的进程中，无论是改革、发展还是维护社会稳定方面，急需花钱的地方很多，我们要继续坚持艰苦奋斗、勤俭办事的方针，预算安排上要精打细算、科学合理；预算执行上要严格把关、追踪问效，实施规范有效的支出约束机制，把人民群众的根本利益实现好、维护好、发展好。2011年，财政任务艰巨而繁重，我们将在区委的正确领导下，在区人大、区政协的监督、指导和支持下，全面贯彻落实区委四届十次全会和区四届人大七次会议精神，求真务实、奋勇拼搏、大胆创新、扎实工作，努力完成会议确定的各项任务，为全面推进现代化国际新城建设而努力奋斗！

大 事 记

2010年通州区大事记

1 月

11～13日 政协通州区第四届委员会第四次会议举行。王春元当选为政协通州区第四届委员会主席，田春华当选为区政协第四届委员会副主席（不驻会）。

12～15日 通州区第四届人民代表大会第五次会议举行。张文山当选为通州区人大常委会主任，罗明光当选为通州区人大常委会副主任。

16日 北京华联武夷购物中心开业仪式举行。

18日 上海烟草集团北京卷烟厂易地技术改造项目投产仪式举行。

20日 全区首个税收亿元村永顺镇杨庄村揭牌。

28日 在市十三届人大三次会议举行的第二场专题新闻发布会上。通州区新闻发言人、区委常委、常务副区长岳鹏介绍了通州新城规划、发展蓝图及2010年新城建设重点和主要任务，并回答了记者提问。

▲ 兴业银行通州支行开业庆典举行。

30日 中共中央政治局常委、全国政协主席贾庆林就新城规划设施与建设方案到通州区调研。中共中央政治局委员、北京市委书记刘淇，全国政协副主席兼秘书长钱运录，市领导郭金龙、阳安江、吉林、李士祥、陈刚等陪同调研。

2 月

2日 中央军委追授周波“舍己救人模范警卫战士”荣誉称号命名大会在北京卫戍区66055部队举行。

▲ 2010中国电子商务北京高峰论坛暨“中国国际电子商务示范基地”授牌仪式在通州区举行。授予通州区“中国国际电子商务示范基地”称号。

10日 通州区2009年度纳税千万元以上企业表彰大会召开。

12日 副市长程红到于家务回族乡慰问少数民族困难群众。

14日 通州区三教庙文化庙会开幕式举行。

26日 北京汽车动力总成基地奠基暨动力总成有限公司揭牌仪式举行。副市长苟仲文出席。

3 月

3日 通州区纪念三八国际劳动妇女节100周年庆祝大会举行。

4日 北京红星股份有限公司与光机电产业基地枢密院园区签约仪式举行。

9日 通州区深入学习实践科学发展观活动总结大会召开。

12～15日 北京通州国际新城规划论坛

举行。副市长陈刚等参加论坛。

17日 东兴楼饭庄通州分店开业庆典举行。

18日 通州国际新城运河核心区项目银团贷款签约仪式举行。

19日 第30届安捷伦北京青少年科技创新大赛开幕式在通州区举行。市领导刘淇、郭金龙、李士祥、梁伟、黄卫等参观了全市青少年科技创新成果展示。

24日 “通州礼物”设计大赛启动仪式举行。

31日 区政府与佩罗/希尔伍德产业集团签署战略协议。市委副书记、市长郭金龙在市政府接见小罗斯·佩罗一行，并到通州进行实地考察。

4 月

1日 广州珠江钢琴集团北方总部基地项目奠基仪式在通州举行。政协广州市副主席平欣光出席。

6日 通州现代化国际新城项目发布会暨“全球企业邀约活动”启动仪式在北京国际饭店会议中心举行。全国工商联副主席孙晓华、副市长陈刚等出席。

9日 全国政协副主席杜青林、阿不来提·阿不都热西提、张梅颖、张榕明、钱运录、孙家正和全国政协机关工作人员400余人，到通州滨河森林公园参加义务植树活动。

10日 利星行（北京）奔驰产品支持中心项目开工剪彩仪式举行。

21日 通州区深入开展创先争优活动暨加强作风建设、优化发展环境和践行“三个心系”主题实践活动动员大会召开。

▲ 汉威电子股份有限公司入驻光机电基地项目签约仪式举行。

23日 中国国际电子商务示范基地（北京·通州）与乐天百度电子商务项目合作备忘录签约仪式举行。

▲ 全国政协副主席、全国工商联主席黄孟复等到通州区就中小企业发展环境与员工工资合理增长机制进行调研。

26日 宝德伟业（北京）物流有限公司通州马驹桥仓储物流项目开工奠基仪式举行。

28日 通州区玉桥东小区经济适用房项目竣工暨钥匙发放仪式举行。市领导刘淇、郭金龙、王安顺、吉林、李士祥、陈刚出席。

▲ 通州区纪念“五四”运动91周年暨“青春建功现代化国际新城行动计划”启动仪式举行。

29日 改造建设后的通州电影院（通州区社区文化活动中心）开业典礼举行。

▲ 通州区京卡·互助服务卡首发仪式举行。

5 月

5日 在中国2010年上海世博会“北京周”魅力首都经济推介会上，代区长岳鹏就新城建设开发时序、进程及发展规划等方面接受了北京电视台、首都经济报道及北京青年报等媒体的采访。

6日 通州区帮扶农村工作总结部署会召开。

11日 副市长丁向阳到台湖镇慰问农村贫困残疾人家庭。

14日 市委书记刘淇就加快城乡结合部建设，推进城乡一体化发展到通州区调研。市领导王安顺、李士祥、牛有成、陈刚、夏占义等陪同调研。

15日 珠江创意科技CBD奠基仪式举行。

▲ “携手建设现代化国际新城——建设科技北京·倡导低碳生活”主题展览暨2010年通州区科技周启动仪式举行。

18日 北京通州商务园金融街园中园项目奠基仪式举行。

21日 北京新城职业学校揭牌仪式举行。该校是由区一、二、三职校教育资源整合组建。

22日 上海市考察团就园区产业发展和新农村建设到通州区考察。

25日　2010北京九棵树数字音乐文化节暨首届中国联通数字音乐及多媒体产品交易会开幕式举行。

26日　通州区与海航集团有限公司战略合作协议签字仪式举行。

6　月

13日　通州区第二轮地方志书编纂工作动员会召开。

14日　2010年通州樱桃文化节开幕式在王府井举行。市委常委牛有成、副市长夏占义等出席。

26日　张凤路道路工程竣工通车剪彩仪式举行。

▲　“我的舞台——我的通州　我的家”通州区群众文化年活动启动仪式举行。

29日　市政协主席阳安江，副主席陈平、傅惠民、王永庆到通州区调研新兴产业发展与绿化建设情况。

30日　通州区“五五”普法工作通过考核验收。

7　月

1日　通州区召开庆祝建党89周年暨“群众心目中的好党员”表彰大会。

6日　市政协副主席赵文芝及部分市政协委员到运河小学和潞河中学视察校舍抗震加固安全工程进展情况。

13日　通州广播电视发射塔新塔竣工典礼仪式举行。

16日　北京澳美小额贷款有限公司成立仪式举行。市人大常委会副主任赵凤山等出席仪式。

20日　北京电子商务聚集区揭牌仪式在商务园举行。副市长程红等出席仪式。

20～21日　通州区第四届人民代表大会第六次会议举行。大会通过了《关于加快现代化国际新城建设的决议》，岳鹏当选为北京市通州区人民政府区长。

30日　通州区国际新城商业规划发展论坛举行。

是月　通州区农民专业合作社联合会成立。

8　月

5日　通州区举行中外知名企业通州行暨大项目引进与通州国际新城建设研讨会。

7日　通州区慈善协会成立。

8日　通州区政府与中国农科院资源区划所共同承办“2012年第18届国际食用菌大会”合作协议签约仪式举行。

14日　北京乔治费歇尔管路系统有限公司投产仪式举行。

19日　世界城市建设中的通州国际新城发展论坛举行。

▲　通州区与市电力公司举行现代化国际新城电网发展论坛。

20日　通州区“群众心目中的好党员”先进事迹巡回报告团举行首场报告会。

30日　通州区城乡环境建设委员会成立。9月9日，通州区城乡环境建设委员会成立大会暨第一次全体会议举行。

9　月

1日　撤销北关小学、大香仪小学、杨坨小学、东张各庄小学和里二泗小学等5所小学校。

6日　通州区2010年村党支部书记、村委会主任培训班开班仪式举行。

9日　区政府授予刘宝胜、马九林等12人为通州区“名校长”、“名教师”称号。

10日　第六届中国·宋庄文化艺术节开幕式举行。

▲　德豪润达新能源研发及产业化项目和天圣集团总部及现代制药基地项目落户金桥科技产业基地签约仪式举行。

16日　2010年沿运河历史文化名城城区政协主席（通州）年会开幕式举行。

▲　让历史诉说运河·让新城塑造时代——2010年沿运河历史文化名城城区政协主席年会专场文艺演出暨北京通州运河艺术节开幕式举行。

▲　2010年通州区“全国科普日”活动启动仪式举行。

19日 通州区与瑞士酒店及度假村集团战略合作协议签约仪式举行。中共中央政治局委员、北京市委书记刘淇，中国驻瑞士大使吴恳等出席仪式。

24日 通州农民专业合作社发展成果展开幕式举行。

25日 北京市首个建成的万亩滨河森林公园——大运河通州森林公园开园仪式举行。市委常委牛有成、副市长夏占义等出席仪式。

29日 北京小学通州分校落成典礼举行。

30日 区政府制定出台《通州区公费医疗单位医疗保障制度改革方案》，2011年1月起实行。

10 月

13日 通州现代化国际新城运河核心区开工建设启动仪式举行。

14日 2010北京新城·通州国际商务年会——北京电子商务产业发展高峰论坛在通州商务园举行。副市长程红等出席活动。

20日 北京光谷创新置业有限公司北京总部项目奠基仪式举行。

27日 北京天安数码城和北京东方影视城两项目落户宋庄签约仪式举行。

28日 雨润集团华北总部暨三万吨肉制品扩建项目开工奠基仪式举行。

是月 新城建设投资运营公司成立。

11 月

1日 通州区举行"运河清风"廉政文艺汇演。市委常委、市纪委书记叶青纯等出席仪式。

3日 三河至北京供热管网工程及通州供热资源整合项目供热运行启动仪式举行。

10日 潞苑北大街二期、东六环西侧路北延、北运河东滨河路、宋郎路南延和群芳南街道路工程开工仪式举行。

▲ 致公党北京市委通州区工作委员会成立。致公党中央副主席严以新等出席成立仪式。

12日 通州区乡镇街道总工会成立授牌仪式举行。

▲ 通州区糖尿病防治中心成立揭牌仪式举行。

15日 《通州青年手机报》正式开通。

18日 第五届中国·北京国际文化创意产业博览会台湖图书城分会场开幕式举行。

19日 永乐惠通现代服务产业园项目签约仪式举行。

24日 万龙洲餐饮通州店开业庆典举行。

25日 中共中央政治局委员、北京市委书记刘淇围绕"加大重大项目投资，推动通州新城建设"到通州进行专题调研。市领导吉林、李士祥、牛有成等陪同调研。

12 月

3日 通州区人才工作会召开。会议对首届"通州杰出人才"和获"通州杰出人才提名奖"的先进个人进行了表彰。

4日 通州与意中基金会战略合作协议签约仪式举行。

8日 区政府与派格华创文化传媒有限公司在钓鱼台国宾馆签署派格5D秀文化置业项目集群建设协议。

▲ 通州区律师协会成立。

9日 温榆河大桥、潞苑北大街一期、朝阳北路东延二期（通顺路——靶场路段）、玉带河大街东延（潞城镇——芙蓉路段）工程通车剪彩仪式举行。

11日 音乐主题产业城——"新乐城"项目落户通州签约仪式举行。区政府与龙世嘉蓝国际文化投资有限公司签署合作协议。

14日 重庆市南川区党政代表团到通州区考察。签署《重庆市南川区与北京市通州区缔结友好城区协议》。

▲ 通州区党建研究会第一次会员大会召开。

16日 区委四届十次全体（扩大）会议召开，研究部署2011年及今后五年任务。

▲ 浦发银行北京通州支行开业庆典举

行。

17日　通州区文化中心开工奠基仪式举行。

21日　第八届北京现代音乐艺术节暨2011“乐府梨园”社区跨年文化活动季开幕式举行。

22日　区政府召开表彰大会，对2008、2009年度通州区科学技术奖获奖项目及通州区优秀科技企业、通州区优秀科技带头人进行了表彰。

▲　IDC商务特区开工典礼举行。

26日　“全国第三届食用菌工厂化论坛暨中国第六届菌需物资展销会”开幕式在通州区举行。

29日　北京青少年外事交流基地认定会在通州区举行。

30日　北京·京杭广场项目开工典礼举行。

▲　通州区2011年“逛新村　迎新年”文化、科技、卫生“三下乡”启动暨第21届农民艺术节开幕式举行。

党　　派

中国共产党北京市通州区委员会

概　　述

2010年，区委常委会紧紧把握市委集中力量、聚焦通州，建设现代化国际新城的大势，坚持总揽全局、把握方向，统筹兼顾、突出重点，对全区重大事项作出决策部署，团结带领全区广大党员干部群众，以现代化国际新城建设为统领，把发展作为第一要务、把稳定作为第一责任、把人民幸福作为第一追求、把党建作为第一保障，高起点、高标准、大气魄、大力度推进新城建设，全面实现“十一五”规划目标任务。研究制定了《中共北京市通州区委关于制定国民经济和社会发展第十二个五年规划的建议》，为顺利编制完成《通州区国民经济和社会发展第十二个五年规划纲要》奠定了重要的基础。

现代化国际新城建设取得新突破。新城核心区开发建设开局良好。充分利用国际国内资源，高标准编制完成新城核心区规划并深化了相关专项规划；成功举办现代化国际新城发展论坛等专题研讨会，明确了“北京发展新磁极、首都功能新载体”的发展定位，新城发展方向更加清晰；成功举办现代化国际新城建设项目发布会系列推介活动，通州在全国乃至世界的知名度、影响力不断提升；大力推进新城核心区拆迁，顺利实施惠民搬迁、和谐搬迁、阳光搬迁，进一步拓展了发展空间。首批4宗土地成功上市，建设项目破土动工，各类资源汇聚通州的良好态势初步形成，新城建设蓄势待发。重点功能区建设取得积极进展。商务园、环渤海高端总部基地（两站一街）、北苑商务区建设加快推进，主题休闲旅游度假区前期工作积极开展。大规模推进土地一级开发，完成土地储备开发投资138亿元，达到历史最高水平。基础设施和生态建设快速推进。朝阳北路东延二期等工程顺利完工，徐尹路等工程积极推进，新城交通体系更加完善。三河热电联供等工程加快推进，城市承载力不断增强。国家卫生区创建通过验收，大运河森林公园在全市率先开园，新城绿色、生态、低碳、人文理念初步显现。

经济发展迈上新台阶。主要经济指标快速增长。全年完成地区生产总值344.8亿元，同比增长23.6%；税收总额实现103.4亿元，增长23.6%；一般预算收入31.7亿元，同比增长21.5%；全社会固定资产投资364.7亿元，同比增长17．6%。项目引进建设的规模和质量进一步提升。北京国际航空城等一批投资10亿元以上的大项目正式签约，乔治费歇尔等一批项目竣工，北汽动力总成等一批项目开工建设，金融、文化创意、电子商务、总部经济等产业集聚效应逐步显现。乡镇经济发展迅速，园区经济主战场作用更加明显。园区的基础设施建设和招商引资工作积极推进，带动作用不断增强，经济贡献率不断增加。

城乡一体化取得新进展。都市型现代农业加快发展，第18届国际食用菌大会顺利签约，农业产业化水平不断提升。教育、文化、医疗等公共服务资源加速向农村延伸。新农村建设各项工程加快推进。“五项基础设施”和“十二项全覆盖”工程全部完成，“三起来”工程进展顺利。城乡道路、水利、通信等工程建设步伐不断加快。镇村建设有序开展。城乡结合部市级重点挂账整治村工作顺利，农村社区建设实现快速发展，特色小城镇建设取得新成果，城乡面貌焕然一新。

社会建设开创新局面。城乡居民收入持续增长。严格落实市级就业促进政策，多渠道扩大就业，突出抓好特殊群体就业工作，多途径增加居民工资性、经营性、财产性收入，城镇居民人均可支配收入和农民人均纯收入分别达到24426.6元和12613元，同比增长8.8%和11%，人民生活水平不断提高。城乡社会保障水平进一步提高。新型农村合作医疗、城镇居民医疗保险、城乡养老保险等覆盖面、参保率不断提高。全区一级以上医院在全市率先实现新农合医疗信息化管理，实现“出院即报”。社会救助工作稳步开展，困难群众基本生活得到有效保障。教育卫生等各项事业较快发展。新通幼儿园、北京小学通州分校投入使用，新三中等开工建设，校舍安全加固工程进展顺利，新中医院正式运营，教育医疗基础设施进一步改善。文化、体育、科技、旅游等事业进一步发展。保障性住房建设力度不断加大。玉桥东小区等项目交付使用，困难家庭和低收入家庭居住条件进一步改善。为民办实事工程进展顺利。社会建设不断加强。枢纽型社会组织建设全面开展，社区规范化建设稳步推进。

和谐通州建设取得新成效。精神文明建设工作深入推进。六大文明引导行动和群众性精神文明创建活动深入开展，未成年人思想道德建设加快推进，公民道德建设效果明显。文化设施实现村村全覆盖，读书月活动、运河艺术节等群众文化活动品牌吸引社会各界广泛关注。民主政治建设不断加强。区委分别召开第三次区人大、区政协工作会议，积极支持人大和政协履行职能，围绕现代化国际新城建设和“十二五”规划制定等广泛调研、献计献策。统战工作围绕中心、服务大局，不断开创新局面。工会、共青团、妇联、科协等群众组织采取多种形式发挥桥梁纽带作用。“全国双拥模范城”创建进展顺利。安定稳定社会局面进一步形成。社会稳定风险评估机制全面落实，社会矛盾化解成效显著。加大社会治安综合治理力度，深入开展社会治安重点地区排查整治工作，社会持续和谐稳定。流动人口管理和服务工作不断加强。安全生产形势保持稳定。

党的建设得到新加强。创先争优活动扎实推进。以“深入学习实践科学发展观，全力推进现代化国际新城建设”为主题，以“三个心系”为载体，在全市率先启动创先争优活动，深入开展为群众办实事办好事活动。“三级联创”活动排名全市前列。村“两委”班子换届选举工作圆满完成。党的基层组织建设和党员队伍建设全面加强，覆盖面和影响力不断扩大。人才队伍建设扎实推进。着力推进人才强区战略，召开全区人才工作会议，下发《中共北京市通州区委关于进一步加强党管人才工作的意见》，制定《北京市通州区中长期人才发展规划（2010～2020年）》，开展首届“通州杰出人才”评选表彰活动，形成重视人才、关心人才的浓厚氛围。党风廉政建设扎实推进。全面落实党风廉政建设责任制，扎实推进惩防体系建设，深化廉政风险防范管理，“运河清风”廉政文化品牌建设工作深入开展，“加强作风建设、优化发展环境”主题活动成效显著。

干部队伍建设迈出新步伐。先后11次进行干部调整，任免干部190名，其中提拔58名，全区干部队伍结构得到进一步优化，整体素质得到进一步提升。不断加大竞争性选拔力度，推出26个处级职位面向社会公开选拔。推行区委常委会票决干部制度，13名同志经票决走上正处级领导岗位，干部选拔任用工作的科学化、民主化水平进一步提升。完善干部选拔任用工作全程纪实制度，健全任前公示制度，实行考察对象报告个人有关事项和廉政明示制度，对干部选拔任用工作的监督进一步加强。认真学习贯彻干部选拔任用四项监督制度，始终把整治用人上不正之风、提高选人用人公信度工作放在重要位置。制定出台《进一步加强干部监督工作的意见》及相关配套制度，整治用人上不正之风工作“1+X”制度体系初步形成。在全区107家单位开展“一报告两评议”和组织工作满意度调查，实现整治用人上不正之风满意度的动态监测。

（蔺　艳）

重要会议和活动

【领导调研与视察】　1月6日，市委常委、统战部长牛有成到通州区调研，了解马驹桥镇小杜社村党组织建设、村民生活、经济发展等情况并听取相关汇报。市委农工委书记、市农委主任王孝东，市委农工委副书记白仙畔等陪同调研。1月30日，中共中央政治局常委、全国政协主席贾庆林就新城规划设计与建设方案到通州区调研，听取区委书记王云峰关于通州新城最新规划成果、新城建设进展情况的汇报并观看通州新城规划宣传片。中共中央政治局委员、市委书记刘淇，全国政协副主席兼秘书长钱运录，市委副书记、市长郭金龙，市政协主席阳安江，市委常委、常务副市长吉林，市委常委、市委秘书长李士祥，副市长陈刚等陪同调研。2月13日，副市长苟仲文在区委副书记、区长邓乃平陪同下到东方化工厂、蒙牛集团检查安全生产工作。2月26日，副市长苟仲文在区委常委、常务副区长岳鹏陪同下到北京福通安全玻璃有限公司、保罗生物园科技股份有限公司调研企业生产、销售情况。4月29日，民政部副部长孙绍骋、市民政局局长吴世民到通州区视察新农村社区建设情况，参观梨园镇大马庄村社区服务站并听取相关汇报。5月14日，中共中央政治局委员、市委书记刘淇就加快城乡结合部建设、推进城乡一体化发展到通州区调研，视察市级挂账整治督办重点村——梨园镇高楼金村村域环境现状，参观村民安置样板间并听取相关情况介绍。市领导王安顺、李士祥、牛有成、陈刚、夏占义等陪同调研。5月25日，市政协副主席赵文芝到通州区视察现代化国际新城规划和建设情况，参观新城规划展厅、万亩滨河森林公园月岛并听取相关汇报。5月29日，市委常委、统战部长牛有成到通州区调研北京市城乡结合部重点村建设进展情况，考察宋庄镇六合村回迁楼建设新址并听取相关工作汇报。6月4日，市委常委、宣传部长、副市长蔡赴朝到通州区调研文化创意产业发展情况，实地考察正在建设中的宋庄镇六合新村和文化创意产业集聚区公共服务平台，参观部分文化工作室。6月4日，市委常委、市委秘书长李士祥与中国投资公司负责人就新城建设情况到通州区调研，实地察看运河核心区地块情况，听取运河核心区规划情况介绍。6月9日，市委常委、统战部长牛有成就第八届村委会换届选举工作到通州区调研。6月24日，副市长夏占义在区委副书记李玉君陪同下到位于永乐店镇漷永路西侧的小麦示范田视察夏收夏种工作。6月29日，市政协主席阳安江到通州区调研新兴产业发展与新城绿化建设工作，实地察看通州运河城市段和宋庄小堡画家村并听取相关汇报。7月2日，中央委员、中央巡视组组长徐光春一行在市委常委、市总工会主席梁伟等市领导陪同下到通州区巡视工作，视察新城规划展厅、宋庄小堡画家村、梨园镇高楼金村拆迁安置指挥部、金福艺农公司、李宁公司总部并听取相关汇报。7月14日，市政协副主席陈平到通州区调研文化创意产业发展情况，观看通州新城核心区建设规划沙盘，听取相关情况介绍。9月28日，解放军总政治部群工办主任汤奋一行到通州区考察，参观新城规划展厅、大运河森林公园，听取区委书记王云峰对新城建设成果及前景的介绍。10月3日，中宣部常务副部长、中央创先争优活动领导小组副组长雒树刚就创先争优开展情况到通州区调研。10月5日，中纪委副书记何勇在市委常委、统战部长牛有成陪同下视察大运河森林公园、新城规划展厅、张家湾镇皇木厂村、金福艺农公司并听取相关汇报。10月27日，副市长苟仲文就工业经济运行情况及帮扶企业工作到通州区调研，视察北京通美晶体技术有限公司和福耀集团北京福通安全玻璃有限公司并听取相关汇报。11月25日，中共中央政治局委员、市委书记刘淇就“加大重大项目投资，推动通州新城建设”到通州区进行专题调研，实地察看京贸家园和“两站一街”定向安置房项目施工现场。市领导吉林、李士祥、牛有成等陪同调研。11月26日，市委常委赵凤桐到通州区调研“中关村国家院所创新产业示范园”项目进展情况。11月26日，副市长丁向阳到通州区调研文化旅游产业发展情况，参观现代音乐学院、韩美林艺术馆、大运河森林公园并听取相关汇报。

（蔺　艳）

【领导干部会议】 2月2日，通州区召开领导干部会议。区委副书记、区长邓乃平主持。区委常委、政法委书记李玉君，副区长张华分别就春节和全国“两会”期间全区维护稳定、安全生产工作作出部署。区委书记王云峰就有关服务保障、社会稳定、送温暖及一季度工作、领导干部作风建设等提出要求。9月30日，通州区召开领导干部会议。区委副书记、区长岳鹏传达市委副书记王安顺讲话精神。区委书记王云峰主持，会议传达市委书记刘淇讲话精神，通报全区经济社会发展及安全稳定形势，并对国庆和十七届五中全会期间安全稳定及其他相关工作做出具体要求和部署。10月9日，通州区召开领导干部会议。区委副书记李玉君主持。区委副书记、区长岳鹏总结全区前三季度经济社会发展情况，部署下一阶段工作。区委书记王云峰号召全区领导干部凝心聚力，努力打造通州精神、创造通州速度、树立通州形象，共同成就建设现代化国际新城伟业。11月6日，通州区召开领导干部会议。区委书记王云峰传达全市领导干部大会和市委书记刘淇讲话精神，按照市委市政府要求对当前和下年全区重点工作进行部署。区委副书记、区长岳鹏主持会议。

（蔺　艳）

【周波被追授“舍己救人模范警卫战士”称号】 2月2日，中央军委追授周波“舍己救人模范警卫战士”荣誉称号命名大会在北京卫戍区66055部队举行。北京军区司令员房峰辉主持，中国人民解放军总政治部副主任刘振起上将宣读中央军委主席胡锦涛签署的追授周波“舍己救人模范警卫战士”荣誉称号的命令。北京市委副书记王安顺、重庆市副市长刘学普、北京军区政委刘福连、区委书记王云峰出席命名大会。

（蔺　艳）

【农村工作会议】 3月18日，通州区召开农村工作会议。区委常委、政法委书记李玉君主持，副区长于世疆作《紧抓机遇，聚焦三农，推动通州城乡一体化向更高水平迈进》的工作报告。区委副书记、代区长岳鹏强调，各相关单位要按照城乡统筹的要求，不断加大对农村的支持力度，形成工作合力，为推进农村改革发展提供有力保障，为建设现代化国际新城做出更大贡献。区领导张文山、张秀余、尹双曼等出席。

（蔺 艳）

【市青少年科技创新大赛在通州举行】 3月19日，第30届安捷伦北京青少年科技创新大赛在通州区举行。中共中央政治局委员、市委书记刘淇，市委副书记、市长郭金龙，市委常委李士祥、梁伟，副市长黄卫，市政府秘书长孙康林在区委副书记、代区长岳鹏陪同下参观全市青少年科技创新成果展示。

（蔺 艳）

【玉桥东小区经济适用房竣工】 4月28日，通州区第一个整体经济适用房项目——玉桥东小区经济适用房项目竣工暨钥匙发放仪式举行。中共中央政治局委员、市委书记刘淇，市委副书记、市长郭金龙，市委副书记王安顺，市委常委、常务副市长吉林，市委常委、市委秘书长李士祥，副市长陈刚、市政府秘书长孙康林及区领导王云峰、岳鹏、李玉君、张勇等出席仪式。

（蔺 艳）

【人大工作会议】 5月20日，区委召开第三次人大工作会议。区委副书记、代区长岳鹏主持，区人大常委会主任张文山对《中共北京市通州区人大常委会党组关于做好当前人大工作的若干意见》有关问题作说明。区委书记王云峰讲话。区领导王春元、李玉君、张秀余、尹双曼、尹燕京等出席会议。

（蔺 艳）

【樱桃文化节开幕】 6月14日，“2010通州樱桃文化节”在王府井开幕。市委常委、统战部长牛有成，副市长夏占义、市委副秘书长李福祥、市园林绿化局局长董瑞龙和区委书记王云峰，共同启动“2010通州樱桃文化节”。区委副书记、代区长岳鹏致辞。区委、区人大、区政府、区政协有关领导出席启动仪式。

（蔺 艳）

【经济形势分析会】 7月29日，通州区召开2010年上半年经济形势分析会。副区长张华总结上半年全区经济发展态势，对下半年经济工作作出部署。区委书记王云峰传达北京市经济形势分析会精神，强调下半年要创造性地开展工作，坚持统筹协调的工作方法，扎扎实实推进各项工作，实现现代化国际新城建设的良好开局。区委副书记、区长岳鹏强调，下半年要继续加快现代化国际新城建设，抓好土地一级开发及上市工作，抓好定向安置房建设，加紧对运河核心区的招商引资工作，创新新城开发建设模式，抓好配套设施规划建设，加快推进各项重点工程建设。区委副书记李玉君主持。区领导张文山、王春元、张秀余、赵玉影、尹双曼、储怀森、于世疆等出席会议。

（蔺 艳）

【大运河森林公园开园】 9月25日，北京市首个建成的万亩滨河森林公园——大运河森林公园开园仪式举行。区委副书记、区长岳鹏致辞。市委常委、统战部长牛有成，副市长夏占义，区领导王云峰、张文山、李玉君、张秀余、赵玉影、尹燕京、郭旭升、张勇、于世疆等出席开园仪式。

（蔺 艳）

【政协工作会议】 11月11日，通州区第三次政协工作会议召开。区委副书记、区长岳鹏主持，区委副书记李玉君宣读《中共北京市通州区委关于加强人民政协政治协商制度建设的意见》。区政协主席王春元总结了区第二次政协工作会议以来的政协工作，并对贯彻《意见》和会议精神作具体部署。区委书记王云峰讲话。区领导张文山、张秀余、赵玉影、尹双曼、张勇等出席会议。

（蔺 艳）

【务虚工作会】 12月1日，通州区2010年务虚工作会召开。区委常委、副区长、乡镇街道主要负责人分别对分管工作、本地区发展情况进行汇报。区委书记王云峰主持并在讲话中指出，各级领导干部都要倍加珍惜千载难逢的历史机遇、倍加珍惜来之不易的政治局面和工作局面、倍加珍惜人民群众的信任，带领群众坚定不移地推进北京现代化国际新城建设。区委副书记、区长岳鹏对全区工作提出要求并作出具体部署。区人大常委会主任张文山、区政协主席王春元、区委副书记李玉君分别围绕建设北京现代化国际新城讲了意见。

（蔺　艳）

【区委四届十次全会】 12月16日，区委四届十次全体（扩大）会议召开。区委书记王云峰代表区委常委会作题为《奋发有为　勇创一流　在新起点上实现北京现代化国际新城建设新跨越》的工作报告。区委副书记、区长岳鹏对《中共北京市通州区委关于制定国民经济和社会发展第十二个五年规划建议》作说明。会议传达市委十届八次全会精神，审议通过《中共北京市通州区第四届委员会第十次全体会议决议》、《中共北京市通州区委关于制定国民经济和社会发展第十二个五年规划的建议》。会议还进行了干部选拔任用“一报告、两评议”和提名推荐正处级干部人选事宜。区领导张文山、王春元、李玉君、张秀余、赵玉影、尹双曼、尹燕京、郭旭升、张勇、储怀森、于世疆等出席会议。

（蔺　艳）

【安全维稳工作会议】 12月30日，通州区安全维稳工作会议召开。区委常委、政法委书记赵玉影和副区长肖志刚分别对全区“两节”、“两会”期间的维护稳定、安全生产工作进行部署。区委书记王云峰强调，各级领导干部要高度重视并切实做好安全生产和维护稳定的各项工作，为推进通州科学发展、推进现代化国际新城建设营造良好的社会环境。区领导岳鹏、张文山、王春元、李玉君、尹双曼、尹燕京、张勇、储怀森、于世疆等出席会议。

（蔺　艳）

组 织 工 作

【概　况】 2010年，全区各级组织部门和广大组工干部围绕中心，服务大局，紧扣“党所急、政所需”，紧紧抓住提高组织工作科学化水平这条主线，统筹谋划，改革创新，狠抓落实，各项工作取得新成效。

第一，着力推进创先争优活动，广大党员干部投身现代化国际新城建设的责任感和自觉性进一步增强。坚持把创先争优活动与深入学习实践科学发展观活动有序衔接，与党员作风建设年活动有机结合，4月，在完成学习实践活动的基础上，在全市率先启动创先争优活动。以“深入学习实践科学发展观，全力推进现代化国际新城建设”为主题，以“三个心系”为载体，教育引导全区基层党组织和广大党员在建设新城的实践中创先进、争优秀，形成了党员带头、群众参与、党群共建的争创新格局。全区基层党组织以知民情、解民难、促民和为核心，下大力气解决群众最关心、最直接、最现实的医疗、教育、住房等问题，1959个基层党组织建立了办实事工作台账，49772名党员签订了为民办实事承诺书，承诺事项23436项，推动运河核心区和谐拆迁和开发建设取得突破性进展。深入开展“我为新城建设做贡献”主题研讨、“群众心目中的好党员”评选表彰、巡回宣讲活动，充分发挥典型引领作用。2010年，本区创先争优活动得到中央创先争优活动领导小组的充分肯定。

第二，着力推进干部人事制度改革，选人用人公信度进一步提高。坚持民主、公开、竞争、择优方针，不断推进干部人事制度改革，努力实现干部工作科学化、民主化、制度化。注重干部选任导向和机制建设，加大了竞争性选拔力度，先后进行3次公选，推出26个处级职位和2个乡镇副科级职位（面向大学生村官），首次将群众公认度和资历评价引入干部选任评价体系，探索了“不简单以年龄划线，不简单以考分选才，不简单以票取人”的选拔形式，实现了“选拔一个，发现一批，影响一群”的目标。探索改革正处级干部人选初始提名方式，在全委会提名推荐正处级干部人选。制定了区委常委会讨论任免干部票决制办法，对25个职位采取差额推荐、差额考察、差额酝酿，选人用人程序进一步完善。首次以“媒体公示”方式对111名处级干部进行公示，有效保障了群众的知情权、参与权、选择权、监督权。注重干部监督，制定《关于进一步加强干部监督工作的意见》等文件，出台《科级干部选拔任用工作办法》，建立了重要环节纪检全程监督制度和组织工作新闻发言人制度，在全区107家单位开展组织工作满意度调查，监督形式进一步扩展。注重综合运用多种资源，推进班子和干部考核、考察经常化。将重点工作表现、公开选拔工作与处级领导班子考核、处级领导干部考核、处级后备干部考核以及非中共党员后备干部考察相结合，对88个领导班子、515名领导干部、187名副处级后备干部和66名非中共党员后备干部人选进行测评，加强了日常动态考核。在全国组织工作满意度调查中，本区各项指标均位居全市各区县首位。

第三，着力推进领导班子和干部队伍建设，全区各级干部推动科学发展、促进社会和谐的能力进一步提升。坚持德才兼备、以德为先，以“围绕发展用干部、根据岗位配干部、面向基层选干部”为导向，根据新城功能定位、发展目标和阶段性工作重点， 进行干部调整13次，任免干部298名，选派、接收17名领导干部交流任职和挂职锻炼，进一步优化了干部队伍整体结构，干部队伍活力进一步增强。贯彻落实中央《2010～2020年干部教育培训改革纲要》，深入开展新一轮大规模干部培训工作，全年举办各类培训班706期，培训干部6.4万余人次，干部综合素质得到较大提升。切实加强后备干部培养锻炼，启动实施“44331”后备干部个性化培养锻炼工程，选派100余名后备干部到基层和外埠挂职锻炼，安排15名新任副处级领导干部到信访部门实岗锻炼，选派5名年轻干部援疆、援藏。围绕全区工作大局，积极做好老干部工作，切实发挥了老干部在推动新城建设中的作用。

第四，着力推进人才强区战略，人才在全区经济社会发展中的支撑作用进一步凸显。坚持党管人才原则，科学谋划人才发展，人才工作打开新局面。召开全区人才工作会议，制定《关于进一步加强党管人才工作的意见》和《通州区中长期人才发展规划（2010～2020年）》。加大引才引智力度，制定《通州区培养引进紧缺适用人才暂行办法》，全年引进各类人才739名（其中硕士以上184名），挂职锻炼博士后19名。加大统筹力度，各类人才队伍素质不断提高，队伍不断壮大。加大激励力度，出台了《关于设立“通州杰出人才奖”的决定》，评选表彰9名首届“通州杰出人才奖”和8名提名奖获得者。圆满完成人才京郊行、优秀人才培养资助等工作。加大关爱力度，制定了中高级农村实用人才奖励政策，开展优秀人才休假疗养等活动，并通过电视、报刊、网络广泛宣传人才工作，激发了各类人才的创业热情。

第五，着力推进各领域基层党建工作，基层党组织战斗堡垒作用和党员先锋模范作用得到进一步发挥。加强组织领导，统筹抓好全区基层党建工作，不断激发基层党组织和党员队伍的生机活力。圆满完成村“两委”班子换届选举工作。共选举产生1500名新一届村党支部委员，一批年纪轻、学历高、能力突出、群众公认的优秀党员进入村党支部班子。146个村采取直选方式产生村党支部书记，占总村数的31%。全区“一人兼”比例达到70%，交叉任职比例达到70%，村委会成员中党员比例达到80%，均比上届大幅度提升；村委会主任不是党员的村比例为10%，比上届大幅度下降；确保了每个村委会中都有党员，确保了村“两委”换届平稳顺利进行，全面实现了“三升一降两确保”的目标要求。强化“书记抓、抓书记”党建工作责任制，落实“一定三有”，推广“双述双评”，“三级联创”活动排名在全市位于前列。推行“三荐两考”，建设了一支素质较高的村级后备领导人才队伍。实施村级重大事项“四议两审三公开”制度，推动了基层民主政治建设。制定城乡结合部基层党建工作意见，组建百支帮扶农村工作队，初步构建起“城乡一体化”党建工作新格局。党政机关“创五好当五星”、企业“四好四强四优”、中小学校“四个实施四个争做”等创建活动蓬勃开展。成立15家社会工作党委、5个商务楼宇党建工作站，“两新”组织积极开展“五个好、五个先锋”创建活动，消除了社会领域党建空白点。切实加强党员教育管理，实施“强党性、提素质、建新城”党员教育培训工程，推行“微型党课”，建立农村党员积分制管理和入党积极分子“三推两考”制度，全年发展党员800余人，培训党员113086人次。建立帮扶台账，增强了党员关爱帮扶工作的实效性。以“星级示范工程”创建活动为抓手，深入推进农村党员干部现代远程教育工作；在全市率先启动“远程教育进社区”，远程教育工作领域得到进一步拓展，远程教育工作得到中组部相关部门的充分肯定。制定了《通州区党代表大会代表任期制实施办法（试行）》。建立百万资金扶持党建创新动力机制，在全市新农村建设综合奖励、创新奖励、党统等所有基层党建评比中均名列前茅。

第六，着力推进自身建设，组织部门和组工队伍良好形象进一步树立。按照“三服务、两满意”的要求，实行目标管理和成果反馈制度，完善首问责任制，推行“五个一”工作法，大力开展“组工干部下基层”活动，广泛开展“四必访、四必谈”、结对帮扶等活动。注重改革创新，把开展创先争优活动和深化“讲党性、重品行、作表率”活动有机结合，有效提升组工干部素质能力。坚持从严治部，认真执行“十严禁”纪律，进一步树立了组工干部公道正派、清正廉洁的良好形象。

截至年底，通州区党员总数51119人；党委49个，总支136个，支部1776个。年内，新发展党员936人。

（刘 飚）

【“通州区组织系统现代化国际新城建设”专题报告会】 1月28日，在市规委通州分局报告厅举办“通州区组织系统现代化国际新城建设”专题报告会。邀请市规委专业人员从规划的角度解析现代化国际新城建设。区委组织领导和全区各单位分管组织人事工作的副职领导共120余人参加报告会。

（刘 飚）

【农村党员干部现代远程教育工作会议】 1月21日，召开通州区农村党员干部现代远程教育工作会议。副区长于世疆主持会议。区委组织部副部长甄朋总结了2009年工作并对2010年工作进行了部署。会上表彰了马驹桥镇等4个先进乡镇，张家湾镇垡头村等15个优秀村级站点和王士刚等20名优秀村级站点管理员。区委常委、组织部长郭旭升对远程教育工作提出了要求。区农村党员干部现代远程教育工作领导协调小组成员单位有关领导和各乡镇副书记、组织部长共170人参加会议。

（刘 飚）

【通州区组织工作会议】 2月22日，召开通州区组织工作会议。区委组织部常务副部长刘瑞祥主持会议。区委组织部副部长甄鹏传达了全国、全市组织部长会议精神。区委常委、组织部长郭旭升作题为《深入贯彻落实党的十七届四中全会精神，为建设现代化国际新城提供坚强的组织保证》的工作报告。区委组织部副部长、正处级组织员王杰群宣读了《关于表彰2009年度基层党组织建设先进单位和基层党建工作创新优秀项目的决定》。区委书记王云峰出席会议并讲话。各乡镇、街道，各区直单位党委（党工委、党组）书记、主管党群工作的副书记、组织委员政工科长（党办主任）参加会议。

（刘 飚）

【通州区2010年优秀中青年干部培训班】 3月16日，在区委党校举办通州区2010年优秀中青年干部培训班。区委党校党委书记、常务副校长王青春主持开班仪式。区委常委、组织部长郭旭升进行了开班动员讲话。区委组织部副部长甄朋以及全体中青班学员和区委组织部、区委党校的干部教师共50余人参加开班仪式。

（刘　飏）

【通州区组织系统深入推进"讲党性、重品行、作表率"活动研讨会】 4月13日，召开通州区组织系统深入推进"讲党性、重品行、作表率"活动研讨会。区委组织部副部长王杰群主持会议。于家务乡党委、玉桥街道工委、区人力社保局作为基层党组织代表在会上作了交流发言。区委常委、组织部长郭旭升讲话。区委组织部副部长刘瑞祥、董思瑞、王振良、甄朋；各部、委、办、局主管党务工作的副书记（副局长、副主任）；各乡镇、街道党（工）委主管党群工作的副书记、组织部长；区委组织部全体工作人员共计115人参加会议。

（刘　飏）

【第一期科级干部提高班】 4月26日，在区委党校举办第一期科级干部提高班。区委常委、组织部长郭旭升进行开班动员讲话。培训班全体学员和区委组织部、区委党校的干部教师共计50余人参加开班仪式。

（刘　飏）

【第八届村委会换届选举工作动员暨培训会】 4月27日，召开全区村委会换届选举工作动员暨培训会。会议由区委副书记李玉君主持。会上，永乐店镇和张家湾镇党委书记作典型发言。副区长于世疆部署了第八届村委会选举工作。区委书记王云峰作重要讲话。区领导岳鹏、张秀余、赵玉影、尹双曼、尹燕京、郭旭升、于世疆参加会议。

（刘　飏）

【通州区组织工作新闻发布会】 4月29日，召开通州区组织工作新闻发布会。发布会由区委组织部办公室主任靳国旺主持。区委组织部副部长王杰群做为首席发言人通报了组织部门重点工作并回答了记者的提问。通州电视台、通州时讯、八通网、通州区党建网的记者参加了新闻发布会。

（刘　飏）

【通州区帮扶农村工作总结部署会】 5月6日，召开通州区帮扶农村工作总结部署会。会议由区委副书记李玉君主持。会上，副区长于世疆宣读了区委《关于对帮扶新农村建设工作先进单位和先进个人进行表彰的决定》，区领导为先进单位和先进个人代表颁发了奖状和荣誉证书。区委常委、组织部长郭旭升代表区委全面总结了2008年以来帮扶农村工作的主要做法和取得的突出成绩，部署了2010年至2013年新一轮帮扶农村工作主要任务。区委书记王云峰作重要讲话。

（刘　飏）

【远程教育进社区启动仪式】 5月19日，在北苑街道新华西街社区召开远程教育进社区启动仪式。市委组织部电教中心主任张强和区委常委、组织部长郭旭升分别作重要讲话。市农林科学院信息所所长孙素芬、区委组织部副部长甄鹏出席了启动仪式，各街道工委书记、办事处主任、工委副书记、组织部长、社区书记代表和社区党员代表参加会议。

（刘　飏）

【"培养科技创新人才　提高自主创新能力"专题培训班】 6月21日，"培养科技创新人才　提高自主创新能力"专题培训班在区委党校举行开班仪式。区委组织部副部长甄朋进行开班动员讲话，培训班全体学员、区委组织部、区科委、区科协、区委党校的干部教师共60余人参加开班仪式。

（刘　飏）

【庆祝建党89周年暨"群众心目中的好党员"表彰大会】 7月1日，召开"通州区庆祝建党89周年暨'群众心目中的好党员'表彰大会"。区委书记王云峰致辞。区委命明表彰了100名“群众心目中的好党员”。会上，播放了通州区先进基层党组织和优秀共产党员事迹短片，举办了文艺慰问演出。区委常委、区人大常委会主任、区政协主席；区委各部、委、办，区直属行政、事业、企业单位党委（党工委、党组）书记，主管党群工作的副职，纪检书记、政工科长（党办主任）；各乡镇、街道党（工）委书记，主管党群工作的副书记、纪（工）为书记、组织部长、宣传部长、团委书记；各垂直管理单位、双管单位主管领导；各人民团体主管领导参加会议。

（刘　飏）

【“群众心目中的好党员”先进事迹巡回报告启动仪式暨首场报告会】 8月20日，举办“群众心目中的好党员”先进事迹巡回报告启动仪式暨首场报告会。会上，王连明、王永珍、李银环、郎浩俊、崔海举5位“群众心目中的好党员”代表作了事迹报告。区委副书记李玉君讲话。区领导张秀余、尹双曼出席会议。区委创先争优活动领导小组及办公室成员，各基层党（工）委主管党务工作副职、纪委书记、组织部长（政工科长）、宣传部长，部分基层党员代表参加了会议。

（刘　飏）

【通州区第八届村委会选举工作总结大会】 8月31日，召开通州区第八届村委会选举工作总结大会。会议由区委常委、政法委书记赵玉影主持。会上，永乐店镇党委书记张振泉、马驹桥镇党委书记房亚军作了交流发言。副区长于世疆作村委会换届工作总结。区委常委、组织部长郭旭升部署下一步加强基层组织建设工作。区委副书记李玉君作了讲话。区委常委、区纪委书记尹双曼出席会议。各乡镇主管党务工作副职、组织部长参加会议。

（刘　飏）

【通州区农村实用人才创业成果报告会】 9月26日，召开通州区农村实用人才创业成果报告会。高级农村实用人才刘宝平、敖淑明、赵万全等先进代表作了典型发言。会议由区委常委、组织部长郭旭升主持。区委副书记李玉君出席会议并讲话。市委农工委干部处副处长刘继峰，区委组织部副部长甄朋参加会议。

（刘　飏）

【通州区党群共建创先争优工作推进会】 10月14日，召开通州区党群共建创先争优工作推进会。会上，区委社会工委、区总工会、团区委、区妇联等单位负责同志就各自领域开展党建带群建创先争优活动进行了部署。区委副书记李玉君讲话。区政协副主席、区委统战部部长李淑华参加会议。区委创先争优活动领导小组及办公室成员，区直属行政、事业、企业单位党委（党工委、党组）主管党务工作的副职、工会主席、政工科长（政治部主任、党办主任）、团委书记，各乡镇、街道主管党群工作副书记、组织部长、工会主席、团委书记、妇联主席参加会议。

（刘　飏）

【通州区2010年公开选拔领导干部】 10月18日，在区委党校召开通州区2010年公开选拔领导干部动员会。区委常委、组织部长郭旭升出席会议并讲话。自10月18日到12月中旬面向社会公开选拔20名处级领导干部和事业单位领导。此次公选，提供职位为历年最多，第一次面向非中共党员进行公选，其中5个职位还向全市和中央范围招考。

（刘　飏）

【通州区“强党性、提素质、建新城”党员教育培训工作动员部署会】 11月17日，召开通州区“强党性、提素质、建新城”党员教育培训工作动员部署会。区委常委、组织部长郭旭升作动员讲话。各乡镇党委、街道工委主管党务工作的副书记、组织部长，区直属行政、事业、企业单位主管党务工作的副职、政工科长（政治部主任、党办主任），参加第一期区级党员培训示范班的基层党支部书记代表参加了会议。

（刘　飏）

【通州区2010年人才工作会议】 12月3日，召开通州区2010年人才工作会议。区委常委、组织部长郭旭升宣读了区委、区政府《关于授予王连明等同志首届“通州杰出人才奖”、甘忠如等同志首届“通州杰出人才提名奖”的决定》，并对在通州现代化国际新城建设中涌现出的部分优秀典型进行了表彰奖励。区农委、区委教育工委、潞河医院、天宇朗通公司代表作了典型发言。区委副书记李玉君就《通州区中长期人才发展规划2010～2020年》有关情况进行了说明。区委书记王云峰出席会议并讲话。市委组织部部务委员闫成，区四套班子领导出席会议。

（刘　飚）

【通州区党建研究会第一次会员大会】 12月14日，召开通州区党建研究会第一次会员大会。会议由区委副书记李玉君主持。会议听取了通州区党的建设研究会筹备工作报告；审议并通过了《北京市通州区党的建设研究会章程（草案）》；选举产生了通州区党的建设研究会第一届领导机构成员。市委组织部部务委员、组织处处长、市党建研究会秘书长、市党建研究所所长韩昱，区委书记王云峰分别作了讲话。区委常委、区委政法委书记赵玉影，区委常委、组织部部长郭旭升出席会议。全区基层单位22名团体会员代表和60名个人会员参加会议。

（刘　飚）

【深入开展创先争优活动暨践行“三个心系”主题实践活动】 4月至12月，在全区深入开展创先争优活动暨践行“三个心系”主题实践活动（“三个心系”：心系发展，只争朝夕建新城；心系效能，发展环境显优化；心系群众，真诚服务解民忧），4月21日，召开全区深入开展创先争优活动暨加强作风建设优化发展环境和践行“三个心系”主题实践活动动员大会。区委副书记、区长岳鹏主持会议。会上，区委副书记李玉君对在全区基层党组织和党员中深入开展创先争优活动进行部署。区委常委、组织部长郭旭升对开展践行“三个心系”主题实践活动进行部署。区委书记王云峰到会讲话。区委、区人大、区政府、区政协领导班子成员，区属各部门各单位主要负责同志和部分党员代表共600人参加会议。12月23日，召开通州区2010年深入开展创先争优活动暨践行“三个心系”主题实践活动总结大会。区委常委、组织部长郭旭升主持会议。会上，永顺镇党委、区妇幼保健院党总支、新华街道东大街社区党总支的代表及党员代表马林聪作了交流发言。区委副书记李玉君出席会议并讲话。区领导张秀余、尹双曼参加会议。区属各单位主要负责同志、相关部门领导，部分基层党支部书记和党员代表参加会议。

（刘　飚）

宣　传　工　作

【概　况】 2010年，全区宣传工作按照“高举旗帜、围绕大局、服务人民、改革创新”的总要求，紧扣建设现代化国际新城的主题，统筹对内宣传和对外宣传“两个”大局，实施凝心聚力基础工程、聚焦通州推介工程、群众文化品牌工程、精神文明创建工程“四项工程”，圆满完成各项工作任务，为促进经济社会各项事业发展提供了有力的思想保证、舆论支持、精神动力和文化环境。

（何　江）

【“益民书屋”管理年暨“百姓读书月”活动动员大会】 1月7日，2010年通州区“益民书屋”管理年暨“百姓读书月”活动动员大会在潞城镇举行，市新闻出版局副局长梁成林，区委常委、宣传部长张秀余和区委宣传部、文明办、文化委、广电中心等单位领导以及各乡镇党委、街道工委宣传部长和益民书屋管理员代表200余人参加会议。会议将2010年确定为通州区“益民书屋”管理年，并将2010年4月确定为“通州区益民书屋百姓读书月”。动员大会上，区委宣传部常务副部长王立生对本区2010年“益民书屋”

管理年暨“百姓读书月”活动进行了详细部署。市新闻出版局副局长梁成林在讲话中对本区2009年的工作给予了充分肯定，并对本区2010年“益民书屋”各项活动提出希望。区委常委、宣传部长张秀余对“益民书屋管理年”工作提出具体要求。

（何　江）

【“我的北京,我的家”春节系列文化活动启动式】 2月2日，由区委宣传部、区文化委联合举办的“我的北京，我的家”2010年通州区春节系列文化活动在宋庄镇举行。区委常委、宣传部长张秀余、区人大常委会副主任罗明光出席了活动。该系列文化活动坚持面向基层、面向群众，把开展全区性的示范活动与基层自发的群众性文化活动结合起来，以街道、乡镇、企业、学校等基层单位为核心，充分利用文化广场、公园、图书馆、博物馆、电影院等公共文化设施，开展各具特色、丰富多彩的群众性文化活动。营造了2010年春节喜庆祥和、欢快热烈的文化氛围，弘扬中华民族春节文化。

（何　江）

【区委中心组首次扩大学习报告会】 2月4日，区委中心组举行2010年第一次扩大学习，全区领导干部专题学习世界城市相关知识。区委、区人大、区政府、区政协领导班子成员出席报告会，区委常委、宣传部长张秀余主持报告会。全区处级以上领导干部200余人参加了报告会。市政协委员、北京国际城市发展研究院院长连玉明教授从世界城市概念、北京提出建设世界城市的背景以及建设世界城市的途径作了报告。

（何　江）

【2010年宣传思想工作会议】 2月26日，本区召开2010年宣传思想工作会议。区委常委、宣传部长张秀余出席会议，并就做好2010年宣传思想文化工作提出要求。区委宣传部常务副部长王立生作工作报告。各乡镇、街道主管党群工作副书记、宣传部长，区属各部、委、办、局主管政工工作的领导、政工科长等200余人参加会议。会议全面总结了2009年宣传思想文化工作，明确了2010年工作任务，通报表彰了2009年度宣传思想工作先进单位、优秀宣传干部和“三下乡”工作先进单位。

（何　江）

【领导干部学习市委十届七次全会精神报告会】 3月11日，本区举办领导干部学习市委十届七次全会精神报告会。区委、区人大、区政府、区政协领导班子成员出席报告会，区委常委、宣传部长张秀余主持报告会。各乡镇、街道主管副书记、宣传部长，区属各部、委、办、局，各人民团体主管领导200余人参加报告会。北京市委副秘书长、研究室主任王力丁从市委十届七次全会的背景、全会提出的十个方面的工作部署及北京建设世界城市的有关情况等方面作了报告。

（何　江）

【北京市百姓读书月暨通州区益民书屋百姓读书月活动启动】 3月25日，由中共北京市委宣传部、北京市新闻出版局、通州区委区政府共同主办的北京市百姓读书月暨通州区益民书屋百姓读书月启动式在现代音乐学院举行。以此为标志，拉开为期一个月的全民阅读活动。启动式由北京市新闻出版局副局长杨静慧主持，市委宣传部副部长傅华，首都文明办宣教处、市委农工委宣传处、市新闻出版局发行处、全国《农家书屋》杂志社等单位领导及区领导张秀余、罗明光、刘淑华，区委宣传部、区文明办、区文化委、区广电中心等单位领导和来自全区各界500余名读书爱好者参加了启动式。启动式上，与会领导向本区群众代表赠送了优秀图书，并对本区荣获通州区优秀益民书屋和读书明星荣誉称号的单位和个人代表颁发奖牌和证书。北京市曲艺家协会主席、著名相声表演艺术家李金斗作为本次百姓读书月活动的形象大使，向全市百姓发出倡议，号召全市百姓多读书，读好书，在阅读中增长才干，在阅读中涵养情操，在阅读中体会责任与担当，在阅读中改变生活、成就梦想。启动式结束后进行了专场文艺演出。

(何 江)

【"读书改变生活"益民书屋读者才艺展示活动】 3月25日，在百姓读书月开幕式上举办"读书改变生活"益民书屋读者才艺展示活动。共展出来自全区各行业读者的作品80余件，包括摄影、书法、服饰、手工编织等，北京市委宣传部、北京市新闻出版局、首都文明办宣教处、农家书屋杂志社的领导，区领导张秀余、罗明光、刘淑华以及北京十八个区县宣传部主管部长在开幕式前参观了才艺展示。

(何 江)

【"益民书屋带给我知识"知识竞赛】 3月30日，在通州区潞城镇举办"益民书屋带给我知识"知识竞赛活动。来自全区基层益民书屋的15支代表队经过预赛的角逐，共有8支代表队进入决赛。区人大常委会副主任罗明光、区政府副区长刘淑华出席活动并为获奖队员颁奖。

(何 江)

【"与著名作家零距离接触"文学爱好者专题讲座】 4月6日，通州区益民书屋百姓读书月系列活动——"与著名作家零距离接触"文学爱好者专题讲座在漷县镇政府举行。著名作家梁晓声以自己的创作经历为内容为来自全区各界的200余名文学爱好者作了一堂生动的文学课。

(何 江)

【举办"经典诗文朗诵会"】 4月15日，通州区益民书屋百姓读书月系列活动——"经典诗文朗诵会"在永顺镇龙旺庄中学举行。北京市新闻出版局副局长杨静慧，区人大副主任罗明光，区委宣传部、区文明办、区直机关工委、区文化委、区广电中心、区总工会、团区委、区妇联、永顺镇党委和政府等有关单位领导，以及全国《农家书屋》杂志社等新闻媒体出席活动。我国著名朗诵艺术家曹灿、瞿弦和、殷之光、杜宁琳等共同表演了一场精彩的诗文朗诵。

(何 江)

【"北京市百姓读书月暨通州区益民书屋百姓读书月益民书屋带给我知识"演讲比赛】 4月19日，"北京市百姓读书月暨通州区益民书屋百姓读书月益民书屋带给我知识"演讲比赛活动在于家务乡中学举行。此次演讲比赛内容全部围绕发生在益民书屋的真人真事，讲述益民书屋给广大农民群众带来的实惠。各乡镇积极派出代表参赛，经过层层选拔，最后从28名预赛选手中产生15名进入决赛。区委常委、宣传部长张秀余，副区长刘淑华，区政协副主席王子江出席活动并为获得一、二、三等奖选手颁奖。

(何 江)

【2010年度周末社区大讲堂启动式】 4月22日，2010年周末社区大讲堂启动式暨通州区益民书屋百姓读书月读书论坛在台湖镇举行。市委宣传部副部长傅华，市委社会工委委员、市社会办副巡视员王智玲，市社科联党组书记、常务副主席史秋秋，市社科联党组副书记陈之昌，通州区委常委、宣传部长张秀余出席活动。启动式上，通州区委宣传部汇报了通州开展全民阅读的情况，并由大学生"村官"代表和农民代表分别介绍了读书成才和读书致富的经历。启动式后，由中国现代文学馆原馆长、中央文史研究馆馆员舒乙围绕"精神追求与修养"作首场讲座，300多名干部群众现场聆听了讲座。

(何 江)

【举办读书征文活动】 4月30日，通州区"益民书屋带给我知识"读书征文与"我与益民书屋"全区益民书屋管理员征文活动圆满结束，在征文活动期间，收到来自全区各行各业及益民书屋管理员的征文800余篇，区委宣传部对来稿进行了筛选和梳理，编辑出版了《益民书屋带给我知识征文选编》和《"我与益民书屋"全区益民书屋管理员征文选编》。

(何 江)

【文化、科技、卫生“三下乡”活动】 5月6日，区委宣传部组织本区“三下乡”成员单位在西集镇举行文化科技卫生“三下乡”活动。区农委、区科委、区人口和计生委、区种植中心、区动物卫生监督管理局、区卫生局、区司法局、区文化委、区环保局、团区委、区妇联、区科协、区技术监督局、区安监局、区药监分局、区法制办等区“三下乡”成员均精心准备，将精神食粮送到农民手中。

（何　江）

【领导干部世界经济形势专题报告会】 5月10日下午，本区举办通州区领导干部世界经济形势专题报告会。区委常委、宣传部长张秀余主持报告会，区委、区人大、区政府、区政协领导班子成员，区属各部、委、办、局、公司、中心党政正职和主管党群工作的副职、政工科长近200人参加报告会。中国社会科学院中美研究中心主任肖炼作了有关世界经济形势的专题报告。

（何　江）

【北京市“我的书屋，我的家”阅读讲演比赛】 5月14日，由市委宣传部、市新闻出版局主办，通州区委宣传部、区文化委承办的“北京市‘我的书屋，我的家’阅读讲演比赛”在本区举行。新闻出版总署发行司副司长谭汶、市委宣传部副部长傅华、市新闻出版局副局长杨静慧、区领导张秀余等市区领导出席了活动。来自北京市12个区县的13位参赛选手和2名特约小学生选手进行了精彩的讲演，本区西集镇大学生“村官”朱琳演讲的《读书让生活更芬芳》荣获一等奖。

（何　江）

【领导干部学习四项监督制度专题报告会】 5月24日，本区举办领导干部学习“四项监督”制度专题报告会。区委常委、宣传部长张秀余主持报告会，区委、区人大、区政府、区政协领导班子成员，区属各部、委、办、局、公司、中心党政正职和主管党群工作的副职、政工科长近300人参加报告会。北京市政协常委、北京市委组织部原副部长李维良作专题报告。

（何　江）

【宣传、统战干部专题培训班】 5月31日至6月4日，通州区宣传、统战干部专题培训班在区委党校举办。来自全区各委办局、乡镇、街道的宣传、统战干部共53人参加培训。区委常委、宣传部长张秀余出席开班仪式并作动员讲话。区政协副主席、区委统战部部长李淑华出席开班仪式。培训班历时一周，先后安排了《基层思想政治工作研究》、《中国文化发展大趋势》、《领导干部如何应对媒体》等8次专题辅导，来自中国政研会、中央统战部、文化部、市委宣传部、北京大学的多位领导及专家向学员们系统讲授了宣传、统战工作的业务知识。

（何　江）

【“我的舞台”群众文化擂台赛】 6月26日，“我的舞台”群众文化擂台赛启动式在运河文化广场举行，全面拉开本区2010年群众文化活动序幕。截至10月中旬，共举办演出11场，参加演员3000人以上，观众接近5万人次。

（何　江）

【庆祝建党89周年暨创先争优活动知识竞赛】 6月24日，本区举办庆祝建党89周年暨创先争优活动知识竞赛。区委常委、宣传部长张秀余出席活动。区委组织部、区委宣传部等相关部门，各乡镇党委组织部长、宣传部长以及潞城镇各界干部群众代表200余人观看了知识竞赛。

（何　江）

【领导干部推进城乡一体化专题报告会】 7月26日，本区举办全区领导干部推进城乡一体化专题报告会。区委常委、宣传部长张秀余主持报告会，区委、区人大、区政府、区政协领导班子成员出席报告会；全区各单位党政正职和主管党群工作的副职、政工科长以及各乡镇、街道办事处党政正职、党群书记、宣传部长近300人聆听了报告会。国务院发展研究中心办公厅副主任程国强作专题报告。

（何　江）

【“优化发展环境，建设现代化国际新城”巡回宣讲活动】 9月1日，通州区“优化发展环境，建设现代化国际新城”宣讲报告团正式成立并举行首场宣讲报告会，区领导张秀余、刘淑华及区纪委、区委组织部、团区委等单位领导出席首场报告会。来自全区各界群众代表200余人聆听了报告。报告团由11人组成，以宣讲报告会的形式集中展现全区各行各业在建设现代化国际新城中取得的可喜成就，集中展现全区广大干部群众为建设现代化国际新城所做的积极贡献，提高全区干部群众对建设现代化国际新城的知晓率和参与度。巡回宣讲报告团深入全区各单位开展巡回宣讲活动10余场次，受到群众的欢迎和好评。

（何　江）

【领导干部学习贯彻党的十七届五中全会专题报告会】 11月11日，本区举办领导干部学习贯彻党的十七届五中全会专题报告会。区委常委、宣传部长张秀余主持报告会。区委、区人大、区政府、区政协领导班子成员出席报告会。区属各部、委、办、局、公司、中心党政正职等200余人聆听了报告会。国家发改委宏观经济研究所副所长宋立作专题辅导报告。

（何　江）

【开展对益民书屋拉练检查】 11月13日至16日，区委宣传部组织各乡镇宣传部长、益民书屋管理人员对张家湾镇大高力村、三间房村，永乐店镇小安村、德仁务村进行拉练检查。重点检查益民书屋房屋环境、设施配备、制度建设、活动开展等情况。通过此次拉练检查，大家互相学习、取长补短，有力地推动了“益民书屋”各项工作的创新发展。

（何　江）

【组织策划实施通州现代化国际新城的宣传推介工作】 一是突出宣传建设现代化国际新城的新思路。北京市“两会”期间，精心策划实施通州国际新城规划高峰论坛整体宣传推介工作；全国“两会”期间，策划组织《人民政协报》“通州：大运河上的现代化国际新城”专版等新城规划蓝图系列主题宣传。10月13日，组织策划通州现代化国际新城建设启动宣传推介工作，组织协调60余家中央、市级媒体推出“世界北京、国际通州”专版，将现代化国际新城建设高起点开局推向高潮。二是突出宣传建设现代化国际新城的新环境。策划实施国家卫生区创建整体宣传、大运河森林公园开园整体宣传、“全球企业邀约活动”整体宣传。策划招商推介类宣传活动，共协调安排区主要领导在市级以上电视采访6次，广播报纸集中采访7次，树立了通州发展环境良好的形象。三是突出宣传现代化国际新城的新变化。与主流媒体建立伙伴关系，不间断地宣传通州现代化国际新城的新变化。由区委宣传部主导在市级以上媒体共刊发宣传通州的新闻稿件1200余篇，《人民日报》、《北京日报》等市级以上主流报刊专版宣传20余次，推出香港《文汇报》通州专版，网络搜索引擎显示有关“通州现代化国际新城”的新闻28万余条，为现代化国际新城的快速启动和发展营造了良好的舆论氛围。四是突出宣传现代化国际新城的新举措。宣传惠民拆迁政策，研究确定各时期拆迁宣传工作节奏和重点，推出区领导访谈、职能部门一把手访谈、受益拆迁户走访等专题报道，加强依法拆迁和违章建筑拆除的舆论引导工作，引导群众拥护支持拆迁。

（何　江）

纪检　监察

【概　况】 2010年，区纪委监察局坚持以科学发展观为指导，紧紧围绕全区中心工作和区委、区政府重大决策部署的贯彻落实，全面落实党风廉政建设责任制，统筹推进反腐倡廉教育、制度、监督、改革、纠风、惩处等工作，不断深化党风廉政建设和反腐败斗争，有力推动了本区现代化国际新城建设的顺利进行。

（褚　锋）

【召开党风廉政建设工作会议】 3月1日，召开区纪委四届六次全会暨全区党风廉政建设工作会议。会上区委常委、区纪委书记尹双曼代表区纪委常委会作了《以科学发展观指导反腐倡廉建设，为推进通州新城跨越式发展提供有力保证》的报告。区委书记王云峰出席大会并讲话。会议审议并通过了区纪委六次全会决议。代区长岳鹏主持会议，区委、区人大、区政府、区政协主要领导和领导班子成员，区委、区政府各部委办局和有关方面党政主要负责同志，各乡镇、街道办事处党政主要负责同志，纪检监察组织负责人，区政府特约监察员出席会议。市纪委副书记隋秀梅到会并讲话。

（褚　锋）

【开展监督检查】 年内，围绕区委、区政府推动新城建设重大决策部署贯彻落实情况开展监督检查。借鉴廉洁奥运经验，制定实施《关于在加快推进通州新城建设中进一步加强监督的工作方案》，构建对新城建设的全方位立体化监督。加强对新城重点区域搬迁改造、土地储备、万亩滨河森林公园、环渤海高端总部基地、保障性住房、新农村基础设施建设等重大项目的监督检查，推动新城重点项目廉洁高效实施。采取责成和授权监察等形式，加强对违法违规用地治理、国家卫生区创建、安全生产监管等重点工作的监督检查，推动重点工作顺利开展。制定实施《关于提高行政执行力的监察办法》，严肃纪律要求，不断提高政府部门及其工作人员行政执行力。

（褚　锋）

【廉政教育工作】 以“传承古老运河文明、构建风清气正新城”为主题，深入推进“运河清风”廉政文化建设，公开征集“运河清风”廉政文化品牌标识，创作主题歌曲，多层次组织开展“运河清风”原创文艺作品系列演出，全区2万余名干部群众参与活动。广泛开展廉政文化“六进”活动，在全区营造干事创业、风清气正的良好氛围。加强示范教育和警示教育，组织党员干部观看《老百姓是天》等主题教育影片、旁听典型案件法院庭审等，不断增强全区党员领导干部廉洁从政意识。

（褚　锋）

【廉洁自律工作】 严格执行领导干部廉洁自律各项规定，严肃查处违反廉洁自律规定的行为。深入开展《党员领导干部廉洁从政若干准则》学习贯彻活动，不断增强党员领导干部廉洁自律意识。加强因公出国（境）管理工作，严格控制因公出国（境）团组数量和规模，有效节约财政支出。深入开展“小金库”专项治理，在全区180家单位开展自查自纠和监督检查工作。深入贯彻《国有企业领导人员廉洁从业若干规定》，促进国有企业领导人员廉洁从业。制定实施《通州区委巡视工作暂行办法》，成立巡视机构，加强对处级单位及主要领导的监督。

（褚　锋）

【加强农村基层党风廉政建设】 召开全区农村基层党风廉政建设大会，明确今后三年工作目标及主要任务。结合村“两委”班子换届，认真落实廉政谈话制度，加强对新上任村干部的廉政教育。编印《通州区农村党风廉政建设制度汇编》，集中梳理汇总118项基本制度，进一步完善农村基层党风廉政制度体系。深入推进廉政风险防范管理向村干部延伸，充分发挥乡镇监察科和村级党风廉政监督员的监督作用，进一步加强对农村党员干部的监督。

（褚　锋）

【推进廉政风险防范管理工作】 制定实施《关于进一步深化廉政风险防范管理工作的意见》，认真抓好向区四套班子及领导干部，向村、社区及基层科队站所“两个延伸”工作。加强廉政风险防范管理检查考核，实施动态防范管理，实现权力运行与风险防控措施的同步跟进。积极推进处级单位内部惩防体系建设工作，12家试点单位大胆探索，积极实践，惩防体系框架基本形成。

（褚 锋）

【加强党员干部作风建设工作】 协助区委、区政府分别制定《关于加强作风建设、优化发展环境的实施意见》和《关于优化发展环境、建设服务型政府的实施意见》，成立全区优化发展环境工作领导小组，在全区党员干部中深入开展以“四个一”建设为主要内容的作风建设活动，通过开展“每一个公务员都代表政府形象、每一个职能部门都是发展环境”大讨论活动、优质服务示范窗口创建、加强“绿色审批通道”常态化机制建设等措施，促进党员干部不断改进作风，区域发展环境得到进一步优化。

（褚 锋）

【效能监察工作】 对71个单位加强作风建设、优化发展环境工作开展明查及暗访各一轮，共发现问题124处，提出整改意见和建议137条，印发《机关效能督查》简报20期，有力推动了工作落实。采取多种形式对职能部门及基层科队站所工作效率、服务质量等情况进行监察，发现问题及时督促整改，政府部门及其工作人员的服务意识和服务水平不断提升。

（褚 锋）

【政风行风建设工作】 年内，采取评议组评议、网络评议、乡镇街道工作人员（含村、居委会人员）评议、人大代表政协委员评议、企业评议等形式，对全区28个单位、187个服务窗口及基层站所政风行风情况开展民主评议，共发放调查问卷9000余份，有力促进了全区政风行风的进一步改进。

（褚 锋）

【行政投诉工作】 加大群众投诉件办理工作力度，全年受理群众投诉46件次，直查15件次，违规执法、滥用职权等问题得到有效查处。编发《通州区行政投诉动态》24期，将群众反映的热点难点问题及时向区领导报告，并加大协调解决力度，一批难点问题得到解决。加大暗访回访工作力度，有效解决重复投诉等问题。认真做好全程代办网上服务监察工作，对8家单位下发督察通报15期。充分发挥行政投诉工作纠偏提效的作用，4家单位对4名相关责任人给予党纪处分、扣发奖金和批评教育处理。组织区住建委等部门领导和热心市民走进北京市“政风行风热线”直播间，大力宣传通州现代化国际新城建设。

（褚 锋）

【专项治理工作】 继续开展教育收费、医疗收费专项检查，切实规范收费行为。深入开展食品药品安全专项整治，确保群众食品药品安全。继续开展安全生产专项督查工作，依法严肃查处安全生产责任事故。加强对保障性住房建设、征地拆迁、新农村基础设施建设工程、支农惠农资金落实等情况的监督检查，有效维护群众合法权益。深入开展工程建设领域突出问题专项治理，制定《通州区工程建设领域突出问题专项治理工作实施方案》，建立三级领导小组及专项检查组，开展联合排查，发现问题139个，并全部完成整改。

（褚 锋）

【信访工作】 深化信访联动机制建设，加强与区信访办等部门的协调合作，加大对村“两委”班子换届、运河核心区拆迁等重点领域矛盾纠纷化解力度，推动重点工作顺利推进。全力做好全国“两会”等重点时期的信访处置工作，组织开展领导干部大接访活动，有效维护社会稳定。2010年，全区到中央纪委、市纪委的集体访数量在全市排名与同期相比明显下降。

（褚 锋）

【案件查办工作】 加强办案制度机制建设，进一步发挥执纪执法机关联席会议和反腐败协调机制作用，不断增强查办案件工作合力。加强对重要案件线索的统一管理并实行“下管一级”，案件管理更加规范。加强办案组织协调和对基层办案工作的指导，办案质量和办案水平不断提高。2010年，全区各级纪检监察机关共受理信访举报647件次，立案28件，其中大要案11件，结案26件，给予党纪政纪处分26人，为国家和集体挽回经济损失189万元。

（褚　锋）

【贯彻落实党风廉政建设责任制专项检查】 11月24日至30日，区党风廉政建设责任制领导小组组织区委常委分六组对全区18家重点单位贯彻落实党风廉政建设责任制情况进行专项检查，同时实行主管区长听取分管部门工作和落实责任制情况汇报制度，全区各级党委、政府及党员领导干部落实党风廉政建设责任制的自觉性和主动性进一步增强，党政领导“一岗双责”得到有效落实。

（褚　锋）

统战 对台工作

【概　况】 2010年，统战、对台工作围绕建设现代化国际新城的大局，突出统一战线特色，发挥统一战线工作在区委中心工作中的特殊优势和重要作用，为推进现代化国际新城建设提供了更为广泛的力量支持。

（李　晶）

【新春团拜会】 2月4日，通州区各界人士暨中市属单位春节团拜会在东方宾馆会议中心召开，区领导邓乃平、张文山、王春元、郭旭升、赵玉影、李淑华等出席团拜会。全区各民主党派副主委以上成员、工商联的班子成员、无党派代表人士、少数民族代表人士、四个宗教教职人士、非公经济代表人士、新的社会阶层代表人士、党外知识分子代表人士和各人民团体、海外联谊会、台胞台属、台资企业、归侨侨眷的代表及中市属单位负责同志共230人欢聚一堂，喜迎新春。区委、宣传部长张秀余主持会议，常务副区长岳鹏介绍了2009年全区各项工作开展情况，通报了2010年全区经济社会发展的总体要求和主要任务。6位与会人士进行了发言，对2009年全区各项工作所取得的成绩表示满意，同时就如何建设好通州现代化国际新城提出了意见和建议。会上，区委副书记、区长邓乃平向与会人士和代表致以新春的祝福，希望全区各界人士和中市属单位的干部职工要更加关心和支持通州的建设和发展，紧抓机遇，齐心协力，共同为新城建设多做贡献。2月8日，区委统战部举办通州区统战系统新春团拜会，全区100位民主党派、工商联、无党派、侨联、民宗侨、非公经济和新的社会阶层等各界代表人士欢聚一堂，互拜新年。会上，区政协副主席、区委统战部部长李淑华和全体机关工作人员，向全区各界统战人士送上新春的祝福、健康快乐生活贺卡及象征幸福吉祥的布艺“小老虎”，希望统战各界人士在虎年里鼓足精神，实现全区经济社会更大发展作出新贡献。

（李　晶）

【联谊活动】 2月26日，区委统战部在东方宾馆会议中心举办通州区各党派福虎贺春闹元宵灯谜会，区政协副主席、区委统战部部长李淑华及统战部全体同志与全区200余名各民主党派成员参加元宵灯谜会。区委统战部为大家精心准备了200条谜语，在猜灯谜期间还穿插了抛福虎、接福虎等活动。3月4日，来自全区统战各界41名妇女代表欢聚一堂，以联谊会的形式，纪念三八国际劳动妇女节100周年。4月28日，区委统战部组织召开区委领导与统战人士庆“五一”交流相聚会。区委统战部机关全体人员、全区7个民主党派主委、区工商联副主席以上成员、无党派代表人士、区民宗侨办和3个宗教组织负责人、区公安分局主管领导和分局一处负责人、党外区政府特邀监督员共52人欢聚一堂，庆祝劳动者的共同节日。6月9日，区台资企业联谊会组织会员企业开展端午节联谊活动，二十余家会员企业的27名台商台胞及京方负责人到西集镇采摘樱桃。9月21日，区委统战部牵头承办了2010年通州区各界人士中秋联谊会。区领导岳鹏、张秀余、肖志刚、李淑华等领导与全区7个民主党派副主委以上成员，工商联副主席以上成员，无党派代表人士，少数民族代表人士，4个宗教教职人士，非公经济代表人士，新的社会阶层代表人士，台资企业代表，海外联谊会代表，统战对象中的市、区人大代表和区政府特邀监察员，台胞台属和归侨侨眷界政协委员以及部分特邀人士共130人欢聚一堂，共迎中秋佳节。区委常委、宣传部长张秀余主持联谊会。区长岳鹏向关心和支持通州区经济和社会各项事业发展的全区各界人士致以节日的问候和衷心的感谢，并通报了2010年在高起点建设现代化国际新城背景下，全区前9个月的主要工作及各项事业发展情况及今年后3个月的重点工作。联谊会上表演了精彩的文艺节目。10月15日，区委统战部组织27位60岁以上的统战人士到北京金福艺农生态种植观光园开展重阳节联谊活动，分别参观了辣椒、茄子、水稻等种植大棚和枣树种植园。区委统战部常务副部长刘景龙参加了活动。

（李　晶　曾　琪）

【统战对台工作会议】　3月12日，区委统战部召开全区2010年统战、对台工作会议。总结2009年基层统战、对台工作，表彰了先进单位，部署2010年的工作任务。全区各乡镇、街道办事处和有关委、办、局及人民团体的42名统战干部参加会议。

（李　晶）

【统战工作培训班】　3月26日，区委统战部举办第六期统战系统信息员培训班。邀请市委统战部和区委办信息科有关领导对信息采集、撰写、加工、处理等方面进行专题辅导。来自全区11个乡镇和4个街道以及区内7个民主党派的22名信息员参加了培训。会上，总结了2009年统战信息工作情况，表彰了先进单位和个人，并部署了2010年信息工作重点。5月31日，与区委宣传部联合举办通州区2010年统战宣传干部专题培训班。培训班为期5天，来自全区11个乡镇、4个街道工委和区属各部、委、办、局的55名学员参加培训。其间，开展《如何做好新时期统一战线工作》、《当前宗教工作的形势和任务》、《如何转变经济发展方式》、《构建社会主义核心价值体系》、《中国文化发展大趋势》等专题辅导讲座，学员围绕党的基本统战理论，针对经济统战、文化统战、社会统战等工作领域的问题进行了研讨。区领导张秀余、李淑华等出席开班仪式。

（李　晶）

【黄孟复到通州区调研】　4月23日，全国政协副主席、全国工商联主席黄孟复率领全国工商联“中小企业发展环境与员工工资合理增长机制”专题调研组在副市长、市工商联主席程红等陪同下，到通州区进行专题调研。调研中，黄孟复等全国工商联领导就中小企业发展面临的政策、市场环境现状，企业收入分配以及员工工资增长情况等问题与通州区的10位民营企业家进行交流座谈。同时还向区发展和改革委员会、经济和信息化委员会、财政局、国税局、地税局、人力资源和社会保障局及通州区总工会7个部门的负责同志了解了企业税费负担和政府提供服务的有关情况。市工商联副主席张卫江，区领导岳鹏、张华、李淑华等陪同调研。

（李　晶）

【走访慰问工作】　1月26日，区委统战部到于家务回族乡崔各庄村，向2户困难家庭送去了慰问品和慰问金，并现场向村民发送300幅新春对联、100本台历和500个环保便民袋。1月28日，副区长赵玉影、区台办主任孙月山、区红十字会会长安志江等领导到本区北京金果冠有限公司、北京冠华农业有限公司、北京大普影视有限公司等台资企业拜年，向台商及员工致以节日的祝福。4月16日，市委统战部副部长张洋在区委统战部常务副部长刘景龙的陪同下，到张家湾镇佑民观走访看望宗教教职人员。10月

15日，区委统战部副部长王瑞丰等看望了现居住在本区的3位85岁以上高龄的黄埔老人，为他们送去了慰问品。

（李 晶 曾 琪）

【开展智力支农活动】 4月4日，通州区委统战部与中国农业大学党委统战部联手，邀请民盟农大委员会的11位专家、教授到于家务回族乡的果村和崔各庄村开展智力支农活动。有针对性地深入农户家中进行现场技术指导，向两村的45位农民传授了农业种养实用技术，并围绕农业增效、农民增收、农村发展等内容与村干部进行了交流。5月21日，区台办邀请区科委主任杜伟、区科协主席唐钰到马驹桥镇北京金果冠农业科技有限公司考察。该农业示范基地占地面积450亩，总投资600万美元，经过两年的建设已初具规模，计划再用2～3年的时间，建成一个集台湾蔬菜、花卉、水果等农作物高产栽培、生态养殖、农业技术示范、农业生态旅游为一体的大型现代化农业示范基地。

（李 晶 曾 琪）

【《通州区各民主党派历史沿革》印制完成】 5月13日，由区委统战部牵头组织，全区各民主党派共同商定、参与编写的《通州区各民主党派历史沿革》一书印制完成。该书内容涉及党派简介、组织概况、成立背景、组织发展、政治安排、历年成员、人物介绍等七个方面内容。全书以各党派为单元分为七章，14万字，收录照片160多幅，是反映本区各民主党派成长发展、规范壮大、团结进步、发挥作用、履行职能的重要资料。

（李 晶）

【捐赠工作】 6月9日，区委统战部与中国侨联、北京市侨联等有关单位联合在于家务回族乡中心小学举办关爱青少年健康活动捐赠仪式。向通州区5所学校捐赠了价值6万余元的系列纸巾产品。中国侨联办公厅副主任、中国华侨经济文化基金会副理事长兼秘书长刘奇，北京市侨联副主席、巡视员、北京市华侨事业基金会理事长林少迈，通州区政协副主席、区委统战部部长李淑华等出席捐赠仪式。6月12日，区委统战部与区工商联组织14家非公企业为区慈善协会捐款52万元。7月17日，区委统战部与区工商联组织召开非公经济企业为贵州毕节捐款动员会，完成市委统战部专项布置的向贵州毕节试验区捐款任务31万元。11月23日，区委统战部与市侨联等有关单位共同举办智能教学设备捐赠仪式，向于家务回族乡中心小学校捐赠了价值36万元的替代传统黑板、粉笔的数字化智能教学电子黑板。在捐赠仪式上，区委统战部为于家务回族乡中心小学组建铜管乐队筹集支持资金10万元。北京市侨联主席李昭玲、北京市华侨事业基金会理事长林少迈，通州区政协副主席、区委统战部部长李淑华等出席捐赠仪式。年内，与区民宗侨办共同协调市有关部门为民族乡村争取发展项目资金200万元；为解决宗教活动场所的房屋修缮、道路扩建、周边环境治理、水电费、取暖费筹措资金42万元；为帮扶对象于家务回族乡南刘各庄村建服务中心筹集资金30万元；为统战人士解决实际生活困难筹集补助15万余元。

（李 晶）

【参观考察活动】 6月30日，在中国共产党成立89周年来临之际，区委统战部以“庆七一、强意识、促转变、做贡献”为主题，组织各民主党派部分成员、非公经济代表人士和统战系统部分区政府特邀监察员共计50名统战人士到中国科技馆进行参观学习。7月26日至27日，区委统战部组织部分非公经济人士参观考察了位于唐山的曹妃甸工业区，详细了解了曹妃甸工业区及首钢京唐钢铁公司的开发建设情况。

（李 晶）

【看望慰问黄埔老人】 7月13日，区政协副主席、区委统战部部长李淑华带领常务副部长刘景龙等逐户登门看望慰问了85岁的梁贵三、88岁的何轶伦和98岁的墨国章三位黄埔老人，送去了防暑慰问品，转达了区委、区政府对黄埔老人的亲切关怀和敬意。黄埔老人们表示在有生之年，为祖国的统一大业,作出自己力所能及的贡献。9月13日，北京市黄埔军校同学会秘书长王兰萍，区政协副主席、区委统战部部长李淑华等有关领导带着水果等慰问品和慰问金，专程看望慰问了居住在通州区的88岁黄埔老人何轶伦，转达了黄埔同学会及区委、区政府对老人的关怀和敬意，并祝老人生日快乐。

（李　晶）

【捐资助学工作】 8月19日，在区委统战部的协调下，北京市基督教三自爱国运动委员会、北京基督教教务委员会、通州区基督教三自爱国运动委员会分别在于家务回族乡、漷县镇为100名困难家庭的学生捐助助学金共计33万元。受到资助的60名于家务乡学生向市基督教两会赠送了牌匾；24名漷县镇学生向通州区基督教会赠送了锦旗。区委统战部连续六年协调北京市基督教两会和通州区基督教会在本区开展捐资助学活动，累计资助学生达506人次。同时，区委统战部与区工商联积极协调非公企业北京四美国际企业管理有限公司，启动2009年至2011年捐资助学工程。该企业每年出资12万元，连续3年共计36万元，捐助本区的低保家庭大学新生。2009年度的捐资助学款于8月21日向60名学生进行了发放。8月25日,台资企业北京松晖管道有限公司，向两名优秀贫困大学生捐赠5万元助学金，并签订帮扶合同，合同期为五年，每人每年5000元，直至两名学生完成大学学业。区台办主任孙月山、区红十字会常务副会长安志江出席捐资助学仪式。

（李　晶　曾　琪）

【各级领导与信教群众共度节日】 9月10日是信仰伊斯兰教的我国10个少数民族的传统节日“开斋节”，3000余名穆斯林群众分别到全区9个清真寺进行礼拜,欢度节日。区领导李玉君、肖志刚、李淑华等专程到通州清真寺，与穆斯林群众共度开斋节，并送去慰问金。12月24日平安夜，区委统战部牵头组织区民宗侨办、公安分局一处走访慰问了三个天主教堂、一个基督教堂的教职人员和信教群众，并送去活动费4万元。区领导尹燕京、肖志刚、李淑华等及统战部领导、区民宗侨办、区公安一处负责同志一同前往祝贺节日。

（李　晶）

【调研新城建设工作】 5月20日，《台湾工商时报》记者黄怡锦在市台办宣传处陪同下到通州区采访新城区建设情况，与区台办主任孙月山、区宣传部副部长陈立军等就新城建设的规划、定位，取得的成绩等问题进行了座谈，并实地参观了运河生态公园。10月11日，北京市台办主任马玉萍、副主任王兰栋一行到通州区调研新城区建设情况。新城基业总经理胡克成介绍了通州新城规划最新成果和土地一级开发情况；区投资促进局局长李霞介绍了整体招商情况和首批土地上市交易情况。11月15日，全国台湾同胞投资企业联谊会会长郭山辉、常务副会长何世忠等一行12人在北京市台办主任马玉萍、副主任王兰栋等领导的陪同下到通州区运河核心区投资考察投资建设全国台企联大厦事宜。

（曾　琪）

【多项工作获表彰】 年内，区委统战部被中央统战部《中国统一战线》杂志社评为中国统一战线宣传先进单位，获北京市统战系统调研工作组织奖，荣获2010年北京市统战系统信息工作优秀单位一等奖和2010年全市统一战线理论研究和调查研究优秀组织奖，获北京市涉台调研课题二等奖，获区委区政府2010年度考评优秀单位、区委秘书工作先进单位、区委督查工作先进单位、区保密工作系统先进单位、区直机关工委先进党支部称号。

（李　晶）

调 查 研 究

【概　况】 2010年，区委研究室深入贯彻落实科学发展观，紧紧围绕现代化国际新城建设大局，突出调研重点，提高调研质量和效率，努力通过调查研究促进科学决策，推进通州新城跨越式发展取得新成效。2010年，区委研究室报市重点调研课题2个，完成2个，完成率100%。区级领导确定调研课题22个，实际完成22个，完成率100%。处级领导班子党政主要领导上报调研课题83个，实际完成79个，完成率95.2%。全年编发《通州调研》28期，有42篇调研文章分别在《北京调研》、《北京农村经济》、《北京农业职业学院学报》、《京郊调研》等市级以上刊物刊发。

（陈　莹）

【起草新城动员建设会讲话】 1月初，区委书记王云峰深入新城建设一线，全面调研全区新城建设的情况，掌握本区新城建设推进过程中存在的困难，并就加快建设北京现代化国际新城提出部署和措施，最终形成《在通州区新城开发建设指挥部第一次全体会议上的讲话》。该讲话进一步统一了思想，凝聚了力量，为加快推进北京现代化国际新城建设发挥了重要的作用。

（陈　莹）

【开展产业发展调研】 3月至12月，区委书记王云峰针对通州区产业发展情况进行广泛、深入地调研，并对未来本区产业发展思路进行深入思考，提出建议，形成《关于通州现代化国际新城产业发展的研究》调研报告。此调研关于“提升一产二产、集聚做强三产、加快产业融合，突出发展高端产业”的产业发展思路已经转化成为“十二五”时期产业发展思路。

（陈　莹）

【通州区调查研究工作协调联席会议】 4月21日，召开区调查研究工作协调联席会议，会议总结了2009年全区调研工作情况，对2009年度全区调研工作评比和表彰情况进行了通报，并对2010年调查研究工作作了具体部署。

（陈　莹）

【起草“十二五”规划建议】 5月至12月，在区委、区政府的领导下，由区委研究室等部门组成的起草小组对本区近几年经济社会发展情况进行广泛、深入地调研，在对未来形势进行深入分析基础上，广泛听取社会各方面的意见，七易其稿，最终形成《中共北京市通州区委关于制定国民经济和社会发展第十二个五年规划的建议》。此建议在现代化国际新城建设、城乡一体化发展，产业发展方向、改善民生等方面都均出了可行性的发展建议，得到领导和专家认同，全区各界的广泛好评。

（陈　莹）

【开展城乡一体化调研】 6月，区委研究室以城乡结合部4个市级重点村为切入点，进行广泛、深入地调研，并在此基础上形成了《以城乡结合部重点村建设为突破口，推进城乡一体化建设》调研报告，该调研报告全面总结了城乡结合部4个市级重点村建设的一些做法，并对加快推进城乡一体化进程进行了深入的思考，提出推进城乡一体化发展进程的具体措施。此调研报告在《京郊调研》上刊发。

（陈　莹）

【起草上半年经济形势分析会讲话】 7月，在聚焦通州建设现代化国际新城关键之时，根据区委常委会对上半年经济运行情况分析研讨结果，结合区委书记王云峰的要求，区委研究室进行专题调研，形成《在通州区2010年上半年经济形势分析会上的讲话》。该讲话充分肯定上半年成绩的同时，准确地分析了当时的形势，要求各职能部门围绕现代化国际新城建设的目标，求真务实，攻坚克难，以更大的力度推进产业发展，以更大的气魄推进新城建设，以更快的速度推进城乡一体化进程，努力开创现代化国际新城建设新局面。

（陈 莹）

【开展新城拆迁情况调研】 7月，区委研究室针对新城建设拆迁情况深入基层，进行广泛、深入地调查研究，最终形成《和谐搬迁出效率 开辟现代化国际新城发展新天地》的调研报告。该调研报告全面总结通州区新城拆迁的好经验、好办法，为进一步加快新城建设，拓展新城发展空间提供了重要借鉴和参考。此调研在市委《决策参考》上刊发。

（陈 莹）

【起草三季度经济分析会讲话】 10月，根据区委常委会对三季度经济运行情况分析研讨结果，结合区委书记王云峰的要求，区委研究室进行专题调研，形成《统一思想 振奋精神 鼓足干劲 争创一流 全面完成“十一五”规划奋斗目标——在第三季度经济分析会上的讲话》。该讲话充分肯定前三季度成绩来之不易同时，准确地分析了当时的形势，树立了加快新城建设的信心，对部署第四季度工作时，提出在现代化国际新城建设的伟大事业中打造通州精神，创造通州速度，树立通州形象，引起了全区上下的强烈反响。

（陈 莹）

【起草区委四届十次全会报告】 11月初，根据区委常委会对全区经济社会发展情况分析研讨结果，区委研究室在前期查阅大量资料和充分调研的基础上，开始报告起草工作。在报告起草过程中，多方听取意见，认真研讨分析，形成《奋发有为 勇创一流 在新起点上实现北京现代化国际新城建设新跨越——在区委四届十次全体（扩大）会议上的报告》。报告全面回顾了2010年工作，提出了“十二五”时期北京现代化国际新城大发展的指导思想、要求和主要目标，全面分析了新城建设面临的机遇和挑战，明确提出建设“新六区”，对打造通州精神、创造通州速度、树立通州形象的内涵进一步深入挖掘。报告引起全区上下强烈反响。

（陈 莹）

保 密 工 作

【概 况】 2010年，通州区保密工作认真落实中央和市委、区委领导关于进一步加强新形势下保密工作的重要指示，总结固化国庆60周年保密工作服务保障的成功经验，以加强保密工作领导、增强保密意识、规范保密管理为主线，以加强党政机关和重要涉密单位保密管理为重点，以不发生重大泄密事件为目标，进一步加强保密宣传教育，加强计算机信息系统保密管理，加强监督检查，加强制度建设，着力提升信息化条件下保密管理能力，为维护国家安全和利益，实现全区跨越式发展提供了坚实保障，保密工作在为全区经济和社会发展及各项工作服务中做出了新贡献。全年全区各单位没有发生泄密事件。

（郭立针）

【保密工作先进单位和先进个人获表彰】 1月20日，区委保密委员会对2009年度保密工作系统先进单位45个、重视保密工作领导45人、先进个人43人给予通报表彰。6月2日，通州区国家保密局被北京市国家保密局、北京市人力资源和社会保障局评为2008～2009年度北京市保密工作系统先进集体，2名同志被评为北京市保密工作系统先进个人。

（郭立针）

【加强3G移动设备保密管理】 1月25日，印发《关于加强3G移动终端使用保密管理的通知》，规范全区各单位移动终端保密管理工作。

（郭立针）

【开展保密管理工作专项检查】 开展专项行动，规范市场保密管理工作。3月，开展集中清理取缔涉密文件资料专项检查。与区公安分局、区工商分局、街道办事处及重点乡镇联合对永顺镇、梨园镇等重点地区14个市场涉密文件资料交易情况进行抽查，并对2个市场进行了暗查。专项行动共检查102家市场，没有发现涉密文件资料交易行为。9月，为深入做好清理取缔涉密文件资料非法交易工作，通州区成立由区国家保密局、区公安分局、区工商分局、区商务委、区经信委组成的通州区清理取缔涉密文件资料非法交易工作领导小组；召开通州区45家互联网站单位负责人会议，会后，互联网站单位对本单位网站发布信息进行了自查；9月1日至10日,区有关单位对本辖区旧货市场、再生资源集散场所涉密文件资料非法交易工作及互联网站登载涉密文件资料工作进行自查,9月13日起,区国家保密局、区公安分局、区经信委、区工商分局、区商务委针对各单位自查情况进行抽查，共检查再生资源集散场所97家、互联网站45家，签订保密责任书142人。通州区再生资源回收市场和互联网站没有涉密文件资料非法交易行为。11月17日至22日，对通州区域内的4家国家秘密载体定点复制单位和2家国家秘密载体定点销毁单位、4家武器装备科研生产保密资格审查认证单位进行了实地保密检查，没有发现泄密问题。

（郭立针）

【保密教育进入干部培训课堂】 保密教育进党校，扩大宣传教育覆盖面。4月、6月，在区委党校中青年后备干部培训班和处级领导干部培训班上举办保密知识专题讲座，发放保密宣传教育资料79本，同时组织观看了2部保密警示教育片。

（郭立针）

【保密法宣传月形式多样】 5月，采取多种形式开展保密法宣传教育月活动。一是利用公共媒体宣传，提高全社会对保密法的知晓率。在通州区电视台普法园地栏目播出“领导谈保密法”专题问答，并连续5天滚动播出“保守国家秘密是每个公民应尽的义务”等6条保密法宣传口号。在《通州时讯》上刊载2期保密法宣传材料，向全区社会单位发放报纸6万份。通过政府内网登载保密知识宣传保密法。编印普法宣传材料1600份宣传保密法，发放到全区各基层党支部。二是全区各单位征订保密法宣传材料,征订《中华人民共和国保守国家秘密法》3200本、《保密法释义》443本、保密法宣传挂图126套、《保密技术常识》546本、《保密工作》436本。三是向全区所有社区、村发放保密法1000本，为全部区级领导统一购送《中华人民共和国保守国家秘密法》单行本、《保密法释义》、《保密技术防范常识（图文本）》、《保密工作》杂志。四是通过《通州区保密工作》刊登保密法知识（出专刊9期），指导基层开展学习宣传活动。五是对区属各重点单位学习宣传保密法活动进行实地检查。听取工作汇报，察看宣传专栏。六是组织全区各单位结合实际开展学习宣传活动。

（郭立针）

【创新保密工作协调机制】 5月10日，区委保密委印发《关于建立保密宣传教育组织协调工作机制的意见》、《关于建立计算机网络信息系统保密管理组织协调工作机制的意见》、《关于建立国家秘密载体定点复制定点销毁单位保密管理组织协调工作机制的意见》、《关于建立保密监督检查组织协调工作机制的意见》、《关于建立泄密案件查处组织协调工作机制的意见》等五项组织协调工作机制，强化保密组织的组织协调作用，使保密工作齐抓共管，切实落到实处。

（郭立针）

【形成涉密人员管理长效机制】 5月18日，区国家保密局与区委组织部、区人力资源和社会保障局联合制定下发《北京市通州区保密承诺书签订工作管理制度（试行）》，加强保密承诺书签订工作的管理，形成涉密人员管理的长效机制。同时“履行保密承诺”作为考核内容列入年底公务员考核之中。

（郭立针）

【开展保密知识竞赛】 6月，开展全国保密承诺书签订人员知识竞赛活动，全区 102 个单位 6675 人参加答题活动，签订保密承诺书人员全部参加了知识竞赛。

（郭立针）

【“五五”保密法制宣传教育成效显著】 6 月 8 日，开展“五五”普法保密法制宣传教育检查验收工作。“五五”普法期间，全区 6612 人签订保密承诺书，编发保密工作简报 70 期，发放宣传资料 1 万余份，征订《保密工作》杂志 1000 套，为全区 600 余名副处级以上领导干部编发保密知识短信，举办保密讲座近 30 次，保密知识进社区、进支部专辑 2400 份，《通州时讯》刊登保密常识发放 9 万份。通过开展多种形式的保密宣传教育，极大地增强了全员的保密意识，促进了各项工作的开展，保密法制宣传教育取得显著成效。

（郭立针）

【涉密载体清理检查规范保密管理工作】 6 月，开展涉密载体清理检查工作。成立区涉密载体清理检查工作领导小组，制定《涉密载体清理情况检查目录》(3 大项 40 小项)，全区各单位对照检查目录对本单位涉密载体清理情况进行了自查，自查涉及全区 6000 多人，7 日至 18 日区委保密办对 14 个重点单位进行集中抽查，逐步实现涉密载体保密管理制度化、规范化、经常化，规范了涉密载体保密管理工作。

（郭立针）

【创新考试保密管理工作】 6 月至 12 月，对中考、高考、成人高考、自学高考、英语四六级考试保密室进行保密检查，区考试中心在全市率先与全体考务人员签订了《教育考试考务保密承诺书》，全区中考、高考、高自考、成人高考已有 1906 名考务工作人员签订了保密承诺书，使考试保密管理工作走向规范化轨道，没有发生泄密事件。

（郭立针）

【保密工作协调机制联席会】 8 月，召开通州区保密宣传教育组织协调工作联席会议，研究保密宣传教育工作和学习宣传保密法活动。同月，召开计算机及网络信息系统保密管理组织协调工作联席会议，会议学习传达了市委保密委员会主任李士祥在市保密委员会 2010 年第一次会议上的讲话；通报了近期国内计算机网络泄密案件情况。10 月，召开泄密案件查处组织协调工作联席会议，会议观看了保密警示教育录像片《警钟长鸣》，通报了近期国内泄密案件情况。召开联席会议，各部门发挥职能作用、协调联动，使保密工作切实落到实处。

（郭立针）

【召开保密工作会】 9 月 6 日，区委保密委召开全区保密工作会，部署学习宣传新修订的保密法活动，区委副书记、区委保密委主任李玉君就如何做好全区的学习宣传保密法工作做了重要讲话，200 名专兼职保密干部参加会议。

（郭立针）

【无线电管理工作划归经信委】 10 月，按照区机构改革工作要求，进一步理顺工作职能，通州区无线电管理委员会办公室划归区经信委，区国家保密局不再承担区无线电管理委员会办公室工作职能。

（郭立针）

社会工委工作

【概　况】 2010 年，区委社会工委（区社会办）以改善民生和构建社会建设“五大体系”为重点，紧紧围绕现代化国际新城建设这一中心，勇于探索，开拓创新，各项工作取得成效。

年内，制定社会建设工作文件49个。年初，召开通州区2010年推进社区规范化建设工作会议，部署50个社区进行规范化建设，其中24个社区有用房建设任务，建筑面积8442.4平方米，总投资6923万元。开展“一刻钟社区服务圈”试点工作，确定玉桥北里等8个社区为“一刻钟社区服务圈”

试点。进一步加强了楼门文化建设，安排建设拓展型楼门600个、更新型楼门2000个、自建型楼门500个、创新型楼门200个。不断探索社会组织改革与发展，探索“枢纽型”社会组织工作体系建设，认定区文联和区科协为首批区级“枢纽型”社会组织，完成29项政府购买社会组织公共服务备选项目，投资50万元落实政府购买公共服务项目10个，完成283家社区社会组织备案工作，成立1家社区社会组织联合会。不断巩固社会工作队伍基础，落实“大学生社工计划”，规范社区工作者待遇，先后举办处级领导干部社会建设专题培训班、社会工作者职业水平考前培训班、大学生社区工作者岗前培训班。稳步推进社会领域党建工作，在13个街道、乡镇成立了社会工作党委，在7个商务楼宇建立商务楼宇党建工作站（社会工作站），实现商务楼宇党建工作站（社会工作站）全覆盖，在41个规模以上非公有制企业开展“五个好”创建活动，举办有50%规模以上非公企业党组织负责人参加的培训班。全面推动社会服务管理创新，召开学习贯彻《北京市社会服务管理创新行动方案》会议，区委、区政府制定下发《通州区贯彻落实<北京市社会服务管理创新行动方案>的实施方案》和《通州区社会服务管理创新折子工程》，确定马驹桥镇、梨园镇为综合试点单位。年底，区委社会工委建立通州社会建设网站。

（樊瑞娟）

【社区规范化建设试点工作】 2月3日，由市委社会工委委员、市社会办副巡视员刘轩带队，市委社会工委相关处室领导和有关区县社会办组成的检查组到通州区检查验收2009年通州区社区规范化建设试点工作。检查组听取了相关情况汇报，翻阅了档案资料，并到复兴南里、玉带路等试点社区进行了实地检查验收。检查组对本区2009年社区规范化建设试点工作给予充分肯定，试点工作通过验收。副区长赵玉影、区委社会工委（区社会办）班子成员参加检查验收。

（樊瑞娟）

【区社会领域党建工作会议】 3月10日，组织召开通州区社会领域党建工作会议。区委社会工委书记、区社会办主任宁秋君作工作报告。区委常委、组织部长郭旭升出席会议并作讲话。

（樊瑞娟）

【社会领域工作党委实现全覆盖】 8月2日，举行潞城镇社会工作党委成立大会。至此，通州区各街道、乡镇均成立社会工作党委，实现了社会领域党建工作全覆盖。

（樊瑞娟）

【与北京工业大学实验学院签署合作协议】 4月2日，区委社会工委（区社会办）与北京工业大学实验学院共同签署教学试验基地合作协议。区委社会工委书记、区社会办主任宁秋君，北京工业大学实验学院党委书记王雅岚出席签署仪式。

（樊瑞娟）

【社区规范化建设工作会议】 4月9日，通州区推进社区规范化建设工作会议在东方宾馆召开。会议由区委社会工委书记、区社会办主任宁秋君主持，区委常委、政法委书记赵玉影出席会议并讲话。区社会办、区发改委、区规划分局、区国土分局、区财政局、区环保局、区住建委及各街道办事处，永顺、梨园、潞城、漷县镇主要领导和开展社区规范化建设的社区负责人共计120余人参加会议。

（樊瑞娟）

【志愿者工作协商会】 4月14日，区委社会工委（区社会办）与团区委举行区志愿者工作协商会。会议就关于加强和改进志愿者工作意见、2010年志愿者工作要点、筹备成立区志愿者联合会等有关事宜交换了意见。区委社会工委书记、区社会办主任宁秋君，团区委书记张若冰等参加会议。

（樊瑞娟）

【首届处级领导干部社会建设专题培训班】 5月17日至21日，区委社会工委（区社会办）

与区委组织部、区委党校联合举办首次处级领导干部社会建设专题培训班，来自6个乡镇、4个街道和相关单位主管社会建设工作的30名处级领导干部参加培训。

（樊瑞娟）

【社会建设领导小组（扩大）会议】 5月20日，召开通州区社会建设工作领导小组（扩大）会议，会议讨论通过了《关于通州区社会建设工作2009年进展情况和2010年工作安排的汇报》、《关于构建“枢纽型”社会组织工作体系的暂行办法》和《关于认定第一批区级“枢纽型”社会组织的通知》。区领导李玉君、赵玉影、肖志刚和区社会建设领导小组成员单位的主要领导，乡镇、街道党委（工委）书记参加会议。

（樊瑞娟）

【社会工作者职业水平考试考前培训班】 6月2日至6日，区委社会工委（区社会办）举办2010年通州区全国社会工作者职业水平考试考前培训班，来自4个街道和有关乡镇的243名社区工作者分别参加助理社工师、社工师的考前培训。

（樊瑞娟）

【社会领域党建座谈会】 6月29日，区委社会工委（区社会办）召开“庆七一、做表率、促发展”社会领域党建座谈会。各街道、乡镇社会工作党委负责人和社区、社会组织、新经济组织党组织负责人等70余人参加会议。10月29日，区委组织部召开通州区社会领域党建工作座谈会。北苑街道、梨园镇等7家街道、乡镇社会工作党委、社区及“两新”组织党组织代表分别介绍了所辖区内社会领域党建工作开展情况。区委社会工委书记宁秋君对社会领域党建工作情况作了全面汇报，区委常委、组织部长郭旭升出席会议并讲话。

（樊瑞娟）

【首批“枢纽型”社会组织成立大会】 7月8日，区委社会工委（区社会办）召开首批“枢纽型”社会组织成立大会。副区长肖志刚参加会议并讲话。会议认定通州区科学技术协会和通州区文学艺术界联合会为“枢纽型”社会组织。7月16日，通州区人民政府对区委社会工委（区社会办）《关于授权北京市通州区科学技术协会、北京市通州区文学艺术界联合会两“枢纽型”社会组织为本区有关社会组织的业务主管单位的请示》作出批复，授权两家“枢纽型”社会组织承担本区有关社会组织的业务主管单位职责。

（樊瑞娟）

【加强社会工作人才队伍建设座谈会】 7月19日，区委社会工委（区社会办）召开关于加强社会工作人才队伍建设座谈会，对本区社会工作人才队伍的现状、人才发展规划进行讨论，起草了《关于加强社会工作人才队伍建设意见》。区委社会工委、区委组织部领导及相关工作人员参加了座谈。

（樊瑞娟）

【进一步规范社区工作者待遇专题会】 8月11日，区社会建设工作领导小组办公室召开进一步规范社区工作者待遇专题会，讨论并通过了《关于进一步规范社区工作者待遇的实施方案》。副区长肖志刚，区委社会工委、区财政局、区人力资源和社会保障局领导参加会议。8月25日，第67次区长办公会审议并通过了《关于进一步规范社区工作者待遇的实施方案》，并提交区委常委会审议。9月6日，四届区委第115次常委会审议并通过了该方案。

（樊瑞娟）

【开展社会组织工作座谈会】 8月19日，区委社会工委领导宁秋君、张长利与区体育局主要领导一起就社会组织改革与发展相关工作进行座谈。8月24日，区委社会工委领导宁秋君、张长利与区水务局领导一起协商认定第二批“枢纽型”社会组织相关工作。8月30日，区委社会工委（区社会办）拨付区科协、区文联“枢纽型社会组织支持资金”8万元，用以开展社会组织各项工作。10月19日，区委社会工委领导宁秋君、张长利与区经管站领导就构建“枢纽型”社会组织体系进行座谈。

（樊瑞娟）

【完成大学生社区工作者选聘工作】 6月，开展2010年选聘大学生社区工作者面试工作。7月，召开新招录社区工作者分配会议，月底，完成选聘工作。9月3日，对选聘的大学生社区工作者进行岗前培训工作，培训期间相关街道、乡镇与73名新选聘大学生社区工作者签订了《北京市社区专职工作服务协议》。

（樊瑞娟）

【贯彻落实市社会服务管理创新推进大会】 9月6日，区社会建设领导小组召开“贯彻市社会服务管理创新推进大会精神”会议，区政府副区长肖志刚主持会议，区委副书记李玉君讲话，相关部门负责同志参加会议。

（樊瑞娟）

【“一刻钟社区服务圈”建设试点工作部署会】 9月8日，区委社会工委（区社会办）组织召开通州区“一刻钟社区服务圈”建设试点工作部署会。会议确定玉桥北里等8个社区为试点，逐步推进“一刻钟服务圈”的商业购物、医疗卫生、体育健身、金融邮电等10大类、82个基本服务项目的建设。区委社会工委领导及各街道办事处分管领导、社区中心主任以及“一刻钟社区服务圈”试点社区负责人参加会议。

（樊瑞娟）

【首届街道、乡镇社会工作党委书记培训班】 11月16日至22日，区委社会工委举办首届全区街道、乡镇社会工作党委书记培训班。区委组织部常务副部长王杰群作开班动员，对新形势下加强社会领域党建工作提出要求。

（樊瑞娟）

【“两新”组织党支部书记培训班】 12月13日至15日，区委社会工委举办“两新”组织党支部书记培训班。87名“两新”组织党组织负责人参加培训。围绕“两新”组织党建和“两新”组织科学发展进行学习研讨。

（樊瑞娟）

【召开社会领域党建务虚会】 12月16日，召开社会领域党建务虚会，进一步总结社会领域党建工作的好经验、好做法，谋划2011年社会领域党建工作。各街道、乡镇社会工作党委书记到会进行交流发言。

（樊瑞娟）

【举办大学生社工服务社区论坛】 年内，组织大学生社区服务社区论坛征文活动。12月20日，区委社会工委完成大学生社工服务社区论坛征文评选工作，评选出一等奖2名、二等奖5名、三等奖8名、优秀奖10名。

（樊瑞娟）

【2011年社区建设座谈会】 12月22日，区委社区工委组织4个街道办事处和梨园、永顺、潞城、漷县、马驹桥等5个乡镇在东方宾馆召开2011年社区建设座谈会。会议总结了2010年社区建设各项工作，阐述了2011年工作思路。与会者就2011社区规范化建设、楼门文化建设、一刻钟社区建设试点、社区社会组织建设等方面提出建议。

（樊瑞娟）

【通州社会建设网开通】 区委社会工委按照市委社会工委关于对信息化建设的工作要求，围绕通州区社会建设发展需求和中心任务，积极协调，投入大量人力物力，于12月23日正式开通了通州社会建设网（http://shgw.bjtzh.gov.cn）。网站主要包括社会服务管理创新、社区建设、社会组织、社工队伍、社会领域党建等五大块业务内容，充分展示通州社会建设的工作进展情况，面向社会和公众发布社会建设信息、宣传社会建设工作，为社会各界及时了解通州社会建设的最新动态提供便利。

（樊瑞娟）

老干部工作

【概　况】 2010年，通州区老干部工作坚持以科学发展观为统领，围绕新形势下首都经济社会发展和本区建设现代化国际新城的新任务新要求，积极落实好老干部的政治和生活待遇，全心全意为老干部办实事、做好事、解难事，努力实现“让党放心、让老干部满意”的工作目标，扎实有效地做好全年老干部工作。

（丛晓宇）

【离休干部基本情况】 截至年底，全区有离休干部399人（包括双管单位公安局6人、易地进京老干部32人），平均年龄82岁，有144人生活不能自理，195人有两种以上疾病，93个空巢家庭。2010年去世离休干部38人，75名离休干部老伴无工作，144名离休干部有下岗或无工作子女。另外，市属及外区县属单位在通州居住需要接受“四就近”服务的离休干部有393人。

（丛晓宇）

【老年大学及各协会组织迎春座谈会】 1月21日，区老年大学及各协会组织迎春座谈会在老干部局会议室召开。区老干部局领导与老年大学、关心下一代协会、老年门球协会、老年台球协会、老年书画研究会、老年风筝协会的负责人欢聚一堂，共迎新春佳节。

（丛晓宇）

【春节走访慰问活动】 1月25日至29日，区委老干部局领导代表区委、区政府入户慰问了原区（县）级离退休老领导、老红军遗属、易地进京老干部、生病住院和有特殊困难的老干部130余人，并向全区离休干部发放了慰问品。

（丛晓宇）

【老干部迎春团拜会】 2月5日，通州区老干部迎春团拜会在通州区新华联培训中心举行。区领导王云峰、邓乃平、张文山、王春元、岳鹏、郭旭升等同老干部们欢聚一堂，喜庆佳节。区长邓乃平代表区委、区人大、区政府、区政协向各位老领导致新春贺词并简要介绍了通州区2009年经济和社会各项事业发展情况及2010年的工作安排。区委书记王云峰作重要讲话。

（丛晓宇）

【老干部工作会】 4月7日，区老干部工作会在区委综合楼大会议室召开。大会表彰了2009年度老干部工作先进集体和先进个人。区委常委、组织部长郭旭升作《工作报告》，区委书记王云峰作重要讲话。区委副书记、代区长岳鹏等出席会议。参加会议的还有原副区（县）级以上离退休老领导、区老干部工作领导小组全体成员、区属各单位主管老干部工作的领导、主管部门的负责同志和老干部工作人员、离退休老干部党支部书记、基层老干部活动站站长和老年群团组织负责同志。

（丛晓宇）

【老干部活动站站长工作会】 4月14日，老干部活动站站长工作会在老干部局二楼会议室召开。区委老干部局有关领导与全区27个老干部活动站站长参加了会议。会议传达了《通州区关于进一步加强老干部活动站（室）工作的意见》，并部署了下一阶段的工作。

（丛晓宇）

【北京市农林系统“迎春杯”门球赛在通州举行】 4月23日，北京市农林系统“迎春杯”门球赛在通州区运河门球场举行。来自北京市农林系统离退休老干部中的12支门球队，裁判员、运动员近120人参加活动。

（丛晓宇）

【组织老干部参观新城建设】 6月25日，区委老干部局组织区县级老领导参观新城建设规划沙盘，游览了万亩滨河森林公园。区委副书记李玉君陪同参观。

（丛晓宇）

【开展“看新城新农村建设 展望通州美好未来”活动】 8月5日，区委老干部局组织退休老干部开展“看新城新农村建设，展望通州美好未来”活动。组织原正处级以上离退休干部，乘车观看了核心区域拆迁情况，并通过观看短片以及听工作人员讲解规划沙盘了解了运河核心区建设规划，之后到桃园参观采摘。

（丛晓宇）

【上半年经济社会发展形势通报会】 8月12日，通州区上半年经济社会形势通报会在东方宾馆会议中心召开，区领导王云峰、岳鹏、李玉君、郭旭升出席会议。原副区（县）级以上离退休老领导参加会议，区长岳鹏向老领导们通报了通州区上半年经济形势和社会各项事业发展运行情况及下半年工作思路；区委书记王云峰作重要讲话。

（丛晓宇）

【慰问抗战老同志活动】 8月30日至31日，为纪念中国人民抗日战争胜利65周年，区委老干部局领导代表区委、区政府入户慰问了全区67名抗战老同志。

（丛晓宇）

【老干部迎国庆文艺汇演】 9月27日，通州区老干部迎国庆文艺汇演在老干部局一层报告厅举行。来自全区几十个单位的300多名离退休干部参加演出。区委组织部副部长甄鹏，区委老干部局领导董思瑞、姚广生、张文霞、赵德启等出席活动并一起观看了演出。

（丛晓宇）

【"十一"入户慰问区县级老干部】 9月25日至29日，区领导李玉君、郭旭升等带队对全区离休干部进行走访慰问。区委老干部局由六位局领导带队分六组对全区离休干部、正处级以上退休干部以及生活相对困难、易地安置、生病住院的离退休干部400余人进行走访慰问，代表区委、区政府给老同志送去慰问品、慰问金，并向他们表达了节日祝福。

（丛晓宇）

【召开老干部工作领导小组会】 10月14日，通州区老干部工作领导小组会在区委老干部局二层会议室召开。区老干部工作领导小组组长、区委副书记李玉君，副组长区委常委、组织部长郭旭升及领导小组成员单位的主要领导出席了会议。会议传达了中央及市委关于进一步做好老干部工作的有关文件精神，并研究确定了2011年区委、区政府拟为老干部办理的几件实事。区委副书记李玉君作重要讲话。

（丛晓宇）

【组织老干部"广忆'十一五'新成就，喜看晚秋运河美景"系列活动】 11月8日至12日，区委老干部局开展了老干部"广忆'十一五'新成就，喜看晚秋运河美景"系列活动。组织全区区县级离退休干部、离退休干部党支部书记、易地和自管离休干部以及正处、副处级退休干部共计450余人，参观了大运河森林公园。之后到昌平苹果园采摘。

（丛晓宇）

党校工作

【概　况】 2010年，区委党校举办各类培训班次31期，培训轮训全区党员干部2134人次。培训班次包括优秀中青年干部培训班1期、处级干部进修班2期、领导干部专题培训班14期、农村党支部书记和村委会主任培训班6期、基层党支部书记和新党员培训班3期、优秀基层团干部培训班3期、卫生系统党政副职培训班1期、园林绿化局中层干部培训班1期。从培训班次的数量和类型，以及参训人员的规模和范围上，都达到近10年来区委党校主体班培训史上的最高峰。年初，为满足大规模干部培训任务的需要，区委党校对基础设施进行部分改造并于4月竣工，主要项目有：加接学员宿舍楼第四层，外部电力增容和内部供电改造，扩建停车场，学员宿舍楼增加消防安全设施等。2009年4月，区委党校原教研室调整为教研一室（主管教学科研）和教研二室（主管培训班管理），使内部机构设置由原两室两处改为三室两处，即：党委办公室、教研一室、教研二室、教务处、总务处。

（赖冬莲）

【干部培训工作】 年内，针对培训班次多、培训对象需求差别大的特点，根据不同班次的培养目标，在培训内容的设计上做到“三个突出”，即：突出党的最新理论成果和路线方针政策的培训；突出通州现代化国际新城建设理论和实践问题的培训；突出业务知识的培训。力求做到“三个结合”，即：理论教育与培训对象工作实际有机结合，政策宣传与业务指导有机结合，学习培训与区委区政府中心工作有机结合。针对不同培训班次采取不同的培训模式。青干班采取课堂教学、自学研讨、实地参观、党性锻炼、专题调研相结合的培训模式；处级进修班采取课堂教学、实地参观、异地培训、讨论交流相结合的培训模式；专题培训班采取课堂教学、讨论交流、实地参观相结合的培训模式；农村党支部书记、村委会主任培训班采取课堂教学、讨论交流、经验介绍相结合的培训模式。在课堂教学中，针对不同参训对象的特点和实际，积极推进研究式教学方法，把教师研究式的教与学员研究式的学有机统一起来，促进了教与学的双向互动、理论与实践的优势互补。

（赖冬莲）

【多措并举促授课质量提高】 为稳步提升干部培训质量，区委党校采取一系列措施加强专职教师队伍建设，包括：对19个新专题组织试讲活动；按计划开展“主持人”活动，研讨教学和班级管理中的热点问题；以小组为单位组织教师进行专题调研，增进对区情的了解；举办首届教师“大练兵、大比武”活动，使教师坚定信心、明确差距；汇编通州党校教师师资库，对165个教学专题进行宣传和推介；先后选派5位教师到新城建设管委会、宋庄镇、梨园镇、永乐店镇、永顺镇挂职锻炼。各项措施进一步提升了教师教科研能力，教学质量明显提高。在31期培训班182次专题辅导中，教师的授课效果受到参训学员的一致好评。

（赖冬莲）

【科研工作】 12月17日，在北京市委党校召开的“北京市党校（行政学院）系统2008～2009年度科研工作总结表彰会”上，通州区委党校荣获“优秀科研工作组织奖”，另有两名教师分别获得“优秀科研管理工作者奖”和“优秀科研成果二等奖”。

（赖冬莲）

【举办首届教师“大练兵、大比武”活动】 12月23日、24日，区委党校举办首届教师“大练兵、大比武”活动，为教师搭建一个展示自我的舞台，实现锻炼业务能力、评估教学效果、提升干部培训质量的目的。11位专职教师参加活动。每名教师各自申报一个自己认为最成熟、最具竞争力、近三年在主体班或专题班讲授过的专题，用50分钟的时间展示自己的授课风采。校党委邀请市委党校教授担任评委会主任，邀请其他区县党校主管教学的副校长及高级讲师、区处级领导干部代表共同组成评审委员会。评委根据教学内容、教学方法、教学态度、教学组织四个方面的评审标准，评出精品课奖1名、优秀课奖2名、良好课奖3名。

（赖冬莲）

【学历班工作】 2010年，市委党校大专、本科班停止对外招收新学员，只接收本校专科毕业学员免试续本。上半年，新报名本科学员220人，完成注册201人。市委党校在职研究生班录取新学员43人。7月,5个大专班、5个本科班共800名毕业生如期毕业。中央党校在职研究生班80名学员通过毕业论文答辩，完成学业。年底，通过市委党校成教院第三轮办学情况综合考评，成绩为优秀。

（赖冬莲）

区直机关工委工作

【概　况】 2010年，区直机关党建工作，坚持以科学发展观为统领，以学习贯彻党的十七大精神为主线，紧紧围绕区委中心工作，按照区委四届十次全会精神要求，努力加强机关党的思想政治建设、组织建设、作风建设，严格落实党风廉政建设责任制和反腐败工件各项任务，全面促进机关党建工作健康发展。一是以创建学习型机关、学习型党组织为抓手，不断加强党的思想政治建设；二是以夯实党执政的组织基础为核心，大力加强基层党组织建设；三是以建设为民、务实、廉洁、高效的和谐机关为目标，不断加强党风廉政建设；四是以密切联系群众为重点，扎实做好群团工作；五是大力开展党建创新和争先创优工作；六是重视群团工作，桥梁和纽带作用得到进一步增强。

（李笪江）

【“提素质 树形象 建新城 做贡献”主题教育活动】 3月上旬，区直机关工委制定下发了关于开展“提素质、树形象、建新城、做贡献”主题教育活动方案及文件，要求各基层党组织要通过开展学习教育活动，使党员干部的党性观念有新增强，作风形象有新展示，能力本领有新提升，服务意识有新改善，推进工作有新成效，生活作风有新风尚。

（李笪江）

【“我为现代化国际新城建设做贡献”征文活动】 3月下旬至4月下旬，举办“我为现代化国际新城建设做贡献”征文活动，共征集稿件90余篇，评选出一等奖4篇、二等奖7篇、三等奖11篇。并加大宣传力度，将部分优秀作品在《通州时讯》上刊登。

（李笪江）

【团员青年现代化国际新城低碳游活动】 4月下旬，团工委开展“低碳工作我倡导，绿色生活我先行”——庆“五四”团员青年现代化国际新城低碳游。组织系统内20余名团员青年徒步游览运河沿岸城市段并听取相关历史传承和规划介绍；发出倡议绿色办公，推进文明新风进机关，倡导勤奋、勤俭、环保、低碳、循环、绿色，号召团员青年为低碳环保做贡献。

（李笪江）

【区直机关第七届羽毛球比赛】 5月中旬，在通州区体育局羽毛球馆举办区直机关第七届羽毛球比赛，来自区直机关57个代表队的近200名选手参加比赛。经过激烈角逐，体育局、新城基业、组织部获得男子团体前三名；体育局、老干部局、档案局获得女子团体前三名。

（李笪江）

【红十字会自救互救知识与技能培训】 5月12日，开展红十字会自救互救知识与技能培训。来自工委系统30余个单位的近80人参加了培训。通州区红十字会讲师团的专家为学员们传授了心肺复苏、创伤急救等理论知识，并带学员们现场进行了实际操作。通过培训，学员们掌握了简单的自救互救、避险逃生等现场急救知识与技能。北京市红十字会为参训学员颁发了初级急救员证书。

（李笪江）

【入党积极分子培训班】 5月6日至12日，举办入党积极分子培训班。来自32个基层党组织的80名入党积极分子参加培训。培训班采取集中培训与自学相结合的方式，组织学员听取了区委党校老师“学党章，抓精髓，见行动”的专题讲座，学员认真自学了《新编入党培训教材》，并组织了专项测试对培训成果进行了检验。

（李笪江）

【区直机关支部委员培训班】 5月18日，来自区直机关的60余名党组织负责人参加培训。区直机关工委常务副书记陈秋平作开班动员。区委党校老师作题为《如何做好党支部工作》的讲座。通过培训，机关党组织负责人明确了职责任务，进一步增强了开拓创新、扎实做好党建工作的责任感和使命感，进一步开阔了思路和视角。

（李笪江）

【“情系玉树，抗震救灾”捐款活动】 5月中旬，开展“情系玉树，抗震救灾”捐款活动。区直机关系统内2000余名党员干部共捐款25万余元。

（李笪江）

【"知通州、爱通州、建通州"专题教育活动】 6月10日，举办"知通州、爱通州、建通州"专题教育讲座。聘请区文物管理所原所长周良为区直机关青年党员、团员讲解通州悠久的历史；为各单位党团员赠送了《烽火通州》、《古韵通州》等历史书籍，普及通州历史文化知识。

（李笠江）

【庆"七一"廉政文化进机关演唱会】 6月28日，区直机关工委举办"庆七一"廉政文化进机关演唱会。工委系统22个单位的150余名干部职工参加演出，以合唱、独唱、歌伴舞等形式歌颂党、歌颂祖国，歌颂廉政战线上涌现出的模范人物的先进事迹，对党员干部进行了一次深刻的廉政勤政的宣传教育。

（李笠江）

【组织秋季登山活动】 11月上旬，区直机关工委组织秋季登山活动，600余名干部职工参加了在八大处公园进行的秋季登山活动。

（李笠江）

【举办新党员培训班】 12月8日至9日，区直机关工委组织新党员培训班，系统内72名新党员在区委党校参加培训。

（李笠江）

【区直机关2010年党建工作会】 12月21日，召开区直机关2010年党建工作会，来自区直机关的基层党组织负责人观摩了技术监督局、工商分局、计生委、规划分局的全年党建工作资料，听取了14个单位的经验介绍。会议对2010年区直机关党建工作进行了总结，并结合区委四届十次全会精神对2011年工作进行了研讨。区委副书记李玉君对区直机关党建工作提出要求。

（李笠江）

民主党派

【概　况】 2010年，通州区有民主党派成员456人。其中中国国民党革命委员会通州区支部37人，中国民主同盟通州区工作委员会76人，中国民主建国会通州区工作委员会102人，中国民主促进会通州区总支委员会71人，中国农工民主党通州区支部59人，中国致公党通州区工委55人，九三学社通州区工委56人。

（曾令发）

【组织建设 思想建设 制度建设】 在组织建设上，年内增加党派成员13人。在思想建设上，民革通州区支部邀请民革市委宣传处处长王志新为支部全体党员作了"新形势下民主党派如何树立践行社会主义核心价值体系"的专场报告；民盟通州区工委举办以社会主义核心价值体系、统战理论研究和加强信息工作为主要内容的区工委暑期学习班；民建工委召开社会主义核心价值体系学习座谈会，发放了相关学习资料，供会员会后学习领会。其他各党派也紧紧围绕树立践行社会主义核心价值体系这个主题，采取不同方式进行了学习。在制度建设上，各党派进一步完善了公章管理、财务管理、学习例会、工作考评、档案管理等制度。

（曾令发）

【九三学社通州区工委成立】 九三学社通州区支社按照章程规定和九三学社市委的要求，申请成立九三学社市委通州区工委，经中共北京市委统战部、中共通州区委统战部、九三学社北京市委三方协商达成共识，同意成立九三学社市委通州区工委，并成立由中共通州区委统战部、九三学社北京市委、九三学社通州区支社三方相关人员组成的九三学社通州区工委筹备工作领导小组。在九三学社市委通州区工委筹备中，区委统战部配合九三学社通州区支社，广泛与九三学社社员接触，听取意见，联系九三学社市委交换领导班子成员安排意见，帮助做好工委成立大会准备工作，并出席了成立大会。3月20日，在东方宾馆会议中心召开九三学社通州区工委成立大会，会上九三学社市委宣布了新一届班子共7人，即：主任王昆，副主任赵静、王汝芳，委员孙亚莉、石逸杰、张立新、赵艳。九三学社通州区工委下设4个支社，各支社通过选举分别产生了新一届班子成员，即第一支社主委王汝芳、组织委员乔梦虎、宣传委员张宏为；第二支社主委赵艳、组织委员王合兴、宣传委员张威忠；第三支社主委孙亚莉、组织委员方森松、宣传委员赵艳梅；第四支社主委张立新、组织委员丁路、宣传委员张立群。

（曾令发）

【致公党通州区工委成立】 根据致公党通州区支部申请，并经中共北京市委统战部、中共通州区委统战部、致公党北京市委三方协商达成共识，同意成立致公党北京市委通州区工委，并由中共通州区委统战部、致公党北京市委、致公党通州区支部三方成立致公党通州区工委筹备组。在致公党工委筹备中，区委统战部积极配合致公党支部广泛听取致公党党员意见，并反复与致公党市委沟通协商，制定致公党通州区工委成立工作方案，大力协助工委成立大会的准备工作，并出席工委成立大会。11月10日，在东方宾馆会议中心召开致公党通州区工委成立大会，会上致公党市委宣布了新一届班子共9人，即：主委张晓燕，副主委武军、胡乃东、周正、尚珂，委员李伟、张伟东、邱明、赵圳。致公党通州区工委下设4个支部，各支部通过选举分别产生了新一届班子成员，即第一支部主委胡乃东，副主委张伟东，委员刘胜利、李燕；第二支部主委尚珂，副主委李玲，委员李爱华；第三支部主委周正，副主委李伟，委员张俊保、王骞；第四支部主委武军，副主委赵圳，委员张福文，李军。

（曾令发）

【履行职责】 2010年，各民主党派认真履行民主监督、政治协商、参政议政的基本职责，政府各部门特约监督员较好地履行了监督职责，积极向党委和政府提出合理化建议和意见。年内，民革通州区支部提出的《关于加快通州区农村社区规范化建设的建议》被区政协评为优秀团体提案；民革通州区支部主委孙大公提出的《关于利用社会资源推进我区高效节能灯具改造市政照明的建议》、民革党员孙庆提出的《关于关注地下室出租问题的建议》分别被区政协评为优秀委员提案。民盟通州区工委提出的《关于加强通州区旅游产品开发的建议》、《关于从源头治理“白色污染”反弹的建议》被区政协评为优秀团体提案；民盟通州区工委副主委可巨生提出的《关于尽快在通州区设置公交一卡通退卡点的建议》，工委委员王琪提出的《关于改善我区交通状况的建议》、《关于加强通州区环境治理的建议》被区政协评为优秀委员提案。民建通州区工委提出的《关于提升通州现代绿色物流业发展的建议》、《关于制定我区现代服务业“十二五”发展规划的建议》被区政协评为优秀团体提案；工委委员邹晓美提出的《关于增设运河特色旅游、文化项目，提升大运河森林公园文化品位的建议》，民建会员冯勇提出的《关于拆迁改造要做到“六要六不要”的建议》分别被区政协评为优秀委员提案。民进通州区总支提出的《关于在通州区开辟固定的二手日用商品交易市场的建议》被区政协评为优秀团体提案；民进通州区总支主委庞玉提出的《关于进一步提高我区普通高中招生比例的建议》，副主委张京提出的《关于缓解我区一些小区、大型商场停车位严重不足的建议》、《关于在通州区小学常规开设青少年儿童自救互救课的建议》，民进会员张亚平提出的《关于通州城区应多建公办幼儿园的建议》分别被区政协评为优秀委员提案。农工党通州区支部提出的《关于改善我区农村社区卫生服务中心管理现状及水平的建议》、《关于加强通州区突发公共卫生事件应急能力建设的建议》分别被区政协评为优秀团体提案，农工党通州区支部主委胥振阳提出的《关于加强通州区120急救中心建设的建议》；农工党党员吴凌云提出的《关于加快综合性现代化口腔医院建设的建议》被区政协评为优秀委员提案。致公党通州区工委提出的《关于加强对通州区城市承载力研究和规划的建议》被区政协评为优秀团体提案；致公党通州区工委副主委胡乃东提出的《关于进一步加强社区医疗卫生服务站建设的建议》、副主委武军提出的《关于我区旧城改造，修建街心花园提高细化档次的建议》，工委委员赵圳提出的《关于在医院建设中体现方便患者的人性化要素的建议》、《关于打造“漕运码头”品牌，规划发展运河文化、旅游、商务集群发展带的建议》被区政协评为优秀委员提案。九三学社通州区工委提出的《关于运河商务创意港应该打造运河特色文化品牌的建议》被区政协评为优秀团体提案；工委副主委赵静提出的《关于尽快在全区卫生医疗机构普及数字化医学影像设备的建议》、《关于建立“京杭大运河北起点标志碑”的建议》，工委委员孙亚莉提出的《关于建立再生资源回收治理长效机制的建议》被区政协评为优秀委员提案。

（曾令发）

【信息调研】 年内，各党派成员向区委统战部、区政协报送各类反映社情民意的相关信息共1422条，253条信息被市、区有关部门采用。民革支部、民盟工委、民建工委、民进总支、农工党支部、致公党工委、九三学社工委7个党派组织均被区政协评为先进信息单位；孙大公、孙庆、卢培杰、可巨生、冯勇、张京、李玉清、武军、赵圳、孙亚莉10名党派成员被区政协评为优秀信息员。

（曾令发）

【党派活动】 2010年，通州区各民主党派开展了丰富多彩的活动。民革支部：植树节来临之际，支部组织全体党员赴于家务回族敬老院种下团结树，为老人们进行健康咨询义诊。同日下午，支部举行庆三八文艺联欢活动；5月20日，组织全体党员赴山东威海进行参观学习。民盟工委：重阳节组织40多名盟员前往平谷丫髻山参加重阳节登高活动，到桃园采摘平谷大桃和蟠桃。民建工委：10月23日，组织40多名会员到通州区于家务乡崔各庄村的北京金穗麦动农场举办主题为“走出城市，亲近自然”的秋游、采摘活动。民进总支：组织第4支部的全体会员（退休教师为主）参观了新农村建设情况，到台湖食用菌种植基地，听取了基地科技人员的食用菌种植介绍和单位领导的现代农业发展的情况介绍；组织全体在职会员和部分退休会员赴狼牙山抗日战争陈列馆，缅怀革命先烈，追忆抗站史，参观了白洋淀赝翎队抗日纪念展和冉庄地道战遗址；第一、二支部（中小学教师为主）组织参观路桥建设及运河两岸环境建设，有20多人参加活动。农工党支部：6月13日，组织潞河医院农工党员在本院举办健康生活方式的养成咨询义诊活动，受益人员近200人；6月25日，组织支部在职党员在天童科技有限公司举办职场压力与缓解办法讲座；11月5日至8日，组织12名骨干党员赴庐山参观考察，学习毛泽东、周恩来等老一辈革命家的丰功伟绩和中国革命历史，体验改革开放后的社会主义建设成果；11月27日，在河北省燕龙生态园召开2010年度全体党员年终总结会、学习树立和践行社会主义核心价值体系研讨会、肿瘤防治与健康生活讲座等活动。九三学社工委：7月2日，组织35名社员参观闻名全国的北戴河集发农业观光园。

（曾令发）

【公益事业活动】 民盟工委：教育支部持续开展支教活动，池雪斌、王伟、张卫东、杜淑英、李秋红等盟员到通州区台湖学校开展支教工作，多次开展“教学手拉手”系列活动，帮助台湖学校教师提高教学业务水平，受到学校和教师的好评。民建工委：工委副主任韩子轶在“博爱在京城”、云南水窖，玉树地震书画义卖、援建贵州毕节试验区等捐款活动中，累计捐出善款23.72万元；工委委员刘静、会员闫学飞在云南水窖、援建贵州毕节试验区捐款活动中分别累计捐出善款2.5万元和1万元。农工党支部：充分发挥支部优势，先后进行7次义诊咨询活动，9次医疗健康知识讲座，受益人员达2510人。九三学社工委：6月，在社员严戎庚教授的带动下，先后有巴彦布、李世莲、骆如海等15名社员到朝阳区金盏乡皮村，访问了北京工友之家文化发展中心，并向农民工们捐赠了约40件衣物及慰问款。支委张立新、丁路带领多名社员利用专业优势，积极开展义诊和专场义务健康知识讲座活动，先后在郎府卫生院、台湖卫生院讲解“高血压的防治”、在938礼堂讲解“突发灾害的避险与自救、互救”等10余场次，反应强烈，取得良好社会效果。

（曾令发）

【获奖情况】 2010年度，本区各民主党派紧紧围绕中共十七大会议精神，切实加强政治理论学习，积极开展各种活动，努力提高党派队伍自身建设，不断提高参政议政的质量和水平，围绕区委、区政府中心工作以及通州区经济和社会各项事业发展，积极建言献策，服务于社会，服务于大局，取得良好的成绩。在区委统战部开展的民主党派年度工作考核评比中，各党派的排名顺序为：民建工委、民盟工委、九三学社工委、民进总支、民革支部、农工党支部、致公党工委。民建工委委员于琳被评为全国优秀民建会员。原致公党通州支部在致公党北京市委成立30周年大会上被授予“先进集体”荣誉称号；致公党党员张晓燕、武军被授予“优秀干部”荣誉称号，王骞、尚珂、李伟、张伟东被授予“优秀党员”荣誉称号。九三学社工委在九三学社市委举办的第二届“民科杯”乒乓球团体赛中，获得“组织奖”荣誉称号。

（曾令发）

政权·政治协商

通州区人民代表大会常务委员会

【概 况】 2010年，区人大常委会举行7次常委会会议，听取和审议16项议题，其中专项工作报告10项；依法作出4项决议、决定；依法任免国家机关工作人员43人次。召开25次主任会议，听取了18项专题工作汇报。召开区四届人大五次和六次会议。组织代表视察15次，参加代表600余人次，督办代表议案1件、建议134件；开展专题调研6项，为坚持和完善人民代表大会制度，推动通州现代化国际新城建设和全区经济社会平稳较快发展发挥了重要作用。常委会完善审议意见办理工作程序、细化机关各部门分工，在推动机关自身建设的同时，进一步强化监督职能，围绕推动通州现代化国际新城建设、推进“十一五”规划实施和经济社会发展等方面重点开展工作，在新城产业发展、棚户区拆迁改造以及强化财政预算监督等方面开展调研并提出审议意见，进一步推动现代化国际新城建设各项工作的顺利开展。

（马 婧）

【区四届人大五次会议举行】 1月11日，区第四届人民代表大会第五次会议在天下第一城国际会议中心举行。会议听取并审议了北京市通州区人民政府区长邓乃平所作的《政府工作报告》；审议了北京市通州区发展和改革委员会主任崔松光《关于通州区2009年国民经济、社会发展计划执行情况和2010年国民经济、社会发展计划草案的报告》，审查和批准了《通州区2009年国民经济、社会发展计划执行情况的报告和2010年国民经济、社会发展计划》；审议了北京市通州区财政局局长刘汝林《关于通州区2009年财政预算执行情况和2010年财政预算草案的报告》，审查和批准了《通州区2009年财政预算执行情况的报告和2010年财政预算》；听取并审议了北京市通州区人民代表大会常务委员会主任石进贤所作的《通州区人民代表大会常务委员会工作报告》；听取并审议了北京市通州区人民法院院长高洪涛所作的《通州区人民法院工作报告》；听取并审议了北京市通州区人民检察院检察长东晓钟所作的《通州区人民检察院工作报告》；对上述报告分别作出了决议。会议接受了石进贤辞去北京市通州区人大常委会主任职务的请求。会议补选张文山为北京市通州区人大常委会主任、北京市人大代表；补选罗明光为北京市通州区人大常委会副主任。

（马 婧）

【区四届人大六次会议举行】 7月20日，区第四届人民代表大会第六次会议在台湖镇北发大酒店举行。会议听取并审议了区政府代理区长岳鹏所作的《关于加快现代化国际新城建设的报告》，审议了区发展和改革委员会主任崔松光关于通州区2010年上半年国民经济、社会发展计划执行情况的报告，审议了区财政局局长刘汝林关于通州区2010年上半年财政预算执行情况的报告，作出了《关于加快现代化国际新城建设的决议》。会议补选岳鹏为通州区人民政府区长。

（马 婧）

【第二十三次常委会会议】 3月5日，区人大常委会召开第二十三次会议。会议作出了关于接受邓乃平辞去北京市通州区人民政府区长职务请求的决定；听取和审议了区人大常委会主任张文山受主任会议委托所作的关于提请决定岳鹏为北京市通州区人民政府代理区长的议案，作出了关于岳鹏为北京市通州区人民政府代理区长的决定。会议决定任命张希芳为北京市通州区监察局局长，任命苏亚文为北京市通州区民政局局长，任命何志强为北京市通州区体育局局长。会议免去赵潮英北京市通州区监察局局长职务，免去车林平北京市通州区体育局局长职务。会议传达了北京市第十三届人民代表大会第三次会议精神，审议通过了区人大常委会2010年工作要点。

（马 婧）

【第二十四次常委会会议】 4月8日，区人大常委会召开第二十四次会议。会议邀请北京市人大常委会委员、教科文卫委主任梁平作了常委会组成人员履职专题讲座，邀请全国人大法律委员会委员、全国人大法工委原副主任张春生作了代表履职专题讲座。

（马 婧）

【第二十五次常委会会议】 5月21日，区人大常委会召开第二十五次会议。会议作出了关于接受赵玉影辞去北京市通州区人民政府副区长职务请求的决定，决定任命崔志成、肖志刚为北京市通州区人民政府副区长。

（马 婧）

【第二十六次常委会会议】 6月11日，区人大常委会召开第二十六次会议。会议听取和审议了区政府关于2009年财政决算的报告和关于2009年财政预算执行和其他财政收支的审计工作报告，作出了关于批准2009年财政决算的决议。会议审议通过了区人大常委会代表资格审查委员会关于代表资格的审查报告，作出了关于召开区四届人大六次会议的决定，审议通过了区四届人大六次会议议程（草案）、主席团和秘书长名单（草案）和列席人员名单（草案）。

（马 婧）

【第二十七次常委会会议】 9月21日，区人大常委会召开第二十七次会议。会议听取和审议了区政府关于教育资源布局与结构调整规划落实情况的报告、关于贯彻实施“村委会组织法”情况的报告及关于依法拆迁，加快运河核心区及棚户区改造，推动新城建设情况的报告，听取了区人大常委会教科文卫委、内司委、城建环保委的相关调研报告。会议决定任命李凤云为北京市通州区人大常委会办公室副主任，任命王连勇为北京市通州区人民法院审判委员会委员，任命李中华为北京市通州区人民法院审判员、刑事审判庭副庭长，任命张硕果为北京市通州区人民法院立案庭副庭长，任命邱琳为北京市通州区人民法院审判员、民事审判第一庭副庭长，任命陈汉东为北京市通州区人民法院审判员、民事审判第二庭副庭长，任命徐寒军为北京市通州区人民法院审判员，任命唐兴华为北京市通州区人民法院审判员，任命张岩为北京市通州区人民法院审判员，任命张海遥为北京市通州区人民法院审判员，任命原海涛为北京市通州区人民法院审判员，任命钱笑为北京市通州区人民法院审判员。会议免去潘月东北京市通州区人大常委会财政经济工作委员会主任职务，免去王华北京市通州区人民法院审判委员会委员、审判员职务。

（马 婧）

【第二十八次常委会会议】 11月30日，区人大常委会召开第二十八次会议。会议听取和审议了区政府关于产业发展情况的报告、关于“十二五”规划纲要（草案）编制情况的报告、关于提请调整2010年财政预算的报告，作出了关于批准调整2010年财政决算的决议；审议通过了关于召开区四届人大七次会议的有关事项。会议决定任命张东凤为北京市通州区人大常委会财政经济工作委员会主任，任命李峥为北京市通州区人民检察院检察委员会委员，任命吴涛为北京市通州区人民检察院检察委员会委员，任命王洪波为北京市通州区人民检察院检察委员会委员，任命叶秀川为北京市通州区人民检察院检察委员会委员，任命马良民为北京市通州区人民检察院检察委员会委员，任命李洪欣为北京市通州区人民检察院检察委员会委员。会议免去马宝成北京市通州区人民检察院检察委员会委员职务，免去李建平北京市通州区人民检察院检察员职务，免去禹祝仁北京市通州区人民检察院检察员职务，免去徐宝忠北京市通州区人民检察院检察员职务，免去王德山北京市通州区人民检察院检察员职务。

（马　婧）

【第二十九次常委会会议】 12月21日，区人大常委会召开第二十九次会议。会议听取和审议了区政府关于区三届人大三次会议代表议案办理情况的报告和关于区四届人大五次会议代表建议办理情况的报告，听取了区人大常委会代表联络室关于代表议案、建议办理督办情况的报告；审议通过了区人大常委会代表资格审查委员会关于个别代表的代表资格的审查报告，确认于世疆、冯利英、张东凤的区人大代表资格有效；审议通过了区人大常委会工作报告（征求意见稿）。会议决定任命王成喜为北京市通州区人民法院副院长、审判委员会委员，任命徐瑞成为北京市通州区人民法院漷县人民法庭庭长，任命刘秉浩为北京市通州区人民法院民事审判第三庭庭长，任命张静为北京市通州区人民法院民事审判第二庭庭长。会议免去王希亮北京市通州区人民法院副院长、审判委员会委员职务，免去徐古月北京市通州区人民法院漷县人民法庭庭长职务，免去徐瑞成北京市通州区人民法院立案庭庭长职务，免去刘秉浩北京市通州区人民法院民事审判第二庭庭长职务，免去张静北京市通州区人民法院民事审判第三庭庭长职务。

（马　婧）

【第三次人大工作会议】 5月20日，中共通州区委召开了第三次人大工作会议。会议充分肯定了人民代表大会制度在全区经济社会发展中的作用，并对新形势下坚持和完善人民代表大会制度作出了重要部署，会议转发了区人大常委会党组《关于做好当前人大工作的若干意见》，要求各级党委和组织要支持人大及其常委会依法行使职权，促进人大工作在民主法制的基础上健康有序地开展。

（马　婧）

【推进依法治区进程】 常委会高度重视人民代表大会会议。一是对召开区人代会的指导思想、议程、日程、主席团秘书长名单草案、会议安排等事项进行认真细致研究，提出会议方案，经区委常委会讨论通过后组织实施。二是适时召开人大常委会会议，依法审议决定关于召开区人代会的有关事项；进行全体代表的资格审查，及时安排代表出缺的选区补选代表，为人代会的顺利进行奠定法律基础。三是集中一个月的时间开展常委会组成人员联系代表、代表联系选民活动，了解民情，集中民智，反映民意，并将征求到的意见归纳整理，转交“一府两院”及有关方面研究参考。四是积极开展代表会前活动。包括组织全体代表分组集中视察财政经济、社会事业发展、城建环保、新农村建设等工作；在分团讨论政府工作报告的基础上，围绕代表关心的热点难点问题，组织部分代表与区长、副区长座谈；开展区政府各部门负责人接受代表询问活动等。帮助代表深入了解全区经济社会发展情况，为代表在大会上审议各项工作报告及提出议案、建议提供条件。

（马　婧）

【发挥监督职能 助推新城建设】 常委会深入贯彻落实监督法，紧紧围绕建设现代化国际新城的中心任务，完善监督方式，提高监督质量，监督工作取得新的实效。一是加强对现代化国际新城建设的监督，深入到乡镇、园区及重点企业进行调研，听取和审议了区政府关于产业发展情况和加快新城核心区及棚户区改造有关情况的报告和“通州区十二五规划纲要”编制情况的汇报，就相关工作提出了审议意见。二是高度关注民生，听取和审议了区政府关于教育资源整合与布局结构调整规划落实情况汇报，分别听取了通州区文化产业、文化建设工作情况以及交通运输管理工作的汇报，并提出了指导意见。三是审查批准了2009年财政决算，批准调整了2010年财政预算，并根据多年来财政预算监督中存在的问题，提出了强化预算管理，细化预算科目，抓好预算规范等审议意见。首次将《通州区2011年部门项目预算》提交人民代表大会会议审议，为大会和各位代表全面了解全区财政状况，审查和批准财政预算打下较好基础。四是常委会加强司法监督工作，组织代表旁听法院审理案件，通过召开主任会议听取了法院审判事务管理、检察院诉讼监督、社区矫正等司法工作的汇报，并提出了指导意见，为推进司法公正发挥了重要作用。五是常委会通过召开主任会议听取工作汇报、组织代表视察、开展专题调研、督办代表建议等方式，加强对北运河水系综合治理、大运河森林公园建设、村委会组织法实施、“北京市实施‘农民专业合作社法’办法”执行、医疗机构设置规划制定、科技创安、市政工程建设、看守所建设、新农村建设等工作进行监督。六是常委会积极做好信访工作，全年办理各类信访63件次，促进了有关问题的解决。

（马　婧）

【开展代表活动】 常委会落实市委及区委第三次人大工作会议精神，努力提高为代表履职服务的水平，支持和保障代表依法行使职权，代表作用得到进一步发挥。一是抓好代表培训，以代表小组为基础，组织开展多种形式的学习培训活动，进一步提高了代表履职的能力和水平。二是坚持为代表提供人大常委会及“一府两院”重要工作信息资料，方便代表了解各方面工作情况，保障代表知情知政。三是坚持常委会主任、副主任联系代表小组、常委会组成人员联系代表、代表联系选民制度，开展了代表联系选民月活动，密切了代表与人民群众的联系，畅通了利益表达渠道。四是向代表征集监督议题，使常委会的监督工作更有基础和针对性。五是认真组织代表调研、视察、检查等活动，扩大代表对常委会工作的参与，发挥代表在闭会期间的作用。六是积极协助市人大常委会搞好市人大代表的学习培训、视察检查、座谈交流等活动，努力为市人大代表依法履职提供良好服务和保障。

（马　婧）

【办理代表议案、建议】 常委会严格做好代表建议督办工作，加大跟踪督办工作，提高办理质量。区三届人大三次会议提出了“整合职业教育资源、建设国内一流水平的通州区职业教育中心校”的议案，在常委会连续几年的督办和区政府努力下，于2010年得到落实。区四届人大五次会议交由区政府办理的建议133件，闭会期间代表提出的建议1件，全部依法予以办复。常委会坚持主任、副主任牵头督办重点建议制度，加强办中督查和办后复查，使办理工作取得了较好实效。使代表们提出的一批与人民群众生活息息相关的建议得到认真办复落实。

（马　婧）

【加强基层民主政治建设】 常委会重视基层人大工作：一是分别召开乡镇人大和人大街工委工作会议，统一思想认识，总结交流经验，促进工作开展。二是邀请乡镇人大专职主席（副主席）和人大街工委副主任参加常委会组成人员学习班和听取各项专题讲座，提高履职能力。三是坚持常委会主任、副主任联系指导乡镇人大和人大街工委制度，保证了乡镇人代会、乡镇人大执法检查和专项工作评议的依法顺利进行，推进了人大街工委制度的落实和代表进社区联系选民工作的顺利开展。四是常委会主任、副主任带领分管委室经常深入乡镇和街道开展调研，了解和反映乡镇人大和人大街工委的意见和要求。年内，各乡镇人大和人大街工委紧紧围绕本地区的中心工作和群众普遍关心的问题，认真履行职责，积极组织代表活动，人大整体工作水平有了新的提高。

（马　婧）

【加大宣传工作】 年内，进一步完善人大门户网站的运营维护工作，认真办好《通州人大信息》和《北京通州人大》刊物的编辑工作，全年编发人大信息62期，编发通州人大会刊4期，为宣传人大工作，自觉接受群众监督，营造了良好的宣传舆论氛围。

（马　婧）

【调查研究】 常委会紧紧围绕现代化国际新城建设重点工作和人民群众关心的热点、难点问题，就产业发展、新城核心区及棚户区改造、贯彻实施《中华人民共和国村委会组织法》、教育布局结构调整、北运河水系综合治理、大运河森林公园运营、社区矫正、审判事务管理、诉讼监督等课题深入开展调研。实事求是地反映了通州区实际情况，提出了具有指导性、前瞻性的意见和建议。通过举办组成人员参观考察等途径，拓宽了思路，开阔了眼界，提高了整体素质和履职能力，为常委会行使职权和有关部门改进工作提供了依据。2010年共完成调研报告6篇。

（马　婧）

通州区人民政府

概　述

2010年，全区人民以科学发展观为统领，紧紧抓住“集中力量、聚焦通州，借助国际国内资源，尽快形成与首都发展需求相适应的现代化国际新城”这一前所未有、千载难逢的机遇，在经济社会各条战线上奋勇拼搏，圆满完成了“十一五”时期的各项任务。地区生产总值实现344.8亿元，税收总额实现103.4亿元，地方财政一般预算收入实现31.7亿元，全社会固定资产投资额实现364.7亿元，社会消费品零售额实现187.7亿元，城镇居民人均可支配收入实现24426.6元，农民人均纯收入实现12613元。

现代化国际新城建设取得突破性进展。高起点提升新城发展定位，明确现代化国际新城“北京发展新磁极、首都功能新载体”的发展定位。高标准推进核心区规划建设，全面深化新城核心区规划，与佩罗集团合作编制首个低碳城市指标体系。举办高水平宣传推介活动，快速形成各类优质资源汇聚通州的良好态势，30余家国内外知名企业明确投资意向，香港富华、华业地产投资建设的首批项目顺利开工。大规模实施土地一级开发和旧城旧村改造，完成1.1万户村、居民搬迁，32宗地块实现上市交易。启动24个村的旧村改造，4个市级重点村搬迁工作加快推进。大力度展开基础设施建设。潞苑北大街等4条道路竣工通车，徐尹路等5条道路加紧建设，北运河东滨河路等5条道路开工，一批道路微循环改造工程完工，地铁M6号线二期工程开工。三河热电联供项目管网建设全面展开，城西5号锅炉房整合工程完工。滨水生态环境进一步改善，通惠河北部截污等工程竣工，完成大运河森林公园等绿化美化工程。

经济发展迈上新台阶。大项目引进建设力度加大，引进投资亿元以上项目38家，北京国际航空城、四环医药等高端产业项目和上市公司签约落户，北汽动力总成等开工，枢密院等顺利推进，华润物流等竣工投产。乡镇、园区发展势头强劲。乡镇完成税收80.2亿元，占全区税收总额77.6%，3个乡镇税收超过10亿元。园区完成税收25.2亿元，光机电基地税收突破10亿元。商务园成为北京市电子商务聚集区，与物流基地、开发区西区创业园形成“一主两辅”的中国国际电子商务示范基地；开发区西区与中关村发展集团合作筹建国家院所通州产业园；宋庄文化创意产业集聚区公共服务平台工程竣工；金桥基地扩区工作全面启动；漷县镇农民就业基地升级为通州经济开发区南区。

新农村建设取得阶段性成果。都市型现代农业持续发展，完成5.3万亩都市型现代农业基础建设，创建粮食高产面积和高标准农田3.8万亩，建设国际种业园核心区，第18届国际食用菌大会定址通州。农村基础设施建设不断加强，全面完成“五项基础设施”和“十二项全覆盖”工程。农村各项改革继续深化。

以改善民生为重点的社会建设稳步推进。各项事业健康发展，北京小学分校、中医医院、通州电影院等投入使用，新第三中学、潞河医院手术病房楼、区文化中心等工程进展顺利，新城低碳可持续发展实施标准研究等项目被列为市级重大科技项目，人口计生、广播电视、新闻、气象、档案、史志、保密、民防、红十字等各项事业发展呈现新局面。民生状况持续改善，就业促进工作成效显著，社会保险覆盖面不断扩大，住房保障工作稳步推进。安全生产形势平稳有序。社会治安整体防控水平明显提高。“全国双拥模范城”创建工作取得阶段性成果，创建国家卫生区工作顺利通过专家组验收。

2010年，区政府召开全体会议1次，常务会议4次，区长办公会议26次，研究议题141项；政府专题会15次，研究议题45项。其主要内容包括现代化国际新城建设、经济建设、各项改革、环境保护、科教文化、安全生产、综合治理、人事任免等重大事项。

（王　瑞）

政务工作

【区政府为群众办实事】 2010 年，通州区政府在直接关系群众生活方面共办理重要实事 33 件。其中，在多方面多领域改善民生方面 9 件，主要包括：加大保障性住房建设力度，着力解决中低收入群众住房困难，玉桥东小区、半壁店、京贸家园项目交付使用，北京工具厂项目一期、东亚瑞晶苑、珠江国际城 3 号地项目主体完工，积极推进运通人和良园、北京制线厂、融科香雪兰溪、榆景苑、梨园玻璃钢厂、梨园及光机电公租房项目进程。推进棚户区改造，改善百姓居住条件，实施齐天乐园片区、西海子片区的拆迁改造工作，上营棚户区、北苑商务区局部具备上市条件。落实北京市“九养政策”，建立居家养老（助残）券服务和百岁老人免费医疗制度，实施“安康通”养老助残服务。实施社会保障卡建设工程，实现参加城镇职工基本医疗保险和城镇居民大病医疗保险的参保人员人手一卡，发放社保卡 17.1 万张，解决医疗费报销周期长、垫款负担重问题。完成 30 户农村优抚对象和 60 户农村特困家庭危旧房改造，对本区考入大专以上院校的城乡低保困难家庭子女进行资助，救助新生 99 人，发放高等教育救助金 48.39 万元。加强对农村劳动力的就业服务，全年培训农村劳动力 5375 人，实现农村富余劳动力向二三产业转移 9146 人。在社会事业建设方面 5 件，主要包括：扩建妇幼保健院儿科门诊楼，增加38间儿科门诊用房，配备必要的诊疗设备，缓解儿科就诊压力，改善幼儿就医环境，防止甲流等传染病在医院内暴发流行。启动人口和计划生育服务中心改建项目，为百姓接受人口计生技术服务、培训等创造更为优异的环境。开展丰富多彩的群众性文化活动，完成各类文艺演出1567场次，放映电影43565场次，建设行政村文化活动室47个。在大力推进新农村建设方面6件，主要包括：新建标准化生产基地100家，打造20个“一户一棚”、“一村一品”设施农业专业村，发展和改造设施农业1万亩。实施新农村“五项基础设施”建设工程，完成475个行政村村庄规划编制，完成350万平方米街坊路建设及173万平方米两侧绿化，建设农村公厕建设437座，改造户厕4.2万座，新建农村污水处理工程2处。加强农村环境整治和建设，继续开展农村地区生活垃圾分类工作，完成西集、漷县、潞城、永顺、梨园5个镇的生活垃圾分类工作，创建1个环境优美乡镇和13个生态文明村。在改善人居环境方面6件，主要包括：建成大运河森林公园，打造运河“六园十八景”，提升滨水生态环境。加大污水处理设施建设力度，完成通惠河北岸截污、北运河通州城区段补水净水主体工程建设，实施河东再生水厂及配套管网工程，着力营造良好的水环境。对新华大街、通顺路、宋梁路等50条主要大街照明设施进行节能改造，对城区老旧街巷照明设施进行改造。升级改造规范化菜市场4个，发展农村连锁超市60个。在加强城市基础设施建设方面7件，主要包括：继续完善安全防护措施，对漷马路16座涵洞实施安全设施改造，对永觅路老槐庄桥进行维修加固，保障过往车辆、行人的安全和交通畅通。调整新华大街、新华南北路、运河大街、玉带河东西街、通朝大街、通惠南北路等城区主要大街和主要路口的交通信号灯配时，使交通设施科学化、规范化、人性化，保障居民出行更加方便、快捷。完成区人防应急物资储备库和永顺防空防灾应急宣教中心建设，逐步构建全区防空防灾应急指挥、物资供给和公共安全宣教体系。

（赖昭祥）

【全国政协领导到通州区调研】 1月30日，中共中央政治局常委、全国政协主席贾庆林就新城规划设计与建设方案到通州区调研。在听取了区委书记王云峰关于新城最新规划成果、新城建设进展情况的汇报和观看了通州新城规划宣传片后，贾庆林对通州现代化国际新城建设提出要求。中共中央政治局委员、北京市委书记刘淇，全国政协副主席兼秘书长钱运录，市领导郭金龙、阳安江、吉林、李士祥、陈刚和区领导邓乃平、张文山、王春元、尹燕京、张勇、于世疆陪同调研。

（王文秀）

【北京通州国际新城规划论坛】 3月12日至15日，北京通州国际新城规划论坛举行。区委副书记、代区长岳鹏致辞，区委常委、副区长张勇介绍了通州新城规划建设及运河核心区规划情况。与会专家围绕现代化国际新城，就建筑设计、环境规划、道路交通、地下空间等领域进行分析并提出规划意见。副市长陈刚、市政府副秘书长徐波、市规划委主任黄艳，区领导王云峰、张文山、王春元、李玉君、张秀余、赵玉影、于世疆、刘淑华及市区相关委办局领导、国内城市设计领域专家、知名企业负责人等参加论坛。

（王文秀）

【区政府第四次全会】 3月16日，区政府召开第四次全体会议。会议由区委常委、副区长张勇主持，区委副书记、代区长岳鹏对2010年区政府工作和近期重点工作进行了部署。区委书记王云峰参加会议并讲话。区领导蒋洪昉、赵玉影、于世疆、张华、金建华参加会议。

（王文秀）

【《通州区行政事业单位国有资产处置管理实施细则》出台】 3月25日，为加强对行政事业单位国有资产处置的管理，根据财政部

《行政单位国有资产管理暂行办法》、《事业单位国有资产管理暂行办法》和北京市财政局制定的《北京市行政事业单位国有资产处置管理办法》等有关规定，结合通州实际，区政府制定《通州区行政事业单位国有资产处置管理实施细则》。

（东　滨）

【通州区与佩罗／希尔伍德集团签署战略协议】 3月31日，区委副书记、代区长岳鹏代表区政府，与佩罗／希尔伍德产业集团总裁塔德·普拉特签署战略协议。市委副书记、市长郭金龙在市政府接见了小罗斯·佩罗一行，并到通州进行实地考察。区领导王云峰、张勇陪同。

（王文秀）

【通州现代化国际新城项目发布会】 4月6日，通州现代化国际新城项目发布会暨“全球企业邀约活动”启动仪式举行。发布会由市政府副秘书长徐波主持。副市长陈刚，区委副书记、代区长岳鹏分别发表致辞。区委常委、副区长张勇进行通州新城总体情况介绍及重点项目推介。全国工商联副主席孙晓华，区领导王云峰、张文山、王春元、张秀余、赵玉影、刘淑华、张华出席活动。

（王文秀）

【全国政协领导到通州参加义务植树】 4月9日，全国政协副主席杜青林、阿不来提·阿不都热西提、张梅颖、张榕明、钱运录、孙家正和全国政协机关工作人员400余人，到通州滨河森林公园参加义务植树活动。市政协副主席沈宝昌，区领导王云峰、岳鹏、王春元、赵玉影、刘淑华陪同参加义务植树。

（王文秀）

【《通州区城市房屋行政强制拆迁工作办法》出台】 4月30日，为规范本区对城市房屋的行政强制拆迁工作，保障本区城市建设顺利进行，根据《北京市城市房屋拆迁管理办法》、建设部《城市房屋拆迁行政裁决工作规程》、《北京市国土资源和房屋管理局关于转发建设部<城市房屋拆迁行政裁决工作规程>做好城市房屋行政强制拆迁工作的通知》、《关于进一步做好本市城市房屋拆迁安置和补偿工作的若干意见》等规定，区政府制定了《通州区城市房屋行政强制拆迁工作办法》。

（东　滨）

【中外知名企业通州行暨大项目引进与通州国际新城建设研讨会】 8月5日，通州区举行中外知名企业通州行暨大项目引进与通州国际新城建设研讨会。研讨会由副区长崔志成主持，区长岳鹏致辞。副市长苟仲文、区委书记王云峰参加研讨会并讲话。市投促局党委书记郭松、局长周卫民，区领导王春元、李玉君参加研讨会。

（王文秀）

【世界城市建设中的通州国际新城发展论坛】 8月19日，世界城市建设中的通州国际新城发展论坛举行。论坛围绕“北京世界城市建设中的通州新城使命”、“通州新城建设发展理念与模式创新”、“通州新城品牌战略”等议题进行了研讨。区领导王云峰、岳鹏、张文山、王春元、张秀余、赵玉影、郭旭升、张勇、储怀森、刘淑华、张华、崔志成、肖志刚出席论坛。

（王文秀）

【《通州区大运河森林公园暂行管理办法》出台】 9月26日，为进一步规范北京市通州区大运河森林公园管理，改善通州新城生态环境，塑造运河滨水景观，大幅提高新城品质和价值，为市民提供良好的休闲环境，依据《中华人民共和国森林法》、《中华人民共和国森林公园管理办法》、《北京市公园条例》以及《北京市绿化条例》等法律、法规规定，结合本区实际，区政府制定《通州区大运河森林公园暂行管理办法》。

（东　滨）

【《通州区公费医疗单位医疗保障制度改革方案》出台】 9月30日，根据《国务院办公厅转发劳动和社会保障部、财政部关于实行国家公务员医疗补助意见的通知》精神及北京市人力资源和社会保障局、北京市财政局

《关于区县公费医疗改革的指导意见》的有关要求，按照全市统一部署，区政府制定《通州区公费医疗单位医疗保障制度改革方案》，对区属党政群机关、事业单位及有关单位中原享受公费医疗待遇人员实施医疗保障制度改革，自2011年1月起上述单位及人员统一参加北京市基本医疗保险，并同步实施补充医疗保险制度。

(东　滨)

【通州现代化国际新城运河核心区开工建设启动仪式】 10月13日，通州现代化国际新城运河核心区开工建设启动仪式举行。区长岳鹏发表致辞，副市长陈刚出席启动仪式并讲话。市政府副秘书长徐波，王云峰、张文山、王春元等区委、区人大、区政府、区政协领导出席仪式。

(王文秀)

【2010北京电子商务产业发展高峰论坛】 10月14日，2010北京电子商务产业发展高峰论坛在通州商务园展示中心举行。乐友达康、后玛特、凡客尚品、大唐高鸿四公司与通州商务园签署入驻协议。副市长程红，商务部信息化司副司长聂林海，区领导王云峰、岳鹏、王春元、张秀余、王平、张华、崔志成出席论坛。

(王文秀)

【通州区与意中基金会签订战略合作协议】 12月4日，通州与意中基金会签订战略合作协议。签约仪式由副区长崔志成主持，区长岳鹏代表通州区政府与意中基金会主席凯萨·罗米蒂签署战略合作协议。区委书记王云峰，区委常委、常务副区长张勇参加签约仪式。

(王文秀)

【通州区与派格华创文化传媒有限公司签署合作协议】 12月8日，区政府与派格华创文化传媒有限公司在钓鱼台国宾馆签署合作协议。签约仪式由副区长崔志成主持。区委书记王云峰致辞。文化部文化产业司司长刘玉珠，市文化局党组书记张文华，区领导岳鹏、张文山、王春元、李玉君、刘淑华参加签约仪式。

(王文秀)

【重庆市南川区党政代表团到通州区考察】 12月14日，重庆市南川区党政代表团到通州区考察。在区委副书记李玉君、副区长张华的陪同下，南川区区委书记王永康一行观看了通州国际新城规划短片，参观了宋庄集聚区公共服务平台和宋庄美术馆，并签署《重庆市南川区与北京市通州区缔结友好城区协议》。区领导王云峰、张文山、王春元、赵玉影、于世疆、蒋洪昉、高志禄参加签约仪式。

(王文秀)

【政府信息工作】 全年收到各单位报送信息6573条，采用3109条；编辑《信息快报》248期，得到领导批示10条；编辑《领导参阅》46期，得到领导批示8条；编辑《今日媒体热点》288期，得到领导批示12条。向市政府办公厅报送信息390条，被采用81条。完成调研信息4篇，在市政府办公厅的刊物上刊载4篇。通州区政府办公室被评为市政府优秀信息工作单位。

(张晓燕)

【便民电话工作】 通州区非紧急救助服务中心是政府和群众沟通的渠道、政府为群众办事的窗口、政府受理群众咨询和诉求的平台。全年受理群众各类来电9380余个，办理市非紧急救助服务系统网上交办件6605件，办理区长信箱电子信件1088封。群众诉求的问题涉及城市规划与管理、环境保护、社会治安、文化教育、劳动和社会保障、农村管理等方面，除少数因政策等原因和部分不合理诉求外，大部分诉求问题得到解决，群众投诉件办结率达90%以上。一些热点难点问题得到有效解决，受到人民群众的好评，共接到群众表扬电话30余个，收到表扬信4封。

(李梦玲)

【建议提案办理工作】 2010年，通州区四届人大五次会议交由区政府研究办理的代表建议、批评和意见133件（其中57件是转为建议办理的议案）。其中城市建设与管理方面40件，占30%；社会民生方面32件，占24.1%；新农村建设方面31件，占23.3%；经济发展方面5件，占3.8%；其他方面25件，占18.8%。办理结果：一是已经解决，基本解决或正在着手解决，取得一定成效的（A类）47件，占35%；二是已列入工作计划或规划，预计近几年内可以解决或得到缓解的（B类）25件，占19%；三是因条件和政策规定限制等原因，短期内无法解决，需说明解释或留作参考的（C类）53件，占40%；四是超出区政府职权范围，报请区外有关部门研究参考的（D类）8件，占6%。同时，对1件平类人大代表建议也按法律规定进行了认真办理。按照《北京市通州区人民代表大会人民代表建议、批评和意见办理条例》有关规定，全部在法定时限内办复。政协通州区四届四次会议交由区政府研究办理的委员提案171件。其中新城建设与管理方面的68件，占39.8%；社会民生方面的68件，占39.8%；经济发展方面的12件，占7%；新农村建设与管理方面的8件，占4.7%;其他方面的15件，占8.7%。同时，对9件平类政协委员提案按法律规定进行了认真办理。按照《政协北京市通州区委员会提案工作条例》有关规定，全部在法定时限内办复。市政府办公厅交由本区办理的政协十一届全国委员会第三次会议委员提案1件，北京市十三届人大三次会议代表建议、批评和意见10件，政协北京市十一届三次会议委员提案4件。通州区政府按照《北京市人民政府办理人民代表大会代表建议、批评、意见和人民政治协商会议委员提案办法》的有关规定，全部在法定时限内办复。

（刘　宁）

【应急管理工作】 全年处置各类突发事件260余件，涉及建筑工程、道路交通、安全生产、消防安全、群体性事件、市政公共设施、公共卫生等方面，成功处置了台湖家具厂火灾、宋庄“管道男”事件、白庙村工业区火灾、六合村村民聚集、永顺在建楼房倒塌等突发事件。召开通州区应急委第六次全会，审议通过《通州区突发事件总体应急预案(2010)》和《通州区突发事件应急委员会工作规则》。修订下发《通州区突发事件应急预案管理办法》、《通州区突发事件信息管理办法》、《通州区突发事件应急演练管理办法》和《通州区突发事件应急指挥手册》。广泛开展宣传教育，在4个街道办事处主要街道设置应急宣传阵地，更换应急管理宣传橱窗3期，在“5·12”防灾减灾日发放宣传材料5万余份。组织形式多样的应急演练400余次。全年编制《通州应急快报》49期、《通州应急管理信息》17期、落实领导批示专刊6期，上报市应急办信息80余条，被采纳40余条。全年下发值守应急通知15次，发布预警30余次。通州区应急办被北京市应急办评为北京市应急管理系统优秀信息工作单位。

（张　聃）

政府法制工作

【概　况】 2010年，通州区政府法制工作紧紧围绕区委、区政府中心工作，以推进依法行政工作为主线，以服务通州国际新城建设为重点，以建设法治政府为目标，做了大量扎实有效的工作取得明显成效。围绕通州国际新城建设，为区政府行政全力提供法制保障；规范性文件质量明显提高，机关公信力进一步增强；行政执法监督进一步强化，行政执法行为更加规范。

（张　伟）

【为区政府行政工作提供法制保障】 2010年，围绕通州国际新城建设，为区政府行政工作全力提供法制保障。一是认真做好涉及区政府名义签订的重大合同、协议的审核工作。年内，区法制办先后对国际新城建设项目中涉及资金量大的28件重大合同、协议进行审核。二是为重点工程建设提供法律服务。会同有关部门，加大对重点工程建设的保障力度。在运河核心区、上营棚户区和北苑商务区范围内的违法建设行政强制拆除中，区法制办认真办理相关法律事务，积极提出各种法律意见，有效防止了矛盾激化和群体性上访事件。针对通州区在建设现代化国际化新城的进程中，城市房屋拆迁量急剧增加，更面临着时间紧、任务重、困难大的诸多问题，区法制办建立完善了《通州区城市房屋行政强制拆迁工作办法》，为实现强拆的顺利执行，防止矛盾发生和激化，真正起到推进工作的社会效果。

（张　伟）

【规范性文件工作成效显著】 2010年，规范性文件质量明显提高，机关公信力进一步增强。一是规范性文件审核促进依法行政决策机制的进一步健全。2010年，审核区政府规范性文件84件，完成市政府各种规章、草案、修正案征求意见稿等20件，参加市政府法制办组织的规章等专题研讨会3次，为区政府依法决策提供可靠的法律保障。二是规范性文件备案工作成效显著。年内，区政府印发的规范性文件，均按照市政府的要求及时进行报备，无一件被纠正或撤销；区法制办对区政府所属各部门、乡镇政府报送的8件规范性文件予以备案登记，做到有件必审，有错必纠。三是文件清理扎实有效。年内，规范性文件清理按照市政府法制办统一部署，再次对区政府，区政府办名义印发的规范性文件进行清理，予以保留247件，予以废止、宣布失效38件，并按要求报市政府法制办备案。

（张　伟）

【加强行政执法监督工作】 2010年，行政执法监督进一步强化，行政执法行为更加规范。一是行政执法案卷评查员资格管理更加规范。2010年区政府办印发《通州区行政执法案卷评查员资格管理制度的规定》，7月28日，区法制办组织全区有36个机关104人参加行政执法案卷评查员资格考试。二是重点执法行为的合法性审查。对63件违法建设强拆案件进行全面合法性审查，高效配合区内重点拆违工作。各行政执法单位高度重视重大行政处罚备案工作，对备案审查中发现的问题和瑕疵进行认真整改，有效推进行政处罚行为的合法规范。报备的197件重大处罚案件，经审查未发现重点违法和不当问题。

（张　伟）

【依法行政培训】 年内，区法制办组织1次典型案例行政诉讼案件旁听，联合区委组织部、区委党校在处级干部和中青干部培训班中普遍增设依法行政培训内容。

（张　伟）

【依法行政宣传】 年内，区法制办参加区委组织的三下乡活动中，发放各种法制宣传材料3000多份。通过各方资源编印了50多万字的《依法行政手册》，下发至全区处级领导干部、法制科室人员。

（张　伟）

【行政复议工作】 年内，区政府受理行政复议案件40件，已全部审结。其中驳回6件、维持24件、撤回复议申请6件、不予受理3件、转送1件。制定配套工作制度3项，进一步畅通行政复议渠道，提高复议质量，加强和行政机关、司法机关、信访机关的沟通和衔接，有效开展调解和解释工作，营造依法解决行政争议的良好社会氛围。

（张　伟）

【行政诉讼工作】 年内，区法院受理行政诉讼案件114件，审结113件，判决维持30件，判决撤销1件，判决无效1件，判决依法履行法定职责2件，判决不予赔偿1件，原告主动撤诉28件。涉及出庭应诉的行政机关按照法定程序，积极参与出庭应诉工作，依法行使诉讼权利，自觉履行诉讼义务。

（张　伟）

人事管理

【概　况】 2010年，区人力社保局全面贯彻落实科学发展观，解放思想，锐意进取，大力实施人才强区战略，进一步加强公务员队伍的管理，统筹配置人才资源，稳妥推进事业单位人事制度改革，切实加强专业技术人才队伍建设，圆满完成工资管理各项工作，为通州区现代化国际新城建设做出了新的贡献。

（李晓峰）

【完成公务员招考工作】 进一步加强公务员队伍建设，按照“公开、平等、择优”原则，圆满完成2009年下半年和2010年上半年两次公务员招考工作，共招录77人。

（李晓峰）

【突破人才引进政策瓶颈】 积极向北京市人力社保局争取政策，在放宽引进条件、拓宽引进范围、简化引进程序、下放审批权限等方面得到大力支持，使本区成为继海淀、昌平、房山后第四个全市人才引进试点区县，建立了特殊人才、紧缺人才及新城建设人才的特殊审批通道。

（李晓峰）

【人才引进工作顺利开展】 在人才引进过程中，突出服务主题，从审阅档案、报送材料、办理落户等几个环节上处处体现以人为本，坚持贯彻全程代办制度和一次性告知制度，尽可能减少企业负担。年内引进各类人才2470人，其中为企业引进高端人才13人、引进国外智力人才5人、办理工作居住证209人、解决夫妻两地分居9人。

（李晓峰）

【推进事业单位公开招聘】 自6月1日起，对事业单位新进工作人员进行公开招聘。截至年底，通过实行单位招考和全区统一联考的方式，累计招聘工作人员65名。

（李晓峰）

【探索职称制度改革】 结合通州区实际以及事业单位岗位设置情况，对职称制度改革进行探索。完成2009年度全区新评审专业技术人员的任职资格备案工作，全区共有578名新评审的专业技术人员参加了职称备案，其中高级184人、中级262人、初级132人。

（李晓峰）

【扎实推进事业单位岗位设置管理工作】 年内，完成全区450个事业单位、1.6万余人的岗位聘任和登记备案，初步形成了以聘用合同制和岗位管理为核心的聘人用人机制。

（李晓峰）

【推进事业单位实施绩效工资工作】 积极完善义务教育学校实施绩效工资工作，大力推进公共卫生与基层医疗卫生事业单位实施绩效工资，认真做好其他事业单位实施绩效工资工作。年内，克服时间紧、任务重等困难，顺利完成全区327家事业单位的工资收入调查测算工作。

（李晓峰）

【完成“村官”选聘任务】 年内，经过资格审核、笔试、面试、心理测试等环节，选聘238名大学生“村官”到农村工作，为新农村建设提供人才支持。

（李晓峰）

【做好军转干部安置】 年内，采取考试、量化打分和岗前培训等措施，圆满完成74名军转干部安置工作，其中团职干部25人、营级及以下49名。根据本区机关事业单位的编制情况，安置了21名随军家属就业。同时，组织通州区2010年随军家属专场招聘会，提供职位87个，182人次达成就业意向，为创建“双拥模范区”做出了贡献。

（李晓峰）

【人才市场建设成效明显】 积极做好人才服务中心档案管理等工作，截至年底，存档量达17714份，其中集体存档户240家。同时，充分发挥人才市场在人才资源配置中的基础性作用，年内举办现场招聘会38场，参会单位1139家次，提供职位约4136个次，求职人才达1.38万人次，初步达成意向约5233人次。

（李晓峰）

劳 动

【概 况】 2010年，区人力社保局按照市、区总体工作部署，更加注重改善民生，在促进和稳定就业的基础上，围绕重点群体积极开展就业帮扶工作，加紧落实促进就业的配套政策，不断强化就业基础工作，着力营造全区良好的就业环境与用工氛围，推进全区就业再就业工作的深入开展，确保全区就业形势的基本稳定。依法维护劳动者合法权益，以“无拖欠工资”为目标，大力贯彻《中华人民共和国劳动合同法》、《中华人民共和国劳动争议调解仲裁法》的实施，逐步加大违法案件查处力度。推进党风廉政建设，积极开展创先争优活动，加强干部队伍建设，促进全区经济发展，维护社会稳定。

（臧 炜）

【就业情况保持平稳】 年内，全区新增就业2.45万人，完成任务指标的114%；累计城镇登记失业人员16373人，实现就业11825人，完成任务指标的107%，城镇登记就业率达到72.22%；期末实有失业人员3738人，城镇登记失业率为1.89%，低于控制指标1.11个百分点，同比下降0.03个百分点。年内，全区实现农村劳动力转移就业达到9146人，完成任务指标的104%。

（臧 炜）

【促进城镇困难人员就业】 年内，全区累计城镇就业困难人员8674人，5414人实现就业，完成全年任务的108.3%，就业困难人员就业率达到62.4%。

（臧 炜）

【推进社区就业岗位开发安置】 全年开发社区就业岗位7237个，完成任务指标145%；安置失业人员4682人，完成任务指标117%。

（臧 炜）

【各项就业政策有效落实】 全年为396家次单位的2270人次申请岗位补贴和社会保险补贴1269.5万元；为85家用人单位959人申请农村劳动力岗位补贴454.62万元；为3277名新增自谋职业、灵活就业人员申请补贴881.4万元；社区公益性就业组织累计安置349人，申请市、区两级专项经费共计910.9万元；共为20家企业申请稳定就业岗位补贴和社会保险补贴再次拨付1019万元，涉及职工2364人；为10家企业611人申请第二次稳定就业岗位补贴和社会保险补贴522万元。

（臧 炜）

【创业促就业工作成效显著】 全年为8家小企业和5家个体户发放贷款345万元，征集创业项目55个，实现创业169人，带动1070人实现就业，分别完成全年任务的115%、107%和106%。

（臧 炜）

【职业技能培训成绩突出】 全年失业人员培训总数1428人，培训合格率96%，培训后就业率77%，完成全年任务的110%。全年累计开展创业培训19期，累计培训523人，培训合格率达100%，完成全年任务的116%。全年对24个工种的2324人次开展职业技能鉴定，其中初级工1273人、中级工1051人，2157人取得职业资格证书，鉴定合格率为93%。

（臧 炜）

【退休审核工作管理】 全年核准办理退休手续2761人，同比减少13%。其中正常退休1495人，与上年持平，特殊工种提前退休1150人，因病提前退休85人，因病提前退职28人，一次性养老补偿金3人。

（臧 炜）

【工伤认定同比减少】 全年接待工伤来访6023人次，同比增长14%。工伤认定1800件，同比减少148件。

（臧 炜）

【再次鉴定结论改变率为零】 全年组织劳动能力鉴定12场，外出鉴定5场，累计鉴定497人次，同比增长9%。其中工伤评残鉴定累计474人次，配置辅助器具28人，病退鉴定23人，再次鉴定结论改变率为零。

（臧 炜）

【扩大集体合同覆盖面】 年内，全区执行期中的集体合同535户，覆盖职工51065人；新增集体合同190户，覆盖职工25431人，同比分别增长88%和186%。

（臧 炜）

【执法监察工作力度不断加大】 全年接待劳动者来信、来访咨询4432件。其中立案315件，结案301件，受理案件结案率95.6%。共对637家用人单位实施了检查，涉及农民工5.33万人，查处建筑企业拖欠农民工工资的违法案件35件，处理突发案件27起，为400名劳动者追补工资154.7万元。

（臧 炜）

【妥善处理劳动人事争议案件】 年内，劳动争议仲裁委员会和人事争议仲裁委员会合并办公。劳动争议仲裁委员会共受理劳动争议案件3199件，请求金额近2.13亿元；其中受理集体劳动争议案件149件，涉及劳动者1284人。人事争议仲裁委员会受理案件8件。

（臧 炜）

【稳妥处理群众来信来访】 年内，受理信访案件1212件，1966人次。其中来信107件，来访1105件。年内，落实决策督查20件次，承办人大代表建议6件，政协委员提案4件，做到事事有结果，件件有交代。

（臧 炜）

社 会 保 障

【概 况】 2010年，贯彻落实各项社会保险政策，大力加强扩面征缴工作，积极推进“持卡就医，实时结算”这一全市民生亮点工程，大力推进区公费医疗制度与基本医疗保险制度整合。各项社会保障制度覆盖本市户籍人员数达到近60.32万人，占全区户籍人口总数的91%；其中城乡居民养老保险参保人数达20.2万人，实现95%的高覆盖率。城镇“五险”扩面征缴17.6亿元，比上年增收6.35亿元，增幅56.3%。城乡居民养老保险累计收缴基金1.7亿元。

（臧 炜）

【社会保险征缴范围不断增加】 年内，全区基本养老、基本医疗、失业、工伤、生育五项社会保险参保规模进一步扩大，参保单位达到7879家，参保人员达到30.2万人，同比分别增长31%和18%。全年累计收缴“五险”基金达到17.6亿元，同比增长56%，完成市局指标的119%。其中基本养老保险累计收入11.5亿元、失业保险累计收入0.6亿元、工伤保险累计收入0.3亿元、生育保险累计收入0.2亿元、医疗保险累计收入5亿元。

（臧 炜）

【城乡居民养老保险稳步推进】 年内，全区城乡居民累计参加养老保险20.2万人，覆盖率达到95%。累计收缴城乡居民养老保险基金1.7亿元，有2.2万人享受城乡居民养老保险待遇。

（臧 炜）

【养老保险待遇水平逐年提升】 年初，为全区4.5万名离退休人员调整了基本养老金，调整后人均月领取水平提高了191.86元，达到1889.99元，同比增长11.4%。

（臧 炜）

【老年保障制度有效落实】 全年为7.1万名（其中城镇0.8万人，农村6.3万人）老年居民发放福利养老金1.7亿元。

（臧 炜）

【落实城乡居民养老保险补贴政策】 年内，为8423名符合条件的残疾人申请补贴569.7万元，向13.6万名应享受30元补贴的参保人与超转人员审核发放补贴共计407.4万元。

（臧 炜）

【农民工参保工作进展顺利】 年初，农民工参加养老保险政策出台后，共有4万余名农民工参加养老保险，农民工缴费基数由 800 元提升至 1490 元。

(臧 炜)

【着力开展社保清欠工作】 年内，基本养老、基本医疗、失业、工伤、生育五项社会保险累计还欠总额为 4366.15 万元，同比增加 1369.8 万元，增幅 45.7%。其中清理历年欠费 569.42 万元，清欠率为 42.7%；累计收回当年欠费 3796.73 万元，清欠率达 67.7%。

(臧 炜)

【全面推动“持卡就医,实时结算”工作】 年初，快速启动“持卡就医，实时结算”工作，重点督促全区各定点医疗机构网络铺设和信息系统改造，指导各社保所社保卡服务网点建设及服务工作。全年发放社保卡 24.3 万张，占应发卡总量的 99%，93 家定点医疗机构通过市、区两级现场验收并全部实现门诊持卡就医。

(臧 炜)

【推进公费医疗单位医疗制度改革】 年内，开展基层座谈、摸底调查、资金测算等大量基础工作，制定可行性工作方案及操作细则，推进区公费医疗制度与基本医疗保险制度并轨。完成全区 2.7 万名公费医疗人员的信息采集，发卡 2.4 万张，占应发卡总量的 99.8%。

(臧 炜)

【做好养老保险转移接续工作】 年内，积极落实养老保险转移接续政策，配置专人、专线、专项资金。全年为 479 名参保人员办理接转手续，成功转移基金 548 万元。

(臧 炜)

【着力解决历史遗留问题】 年内，落实相关文件精神，共为马驹桥镇南堤村、梁各庄占地转非人员趸缴、补缴养老保险 1643.04 万元，失业保险 334.7 万元，医疗保险 889.15 万元。

(臧 炜)

【推进社会化管理服务工作】 年内，加强社会化管理服务体系建设，强化对基层社保所退休档案接转、医药费社会化报销等业务指导。全区企业退休人员达到 4.8 万名，其中实行社区管理的退休人员达到 1.56 万人，已为 93% 以上的企业退休人员提供了社区服务；有 4.1 万企业退休人员选择在社保所报销门、急诊大额医疗费。

(臧 炜)

信访工作

【概　况】 2010 年，全区信访排查调处工作圆满地完成全区信访排查调处工作任务，实现了市委市政府提出的特殊时期“双零”指标，维护了群众利益，维护了全区稳定，为国际化新城建设做出了积极贡献。年内，区信访办共受理群众来信来访 926 件，同比增加 75 件，上升 8.8%。受理群众来信 381 件，同比增加 17 件，上升 4.7%，其中联名信 7 件 /228 人，同比减少 33 件 /1796 人，分别下降 82.5%、88.7%。接待群众来访 545 批 /8206 人次，同比增加 58 批 /3524 人，分别上升 11.9%、75.3%；接待集体访 259 批 /7686 人次，同比增加 76 批 /3562 人次，分别上升 41.5%、86.4%。到市以上集体访 50 批 /1188 人次，同比增加 25 批 /685 人，分别上升 100%、136.2%。市转信 1088 件，同比增加 365 件，上升 50.5%，其中联名信 14 件 /1362 人，同比减少 14 件 /2025 人，分别下降 50%、59.8%。

全区信访排查调处工作形势虽有所反弹但大形可控。大接访工作格局基本建立，基层基础工作得到进一步加强，非正常上访得到有效的控制，信访秩序明显好转。通州区信访办、区人力社保局、永乐店镇被评为北京市信访工作先进单位。

(田少山)

【召开信访排查调处工作会议】 3 月 30 日，在陆航学院大礼堂召开通州区维护社会稳定工作会议（信访工作会议）。区委、区政府主管信访工作领导，区信访排查调处工作领导小组成员，区属各单位主管领导，各街道办事处主管信访工作领导、专兼职信访干部，各乡镇主管领导、信访办主任等共计100余人参加会议。会上对2009年度信访工作62个优秀单位、75名先进个人进行了表彰，对2010年全区信访工作进行部署。区委书记王云峰对全区信访工作提出了要求，区委常委、政法委书记赵玉影作信访工作报告，会议由区委副书记、代区长岳鹏主持。

（田少山）

【完成上海世博会、广州亚运会信访劝返工作】 5月13日至6月25日，信访办副主任王丽到上海世博会参加北京市联席会议组织的现场劝返工作，劝返期间积极参加中央联席办的活动，受到副市长刘敬民的表彰。11月5日至12月1日，信访办副主任杜永贵到广州参加亚运会现场劝返工作，现场劝返北京上访人员4批/6人（非本区人员）。市信访办主任薄钢在劝返总结大会上对通州区的劝返分流工作给予充分肯定。

（田少山）

【区委区政府信访专题会议】 区委常委会2次听取信访办汇报，研究10年信访形势、党政领导干部大接访等重大信访工作。区长办公会2次研究信访工作。2次召开全区领导干部大会部署2010年信访维稳工作。区委领导王云峰、岳鹏、李玉君、赵玉影、张勇、张华等多次召开专题协调会，有效地解决了一批重大重复上访问题。

（田少山）

【组织基层信访业务培训班】 6月16日，组织各乡镇、街道办事处和20个委办局的相关人员进行北京市信访综合办公系统培训，提高各单位北京信访综合办公系统的使用技能。12月3日至7日，组织全区基层信访办主任业务集中培训班，对全区基层信访办主任进行来访、办信、复查复核、督查业务培训，并进行了工作经验交流。

（田少山）

【做好复查复核工作】 2010年，区复查复核办公室受区政府复查复核委员会委托，坚持以人为本工作理念，共接待信访人员48批/124人次，其中受理10批/37人次，办结10批/37人次，办结率达100%。

（田少山）

【区社会矛盾调处中心人员培训班】 12月10日至12日，对全区乡镇矛盾调处中心人员进行信访业务和中心工作职责、工作程序等方面的培训，并到平谷区社会矛盾调处中心学习调研。

（田少山）

【区级领导信访接待日】 年内，区级领导参加领导接待日和约访，共接待来访群众104批/694人次，一些疑难问题得到有效的解决。

（田少山）

【领导批阅群众来信来访】 全年全区处级以上领导干部阅批信访件138件，召开各类协调会92次，阅批专报信访信息427条，加大了领导亲自协调和组织化解矛盾的力度。

（田少山）

【定期排查】 开展定期排查，继续坚持每周五例会制度，共召开区信访排查例会38次，出会议纪要38期。组织2次全区性矛盾纠纷大排查及3次全区范围专项排查，共排查出各类矛盾纠纷122件，成功化解111件，化解率为91%。年终考核中，通州区继续被评为北京市信访排查调处工作目标管理考核优秀单位。

（田少山）

对外事务

【概　况】 2010年，通州区外事工作紧密围绕全区中心工作，牢牢把握“为中央外交全局服务、为首都经济和社会协调发展服务、为日益增长的国际交往服务、为现代化国际新城建设服务”主题，积极适应新城建设的新形势、新机遇和新要求，有效开展对外交往，规范强化外事管理，积极改善涉外环境，在建设现代化国际新城中发挥了积极作用。

(孙周洋子)

【因公出访管理】 严格贯彻“项目列入计划、人员总量控制、经费纳入预算”的因公出访管理思路，制定《关于加强因公出国（境）管理工作的规定》、《关于制止持因私护照执行公务和公费出国（境）旅游的通知》、《关于进一步加强因公出国（境）管理的若干规定》、《关于严禁公款出国（境）旅游的通知》等一系列管理规定。重新梳理2010年因公出访计划，对出访内容重复的团组进行合并，压缩了一批无实质性出访内容的团组，全年因公出访团组112批次、232人次。采取三项措施加强管理：一是强化护照管理，公务护照收缴率达到100%；二是实施《通州区因公出国（境）人员承诺书》制度；三是将出访总结分类上网，促进因公出访成果转化。通州区外事办被评为“北京市因公出入境工作先进单位”。

(孙周洋子)

【对外友好交往】 巩固并进一步发展国际友好城市关系。8月和10月，韩国首尔特别市九老区高中生代表团与通州区高中生代表团顺利实现互访，两区青少年交流活动取得圆满成功。11月，与日本长野县伊那市互致贺信，共同庆祝缔结友好城市关系16周年。6月，与美国马里兰州安妮皇后郡互致贺信，庆祝建立友好往来4周年。

(孙周洋子)

【外事礼宾接待】 协助中联部、外交部、中央党校和北京市外办，圆满完成泰国总理府知识发展与管理办公室代表团、瑞士联邦主席多丽丝·洛伊特哈德、中瑞环境技术合作处官员代表团、新加坡驻华使馆代表团和日本公务员研修团等在通州参观考察的礼宾接待任务。同时，认真做好重大活动的外事礼宾接待和翻译工作，不断完善本区《礼宾接待手册》，规范礼宾接待流程，对重点涉外参观单位的外事礼宾指导得到加强。

(孙周洋子)

【大型国际活动】 利用首都外事渠道优势，邀请市领导出席本区重要国际合作项目签约活动。完成与美国佩罗集团、瑞士酒店集团签署战略合作协议的外事任务，参与IDC产业城、奥特莱斯、中韩医院项目的合作洽谈。参与“北京通州国际新城规划论坛”、“通州现代化国际新城项目发布会暨全球企业邀约活动”等大型国际活动，圆满完成现场翻译、国内外媒体接待、外宾陪同及宴会筹备等工作。此外，认真做好区内大型活动外语志愿者组织和服务工作，树立了通州良好的对外形象。

(孙周洋子)

【外商来华邀请】 全年为141名外商申办外商来华邀请函，涉及伊朗、美国、英国、尼日利亚、巴基斯坦、韩国、澳大利亚、德国、印度、意大利、阿根廷、俄罗斯、法国、西班牙、荷兰、马来西亚、南非、日本、乌克兰、罗马尼亚、土耳其、加纳、肯尼亚、巴拿马、越南、巴西、埃及、菲律宾、印尼、瑞士、阿联酋、新西兰等国家。

(孙周洋子)

【涉外事件管理工作】 不断完善《北京市通州区涉外突发事件应急预案》，加强风险源排查，开展境外记者非正常采访处置、涉外突发事件应急演练，强化涉外突发事件应急体系建设，提高处置涉外案事件能力。协助市政府外办，与区内相关单位共同妥善处置了台湖北京希优照明设备公司土地纠纷、澳大利亚ABC电视台记者涉外敏感事件采访等涉外案事件。

(孙周洋子)

投资促进工作

【概　况】 2010年是通州现代化国际新城开发建设取得突破性进展的一年。区投资促进局瞄准高端，以“引进高端项目、举办高端活动、实施高端服务、加强高端建设”为重点，在渠道拓展、项目引进、宣传推介、政策研究、推进新城建设等方面较好地完成了工作任务，为现代化国际新城建设打下了坚实的基础。新城建设取得了阶段性成果。通过开展“走进大部委、走进大企业、走进大院校、走进大中介”、建立战略合作伙伴、聘请招商顾问等形式，延长工作手臂，拓展高端渠道。与国内外知名投资服务机构、使馆、商会、协会、金融机构等400余家高端渠道建立联系，对国内外300余家知名企业进行常态化跟踪。9月28日，香港富华集团和北京华业地产竞得核心区首批上市地块，10月13日，运河核心区第一批建设项目破土动工，标志着新城建设全面启动。在项目引进工作中，全年引进千万元以上项目107个，投资总额1057.6亿元。其中亿元以上项目44个，投资额1046.24亿元；亿元以下项目63个，投资额11.36亿元；外资项目7个，投资额43.95亿元。千万元以上项目投资额同比增长103%；亿元以上项目投资额同比增长120%。海航航空城项目、派格5D秀文化置业集群项目、新乐城、四环医药等知名企业的落户，为促进产业集群发展、优化产业机构、转变经济增长方式打下良好的基础。在宣传推介工作中，高标准举办“北京通州现代化国际新城建设项目发布会暨全球企业邀约活动”、“中国电子商务在北京”高峰论坛暨“中国国际电子商务示范基地”授牌仪式、中科院专家走进通州、“中外知名企业通州行暨大项目引进与通州国际新城建设研讨会”等活动，并组团参加京港洽谈会、文博会、科博会等一系列具有一定影响力的大型展会，宣传通州良好的投资环境，进一步提升了本区在国际上的影响力和知名度。在政策研究工作中，积极配合相关部门研究出台《通州区促进电子商务企业发展暂行办法》，并积极研究本区首批服务企业“绿卡”相关事宜，极大地优化了投资发展服务环境，提升了区域产业核心竞争力。

(郑晓芳)

【多举措推进运河核心区招商引资工作】 1月，为加快运河核心区招商工作，投资促进局积极开展以下几项措施：一是成立新城建设专项招商工作领导小组，设立招商引资、政策研究、宣传策划3个工作组，制订工作方案、倒排时间任务表，确保按时完成各项工作。二是对运河核心区招商资源、招商项目进行汇总整理，包装推介一批城市功能性项目，并邀约50家国际一流企业实地洽谈。三是制定新城总体营销方案，通过举办大型招商推介会、新城建设高峰论坛、现代化国际新城创意设计大赛等活动，提高新城知名度。四是加强与市相关部门工作对接，争取在重大项目信息、产业发展政策等方面支持，进一步提升工作实效。

(郑晓芳)

【搭建银企交流平台】 1月11日至12日，投资促进局与中国物流与采购联合会共同举办物流产业发展投融资银企对接会。中远物流公司、中铁现代物流科技股份公司、北京远成物流公司等企业与国家开发银行评审管理局领导进行了面对面的交流，并就企业发展战略、重点项目以及融资需求进行了充分探讨。

(郑晓芳)

【“中国国际电子商务示范基地”授牌仪式】 2月2日，本区在月亮河度假村举办2010“中国电子商务在北京”高峰论坛暨中国国际电子商务示范基地授牌仪式。清华大学教授姜旭平、艾瑞咨询集团首席运营官阮京文等知名学者和企业家分别以各自的角度对国内电子商务企业发展现状及未来发展形势进行了主题演讲。中国电子商务协会与通州区签订了战略合作协议并授予本区“中国国际电子商务示范基地”称号。

(郑晓芳)

【香港地产投资商考察通州】 2月5日，20余名香港地产投资商考察本区，东方广场、恒基（中国）投资等企业对运河核心区规划中的项目表示关注，双方就相关合作事宜进行了深入交流。

(郑晓芳)

【现代化国际新城建设项目发布会】 3月6日，北京通州现代化国际新城建设项目发布会暨全球企业邀约活动启动仪式在北京国际饭店举行。会议介绍了通州新城产业发展方向、核心区规划情况，重点推介了运河核心区14个项目。市、区相关领导通过浇注“聚焦通州”冰雕共同启动了“全球企业邀约活动”。香港协和集团、拜耳（中国）等190余家企业高层领导以及30余家国内外主流媒体共计500余人参加发布会。与会企业家就促进企业发展优惠政策、新城产业发展规划等问题与市、区领导进行交流。其中美国佩罗集团、香港富华集团、苏宁电器等企业负责人现场表示投资意向。

（郑晓芳）

【参加上海世博会“北京周”魅力首都经济推介会】 5月5日，通州区代表团参加了上海世博会“北京周”魅力首都经济推介会，通过展板图片、形象专题片、专题推介等形式对通州新城交通和区位优势、生态环境、产业经济发展空间进行了全面推介。其间，代表团与香港商会、太古地产、诺基亚、复星集团、红星美凯龙等公司进行了深入沟通交流。

（郑晓芳）

【召开北京海宁皮革城项目选址论证会】 5月27日，通州区召开北京海宁皮革城项目选址论证会。区规划委、区国土分局、商务委、交通局、梨园镇等单位领导参加会议。会上，各单位就项目选址、规划定位等相关问题进行了深入论证。

（郑晓芳）

【参加全国政协文化产业发展论坛】 6月3日，投资促进局参加了全国政协文化产业发展论坛，在论坛上做了“通州文化产业发展及运河核心区开发建设情况”的主题推介，并与多家知名文化企业和机构建立联系。

（郑晓芳）

【参加中国——意大利企业经贸洽谈会】 6月4日，投资促进局参加中国——意大利企业经贸洽谈会。此次活动由全球CEO俱乐部主办，120余家意大利企业参加洽谈，包括生产技术、环境保护、物流、生物技术、建筑及设计等产业。会上，投资促进局积极与意方企业交流，大力推介通州投资环境和重点招商资源，与50余家企业进行接洽。

（郑晓芳）

【通州区重点产业项目电子数据库建成】 7月20日，通州区重点产业项目电子数据库建成并投入使用。各乡镇、产业园区可通过数据库项目申报系统对新签约千万元以上项目及重点产业项目进展、区领导联系重点项目进展等情况进行网络申报。通过数据库可随时掌握全区重点产业项目的最新动态。

（郑晓芳）

【山东鲁能集团高层考察通州新城】 7月28日，山东鲁能集团有限公司高层考察了运河核心区开发建设情况。该企业对运河核心区建设一直予以高度关注，并明确表示出投资意向。公司特别设立了一个工作小组，专门负责前期各项筹备工作并积极与区投资促进局专项工作组对接。该企业已着手制定可行性研究报告。

（郑晓芳）

【举办中外知名企业通州行活动】 8月5日，通州区在亚太花园酒店举办“中外知名企业通州行暨大项目引进与通州国际新城建设研讨会”。广东亚仿科技公司“中国战略技术研发基地”项目、聚光科技（杭州）公司等五个项目与本区签订合作协议，投资额达46亿元。同时，市外商投资企业服务中心与园区管委会签订战略合作协议，将利用自身资源优势为本区提供信息、咨询、协调等系列服务，促进更多优质外资大项目落户通州。来自中国电子信息产业发展研究院等机构的专家分别从大项目引进与区域经济发展、战略性新兴产业选择和引进等方面进行演讲。

（郑晓芳）

【通州新城亮相第十四届中国国际投资贸易洽谈会】 9月8日，本区组团赴厦门参加第十四届中国国际投资贸易洽谈会。副区长崔志成从新城发展定位、重点产业园区和运河核心区开发建设等方面对通州新城进行了主题推介。展区内，本区以展板、宣传画册、形象宣传片等形式对新城的交通区位优势、生态环境、产业发展空间等进行全面宣传。洽谈会开幕当天，接待企业咨询100余人次，发放宣传画册200余份。

（郑晓芳）

【赴浙江考察海宁中国皮革城项目】 9月20日，区投资促进局、宋庄文化创意产业集聚区赴浙江考察了海宁中国皮革城股份有限公司，就"北京海宁中国皮革城项目"拟落户宋庄镇事宜进行了深入交流。该公司拟投资建设辐射华北地区的集设计、研发、销售、时尚发布、商贸旅游于一体的皮革综合基地和集散中心，项目规划占地300亩。

（郑晓芳）

【举行运河核心区建设开工仪式】 10月13日，本区举行运河核心区建设开工仪式。首批开工项目由香港富华集团负责建设，建设面积达15万平方米，主要建设500强企业总部会所、酒吧、餐饮等项目。运河核心区开工建设标志着通州现代化新城建设取得了阶段性成果，是通州未来发展的一座重要里程碑。

（郑晓芳）

【新加坡凯德商用高层到通州考察】 10月28日，新加坡凯德商用高层就运河核心区二期土地开发建设情况与本区投促部门进行深入洽谈，并实地考察了运河核心区及轻轨沿线商业情况。

（郑晓芳）

【太平洋国际控股公司考察通州】 11月18日，EUI太平洋国际控股公司就Shopping Mall—城市新天地"太平洋国际广场"项目到本区考察。该公司计划在"两站一街"建设50万～60万平方米商业综合体项目，包括旅游、主题购物、休闲娱乐、美食、儿童会馆、特色街、商务公寓、企业总部、国际社区等内容。

（郑晓芳）

【通州新城亮相第十四届京港洽谈会】 11月24日，本区组团赴香港参加了第十四届京港洽谈会，重点推介了运河核心区、宋庄文化创意产业集聚区、"两站一街"等产业发展空间，并对新城区位优势、生态环境等进行全面宣传。本区共有三个项目在会上签约，即马驹桥口岸建设项目、香港富华集团运河水乡区开发建设项目、乐天百度电子商务项目，签约额达51.2亿元。洽谈会开幕当天，本区接待企业咨询100余人次，发放宣传画册500余份。会议期间，区领导与香港和黄集团、嘉里集团等知名企业进行会晤，就企业参与运河核心区建设情况进行交流。

（郑晓芳）

【通州区与意中基金会签订战略合作协议】 12月4日，通州区与意中基金会签订战略合作协议。根据此项协议，双方将组建合作团队，积极引入意大利优势产业、高科技产业及管理体制，紧密加强意大利各区域与通州在经贸、科技、农业、文化、体育、旅游等领域的交流合作，建立"中意高科技产业园区"，打造"北京意大利文化风情区"，共促商业、文化、医疗、教育等领域高端产业项目的有效对接。

（郑晓芳）

【派格5D秀文化置业集群项目落户通州】 12月8日，派格5D秀文化置业集群项目落户通州仪式在钓鱼台国宾馆举行。该项目位于通州主题休闲功能区，总投资100亿元，分三期开发，一期投资6亿元，分别投向一期5D秀、3D电影、网络游戏、玩具礼品、动漫丛书、电视动画等方面。具体建设项目包括：5D炫幻秀北京水幕剧院、中影华创院线36块屏幕影城、全球著名博物馆数字艺术展示中心、数字娱乐电玩体验馆、全国青少年动漫数字文化教育基地及体验中心等。

（郑晓芳）

【"新乐城"项目落户通州】 12月11日，"新乐城"项目落户通州仪式在龙世嘉蓝艺术中心举行。项目位于主题休闲功能区内，由北京龙世嘉蓝公司投资建设，产业投资额约216亿元，规划建设旅游休闲娱乐区、演出演艺区、未来音乐特区、名人工作坊和体育公园等五大特色主题园区，规划5年时间建成。作为国内首个以音乐为主题，以数字、视频等新技术为表现形式，以构建音乐全产业链为核心价值的大型旅游休闲产业项目，未来将在通州形成音乐主题产业、旅游休闲产业、演出演艺产业三大集聚区。

(郑晓芳)

【组团参加第十三届京台科技论坛】 12月15日，通州区组团参加在台湾举办的第三届海峡两岸科技与产业论坛暨第十三届京台科技论坛。在活动中举办"城市环保建筑与北京现代化国际新城建设研讨会"，邀请了众多台湾知名企业参加，通过播放宣传片、发放宣传画册、主题推介等形式大力推介通州。赴台湾期间，区代表团考察了长荣集团、新竹科学工业园区等机构，并就新城开发建设情况与企业进行了深入交流。

(郑晓芳)

【开展招商资源征集工作】 12月20日，通州区开展全区范围内招商资源征集工作。征集内容包括土地资源、厂房资源、楼宇资源等三大类。土地资源包括工业、商业、医疗、教育、旅游、居住等可利用的所有资源；厂房资源包括已建、在建、拟建的厂房资源；楼宇资源包括已建、在建、拟建的写字楼、宾馆、商业、商住公寓等资源。通过此次征集工作，本区将整理、归纳出全区资源和重点招商项目，建立动态资源信息数据库，推动全区招商工作有序开展。

(郑晓芳)

国有资产监督管理

【概　况】 2010年，通州区国资委认真贯彻落实区委、区政府的各项工作部署，围绕建设现代化国际新城中心工作，坚持服务大局保稳定、强化管理抓效益、千方百计谋发展，比较圆满地完成了各项工作任务。截至12月底，区国资委监管企业资产总额40.4亿元，同比增长24.7%；负债总额32.2亿元，资产负债率79.7%；净资产总额8.2亿元，同比增长20.10%。2010年主营业务收入6.2亿元，利润总额3086.8万元，实际缴纳税额4303.7万元。以房地产、商业、公益性产业为主体，以国有资本运营平台引领新兴产业发展为先导，国资可持续发展基础框架已经建立。全系统不同产业之间资源联动、优势互补、资本有序配置的市场化拓展方式正在形成，国有资本在优势主导产业和价值链高端的聚集度明显增强。

(刘　达)

【组建新城建设投资运营公司】 10月，根据新城建设发展的需要，经区委、区政府研究决定，正式组建国有全资的北京通州现代化国际新城投资运营有限公司。公司将作为推动通州现代化国际新城发展的战略平台，借鉴国内外城市建设先进经验，重点在城市规划、产业招商、投融资、城市管理等方面开展业务。截至年底，公司机构设置、人员配置和业务工作正在有序推进。

(刘　达)

【国有投资平台进行公司化改制】 9月，通州区国有资本投资平台完成企业改制工作，成立国有独资的北京国润新通投资发展有限责任公司。公司注册资本金1.5亿元，按照现代企业制度组建了董事会、监事会和经理层。经区政府批准，国资委党委书记、主任王栓成兼任董事长，国资委副主任李旭兼任总经理。

(刘　达)

【国企内部债务整合项目进入尾声】 2010年，国润新通投资发展有限责任公司负责处理国资委系统企业对信达资产管理公司的债务28项，本息合计1.2亿元，国润投资拟以2000万元人民币整体打包回购。

（刘 达）

【参股中信富通融资租赁项目】 国润新通投资发展有限责任公司与中信资产管理公司、台湾富邦银行共同出资在本区设立“中信富通融资租赁有限责任公司（全国总部）”。8月16日正式注册成立。公司初始注册资金5亿元，其中国润新通投资公司出资1.2亿元，占24%股份。截至12月底，开业3个月的融资租赁公司实现利润843万元。

（刘 达）

【房地产企业市场开拓成效突出】 上半年，房地产板块企业销售业绩直线攀升。欣艺景园等3个楼盘，1051套商品房销售完成，回流资金近6亿元，为企业的后续发展创造了有利条件。另外，通州房地产开发有限责任公司顺利启动了上营棚户区改造回迁楼项目，帅府二期拆迁率达到95%。房地产开发公司通过二级重点项目开发、代建项目、物业管理和底商出租，初步形成了较为合理的产业结构。

（刘 达）

【小公交运营服务水平全面提升】 通盛达交通运输公司筹集4000多万元资金，进行区内小公交汽车的收购，102辆黄标车全面更新，新增运营车辆24部，运营车辆统一安装了自动喷淋灭火装置和GPS卫星定位系统，投资总额为280万元的郊区客运一卡通系统正式启用，并投资总额47.6万元新建了1084个车站站牌。

（刘 达）

【启动大杜社粮食收储库二期工程】 粮油贸易公司继续投资建设大杜社二期工程，总投资4700多万元。截至年底，3、4、5号平房仓的建设全部完成，同时完成6、7、8、9号平房仓的基础工程。工程整体完工后，公司的总仓储容量达到33万吨。

（刘 达）

【农产品批发市场发展水平稳步提高】 2010年，八里桥农场品批发市场完成副食、水产等大厅改造升级工程，积极推进电子统一结算工作，市场营销环境和科技管理水平再上新台阶。全年实现交易量10亿公斤，交易额54.1亿元，分别比上年增长7%和32%，继续保持全国农产品批发市场二十强和北京市前五强的地位。

（刘 达）

【国资监管机制建设不断完善和规范】 一是进一步加强企业财务监管工作，不断完善企业预决算管理和审计监督等工作制度，开始尝试向规模较大企业派驻财务总监工作；二是以“经营业绩考核和薪酬管理制度”为重点，进一步强化了企业负责人激励约束机制；三是完成《国有参股企业监管办法（暂行）》制定工作；全系统27家“壳公司”清理工作基本完成。

（刘 达）

【规范产权管理和审计监督工作】 2010年，国资委重点加强产权登记检查和资产评估核准备案，核查国有资产9.125亿元；年内，国资委对通州区供销合作社原主任李庆军和北京轻铁京东经济发展中心书记、经理王葆刚分别进行离任审计和经济责任审计。

（刘 达）

【企业接收及改革工作扎实推进】 7月，经区政府批准，北京市潞运利诚建设工程质量检测所（全额事业单位）从住建委划归国资委监管。年内，国资委系统完成花丝镶嵌厂、京空铝合金厂、给排水总队等12家改革改制企业扫尾工作。

（刘 达）

【高效推动新城建设拆迁工作】 按照通州新城整体规划，旧城拆迁涉及国资系统的7家企业，74处房产，实测建筑面积13.4万平方米，补偿款累计19.3亿元。国资委和相关企业统一思想，切实做到从思想上、行动上与区委、区政府保持步调一致，做到了“带头签约，带头搬迁，保证搬迁进度，保证完成时限，保证社会稳定”。

（刘 达）

【强化拆迁补偿资金的监管】 4月13日，区国资委制订下发《通州区国资委关于系统内企，区国资委业单位搬迁拆迁及补偿资金管理使用的纪律规定》。年内，对国资委系统内搬迁工作及补偿资金管理使用情况开展了专项监督检查，检查项目包括搬迁拆迁情况、每处拆迁房屋资金补偿情况、补偿资金管理情况、新址建设资金使用情况等方面，没有发现违规违纪现象。

（刘　达）

【召开国有企业党建工作推进会】 10月15日，为进一步加强区属国有企业的党建工作，深入开展创先争优活动，区委组织部和国资委党委联合组织召开通州区国有企业党建工作暨创先争优活动推进会。下发《关于加强区属国有企业党建工作的意见》。

（刘　达）

【加强企业领导班子和人才队伍建设】 全年调整直属企业负责人15名，为企业发展奠定了良好的组织基础。制定下发《关于进一步加强国有企业经营管理人才队伍建设的意见》，明确了今后一段时间全系统人才队伍建设和管理工作的目标、思路和措施。

（刘　达）

【国企基层党组织建设】 不断深化党员教育培训工作，全年累计组织党员培训20场次，受训党员1700多人次。强化服务功能，全年慰问帮扶党员33名，发放帮扶资金12万元。进一步落实党建工作责任制，各基层党组织围绕企业改革发展中心工作，实施11项党建创新项目，有效地促进了企业党建工作质量的提升。

（刘　达）

安全生产监督管理

【概　况】 2010年，通州区安全生产工作以科学发展观为统领，始终坚持“安全发展”的指导原则和“安全第一、预防为主、综合治理”的工作方针，紧紧围绕现代化国际新城建设这个中心，重基础、抓执法，重责任、抓落实，重机制、抓创新，继续保持了平稳有序的安全生产工作态势。

（荆春花）

【安全生产事故指标情况】 2010年，全区发生生产安全、交通、火灾事故843起，死亡103人，重伤647人，直接经济损失751.7万元。与上年相比，事故起数增加312起，上升58.8%；死亡人数减少5人，下降4.6%；重伤人数增加246人，上升61.3%；直接经济损失增加380.3万元，上升102.4%。全区未发生较大以上生产安全事故。

（赵冬梅）

【开展隐患排查整治攻坚】 按照全区统一部署，1月中旬至2月底，在全区范围内普遍开展安全隐患排查整治行动。据不完全统计，本次隐患排查治理工作全区检查生产经营单位6471家，排查出各类隐患3687项。针对排查出的各类隐患，政府办公室制定下发《关于2010年安全隐患整改工作任务的通知》，对其中27项隐患实施区政府挂账督办整改。同时，区安委会制发《关于进一步加强安全生产事故隐患排查治理工作的通知》，健全了隐患排查治理的工作机制，多次召开专题协调会，整体把握整改工作进度，推动整改责任落实。截至年底，挂账隐患基本整改控制完毕。

（杨镜坡）

【启用安全生产隐患排查治理信息系统】 按照市安全监管局《关于做好重点行业领域生产经营单位启用安全生产事故隐患排查治理信息系统的通知》要求，初步选定63家重点行业领域企业作为第一批启用该系统的试点单位。制发《通州区关于启用安全生产事故隐患排查治理信息系统的实施方案》，组织各乡镇、街道及第一批启用系统的63家企业进行培训，全面加强对企业运行该系统的督促指导，确保系统运行平稳顺利。

（杨镜坡）

【完成重大危险源信息核查】 4月至5月中旬，开展重大危险源信息核查工作，对全区原有的157个重大危险源以及新构成或有所变化的重大危险源进行认真地审查、核实。经审查核实，截至12月，全区重大危险源156个，其中贮罐区类143个、库区类5个、生产场所类8个，涉及生产经营单位140家。以核查结果为依据，区安全监管局采取措施督促相关生产经营单位进一步建立健全安全制度、应急预案，并加强检测、检验和监控，确保安全。

（杨镜坡）

【明确区政府工作部门安全监管职责】 年初，以政府机构改革为契机，积极协调区编办等相关部门，将安全生产职责列入“三定”范围，在各部门的“三定”规定中予以落实。同时，再次对区政府工作部门的安全监管（管理）职责进行梳理，先后两次征求各部门意见，并经过区政府常务会研究讨论之后，区政府印发《关于调整通州区各相关工作部门安全监管职责的通知》。

（杨镜坡）

【全面开展安全生产大检查】 按照国务院安委会、市安委会关于开展安全生产大检查工作要求，上半年，组织全区各部门、各单位，开展建筑施工、危险化学品、人员密集场所、有限空间作业等重点行业领域的安全生产大检查。此次行动，出动检查组260个，检查人次13027人次，共检查各类生产经营单位9880家，下达行政执法文书5206份，依法停业整顿企业32家。

（荆春花）

【加强街乡委托执法队伍建设】 年初，制定《2010年安全生产委托执法考评方案》，向受委托的乡镇、街道办事处下达量化的执法任务指标，并强化业务指导。全年各乡镇、街道办事处共向区安全监管局移送安全生产违法案件116起，区安全监管局对其中的12起案件进行行政处罚，委托执法工作进入正常运行的轨道。

（白 华）

【开展安全生产标准化“金安企业”创建活动】 年初，区政府制发《关于开展安全生产标准化“金安企业”创建活动的意见》，以创建“金安企业”为载体，高标准、大范围的推进安全生产标准化工作。本年，共有39家企业经过专家评审委员会评审，获得安全生产标准化“金安企业”称号。对于获得安全生产标准化“金安企业”称号的企业，区政府举行授牌仪式，并给予一定的物质奖励。

（荆春花）

【实施“新城建设平安拆除行动”】 年初，区安全监管局制发《通州区“新城建设平安拆除行动”实施方案》，由区安全监管局牵头，联合区住建委、区质监局、新城基业公司等部门，选派业务骨干，对核心区35.5万平方米的拆除工程进行全过程、全天候的监管。共覆盖拆除企业39家，检查拆除现场百余次，发现并整改各类安全隐患80余项。在各部门以及有关乡镇、街道的共同努力下，拆除期间未发生一起安全生产事故。

（张 伟）

【创新开展安全生产交叉执法】 年初，区安全监管局牵头组织各乡镇、街道办事处所有具备执法资格的人员，分成6个片区，对15个乡镇、街道办事处辖区企业进行交叉执法。共计检查各类生产经营单位110家，查处各类安全隐患401处，下达执法文书283份，处罚企业30余家。

（张 伟）

【开展“厂中厂”、“出租厂房”安全专项整治】 年初，按照通州区《关于开展“厂中厂”及出租厂房安全生产专项治理的工作方案》，组织各乡镇、街道办事处对“厂中厂”、“出租厂房”进行彻底地摸查登记。经查，全区有各类出租厂房及“厂中厂”574家，其中“厂中厂”360家、出租厂房214家。在此基础上，区安监、工商、质监等部门以及各乡镇、街道办事处，集中利用5月至6月两个月的时间，分四个阶段对“厂中厂”、“出租厂房”开展全面、彻底地清理整顿，有效打击了存在的安全生产非法、违法行为，消除了监管盲区。

（荆春花）

【开展有限空间作业场所专项整治】 根据有限空间作业的季节性特点和规律，以物业、环卫、污水处理、市政工程建设单位等为重点，对排查出的459家单位、涉及的12097处有限空间作业场所，进行全面监控和执法检查。同时，全面加大有限空间作业持证上岗的宣传力度,在《通州时讯》全文刊登《关于地下有限空间作业现场监护人员必须持证上岗的通告》等三个通告，举办有限空间作业安全专题培训班6期，培训各类作业人员883人。

（郭金刚）

【开展安全生产“百日平安行动”】 针对往年6、7、8三个月事故高发的特点，自6月开始，集中利用三个月的时间，在全区十大行业领域广泛发动安全生产“百日平安行动”，重点开展消防、建设施工、危险化学品、地下空间、安全用电、液化石油气、特种设备、校舍安全等方面的大检查。“百日平安行动”期间，全区检查各类生产经营单位13194家，下达行政执法文书6792份，发现并整改各类隐患12000余处，处罚金额近160万元，依法停业整顿企业47家。

（荆春花）

【开展危化使用单位专项整治】 年初，制发《通州区2010年危险化学品使用单位安全专项整治工作方案》，集中对有工艺过程、涉氨、制药、科研、制酒5类危险化学品使用单位，开展为期10个月的专项整治。对71家使用单位累计检查217余次，发现并整改各类安全隐患近241处。同时，全面实施安全评价机制，要求企业必须按照相关规定聘请专业评价机构进行安全评价，确保合规达标后，方可正常运营。

（辛晋峰）

【开展危险化学品重点区域专项整治】 7月至8月，区安委会重点实施“东方化工厂周边涉危生产经营单位专项整治行动”，整治范围包括东方化工厂院内及周边的所有涉危生产经营单位。经过排查整治，区域内44家涉危企业的安全生产条件明显得以改善和提高。

（辛晋峰）

【深入开展“安全生产月”宣教活动】 6月，开展全国第9个安全生产月活动。举办通州区第五届“安全文化节”、“安全咨询日”、“安全文艺节目巡回演出”等系列活动，宣传领域覆盖企业、社区、农村和学校，30余万职工、居民、农民和在校师生受到安全教育，“人人关注安全生产”的氛围日益浓厚。

（高海波）

【广泛开展安全生产大培训】 按照区委办、政府办联合印发的《关于进一步加强全区安全生产培训工作的通知》精神，广泛深入地推进各行业、各领域、各地区的安全生产培训工作。其中区安全监管局按照每月3期的频次，共举办培训班12期，培训企业主要负责人和安全生产管理人员近3000人；区商务、旅游、建设、民防、水务、市政市容及国资委等部门，累计组织各行业、各系统安全生产培训36期，培训各类从业人员6000余人,有效强化了一线职工的安全意识。

（荆春花）

【举报中心受理群众举报情况】 2010年，区安全隐患和违法行为举报中心充分发挥舆论监督和群众监督的作用，以“12350”举报热线开通为契机，加大投诉举报的受理和处理力度，及时纠正安全生产违法违规行为。年内，区安全隐患和违法行为举报中心共接到各类群众举报85起，查处结案率为97%，回复率100%，社会监督作用得到有效发挥。

（李　莉）

人口和计划生育

【概　况】 2010年，全区人口计生系统以

“稳定低生育水平，统筹解决人口问题为主线，把人口与计划生育工作纳入全区经济社会发展的总体规划，融入到现代化国际新城建设之中，抓住“三项重点工作”、启动和深化“五大机制”建设、注重发挥“三大体系”作用，形成具有通州特色的优质服务模式，圆满完成年初既定的工作目标。计生系统统计全区出生人口 5784 人，计划生育率 97.22%。

（张　璘）

【启动全员人口信息化机制建设】 严格按照国家人口计生委“关于推进人口和计划生育信息化建设指导意见”的通知要求及市人口计生委有关会议精神，狠抓“三度”：一是加大财政投入力度。建立区级计算机房，新采购一批计算机、打印机等设备，对硬件设备进行了升级改造；二是加大技术培训力度，及时举办全员人口信息数据库建设培训班，深入到乡镇、村（居）对基层微机操作员、信息采集员和录入员进行现场培训，对其遇到的问题给予面对面解答；三是提高人口个案信息采集准确度。各乡镇、街道加班加点，全力以赴，按时按质完成任务。截至年底，全员人口信息管理库内有户籍人口个案信息 69.3 万条，WIS 系统外的全员户籍人口录入工作完成 98.5%，全员人口信息管理库中 WIS 系统导入信息的修改工作正在进行中。

（张　璘）

【完善便民维权保障机制建设】 制定并下发《通州区“阳光计生行动”实施意见》，在全区聘请 15 名人口计生工作监督员，每半年召开一次监督员会议，听取监督员对人口计生工作的建议和意见，切实维护群众知情权、参与权、表决权和监督权。各乡镇、街道均已开通投诉举报电话，并将人口计生各项政策规定、工作职责、办事程序以及相关业务工作通过标语、展板、网站等渠道广泛公开，辖区群众知晓率达到 90% 以上。全面规范计划生育行政执法行为，处理违法生育 210 例，征收社会抚养费 1700 万元，比 2009 年多征收 700 多万元，平稳化解了“六普”造成的社会压力。办理再生育审批 390 例，为 99 名私自收养子女办理了计划生育相关手续，所有审批事项做到无一差错，群众满意率达到 99%。通过阳光计生行动，切实完善便民维权保障机制，全年无一例上访案件发生。

（张　璘）

【深化人口综合统计分析机制建设】 借助第六次全国人口普查，找准职能定位，以摸清人口底数为重点，在全区范围内深入开展基础信息核查、违法生育专项集中清理排查活动，准确掌握了各村（居）人口出生情况，流动人口和育龄群众信息。在基础信息核查、违法生育专项集中清理核查及征收社会抚养费中，做到了“零”上访，实现人口普查与人口计生工作互动双赢。

（张　璘）

【深化流动人口管理机制建设】 制定《通州区 2010 年流动人口管理工作意见》。加大流动人口经费投入，增加服务项目，建立以区人口计生服务中心为龙头，乡镇、社区卫生服务站为主体，村（居）级服务室为基础的均等化服务体系。对流动人口与户籍人口实施同宣传、同管理、同服务、同享受。对符合条件的流动人口提供免费节育“四项手术”、孕情监测服务，免费为流动人口提供健康咨询、就医指导、免费发放避孕药具，保障流动人口享有基本健康权。全年为流动人口提供免费孕尿检 13309 人，为 2850 名流动人口已婚育龄妇女进行健康体检，对 21% 的重症患者进行复查，并指导患者就医，为 3 例癌症患者联系专家，成功解决就医困难。在此基础上，我们加强对流动人口“一盘棋”建设，实现互换信息。先后与河北邢台、山东夏津、安徽桐城、江西芜湖等省市签订《双向管理协议书》，实现流动人口已婚育龄妇女基本信息的登记、核实、反馈和互通。环渤海区域进京务工人员在通州占流动人口的 60% 以上，12 月 28 日，通州区人口计生委承办了“同在蓝天下　一样温暖的家——

环渤海区域进京务工人员新年座谈会”。国家人口计生委、市人口计生委、9省（市、区）人口计生委、通州区委区政府有关领导以及来自天津、河北、河南、山东、内蒙古等9省（市、区）到北京务工人员代表300余人参加座谈，气氛祥和，充分体现了流动人口属地化管理、市民化服务的理念。

（张　璘）

【深化利益导向机制建设】 2010年，区政府将为全区95%的村建立计划生育利益导向机制，以及为有致富能力、致富项目的计生家庭提供1500万元贴息贷款列入为民办实事工程并纳入政府督查项目。为此，各乡镇结合自身实际，分别制定了具体措施，推动此项工作的开展。其中，永顺镇在新建村旧村改造中对计划生育家庭人均奖励18万元；潞城、台湖、宋庄等乡镇分别以红头文件形式重新制定了新的利益导向政策。全区99%的村建立了计划生育利益导向机制，对计划生育家庭的各项优先、优惠、扶持、救助资金达2.5亿元。

（张　璘）

【深化贴息贷款和幸福工程项目】 在贴息贷款发放和幸福工程建设中，本着把“好事办好、实事办实，好钢用在刀刃上”的原则，精心挑选培养对象，严格贷款发放程序，认真筛选发展致富项目，充分利用1500万元贴息贷款和30万元幸福工程款。年内，先后有440户计生家庭通过利用贴息贷款脱贫致富，同时新建了3个幸福工程基地。区政府为鼓励计生家庭的致富积极性，在全区农业博览会上，对10户有致富带动作用的计生家庭进行了隆重表彰和奖励（每人奖励一台笔记本电脑），并在国庆期间为计生家庭搭建农产品、手工艺品展示展卖平台，使20户有项目的计生家庭得到实惠。

（张　璘）

档 案 工 作

【概　况】 2010年，区档案局（馆）以科学发展观为指导，完成各项工作任务。年内，全区档案目标管理市一级单位达到40家，市二级单位65家，科技事业市级先进单位90家；完成了教育系统、卫生系统33家单位，14家市一级单位，15家市二级单位年度复查工作；与区住建委、新城基业等单位协调配合，对新城建设重点工程的档案工作进行监督指导，对部分党政机关搬迁过程中的档案安全工作进行了监督检查；《宗教档案管理研究》课题已结题，《拆迁档案管理研究》课题被北京市档案局确定为科研课题并立项。区档案局荣获“2009年度通州区调研工作先进单位”、“帮扶新农村工作先进单位”、“宣传思想工作先进集体”等称号。2010年，区档案局行政执法职权由原来的13项增加到14项，增加“定期向档案馆移交档案”项目。

（王岐柱）

【档案执法检查】 区档案局与区人大教科文卫委、区法制办联合开展档案执法检查，对31家单位的档案管理、档案安全等情况进行重点检查，并对两家单位下发限期整改通知书。

（王岐柱）

【档案科研与培训工作】 2010年，区档案局对档案专业继续教育人员、专兼职档案员进行业务培训，参加培训人员共计500余人次，上岗人员培训率保持100%。

（王岐柱）

【服务创建国家卫生区工作】 区档案局与区爱卫会等单位配合，对4个街道办事处、创卫办、环保局等单位2007～2010年创卫工作档案资料的整理与归档进行监督指导，为通州区顺利通过国家卫生区创建做出贡献。

（王岐柱）

【新农村建设档案工作】 年内，完成80个行政村档案综合管理达标工作。截至年底，全区475个行政村中有444个村完成达标工作，达标率超过90%。

（王岐柱）

【档案接收工作】 年内，启动档案接收进馆工作。截至年底，接收区委、区政府等28个单位各门类档案10590卷、682件。

（王岐柱）

【档案数字化工作】 馆藏档案文件级目录录入工作已完成录入4369条；对革命历史档案、旧政权档案等馆藏重点档案和破损较严重档案进行扫描，已完成扫描603页；做好区政协等单位进馆档案的电子目录接收工作，共接收案卷目录10590条、卷内文件目录43976条、文件级管理目录933条、婚姻档案专题目录15800条。

（王岐柱）

【爱国主义教育活动】 充实教育基地资源，接收了书法家张源捐赠的105幅书法作品；举办档案馆爱国主义教育基地暑期夏令营活动，20多名学生参加活动；区档案局与区关协、团区委等单位联合，在学生中开展六个主题活动。年内，教育基地接待各界参观者5000余人。

（王岐柱）

【重大活动图片拍摄及利用工作】 年内，共参与全区重大活动拍摄71次，形成照片资料11000多张，提供照片利用6人次；制作健康教育照片12张；为区人大等单位拍摄专题活动2次。

（王岐柱）

【"档案馆日"特色鲜明】 第二届档案馆日共接待社区居民、学生及家长、八通网友、媒体记者等各界参观者近1000人，发放书籍200多册、材料1200多份。网络宣传特色突出。首先在八通网首页位置开设专栏，以网上展厅的形式展示和介绍区档案馆五个精品文库；其次是在八通网首页位置展出经典馆藏文库资料照片50多张；邀请八通网友对"档案馆日"系列活动开展情况提意见和建议，形成了网民与档案馆的网上互动。通州区"档案馆日"活动受到市档案局领导的肯定，同时，国家档案局局长、中央档案馆馆长杨冬权通过电话，称赞通州利用社区网络展示馆藏文库内容，增加了档案馆开放色彩。

（王岐柱）

【服务新城区建设】 为记录通州旧城原貌，对拆迁前的北苑商务区、运河核心区的街道、胡同、居民院落等重点部位进行了实地拍摄，并邀请摄影专家对拆迁前的旧城进行了全景拍摄，对部分滞留户等情况也进行了重点拍摄，形成专题照片近1000张。

（王岐柱）

【档案利用服务成绩突出】 年内，通州现代化国际新城建设速度加快，房产档案、婚姻档案查阅量日高峰接待创下70人次纪录。截至年底，区档案馆累计接待利用者8645人次，查阅档案18267卷次，开具证明16913份。

（王岐柱）

【联合打造档案编研品牌】 加强与区政协文史委等单位合作，《文化通州》系列丛书第三部作品《文化通州·通州诗旅》出版。该书是区档案局与区政协文史委、诗词作家孙朝成联合编写的一部反映通州历史人文、风土人情的作品。

（王岐柱）

史志工作

【概　况】 2010年，区史志办围绕区委、区政府的中心工作，强化措施，狠抓基础，突出服务，积极推进史志工作创先争优，完成年度各项工作任务。根据市委组织部和市委党史研究室的统一部署，组织《中国共产党北京市组织史资料·通州卷》编辑工作；启动《北京市通州区志》编修工作；完成《北京通州年鉴（2010）》编辑出版工作；根据《中共中央关于加强和改进新形势下党史工作的意见》要求，全面规划今后一个时期的党史工作，并初步拟定《通州区党史工作五年规划》；编制《通州区史志工作五年规划（2011～2015）》；开展通州区革命遗址普查工作，确定通州区潞河中学原教学楼等三处革命遗址；编辑出版《前进中的通州史志》图册，通过图片生动地展现“十一五”期间史志工作的基本情况；编辑印发《通州史志》22期。年内，区史志办公室获得全国党史系统先进集体荣誉称号；被评为2010年《北京年鉴》编纂工作先进集体，获《北京农村年鉴》编委会颁发的《北京农村年鉴》优秀组织奖；《北京通州年鉴(2009)》获中国地方志指导小组和中国地方志协会主办的全国地方志系统第二届年鉴评奖活动县区级地方志综合年鉴二等奖；《通州改革开放30年》编研项目获得通州区科学技术一等奖。

(张亚昆)

【完成《中国共产党北京市组织史资料·通州卷》初稿】 根据市委组织部和市委党史研究室的统一部署，通州区启动《中国共产党北京市组织史资料·通州卷(1987～2010)》的编辑工作。通州区成立以区委副书记李玉君为主任的《通州区组织史资料》编纂委员会，编委会下设办公室，区委常委、组织部长郭旭升任办公室主任，并组成由区史志办人员和各编写单位执笔人参加的编辑部，按照编纂方案明确任务分工，完善工作机制。6月12日，区组织史资料编委会召开了有全体参编单位主要领导参加的编写工作动员会，对全区组织史资料编写工作进行安排部署。会后，区委办公室印发《中共北京市通州区(通县)组织史资料编纂工作方案》及组织机构人员名单的通知。在编写工作正式开始之前，编辑部举办由参编单位全体编写人员参加的培训班。结合编写工作实际，讲解了有关组织史编写方面的业务知识，按照各篇的内容和结构，对编写工作做出具体安排，提出明确要求。编写工作进行中，针对遇到的问题，召开3次编写工作座谈研讨会，研究并及时解决编写中的问题，进一步推动了全区组织史资料编写工作的开展。截至年底，完成《中国共产党北京市组织史资料·通州卷》初稿编写工作。

(张亚昆)

【完成通州区革命遗址普查工作】 5月中旬至6月中旬，根据北京市革命遗址普查工作会议和《北京市关于开展革命遗址普查工作的通知》精神，开展通州区革命遗址普查工作。普查工作由区委宣传部牵头，区党史区志办公室、区民政局、区文化委共同组成普查小组。按照北京市革命遗址普查工作领导小组的要求，普查小组对全区22个基本符合条件的革命遗址逐一进行调查走访和实地勘察，对照北京市关于革命遗址的条件，对普查数据、资料、影像进行评估，最后确定三处革命遗址，即北京市通州区潞河中学原教学楼、解放军平津战役前线指挥部旧址、冯玉祥驻通营盘暨总参机要局旧址；并对三处革命遗址的保护、开发、利用中存在的主要问题进行了总结，提出了合理建议。6月中旬，通州区革命遗址普查工作圆满完成。

(张亚昆)

【通州区第二轮地方志书编纂工作动员会】 6月13日，通州区第二轮地方志书编纂工作动员会在区委综合楼召开，全区各参编单位行政正职及主管史志工作的副职140余人参加了会议。市地方志办公室主任王铁鹏、区委副书记李玉君等有关领导出席会议。会上区史志办主任陈宏毅作了第二轮修志工作动员报告，全面总结了本区第一轮地方志书编纂工作所取得的成果和成功经验，明确了第二轮地方志书编纂工作的重要意义、目标任务和工作要求。《北京市通州区志》主要记述1997年至2010年间通州地域内自然、经济、文化和社会各方面的发展变化情况。编纂工作分为动员培训、资料征集和初稿撰写、类纂合成、审查定稿、出版发行五个阶段，全部工作将于2015年底完成。市地方志办公室主任王铁鹏对本区第一轮修志所取得的成绩和成功做法给予了肯定，就如何做好第二轮修志工作提出三点意见。区委副书记李玉君讲话并提出工作要求。

（张亚昆）

【区志编修工作全面启动】 通州区第二轮地方志书编纂工作动员会后，参编单位认真落实会议精神，迅速组建领导小组和工作机构，确定主笔人员，制订工作措施。有的单位领导班子还召开专题会议，研究修志工作，将编纂任务逐项量化分解，并落实到相关科室和相关人员，具体做到科室、人员、工作任务、工作标准、完成时间五落实。7 月 22 日和 9 月 3 日，区史志办先后两次组织全区各参编单位的撰稿人员集中培训，对编纂任务分工进行具体说明，并就地方志基础知识、资料搜集、初稿撰写方法等内容进行了培训，同时印发了《北京市通州区志编辑工作手册》。为编辑人员了解志书、写好初稿打下良好的基础。会后，区史志办在广泛征求各参编单位意见的基础上，对《通州区志篇目》进行了进一步修改完善。截至年底，全区各参编单位陆续展开《北京通州区志》资料的收集整理工作。

（张亚昆）

【区史志办获全国党史系统先进集体荣誉称号】 7 月 21 日，在全国党史工作会议上，人力资源和社会保障部、中共中央党史研究室授予北京市通州区党史区志办公室等 32 个单位“全国党史系统先进集体”荣誉称号。区史志办主任陈宏毅作为先进单位代表参加会议，受到党和国家领导人胡锦涛、李长春、习近平、贺国强的会见并合影。近几年来，通州区史志办以创新的精神、开放的思维，立足史志，打造精品，服务现实，编研工作不断取得新成果。在广泛征集大量资料的基础上，先后编辑出版了《中国共产党北京通州区历史大事记》《通州区建设史》《通州改革开放 30 年》《通州英模》《北京通州年鉴》《北京市通州区改革开放以来文件选编》《我为奥运添光彩》和明代旧志《通州志略》（点校本）等十余部书籍，每年以上百万字的作品奉献社会。《通州区建设史》《通州改革开放 30 年》先后获得通州区科学技术一等奖。区史志办创办了《通州史志》刊物，撰写刊发了《史志工作如何为现实服务》《通州新农村建设典型材料》等几十篇专题文章、调研报告和口述资料，开展党史知识竞赛、送书下乡等若干次活动，各项工作始终走在全市乃至全国的前列。2010 年，通州区史志办被人力资源和社会保障部和中共中央党史研究室授予“全国党史系统先进集体”荣誉称号。

（张亚昆）

【开展史志课题调研活动】 2010 年，区史志办围绕《北京通州区志》编修工作和中共通州区组织史资料编写工作等年度重点工作，确定了《关于〈北京通州区志〉如何体现时代特点和地方特色的初步想法》《关于续志衔接问题的初步探讨》《史志工作如何为现实服务》等 7 个调研课题。参与课题调研人员结合工作实际，通过广泛深入的调查、学习和研究，撰写出研究报告。6 月和 9 月先后组织两次交流会，并邀请市地方志办公室的专家对 7 篇调研报告作了逐一点评，在此基础上进行考评奖励。史志课题调研活动取得成效，提高了史志工作者的业务素质，促进了史志工作的开展。《关于续志衔接问题的初步探讨》的调研报告在《北京地方志》2010 年第 4 期上刊载。

（张亚昆）

【《北京通州年鉴（2010）》出版发行】 10 月 25 日，《北京通州年鉴》2010 年卷出版发行，比上年提前出版 1 个月。这是通州区连续出版的第 12 部年鉴。本期年鉴全面、翔实地记载和反映了 2009 年通州经济社会全面、协调发展的历程。特别是围绕全区应对金融危机保证经济平稳发展，优化产业结构，加快新城区建设，国庆 60 周年系列活动，学习实践科学发展观活动等重要工作进行了记载。该年鉴地域特色和年度特点突出，是一部内容丰富的地情资料书。全书 79 万字，设 22 个栏目，收录条目 1877 个，彩页 95 页，图片资料503幅。

(张亚昆)

【编辑出版《前进中的通州史志》图册】 年底，为记载通州史志工作的发展历程以及史志工作人员在资料征编、史志宣传等方面所作的努力和取得的成果，编辑出版了《前进中的通州史志》图册，图册通过“领导关怀”、“征集编研”、“队伍建设”、“硕果累累”4个版块，共计50幅照片生动真实地展现“十一五”期间史志工作的发展历程及取得的丰硕成果。

(张亚昆)

【建立史志工作网络】 《地方志工作条例》的颁布以及全国党史工作会议的召开推动了全区史志工作稳步发展，编研工作取得新成果，各单位史志工作机构逐步建立，工作机制不断完善，史志工作人员队伍建设得到加强。特别是2010年通州区第二轮地方志书编纂工作动员会后，参编单位落实会议精神，迅速组建领导小组，制订工作措施，进一步巩固各单位史志工作机构，壮大了工作人员队伍，全区各单位实现党史、区志、年鉴编写工作的主管领导、部门负责人、主笔人员和工作部门的四落实，全区建立史志工作机构108个，确定主笔人员263人。年内，调整了通州区地方志编纂委员会委员，加强了区史志办人员力量，全区史志工作网络初步形成。

(张亚昆)

【史志工作目标管理考评工作】 年内，根据国务院《地方志工作条例》和《中共北京市通州区委办公室、北京市通州区人民政府办公室关于开展第二轮地方志书编纂工作的通知》精神，以及区长办公会第54次会议关于“将第二轮地方志书编纂工作列入区政府考核和行政督查范畴”的要求，区史志办制定《通州区史志工作目标管理百分考核细则》。年终对全区有史志编写工作的单位采取自查和抽查相结合的方式进行考核。12月上旬，各单位将工作总结和自查结果书面报送区史志办。12月7日至17日，区史志办考核检查组深入区民政局、公安分局、统计局等10个单位进行了抽查，听取该单位史志工作汇报，查看相关资料等。年底在自查和抽查的基础上对各单位进行综合评分，评选出2010年史志工作先进单位和先进个人。

(张亚昆)

知识产权工作

【概　况】 2010年，通州区知识产权工作按照“激励创造、有效运用、依法保护、科学管理”的指导方针，以增强自主创新能力和产业竞争力为核心，大力培育自主知识产权，促进知识产权产业化。全面实施北京市知识产权战略纲要，大幅度提升知识产权创造、运用、保护和管理能力。

(陈　娟)

【专利申请及授权】 2010年，全区累计申请专利1069件，其中发明专利209件、实用新型专利521件、外观设计专利339件；累计专利授权899件，其中发明专利62件、实用新型专利508件、外观设计专利329件。

(陈　娟)

【制定知识产权战略推进计划】 年内，按照市知识产权局的工作部署，根据《北京市人民政府关于实施首都知识产权战略的意见》精神，为促进本区知识产权工作的快速发展，结合本区实际，制定了《通州区实施首都知识产权战略推进计划》。

(陈　娟)

【出台专利资助暂行办法】 为鼓励和支持发明创造，增强区域自主创新能力，提高本地区专利申请的数量和质量，推动专利实施项目转化，促进区域科技进步和经济发展，1月27日，通州区人民政府印发《通州区专利资助暂行办法》通政发〔2010〕3号文件。

(陈　娟)

【举办知识产权宣传周启动仪式】 4月16日，“2010年通州区知识产权宣传周启动仪式暨知识产权讲座走进大学校园活动”在北京工业大学实验学院举行。来自通州区知识产权联席会议成员单位的主管领导、北京工业大学实验学院的师生共400余人参加会议。启动仪式后，市知识产权局局长刘振刚为北京工业大学实验学院的师生作“科技创新与知识产权”专题讲座。

（陈　娟）

【开展保护知识产权宣传周活动】 4月19日至25日，根据北京市知识产权局相关文件精神，通州区知识产权局制定了《通州区“保护知识产权宣传周”活动实施方案》，采取多种形式，面向不同的宣传对象，开展2010年“保护知识产权宣传周”活动。一是面向企业，在北京通美晶体技术有限公司开展现场宣传及知识产权培训活动。二是面向学校，分别在区潞河中学、二中、三中学校内开展知识产权现场宣传活动，并向这三所学校赠送了知识产权方面书籍。三是面向社区，在北苑复兴南里露天文化广场、中仓西上园露天文化广场开展现场宣传活动。四是面向商场，在通州人民商城悬挂“加强知识产权保护　打击假冒专利行为”横幅，摆放宣传台进行现场宣传活动。五是面向公众，利用《通州时讯》、通州电视台及网站等媒体跟踪报道宣传周期间知识产权宣传活动动态。宣传周期间共发放宣传单、宣传手册、宣传品及书籍共计1.1万份。

（陈　娟）

【召开无冒充专利示范单位座谈会】 4月27日，通州区知识产权局与通州区商务委员会联合召开通州区无假冒专利示范单位工作座谈会。会上，总结了2009年流通领域知识产权检查情况，对2010年执法检查工作进行部署，参会的各商场负责人员交流了专利商品管理的经验与做法。

（陈　娟）

【“十九个一”专项工程】 年内，为落实北京市知识产权局“十九个一”专项工程，通州区知识产权局与北京海虹嘉诚知识产权代理有限公司对通州区高新技术企业知识产权战略研究课题进行研究。

（陈　娟）

【开展专项行动执法检查活动】 12月28日，北京市知识产权局副局长潘新胜带领执法处工作人员到通州开展专项行动执法检查活动。区科委、区知识产权局、区商委、区药监分局及区工商分局共同参与了此次联合执法行动。检查了本区盛仁堂药店及华联商厦的专利商品，未发现假冒冒充专利商品。检查结束后，北京市知识产权局领导与通州区委常委、副区长于世疆以及各相关单位领导进行座谈。

（陈　娟）

【开展执法检查活动】 一是开展无冒充专利示范单位专利商品季度检查。2010年组织季度检查4次，共检查专利商品180余件。对专利在销商品进行了法律状态和有效期的检索，对问题商品进行督促整改。二是开展知识产权专项行动执法检查。根据市局知识产权专项行动工作安排，成立通州区知识产权局系统专项行动领导小组，制定通州区知识产权专项行动执法检查方案和检查计划，召开了知识产权专项行动动员会，会同区商务委、工商分局、药监分局等职能部门在通州区盛仁堂药店、华联商厦和苏宁电器新华大街店进行专利商品联合执法检查活动。

（陈　娟）

【知识产权培训工作】 2010年，通州区知识产权局针对不同对象，组织了各种类型的知识产权培训活动。一是面向企业，在北京通州经济开发区西区举办专利申报基础知识培训班，聘请老师对专利申请实务及申请专利的相关优惠政策进行讲解，来自开发区和张家湾镇30余家企业代表参加了此次培训。二是面向社区，在玉桥街道举办知识产权专题讲座，聘请老师对知识产权基础知识及如何保护知识产权等方面为社区居民进行讲座，来自街道社区的130余名居民代表参加了培训。三是面向社会，由北京市知识产权信息中心主办、通州区科委和通州区知识产权局协办、通州区台湖镇政府承办的“保护知识产权，我们在行动”走进乡村活动在台湖镇举行。台湖镇及光机电基地的30余家企业代表参加了此次活动。四是面向机关，在通州区委党校举办的“培养科技创新人才，提高自主创新能力”专题培训班上，聘请老师作了“知识产权与区域经济发展”的专题讲座。来自全区在职处级领导35人参加了此次讲座。

（陈　娟）

【企业专利试点示范工作】 2010年，通过审查，通州区共有北京达世丰生物科技有限公司、北京拓奇星自动化技术有限公司、北京市京圃园生物工程有限公司、北京宝得瑞食品有限公司、北京天龙钨钼科技有限公司、北京恒聚化工集团有限责任公司、北京鸿仪四方辐射技术有限公司、北京市春立正达医疗器械股份有限公司、北京卓立汉光仪器有限公司、北京通美晶体技术有限公司、北京聚龙科技发展有限公司11家企业被认定为北京市专利试点企业。

（陈　娟）

【企业知识产权服务】 2010年，通州区知识产权局及北京路浩、海虹嘉诚两家知识产权代理有限公司专业人员深入企业提供专项服务，为企业提供专利申请代理服务28件。宣传落实知识产权资助减缓政策，积极为企业办理专利费用减缓手续，通过对企业进行实地考察，共为区内符合减免标准的77家企业开具专利费用减缓证明476份，为企业减免相关费用约110万元。

（陈　娟）

中国人民政治协商会议北京市通州区委员会

【概　况】 2010年，在中共通州区委的领导下，区政协常委会坚持围绕中心，服务大局，牢牢把握团结和民主两大主题，把推动科学发展作为第一要务，把促进社会和谐作为重要责任，积极履行政治协商、民主监督、参政议政职能，为推进通州跨越式发展，建设现代化国际新城作出了应有贡献。常务委员会主要做了以下几个方面的工作：一是坚持围绕大局，突出重点，政治协商稳步推进。二是坚持以人为本，履职为民，民主监督力度明显增强。三是坚持以调查研究为基础，参政议政成效显著。四是坚持团结和民主两大主题，在建设和谐通州中发挥重要作用。五是坚持改革创新，与时俱进，自身建设进一步加强。年内组织常委会议11次，主席会议11次，专委会议活动23次。常委会听取了关于党风廉政建设情况、新城规划情况、编制“十二五”规划情况，大运河森林公园建设情况的通报，并视察本区重大产业项目、大运河森林公园建设情况，协商讨论区政府《关于加快现代化国际新城建设的报告》、区委关于进一步加强政协工作的意见。主席会议先后就医疗机构设置规划、“十二五”规划纲要（草案）、本区重点工程、提案办理情况、社区管理工作等情况进行专题协商。各专门委员会分别就运河核心区规划、拆迁工作、城乡数字电影工程建设、新农村建设、古树保护工作、科技进步与科技创新、高新技术企业、中小学校加固和新校建设、重大产业项目建设、招商引资工作、广电工作、药品市场管理等情况，与相关部门进行对口协商。委员们提出许多有见解、有价值的意见建议，受到区委、区政府和有关部门高度重视。完成关于提高通州市政市容环境管理水平、关于加快通州旅游业发展等两份常委会议建议案和一批高质量的提案。编辑完成《文史选刊》第26期和《通州诗旅》一书。年内组织各种会议活动50余次，参加活动委员800余人次，提出建议、意见480余条。

（张俊国）

【四届四次会议】 1月11日至13日，区政协四届四次会议在国安第一城国际会议中心召开。会议听取并审议了主席王玉辉代表区政协常委会所作的工作报告，常务副主席高志禄所作的关于提案工作情况的报告；列席通州区第四届人民代表大会第五次会议开幕式，听取区长邓乃平所作的《政府工作报告》；协商讨论《政府工作报告》、区计划报告和财政报告；与区人大、区政府联合组织了代表、委员与区政府领导及职能部门负责人的询问、咨询活动；会议选举王春元为区政协主席，田春华为副主席，杨玉桥、贯会学、贾立军为常委；通过了大会政治决议、关于政协常委会工作报告的决议和关于提案工作报告的决议。市政协副主席沈宝昌，区领导王云峰、邓乃平、石进贤、张文山等出席大会开幕式，原（县）区政协主席刘庄、阮国芳、朱学民参加开幕式，区委、区政府有关部、委、办、局、人民团体，镇（乡）、街道办事处，部分区属正处级事业单位，部分市、区双管单位的党组织主要负责同志和驻通市政协委员、区政协文史资料委员会特邀委员列席大会开幕式。王云峰、邓乃平等区委常委出席大会闭幕式。区委书记王云峰在大会开幕式、闭幕式上作了重要讲话。

（张俊国）

【第22次常委会议】 3月8日，召开第22次常委会议。听取区纪委监察局关于党风廉政建设情况通报；审议通过区政协常委会2010年工作要点及相关工作安排。

（张俊国）

【第23次常委会议】 5月27日，召开第23次常委会议。视察北京卷烟厂、中轻太阳能电池有限公司、李宁体育用品总部、天宇朗通有限公司、枢密院等区重点产业项目发展情况，听取区经济和信息化委员会主任陈国庆关于全区工业发展的情况通报。光机电基地管委会主任尹春生等陪同视察。

（张俊国）

【第24次常委会议】 7月16日，召开第24次常委（扩大）会议。协商讨论区政府《关于加快现代化国际新城建设的报告》、《关于通州区2010年上半年国民经济、社会发展计划执行情况的报告》、《关于通州区2010年上半年财政预算执行情况的报告》。听取区发改委关于编制通州区“十二五”经济社会发展规划进展情况通报。

会议研究了区政协人事任免事项，由于王昆已调市水务局工作，决定免去王昆区政协专委会工作四室主任、教文卫体委员会副主任、民族宗教与社会法制委员会副主任职务。

（张俊国）

【第25次常委会议】 7月22日至25日，举办第三期常委读书班暨第25次常委会议。讨论《政协北京市通州区第四届委员会2010年上半年工作总结及下半年主要工作安排》，审议通过《关于适应建设现代化国际新城要求提高通州市政市容环境管理水平的调查与思考》、《关于通州旅游业发展的调查与思考》的调研报告及其常委会议建议案，学习胡锦涛在庆祝人民政协成立六十周年大会上的讲话。

（张俊国）

【第26次常委会议】 8月20日，召开第26次常委（扩大）会议。听取通州区规划分局关于运河核心区规划进展情况通报。

（张俊国）

【第27次常委会议】 10月19日，召开第27次常委会议。通过了人事任免事宜；视察了大运河森林公园建设情况，听取区园林绿化局党委书记、局长刘卉关于大运河森林公园管理运营情况的通报。

（张俊国）

【第28次常委会议】 11月3日，召开第28次常委会议。协商讨论区委关于进一步加强政协工作的意见。

(张俊国)

【第29次常委会议】 12月14日，召开第29次常委（扩大）会议。会议决定杜德耕任通州区政协副秘书长、办公室主任，增补杜德耕、丁振宇、刘宝明、付长宝等4名同志为政协北京市通州区第四届委员会委员。审议通过《关于召开政协北京市通州区第四届委员会第五次会议的决定》、《政协北京市通州区第四届委员会第五次会议议程》（草案）、《政协北京市通州区第四届委员会第五次会议日程》、《政协北京市通州区第四届委员会第五次会议秘书处机构设置及其负责人名单》、《政协北京市通州区第四届委员会第五次会议委员分组办法及各组召集人名单》、《政协北京市通州区第四届委员会第五次会议决议起草委员会委员名单》（草案）、《政协北京市通州区第四届委员会常务委员会工作报告》、《政协北京市通州区第四届委员会常务委员会关于提案工作情况的报告》。

(张俊国)

【第45次主席（扩大）会议】 1月20日，召开第45次主席（扩大）会议。听取机关各室汇报工作，研究2010年工作。

(张俊国)

【第46次主席（扩大）会议】 2月9日，召开第46次主席（扩大）会议。会议研究《政协北京市通州区第四届委员会常务委员会2010年工作要点》、《区政协2010年常委会议、主席会议工作安排》、《区政协各专门委员会、办公室、研究室2010年工作安排》。通过《政协北京市通州区第四届委员会主席、副主席工作分工》、《四届区政协界别召集人调整名单》。

(张俊国)

【第47次主席（扩大）会议】 2月25日，召开第47次主席（扩大）会议。讨论通过《四届区政协各专门委员会主任、副主任调整意见及新委员安排到专委会名单》。听取区公安分局关于本区看守所、拘留所的情况通报，视察新址看守所、拘留所。区委常委、公安分局局长尹燕京等陪同视察。

(张俊国)

【第48次主席（扩大）会议】 3月26日，召开第48次主席（扩大）会议。听取区政协副主席、卫生局副局长田春华关于通州区医疗机构设置规划的情况通报，潞河医院院长马春光关于潞河医院门诊楼规划的情况通报。

(张俊国)

【第49次主席（扩大）会议】 4月23日，召开第49次主席（扩大）会议。会议讨论《区政协四届四次会议提案分析情况报告》、《沿运河历史文化名城城区政协主席（通州）年会活动方案》。

(张俊国)

【第50次主席（扩大）会议】 7月15日，召开第50次主席（扩大）会议。审议《关于适应建设现代化国际新城要求 提高通州市政市容环境管理水平的调查与思考》、《关于通州旅游业发展的调查与思考》，讨论《政协北京市通州区第四届委员会2010年上半年工作总结及下半年主要工作安排》。

(张俊国)

【第51次主席（扩大）会议】 8月13日，召开第51次主席（扩大）会议。听取提案办理情况通报。

(张俊国)

【第52次主席（扩大）会议】 11月26日，召开第52次主席（扩大）会议。听取区建委关于“十二五”规划情况通报，视察本区重点工程。

(张俊国)

【第53次主席（扩大）会议】 12月10日，召开第53次主席（扩大）会议。听取发改委关于“十二五”规划编制的说明并协商讨论。

(张俊国)

【第54次主席（扩大)会议】 12月13日，召开第54次主席（扩大）会议。审议通过《政协通州区委员会关于表彰2010年度优秀提案的决定》、《政协通州区委员会关于表彰2010年度先进信息单位和优秀信息员的决定》，研究四届五次全会有关事宜。

（张俊国）

【第55次主席（扩大)会议】 12月24日，召开55次主席（扩大）会议。听取玉桥街道工委书记袁廷权、玉桥街道办事处主任曹东波关于玉桥街道整体工作情况的通报，视察玉桥南里、玉桥东里、葛布店南里等3个社区建设情况。

（张俊国）

【社情民意恳谈会】 8月26日，召开社情民意恳谈会。各民主党派、人民团体负责人和各界委员代表，从改善通州境内河流的水质、加强通马路综合治理、加强流动人口管理等方面提出了意见建议。王云峰、岳鹏等区委、区政府领导到会听取委员们的意见建议，并给予了高度评价。

（张俊国）

【专题调研】 各民主党派、人民团体和各界委员紧紧围绕建设现代化国际新城的目标，积极开展专题调研工作，就提高市政市容管理水平、加快旅游业发展、加强新形势下基层统战工作等课题进行调研。从更新城市管理理念、创新城市管理体制、提高市政公共服务设施建设水平、高水平制定通州区“十二五”时期旅游发展规划、打造具有通州特色的旅游精品项目、创新旅游开发管理体制、提升基层统战工作地位、发挥基层统战工作作用、激发基层统战工作活力等方面提出了对策与建议。完成20余篇调研报告，形成《关于适应建设现代化国际新城要求提高通州区市政市容环境管理水平的建议案》、《关于通州区旅游业发展的调查与思考的建议案》两份常委会议建议案。

（张俊国）

【提案工作】 四届四次会议以来，提案委员会收到提案223件，经审查，立案203件、未立案20件。在立案的提案中，党派提案13件，团体界别提案5件，地区组提案3件，委员提案182件。内容涉及社会事业和民生方面的提案79件，占38.9%；新城建设管理方面的提案75件，占36.9%；经济发展方面的提案16件，占7.9%。电子版形式提交的提案达到202件，占提案总数的90.6 %，与上年相比提高了6.3个百分点。经过区委、区政府和各承办单位的共同努力，全年203件提案全部办复。从办复结果看，提案涉及的问题已经解决或年内基本解决的112件，占提案总数的55.2%；已列入政府规划，预计在两、三年内解决的46件，占22.6%；因政策规定或资金等条件限制一时难以解决的45件，占22.2%。委员们对提案办理满意的202件，占99.5%；不满意的1件，占0.5%。社会事业和民生方面的提案数量跃居第一位，成为委员关注热点；城市交通问题的提案达到22件，占提案总数的10%，受关注程度超过以往。在未立案的提案中，13件超越本区职权范围，已转化为市政协委员提案，7件以《委员之声》及信息形式报市政协和送区政府有关部门。全年编发23期《重要提案摘报》。驻会主席对增设公办幼儿园等3件群众关注度高、影响面大的提案进行重点督办，促进了相关问题的解决。

（张俊国）

【文史资料工作】 区政协认真做好文史资料的抢救、征集工作。利用电视、报刊、网络等媒体向政协委员和社会各界征集文史资料83篇，23万余字，图片资料35张。组织开展了“爱通州、知通州、记录通州”采访征文活动，40多名青年基层工作者撰写文史资料48篇近10万字。编辑完成《文史选刊》第26期和《通州诗旅》一书。向市政协上报通州地区有关辛亥革命的资料和图片，丰富了《纪念辛亥革命100周年资料专辑》的素材。

（张俊国）

【信息工作】 各民主党派、人民团体和各界委员高度重视社情民意信息工作，围绕区委、区政府重视和人民群众普遍关注的重要问题，及时了解和反映社情民意。区政协共收到社情民意信息484篇，编发《委员之声》172期，向市政协报送重要信息11篇。区委、区政府领导多次对《委员之声》作出批示。在区委、区政府和有关部门的重视下，委员们提出的很多建议得到落实。

（张俊国）

【制度建设】 区委高度重视人民政协工作，认真落实市委第三次政协工作会议精神，召开了通州区第三次政协工作会议，制定《中共北京市通州区委关于加强人民政协政治协商制度建设的意见》，从主要内容、主要形式、基本程序等六个方面，就加强政治协商提出了要求，为本区更好地坚持和完善中国共产党领导的多党合作和政治协商制度，推进社会主义民主政治建设，提供了制度保障。区政协按照区委的要求，广泛调研论证，积极参与了区委《意见》的制定。在工作中，紧紧围绕现代化国际新城建设中的重大决策、重要部署，组织委员多层次开展政治协商活动，为区委、区政府科学决策、民主决策提供了重要参考。

（张俊国）

【沿运河历史文化名城城区政协主席（通州）年会】 9月15日至17日，举办沿运河历史文化名城城区政协主席（通州）年会。与会的七个城区（杭州市拱墅区、济宁市市中区、苏州市平江区、徐州市云龙区、扬州市广陵区、聊城市东昌府区、北京市通州区）政协主席就京杭大运河资源的开发利用和保护进行了交流研讨，参观考察了新城建设规划展、宋庄画家村、通州文化古迹等，坐船游览了运河。了解了通州深厚的文化底蕴、得天独厚的自然地理环境和美好的发展前景。年会大力宣传、推介了现代化国际新城的建设和发展，为弘扬运河文化、促进运河资源的开发利用和保护、推动运河沿线城市合作与发展搭建了平台。

（张俊国）

群 众 团 体

通州区总工会

【概 况】 通州区总工会所属乡镇、街道总工会、委局、公司、行业、开发区及直属基层工会68个，基层工会2481个，职工人数158332人，会员人数149728人。2010年，全区各级工会组织认真贯彻区委和市总工会的要求和部署，紧紧围绕建设现代化国际新城的目标和任务，认真履行工会组织的各项社会职能，团结动员广大职工立足本职、扎实工作，攻坚克难、争创一流，努力为现代化国际新城建功立业。

（屈丽军）

【开展“两节”送温暖活动】 “两节”前夕，区总工会多渠道、多层次的筹措资金，在及时将30万元匹配资金交至市温暖基金会的同时，又积极筹措资金10余万元，由主席林殿彪和3位副主席分别带队，对区内全国劳动模范、北京市劳动模范、困难职工、单亲困难女职工进行了走访慰问，在送去慰问品、慰问金的同时，把党和政府的关怀、工会组织的温暖送到了职工群众中。

（屈丽军）

【新任工会工作者培训会】 1月5日，区总工会召开新任工会工作者培训会，梨园镇、潞城镇、永乐店镇、于家务乡等乡镇新任工会工作者参加培训。会上，区总工会副主席张慧敏介绍了本区工会工作的基本情况，对工会的性质、职能、历史、基本业务等知识作了详细的讲解。同时对工会工作者提出了要求。

（屈丽军）

【2010年推荐评选市劳动模范、先进工作者工作会议】 2月26日，区总工会召开2010年推荐评选市劳动模范、先进工作者工作会议。会议由区总工会主席林殿彪主持。会上，传达了市评选表彰委员会的文件精神并部署了区推荐评选委员会的工作意见，就劳模推荐评选工作有关问题作了说明。区委常委、组织部长郭旭升到会讲话。

（屈丽军）

【2010年度重点工作折子工程会议】 3月16日，区总工会召开2010年度重点工作折子工程会议。会上，区总工会副主席张慧敏、吕庆申、边学锋分别就分管的工作进行了安排部署。区总工会主席林殿彪与各基层工会主席签订了《2010年度工会工作责任书》，并结合市总工会“1+6”文件精神和通州打造国际新城的实际，对全区工会工作提出要求。

（屈丽军）

【2010年度建会工作会议】 3月26日，区总工会召开2010年度建会工作会议。会上，会上对2010年建会工作进行了部署。区总工会主席林殿彪与有组建工会工作任务的

18个单位工会主席分别签订了《2010年新建企业工会工作任务书》。会上还对2009年度新建企业组建工会的优秀组织单位进行了表彰和奖励。

（屈丽军）

【乡镇街道工会主席培训班】 4月20日至22日，由市总工会组织部委托市工会干部学院举办通州区乡镇街道工会主席培训班。各乡镇、街道的15名工会主席、副主席参加培训，圆满完成了北京市乡镇街道工会主席培训班的学习任务，乡镇街道工会主席的素质和能力进一步提高。

（屈丽军）

【2010年北京市模范集体、劳动模范、先进工作者座谈会】 4月23日，通州区召开2010年北京市模范集体、劳动模范、先进工作者座谈会。区领导王云峰、岳鹏、张文山、王春元、郭旭升等及区总工会主席林殿彪、区评选委员会全体成员、被授予模范集体的代表、被授予市劳动模范和先进工作者称号的全体同志，被推荐为全国劳动模范的同志参加了会议。区委副书记李玉君主持会议。会上，组织部长郭旭升介绍了2010年北京市模范集体、劳动模范和先进工作者的基本情况。通州区被授予北京市模范集体8个，北京市劳动模范、先进工作者47人，1人被推荐为全国劳动模范。其中一线工作者占49%，科技占31%，其他占20%。随后，劳模代表宣读了倡议书；两名基层劳模代表作了典型发言。区委副书记、代区长岳鹏，区委书记王云峰在会上作了重要讲话。

（屈丽军）

【京卡·互助服务卡首发仪式】 4月29日，通州区京卡·互助服务卡首发仪式在蒙牛公司举行。区委副书记李玉君、区总工会主席林殿彪、北京银行郊区管理部总经理刘学娥、蒙牛乳业集团副总裁丁圣、潞城镇党委书记王晨、北京银行通州支行行长李伟、全区基层工会主席和蒙牛公司职工参加了首发仪式。仪式上，区委副书记李玉君为京卡·互助服务卡揭牌。北京银行通州支行营业室主任韩巍介绍了京卡·互助服务卡的作用以及优惠项目。参会领导为蒙牛集团职工颁发了首批京卡·互助服务卡。通州区第一批领到京卡·互助服务卡的职工达5000余名，到11月底，全区有10万名职工领到京卡·互助服务卡。

（屈丽军）

【通州区2010年职工素质教育工程开学典礼】 5月6日，通州区2010年职工素质教育工程开学典礼在潞河医院举行。市职工素质教育领导小组成员、职工大学党委书记范秉珍等，区职工素质教育办、区总工会、区成教中心、潞河医院的相关领导，全区各基层工会主席和潞河医院职工参加了开学典礼。开学典礼上，区总工会副主席张慧敏总结了2009年全区职工素质教育工程实施情况，部署了2010年全区职工素质教育工程工作；潞河医院党委副书记、工会主席李毅成介绍了抓好职工素质教育工作的经验；潞河医院学员代表宣读了倡议书；参加会议的市、区领导为学员代表赠送了职工素质教育图书和首都职工数字图书馆阅览卡。

（屈丽军）

【加强“12351”服务平台建设工作会】 5月12日，区总工会召开各基层工会服务站工作人员参加的加强工会“12351”服务平台建设工作会。会上，与会人员认真学习了市总工会“1+6”文件和《北京市工会信访工作暂行办法》，金通公司党委副书记、工会主席武玲结合自己的工作实践，就工会处理来信来访、劳动争议调解、困难职工救助等方面介绍了经验。随后，与会人员就“12351”服务平台的硬件建设、工作制度和机制、工作流程、人员素质等进行了深入的研讨。区总工会副主席张慧敏就加强工会“12351”服务平台建设提出了意见。

（屈丽军）

【工资集体协商观摩推进会】 5月26日，

通州区总工会召开工资集体协商观摩推进会。市总工会党组副书记、副主席王北平，区总工会党组书记、主席林殿彪及市总权益部、职工物价监测中心、区委统战部、区工商业联合会等相关领导与各乡镇、街道、产业工会主席及市级工资集体协商指导员40余人参加会议。与会人员首先现场观摩了北京聚龙科技发展有限公司结合本企业的实际就职工工资、外埠安装调试人员津贴，分别上调10个百分点的两个议题进行集体协商的谈判过程和草签仪式。接着就重点行业、区域及试点单位推进工资协商工作的进展情况和工作中遇到的困难与问题进行了交流，就下一步如何破解区域性、行业性工资集体协商的瓶颈问题进行了探讨。同时市级工资指导员就如何发挥在工资集体协商中的作用谈了体会。市总工会副主席王北平在充分肯定通州区推进工资集体协商工作成效的同时，就工资集体协商抓过程、重实践、克服困难、扎实推进提出了新的更高的要求。区总工会主席林殿彪对推进工资集体协商工作，从抓试点、扩大宣传，抓培训、提高素质和积极推进建会工作，打牢组织基础等五个方面提出了要求，对下一阶段通州区工资集体协商工作进行了部署。

（屈丽军）

【“12351”区域服务项目搭载协商会】 6月8日，通州区总工会召开“12351”区域服务项目搭载协商会。会上，市总工会12351网络部吴家荣介绍了“12351”服务平台的服务项目，京卡·互助服务卡的服务功能和加盟企业商户的情况和流程。通州区电影院和新城基业投资有限公司运河游项目现场与市总工会“12351”服务平台签署了加盟特约商户合作协议书。这两家加盟企业将对全市持有京卡·互助服务卡的工会会员享受五折优惠。

（屈丽军）

【民主管理大讲堂活动】 6月13日，为进一步推动厂务公开、民主管理工作深入开展，通州区总工会和区教育工会组织基层单位的党、政、工领导200余人，举办《民主管理与职代会制度》公益大讲堂活动。大讲堂邀请北京市总工会权益部副部长马丙丽主讲。讲课结束后，区总工会副主席张慧敏对2010年全区民主管理工作进行全面部署。

（屈丽军）

【“潞电杯”职工乒乓球比赛】 6月29日至30日，通州区总工会举办“潞电杯”职工乒乓球比赛。有63个代表队，300多名职工参加比赛。经过两天紧张激烈的比赛，梨园镇工会联合会获男、女团体冠军，男子单打冠军被马驹桥工会联合会的齐家栋夺得，女子单打冠军被区卫生局工会的华秀梅夺得。

（屈丽军）

【新城基业和通州电影院加盟京卡·互助服务卡服务项目】 7月22日，北京市职工服务（帮扶）中心与通州区新城基业投资有限公司、通州电影院举行签约加盟仪式。区总工会副主席张慧敏主持签约仪式，市总工会职工服务中心主任周岐与商家签署了加盟特约商户协议书，商家负责人介绍了企业的基本情况和搭载的服务项目。从即日起，全市会员持卡可享受通州“运河游”船票五折优惠，同时，持卡到通州区电影院观影也可享受五折优惠。这两家商家的加盟，不仅满足了全市职工对多元化文化的需求，更将优惠便捷的服务送到通州区职工的家门口。市总工会副主席王玉英出席仪式并讲话。区总工会主席林殿彪、北京银行通州支行行长李伟等相关领导出席了签约仪式。

（屈丽军）

【两家企业成立工会】 7月30日，北京泰索斯人力资源有限公司成立工会。该公司是一家人力资源派遣公司，现有员工200余人。公司职工根据工会章程，依法选举产生北京泰索斯人力资源有限公司工会第一届工会组织。8月10日，北京瀚通誉智会议中心召开会员代表大会，依法成立工会组织。参加会议的会员代表，依法选举产生了北京瀚通誉智会议中心工会第一届工会委员会、经费审查委员会、女职工工作委员会。

(屈丽军)

【2010年首份区域性工资集体协商协议成功签订】 8月9日，通州区2010年首份区域性工资集体协商专项协议在通州区漷县镇黄厂铺村工业园区成功签订。企业方与职工方各7名代表就建立区域性职工工资增长机制、2010年度区域内职工最低工资标准、职工工资增长幅度等3个议题进行了集体协商。最终在建立区域性职工工资增长机制、2010年度区域内职工最低工资标准不得低于1000元两个议题达成了一致意见后，双方首席代表在《黄厂铺工业园区2010年区域性工资集体协商协议书》(草案)上签了字。

(屈丽军)

【建立劳动争议调解“六方”联动机制】 9月15日，通州区劳动争议调解“六方”联动机制建设联席会议召开。区劳动争议调处工作领导小组成员，区劳动争议调解委员会成员，各乡镇、街道、工业园区的工会主席50余人参加会议。区总工会党组书记、主席林殿彪主持会议。会上，区人力社保局副局长、调委会副主任李军通报了通州区劳动争议调解“三方”联动机制建立以来的工作情况；区总工会副主席、调委会主任吕庆申宣读关于《全面推进通州区劳动争议调解联动机制建设的实施方案》。随后，与会人员对《实施方案》进行了讨论，达成了共识并确定联合发文事宜。这标志着通州区劳动争议调解“六方”联动机制正式建立。市总工会副主席王玉英、区委副书记李玉君到会并讲话。

(屈丽军)

【推进乡镇街道总工会建设工作会】 9月25日，为认真贯彻全国总工会、北京市总工会和区委《关于推进乡镇街道总工会建设的意见》精神，区总工会召开推进乡镇街道总工会建设工作会议。区委副书记李玉君、区总工会主席林殿彪、区委组织部常务副部长王杰群、区总工会各位副主席以及各乡镇、街道党委副书记40余人参会。会议由区委常委、组织部长郭旭升主持。会上，区总工会主席林殿彪对通州区推进乡镇街道总工会建设工作的指导思想、组织机构、时间和内容安排、工作要求等具体方案进行了部署。区委副书记李玉君作了重要讲话。

(屈丽军)

【通州区首家乡镇总工会成立】 10月14日，通州区首家乡镇总工会张家湾镇总工会正式成立，83名工会会员代表民主选举产生了第一届工会委员会、经费审查委员会、女职工委员会和主席、副主席以及经费审查委员会主任、女职工委员会主任。区总工会主席林殿彪和张家湾镇党委书记张小燕，分别代表区总工会和镇党委、政府对张家湾镇总工会今后的工作提出了希望。

(屈丽军)

【通州区代表队荣获北京市首届职工广播体操比赛一等奖】 10月18日，由北京市总工会、市体育局、市卫生局联合举办的“2010首届北京市职工健身健康博览会暨首届职工广播体操大赛”在地坛公园举行。经过全市各级基层工会组织层层选拔上来的25支职工代表队参加了最后的决赛，教育工会代表通州区在决赛中获一等奖，并获优秀组织奖。

(屈丽军)

【乡镇街道总工会成立授牌仪式】 11月12日，通州区乡镇街道总工会成立授牌仪式在北京工业大学实验学院举行。全国总工会基层建设部副部长杨洪林，北京市总工会党组副书记、副主席王北平，区委副书记、区委推进乡镇街道总工会建设领导小组组长李玉君，区总工会党组书记、主席、区委推进乡镇街道总工会建设领导小组副组长林殿彪，区委组织部常务副部长、区委推进乡镇街道总工会建设领导小组副组长王杰群，各乡镇街道党委（工委）副书记，乡镇街道总工会、委局、公司、产业工会主席和工会干部260

余人出席了授牌仪式。这标志着通州区乡镇街道总工会实现全覆盖。仪式上，区总工会主席林殿彪作了《通州区推进乡镇街道总工会建设工作报告》；参会领导分别为11个乡镇、4个街道总工会授牌；张家湾镇总工会主席杨文新代表乡镇街道总工会作了表态发言。全总工会基层建设部副部长杨洪林、市总工会副主席王北平、区委副书记李玉君分别作了重要讲话。

（屈丽军）

【"六方"联动机制调解员培训班】 11月9日，举办通州区劳动争议调解"六方"联动机制调解员培训班。16个乡镇、街道、开发区调解中心联动机制"六方"人员，建筑、餐饮、出租汽车3个行业调解中心人员，区域劳动关系重点企业协调员共计150余人参加了培训，区劳动争议调解"六方"联动机制调解委员会成员也参加了培训。培训班上，区人力社保局劳动争议仲裁科科长李祥辉、北京致宏律师事务所所长左增信分别就劳动争议适用的法律法规、当前劳动争议热点问题、调解方式方法及技巧等内容进行了讲解。区总工会副主席、调委会主任吕庆申就充分认识建立劳动争议调解"六方"联动机制的重要性，下大力实现区域性调解组织建设及重点企业调解组织建设全覆盖和抓制度、抓规范等工作提出了要求。

（屈丽军）

【通州区首例京卡·互助服务卡非工伤意外险获赔付】 11月26日，通州区总工会副主席张慧敏和光机电公司总经理尹春生到光机电工业园区，为辖区最大的韩资企业摩比斯公司一名职工家属送去了京卡·互助服务卡非工伤意外保险赔付款2万元和职工互助保障团体意外伤害赔付金1.5万元。这是通州区首例京卡·互助服务卡非工伤意外险获赔付。9月，这名职工因交通事故意外身故，摩比斯工会为这名职工生前申领了京卡·互助服务卡，并为全体职工投保了团体意外伤害保险。这两笔赔付款既给予了遇难职工的家庭经济上的帮助且给予了精神上的安慰。

（屈丽军）

【三届三次委员(扩大)会议】 12月27日，区总工会召开三届三次委员（扩大）会议。区总工会副主席边学锋主持会议。会上，传达了区委四届十次全会精神，宣读了荣获2010年度工会工作先进集体和先进个人的表彰决定，区总工会主席林殿彪代表区总工会第三届委员会作了题为《认真贯彻党的十七届五中全会精神，团结动员全区职工为通州区现代化国际新城建设贡献力量》的工作报告。

（屈丽军）

共青团通州区委员会

【概　况】 2010年底，全区有团员38498人；基层团组织中团委71个，团工委13个，团总支86个，团支部1112个，团区委直属团组织58个。

（张　冲）

【面对面活动】 1月6日，通州团区委举行"互联网与青少年健康成长——共青团与人大代表、政协委员面对面"活动，邀请通州区5位人大代表，7位政协委员与有关职能部门和青少年代表面对面畅谈互联网与青少年健康成长方面的问题，查找互联网影响青少年健康成长的关键点和解决对策，努力达成净化网络环境方面的共识。

（张　冲）

【"温暖1+爱心市场"活动】 1月13日，通州团区委、希望工程通州区工作站联合区地方税务局，到区内两所打工子弟小学开展"温暖1+爱心市场"活动，为400多名小学生送去新年慰问，并以此传达对参与通州新城和新农村建设的到北京务工人员的新年问候。

(张 冲)

【四届二次全体(扩大)会议】 3月5日,共青团通州区委四届二次全体(扩大)会议暨促进青年创业就业工作推进会在北发酒店召开。团市委、通州区委组织部相关领导出席会议,区各直属团组织负责人及各村团支部书记、社区团支部书记代表400余人参加。

(张 冲)

【2010年少先队系统工作会】 3月19日,通州区少工委召开2010年少先队系统工作会,并举办了"争做四好少年"专题辅导讲座。全区各直属学校和农村完全小学少先队大队辅导员近百人参加会议。

(张 冲)

【纪念五四运动91周年】 4月28日,通州区各界青年代表纪念五四运动91周年暨"青春建功现代化国际新城行动计划"发布仪式举行。团市委副书记沈千帆和区领导张文山、李玉君、张秀余、郭旭升、刘淑华、高志禄等出席发布仪式。"通州青年榜样"获得者以及全区各单位主管共青团工作领导、各直属团组织负责人及团员青年代表800余人欢聚一堂,庆祝五四青年节。

(张 冲)

【"六一"系列活动】 5月26日,通州团区委、区少工委与北京欢乐旅行社联合推出以"团队互助手拉手"为主题的爱心蓝天行动,组织自奋希望学校、七彩小学、古城小学、明星小学、中山街小学、官园小学等16所学校的400名打工子弟和优秀少先队员代表观看了3D影片《驯龙高手》。5月30日,由团区委、区志愿者服务指导中心组织10余名社会爱心人士组成的"爱心妈妈"到通州区社会福利院,为孩子们带去了精心准备的小礼物和零食,与孩子们一起游戏、表演小节目,共同庆祝儿童节。6月1日,区领导王云峰、岳鹏、张文山、王春元、李玉君、郭旭升、张勇、刘淑华、蒋洪昉、高志禄在团区委、区教委相关人员的陪同下,先后来到于家务乡中心小学、通州区幼儿园、马驹桥镇小张湾小学、运河小学进行慰问,与孩子们共同庆祝六一国际儿童节。

(张 冲)

【志愿者工作座谈会】 7月16日,通州团区委、区志愿者服务指导中心全体工作人员召开志愿者工作座谈会,就志愿者工作进行专题研讨。指导中心工作人员分别就上半年各项工作和下半年活动设想进行了回顾和说明,在总结个人收获和体会的同时畅谈了对志愿者工作的想法和建议。

(张 冲)

【四届三次全体(扩大)会议】 8月18日,共青团通州区委四届三次全体(扩大)会议召开。会议深入学习贯彻区四届人大六次会议、区上半年经济形势分析会和团市委十二届八次全体(扩大)会议精神,总结上半年工作,分析研判形势,部署下半年工作。

(张 冲)

【"爱心之旅"进校园】 9月7日,通州团区委、希望工程北京捐助中心通州区工作站携手安利公司创新"爱心之旅"活动形式,在本区4所打工子弟学校陆续开展"爱心之旅"暨"安利爱心讲堂"安全知识巡讲活动。活动以"增强消防知识、提高防护能力"为主题,邀请玉桥消防中队的教官到学生中间,为学生讲授消防安全常识、防灾应急技巧以及自我保护等常识,使广大学生提高了自我保护意识和能力。

(张 冲)

【"北京青商低碳产业园"建设项目落地研商会】 9月13日,北京团市委、北京青年商会赴通州区考察调研,并就"北京青商会低碳产业园"建设项目与通州区政府及有关部门进行座谈研讨。市政协原主席陈广文,团市委书记王少峰,团市委副书记、市青联主席于庆丰及北京青年商会执行会长王蓓等青商会企业家代表一行与区领导岳鹏、王春元、李玉君、崔志成进行了座谈,区规划分局、区国土资源局、团区委、区投资促进局、新城基业有限公司等主要负责人参加座谈会。

（张 冲）

【志愿者招募工作启动】 9月14日，通州团区委在物资学院召开“大运河森林公园志愿者招募启动工作会”，区园林局、团区委、物资学院等相关领导以及物资学院各系团总支书记、学生会干部、志愿者协会负责人参加会议。

（张 冲）

【少年先锋队建队61周年活动】 10月13日，通州团区委、区少工委在大运河森林公园举行“星星火炬代代传 我与新城共成长”雏鹰火炬行动发布暨庆祝少先队建队61周年新队员入队仪式。团市委副书记沈千帆，区领导李玉君、郭旭升、罗明光、刘淑华、王子江以及区园林绿化局、区关协、区教委、团区委有关领导和区各直属学校少先队辅导员，区级优秀辅导员、红领巾奖章获得者、少先队员代表300人欢聚一堂，共同庆祝中国少先队建队61周年。

（张 冲）

【绍兴团市委到通州参观交流】 10月13日，共青团绍兴市委员会交流考察团一行10人到通州区参观交流。考察团先后对八通网、韩美林艺术馆和通州新城规划展进行了参观考察。

（张 冲）

【外交部团委赴通州参观考察】 11月4日，外交部机关党委常务副书记马克卿率外交部团委一行赴通州区宋庄镇画家村参观考察。先后参观了宋庄美术馆、上上国际美术馆和国防工事艺术区，接触艺术家，亲身感受通州区艺术文化氛围。

（张 冲）

【共青团倾听专业志愿者心声】 11月12日，通州团区委、区志愿者服务指导中心开展以“志愿耀新城 专业促发展”为主题的通州区共青团11月份“倾听日”活动。团区委书记等班子成员、区志愿者服务指导中心工作人员和来自通州区防火办、民防局、卫生局、地震局的志愿者工作负责人以及医疗卫生、消防等专业志愿者代表参加了倾听活动。

（张 冲）

【《通州青年手机报》正式开通】 11月15日，由通州团区委创办的《通州青年手机报》（测试版）正式开通运行。手机报开设了“聚焦新城”、“团情动态”、“创先争优”、“基层团讯”、“创业就业”、“志愿服务”、“智慧人生”等多个板块，这是通州共青团全新打造的信息窗口和对外交流平台，为广大青年提供就业、创业、生活、学习等多元化的信息资讯服务。

（张 冲）

【越南河内团市委到通州参观考察】 11月30日，以越南河内团市委书记午维晓为团长的越南河内团市委代表团一行6人到通州参观考察。团区委在韩美林艺术馆安排了欢迎仪式，并组织考察团参观了韩美林艺术馆。

（张 冲）

【第五期基层共青团干部培训班】 12月6日，通州区“第五期基层共青团干部培训班”开班仪式在区委党校举行。区委组织部部长郭旭升、区委党校常委书记、常务副校长王青春等出席开班仪式并讲话。

（张 冲）

【“关爱农民工子女行动冬季高潮日”活动】 12月3日，通州团区委、区志愿者指导中心在农民工子女学校古城小学举行“情系志愿 爱暖童心——志愿者关爱农民工子女行动冬季高潮日”系列活动。团区委、妇幼保健院、物资学院相关领导和参与过奥运、国庆的志愿者参加活动。

（张 冲）

【倾听高校团干部心声】 12月14日，通州团区委、团区委办公室开展“加强校园社团建设，深化区校共建”为主题的通州区共青团12月份“倾听日”活动。团区委书记班子成员、办公室工作人员和来自北京市物资学院、北京市经济技术学院、北工大实验学院等高校团组织负责人及社团主要负责人参加了倾听活动。

（张 冲）

通州区妇女联合会

【概　况】2010年，区妇联深入开展党群共建创先争优活动，围绕建设现代化国际新城的工作目标，发挥妇联组织的独特优势，引领全区广大妇女，为推动社会经济发展、维护妇女权益、构建和谐社会，促进本区妇女儿童事业的全面进步与发展做出积极的贡献。

年内，成立通州区巧娘协会，吸引全区48名“巧娘”加入。开通“通州区巧娘网上精品专卖店”，创建2个“通州巧娘作品研发基地”。先后组织6批“巧娘”65人次参加义乌国际小商品博览会、福州海峡两岸成果展示、北京文博会等市级以上产品展销活动，组织2场洽商签约活动。全年通过参加各类展销和签约活动，洽谈合作项目16个，接到订单20个，新增销售额400多万元。20个“巧娘”工作室引领带动3800名妇女就业，广大妇女驾驭市场经济的能力和水平不断增强。“双学双比”擂台赛得到新拓展。年内新建妇女就业基地20家，加强妇女创业特色项目培训，举办编织、女经纪人、种植、养殖等培训300期，共培训妇女1.8万人次，实现妇女灵活就业和转移就业1万余人。争取市区专项资金146万元，扶持巧娘工作室、妇女创业就业基地、巾帼文明示范村7家。帮扶创业中的贫困母亲、单亲母亲及自主创业女大学生16名。

各级妇联组织不断强化司法保护、社会救助和法律服务三大网络，形成了社会化维权新格局。充分利用普法宣传日、“三下乡”等形式，广泛宣传《中华人民共和国妇女权益保障法》、《中华人民共和国婚姻法》、《中华人民共和国继承法》等法律法规，提高了广大妇女依法维权的能力和水平。成立“姐妹驿站”，建立志愿者妇女维权队伍，提供维权咨询、家政服务、医疗指导、心理疏导等各方面的服务。全面启动“法律进家庭”活动，开设“以案说法”大讲堂，全年举办妇女维权骨干法律培训班14场，受训妇女达2300人次。充分发挥维权协调机构和乡镇妇女维权站的作用，主动与相关部门沟通协调，依法维护妇女的合法权益，减少了越级访、群体访案件的发生，维护了社会稳定。年内，区、乡镇（街道）两级妇联共接待信访568件。其中婚姻家庭案件426件，占75%；人身权益案件56件，占10%；其他案件86件，占15%。结案率100%，实施法律咨询与帮助2000人次。

围绕新城建设，动员全区广大妇女积极参与国家卫生区和“双拥”模范城创建活动。首次举办“相识运河畔，牵手在新城”军地青年联谊会，全区76名部队官兵和92名机关、事业单位单身女性参加了活动；以“通州新城建设我参与、垃圾分类减量我先行”、“快乐读书、低碳家庭”为主题，分别开展低碳生活小窍门征集、低碳家庭明星评选、“送你一缕书香”读书征文、快乐母亲读书角等系列宣传实践活动。全面实施“家庭教育幸福工程”。实施“流动的花朵”读书项目，积极协调联合国儿童基金会，向区内两所打工子弟学校捐赠价值6万元图书。关爱特殊家庭，为300多户贫困、单亲妇女家庭和60名贫困儿童送去慰问金和慰问品。全区各级妇联组织为青海玉树、南方受灾地区、北京市妇女儿童基金会通州站捐款近30万元。

积极推进“妇女之家”建设。加强第八届村委会选举女性进村委会班子的宣传和引导工作，全区475个行政村中，564名女性进入村“两委”，村“两委”女委员配备率实现100%。在全区妇联系统开展党群共建、创先争优和践行“三个心系”先锋行动共为群众办好事、实事500余件。以“世纪芳华谱新篇”为主题，开展“三八”国际劳动妇女节100周年文化周系列活动。

（倪晓燕）

【“两节”送温暖】 元旦、春节期间，区妇联慰问走访单亲贫困母亲、孤残儿童等120户。

（倪晓燕）

【“三八”节庆祝活动】 3月4日，以“世纪芳华谱新篇”为主题，召开三八国际劳动妇女节100周年庆祝大会。

（倪晓燕）

【女处级领导干部联谊会】 3月5日上午，邀请清华大学新闻与传播学院副院长史安斌教授为全区女领导干部授课，就《政府部门的突发事件应对和媒体沟通》进行了专题辅导，260余名女领导干部和职能部门科级负责同志参加联谊活动。

（倪晓燕）

【成立新型社区“姐妹驿站”】 3月4日，在通州区梨园镇公庄社区举行新型社区“姐妹驿站”揭牌仪式。年底，实现全区“姐妹驿站”全覆盖，向社会招募100名志愿者，建立起妇女维权队伍，提供维权咨询。

（倪晓燕）

【慰问女村干部活动】 3月6日下午，区妇联各位主席分三路分别慰问走访梨园镇、潞城镇、西集镇女党支部书记和优秀老妇代会主任，为她们送去节日的祝福。在“三八”节期间，全区妇联组织共走访慰问全区女党支部书记17名，优秀老妇代会主任22名，共计39名。

（倪晓燕）

【区法院开设“以案说法”大讲堂】 3月5日，区妇联邀请市妇联副主席、中国政法大学教授夏吟兰结合妇女维权方面的典型案例进行法律辅导讲座，通州区200多名妇女维权干部参加活动，增加了妇女维权法律知识。

（倪晓燕）

【通州区巧娘协会成立】 3月6日，区妇联召开通州区巧娘协会成立大会。通州区被市区命名的“巧娘工作室”已有20家，它们的产品涉及手工编织、刺绣、剪纸、中国结艺、布艺、珠艺、铁艺、景泰蓝等领域，总计从业人员8000多人，其中95%以上为女性。协会的成立，标志着本区妇女的手工艺品行业步入制度化、规范化、市场化的轨道。

（倪晓燕）

【通州巧娘网上精品专卖店开通】 3月6日，在通州区巧娘协会成立大会上，举行了通州巧娘网上精品专卖店开通仪式。专卖店的开通搭建了通州巧娘精品连接市场的广域平台，专卖店的销售范围包括手工加工业、种养殖业、家政服务业等多个领域，涵盖了通州区城区“巧娘工作室”、“双学双比”基地、妇女创业就业基地等几十家优秀女性企业。

（倪晓燕）

【村级家政服务公司成立】 9月21日，全市首家村委会家政公司西集镇太平庄村家政服务公司成立，并先后分批培训家政服务员100多名。该公司的成立，拓宽了妇女就业渠道，标志着“通州区城乡牵手家政服务项目”正式启动。

（倪晓燕）

【妇女小额贷款政策培训工作会】 11月18日，区妇联召开全区妇联推进妇女小额贷款培训工作会。培训会邀请市财政局金融处处长李春源、市劳动局劳服中心奚晔东对《北京市妇女创业就业小额担保贷款贴息管理办法》和《北京市妇女创业就业小额担保贷款实施暂行办法》两个重要文件进行了详细解读。

（倪晓燕）

【维权工作】 建立完善信访工作制度，认真帮助有求助需求的妇女排忧解难，尽力提供有关婚姻家庭、法律咨询、心理疏导等方面的帮助；召开维权联席会议，运用依法维权、源头维权、社会化维权并举的工作手段，全力破解维权工作难题，当好保护妇女儿童权益的“娘家人”。全年接待信访1041件，结案率100%。

（倪晓燕）

【"十一五"两《规划》中期评估】 4月16日，通州区"十一五"《妇女规划》和《儿童规划》中期评估工作会召开，城口各成员单位近50名联络员参加了会议。会上下发了妇儿工委文件，统计局社会科具体工作人员部署了有关《妇女儿童规划》年度统计工作。7月11日，举办《通州区"十一五"妇女和儿童规划》专题培训会。

(倪晓燕)

【"快乐阅读 梦想起航"】 4月23日，在立华学校举行"快乐阅读 梦想起航"通州区打工子弟学校读书项目暨赠书仪式。区妇联协调联合国儿童基金会，向区内两所打工子弟学校捐赠价值6万元图书。通过开展流动阅读、读书征文、故事会等活动，引导孩子们养成良好阅读习惯。

(倪晓燕)

【通州快乐母亲"阅"万家活动】 5月8日，通州区妇联举行快乐母亲读书工程暨北发酒店6000册图书赠书仪式。通州区母亲读书工程的开展，将实现每年6000册图书可以在全区475个村队和96个街道社区传阅。600个乡镇和社区母亲制作的环保书包将带动全区20万名母亲分享家庭读书乐趣。

(倪晓燕)

【家庭教育报告会】 年内，通州区妇联组织教育专家王宝祥等多名学者，深入到基层社区、村队，为广大妇女讲授家庭亲子教育、妇女健康等知识。全年举办家教、健康讲座100场，受教育人数达20000人。

(倪晓燕)

【"快乐读书 低碳家庭"建设美好家庭主题活动】 5月15日，通州区妇联在国际家庭日举办"快乐读书 低碳家庭"通州区妇联建设美好家庭主题活动。活动包含两部分内容：一是以母亲快乐读书，家庭和谐幸福为重点的快乐母亲读书活动。年内，区妇联开展了"送你一缕书香"快乐母亲读书征文活动，共征集征文150篇，评选出读书征文活动一、二、三等奖；北发大酒店连续两年支持妇联开展快乐母亲读书活动，向快乐母亲读书示范户和示范村队赠送图书6000册。二是以绿色通州绿色情，低碳生活我先行为重点的低碳家庭生活推广活动。区妇联开展了低碳生活小窍门征集、我身边的低碳故事征文等一系列低碳宣传实践活动，从基层先期评选了25位低碳家庭明星。

(倪晓燕)

【庆"六一"慰问活动】 5月下旬，区妇联慰问全区部分贫困儿童代表50名，为他们每人送去助学款300元，英汉大词典、汉语词典各一本，复读机一台，合计资金3.2万元。

(倪晓燕)

【"欢乐童年 快乐成长"活动】 5月23日，区妇联在"欢乐之都"青少年职业体验城开展"欢乐童年 快乐成长"庆"六一"活动。为给贫困儿童和打工子弟营造一个充实、愉悦、自由的节日氛围。来自本区的100余名贫困儿童代表、打工子弟学校学生代表与家长、老师共同参加了活动。

(倪晓燕)

【妇联基层组织示范创建活动】 按照市妇联工作部署，继续开展"五好"组织创建活动。2010年，创新开展在各社区以楼门为单位，建立楼门妇女小组；在各村以街巷为单位，建立若干村妇女小组。楼门（村）妇女小组在社区妇联和村妇代会的领导下，参与社区和村各项社会建设和妇女活动，共建立街巷楼妇女小组2869个，实现区、乡镇（街道）、村（社区）、妇女小组四级妇联组织网络，使妇联组织进一步向纵深发展。

(倪晓燕)

【社区妇联换届选举工作】 4月至7月，完成社区妇联的换届工作。区妇联对4个街道和3个乡镇属地内89个社区的换届选举工作进行指导。出台了《关于推进社区妇联组织工作规范化的实施意见》，指导新任社区妇联主席进入角色，明确职责和分工，履行妇联职能，参与社会管理和公共服务以及和谐社区建设的各项工作任务。

（倪晓燕）

【"相识运河畔 牵手在新城"军地联谊活动】 7月30日，"八一"建军节前夕，由区妇女联合会、区委直属机关工委、区双拥工作办公室共同举办的"相识运河畔 牵手在新城"通州军地青年联谊活动在北发大酒店举行。来自驻通部队的军官及通州区各委、办、局、单位的共166名男、女青年参加了活动。本次活动分为游戏互动、随心交谈、和谐歌舞等几个环节。

（倪晓燕）

【"平安家庭"和"流动妇女平安之家"创建活动】 区妇联以平安家庭创建活动为载体，充分发挥各部门相互协作的优势，调动本区家庭在创建活动中的积极性。开展法律进家庭活动、科技进家庭活动、文明新风进家庭活动、科学家教知识进家庭活动。并建立1个"流动妇女平安之家"，积极开展针对流动妇女和基层妇女的各项工作。区妇联共计解决问题32件，受助妇女问题基本得到妥善的解决。

（倪晓燕）

【打工子弟中秋文学风采展示活动】 9月20日，区妇联在七彩希望学校举办"共享读书乐趣 共促幸福成长"通州区打工子弟中秋文学风采展示活动。市妇儿工委、台湖镇党委及区妇联的领导出席活动现场。区妇联副主席朱京萍致辞，介绍了通州打工子弟学校开展"中秋思乡 读书寄情"阅读、读书征文、故事会等活动的情况。领导们为获得读书征文一等奖的学生颁奖，并对参加活动的同学们给予了肯定和赞赏。

（倪晓燕）

【三届三次执委会】 9月28日，通州区妇联召开三届三次执委（扩大）会，会上选举冯利英任通州区第三届妇女联合会主席。

（倪晓燕）

【"通州新城建设我参与、垃圾分类减量我先行"主题宣传推广活动】 10月15日，区妇联和区文明办、市政市容管委共同举行"通州新城建设我参与、垃圾分类减量我先行"主题宣传推广活动。为了使"垃圾减量、垃圾分类"工作得到深入的宣传推广，8月底区妇联、区文明办、区市政市容委在全区发起了"争当垃圾减量、垃圾分类家庭志愿者"招募活动和"做文明有礼的北京人——垃圾减量垃圾分类我家有妙招"征集推广活动。在两个月的时间里，共招募到家庭志愿者100余人，征集到来自30个家庭的小妙招60多条，评出10个"垃圾分类减量推广明星家庭"。会上，领导为"垃圾减量、垃圾分类家庭志愿者代表"佩戴了标志，发放了宣传纪念品。为"垃圾分类减量推广明星家庭"颁发证书和奖品。

（倪晓燕）

【"妇女之家"建设】 11月23日，举行魏家坟村"妇女之家"揭牌、全区"妇女之家"试点村授牌仪式。12月2日，区妇联召开全区"妇女之家"建设经验交流会。会上，各乡镇、街道办事处妇联分别汇报了"妇女之家"建设的做法和活动开展情况，各乡镇、街道根据本地区的实际情况，开展了各具特色的建"家"活动。2010年底，全区实现"妇女之家"全覆盖。

（倪晓燕）

【女性经济合作组织发展座谈会】 12月8日，召开女性经济合作组织发展座谈会。巧娘代表和区领导进行了直接的交流与座谈，巧娘代表展示了自己的产品，就发展现状和今后的工作室发展规划向领导作了具体汇报。并与区领导共同探讨了针对产品的销售、创新等方面所面临的问题，在商品设计、搭建销售平台、突出特色性等方面寻求解决的途径。

（倪晓燕）

【中国妇女社会地位调查工作】 根据市妇联的统一安部署，通州区深入细致做好中国妇女社会地位调查工作区妇联系统在前期摸底调查登记的基础上，完成全区4个村、2个社区共计120户家庭的入户调查工作。通过区妇联深入细致地摸底调查，全面、准确地反映2000年以来本区性别平等与妇女发展的状况和变化。

（倪晓燕）

【三届四次执委会】 12月24日，通州区妇联召开三届四次执委会。43名执委参加此次会议。会议通过了执委会工作报告。

（倪晓燕）

通州区工商业联合会

【概 况】 2010年，区工商联认真贯彻区委、区政府“打造通州精神、创造通州速度、树立通州形象”的工作目标要求，紧密围绕全区中心工作，全面履行工商联组织的各项职能，团结和带动广大非公经济人士，开拓创新，拼搏进取，在全面建设世界城市和现代化国际新城中作出了积极贡献。

（许 超）

【九家会员企业被评为“北京市就业与社会保障先进民营企业”】 1月8日，在北京市工商联、市人力资源和社会保障局、市总工会联合主办的北京市就业和社会保障先进民营企业表彰大会上，北京荣升达源设备安装工程有限公司等9家区工商联会员企业被评为“北京市就业与社会保障先进民营企业”，获得表彰。

（许 超）

【区工商联乡镇联络干部会议】 1月9日，区工商联召开乡镇联络干部会议。会议听取了区工商联主席金文岭2009年度区工商联工作简要回顾和2010年工作思路介绍。与会11名乡镇联络干部认真听取总结和今后工作思路后，结合自身工作实际分别发表了意见和建议，一致表示要围绕区工商联工作思路要求，以创新精神，配合做好工商联各项工作。

（许 超）

【区工商联信息和提案工作获得表彰】 1月11日，在政协通州区第四届委员会第四次会议上，区工商联被政协北京市通州区委员会授予2009年“先进信息单位”称号；工商联界提出的《关于加大扶持力度帮助民营企业渡过难关的建议》提案被评选为2009年度优秀党派、团体、界别提案。

（许 超）

【中小企业融资调研座谈会】 2月11日，区工商联召开座谈会，中国农业银行北京市通州分行公司业务部经理郑玉庆等一行与部分工商联会员企业负责人见面，就中小企业融资难问题进行调研座谈，详细听取企业在融资过程中遇到的问题和反映，以便获取来自企业的一手信息，促进金融服务体制改革，加大金融新产品开发力度，为通州中小企业做大做强和通州国际化新城建设作出贡献。

（许 超）

【科技政策综合培训会】 3月5日，区工商联与区科委共同举办科技政策培训会。区工商联30多家相关会员企业负责人及高层管理人员参加此次培训。培训会上，区科委综合科、技术合同登记处和海虹事务所的有关同志就高新技术企业申报条件、程序及注意的问题，专利产权有关知识及规划和技术合同认定等级等内容进行了全面细致的讲解。区科委、区工商联主要领导出席培训会。

（许 超）

【区工商联与宁夏回族自治区吴忠市工商联结为友好商会】 3月8日，区工商联与宁夏回族自治区吴忠市工商联举行友好商会签字仪式。宁夏回族自治区工商联主席、宁夏金龙集团董事局主席刘金虎，市工商联党组书记、第一副主席吴杰，市工商联副主席王克林出席了商会签字仪式。下午，区工商联组织与会的双方企业家们分别到北京金信食用菌公司和北京东升方圆农业种植开发有限公司进行了实地考察，双方企业家就项目发展和建设方面进行了广泛而深入的交流。吴忠市工商联主席万文、区工商联副主席兼秘书长孟勇以及来自双方工商联50多位非公企业家代表参加签字仪式。

（许　超）

【会员企业与金融机构对接座谈】 3月18日，区工商联与天津银行北京分行联合举办服务会员企业融资推介会。区金融办、区私个协等相关领导与近30家会员企业负责人参加融资座谈会，就金融机构和企业间如何构建互惠互赢的新型银企关系、拓宽企业融资渠道、搭建企业长期稳定的融资平台等问题进行了座谈。会上，天津银行北京分行的负责人详细地向会员企业负责人讲解融资产品及业务知识。此次融资座谈会为本区银企间长期稳定合作打下了坚实的基础，促进通州经济发展发挥积极的作用。

（许　超）

【会员企业为玉树地震灾区捐款】 4月14日，青海省玉树县发生地震后，通州区广大非公经济人士热切关注，积极行动。区工商联会员企业北京联东模板有限公司积极响应区委、区政府积极参与救灾救援的号召，4月19日，踊跃向青海玉树捐赠人民币100万元。

（许　超）

【全国工商联考察调研组调研通州中小企业发展环境】 4月23日，全国政协副主席、全国工商联主席黄孟复，全国工商联副主席庄聪生在北京市副市长、北京市工商联主席程红等领导的陪同下，率领全国工商联考察调研组，到本区进行“中小企业发展环境与员工工资合理增长机制”的重点调研，就此问题分别与部分民营企业家代表和通州区政府相关部门负责同志进行座谈。在民营企业家座谈会上，北京东升农业技术开发有限公司、北京聚龙科技发展有限公司、北京天龙钨钼科技有限公司等十家民营企业代表作了发言，分别介绍了企业发展的基本情况，重点说明了企业近两年在纳税、工资、社保、利润、分红、贷款利息支出、参加社会公益事业捐赠等方面的情况，在保障员工工资正常增长方面面临的主要问题，以及今后企业在处理国家税收、企业利润、员工工资分配和建立员工工资正常增长机制方面的意见和建议。全国工商联主席黄孟复出席座谈会并讲话。在政府相关部门座谈会上，通州区发改委、经信委、金融局、财政局、国税局、地税局、人力资源和社会保障局、总工会等8家政府部门领导作了情况汇报，分别介绍了各部门在支持中小企业发展、为其营造良好政策市场环境、减轻企业税费负担等方面的政策措施。黄孟复听取汇报后在讲话中强调，要加快金融机构的改革步伐，大力建设草根金融，适度放宽对村镇银行和小额贷款公司的限制，要大力减轻中小企业的税收压力，给中小企业更多利润空间，构建和谐中小企业发展环境。

（许　超）

【“十二五”时期中小企业发展促进规划课题组座谈会】 6月4日，区工商联召开本区“十二五”时期中小企业发展规划课题组座谈会。会上，与会人员认为，编制好通州区“十二五”时期中小企业发展规划，事关通州今后几年发展的全局和长远发展，事关现代化国际新城建设战略实施，意义十分重大，对本区中小企业今后五年发展是一个良好的促进。市工商联调研室主任朱效荣参加座谈会并讲话。

（许　超）

【会员企业北京金家园担保有限公司与多家银行签订合作协议】 为更好地落实“国务院关于进一步促进中小企业发展的若干意见”和区委、区政府有关文件精神，会员企业北京金家园担保有限公司与天津银行北京分行和杭州银行北京分行分别签订合作协议。公司与两家银行在会计结算、信贷管理、融资服务、业务培训等方面将开展全方位紧密合作。公司作为通州区专门从事为中小企业提供贷款担保服务的民营担保机构，通过几年的努力，有力地促进本区中小企业解决普遍存在的融资难、贷款渠道狭窄等问题。

（许　超）

【辽宁省凌源市工商联到通州考察调研】 6月8日，辽宁省凌源市工商联主席张紫熙率考察团一行到通州行业商会考察调研，并与区工商联进行交流座谈。考察团主要围绕商会当前的基本情况，影响本区企业发展的主要问题，工商联、行业商会在引导企业发展方面应发挥的作用等与通州行业商会领导深入交换了意见。认真听取了区工商联主席金文岭对当前通州区“十二五”时期中小企业发展促进规划设想和建议。双方表示希望两地加强合作，拓宽思路、创新方法，密切合作，更好地发挥促进两地经济发展的桥梁纽带作用，不断拓展和延伸商会工作空间，进一步推动双边经济及各项事业快速、健康协调发展，为两地经济社会发展搭建新平台、作出新的贡献。

（许　超）

通州区残疾人联合会

【概　况】 2010年，区残疾人联合会以开展“创先争优”活动为契机，坚持以科学发展观为统领，着力加快推进残疾人社会保障和服务体系建设，认真做好残疾人事业“十一五”规划各项任务的收尾和“十二五”规划的编制工作，统筹全局、突出重点、狠抓落实，残疾人事业实现了在新的起点上的新发展和新突破。

（马淑利）

【残疾人康复服务网络进一步完善】 2010年，按照北京市《关于进一步加强“温馨家园”建设的实施意见》要求，新建“温馨家园”5个，并通过市相关部门的检查验收，实现全区残疾人服务设施在各乡镇、街道全覆盖。对全区6个区级残疾人康复技术指导中心、19个镇级康复服务指导站、16个乡镇街道辅助器具服务站、60个社区康复站的建设进行规范，对10个温馨家园、13个职业康复站进行专门检查。全区完成白内障复明手术100例；为345名贫困残疾人进行免费体检；对全区有辅助器具需求的残疾人和残疾儿童进行全面筛查，筛查出有辅助器具需求的残疾人1420人、残疾儿童274人，并对具有抢救性康复效果的残疾儿童实施康复治疗和康复训练。2010年为26名残疾儿童发放社会康复卡，为12名残疾儿童申请机构康复，为77名残疾儿童发放辅助器具，为5名残疾儿童免费做了人工耳蜗植入手术，为8名残疾儿童验配助听器，为2名残疾儿童装配假肢。投入资金1044万元，为1288户残疾人家庭进行无障碍改造。圆满完成市残联下达的各项康复救助任务，实现康复服务建档率100%，康复工作覆盖率100%。

（马淑利）

【残疾人就业培训工作扎实推进】 加强职业技能培训，努力扩大残疾人就业面。采取招聘会、就业指导、定岗式培训等措施，稳定和促进残疾人的就业工作。2010年，举办职业技能培训班3期，培训125人；组织盲人按摩技能培训12人、盲人计算机培训20人次；举办招聘洽谈会5场，职业指导讲座3次，成功介绍80名残疾人实现就业和再就业。认真贯彻落实《北京市残疾人就业保障金征缴管理办法》。积极与地税部门通力合作，密切配合，利用电视台、报社、网站等媒体进行广泛宣传。向用人单位送达法规政策和宣传材料3万余份。通过认真组织、密切配合、广泛宣传、严格审核，较好的完成全年就业审核和残保金征缴工作。年内，审核用人单位2.45万家，审核征缴残保金6000余万元。全年新安排残疾人就业178名，超额完成市残联下达的就业安置任务。

（马淑利）

【扶贫救助政策措施全面落实】 各级残联注意密切与政府职能部门的协调与沟通，全面落实北京市各项惠及残疾人的政策措施。全区有3076名残疾人享受最低生活保障；全年为2495名农村和城镇特困残疾人发放特困补助194万元；审核无业无固定性收入重度残疾人4093人，发放生活补助1090万元；向5850名残疾人发放养老助残券657万元；为510名残疾人配备发放电子“小帮手”。审核办理8431名残疾人参加城乡居民养老保险缴费补贴，补贴金额570万元，基本实现残疾人参加社会保险给予缴费补贴的全覆盖。筹措资金199万元，新建扶贫基地4个。带动扶持贫困残疾人家庭158户，组织农村实用技术和劳动技能培训300余人次。为55户农村困难残疾人家庭实施危旧房改造，大大提升了困难残疾人家庭的生活质量。

（马淑利）

【加强残疾人教育和维权工作】 在扶残助学方面，组织对全区贫困残疾人家庭子女在校生和在校残疾学生的摸底筛查工作，筛查符合助学条件的残疾人高中生7名、残疾人大学生22名、困难残疾人家庭子女高中生42名、困难残疾人家庭子女大学生58名，共发放助学金354990元。在信访和维权工作中，各级接访人员认真倾听残疾人的呼声，及时反映残疾人的意愿，主动排查矛盾纠纷，积极疏导群众情绪，确保残疾人群体的总体稳定。2010年，区残联办理残疾人来信7封，接待来访262人次，解答咨询电话293人次。进一步完善残疾人法律救助体系，为残疾人提供法律咨询、代书共计10人次，代理案件2件。区法院、检察院、司法局对涉及残疾人的11起民事案件进行了法律援助，结案率100%，依法维护了残疾人的合法权益。

（马淑利）

【基层残疾人组织建设】 为进一步加强基层残疾人组织建设，切实履行好“代表、服务、管理”的职能，解决基层有人干事、能够干事的问题，区残联制定下发在残联系统开展创建学习型残联的《安排意见》和《关于各乡镇、街道2010年度残疾人工作者考核办法》。基层残联均按照要求，普遍加强对残疾人工作者的教育和培训工作，巩固并规范了基层残疾人组织建设，基层残疾人工作者的能力得到加强和提高。年内，完成3年一次的全区残疾人专职委员的统计筛选工作，筛选出符合条件的残疾人专职委员452名，截至年底全部受聘上岗。

（马淑利）

【营造扶贫助残社会氛围】 全区人道主义思想得到进一步弘扬，全社会理解、尊重、关心、帮助残疾人的社会氛围进一步浓厚，扶残助残意识进一步增强。在第20次“全国助残日”期间，全区上下重点从十个方面，广泛组织开展了以“关爱帮扶农村贫困残疾人”为主题的活动，收到良好的社会效果。在两节期间，各级领导共慰问残疾人家庭2350余户，送去慰问金和慰问品约计126万元。举办4次无障碍推动日活动，增强了全社会的无障碍意识。组织60多名无障碍监督员通过亲身体验等多种方式，加大了对无障碍设施监督力度。

（马淑利）

通州区科学技术协会

【概　况】 2010年，区科协全面贯彻落实科学发展观，充分发挥“科普工作主力军和社会建设枢纽型组织”的作用，以提高全区公众科学素质为工作主线，以创新科普方法和途径为工作动力，以为通州现代化国际新城建设营建科学发展氛围与和谐的社会环境为目标，创造性地开展科普工作。区科协获

“全国青少年科技创新大赛基层赛事优秀组织单位”、“北京市科普惠农兴村计划、社区科普益民计划组织工作先进集体”等荣誉称号。年内，区科协有 11 个乡镇科协、4 个街道办事处科协和 3 个企业科协，负责对全区 25 个科技类社会团体进行服务、指导和管理。

（马振英）

【通州区科协系统秘书长工作会】 1 月 8 日，区科协在金福艺农科普示范基地召开科协系统秘书长工作会。区科协所属各乡镇科协、街道办事处科协、企业科协和相关学（协）会秘书长 20 余人参加会议。会上，回顾总结了 2010 年全区科协系统工作，认真谋划了 2011 年工作任务。

（马振英）

【第30 届安捷伦北京青少年科技创新大赛在台湖学校举行】 3 月 18 日至 21 日，由北京市科协、通州区政府等单位主办，区科协牵头承办的“第 30 届安捷伦北京青少年科技创新大赛”在通州区台湖学校举行。本次大赛有 400 多名选手参赛，其中包括来自美国、法国、澳大利亚等 11 个国家和地区的 70 多名选手。大赛以“体验・创新・成长”为主题，包含六个环节：开幕式、封闭答辩与评审、公开展示与交流、专项奖颁奖晚会、论坛活动、颁奖典礼暨闭幕式。市委书记刘淇，市长郭金龙，市委常委李士祥、梁伟，副市长黄卫等领导出席了大赛活动。大赛中，通州区荣获 7 项大奖，充分展示了全区青少年的科技素质和能力。

（马振英）

【2010 年通州区科技周活动】 5 月 15 日，由区政府主办，区科协、区科委、区知识产权局承办，北京对外科学技术交流中心、区财政局、区玉桥街道办事处、区知识产权服务中心协办的“‘携手建设现代化国际新城——建设科技北京・倡导低碳生活’主题展览暨 2010 年通州区科技周启动仪式”在玉桥街道街心公园举行。市区有关领导和广大社区居民参加了活动。展览以展板展示和全媒体科普视窗播放的方式向公众宣传了科技北京行动计划、低碳生活、知识产权知识等内容，倡导绿色生活、低碳生活的新理念。科技周期间，累计开展送科技下乡，科普进社区、科普讲座及展览等 42 项活动。

（马振英）

【村镇教育资源配置与远程服务平台应用培训】 6 月 18 日，区科协与北京农科院信息所在通州区科技馆举办“村镇教育资源配置与远程服务平台”示范应用培训会，来自通州区街道、乡镇及延庆县部分远程服务示范站点的 30 多名管理员参加了培训。华中师范大学国家数字化学习工程技术研究中心的技术人员为管理员授课。“村镇教育资源配置与远程服务平台”是国家“十一五”科技支撑计划重点课题《现代村镇服务业关键技术研究与示范》的重要研究成果。该平台将资源分为基础教育、培训服务、职业教育、高等教育、其他教育五大应用领域。该平台的应用推广，将为各村镇提供优质高效的教育服务。

（马振英）

【“培养科技创新人才 提高自主创新能力”专题培训班】 6 月 21 日至 25 日，区科协联合区委组织部、区科委在区委党校共同举办“培养科技创新人才，提高自主创新能力”专题培训班。本次培训采取讲座与实地考察相结合的方式，以提高领导干部科技工作管理水平为主。培训活动邀请中国科学院、市科委、市知识产权局、区科委、区委党校的专家与领导先后讲座，并组织全体学员参观考察通州区高新技术企业和高效农业项目。本次培训是通州区首次大规模对处级领导干部开展科技专题培训。

（马振英）

【区科协成为通州区首批枢纽型社会组织】 7 月 8 日，在通州区召开首批区级“枢纽型”社会组织成立大会上，区科协被认定为通州区第一批“枢纽型”社会组织，负责对全区

25个科技类社会团体进行服务、指导和管理。

（马振英）

【公务员信息化科普培训班】 8月5日，区科协、区人力社保局、区经信委、区科委在区科技馆多功能厅联合举办“通州区公务员信息化科普培训班”，全区近百名与信息化工作相关的公务员参加了培训。区科协邀请北京千松科技发展有限公司专家朱俭对云计算技术的产生、概念、原理、应用和前景做了详细讲授。参加培训人员在了解信息化发展新动态的同时也提高了电子政务应用水平。

（马振英）

【2010年通州区全国科普日活动】 9月16日，区科协在台湖镇外郎营村举行2010年通州区全国科普日活动启动仪式暨全媒体科普视窗剪彩仪式。区科协主席杜伟主持启动仪式并介绍了2010年通州区科普日活动总体安排。2010年通州区全国科普日期间，区科协围绕“低碳经济和低碳生活”主题，在全区范围内开展了“优秀科普宣传员培训、蔬菜管理技术科普讲座、农业专家科技问诊、互动展品进校园、为帮扶新农村建设做实事”等系列科普宣传活动16项。活动中根据当地需求和实际，畅通科普资源服务的渠道，以群众喜闻乐见的传播手段和传播方式，让更多群众从活动中受益。

（马振英）

【为老科技工作者发挥余热搭建平台】 10月15日，由中国老科协、市科协、区科协主办，北京老科总、通州老科协承办的“中国老科协会员活动日启动仪式”暨“北京老科总第六届老年科技日”活动在通州区运河文化广场举行。中国老科协会长程连昌、市科协党组书记夏强、区委副书记李玉君等和来自首都各界的老科技工作者、媒体记者等300余人参加活动。本次活动的主题是“携手共建科技北京、倡导绿色低碳生活、建设通州国际新城”。开展科技大事记展览，免费宝石鉴定和咨询，航天、医学、环保等各种科学知识图版展示，有奖科普知识问答以及中国老医药卫生工作者协会的医疗咨询和义诊等活动，深受群众欢迎。

（马振英）

【“科普惠农中的网络应用”沙龙活动在通州举行】 12月16日，由中国网络协会网络科普联盟、北京数字科普协会、区科协主办的“科普惠农中的网络应用”沙龙活动在北京通州金福艺农农业科技发展有限公司会议室举行。北京数字科普协会理事长、中国航天信息中心原主任盛智龙，北京数字科普协会副理事长、原北京市信息办主任华平澜等专家和领导及基层农村科技工作者30余人参加了活动。活动中，与会人员就“科普惠农中的网络应用”这个主题进行了研讨，对科普网络资源的整合、如何建立网络科普运营服务长效机制提出了许多建设性意见和建议。

（马振英）

【开展送科技下乡活动】 年内，区科协组织“送科技下乡”活动12次，累计展出科普展板350块，发放科普宣传资料30000份、科技类图书5000册。活动中，区科协充分发挥“科普大篷车”作用，宣传党的惠民政策、农产品质量安全、循环农业、生态农业和农业科技新成果，并邀请科技专家解答农民咨询问题并实行定期定点跟踪服务，为农民提供科技信息，帮助农民增收致富。

（马振英）

【社区科普益民计划开创社区科普新格局】 年内，区科协实施了“社区科普益民计划”，以社区为重点，以科普为手段，以益民为目的，通过“以奖代补、奖补结合”的方式，建成一批科普设施，培养了一支科普志愿者队伍，推动社区科普工作深入开展。2010年，北苑街道后南仓社区、新华街道司空社区、中仓街道东里社区被评为北京市优秀科普社区；北京观光南瓜园南瓜科普馆被评为市优秀基层科普场馆；中仓办事处西上园社区常君子等8位同志被评为优秀科普宣传员；永顺镇盛业家园社区是得到北京市“社区科普益民计划”奖励资助支持的“新城新建社区”，玉桥街道玉桥东里经适房社区是得到支持的“经济适用房社区”。奖补资金于12月前拨付到位，主要用于购买科普图书、科普设施、建设科普画廊等。

(马振英)

【科普惠农兴村计划助推新农村建设】 年内，区科协组织实施“科普惠农兴村计划”，用“以奖代补、奖补结合”的方式，通过评比、表彰一批有突出贡献的、有较强区域示范作用的、辐射性强的农民专业合作组织、农村科普示范基地、农村科普致富带头人、农业科技服务专家、专业技术指导员等先进集体和个人，通过辐射带动作用，传播科学知识，推广实用技术，带动农民增收致富，促进农村经济发展。2010年，通州区有4个集体、3名个人获得北京市2010年度“科普惠农兴村计划”项目奖励；高级农艺师崔秀荣获得中国科协、财政部2010年“科普惠农兴村计划”项目奖励。惠农资金于12月前投入到位，资金全部用于开展科普活动及进行科普设施建设，极大提升了科普公共服务的能力。

(马振英)

【创建全媒体科普视窗】 年内，区科协联合专业IT公司，创新科普传播手段和方式，设计开发了拥有自主知识产权、有开创性的“全媒体科普视窗”。“全媒体科普视窗”突破了传统科普画廊地域、展示内容等局限，融和通讯、网络、光电、自动化、多媒体等应用领域中最先进的科学技术于一体，通过3G网络更新终端播放的内容并进行远程集中监控管理。支持报纸、杂志、广播、音像、网络、卫星通讯等各种媒体的适时传播，整合了互联网和电讯网络的WAP、GSM、CDMA、GPRS、3G及流媒体等各种技术，使丰富多彩的科普资源实时展现在街头巷尾，最大限度地缩短了群众与最新的科技咨询、生产生活知识之间的距离。全年在区村镇和社区建设12个全媒体科普视窗，扩展了科普知识传播的覆盖面，使广大公众能够紧跟信息时代的步伐，不断提高自身科学素养。中国科协、市科协领导和相关专家多次到通州调研“全媒体科普视窗”，对这款独创性的科普产品给予肯定。

(马振英)

通州区红十字会

【概　况】 2010年，区红十字会认真履行《中华人民共和国红十字会法》赋予的各项职责，以科学发展观为统领，以改革创新为动力，以民生保障为核心，以应急体系建设为重点，紧紧依靠各基层红十字会和全体专兼职工作者，认真落实市、区两级实事项目，突出抓好募捐救灾救助、卫生救护知识培训、基层组织建设、国际人道法及红十字运动基础知识传播、社区服务等主要工作。年内，接收各界各类捐款捐物1600多笔，募集款物1197万元；在全区投入救助款物276.2万元，救助困难人群3615户；组织开展救护培训工作，培训初级急救员10100人，首次过万；与通州电视台合作录制“红十字在行动——健康知识”专题片，全年播放10期；继续开展“百场健康教育影片”进社区、进学校、进农村活动，放映影片690场，6万余人次受益。

(杨　光)

【第二届理事会第六次（扩大）会议】 1月26日，区红十字会召开第二届理事会第六次（扩大）会议暨红十字会系统2008～2009年度先进集体、先进个人、优秀志愿者、博爱之星表彰会。会上聘请区人大常委会副主任罗明光、区政协副主席李淑华为区红十字会名誉副会长，并先后通过了《关于更换和增补理事、常务理事的决议（草案）》和区红十字会常务副会长安志江作的工作报告。区红十字会、区劳动资源和社会保障局联合对2008～2009年度红十字会系统的45个先进集体、66名先进个人、35名优秀志愿者和15个博爱之星进行了表彰。

（杨　光）

【做好突发自然灾害募捐救助工作】 2010年是自然灾害频发的一年。全区红十字组织积极行动，做好宣传引导，迅速展开救灾救援行动。年内，通过进入企业组织募捐，入户接收募捐，设立募捐接收站等方式为海地大地震、西南旱区、玉树地震灾区、舟曲泥石流等灾区募集善款435万元，所有善款已上缴北京市红十字会，有力地支持了赈灾及灾区重建工作。

（杨　光）

【“博爱在京城”活动募集善款626万元】 区红十字会创新载体，以设立乡镇红十字博爱基金为切入点，“博爱在京城”募捐工作实现了新的突破，募捐款达626万元，同比增长近3倍，占全市“博爱在京城”募捐总额的1/5，位居16个区县首位。

（杨　光）

【设立全市首家乡镇红十字博爱基金】 2月，宋庄镇红十字会率先在全市设立首家乡镇红十字博爱基金，镇域内的爱心企业、爱心人士现场募集资金83万元，超过了2009年全区各乡镇募捐的总额。宋庄镇博爱基金的设立，探索出一条立足于通州实际并具有自身特色的红十字公益救助新路。年内，继宋庄镇成立博爱基金后，张家湾镇、漷县镇、于家务乡也相继设立了博爱基金。四乡镇基金总额402万元，占“博爱在京城”募捐总量的64%。

（杨　光）

【“两节”送温暖活动】 “两节”期间，投入资金66万元开展送温暖活动，其中发放救助款26万元，发放米、面、油等救助物资80余吨，救助城乡低保家庭、机关、企业困难职工、生活困难老党员及贫困家庭学生等共计2200户。

（杨　光）

【做好突发事件和日常救助工作】 救助因火灾、意外事件等受困受灾家庭13户，发放救助款物价值6万元；救助因突发事件、大病等受困家庭224户，投入资金75万元。

（杨　光）

【困难家庭少儿大病专项救助工作】 年内，继续开展困难家庭少儿大病专项救助工作，救助困难家庭患大病儿童13名，发放救助款共计19.5万元。

（杨　光）

【低保家庭大学新生专项救助工作】 年内，继续与四美国际企业管理有限公司合作，开展向低保家庭大学新生发放助学款活动，共有78名符合条件的新生得到救助，发放救助款物20.3万元。

（杨　光）

【启动农村困难老人救助项目】 在爱心人士王泉的支持下，于九九重阳节之际，启动了农村困难老人救助项目，采取按季度配送生活必需品的方式为11个乡镇的220户年龄在70岁以上的农村困难老人提供长期定向救助，单体年救助物资价值1200余元。

（杨　光）

【新建两家红十字博爱超市】 充分发挥红十字博爱超市对低保困难家庭的长期救助作用，投资6.5万元在宋庄、张家湾两镇新建博爱超市2家。全年为5个“博爱超市”下拨款物15万元，受益困难群众近700户。

（杨　光）

【开展各种形式慰问活动】 春节期间，与统战部一起慰问驻通台商，与司法局一同看望解除劳教家庭生活困难人员；中秋节期间，会同公安分局看望区看守所的在押人员，为他们送去了月饼、水果，并与在押人员家属进行座谈，传递了社会对特殊人群的关爱；重阳节期间，联合北京雅视眼镜公司向全区老年人免费发放老花镜4000副,价值27.2万元。

（杨　光）

【培训初级急救员10100人】 进一步加强与教委、高校、乡镇、街道的沟通协调，合理安排师资，初级急救员取证人数达到10100人，首次过万，超额完成了市会下达的5500人的任务指标。其中中小学师生6800余人，乡镇、街道1000余人，公安干警680余人，交通、民防、消防及特种行业400余人。

（杨　光）

【大力开展健康教育普及工作】 与通州电视台合作，录制“红十字在行动——健康知识”专题片，在电视台“健康人生”栏目播出，年内播放10期；继续与区电影放映中心合作，开展“百场健康教育影片”进社区、进学校、进农村活动，放映车祸、火灾、烧烫伤现场紧急处理等影片690场，6万余人次受益；与区医疗单位、街道办事处等单位合作，在农村、社区举办各类健康知识讲座40场，3000余人受益；落实市红十字会承办政府实事项目，与邮政系统合作，会同乡镇、街道红十字会为全区居民发放了家庭版《急救手册》17.7万册。

（杨　光）

【社区红十字服务站建设工作】 投资6万元在宋庄镇、张家湾镇、漷县镇建立了3家红十字社区服务站，统一制作了站牌、会徽和展板，并分别为每个社区服务站配备了健身、医疗器材及药品等。

（杨　光）

【造血干细胞血样采集工作】 年内，在嘉华学院、北工大实验学院、北京经济技术职业学院共采集造血干细胞血样330例。

（杨　光）

【逐步推行镇级红十字理事会制度】 为切实发挥乡镇、街道红十字组织区域协调的主体作用，区红十字会在乡镇逐步推行理事会制度。年内，宋庄镇、张家湾镇、漷县镇、于家务乡已经设立红十字博爱基金的4个乡镇分别召开了第一届理事会第一次会议。

（杨　光）

【多渠道开展宣传工作】 结合“五八”世界红十字日、防灾减灾日、民防日、世界急救日、世界艾滋病日等纪念日举办宣传活动，向过往群众传授心肺复苏技能，发放红十字知识、急救手册等宣传材料；加强与媒体联系，通过制作宣传片、在网站、《通州时讯》上发布信息等方式宣传红十字工作，并向基层单位发放红十字报和内部刊物。年内累计在各类媒体发布信息60余条；设立了区红十字会网站，及时将开展的活动上传、更新、报道。

（杨　光）

政法·武装

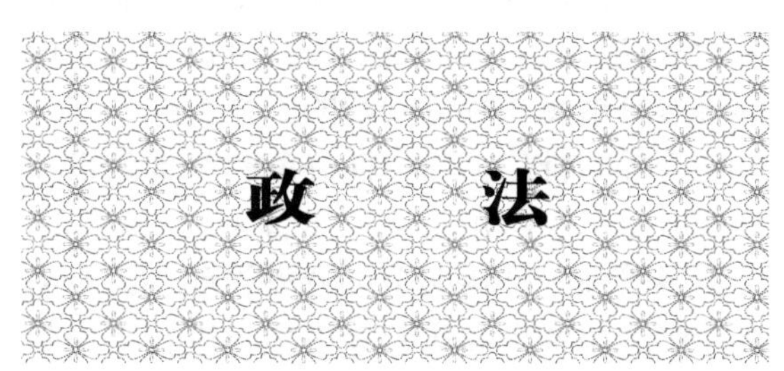

政法

概述

2010年，区政法工作本着突出重点、突破难点的思路，围绕服务一个大局，固化两个机制，深入推进三项重点工作，建立八大工作体系，社会矛盾化解成效显著，社会管理创新稳步推进，扎实有效推进公正廉洁执法，为首都“世界城市”和通州现代化国际新城建设提供了强有力的司法保障和安定和谐的社会环境。

紧紧围绕政治、社会、公共、舆论、经济等五大安全因素，特别是针对“两拆一选”等易引发矛盾纠纷的敏感领域，完善维护稳定社会风险评估制度相关配套制度建设，继续坚持做到周报告、月评估、季分析，完善情报信息研判、评价、报送工作机制，先后开展了三次矛盾纠纷大排查，及时发现掌握涉及拆迁、拆违、农村换届选举不稳定因素。继续坚持首问责任制、领导接待日、十步工作法等行之有效的制度。建立健全矛盾纠纷联合调解机制，推动民调进所、调诉联动，狠抓社会矛盾纠纷的初始环节，抓早抓小、源头治理，加强稳控和疏导，有效防止矛盾激化。完善群体性事件应急预案和处置联动机制，共处置群体访179批5897人次，依法处理缠访、闹访人员26人，处理扰乱选举秩序20人。

完善社会治安防控体系。建立全区366处设卡点位数据库，依托社会面防控等级方案，健全完善“变值班为执勤、以震慑设卡带动社会面巡逻防控”的勤务模式，依托“大防控”格局，将全区划分为“看人”、“控地”防控岗位4459个，组织发动社会力量5.5万人，大力营造警民携手共保平安的声势氛围。深入开展社会治安重点地区排查整治工作。严格落实层层挂钩的责任制度，每周明确整治点位、数量和标准，协调工商、城管、交通等部门，对治安重点地区组织开展两次集中清理整治专项行动，有效解决案件高发、秩序混乱等问题。加强校园及周边矛盾纠纷排查化解工作。每天部署警力163人、专职辅警479人，调动辖区各种调解力量，通过普遍走访，细致排查，及时化解等工作措施，有效地维护了辖区校园及周边地区的安全稳定。

加强基层政法机构建设。新建法律服务室60家、规范提高120家，全区369家法律服务室调处民间矛盾纠纷2811件，解答法律咨询2474人次、开展法制宣传338场次、进行法制讲座培训39场次，法律服务室在营造法制环境中的作用明显提升。4个乡镇建立公益法律服务中心，永顺镇杨庄村等4个流动人口聚居村中心警务站，次渠、徐辛庄派出所办公楼全部建成。推进虚拟社会整体防控体系建设，不断提高网上发现、侦察、控制、处置能力，全面构筑网上、网下联动的“两大战场”。

区委政法委抽调专人强化指挥调度运河核心区、商务区拆迁改造工作，固化了“指挥部牵头、部门联动、分片包干”的工作模式，建立健全了调度、会商、监测分析、督导检查等各项工作机制。区民政局、残联等单位完成低保、残疾、特困滞留户签约共计16户。司法所工作人员轮流值守在拆迁一线，协助社区深入拆迁户现场提供法律服务，共调解纠纷157件。区公安分局在拆迁实体和属地的配合下，加强对本区域滞留户中的8名重点人的控制，有效推动工作开展。区法院共审结拆迁及涉及拆迁案件694件。

健全流动人口服务管理工作体系，强化“以证管人”“以房管人”“以业控人”工作措施。加强流动人口暂住登记和暂住证办理工作，按照“谁出租、谁负责”的原则，不断强化出租房主对流动人口的管理职责。与每一名出租房主签订了治安管理责任书，最大限度减少因房屋出租诱发的公共安全和治安隐患。全力推进流管信息平台二期建设，深入开展基础调查工作和重点地区排查整治工作。做好社区矫正和帮教工作，将帮教工作阵地前移，充分发挥矫正帮教协调委的作用，积极协助困难两类人员解决实际困难，避免了重新犯罪现象的发生。

深入推进公正廉洁执法，维护公平正义。各政法单位立足本职，开展多种形式的主题教育活动。区公安分局开展“立足新城找准定位、警民共建力促和谐”主题教育活动，区检察院开展“恪守检察职业道德、促进公正廉洁执法”教育活动，区法院开展“人民法官为人民”主题实践活动，区司法局组织开展以“倡和谐 保稳定 促发展”为主题的创先争优活动。从规范执法培训入手，进一步健全完善新任培训、调考调训、轮值轮训“三位一体”教育培训格局。创新党建工作，以党建促队建，全面提高公正廉洁执法和依法诚信执业能力。政法各单位抓住人民群众意见大的执法问题，通过细化执法标准、严密执法程序，严格执法管理，确保执法公正廉洁。针对“两拆一选”等引发的非正常聚集、群体访等敏感问题，区公安分局积极探索相应处置模式，把处置工作纳入规范化、法制化轨道。检察院实行“五访五答”，区法院完善了案件质量评查制度，区检察院与区司法局建立民行息诉与人民调解协作破解缠访缠诉难题的工作模式，在全市作为经验推广。着力抓好廉政教育建设，开展廉政风险防范管理工作。区公安分局以“项目管理、推树典型、分类管理”为着力点，筛选出20个高风险等级项目进行立项管理，区法院建立纪检委员和廉政监察员制度，负责对审判执行工作人员纪律作风状况的日常监督，同时针对执行人员易于受到权钱交易诱惑的风险，制定《关于执行人员廉政教育工作的规定》。区检察院创新完善了诉讼监督工作机制。区司法局从“党委班子、职能部门、基层单位”三个层面着手，在5个重点岗位设置了廉政风险牌，抓好廉政预防监督制度建设，落实监督制约措施，确保不发生失管漏控现象。

（朱　静）

政法工作

【建立校园安保体系】 一是制定《全区学校幼儿园安全防范工作规范》，在全区 185 所注册类、296 所非注册类中小学幼儿园、广泛建立民警、保安、机关干部、治安志愿者、学生家长联勤护校机制。二是组织公安、文化、工商、城管等部门，加大校园周边秩序整治工作，取缔关停和清除一批违规经营场所和不放心人员。三是组成 5 个督查组，坚持每天深入校园及周边督导检查，及时发现各类问题隐患，跟踪督促整改。四是区财政出资，为全区每所公立学校分别配备2至6名专职保安。加大协调力度，加快推进非注册学校、幼儿园紧急报警系统的安装工作，安装率达到95%以上，确保全区未发生侵害校园及师生案事件。

（汪立宏）

【开展案件评估审查活动】 年内，按照中央政法委的统一部署，区委政法委政治部组织相关部门对近年来100余件涉法涉诉案件进行评估审查，未发现冤案错案。

（朱　静）

【化解中央挂账涉法涉诉案件】 各政法单位在政法委政治部的统一协调下，继续开展“人民调解化解矛盾纠纷专项攻坚活动”，集中力量化解一批多年积累的矛盾，消除陈年积怨，建立解决涉法涉诉信访问题责任制，及时调整充实信访干部队伍，加强工作人员综合素质培训，组织律师定期参与联合接访和重大疑难信访案件的调处，组织基层法律服务工作者和法律援助工作者及时主动地提供法律服务和法律援助。2010年，全区中央挂账督办3批次21件涉法涉诉案件，于年内全部化解。

（朱　静）

【部署“两节两会”期间安全稳定工作】 为确保“两节两会”期间全区的安全稳定，切实贯彻落实中央和市委的有关要求，12月30日，召开全区领导干部大会，对安全生产和维稳工作进行动员部署。会议由区委书记王云峰主持并作重要讲话，区委常委、政法委书记赵玉影，副区长肖志刚分别对维护稳定和安全生产工作进行部署。

（朱　静）

【开展流动人口和出租房基础调查】 以“百日核查”为依托，配合第六次全国人口普查相关工作，深入开展基础调查工作。区流管办先后制定《流动人口和出租房屋数据报送制度》、《关于建立流动人口和出租房屋信息采集录入工作长效机制的意见》等多项配套文件，进一步规范了信息采集体系，拓宽了信息采集渠道，进一步健全完善了采集录入奖励、重大案（事）件责任倒查、分级审核督办等“五项”长效工作机制。截至12月底，全区累计登记录入流动人口52.3万人，出租房屋5.2万户。累计新登流动人口14.2万人，核销8.1万人，迁移2.4万人，变更5.8万条，流动人口综合变化率58.3%；新登出租房屋1万户，核销1万户，变更2.3万条，出租房屋综合变化率81.6%。

（欧阳宇）

【推行“一户一档”精细化管理模式】 落实“以房管人”工作方针，进一步提高流动人口和出租房屋服务管理水平，制定下发《关于全面实施出租房屋“一户一档”工程的工作方案》，全面推行“一户一档”精细化管理模式。在此基础上，制定实施服务站《问题隐患报告单》制度，认真落实对重点人员和重点出租房屋的安全管理措施。截至12月底，全区半数服务站已完成“一户一档”工程的立卷归档工作，剩余服务站将于2011年上半年全部完成。

（欧阳宇）

公 安 工 作

【概　况】 2010年，通州公安分局围绕“首都世界城市”和通州“现代化国际新城建设”的战略定位，以维护社会稳定、促进经济发展为中心任务，大力推进“三项重点工作”和“三项建设”，不断完善警务工作机制，提升服务管理水平，圆满完成各项公安保卫任务，有效维护了政治稳定和社会安定，在市局执法质量考评中连续三年获得优秀。年内，大力维护新城发展环境，坚持关口前移、提早介入，做好拆迁、拆违和农村换届选举维稳工作，执行现场秩序维护勤务561次。年内，始终保持严打整治高压震慑态势，破获各类刑事案件同比上升11.2%，刑事拘留同比上升 11.4%；破获八类危害严重暴力犯罪案件同比上升6.7%，命案侦破率达到96.43%；

深入开展治安专项整治，行政拘留人数同比上升10.2%，铲除黄赌毒窝点36个，取缔关停违法违规场所306家；完善社会治安防控格局，推行勤务模式改革，全年盘查核录人车68.4万条，抓获各类现行违法犯罪人员同比上升16.1%，全区110刑事类警情同比下降12%，良好、平稳等级天数达到99.4%。年内，夯实基础工作，开展社区防范宣传活动108次，发放宣传材料15万份，推广安装物技防设施15680件，全区社区可防性案件同比下降16.3%；落实安全监管措施，全年检查单位、场所7800余家次，查封关停116家，发现整改隐患3500余处，未发生重大治安灾害事故。年内，开展社会管理创新，推进"民调进所"工作，调处化解矛盾619件；建立110报警服务社会联动机制，联合处置各类突发紧急事件和群众求助问题1261件；开展警察公共关系建设，创建专家顾问、民警网络评论员、社会协作志愿者"三大团队"，搭建通州警方在线、公安博客、邻友圈"三个平台"，访问总量超过300万次，征询群众建议2000余条，获取违法犯罪线索176件；围绕户籍管理、外事服务等推出便民利民措施52项；建立和谐警民关系，走访群众8900余户，收集社情民意1970条，化解矛盾纠纷792起，为人民群众做好事、办实事968件，收到群众锦旗、表扬信393件；深化科技强警体系建设，完成二级信息平台10大模块58项功能的开发，采集社会信息115万余条，深入挖掘各类案件线索1051条；开展执法规范化建设，建立执法监督会商联动机制，全年批捕人数同比上升14.1%。年内，加强队伍建设，推出"新城卫士"先进集体3个，爱民榜样、青年会战先锋等先进个人56个；开展业务培训、执法培训、新警培训、专题讲座85期，参训人员达6000余人次；开展现场督察和专项督察950次。年内，加强警务保障工作，投资3600万元，完成梨园、徐辛庄、次渠派出所新址建设并交付使用。

(高凤霞)

【确保"两拆一选"秩序良好】 年内，通州公安分局将公安工作融入建设现代化国际新城的大局，围绕拆违、拆迁、农村村委会换届选举等"两拆一选"重点维稳工作，坚持关口前移、提早介入，建立健全沟通协调、社情监测、发现预警、稳控化解、现场处置等一系列机制，先后出动警力3万余人次，谈话教育3000余人次，执行拆违、选举投票日现场秩序维护勤务561次，妥善处置各类敏感案事件53起，旗帜鲜明地维护了新城建设发展秩序。

(高凤霞)

【严厉打击刑事犯罪】 年内，通州公安分局紧密依托"春季攻势"、"严打整治行动"、打击破案"百日会战"等专项行动，以严重暴力犯罪、流氓恶势力犯罪、突出侵财犯罪、系列犯罪为重点，充分运用多元化打击手段，始终保持严打高压震慑态势。全年破获各类刑事案件和刑事拘留人数同比分别上升11.2%和11.4%；破获8类危害严重暴力犯罪案件同比上升6.7%，命案侦破率为96.43%；破获各类侵财案件同比上升14.6%；打掉侵财犯罪团伙86个；破获系列侵财案件110串854起；追缴赃物总价值折合人民币126万余元；侵财案件发案同比下降12.7%。

(高凤霞)

【健全矛盾排查化解机制】 年内，通州公安分局以"民调进所"作为深化社会矛盾化解、维护社会和谐稳定的重要举措，积极争取党委政府支持，全面落实办公场地、设施设备各项保障工作，在23个派出所全部设立矛盾纠纷联合调解室，将行政调解与人民调解有机结合，成功调处化解各类矛盾纠纷619件，成功率达82%；在此基础上，严格落实领导接待、信访包案、责任倒查、诫勉谈话、一票否决等制度，有效化解涉法涉诉信访问题235件。

(高凤霞)

【完善社会治安防控格局】 年内，通州公安分局按照“高峰勤务”部署要求，积极推行“变值班为执勤、以震慑设卡带动社会面防控”的勤务模式改革，形成“外围堵、线上巡、面上控、点上查”的防控格局，最大限度地提高街面见警率，挤压犯罪空间。全年盘查核录人车68.4万条，抓获各类现行违法犯罪人员同比上升16.1%，全区110刑事类警情同比下降12%，良好、平稳等级天数达到99.4%。

（高凤霞）

【创新社会联动处置机制】 年内，通州公安分局从解决民生问题、源头化解矛盾入手，紧密围绕应急处突和非紧急救助工作，科学整合资源，牵头建立以“110”报警中心为平台，各行政部门协同作战的“110”报警服务社会联动机制，将全区涉及“民生”的近30家行政主管部门全部纳入联动范围，进一步明确职责任务、工作流程和时限要求，确保及时妥善处置各类突发紧急事件和群众求助问题，全面提升城市综合管理与公共安全保障能力。自11月24日，联动机制启动以来，联动区有关部门及时处置各类突发紧急事件和群众求助问题1261件。

（高凤霞）

【加强警察公共关系建设】 年内，通州公安分局精心打造具有通州特色的警察公共关系品牌，创建专家顾问、民警网络评论员、社会协作“三大团队”，搭建通州警方在线、公安博客、邻友圈三个平台，加强与群众网络互动交流，网站点击访问总量超过300万人次，日均访问近3万人次，征询群众意见建议2000余条，获取违法犯罪线索176件，解决群众实际问题203件。围绕“110”接处警、户籍管理、外事服务、行政审批等环节，出台各种便民利民措施52项，最大化地为群众提供周到、便捷、高效的服务。

（高凤霞）

【加强校园秩序维护】 年内，通州公安分局落实校园“高峰勤务”各项措施，加强对全区中小学校及幼儿园早中晚上学、放学四个高峰时段的秩序维护和应急处突；明确校园安防标准，强化校园安全保卫组织领导、应急预案制定、“三防”措施的落实、法制教育开展等安防措施的监督指导；持续开展校园及周边专项治安秩序整治；加强校园图像监控体系建设，建立区教委监控图像平台与分局二级平台联网机制；制定《非注册学校、幼儿园安全防范工作规范》，在全区309所非注册学校全部安装开通紧急报警系统，确保辖区校园的安全稳定。全年执行校园勤务1000余次，投入各种保卫力量15余万人次。

（高凤霞）

【开展“4·11”专项行动】 年内，通州公安分局将“4·11”专项工作作为一项重要任务常抓不懈，对全区710家娱乐服务场所全部挂账立项，划分等级，每周持续开展大规模、高密度、拉网式执法检查；成立全市首家行业场所警务工作站，实现“派勤制”向“派驻制”转变，对娱乐场所集中地区开展源头治理；建立健全行业场所管理黑名单制度、联合执法制度、异地交叉突查制度等管控长效机制建设，严防违法活动出现反弹；通过签订“告知书”、召开业主会议、张贴警示标志等多视角开展宣传，营造强大的声势氛围，全力打击黄赌毒违法活动。全年抓获涉黄、涉赌违法人员507人，两类警情分别下降38.4%和71.2%；破获涉毒案件23起，缴获各类毒品302.44克；依法取缔、关停违规经营场所89家。

（高凤霞）

【开展爱民实践活动】 年内，通州公安分局深入开展“进一户人家、做一件好事、送一份温暖”的“三个一”爱民实践主题活动。组织民警深入社区、机关、企业、学校等单位进行走访，广泛征求社会各界对公安工作的意见建议，倾听群众呼声。从解决“小问题”、抓好“小细节”、调解“小纠纷”、消除“小隐患”入手，以“小”动作，促进“大”和谐，推进和谐警民关系建设，大力营造“警爱民、民拥警”的浓厚氛围。活动期间，累计走访群众8960余户、29700余人，征集各类社情民意1970条，化解矛盾纠纷792起，为人民群众做好事、办实事968件，收到锦旗、表扬信393件。

(高凤霞)

【完成“两节”安全保卫工作】 2月，通州公安分局围绕春节、元宵节安全保卫工作，结合辖区治安形势，从严从紧、从细从实强化各项工作措施，持续强化打击整治，专群结合加强巡逻防控，严格安全隐患排查整改，打、整、控、防同步推进，圆满完成“两节”安保任务。2月，破获各类刑事案件272起，抓获作拘留以上处理人员328人，全区110刑事类警情同比下降56.9%；组织开展清理整治行动56次，清查出租房屋2613户、流动人口7120人；检查单位、场所4869家次，整改隐患277处，收缴非烟法花爆竹400余箱。

(高凤霞)

【开展警营开放日活动】 2月6日，通州公安分局在全区范围内开展以“警民同心、共创平安”为主题的“警营开放日”活动。在全区设立23个宣传站点，通过宣传画、板报、标语、宣传手册等多种方式，向群众广泛宣传预防煤气中毒、电信诈骗以及购买、燃放烟花爆竹的安全事项；引导群众参观派出所警区办公室、民警宿舍，展示警用装备，进一步弘扬警营文化。其间，共悬挂横幅23条，接待各界群众代表900余人，发放宣传材料8000余份，收集建议42条，向群众解答各类问题1600余次。

(高凤霞)

【推进流动人口聚居村中心警务站建设】 1月至4月，通州公安分局落实市局加强中心警务站建设部署，以杨庄、高楼金、北神树、六合村4个市级挂账的流动人口聚居村作为中心警务站建设的试点地区，全面推行“以中心警务站带动治安岗亭”的防控模式。积极争取党委政府支持，落实选址、资金相关工作，制定警力配置标准、完善接处警、排查整治、服务群众等一系列工作规范和规章制度，建立综治、公安“双挂账”的“内捆外联”部门联动管控机制，最大限度延伸、拓展公安派出所对流动人口聚居村地区前端控制能力。其间，公安分局开展流动人口聚居村联合清理整治行动17次，检查出租房屋1908户，核查流动人口6225人，取缔“黑开”场所46家，四个流动人口聚居村累计接报刑事类警情和社区可防性警情同比分别下降27.6%和53.3%。

(高凤霞)

【推进治爆缉枪专项行动】 3月至5月，通州公安分局按照2010年全国治爆缉枪专项行动的统一部署，坚持“严打、严治、严控、严管、严防”相结合，深挖细查各类涉枪线索；加大涉案危险物品的追缴力度，封堵非法危险物品流通渠道；以网络报道、设点宣传、张贴通告、实物展示为载体，营造良好的社会舆论效果，推动治爆缉枪专项行动的深入开展。其间，共张贴通告1万余份，发放宣传资料30万份，受教育人数达40万余人，收缴各类管制刀具91把、猎枪子弹470发、气枪4支、废旧炮弹3枚、仿真枪1支、弩1把。

(高凤霞)

【完成全国“两会”安保工作】 3月1日至15日，通州公安分局坚持超常规组织安排，深入动员部署，最大化警力投入，坚持“刑侦攻坚、警种协同”打击攻坚模式，落实重点部位联合整治隐患排查机制，实行专群结合严密街头巡逻控制等各项管控措施，始终保持严打严整、严控严防的高压震慑态势，有力维护全国“两会”期间全区治安秩序持续平稳。其间，破获各类刑事案件153起，抓获作拘留以上处理人员319人；共盘查核录37833人车次，检查各类场所5680家次，清查出租房屋2010户、流动人口3250人，整改隐患236处，妥善处置群体访3批28人次，执行警卫任务16次。

(高凤霞)

【“春季攻势”行动开局良好】 4月，按照市局“春季攻势”的部署，通州公安分局围绕市级挂账的治安重点地区、流动人口聚居村以及搬迁地区，依托治安洼地挂账整治机制，全面整治净化环境；紧盯全区高发案部位、繁华场所、治安乱点、进出京路口、“贼道”等5类重点地区，强化阵地控制；完善社区日常警务运行模式，提升社区安全防范水平，确保“春季攻势”行动开局良好。其间，分局共抓获作拘留以上处理违法犯罪人员519名，全区街头刑事类警情同比下降50%，社区可防性案件数量同比下降20.6%。组织开展集中清理整治行动7次，检查行业场所612家次，清查流动人口5128人，清理黑车136辆次，收缴非法小广告4300余份。

（高凤霞）

【完成清明节安保工作】 4月，通州公安分局制定祭扫接待和突发事件处置安全保卫工作专项方案，加强对陵园、殡仪馆等全区5处重点祭扫场所安全检查，协调区民政、城管、工商等部门加大宣传力度，营造文明祭扫氛围，圆满完成了清明节安全保卫任务。其间，公安分局出动警力550人次，群防力量1800余人次，接待扫墓群众18万余人次，机动车3.7万余辆次。

（高凤霞）

【梨园派出所办公楼新址启用】 4月16日，通州公安分局在梨园派出所举行办公楼新址启用揭牌仪式。梨园派出所办公楼新址位于云景东路80号，自2009年5月开工建设，总建筑面积约3140平方米，设置“110”接处警大厅、办证大厅、监控中心、视频会议室、候问室、询（讯）问室、调解室等功能区。区政法委、公安分局、梨园镇主要领导为梨园派出所办公楼新址启用揭牌。

（高凤霞）

【全力推进三项重点工作】 5月，通州公安分局成立三项重点工作领导小组，组建社会矛盾化解、社会管理创新、公正廉洁执法三个工作组，研究制定分局深入推进三项重点工作方案；建立健全折子工程机制，制定下发“三项重点工作”实施意见，形成了《通州分局深入推进三项重点工作折子工程》，共列账各项工作任务22项，逐项明确主责领导、完成标准、完成时限；建立健全包片定期联系机制，分片包干，加强与有关单位、责任人的联系沟通，掌握工作进展督导推进工作落实；建立健全信息报送考核机制，开设“三项重点工作专栏”信息交流平台，深度挖掘和提炼经验性作法、创新性举措，实现资源共享，大力营造推进“三项重点工作”的浓厚氛围。

（高凤霞）

【推进治理“黑车”专项行动】 5月，通州公安分局按照全区治理“黑车”专项行动部署要求，充分发挥牵动作用，紧密依托多部门、多警种联勤联动机制，狠抓组织部署、宣传教育、综合治理、源头管控“四个到位”，有效治理“黑三轮”、“黑摩的”、机动车非法营运问题，改善交通秩序和城市环境，为通州区现代化国际新城建设营造良好的社会治安环境。其间，开展清查“黑车”行动9次，查获各类非法运营车辆420辆，行政拘留38人，警告罚款237人，发放宣传材料8000余份，受教育群众达1万余人。

（高凤霞）

【开展打击防范经济犯罪宣传日活动】 5月15日，通州公安分局联合工商、国税、地税、药监、烟草专卖局等部门在全区范围内开展打击防范经济犯罪宣传日活动。活动期间，在梨园镇家乐福超市广场设主会场，全区各乡镇、街道办事处在辖区商场、写字楼等繁华场地设立宣传站点，通过悬挂标语横幅、张贴海报、公开举报电话、现场咨询等形式宣传非法吸收公众存款、集资诈骗、非法经营等经济犯罪的表现形式、规律特点、典型案例、防范知识和相关法律法规等内容。发放各种宣传材料3万余份，接待群众咨询5000余人次。

（高凤霞）

【推进村级科技创安工作效果显著】 1月至

7月，通州公安分局以14个流动人口集中的派出所为重点，以65个交通发达、入室盗窃案件相对高发的自然村作为派出所科技创安工作的切入点，建立村级技防设施建设台账，对主要路段、繁华场所科学布防，形成覆盖全村的网格式监控体系；建立主管所长、社区民警和各村村干部三级责任制，强化技防建设督导检查；加强监控人员系统运用和维护技能培训，保障监控体系效能发挥；落实监控探头前沿使用、监控视频后方值守、人防力量动态巡控措施，稳步推进村级科技创安工作。其间，全区投入资金1000万余元，建立村级视频监控平台58个，安装监控探头696个，其中41个自然村实现入室盗窃警情零接报，10个自然村实现警情同比下降。

(高凤霞)

【推进社区网上警务工作】 3月至8月，按照市公安局党委关于加强社区网上警务工作的部署，通州公安分局制定《社区网上警务工作方案》，对新浪、搜狐、搜房等门户网站的615个业主论坛进行梳理，以北苑、永顺辖区等24个小区业主论坛为重点，建立网上警务室，健全社区网上警务规范化管理机制，对人员配备、工作内容、操作流程等逐一建章立制。明确社情民意和情报信息搜集、网上舆论引导、安全防范宣传、户政便民服务、网下落地核查、密切警民联系6项工作内容。保持网上警务室24小时开通，网上巡控全天候、全覆盖，实现网上重点信息实时巡控，防范提示及时播报。推出网上预约、“与您相约”等13项便民利民措施，为群众办好事办实事。其间，搜集掌握动态信息163条，及时化解矛盾纠纷12起；发布各类警情信息、预警提示24条，全区接报可防性案件数量同比下降7.6%；解决群众困难41件。

(高凤霞)

【完成第六届中国宋庄文化艺术节安保工作】 9月10日至10月10日，由北京市通州区宋庄镇人民政府、北京宋庄文化创意产业集聚区管委会共同主办的第六届中国宋庄文化艺术节，在宋庄镇文化创意产业集聚区举行。该文化节包括开幕式、美术批评家年会、展览等多项活动。通州公安分局组织警力350人次，内部保卫力量3600人次，严格落实安全隐患排查、突发事件处置、巡逻防控等安保措施，圆满完成文化节安全保卫工作。

(高凤霞)

【完成大运河森林公园开园安保工作】 10月1日至7日，通州大运河森林公园于10月1日正式对外开放。通州公安分局以防事故、保安全、保秩序为重点，制定严密安保工作方案和应急预案，投入安保力量1456人，加强森林公园主要景点巡逻巡视，随时做好应急处突准备工作，确保公园景区内治安秩序良好和游人的绝对安全。黄金周期间，大运河森林公园接待游客18.5万人次，车辆2.2万车次。

(高凤霞)

【推进打击破案百日会战】 9月至10月，按照市公安局开展打击破案百日会战的部署要求，通州公安分局以影响地区稳定和群众安全感的重特大案件及团伙系列、现行犯罪为重点，坚持以打开路、多线出击，超常规落实打、防、整、控等一系列针对性打击措施，有效推进打击破案百日会战工作开展。其间，公安分局破获刑事案件637起，抓获违法犯罪人员737人；打掉犯罪团伙19个，破获系列案件15串59起；累计深挖案件线索290条，破获刑事案件145起。

(高凤霞)

【开展冬季火灾防控攻坚战】 11月，通州公安分局严格履行安全监管职责，开展冬季火灾防控攻坚战。其间，成立10个消防安全检查组，以夜查和错时检查为主要形式开展联合突击抽查，确保各项措施落实到位；围绕高层建筑、地下空间，大型商市场、学校、医院、水电气热等防火重点部位，协调区安监、城管、工商等部门，开展捆绑联动执法检查；以广播、电视为载体开展消防宣传教育活动；组织对各单位法人代表、安全管理员、村镇义务消防队重点人员培训；开展大型商场、娱乐场所、施工现场等消防演练，多措并举，全力维护人民群众生命财产安全。11月，出动力量546人次，检查单位1342家，当场整治隐患296处，限期整改22处，查封各类违规场所8家，行政罚款15起。

（高凤霞）

【破获系列持刀入室抢劫案】 1月30日，通州公安分局破获系列持刀入室抢劫案，在河北省沧州市南皮县将犯罪嫌疑人迟某某（男，1986年2月出生）、赵某某（男，1988年10月出生，均河北省沧州市人）抓获。经工作，该二人对2010年1月在马驹桥地区临街商店持刀入室抢劫作案4起，涉案金额5000余元的犯罪事实供认不讳。同时二人还供述，在山东、天津等地实施持刀入室抢劫作案4起的犯罪事实。3月5日，迟某某等二人被依法逮捕。

（高凤霞）

【破获一起伤害致死案】 3月7日，通州公安分局破获一起伤害致死案，将犯罪嫌疑人杨某某（男，1981年9月出生）、彭某（男，1979年4月出生，均重庆市潼南县人）抓获。经工作，该二人对2003年7月24日21时许，在通州区永顺镇芦庄村，因琐事将事主于某某扎伤致死犯罪事实供认不讳。3月30日，彭某被依法逮捕，杨某某被取保候审。

（高凤霞）

【破获系列跨区骑抢案】 5月19日，通州公安分局破获系列跨区骑抢案，在房山区将犯罪嫌疑人刘某某（男，1991年5月出生）、刘某某（男，1983年3月出生，均山西省吕梁市人）抓获。经工作，该二人供述了自2010年5月以来，先后在本市通州、朝阳等地驾驶摩托车抢夺事主财物作案9起的犯罪事实（已核实7起），涉案金额5000余元。6月25日，刘某某等二人被依法逮捕。

（高凤霞）

【破获系列职务侵占案】 6月7日，通州公安分局破获系列职务侵占案，在次渠村某公司内将犯罪嫌疑人谭某（男，1979年10月出生，湖南省望城县人）、杨某某（男，1971年4月出生，河北省遵化市人）等6人抓获。经工作，该六人对自2008年6月至2010年6月期间，利用工作之便，先后多次盗窃公司内模板、穿墙栓等财物，涉案金额320万元的犯罪事实供认不讳。7月15日，谭某等六人被依法逮捕。

（高凤霞）

【破获一起合同诈骗案】 10月16日，通州公安分局破获一起合同诈骗案，将犯罪嫌疑人党某某（男，1951年3月出生，广东省珠江市人）抓获。经工作，该人对2006年3月25日，冒充万发建筑工程（上海）有限公司负责人的身份，以介绍联合开发运河治理中线工程为名，诈骗事主王某某66万元的犯罪事实供认不讳，11月12日，党某某被依法逮捕。

（高凤霞）

【破获“11·28”入室抢劫杀人案】 12月3日，通州公安分局在市局有关部门的配合下，破获入室抢劫杀人案，将犯罪嫌疑人王某某（男，1983年7月出生）、张某某（男、1988年9月出生）、王某某（男，1987年7月出生，均河南省信阳市人）抓获。经工作，该三人对2010年11月28日凌晨1时许，窜至台湖镇一简易房内，持刀入室抢劫现金3100元，并将事主黄某某杀害的犯罪事实供认不讳。2011年1月11日，张某某等三人均被依法逮捕。

（高凤霞）

检 察 工 作

【概　况】 2010年，区检察院紧密结合通州区现代化国际新城建设目标，围绕深入推进三项重点工作，全面履行法律监督职能，进一步加强基层检察院建设，以实际工作成效服务通州新城实现跨越式发展。全年受理公安机关提请批准逮捕案件777件1059人，依法决定批准逮捕606件789人；受理公安机关移送审查起诉案件937件1287人，依法决定起诉888件1250人。受理提请逮捕案件数和人数比上年度分别上升6.15%和2.32%。经法院审理，有1257人被作出有罪判决。

加大查处和预防职务犯罪工作力度，反贪局立案侦查贪污贿赂案件12件15人，均为大案要案，挽回经济损失840余万元。反渎局针对一起财会人员挪用公款数额巨大的犯罪案件，坚决立案查处了该单位一名部门领导干部玩忽职守的犯罪案件。职务犯罪预防部门继续深化侦防一体化工作机制，结合查办的人民防空建设领域职务犯罪，向市、区两级政府提出综合预防报告，向市、区两级民防局制发了检察建议，督促整改落实，取得实效；积极前移预防关口，介入运河核心区、西海子棚户区、台湖“两站一街”等重大拆迁建设项目，实施同步预防，向区委、区政府提出了加强拆迁监管工作的预防建议，促进了本区拆迁建设的顺利运行；加强农村“两委”干部的职务犯罪预防，深入乡镇发放《让农村基层干部远离职务犯罪》宣传画册，为新一届村“两委”班子开办任前警示教育课堂，协助做好党风廉政建设。

强化诉讼监督职能，全年依法决定不批准逮捕案件168件256人、不起诉23件38人，受理立案监督案件线索22件25人，要求公安机关说明不立案理由8件10人，促使公安机关主动立案4件4人，通知公安机关立案3件4人，其中对4件5人作出有罪判决。依法纠正漏捕7人、漏诉25人，审查改变案件定性、追加或减少犯罪事实130余起。向公安、法院提出纠正违法和检察建议66件次，均得到落实反馈。向法院提出量刑建议346人，量刑建议采纳率为75%。提请刑事抗诉案件4件，2件获上级院支持，建议和提请民事抗诉6件，2件获改判。受理刑事申诉4件、人民群众信访625件。依法监督3名监外执行条件消失的罪犯被及时收监执行。有4起案件入选北京市检察机关诉讼监督精品案，1件被评为诉讼监督精品事项。

深入推进三项重点工作，依法促成当事人达成刑事和解30件33人，实行公开宣布相对不起诉案件析责教育、办理涉众型案件“五访五答”息诉办法，与区律协、劳动人事争议仲裁部门建立检调对接工作关系，有效化解、预防和减少了涉检信访矛盾。针对安全隐患、管理漏洞向涉案单位、行业系统制发检察建议54份，围绕征地拆迁、涉农上访、恶势力犯罪，积极向区委、区政府提供防范社会风险建议，与市检察院联合举办“流动人口犯罪”论坛，促成全市检察系统就流动人口犯罪和管理问题进行研讨和制度设计。开展“涉选”信访、社区矫正工作调研，确保农村“两委”换届选举工作平稳进行，促进对特殊人群的社会帮教与管理工作。在台湖镇、潞城镇建立联系基层群众工作试点，实现检力下沉为基层服务。组织“两员”实地视察驻所检察工作，参加“举报宣传周”活动，邀请人大代表、政协委员听取本院反渎职侵权工作汇报，广泛征求意见建议，不断强化接受外界监督。

以实施“检察职业形象建设年”为主线，以“恪守检察职业道德、促进公正廉洁执法”、“创先争优”、“三个心系”等实践教育活动为载体，不断深化思想政治和职业道德教育。举办中层以上领导干部素能研修班、“通检杯”青年干警综合能力大赛，实施本院第一届检察专业化人才评审选拔，初步形成人才储备和培养梯队。年内，新录用大学生15名。年度有行政编人员141人，事业编人员10人，合同制人员10人。

(王向玲)

【职务犯罪预防讲座】 1月23日，区检察院为区质监局作“特种设备失职、渎职和预防职务犯罪法律知识”专题讲座。介绍了渎职侵权侦查局的工作性质、任务、受案范围等基本情况，结合典型案例，深入浅出地讲解了职务犯罪的发案原因、特点和社会危害性，并针对质监系统的行业特点，就易发生失职、渎职犯罪的环节进行了深入分析，并提出相关预防建议。

（王向玲）

【建立企地联控工作机制】 1月24日，区检察院深入通州区供电公司，协助企业共同研究完善企地联控工作机制。9月25日，区检察院与中铁十六局北京轨道交通工程建设有限公司建立检企共建共促廉洁协作机制，就共同预防职务犯罪，促进企业规范管理和廉洁经营制定五项措施。

（王向玲）

【出台《脱保案件处理暂行办法》】 3月15日，区检察院制定出台《关于脱保案件处理暂行办法》，办法的内容特点：一是细化操作，保障诉讼；二是注重完善办案方式，加强防范处理；三是突出监督重点，加强中止审查后的跟踪监督；四是强化案件卷宗安全管理。

（王向玲）

【编辑出版《刑事侦查监督工作指南》】 4月5日，区检察院编辑《公诉部门刑事侦查监督工作指南》，整合《刑事诉讼法》、《公安机关办理刑事案件程序规定》、《北京市检察机关公诉部门关于规范使用纠正违法等诉讼监督方式的规定（试行）》等相关法律、法规、规定中有关侦查监督工作的内容，使审查起诉环节的侦查监督工作内容一目了然，方便操作。该指南共23条103项。

（王向玲）

【制定《公诉案件信访风险预警方案》】 4月6日，区检察院制定实施《公诉案件信访风险预警方案》，进一步完善检察办案环节信访风险预警机制。方案明确了公诉案件信访风险预警责任内容，明确了涉案信访答复责任人和接访答复形式。

（王向玲）

【邀请“两员”考察监所检察工作】 4月28日，北京市检察院、区检察院两级人民监督员、特约监督员共15人应邀到区检察院听取监所检察工作汇报，并到区看守所实地考察驻所检察工作。座谈会上，区检察院监所检察部门负责人向监督员们汇报了近年来监所检察工作基本情况以及在保障监管场所安全、维护在押人员合法权益、查办刑罚执行和监管活动中的职务犯罪等方面取得的成绩。该院检察长东晓钟、副检察长郭晓宏就监督员们关心的戒具使用条件、在押人员饮食情况、监管环节等问题进行了解答。会后，监督员们集体参观了新建的通州区看守所，实地考察驻所检察工作。

（王向玲）

【邀请视察反渎工作】 6月23日，区检察院邀请区人大代表、政协委员及九三学社社员近30人视察该院反渎职侵权工作，听取汇报，进行座谈。检察长东晓钟出席座谈会，副检察长田长江主持会议。会上，检察长东晓钟就该院近年来开展反渎职侵权工作的情况向代表、委员和社员们做了专题汇报，反渎职侵权局局长吴涛针对该院查办和预防人民防空领域渎职犯罪的工作情况做了专项报告。与会代表、委员和社员们一致对该院反渎职侵权给予高度肯定，并提出建议。

（王向玲）

【制定施行举报工作实施细则】 7月5日，区院制定并施行《北京市通州区人民检察院举报工作实施细则》，进一步加强和规范对举报线索的管理，强化对线索查办工作的内部监督，减少和杜绝积压、延办举报线索的现象，强化职务犯罪打击力度，同时维护举报人的合法权益。《细则》共七章四十七条，主要内容为：一是明确举报线索的受理程序；二是明确举报线索的管理要求；三是细化举报线索的审查处理流程；四是建立维护举报者权益的制度体系。

（王向玲）

【农村“两委”干部预防职务犯罪法制课】 7月9日，区检察院预防处工作人员在台湖镇新一届村级“两委”班子培训班上，为该镇46个村的180名新任村党支部、村民委员会干部讲授了一堂预防职务犯罪警示教育课。警示教育紧紧围绕当前通州区农村生产生活和村干部履职实际，结合近年全市发生的农村基层组织人员职务犯罪案件，详细讲解了职务犯罪的概念、有关罪名，深入分析了村干部职务犯罪的原因、特点、危害，以及村干部在代行政府职能过程中如何预防职务犯罪的发生。

（王向玲）

【出台2010～2012年检察改革实施方案】 8月20日，区检察院制定出台《北京市通州区人民检察院2010～2012年检察改革实施方案》，全面启动实施新一轮检察改革。《方案》确定了30项改革任务，包括“探索创新”类改革共17项、“深化完善”类改革共13项。

（王向玲）

【与工商分局建立“两法衔接”工作机制】 8月29日，区检察院与工商分局建立“两法衔接”工作机制，进一步加强检察机关与工商行政管理机关在规范经营行为、预防和治理商业贿赂等方面的沟通与协作，形成监督与配合并重的执法司法合力，有力推动社会管理创新与提高。“两法衔接”工作机制包括：建立联络员制度、信息共享机制、案件线索移交机制、个案配合机制、交流研讨机制和建立联席会议制度。

（王向玲）

【与区仲裁委建立检调对接工作机制】 9月14日，区检察院与区劳动人事争议仲裁委员会签订《关于加强协作共同做好劳动争议申诉案件矛盾化解工作的意见》，正式启动劳动争议申诉案件检调对接工作机制，加强协作，有效化解劳动纠纷。机制包括建立案件协作机制和常态沟通机制。

（王向玲）

【实施轻刑快审“三方”联动机制】 9月16日，区检察院与区公安分局、区法院会签《开展快速办理轻微刑事案件工作办法》，正式启动实施轻刑快审三方联动机制，保证轻刑快审在各诉讼环节得到落实和有效衔接，切实提高诉讼效率，及时化解社会矛盾。

（王向玲）

【举办“流动人口犯罪”专题论坛】 9月20日，区检察院与市检察院联合在通州区举办“流动人口犯罪”专题论坛，市检察院副检察长甄贞，市流管办协调指导处处长刘玉成，通州区人大常委会副主任罗明光，中国政法大学教授王平、皮艺军以及通州区综治办、流管办、区委研究室、市检察院、部分区县检察院的领导和干警共30余人应邀出席论坛。论坛共征集实证调研报告32篇，来自市检察院侦监处及通州、一分院、朝阳、石景山、昌平、顺义、怀柔、平谷、大兴、房山、原宣武、铁检北京院等12个分院、区县检察院的干警在对全市或辖区范围内一定时期的流动人口犯罪情况进行详细调研的基础上，围绕“流动人口犯罪实证调研”、“流动人口犯罪的犯罪学研究”、“流动人口犯罪法律适用研究”三个方面，分别从犯罪学、刑事司法、社会管理等层面对流动人口犯罪的特点、原因等进行了深入探讨，并对加强流动人口管理，防控流动人口犯罪等问题提出了具体的对策和建议。

（王向玲）

【评审选拔第一届检察专业化人才】 8月，区检察院部署开展第一届检察专业化人才评审选拔工作，经过两个多月的严格评选，最终选拔出10名人选。10月22日，该院举行专业化人才称号授予仪式，授予向令涛、李智慧“检察业务专家”称号，授予李峥、刘岩、刘锐、全明姬、王沛儒、张学利、王洪波7名同志“检察业务专门型人才”称号，授予李洪欣“检察理论研究专门型人才”称号。

（王向玲）

【制定联系基层工作点实施办法】 12月8日，区检察院与区潞城镇、台湖镇共同制定签署《检察机关联系基层人民群众工作点实施办法》。明确了工作目的、组织形式、工作职责、工作方式和工作要求。

（王向玲）

【市区两级人大代表听取检察工作汇报】 12月14日，区检察院与北京市检察院联合召开人大代表座谈会，围绕市检察院和区检察院2010年工作报告及2011年工作思路，征求人大代表对检察工作的意见和建议。来自市区两级的16名人大代表应邀参加座谈。通州区人大常委会主任张文山、区政协主席王春元、区委政法委书记赵玉影等出席座谈，区检察院党组成员及中层干部列席会议，直接听取人大代表的意见和建议。

（王向玲）

【王文永伙同妻子受贿案】 被告人王文永，男，57岁，中共党员，大学本科，北京市通州区人，原北京市通州区卫生局局长，北京市通州区第四届人大代表。被告人杨树清，女，59岁，王文永之妻，北京市通州区人，原通州区潞河医院妇产科主任医师。2002年至2004年，王文永利用担任北京市通州区卫生局局长的职务便利，为北京市云亮琛建筑装饰工程有限公司承揽通州区卫生系统建筑装饰工程提供帮助，其中王文永单独收受该公司法定代表人刘桂亮（已判决）送予的人民币29万元，伙同其妻杨树清共同收受刘桂亮送予的人民币50万元。2010年1月20日，通州区人民检察院以涉嫌受贿罪对王文永、杨树清立案侦查，8月18日，以涉嫌受贿罪向通州区人民法院提起公诉。12月6日，通州区法院以受贿罪，对被告人王文永判处有期徒刑10年零6个月，判处杨树清有期徒刑5年。后王文永上诉，北京市人民法院第二中院裁定驳回上诉。

（王向玲）

【赵启平非法吸收公众存款案】 被告人赵启平，男，51岁，山东省诸城市人，京都菇业集团有限公司、北京大家地业农业科技发展有限公司法定代表人。1999年以来，赵启平先后注册成立京都菇业集团有限公司（前身为京都菇业开发公司）、北京大家地业农业科技发展有限公司等十几家公司，通过在北京电视台、《晨报》、《北京日报》等媒体及在公交车车身等处进行广告宣传，与投资人订立租赁合同、承包经营合同，约定利润、返本付息及返款时间，许以15%至40%的高额回报的方式，吸引社会投资。截至2005年，赵启平非法吸收500余名投资人资金合同金额人民币2.4亿余元。2009年4月17日，赵启平以涉嫌非法吸收公众存款罪被批准逮捕，11月18日，通州区人民检察院受理该案，2010年5月26日，以涉嫌非法吸收公众存款罪向通州区人民法院提起公诉，2011年1月7日，通州区人民法院以犯非法吸收公众存款判处被告人赵启平有期徒刑10年，并处罚金50万元，被告人未提出上诉。

（王向玲）

审判工作

【概　况】 2010年，区法院围绕本区保持经济平稳较快发展与社会持续和谐稳定的工作大局，充分发挥审判职能作用，全力做好审判、执行工作，全年受理各类案件26528件，审结26177件，同比分别上升10%和9.9%，结案率为98.7%，解决诉讼标的总金额22.5亿元。连续十二年无超审限案件，在法官人均结案数、审判人员人均结案数以及全院干警人均结案数三个方面均名列全市法院第一名。其中受理刑事案件888件，审结878件；受理民商事案件19239件，审结19020件；受理行政诉讼案件122件，审结121件；受理执行案件6253件，执结6134件，执行标的总金额7.2亿元。区法院着力推进辖区科学发展和社会稳定，稳妥推进司法改革，努力提升队伍整体素质，大力加强法庭及基础工作，为推进现代化国际新城建设，构建和谐稳定的社会发展环境发挥了积极作用。2010年，区法院被授予“北京市先进法院”、

"首都文明单位标兵"等多项荣誉称号。

（刘晓蕾）

【文印中心成立投入使用】 2月20日，区法院文印中心正式成立并投入使用。文印中心投入使用后，该院所有非制式司法文书一律由文印中心进行签章打印，除非紧急情况并经主管领导批准，不得自行印制文书并手工签章。

（刘晓蕾）

【区法院与北工大实验学院签订共建合作协议】 4月22日，区法院与北京工业大学实验学院联合举行院校共建合作协议签字仪式，双方就加强交流合作，深入进行疑难法律问题研讨、共享法律数据库资源等问题达成共建合作协议。

（刘晓蕾）

【启用审判委员会办公管理系统】 6月25日，区法院正式启用审判委员会办公管理系统审议案件，改变了以往打印纸质审理报告上会的模式，在会议申请、会议安排、报告浏览、听取汇报、证据展示、询问讨论、表决签字等环节，实现了无纸化、智能化办公。

（刘晓蕾）

【区法院互联网站正式开通】 8月2日，区法院国际互联网站正式开通。网站设有法院概况、新闻中心、法学实务、网络直播、法官风采、法苑文化、荣誉展室、裁判文书、诉讼指南等栏目，内容涵盖了审执工作、诉讼服务、学术研讨、队伍建设、法院管理等多个方面。

（刘晓蕾）

【调整民商事审判庭】 8月23日，区法院对民商事审判庭作出调整：原民事审判第三庭改称为民事审判第二庭，与原民事审判第一庭分别审理民事案件；原民事审判第二庭分立为民事审判第三庭和民事审判第四庭，审理商事案件。至此，区法院民商事审判庭实现了审理案件范围与上级法院相对应。

（刘晓蕾）

【"人民调解进立案庭"工作正式启动】 10月上旬，根据市委政法委、首都社会治安综合治理委员会办公室、市高级法院、市司法局"人民调解进立案庭"现场会会议精神，区法院与区司法局、区社会治安综合治理办公室共同会商，正式启动"人民调解进立案庭"工作：成立北京市通州区"人民调解进立案庭"工作领导小组，下设"人民调解进立案庭"工作协调对接小组，定期召开联席会议；制定《"人民调解进立案庭"工作实施细则》等规章制度，由区法院负责人民调解与诉讼的衔接并具体指导人民调解工作的开展，包括诉前调解引导、案件移送、对调解员进行法律专业知识培训、依法确认人民调解协议的法律效力，区司法局负责对人民调解员的领导和管理，包括调解员的选任配置、工作考核及补贴奖励。

（刘晓蕾）

【制定《廉政风险防范管理工作考核办法》】 为贯彻落实市委区委《关于推行廉政风险防范管理工作的实施意见》，11月11日，区法院制定出台《廉政风险防范管理工作考核办法》。该《考核办法》明确了该院风险防范管理工作考核的原则，规定了考核的范围和内容，拟定了具体考核标准，并详细规定了考核的组织机构、时间、方法、步骤及考核结果的使用与责任追究。

（刘晓蕾）

【干警论文获学术论文研讨会全国奖项】 12月底，全国法院系统第二十二届学术论文研讨会评奖结果揭晓，区法院立案庭法官卫丹撰写的《在处分权与审判权动态平衡视野下的撤诉干预》获二等奖。此前在市法院系统第二十二届学术讨论会上，该文获得一等奖，这是区法院第二次获得北京市法院系统学术论文讨论会一等奖。

（刘晓蕾）

【审结一起电信资费诈骗案】 2007年9月，被告人李常荣冒用他人（单位）名义办理中国移动通信集团北京有限公司移动电话入网手续，后将所得全球通移动电话SIM

卡43张供自己使用或卖给他人使用，至2007年12月造成电信资费损失共计人民币2881489.23元。区法院经审理认为，被告人李常荣以非法占有为目的，冒用他人名义办理入网手续并使用移动电话，造成电信资费损失，数额特别巨大，其行为构成诈骗罪，依法应予惩处。4月21日，区法院以诈骗罪判处李常荣有期徒刑十年，并处罚金人民币10000元。宣判后，被告人未上诉，判决已生效。

（刘晓蕾）

【审结一起“房产新政”引发的房屋买卖合同纠纷案件】 4月10日，原告邹某与被告吴某某签订《北京市存量房屋买卖合同》、《补充协议》，约定邹某以贷款方式购买吴某某所有的房屋一套。双方还以经纪公司为代理人签订了《过户、按揭代理合同》，约定：因不可抗力及遇政府主管机关或贷款机构政策原因而导致本合同无法履行的，三方均不承担违约责任。邹某、吴某某均在合同上签字确认。当日，邹某向吴某某支付购房定金20000元。4月30日，市人民政府发布贯彻落实国务院关于坚决遏制部分城市房价过快上涨文件的通知（京政发〔2010〕13号），其中规定，商业银行根据风险状况，暂停发放购买第三套及以上的住房贷款。因原告邹某名下有两套房屋，且没有在北京交纳个人所得税和社会保险的记录，不能如期得到银行贷款，亦无力支付房屋首付款，故诉至区法院要求解除双方签订的房屋买卖合同，要求被告返还房屋定金20000元。区法院经审理认为，邹某与吴某某签订上述合同后，北京市颁布购置房屋政策，导致邹某无法通过贷款方式购买房屋，合同已经无法继续履行，现邹某要求依照合同约定解除合同，理由正当，证据充分，予以支持。合同解除后，双方并无实际损失发生，现邹某要求退还定金的诉讼请求，理由正当，证据充分，予以支持。7月30日，区法院依法判决解除原告邹某与被告吴某某签订的《北京市存量房屋买卖合同》、《补充协议》及《过户、按揭代理合同》；被告吴某某于判决生效之日起七日内返还原告邹某定金20000元。一审判决后，双方均未上诉，判决已生效。

（刘晓蕾）

【审结一起挪用公款案】 2005年至2009年7月间，被告人李某某利用担任区卫生局计划财务科出纳员职务之便，采取以现金支票提现不入账、收款不入账等手段多次挪用单位公款累计人民币190余万元，供本人及其男友赵某、李某等人吃喝玩乐、购买贵重物品，将所挪公款全部挥霍。2005年至2006年6月间，被告人赵某多次指使、欺骗、威胁李某某挪用区卫生局公款共计60余万元。被告人李某某、赵某分别于2009年7月7日、2010年1月19日到区检察院投案。区法院经审理认为，被告人李某某作为国家工作人员，利用其担任出纳的职务便利，挪用公款数额巨大，不能退还；被告人赵某多次指使、欺骗、威胁李某某挪用公款，数额巨大，不能退还，其二人的行为已构成挪用公款罪，依法均应予以惩处。8月19日，区法院以挪用公款罪，分别判处被告人李某某、赵某有期徒刑十三年零六个月、有期徒刑十一年。宣判后，被告人均未上诉，判决已生效。

（刘晓蕾）

【审结13人话术团伙诈骗案】 2009年4月至8月间，被告人王金伶以公司形式，招募被告人王君平为主管，邓宁波、王晓平为客服，张春燕、马建荣、孟凡利、张侨、阮玉红、朱利凤、王海红、王春丽、刘丽伶等人为话务员进行电话诈骗。其间，主管王君平利用王金伶提供的话术资料对话务员进行培训，话务员张春艳等人即冒充北京市电视购物中心、奥斯力客服中心等单位工作人员，通过电话进行推销，以买一赠一、赠送世博会纪念章等优惠手段诱骗客户购买王金伶从网上或者街边地摊低价购买的水宜生保健杯、奥斯力神奇魔环、方奈尔内衣等假冒伪劣产品。再由客服王晓平确认订单后，邓宁波通过QQ将客户购买物品信息发送给被告人王金伶联系的邮政快递公司，邮政快递公司以北京市金都商贸有限公司、北京利达商贸有限公司作为销售公司将货物发出并由邮局代收货款。另由客服王晓平处理客户投诉，邓宁波统计话务员业绩。通过上述方式，共骗取360余人共计人民币11万余元。被告人王金伶、王君平、邓宁波、王晓平、张春燕、马建荣、孟凡利、张侨、阮玉红、朱利凤、王海红、王春丽、刘丽伶，以非法占有为目的，结伙以虚构事实、隐瞒真相的方法骗取他人钱财，其中被告人王金伶、王君平、邓宁波、王晓平诈骗数额巨大，被告人张春燕、马建荣、孟凡利、张侨、阮玉红、朱利凤、王海红、王春丽、刘丽伶参与诈骗数额较大，上述十三被告人的行为均构成诈骗罪，依法应予惩处。8月30日，区法院以诈骗罪分别判处被告人王金伶有期徒刑四年零六个月并处罚金人民币8000元，王君平有期徒刑三年并处罚金人民币3000元，邓宁波、王晓平有期徒刑一年零六个月并处罚金人民币2000元，张春燕、马建荣、孟凡利拘役六个月、缓刑六个月并处罚金人民币1000元，张侨、朱利凤、阮玉红拘役五个月、缓刑五个月并处罚金人民币1000元，王海红、王春丽、刘丽伶拘役四个月、缓刑四个月并处罚金人民币1000元。宣判后，被告人未上诉，判决已生效。

（刘晓蕾）

司法行政

【概　况】 2010年，区司法局以科学发展观为统领，以服务通州现代化国际新城建设为重点，以推进政法系统三项重点工作为主线，大胆创新，勇于实践，充分发挥司法行政职能作用，为维护社会安全稳定，构建和谐通州新城做出突出贡献。随着通州新城建设力度的不断增强，各级调解组织积极参与其中，围绕通州新城建设大局，针对搬迁征地、劳动纠纷、村委换届等社会热点、难点问题开展周密细致的排查化解工作，调解纠纷数量和效果取得突破性进展。2010年，全区各级调解组织共调解各类矛盾纠纷15231件，成功15135件，调解成功率达到99%，调解数量大幅超越上年，调解工作公信力显著提高。北苑司法所被市司法局命名为北京市人民调解示范所。

自2003年12月北京市开始社区矫正试点工作以来，全区累计接收社区服刑人员2392名，解除矫正1969名。全区现有社区服刑人员423名，五年内刑释解教人员1284名。通过各级矫正和帮教组织的共同努力，全区1700余名社区服刑人员和帮教安置对象均未发生影响社会稳定的重大事件，圆满完成了一些敏感期，十七届五中全会、世博会和广州亚运会等重大活动的安全保卫工作。按照市司法局工作部署，制定完成通州区阳光中途之家规划方案，并完成选址工作。

年内，本区司法助理员、律师、公证员和基层法律服务工作者等专业法律服务人员共计办理法律援助案件259件，接听“148热线”2955人次，法律援助社会影响力不断扩大；办理公证案件4019件，较好地维护了当事人的合法权益；担任法律顾问960家，为各级政府依法行政提供了有力保障；新城拆迁攻坚阶段，妥善解决429户拆迁滞留户的问题，为新城建设提供了有力的法律支撑。

年内，对全区71家普法单位“五五”普法年度工作进行检查验收，特别是对台湖、马驹桥等15个乡镇、街道和民政局、交通局等18个委办局普法单位进行现场检查、验收。召开2010年度法制宣传教育工作部署会，表彰了计生委等20家年度普法先进单位、公安分局等20家先进普法办以及67名先进个人。6月30日，通州区通过了市“五五”普法检查验收团的考核验收。

年内，新建法律服务室60家、规范提高120家。据初步统计，年内，全区法律服务室共调处民间矛盾纠纷5686件，解答咨询

8900件，开展法制宣传366场次。在此基础上，为逐步完善全市公益法律服务体系，在11个乡镇建立了公益法律服务中心，并开始正常运转。

（李　超）

【司法行政座谈会召开】 1月26日，区司法局举行2010年司法行政座谈会。各乡镇主管政法工作领导和宣传部长30余人参加会议。区委常委、政法委书记李玉君，区委常委、宣传部长张秀余出席会议并讲话。

（李　超）

【打击涉众型经济犯罪法制巡回展】 1月29日，司法局在通州区育才学校开展“打击涉众型经济犯罪法制巡回展启动仪式”。区委常委、政法委书记李玉君等领导出席会议并讲话。启动仪式后，根据市活动安排，于1月至6月，在全区15个乡镇街道、60余家重点城口普法单位中开展巡回展活动。活动期间，8.7万名群众现场参观了“打击防范涉众型经济犯罪法制教育巡回展”，发放法制宣传画6000份 ，宣传折页10万份，图书1万本，各种法制宣传品6000份，为当地群众1500余人次解答了各类法律咨询。

（李　超）

【致宏律师事务所获聘北京市职工法律服务律师志愿团队】 3月10日，市总工会为本区北京市致宏律师事务所颁发聘书，聘任其为北京市职工法律服务律师志愿团队。

（李　超）

【通州区成立普法家园】 为落实通州区政协四届四次会议中政协委员贾广明发起提出的《关于加强普法宣传和教育，增强公民法律意识，推进依法治区进程的提案》，通州区司法局经深入调查研究，在全区15个街道、乡镇成立“普法家园”，于5月20日，举行政协委员提案答复暨通州区“普法家园”授牌成立仪式，区政协委员贾广明为通州区“普法家园”揭牌。

（李　超）

【通州区律师代表大会召开】 6月18日，第一届北京市通州区律师代表大会召开，通过民主选举产生的27名律师代表参加会议。会议选举产生了第一届通州区律师协会理事7名，监事3名，左增信当选通州区律协会长，张松、李丽丽当选副会长，杨树生当选监事长，范海山当选秘书长。12月8日，通州区律师协会成立暨揭牌大会在通州区司法局召开。区人大常委会副主任罗明光和市司法局副局长李公田共同为通州区律师协会揭牌。区首届律师协会会长左增信代表全区律师向司法局党组书记、局长李永峰颁发名誉会长聘书。

（李　超）

【通州区通过“五五”普法检查验收】 6月30日，市“五五”普法检查验收团到通州考核本区“五五”普法工作。在听取了工作汇报和实地考察后，检查团对本区工作给予充分肯定，通州区“五五”普法工作顺利通过考核验收。

（李　超）

【“小手拉大手”——北京市家庭法律知识大赛通州区决赛】 8月6日，区司法局举行“小手拉大手”——北京市家庭法律知识大赛通州区决赛。市司法局副巡视员吴军，区人大常委会副主任罗明光，区政协副主席、区委统战部部长李淑华等领导出席活动。从全区海选出的200余个家庭经预赛选出6支家庭代表队参加了当日举行的通州区决赛。决赛中，6个家庭的18名选手分获一、二、三等奖，其中获得一、二等奖的三支家庭代表队代表本区参加北京市“小手拉大手”家庭法律知识大赛复赛。

（李　超）

【优秀法制文艺作品征集评选活动启动仪式】

12月1日，通州区2010年“12·4”全国法制宣传日主题宣传活动暨优秀法制文艺作品征集评选活动启动仪式举行。区领导赵玉影、罗明光、张华、李淑华等参加会议。

（李　超）

社会治安综合治理

【概　况】 2010年，全区社会治安综合治理工作以科学发展观为统领，坚持服务建设现代化国际新城，固化奥运安保机制和国庆安保机制，围绕人民内部矛盾化解、社会管理创新、公正廉洁执法三项重点工作，建立完善八大工作体系，全面夯实社会和谐稳定根基，为建设现代化国际新城提供安全稳定的社会环境，综治基层基础进一步夯实。2010年通州区被评为首都社会治安综合治理工作先进区县。

（汪立宏）

【持续开展重点地区排查整治工作】 按照“立足当前、着眼长远、标本兼治、综合治理”的原则，建立健全上下主动的动员机制，人防、物防、技防互动机制，执法部门联动机制等重点地区排查整治长效工作机制，年内永顺、梨园、马驹桥三个市级挂账高发案地区，北苑轻轨站、故城东路两个市级挂账治安重点地区全部实现摘牌消账。

（汪立宏）

【全面推进街乡综治维稳中心建设】 制定可操作性强的工作意见和规范化标准，注重试点先行，规范建设、全面铺开，上半年全区15个街道乡镇全部完成硬件建设，且均实现独立办公。下半年，注重完善体制机制，着力规范运作、提高工作效能。通过机制磨合探索，实现“四个转变”，即在平安建设上实现由“单打一”向“多部门联动”的转变,在矛盾调处上实现由“事后处理”向“事前防控”的转变，在信访接待上实现由“群众上访诉求解决”向“干部下访就地调处”的转变，在应急处置上实现由“被动应付”到“主动预防”的转变。发挥了街乡综治维稳中心的“五个作用”,即社情民意“总开关”作用、社会矛盾“化解器”作用、党委政府“减压阀”作用、促进经济社会发展“助推器”作用、密切党同人民群众血肉联系“润滑剂”作用，真正把问题解决在基层，化解在萌芽状态，筑牢第一道防线。

（汪立宏）

【扎实推进村庄社区化管理工作】 围绕“自然村落封闭化、三站一室合一化、专群力量整合化、日常勤务规范化、环境卫生优美化”等“五化”目标。切实做到将村庄社区化管理与街乡综治维稳中心建设、科技创安建设、流动人口和出租房屋服务管理工作、基层队伍建设“四个结合”，确保了“推行一个、成功一个、见效一个”，年内全区完成60个村庄社区化管理工作。

（汪立宏）

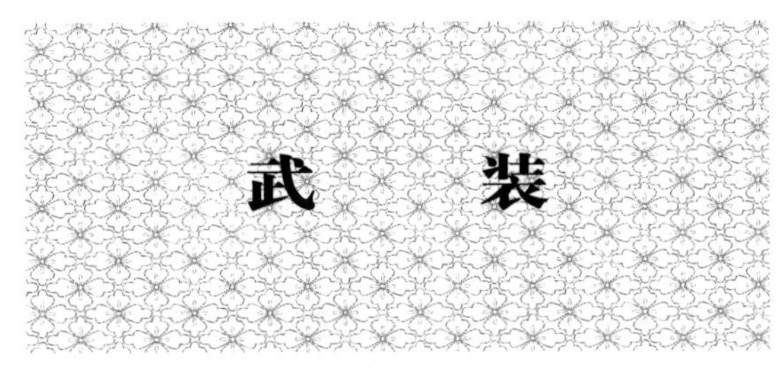

武　装

人民武装

【概　况】 2010年，区武装部紧紧围绕首都人民武装部的特殊职能使命，锐意进取，扎实工作，圆满完成全民国防教育、民兵政治教育、组织整顿、军事训练、专武干部培训、双拥共建和《北京市通州区军事志》的编撰工作。10月，区武装部被北京军区政治部评为《华北民兵》订刊用刊先进单位；11月，被中国地方志指导小组授予“全国方志系统先进集体”荣誉称号。

（汪　勇）

【军政团拜会】 2月10日，通州区2010年新春军政团拜会在新华联培训中心召开，驻通部队军政主官和群工干事，区委、区人大、区政府、区政协领导和部分委、办、局领导约180余人参加会议。会议由区委常委、区武装部政委储怀森主持。会上，副区长赵玉影通报了2009年通州区经济社会发展情况和2010年的主要工作任务；军地双方代表就全区2010年如何进一步扎实有效地开展双拥工作，努力争创全国双拥模范城（区）进行了座谈。

（汪　勇）

【民兵工作会议】 3月4日，通州区2010年度民兵工作会议在63993部队礼堂召开，区领导王云峰、郭旭升、储怀森、赵玉影，区武装部部长芦峰，各乡镇、街道办事处党（工）委书记、分管武装工作的副书记、武装部长、专武干部等200余人参加会议。会议总结了2009年度通州区民兵工作，部署了2010年工作任务，表彰了2009年度基层先进人民武装部和先进专武干部，与会领导向受表彰的9个先进单位和9名先进个人颁发了奖牌和证书。会上张家湾镇党委书记、漷县镇党委书记分别进行党管武装工作述职。区委书记王云峰作了重要讲话。

（汪　勇）

【民兵政治工作】 年内，采取刊授教育、大众传媒教育、集中授课等形式，重点抓了“深入学习实践科学发展观”教育和党的十七届四中、五中全会精神的传达学习。深入开展“依法履行兵役义务、努力争当合格民兵”、“立足本职岗位学习践行当代革命军人核心价值观，争当热爱首都、保卫首都、建设首都的模范”等专题教育，打牢民兵政治合格的思想根基，增强了广大民兵的国防意识和使命意识。

（汪　勇）

【民兵整组】 3月，根据北京卫戍区关于民兵组织整顿要求，针对现在“有编无兵”和“在册不在位”等实际。在编组时，本着“压缩规模、调整结构、确保质量”的思路，坚持根据担负任务定规模，根据兵员流向定布局，根据平战需要定结构的原则，在原有每个行政村、社区各组建一个民兵连的基础上，把各单位的基干民兵组织统一整合为作战队伍、应急队伍、勤务保障队伍和其他队伍4种、12个类别、26种分队。形成以乡镇、街道为依托，以村、社区为网点的城市乡村民兵组织新格局，有力地提升了本区民兵快速动员和遂行任务的能力。

（汪　勇）

【专武干部培训】 4月19日至22日，组织全区基层专武干部进行了为期3天的集训，主要进行了全民国防教育、民兵政治教育、民兵整组、兵役登记和相关国防后备力量建设文件精神的学习培训。通过学习培训，专武干部系统地掌握了开展武装工作的基本内容、基本方法，理清了工作思路，增强了干好武装工作的责任感和使命感。

（汪　勇）

【全民国防教育】 年内，按照《中华人民共和国国防教育法》和北京市《国防教育条例》有关要求，坚持以国防教育街和国防教育广场、民兵武器装备陈列馆等国防教育基地为平台，结合重大节日、全民国防教育日、征兵等活动进行国防教育宣传，增强了全民国防观念。5月，投入10万余元改造和更新了国防教育街、国防教育广场设施和宣传内容，方便人民群众了解国防法规和国防知识，进一步提升了全民国防教育的质量和效果，促进了双拥模范城（区）的争创工作。9月，协调区委宣传部、通州电视台、《通州时讯》和各基层武装部在全区开展了全民国防教育日宣传教育活动。

（汪　勇）

【民兵军事训练】 5月10日至6月5日，从全区11个乡镇抽调民兵和部分专业武装干部，进行为期25天的教育训练。开展理论学习、分组合练、考核评比，提升了民兵的专业技能，较好地完成民兵高炮分队训练任务。4月15日、7月28日，分两批组织民兵赴顺义区民兵靶场进行实弹射击训练。

（汪　勇）

【国防潜力工作】 5月，完成了地方与军事专业对口人员服预备役登记核对工作和退伍军人服预备役登记。7月，联合区公安分局、区教委对全区高考军校生、国防生进行政治审查。9月，对全区国防工程逐个进行了检查和质量评定工作。

（汪　勇）

【征兵工作】 区委、区政府和区人武部高度重视征兵工作。10月29日，召开通州区征兵工作动员大会。会上总结了2009年冬季征兵工作，部署了2010年冬季征兵任务，表彰了2009年冬季征兵工作先进单位和先进个人，宣布了《通州区人民政府2010年冬季征兵命令》。组织开展“征兵宣传周”教育活动，区电视台、《通州时讯》对征兵宣传情况进行了跟踪宣传报道。区征兵办制定《通州区廉洁征兵工作措施》，聘请了群众监督员，设立意见举报箱，公布24小时举报热线电话，随时受理社会各界人士的监督举报，促进征兵政策法规的贯彻落实，确保了本区征兵工作有序开展、顺利推进，圆满完成年度新兵征集任务。

（汪　勇）

【“双拥”共建】 区武装部积极协调组织驻区部队参加区经济社会建设。1月，积极响应区委、区政府铲冰扫雪的号召，在驻区部队中广泛开展“驻通州、爱通州、建通州”活动，协调组织驻区部队走上街头、走进村庄参加铲冰扫雪活动，方便人民群众出行，减少了交通安全事故。3月，协调组织驻区部队5批1100人次，出动车辆60余台次，参加绿化植树1万余株，绿化美化了本区的环境。6月，按照区防汛工作会议要求，区武装部与区防汛办公室紧密配合，协调13家驻区部队组成1453人的专业抢险队伍，现场勘察防汛地段，部署防汛任务，确保遇有险情能及时出动，圆满完成防汛任务。7月8日，协调组织驻区部队官兵代表150余人，实地参观北京卷烟厂、通州区新城建设规划展厅和运河文化广场，感受通州区现代化国际新城建设的变化，有效地激发了驻区部队广大官兵“驻通州、爱通州、建通州”的热情。11月下旬，协调组织驻区部队参加全区开展的“送温暖、献爱心”社会捐助活动，共为灾区和贫困地区困难群众捐款52009元。

（汪　勇）

【《北京市通州区军事志》出版发行】 6月，《北京市通州区军事志》由北京出版社出版发行。该书由北京市通州区军事志编纂委员会历时4年完成编纂工作。是北京市首部正式出版发行的区县军事志书，也是通州历史上第一部军事志书。全书75万字，内容分10篇、35章、110节，汇集了北京市通州辖区内的军事地理、军事组织、兵役、战事、军事人物等与军事活动密切相关的内容。8月26日，《北京市通州区军事志》首发仪式在通州区亚太花园酒店举行。

（汪　勇）

人 民 防 空

【概　况】 2010年，区民防工作围绕通州区建设现代化国际新城的总体目标，牢固树立科学发展理念，坚持以人为本、民防为民，以人民防空应急准备为牵引，以“准军事化”建设为载体，抓住“聚焦通州”的大好时机，积极融入现代化国际新城建设，融入全区应急管理体系，融入百姓生产生活，全面推进防空防灾一体化建设，实现了在科学规划、高标准建设、安全使用人防工程上的新突破；在完善设施、保障有力、应急指挥通畅上的新突破；在指挥宣教场所建设、应急物资储备库建设、民防志愿者队伍建设上的新突破；在机关“准军事化”建设上的新突破，圆满完成“十一五”规划提出的各项工作任务，为“十二五”规划的编制和实施奠定了坚实基础，取得了新成效。

1月，通州区民防局迁址办公，由新华西街1号迁至九棵树东路386号。

（李松朝）

【“国际民防日”宣传教育活动】 3月1日，在国防教育广场、新华大街等地，深入开展“国际民防日”防空防灾公共安全宣传教育活动，共出动车辆4台、人员20余人，发放宣传材料4000余份（件），提供相关咨询服务800余人次。

（李松朝）

【民防工作会】 3月11日，通州区2011年度民防工作大会在区防空防灾应急指挥中心召开。会议总结了2009年民防工作取得的成绩和存在的问题，表彰了一批先进单位和个人，部署了2010年工作。区领导李玉君、张勇、储怀森等参加会议。副区长张勇就做好2010年度民防工作讲话。北京市民防局党组书记、局长王永新出席会议并讲话。

（李松朝）

【人防工程建设】 积极融入现代化国际新城建设，坚持人防工程建设与新城建设融合发展；协调规划，编制通州现代化国际新城运河核心区地下空间详细规划；指导监督施工企业，高标准建设区域人防工程；加强监督管理，严把审验认可关；坚持规范程序，积极主动作为，强化服务意识，规范审批行为，依法履行审批职责。年内审批人防工程项目39项。收取易地建设费1831.61万元。

（李松朝）

【"510"工程竣工】 5月，"510"工程（即：区防空防灾应急指挥中心、区应急指挥备份中心工程）竣工并正式投入运行。该工程是区委、区政府和市民防局关注的重点项目。区民防局高度重视该项目建设，多方听取意见和建议，多次召开会议进行研究和论证，不断优化施工方案，确保了工程建设进度和施工质量。该工程启用后，较好地实现了区民防局与市民防局、区各相关委办局及各乡镇街道办事处的互联互通，提高了通州区防空防灾及应对突发事件的应急指挥能力。

（李松朝）

【区民防协会成立】 6月，经相关部门批准，通州区民防协会正式成立。负责区人防工程建设、使用的行业管理。

（李松朝）

【应急指挥通信工作】 年内，完成区防空防灾应急指挥中心及与其配套的地面卫星接收站建设任务，实现了防空防灾应急指挥中心与区应急指挥系统的互联互通；积极推进乡镇、街道办事处基层指挥所建设，启动了玉桥街道宣教指挥中心建设；加强815D移动应急指挥通信车的维护保养，积极参与政府应急指挥管理，先后参与政府应急活动13次，累计39小时；组织指挥通信人员的业务培训，注重把网上训练和实际演练有机结合，强化业务学习和日常战备演练；积极参加市局在密云县组织的815D应急移动指挥车培训和演练，并取得较好成绩。组建了通州区民防志愿者应急救援队暨无线通信应急救援分队。警报报知系统不断完善，年内新装警报器3台，使全区防空警报器达到39台，并且全部实现了统控，统控率和鸣响率均达到100%；制定了《通州区防空警报器拆除行政许可流程》；指导各警报器单位加强日常维护管理，并对警报器设点单位负责人进行了培训，确保警报器的完好率，警报报知系统覆盖率和报知能力大幅提升。认真组织、积极搞好人口疏散演练，年内，组织大型疏散演练1次。

（李松朝）

【人防工程使用安全管理】 3月，召开通州区人防工程管理工作大会。完善人防工程使用审批制度和层级管理机制，建立人防工程使用单位法人培训机制和人防工程义务监督员机制，建立健全了人防工程使用管理督查考核机制和规范化管理机制。制定《通州区人防工程使用行政许可流程》、《通州区人防工程改造行政许可流程》、《通州区人防工程拆除行政许可流程》，规范了人防工程使用审批条件、程序，并实施《人防工程使用证》年度检验制度。会同行业监管部门和乡镇街道办事处，建立人防工程管理联席会议制度，明确了乡镇、街道和相关部门、单位在人防工程使用管理过程中的职责。修订《地下旅馆使用规范》、《地下商市场使用规范》、《地下车库使用规范》，制定下发《通州区民防专项工作百分考核标准（试行）》。下发《关于建立人防工程义务监督员队伍的意见》,要求各乡镇、街道广泛发动社区居民参与人防工程安全使用管理,并指导北苑街道成立人防工程安全使用管理义务监督员队伍。

(李松朝)

【开展“打非治违”专项活动】 根据国务院“安全生产年”总体要求和市、区安排,制定下发了《关于构筑人防工程消防安全“防火墙”工程三年规划的实施工作方案》、《关于集中深入开展打击非法违法使用人防工程行为专项行动工作方案》,并成立工作领导小组,清理整治非法使用人防工程20处。积极开展“百日平安行动”、“打击非法违法专项行动”、“中秋、国庆安全检查行动”,深入到乡镇、街道办事处开展安全宣传咨询活动,对全区在用人防工程进行拉网式排查、检查,确保人防工程使用安全。

(李松朝)

【人防工程开发利用】 年内,在玉桥东小区利用部分人防工程建设玉桥街道宣教指挥中心;在天赐良缘小区利用部分人防工程建设永顺富河园社区集宣教健身于一体的活动中心;在天时名苑广场小区利用部分人防工程建设了停车场,为小区居民提供1000个停车位;在梨园经贸新干线利用部分人防工程建设区民防局应急物资储备库。截至年底,全区人防工程利用率达到40.5%。

(李松朝)

【人防工程维护维修及防汛】 年内,利用两个月时间,对214处人防工程进行了全面普查,投资54万元,维修39处人防工程。投资121万元,回填早期地道工程15处。组织防汛抢险队伍,购置了充足的防汛抢险物资,加强巡逻检查,保证了汛期人防工程防安全。

(李松朝)

【公共安全宣传教育】 年内,结合“国际民防日”、“防灾减灾日”、“安全生产月”、“国防教育日”,先后组织大型宣传教育活动9次,设立宣传展板、宣传挂图、过街横幅等600余块(幅),发放各种宣传材料和宣传品40000余册(份),提供各种咨询服务1800余人次。

(李松朝)

【应急预案演练】 加快人口疏散地域建设,就地利用辖区的人防工程、空旷绿地搞好《人口疏散与人员掩蔽计划》的落实。先后组织人口疏散、掩蔽演练和人防工程应急疏散演练4次,并在玉桥小学、运河小学、北关小学等组织模拟火灾、地震灾害避险逃生演练和防空防灾应急演练3次。

(李松朝)

【人员培训】 建立人防工程使用单位法人培训机制。年内,先后2次组织人防工程管理单位、人防工程使用单位相关人员进行人防法律法规和人防工程安全使用管理知识培训,培训相关人员280余人。

(李松朝)

【人民防空创立60周年纪念活动】 年内,广泛开展新中国人民防空创立60周年纪念活动。在《通州时讯》刊登“防空防灾公共安全知识竞赛题”,面对全区居民,宣传公共安全知识。组织全区防空防灾公共安全知识竞赛。组织代表队参加了北京市组织的防空防灾公共安全知识竞赛,获得三等奖。

(李松朝)

通州区发展和改革委员会

区人大常委会领导到发改委调研产业发展情况

浦发银行北京通州支行开业庆典

世界城市建设中的通州国际新城发展论坛

2010年，区发展改革委以科学发展观为指导，以创先争优、优化发展环境活动为契机，开拓进取，扎实工作，圆满完成了区委区政府赋予的各项工作任务，为加快北京现代化国际新城建设做出了重要贡献。全面完成了通州区国民经济和社会发展第十二个五年规划纲要编制，确定了“首都功能新载体、首都发展新磁极”的新城发展定位，明确通州区“一核三带四组团”的空间发展布局；强化投资管理，申请市发改委拨付支持资金15.1亿元，172个项目纳入市、区两级绿色审批通道，规范有序推进工程建设领域专项治理，加强项目稽查；做好重大产业项目落地，做好企业服务，优化发展环境；加速引进优质金融机构，兴业银行、中信银行、浦发银行、国都证券等一批金融机构落户本区；大力推进节能工作，万元生产总值能耗为0.853吨标煤，比“十一五”期末降低了26%。“十一五”节能目标全面完成；关注民生，加强价格监督检查，全年累计检查各类单位427个，价格认定受理5100多件，涉及总金额1460余万元。

世界城市建设中的通州国际新城发展论坛基金分论坛

通州区节约能源法培训班

“低碳技术，绿色经济”北京2010节能宣传周通州区启动仪式

通州区市政市容管理委员会

区领导参加三河至北京供热管网工程暨通州供热资源整合项目供热运行启动仪式

市政市容委领导针对供热管道铺设进行研讨

区领导在委领导陪同下亲临铲冰扫雪现场检查指导

实施道路改造工程，提高了全区环境整体水平

潞河医院过街天桥焕然一新

5 号燃煤锅炉实现稳定供热，达到节能降耗的目标

对主要大街广告牌匾进行更换

大市政 新市容

市政市容委领导现场调研市政工程

市政市容委领导现场调研道路工程

“积极参与垃圾分类 创优美社区环境”宣传活动

安装 GPS 多媒体卫星定位系统，逐步实现城市管理精细化

微循环道路改造

南大街居民为铺油的市政工人送西瓜

垃圾分类指导员

夏季为设施喷淋降温

北京市交通委员会路政局

2010年，北京市交通委员会路政局通州公路分局以做好迎接全国干线公路养护管理检查准备工作为重点，切实遵循“建养并重、强化管理；深化改革，调整结构；依靠科技，提高质量；依法治路，保障畅通”的工作方针，不断创新管理方式，提高依法行政水平，圆满完成各项工作任务。全年实施计划内新改建工程5项，旧桥改造工程2项，大修工程8项，中修工程26项，小修工程14项，完成建设养护等各项投资5.3亿元。

通香路改建工程

京塘路大修工程

徐尹路改建工程

张凤路改建工程

通州公路分局

路政执法人员

公路法制宣传

路政执法人员受理许可案件

路政执法人员查处超限车辆

公路养护作业

公路施工

通州区安全生产监督管理局

区长岳鹏、副区长肖志刚参加“安全生产百日平安行动”督查

副区长肖志刚参加“安全生产百日平安行动”专项检查

国庆安全生产大检查

通州区第五届“安全文化节”开幕式

“新城建设平安拆除行动”现场动员会

安全生产检查员和专职安全员培训班

参加北京市安全监管监察系统第一届艺术节

北京市工商行政管理局通州分局

副区长张华带队检查辖区食品安全

积极推进商标战略实施，通州重奖驰名著名商标企业

通州工商分局、消协积极开展消保维权知识宣传，提高全民消保维权意识，保障消费安全

2010年，通州工商分局紧紧围绕市工商局“为首都创新发展努力营造良好的市场生态环境”和区委区政府“全力推进通州新城跨越式发展”的工作目标，以开展营造良好市场生态环境大讨论活动为契机，把广泛开展以项目管理为重点的调查研究工作作为2010年各项工作的抓手，以“找问题、定措施、夯基础、促提高”作为工作思路，全面落实市工商局、通州区委和区政府的各项工作部署。通州工商分局夯实基础工作，服务地方经济发展，开展食品安全监管、加强日常监管和行政执法，各项重点工作均得到整体推进，全面实现了各项工作目标，为全面推进通州新城建设和发展做出了新贡献。

加强对流通领域、食品安全监管，通州工商分局强化食品质量监测

走进社区，走近百姓，宣讲工商政策、知识。通州工商分局延伸服务触角受欢迎

加大打假维权力度，通州工商分局突出重点，开展专项执法检查

通州区城市管理监察大队

区领导慰问一线执法队员

市人大代表调研城管工作

城市环境秩序百日整治行动成果获市检查组肯定

通州区环境秩序百日整治行动工作部署会召开

整治取缔自发市场

拆除违法建设

查处无照经营

通州区

市委书记刘淇，市委副书记、
席创新大赛主题活动

第30届安捷伦北京青少年科技创

北京市通州区科学技术协
领导下的人民团体，是党和政
社会力量。2010年区科协在区
高青少年、农民、城镇民民、
辟科普工作新途径，创新科普
型科普展教品等现代化科普产
在全区营造了人人学科学、爱
力，为开拓科普新领域做出了

“科普惠农中的网络应用”沙龙

通州区城市管理监察大队

党建思想政治工作会议

城管年度总结工作大会

城管建队十周年庆祝大会

建队十周年拍摄专题片

创卫城管宣传

创卫联合集中执法

创卫车辆秩序联合执法

北京
北

党组书记、局长（经

场有效供给水平、服务水平
明建设不断巩固和发展，为

2010 年，销售卷烟 48
查处各类违法卷烟案件 42

国家烟草专卖局局长姜成康
烟草公司检查指导工作

通州烟草“激情熔炼团队、凝聚

通州区广播电视中心

常务副区长张勇接受通州电视台记者采访

通州区新建广播电视发射塔正式竣工

区委书记王云峰关心广电事业发展

区政协文体界委员们到广电中心调研

通州电视台承办慈善晚会

通州电视台举办第一届百姓歌手大奖赛

通州区成人教育中心

区成教中心机关档案管理工作市一级先进标准复查自检报告会

通州区成教中心2010年庆祝教师节大会

通州区2010年安全生产检查员和专职安全员培训班

通州区2010年社会工作者职业水平考试考前培训班

成人教育中心教科研座谈会

2010年全国成人高考监考员培训会

教学楼

办公楼

通州区消防支队

区委领导视察消防工作

通州区消防指挥中心和特勤消防站开工仪式

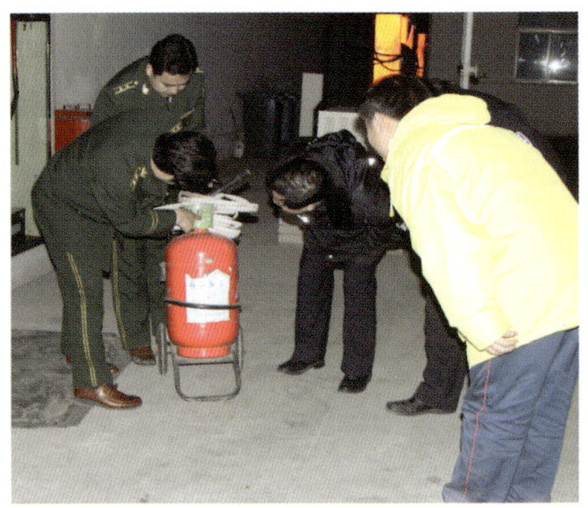

消防安全检查

▶ 通州区消防指挥中心和特勤消防站

◀ 消防演习

北京工业大学试验学院

北京工业大学党委书记王守法一行深入实验学院食堂调研

北京工业大学校长郭广生、通州区委副书记李玉君到实验学院调研

通州区组织部长郭旭升到实验学院指导工作

实验学院庆教师节表彰大会

实验学院召开创先争优活动动员大会

市教委副主任何劲松一行到实验学院调研

实验学院领导和老师参加北工大50年校庆

实验学院全体党员到南开大学开展“感受祖国繁荣昌盛，提升党员先锋意识”主题教育活动

实验学院常务干部培训

实验学院第二届教代会

北京物资学院

物资学院校长 王旭东

北京物资学院是一所北京市属的以物流和流通为特色，以经济学科为基础，以管理学科为主干，涵盖经济学、管理学、理学、工学、文学、法学等多学科协调发展的财经类普通高等院校。

北京物资学院位于北京市朝阳北路东段，通州国际新城核心区域，地处古老的京杭大运河源头，文化底蕴深厚，环境优美宜人。校园占地近600亩，建筑面积19万余平方米，教学、科研和生活设施齐全。学校建有北京市重点实验室——物流系统与技术实验室、北京市高等学校实验教学示范中心——物流系统与技术实验教学中心、北京市人文社科研究基地——北京市现代物流研究基地、北京高校工程研究中心——物流技术工程研究中心，是学习和科研的良好场所。

古韵今风相辉映，文脉相承育新人。北京物资学院秉承厚德博学、笃行日新的办学精神，求真务实，开拓创新，努力建设首都乃至全国的高素质物流人才培养基地、物流理论研究中心、物流政策与决策咨询中心和首都物流技术应用研究中心，向着建设高水平特色型大学的跨越式发展之路而大步迈进。

校庆倒计时揭牌

物流研究基地揭牌仪式

北京物资学院与神华签约合作

研究生毕业典礼

校领导合影

流通现代化论坛学术讲座

少数民族学生座谈会

中德物流论坛

美国交响乐团来访

潞河中学

区长、潞河中学名誉校长岳鹏、区政协主席王春元、区委副书记李玉君、副区长刘淑华等领导参加潞河中学 2010-2011 学年度开学典礼

俄罗斯中小学生来华冬令营开营仪式

校长徐华在 2010 年毕业典礼上为毕业生颁发毕业证书

日本青少年友好使者代表团来访

代表通州区参加第十一届“北京市中小学生金鹏科技论坛”活动

2010 年暑期研讨会

庆祝第 26 个教师节大会

百年名校 续写辉煌

北京市委副秘书长秦刚到校视察新疆班工作

运河 • 潞园文化 — 北京市高中新课程语文学科校本选修课程研讨会

奉献爱心 — 为青海玉树地震灾区捐款

潞河中学 2010 年秋季田径运动会

校合唱团参加 2010 年国家大剧院北京青少年艺术周暨北京市第十三届学生艺术节合唱展演

主动发展 追求卓越 — 2010 年科技艺术节闭幕式暨 2011 新年联欢会

在通州区教育系统庆祝三八妇女节服装展示活动中，本校女教师尽显风采

祖国昌盛 潞园常青 — 潞河教职工 2010年春节团拜会

王祎南同学（左二）获 2010 年北京市青少年未来工程师博览金奖

八名教师捧得春华杯

勇于改革 不断创新的第一实验中学

校长张本

通州区第一实验中学在培养学生创新精神和实践能力的教育实践中积极探索，以“一切为了祖国富强，一切为了学生发展”为办学理念，以科学严谨的治学思想塑造着每一个学生的灵魂，用广博的知识和高尚的人格锻造出一批批英才。

通州区第一实验中学先后被评为全国“可持续发展教育示范校”、“首都文明单位”、“师德群体建设优秀校”、北京市“文明礼仪示范校”、北京市“普通中学规范化建设达标学校”、“北京市百所广播操评比优秀校”，区级“规范化建设示范校”、“教科研先进单位”、“通州区十五科研重点校”、“教育质量综合评比优秀校”、“校本培训示范校”、“体育工作先进校”等荣誉称号。教学成绩始终位于通州区中学前列，连续八年被区教委评为中考成绩优秀校。

校本培训

军 训

学生社会实践活动——参观亦庄开发区

图书馆

标本室

高级标准健身房

实验室

北京市中医学校

构建特色校园文化　引领学校科学发展

北京市中医学校在领导班子带领下，以科学发展观为统领，以文化内涵建设为核心，以凝聚人心、鼓舞干劲、激发广大教职工工作积极性、主动性和责任心为手段，以全面提升师生的整体素质为目标，以为社会培养具有较高素质和较强职业能力的合格人才为落脚点，使学校各方面的工作取得了长足进步：办学实力明显增强，校园文化内涵建设特色鲜明，德育体系建设成果显著，管理水平、教育教学质量不断提高，师生的综合素质整体提升，校容校貌焕然一新，校园氛围更加和谐，学校社会声誉不断提高，逐步形成了特色品牌。近三年，学校先后荣获全国职业教育管理创新学校、全国德育管理先进学校、首都文明单位、北京市教育信息化先进单位、“十一五”规划课题先进科研单位等荣誉称号。

护士节授帽仪式

护理专业

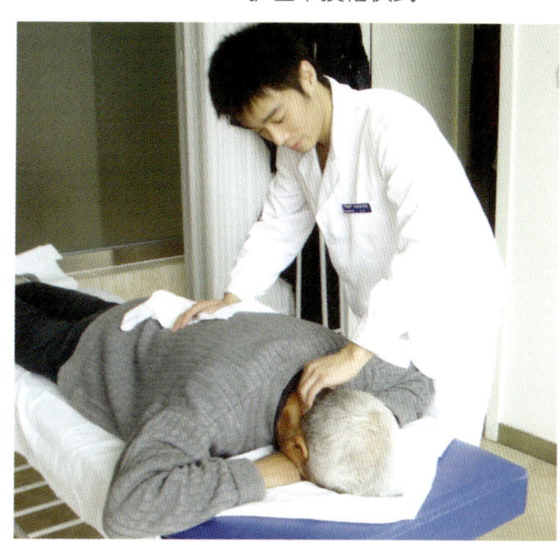

康复保健专业

药剂专业

中药专业

潞河医院

院长马春光在通州区人才工作会议上作报告

2010 年，潞河医院全面贯彻区委、区政府、区卫生局的总体部署，扎实推进医院的整体发展建设，逐步形成医院大综合实特色的发展模式，在医疗质量管理、服务体系管理、医学教育、基础科研、学科建设、环境建设、文化建设、人才梯队建设等多方面取得丰硕成果。全年总收入 7.78 亿元，其中财政补助 1.33 亿元、业务收入 6.45 亿元；门诊 133.02 万人次，同比增长 30.7%；急诊 18.72 万人次，同比增长 12.4%；出院病人 21306 人次，同比增长 0.02%；全院病床占用率 91.6%，床位周转率为 30 次／床。全院病房抢救危重病人 1770 人次，抢救成功率 85.88%；门诊抢救危重病人 5293 人次，抢救成功率 90.5%。

年内，医院各专业科研工作成果显著，全院发表学术论文 94 篇，其中在核心期刊上发表 44 篇，非核心期刊上发表 50 篇。全年获区级以上(不含区级)资助科研项目 5 项，其中获批国家自然基金 1 项、市科委“临床特色”1 项、市卫生局“首发基金”3 项，共资助科研基金 153.06 万元；院内 35 项科研课题开题立项，获批科研经费 44.5 万元；中心实验室建成并投入使用，设有医生办公室、培养室、仪器设备室、处置室、动物试验室、细胞学实验室、生物培养室、手术室、尸体标本室、病理标本室等实验室共 16 间，集中了医院主要大型公共科研仪器设备，为医院的教学科研工作提供技术支持与服务。

首都医科大学潞河教学医院医学教育工作会

潞河医院手术病房楼结构封顶

潞河医院

区委书记王云峰等领导慰问一线职工

通州区糖尿病防治中心成立

潞河医院“全国模范职工之家”授牌仪式

美国心脏病学院教育基地挂牌仪式

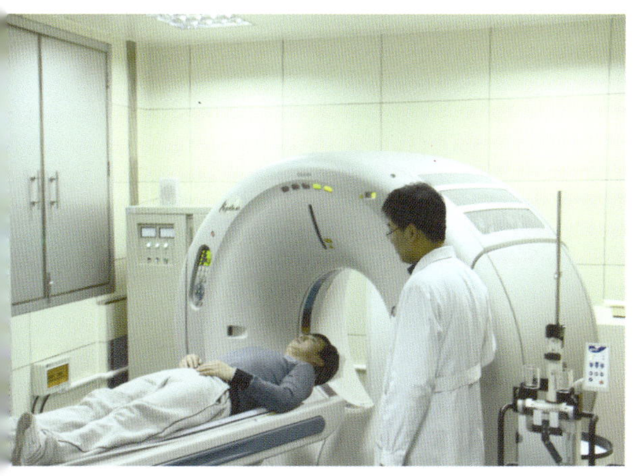

医院新引进64排螺旋CT

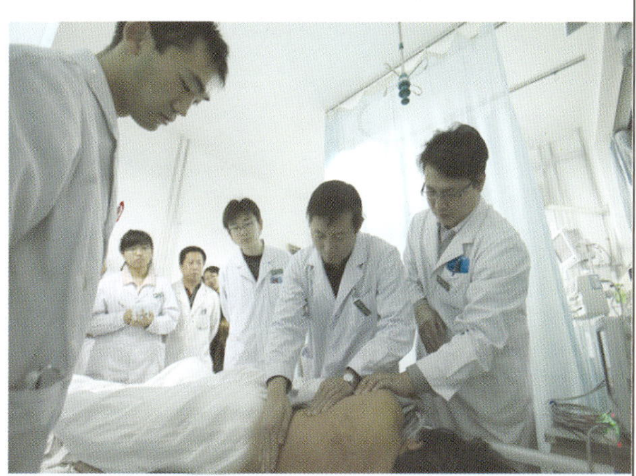

医院急诊病房正式进入运行阶段

中关村科技园区·光机电一体化产业基地

ZhongGuancun Science Park•Opto-Mechatronics Industrial Park

北京市光机电一体化产业基地于 2001 年 7 月 23 日经北京市政府批准正式成立，2006 年 1 月纳入中关村科技园区的政策范围。基地规划面积 7.5 平方公里，位于北京市东部发展带、环渤海经济发展圈的核心位置，交通网络便捷发达。

经过十年的发展，基地经济总量增长迅速，整体实力不断增强；招商引资成果显著，产业层次全面提升；基地建设全面推进，配套设施不断完善，整体处于快速上升阶段。

基地产业聚集已基本完成，形成以李宁、天宇朗通等为代表的总部型产业聚集区，以摩比斯、比亚迪汽车模具等为代表的现代制造业聚集区，以新华联产业园、枢密院总部园、经开总部科技园、联东总部科创园、北京能源总部等园中园项目为代表的总部集聚园三大产业格局。

基地发展规划介绍

北京经开·国际企业大道III项目奠基现场

项目签约仪式

重大产业项目——枢密院总部集聚园

光机电园区发展日益成熟

经 济 管 理

综合调控

【概　况】 2010年，区发改委以科学发展观为指导，以创先争优、优化环境活动为载体，抓大局、谋长远，充分发挥参谋助手作用，引领经济社会发展方向，促进全区经济社会平稳健康发展；优化发展环境，加强项目监管，大力推进新城建设进度，为保证新城发展后劲夯实基础；深入调查研究，加强改革创新，做好企业服务，优化产业发展大力推进节能降耗和节能监察工作；以安全、稳定为目标，加强电力、煤炭监管工作，切实做到“安全第一、预防为主”；关注民生，稳定价格，及时做好价格监管工作。

（赵乾坤）

【完成年度计划编制工作】 年内，区发改委完成《关于通州区2010年国民经济、社会发展计划执行情况和2011年计划草案的报告》的编制工作，并经区四届人大七次会议审议通过。

（王劲松）

【完成区“十二五”规划纲要编制工作】 年内，区发改委完成《通州区国民经济和社会发展第十二个五年规划纲要（草案）》的编制工作，并经区四届人大七次会议审议通过。协调推进了28个专项规划和11个乡镇发展规划的编制工作。

（王劲松）

【项目审（报）批工作】 2010年，区发改委共审（报）批固定资产投资项目59项，总投资427亿元。

（张艳青）

【全面推进2010年重点工程】 2010年，本区安排重点建设项目68项，56项工程已开工建设，开工率达到83%，完成投资295亿元，其中土地一级开发项目完成投资172亿元。

（张艳青）

【推进政府投资项目评审工作】 2010年，对全区71项（次）政府投资项目的工程预（结）算进行财政投资评审工作。总的送审金额13.74亿元，审定金额12.13亿元，审减金额达16056万元，占项目送审金额的12%。

（张艳青）

【推动“绿色审批”通道相关工作】 在落实国家和北京市关于当前经济发展的一系列重大战略部署和决策基础上，参照市发改委《北京市扩大内需重大项目绿色审批通道实施办法（试行）》，起草《北京市通州区扩大内需重大项目绿色审批通道实施办法（试行）》。提出了“绿色审批”通道项目审批例会机制、“绿色审批”通道工作监督检查机制、开展“三个培训”机制等各项工作机制，开展“三服务”、做到“四访”、推行“三个一”等多条工作措施，并逐步落实到“绿色审批”通道日常工作之中。按照“加快、简化、下放、取消、协调”的要求，在“梳理审批流程、缩短审批时限、加强服务跟踪”等工作方法上有新的突破，通力协作，并联审批。2010年，上报市级“绿色审批”通道项目56个，项目总投资652亿元，其中政府投资43亿元，2010年完成投资87亿元。

（张艳青）

【加强工程建设领域突出问题专项治理工作】 一是规范有序，做好项目征集及自查。采取“两上两下、三级联动”的办法，网上填报项目总数529项。二是积极展开效能督办。在项目征集及项目自查工作中，加大纪检监察部门的综合组织协调工作力度，全面推进专项治理工作进度。三是积极做好专项治理信息报送工作，对进展较慢的项目单位进行督促通报。

（张艳青）

【推进市政府投资项目前期工作】 2010年，新包装政府投资项目13项，项目前期手续进展顺利，总投资近10亿元，新批复资金2.2亿元，到位资金2.3亿元。

（杨淑琴）

【促进电子商务发展】 进一步贯彻落实《国务院办公厅关于加快电子商务发展的若干意见》、《北京市信息化促进条例》，优化现代服务业发展环境，促进产业结构优化升级，按照区委、区政府全面建设“电子商务之都”的要求，区发改委制定《通州区促进电子商务企业发展暂行办法》，并以政府办文件下发。

（杨淑琴）

【开展服务业综合改革试点工作】 根据国家发展改革委关于开展服务业综合改革试点工作的通知精神，为加快发展服务业，进一步创新发展模式，国家发改委要求每个省市仅上报一个区域作为服务业综合改革试点区域。结合北京新城区建设，区发改委开展广泛深入的调研工作，编制完成通州新城服务业综合改革试点具体的实施方案，经市发改委审查批准，通州新城范围被确定为北京市服务业综合改革试点区。

（杨淑琴）

【审批生产性固定资产情况】 年内，区发改委审（报）批项目77项，涉及投资43亿元。其中审批项目59项（核准32项，总投资13亿元；备案27项，总投资13亿元）；审核上报项目18项，总投资17亿元。

（杨淑琴）

【组织开展节能宣传周活动】 2010年，北京市节能宣传周的主题为“低碳技术、绿色经济”。按照市发改委的统一要求，在北京展览馆和18个区县同时进行节能宣传周活动的启动仪式。区发改委制定了《2010年通州区节能宣传周活动方案》，并在中仓街道居民广场设立了通州区节能宣传周活动分会场，印制了带有本年节能宣传周标志和“低碳环保、建设通州区国际化新城”的文化衫、环保包和宣传手册、海报一起分发到各街道办、部分企业，取得明显的宣传效果。

（周树英）

【通州区被评为市级节能减排先进区县】 2010年，市发改委、市财政局、市人力社保局等有关部门联合开展市级节能减排先进集体和先进个人的评选工作。按照市级评选标准，本区上报了先进集体和先进个人的奖励对象。经过市有关部门的审核，通州区被评为北京市节能减排先进区县、西集老庄户村和北京造纸七厂被评为北京市节能减排先进集体，来自区有关部门和企业的9名节能工作者被评为先进个人。

（周树英）

【组织煤炭质量、计量人员培训班】 年内，根据全市统一部署，组织全区59家煤炭经营企业72人参加了煤炭质量、计量人员培训班；下发一套法规材料，并结合煤炭质量大检查和煤炭经营资格证审查换发工作，进行了一次煤炭普法宣讲。

（李　岐）

【用煤单位和设备摸底调查】 做好政府主导

的煤炭应急储备工作，摸清全区煤炭消耗底数，一季度末进行了全区耗煤单位及耗煤设备调查，对全区11个乡镇、4个街道的373家用户进行了用煤量调查，并在二季度与区煤炭公司等相关单位一同考察了周边煤源地情况，为区政府煤炭应急储备量的决策提供了可靠依据。

（李　岐）

【完成反窃电和行业监督工作】 整顿通州城区范围电力市场，规范用电秩序，全年组织开展警、企联合反窃电专项行动12次；以行风监督员的身份不定期考察业务受理窗口服务质量，年内未接到用户对通州供电公司的投诉。

（李　岐）

【协调解决电力行业和电力建设的重大问题】 年内，区发改委完成区领导批件6项，分别起草了关于土桥村参与线路迁改工程相关情况的报告、关于启动疃里村电力开闭站的回复意见、关于签订《关停拆除小火电机组协议书》的回复意见、关于北京伯雅房地产开发有限公司（梨园镇久居雅苑小区）拖欠电费的情况报告、关于北京太和保兴房地产开发有限公司所反映问题的回复，协调解决了宏鑫花园用电问题。协调推进变电站建设、线路迁改等工作，组织会议20余次，起草高压线迁改、变电站建设等有关问题的汇报14篇。

（李　岐）

【安排电力基础设施建设项目8项】 2010年，共批复姚辛庄路切改工程、物流基地外电源工程等8项110千伏以下电网建设项目。

（李　岐）

【承担区电力事故应急指挥工作】 区电力事故应急指挥部负责800兆应急通信系统、视频系统、应急信息收发系统3套设备的使用、日常维护和委内相关人员的培训；召开电力应急指挥部成员单位会议，及时部署区应急委各项工作任务，并督促相关部门按要求落实，做好了电力安全工作；有针对性地开展了6次突发事件应急演练，督促供电部门开展应急抢险与管理工作；针对重要节假日、敏感时期、极端天气等特殊时期、特殊天气，及时部署，保证了电力安全；开展电力系统安全隐患排查治理工作，将4项隐患列为区政府挂账督办的整改事项并协调处理其他电力安全隐患20余处；协调解决区便民电话工作室、区安委会转办的2项涉及电力安全群众举报事项；2010年，共接到应急委等部门指令到现场5次，均经电力应急专指协调相关部门处理完毕。

（李　岐）

【北京澳美小额贷款有限公司开业】 7月16日，北京澳美小额贷款有限公司开业。澳美公司注册资本5000万元，是由通州区属国有企业发起，大稿村集体企业、民营企业参与成立，是本市第一家设立在农村基层的小额贷款公司，也是第一家真正意义上由村镇集体经济培育发展起来的小额贷款公司。公司成立后，可向广大农户及中小企业发放不超过公司资本净额3%（即150万元）的小额贷款，可有效缓解“三农”和中小企业融资难问题，有利于完善梨园地区农村金融服务体系。市人大常委会副主任赵凤山，市金融工作局局长王红、副局长沈鸿，市农委副主任刘春广以及区领导张文山、张华出席开业仪式。

（齐玉兴）

【通州国际新城运河核心区项目银团贷款签约仪式】 3月18日，北京市土地储备中心通州区分中心与交通银行北京分行等七家金融机构在北京国际饭店举行了通州国际新城运河核心区项目银团贷款签约仪式。此次为支持通州国际新城建设，交通银行北京市分行牵头筹组银团，共有包括中国、工商、中信、农商、农发、浦发在内的七家金融机构参与，总计为运河核心区项目提供约95亿元信贷资金，为通州国际新城未来建设和发展提供了强有力的支持与保障。北京市政府副秘书长徐波、市金融局局长王红，北京市银行协会、交通银行北京分行及各参与行领导，以及区领导岳鹏、张文山、李玉君等出席仪式。

（齐玉兴）

【银行类金融机构资产总额、各项存款余额双双突破千亿元】 截至9月底，本区银行类金融机构资产总额突破千亿元，达1036.56亿元；人民币各项存款余额达1029.4亿元，同比增长25.1%。至此，银行类金融机构资产总额、各项存款余额双双突破千亿元。银行业各项净收入达17.15亿元，同比增长33.6%；实现利润9.1亿元，同比增长20.1%；上缴税收已累计入库5800万元，同比增长27.7%。

（齐玉兴）

【兴业银行北京通州支行开业】 1月28日，兴业银行北京通州支行正式对外营业。该行位于通州区车站路39号。区领导岳鹏、张秀余，兴业银行总行、分行以及各有关部门领导参加仪式。

（齐玉兴）

【浦发银行北京通州支行开业】 12月16日，浦发银行北京通州支行正式对外营业。该行位于云景东路321号梨园镇隆孚大厦1层。至此，本区国有、政策性、商业银行入驻数量达12家，区域金融服务环境进一步优化。区领导岳鹏、张秀余、张华，浦发银行总行副行长冀光恒以及浦发银行北京分行、区各有关部门领导参加开业仪式。

（齐玉兴）

【2010年银行业公众教育服务日活动】 11月28日，本区2010年银行业公众教育服务日活动成功举办。该活动由中国银监会统一部署，区政府协调配合，是首次集中组织银行业金融机构开展的大型公益性宣教活动。活动中宣传了银行业金融机构在社会经济生活中作用和功能，提醒公众远离非法集资等伪金融活动，讲解银行主要产品和服务的基本特征和主要风险点，宣传防范金融犯罪知识等。副区长张华、华夏银行总行副行长任永光、分行副行长刘光军等领导和嘉宾出席活动。

（齐玉兴）

【银行类金融机构各项指标完成情况】 2010年底，全区银行类金融机构人民币各项存款余额达1104.43 亿元，同比增长26%。其中对公存款余额达538.94 亿元，同比增长28.6%；储蓄存款余额达565.50 亿元，同比增长23.7%。人民币各项贷款余额达340.05 亿元，同比增长34.5%。各项净收入达24.39亿元，同比增长0.9%；实现利润13.75亿元，同比增长42.6%；累计上缴税收（10家属地纳税银行）突破1亿元，达10909万元，同比增长71.3%。

（齐玉兴）

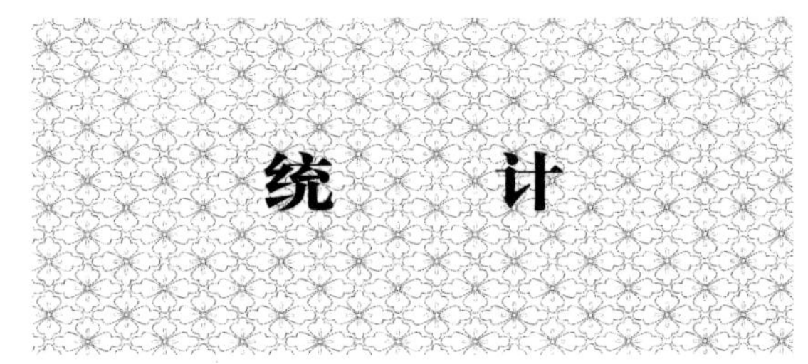

统 计

【概 况】 2010年，通州区统计局、调查队全面贯彻落实区委四届九次全会和北京市统计工作会议精神，深入学习实践科学发展观，紧紧围绕区委区政府的中心工作，提高统计能力、提高数据质量和政府统计公信力，为现代化国际新城建设提供了真实可信的统计数据支撑。

（刘海燕）

【全力提升优质统计服务】 2010年，区统计局、调查队按照区经济工作会议的总体要求和主要任务，在真实统计、认真调研的基础上，进一步加强统计监测，深入开展统计分析，认真研判区域经济运行态势，为区委、区政府把握好宏观经济政策实施的力度、节奏、重点，增强宏观调控的针对性和灵活性，提供了优质统计服务，为区域经济发展和领导科学决策提供了坚实有力的数据支撑。全年撰写统计分析227篇、撰写各类信息890

条，被区委、区政府和市统计局网站采用信息519条（篇）。

（刘海燕）

【统计法制宣传和执法工作成效显著】 扎实做好以新《中华人民共和国统计法》和《统计违法违纪行为处分规定》为重点内容的统计法制宣传工作，不断完善宣传网络阵地，坚持将执法与普法相结合，把统计法制宣传教育融入到日常统计业务工作中。2010年执法检查单位246家，其中全市集中执法20家、交叉执法20家、区内执法86家、督导检查120家。

（刘海燕）

【完成第二次全国R&D资源清查工作】 2010年，区统计局、调查队圆满完成第二次全国R&D资源清查工作。“第二次全国R&D资源清查”工作自2009年8月启动，10月，区统计局、调查队成立R&D资源清查领导小组，主要负责各行业企业自主研发数据的收集与上报工作。11月清查工作在全区范围内全面展开。全国R&D资源清查十年进行一次，这次清查的主要目的是全面调查了解我国R&D活动的总体规模和分布情况，研发队伍的规模和素质状况，研发资源的投入、成果及产出效益情况，政府对R&D活动扶持政策的落实情况。调查的对象是农业、工业、建筑业、服务业等几个相关行业的企业、大专院校及科研院所。清查的标准时点为2009年12月31日，时期资料为2009年度。通州区共有农业、工业、建筑业、服务业4个行业近1000家企业参与了清查，有自主研发活动的企业120家，其中工业100家。2010年1月至5月完成了R&D资源清查基层数据的搜集、整理和上报工作；6月完成了企业自查上报数据、统计部门抽查所报数据及资料归档工作。

（张　莲）

【统计从业资格报名考试工作】 根据《统计从业资格认定办法》的规定，对从事或准备从事统计工作，尚未取得统计从业资格的人员进行报名考试工作。2010年，通州区有1263人报考“统计基础知识与统计实务”科目，实考人数932人，及格人数433，及格率46.5%；1359人报考“统计法基础知识”科目，实考人数1016人，及格人数527人，及格率51.9%；有1163人报考全科（两科都参加的人数），实考人数为835人，及格人数为296人，及格率35.4%。

（刘海燕）

【扎实推进第六次全国人口普查工作】 根据国务院、北京市关于开展第六次全国人口普查的通知要求，开展第六次全国人口普查工作。按照国务院统一规定，本次人口普查工作历时三年，人口普查的标准时点是2010年11月1日零时。区统计局、调查队按照市、区对普查工作的具体要求，周密计划，精心组织，稳步有序推进人口普查各项工作。2010年，会同区公安分局、计生委、民政局及各乡镇街道等相关部门主要完成了制定普查方案、组建普查机构、落实普查经费、普查专项试点、户口整顿试点、普查区域划分、建筑物核查、普查小区图绘制培训、普查宣传、正式入户登记、光电录入和数据汇总等工作。

（刘海燕）

物价管理

【价格管理】 2010年，区发改委价格管理科从加强行政事业性收费管理工作入手，对纳入2009年年审范围的行政事业性单位的行政事业性收费情况进行了年审和换发新证工作。共审查了175个执收单位的2009年度行政事业性收费执行情况，审验财政专用票据和其他各种票据等数万余本。审验合格后，全区核发新“收费许可证”178个（正本 99 个，副本 178 个)。

(马秋玲)

【政府定价项目管理】 年内，区发改委初审并协助北京建机房地产有限责任公司向市发改委申报其开发承建的北京工具厂经济适用住房销售价格，做好跟踪服务，及时转发了相关批复送达企业；调整管道压缩天然气销售价格，从 2010 年 11 月 1 日起，将全区管道压缩天然气销售价格由 2.78 元 / 立方米调整为 3.15 元 / 立方米。

(马秋玲)

【价格核准备案工作】 年内，核准了 1 家企业自制商品标价签；对 18 家居住小区机动车停车场和 33 所民办教育机构办理了收费项目和标准的备案登记手续。

(马秋玲)

【编发《市场价格监测信息专栏》周刊】 为进一步提高价格职能部门的服务功能，继续编发《市场价格监测信息专栏》(周刊)，供区、委各级领导参阅；同时也反馈至各乡镇农办。全年共出刊 54 期。

(马秋玲)

【价格监测】 2010 年，继续做好全区粮油副食品、蔬菜等市场价格的日常监测、特殊时期重要商品价格的监测工作。根据市发改委价格监测工作的统一安排，对本区大型超市和农贸市场的十大类 30 多项 500 多个监测品种的市场零售价格进行日监测，并按时上报数据。

(马秋玲)

【农产品成本调查】 2010 年，本区已建立起由 11 个乡镇、39 个农调户组成的具有一定规模的农产品成本调查网络，主要对蔬菜、生猪、设施农业、奶牛、蛋鸡等多个品种的成本收益情况开展调查。建立了生猪调查月报、季报、半年报、年报制度，及时将调查点的情况反馈至上级有关部门。为政府了解、掌握农业生产和农村经济情况，及时调整农业政策提供了基础数据。

(马秋玲)

【价格举报咨询情况】 2010 年，价格举报中心共接待群众来电、来访 379 件次，其中政策咨询 287 件、形成投诉举报 92 件。市价格举报中心交办 9 件，区属相关部门转办 31 件，总结案率达 95%，实现经济制裁金额 11 万余元。遏制了乱收费行为，维护了良好的价格秩序。

(秦广庆)

【价格监督检查】 2010 年，区发改委物价检查所先后完成甲流期间有关防控商品的价格监督检查，家电下乡、汽车摩托车下乡检查，鲜活农产品运输“绿色通道”收费检查，行业协会收费检查，机动车驾驶人培训收费专项检查，涉农收费检查，新进医保目录药品涨价行为的清理整顿检查，教育收费检查，质量监督检验检疫系统收费专项检查，生活必需品价格监督检查，以及节日（元旦、春节、清明节、五一、中秋节、十一）市场等多项检查。累计检查各类单位 427 个，其中生产、经营单位 248 个，服务收费行业 119 个，国家行政机关 7 个，其他行业（集贸市场）53 个。通过各类价格监督检查，规范了经营者的价格行为，确保了本区市场的价格稳定。

(李建梅)

【价格认证】 2010 年，价格认证中心共受理案件 5100 余件，办结 4500 余件，审核退回 600 余件，解答相关咨询 200 余件。受理案件在全市排名第三，在 10 个远郊区县中排名第一。实现全年“无一起复查案件、无一起错案”的目标。

(马国友)

工商行政管理

【概　况】 2010 年，通州工商分局围绕市工商局“为首都创新发展努力营造良好的市场生态环境”和区委区政府“全力推进通州新城跨越式发展”的工作目标，以开展营造良好市场生态环境大讨论活动为契机，把广泛开展以项目管理为重点的调查研究工作作为全年各项工作的抓手，以“找问题、定措施、夯基础、促提高”作为工作思路，全面落实市工商局、通州区委和区政府的各项工作部署，工商分局夯实基础工作、服务地方经济发展、食品安全监管、加强日常监管和行政执法等各项重点工作均得到整体推进，全面实现了年度各项工作目标，为全面推进通州新城建设和发展做出了新贡献。年内，以夯实基础工作为重点，进一步完善工商分局制度建设，确保各项工作指标完成，成功开展了修订工商分局科所考核办法，试行工作进展情况公示制度，启动和完善工商分局案审会制度，进一步完善办公制度，研究市场生态环境评价体系等工作。立足本职，服务新城建设和“创卫”工作，工商分局共抽调85名干部派到区政府及相关街、镇，借势、借力突击解决一批日常监管中的无照经营、食品安全隐患等难点问题。出台案审会制度，加强行政执法，工商分局执法效能进一步提升。共办结一般程序行政处罚案件308件，同比增长201.96%；罚没款359.16万元，同比增长208.19%。加强执法，开展奶粉和乳制品、黑车、校园周边经营秩序、无照清理等专项整治，全面实施了8小时以外的市场监管。深入开展“市场生态环境大讨论”和“创先争优”活动，各单位撰写心得体会文章280篇、调研文章56篇；查找出问题103条，提出建言献策135条；共收到锦旗5面，表扬信6封，表扬信息27条；拟定了先进党支部、优秀共产党员、党员示范岗，巾帼建功岗等评选细则，制作党员服务岗和巾帼服务岗公示牌25块。不断强化干部的岗位业务能力培训，干部队伍的履职能力明显提升，共组织开展14次形式多样的专业化培训和辅导，并分两期完成了新一轮信息化与电子政务培训和考试工作。工商分局共有1531人次参加了各级组织的培训和调训任务。认真做好数据修补与检测工作，修补市局下发的不规范数据316条，通过下发检测程序检出数据180条。全年整理、扫描、入库企业登记档案36377户、48396卷、773278页；办理迁入企业465户、迁出企业315户。同时，围绕优化发展环境主题，不断强化服务意识，为本局和社会各界提供各类数据信息、档案数据信息查询55954户次(条)，充分发挥了档案信息资源利用价值。进一步加强了督办、政务信息、宣传等工作，强化指标数量，加大考核、督办和工作反馈力度。2010年，共收集整理政务信息726条，被市局和区委区政府等采用231条；在各类宣传媒体共刊播宣传稿件791条。年内，工商分局承办督办事项188件。

（杨　静）

【完成奶粉和乳制品整治工作】 年初，市工商局就有关问题奶粉工作紧急部署，工商分局快速与区有关部门协同开展清查和整顿工作，根据“经销台账”查根溯源，并在市工商局领导下与公安等部门多次深入到周边省市，对奶制品的经销渠道联合调查取证，共封存问题乳制品50公斤，占全市工商系统封存总量的34%。

（杨　静）

【完成服务新城建设和“创卫”工作】 年内，按照区委区政府的部署，工商分局承担了拆迁综合执法组的牵头及创卫两个小组的牵头任务，共抽调85名干部派到区政府及相关街、镇。工商分局共排查重点街道、胡同40余条，有形市场9个，共组织、配合相关部门开展联合执法20余次；在建立1589户无证照台账的基础上，收集外部风险信息710条，并反馈、抄告至相关部门。通过大规模宣传引导、联合执法，责改、取缔无证照经营874户；引导办照100余户；取缔无证照市场1个、关闭相关市场2个。

（杨　静）

【开展错时执法】 年内，工商分局充分发挥执法检查队机动灵活、快速反应的特点，积极开展错时执法，加大对薄弱时间段的市场控制，对食品安全及市场秩序中存在的突出问题做到应急响应、快速执法。2010年，共紧急出动45次，其中夜间出动27次；开展治理"黑车"、校园周边经营秩序，取缔黑网吧，旅游、非法出版物整治，清明墓祭、无照清理等专项整治26项，全面实施8小时以外的市场监管。

（杨 静）

【启动和完善案审会制度】 2010年，区工商分局出台《案件审定委员会工作规程》，对罚没款或没收物品价值在3万元以上的案件，以及拟作出吊销许可证、营业执照处罚等8种行政处罚措施的案件，由案件审定委员会审定。规程自7月始实施以来，召开案审会13次、审议案件26件。

（杨 静）

【城市街面环境秩序"百日整治"】 2010年，工商分局开展城市街面环境秩序"百日整治"狠抓日常巡查基础工作，建立完善市级挂账重点地区经营台账2286户，校园周边经营台账141户，宠物相关经营台账259户，残疾人摩托车销售主体台账30户，电动车销售主体台账136户，洗车行业经营台账299户。加强宣传，共发放宣传材料2800余份。强化风险控制，建立311户无证照经营台账。百日专项整治期间，工商分局出动1000余人次、500余车次，配合相关部门开展多项专项执法活动，配合取缔无证照经营30余户，责改超范围经营17户，提示未亮照经营40户，协助规范店外经营15户，规范无照摊群5个、店外经营6户、露天烧烤及街边小吃3户。

（杨 静）

【开展治理"黑车"专项行动】 工商分局依法严厉查处各类非法运营行为，大力整治"黑车"问题，制定实施方案，对整治工作目标、时间安排、工作要求等进行细化，做到"四个到位"：排查核实到位、行动谋划到位、组织指挥到位、综合协调到位。自8月30日到年底，工商分局完善了监管台账，核查经营户278户，张贴、发放通告200余份。

（杨 静）

【开展打击侵犯知识产权工作】 年内，工商分局开展打击侵犯知识产权和制售假冒伪劣商品专项行动，成立专项行动领导小组，明确监管重点地区及工作目标，建立有效的执法协作机制并全面开展工作。截至年底，共出动执法人员194人次，检查各类市场33次，检查经营主体541户，整治重点区域12处；立案4件，结案1件，案值3万元，罚款金额10万元；扣留、没收侵权或假冒润滑油、电动自行车、服装、箱包等商品20602件。

（杨 静）

【强化流通环节食品质量监管】 年内，工商分局充分利用"二级、四类"食品检测模式，进一步加强风险预警和风险防控，建立了"食品安全风险预警机制"；夯实基础、加大整治力度，确保流通环节食品安全，依托市场主体网格监管系统建立了超市类、食杂店类、配送类等7个类别台账，开发了"市场主体数据综合应用平台"；以创卫为契机，通过采取"增加巡查频次，开展错时巡查；强化联合执法，深化综合整治；设立内外结合联动机制，互通信息"三项举措，确保了创卫范围内经营者100%持有许可证和营业执照及建立并执行食品安全的各项制度，使食品安全工作顺利通过了创卫验收。截至年底，工商分局共出动执法人员2.14万人次，检查市场、超市、餐饮企业、便利店、小卖部及其他经营主体5.29万户次，接待食品类投诉举报121件次。共计取缔食品无照经营户401户，纠正违法行为273起，取缔非法制售食品行为5起，发放行政指导提示、行政告诫、责令改正通知书合计288份；合计查扣伪劣食品3331.62公斤。同时，严格把控食品流通许可"窗口接待"、"材料流转"、"信息沟通"三道关口，确保食品流通许可规范性和准确性，并指导工商所加强食品流通许可与网格化监管的有效衔接和食品流通许可材料归档工作，推进食品流通许可证办理工作。截至年底，工商分局共受理食品流通许可证 3900 件，核发 3720 件；现场核查 1814 户，完成许可材料归档 2001 份。区食品办按照统一协调、强化职责、落实责任、突出整顿的工作原则，以食品安全整顿工作为主线，充分发挥组织协调作用。年内，区食品办共召开食品安全整顿工作会议 18 次，整顿工作督察 3 次。协调组织各职能部门开展监督抽检和检测食品样品 95568 件，合格率达 99.91%。

（杨　静）

【强化有形市场规范化管理】 年内，围绕创建国家卫生区，工商分局抽调各部门骨干力量，委派专人驻场管理，加大巡查频次，加强对创卫区域内 9 个有形市场监管工作，并顺利通过验收；协助区有关部门对运河通源市场、梨园东里市场和西海子市场的硬件设施进行升级改造，强化市场自律，提高管理水平；同时对符合条件的市场实行了信用分级分类监管；以市场年检为契机，加大市场对涉及食品安全、消防、规划等方面的重点检查力度；紧紧抓住八里桥市场的重要批发环节，强化自检和抽检，确保食品安全的可追溯性；以食品商品专项执法、日常监管为重点，深入开展流通环节食品安全和商品质量专项整治。此外，通过采取节日期间错峰执法、部门联合执法、不定期抽检等措施，加大鲜肉市场监管力度。全年，工商分局在八里桥市场自检样品万余个，快检 700 余个样品，配合有关部门作好抽检 350 个样品；抽查辖区 38 个成品油企业、79 种样品，并按规定送检。强化对市场主办单位的行政指导，全年对市场主办单位共发放行政指导文书 46 件。全年市场监管工作立案 19 个，结案 19 个。

（杨　静）

【助推农民专业合作社健康发展】 年内，工商分局积极协调相关部门，广泛开展宣传农民专业合作社相关内容；开辟服务平台“绿色窗口”，专人专办，为申请人提供快捷、便利的一站式服务；大力支持设立农民土地承包经营权流转合作社。截至年底，全区已登记农民专业合作社 242 户，其中种植业 154 家、养殖业 41 家、其他行业 47 家；出资总额合计 6508 万元，其中货币出资 5267 万元、非货币出资 1241 万元；成员总数 2123 人，其中农民成员 1986 人、非农民成员 135 人、企业成员 1 家、社团成员 1 家。通州区农民专业合作社主要呈现以下特点：农民专业合作社在辖区第一产业中居主导地位，占辖区农业企业的 34.52%，成为第一产业中发展最快的企业组织形式；种植业处于主导地位，占总体份额的 63.63%；业态发展逐渐多元化，除传统的种、养殖业外，手工编制、农机租赁、土地流转等传统行业及农业辅助行业等发展势头良好；投资主体多集中在民间个人。

（杨　静）

【强化商标帮扶与监管】 年内，工商分局提高工作主动性，主动联系企业，进行重点培育，增强企业争创驰、著名商标意识；定期分析商标动态信息，制定中长期商标培育计划，为企业提供顺畅、优质的服务；深入中关村示范区通州园区，了解企业实际需求，支持园区企业争创驰著名商标，并发挥“商标质押融资平台”作用，解决企业融资需求；深入农业企业，进一步加强对农副产品商标的帮扶，提高企业商标促发展的意识，落实商标富农工作。同时加强对商标代理机构的整顿，规范商标代理市场秩序。年内，帮扶企业申报著名商标 2 件；确定 8 家企业作为重点培育对象。8 月初，根据区政府商标奖励文件规定，通州区对年内被成功评为驰、著名商标的 5 家企业首次给予了 120 万元的奖励。截至年底，全区共有注册商标 7272 件，其中驰名商标 5 件、著名商标 24 件。

（杨　静）

【拓宽合同服务职能】 工商分局针对旧城改

造和百姓搬迁安置中的需求，及时在拆迁区域举办“合同讲堂”，就租房、购房合同程序及在租房、购房中容易出现的问题进行了讲解和咨询，赢得了社区和拆迁安置百姓的高度称赞；结合辖区房地产市场的强劲发展，工商分局在与相关部门对房地产项目主体资格、广告宣传以及预售合同条款等相关材料强化检查的同时，积极做好《北京市存量房买卖合同》等各类合同示范文本的推广使用和宣传工作；加强开展动产抵押工作宣传，简化相关登记手续，强化“一人审查办结制”、电话预约和电子邮件发送表格等服务措施，为企业融资做好服务；加强对房地产中介机构的监管力度，全面提高经纪人备案率，打击欺诈消费者权益的行为。年内，共向社会各界推广使用各类合同文本共计2.87万余本，受理咨询服务312人次。办理动产抵押登记47件，为企业融资7.96亿元，为企业盘活资产9.95亿元。2010年，工商分局经纪人备案率达78.33%。

（杨　静）

【强化广告监测工作】 工商分局积极开展广告监测、户外广告巡查、案件查办等基础数据的采集录入工作，并及时对相关数据进行更新；对辖区电视台、广播电台等广告发布量较大的媒体实施分类分级监管，加强风险监控；围绕创卫工作，对辖区重点大街的户外广告开展专项整治，特别是涉及新城建设的拆迁区域，加大巡查力度，会同区市政部门对所有户外广告逐一进行核对；积极落实虚假违法广告专项整治，组织15个广告监管部门及广告媒体单位召开联席会议，制定并部署虚假违法广告专项整治方案。年内，监测广告22000 条（其中户外、网络广告8500 条），责令改正46条，有效控制了广告监管风险；共检查户外广告860块，责令拆除违规发布的户外广告2块。

（杨　静）

【强化登记窗口建设】 2010年，工商分局进一步加强登记窗口建设，开展业务培训、评比、创先争优、制作党员服务岗和巾帼服务岗公示牌等活动，不断提高受理干部的业务水平和综合素质，引导窗口干部树立登记窗口建设“事关全局发展意识、事关通州新城建设意识、事关工商事业发展意识”。坚持“四个主动”，即主动上门、主动沟通、主动指导、主动分析，科学引导辖区经济健康发展。开展电话预约、网上预约等办照工作，建立了全程服务工作，采取受理责任制，及时向区政府请示，解决因拆迁发生的突击办照难题，协助投资服务中心对注册大厅进行改造。同时，强化窗口服务效能，建立了登记注册“四个通道”，即重点企业“快速通道”、重大项目“便捷通道”、企业改制转型“活力通道”、农民专业合作社“惠农通道”。年内，工商分局登记部门接待申请人13万人次，快速为申请人办结各种登记业务2.2万件；办理包括“北汽动力总承”、北京红星股份公司销售公司落户通州等重点、重大项目8件，解决各类注册难题15件，得到区政府及各园区管委会的高度评价；办理股权出质登记36户，被担保金额达10.81亿元；通过建立专项窗口，工商分局为128家示范园区企业以及41家外商投资企业快速办理了开业、变更手续，受到企业一致好评；为18户企业办理了改制手续，资产重组额达2831.54万元。

（杨　静）

【加强电子商务监管和服务】 加强对辖区电子商务企业的服务工作，工商分局与商务局、商务园区建立了“三位一体”联席会制度，成立园区工商工作站，在企业招商阶段提前介入，并深入开展“网商培训”服务活动。深入调研，积极探索电子商务新型监管和服务模式。以“八通网”为平台，采取“规范亮照、加强培训、消费维权、强化自律”四措施对网站经营者加强指导，规范网络交易行为，截至年底，“八通网”945户网商100%实现实名制交易。同时，加大执法力度，规范电子商务经营行为。年内，工商分局开展网上巡查1.23万次，查处网络案件76起，罚没款 69 万元。

（杨 静）

【打击传销规范直销】 工商分局加强与公安分局、检察院、药监分局等相关部门的合作，实现信息共享、职能互补，并制定执法协作机制实施办法；严厉打击传销活动，深入分析研究近几年打击传销工作中的新情况、新特点和新问题，确定传销重点监控区，严防重大传销行为发生，严厉查处利用互联网传销和为传销提供便利条件的行为；同时充分发挥群众打传积极性，继续营造全社会共同防范传销的良好局面。严格规范直销市场，通过加强与区商务部门的沟通协作，深入服务网点进行实地检查，了解服务网点的运行及直销员情况，努力营造规范有序的直销市场环境。同时继续加强对商业贿赂、虚假宣传、侵犯知识产权等大案要案的查处。11月18日，通州区马驹桥镇小周易村举行“无传销示范村”揭牌仪式，标志着通州首个“无传销示范村”成立。年内，建立“无传销村”2个，至此，全区“无传销社区（村）”达到5个。

（杨 静）

【扎实开展工商开放日活动】 3月24日和10月28日，工商分局分别以“邀请首都市民代表体验食品安全检测，认真接受社会各界监督”、“扎实推进通州商标战略实施，全力融入通州国际新城建设”为主题开展工商开放日活动。邀请工商特邀监督员、政府相关部门领导及企业与消费者代表等社会各界人士参加开放日活动。活动采用专题片和展板展示、座谈会、参观流动工商工作站等多种形式，让参加人员全方位、多角度了解区工商分局商标战略、流通领域食品安全监管服务工作职责和工作成果。活动开展了深入的交流，收到良好的反馈及沟通效果。

（杨 静）

【强化固定资产公务仓管理】 年内，工商分局规范使用资金，完善工作机制，积极探索实践，做好财务综合管理平台应用的试点工作。在固定资产管理、公物仓管理工作上均取得较大进展，截至年底，共办理入库25起，结案21起，涉及金额 31.30万元。

（杨 静）

【强化信息资源社会服务功能】 年内，工商分局技术支撑部门进一步加强运行维护工作，对工作内容和工作量分解、细化，对日常维护项目确定落实时间，规范外包公司行为，提升运行维护的服务水平。认真做好数据修补与检测工作。年内，共整理、扫描、入库企业登记档案36377户、48396卷、773278页；办理迁入企业465户、迁出企业315户。同时，为本局和社会各界提供各类数据信息、档案数据信息查询55954户次（条），充分发挥了档案信息资源利用价值。

（杨 静）

【市场主体发展情况】 截至年底，全区内资企业累计达38220户，同比增长12.97%；注册资本（金）1028.91亿元，同比增长10.32%。外资企业实有717户，同比增长4.82%。个体工商户实有累计71910户，同比增长16.79%。年内，内资企业开业登记6909户，外资企业开业78户，个体工商户开业登记16355户。

（杨 静）

【服务外商及港澳台商投资企业发展】 工商分局规范并服务外资企业，走访调查外商及港澳台商代表机构163户，上门对中关村科技园区通州园光机电一体化产业基地的48户外资企业开展年检指导。年内，本区发展外商及港澳台商投资企业84户（含外商驻京代表机构6户，分支机构48户），总投资额19991.6万美元，总注册资本15087.9万美元。截至年底，外商及港澳台商投资企业累计873户（含分支机构和分公司共232户、驻京办事处和代表机构162户），其中外商投资企业521户、港澳台投资企业195户、外国（地区）企业157户。吸引外商及港澳台商投资排名前三位的是中国香港地区233户、美国117户和韩国107户。

（杨 静）

【市场主体年检(验照)率同比提高】 年内，工商分局充分利用电视、报刊、互联网、公示栏、工商工作站等各种渠道开展年检验照帮扶政策宣传工作，延续电话预约、上门服务、行政指导、主动接受监督等措施，规范及方便企业及个体工商户年检验照。年内，已年检内资企业28029户、独资（合伙）企业1734户、外资企业636户，年检率分别为95.99%、62.27%和96.65%；个体验照57335户，验照率98.12%。

（杨　静）

私营个体经济

【概　况】 2010年，通州区私营个体经济协会紧紧围绕“服务会员、服务社会、服务政府”这一主题，为营造良好的市场生态环境，促进区域经济发展的目标，严格按照年度工作目标考核责任制狠抓落实，充分发挥“三自”职责和桥梁纽带作用。年内，区工商分局制发《关于进一步发挥协会职能作用服务通州区个体私营经济科学发展的意见》，对辖区中小企业从创业、融资、就业、发展、维权、服务六个方面进行指导。

（杨　静）

【抓好精神文明建设】 围绕“适应首都经济社会发展的客观需要，深入推进工商专业化、现代化建设，开展营造良好的市场生态环境”这一中心主题，区私个协会高度重视，加强领导，制定实施计划，组织40家私营企业代表召开如何营造“良好的市场生态环境”专题研讨会，会议就如何充分发挥引导作用、提高会员企业素质，规范市场行为、加强行业自律，以及教育广大会员企业在履行合同、产销商品品质、返还信款守时，缴纳税款足额，劳动就业保障公益事业积极作为等方面进行了研讨。在深入调查广泛征求意见的基础上，撰写题为《深刻理解市场生态环境内涵，营造良好的市场生态环境》调研报告。

（杨　静）

【强化融资服务平台作用】 年内，区私个协会充分发挥融资服务平台的资源优势，共召开三次对接会和推介会，和农村商业银行、建行、渣打银行、渤海银行、邮储银行等7家银行、3家担保公司、2家典当行、1家小额贷款公司建立合作关系。截至年底，帮助盛仁堂药业有限公司、北京利得盈商贸有限公司等44家会员企业融资8493万元，为会员企业渡过难关起到积极的推动作用。

（杨　静）

【年商品配送金额1605万元】 年内，围绕“食品放心工程”，净化商品配送渠道，扩大服务覆盖面。截至年底，通州区3家商品配送站，以诚实、守信、方便会员、优质廉价的原则为全区300余家会员商户、10家连锁超市，配送各种酒类饮料商品40种24.88万件，果品40余种175万公斤，商品配送金额1605.04万元。由于严把进货渠道，净化了市场，配送的商品质优价廉，得到会员的普遍认可。

（杨　静）

【继续提供法律咨询和援助】 区私个协会成立法律服务站，聘请常年法律顾问，为会员提供法律法规培训，代理诉讼，维护会员的合法权益。截至年底，共接待会员来电来访341人次，涉及79家会员企业，经过协会法律顾问调解解决的有72家会员企业，6家企业由法律顾问走法律程序，为会员挽回经济损失31万元，有效地维护了会员的合法权益。

（杨　静）

【强化宣传交流】 年内，结合区私个协会宣教职能，充分利用《首都私营经济》、《北京私营个体经济》等报刊发放，以及网络传播、召开学习讨论会、座谈会、开通咨询热线等方式，使广大会员多途径了解促进非公经济发展的政策、法规。组织通讯员撰写各类稿件、信息100余条，为宣传通州区非公经济新亮点，展示私个企业风采，全面树立私个经济队伍整体形象起到积极的推动作用。同时，通过“光彩通州”网站向会员企业公示国家及各级政府促进私营个体经济发展的政策、法规、条例和各类经济信息。年内，网站更新各项政策、法规215条，更新协会工作动态信息32条，并通过电子邮件的方式，为会员在生产经营活动中存在的问题答疑解惑。加强宣传协调，树立先进典型。年内，区私个协会积极协调通州电视台等新闻媒体，在构建良好的市场生态环境中，有独特的经营理念的北京盛仁堂医药有限公司、格申工艺品有限公司、恺王服饰有限公司、联航航空客舱用品有限公司和在私企党建工作方面取得优异成绩的欢乐旅行社五家会员企业录制、播放专题片。

（杨 静）

【开展证照挂失义务服务】 年内，区私个协会充分发挥服务职能，积极协助私营、个体会员解决工商营业执照、税务登记等证件丢失问题，简化会员登报挂失手续，利用《北京私营个体经济报》义务为186户会员办理证照挂失声明。

（杨 静）

【开展“献爱心送温暖”活动】 春节、“五一”、“十一”等节日期间，区私个协会积极开展“帮困献爱心、真情送温暖”活动，共慰问特困会员12户，送去慰问品、慰问金价值5200余元。

（杨 静）

消费保护与监管

【概 况】 2010年，通州工商分局、区消费者协会按照相关工作部署，以努力营造良好市场生态环境为工作目标，以保护消费者权益为核心，以“消费与服务”为主线，更加全面深入开展保护消费者合法权益的各项工作。积极开展各项消费者权益保护工作，重点做好流通领域商品质量监督检查、侵害消费者合法权益案件查处、12315投诉举报受理、工商工作站建设、消费争议快速解决绿色通道建设等具体工作，结合通州区特点，开拓监管思路、创新工作模式、提高服务质量，积极营造安全、放心的市场消费环境。

（杨 静）

【广泛开展“3•15”系列宣传活动】 服务广大消费者、服务经济发展、服务社会和谐，“3•15”期间，工商分局与区消协围绕“消费与服务”年主题，组织协调相关职能部门及部分商业企业深入通州区国防教育广场、各大市场超市、校园等场所，广泛开展以“宣传消费政策、构建消费和谐、扩大内需消费、促进经济发展”为主要内容的系列宣传活动。同时，采取讲座、座谈会、电话访谈等多种形式，在城镇社区和农村集市设立多个宣传会场，向消费者大力宣传食品安全、家电下乡优惠政策、药品保健品消费等相关知识。3月1日至17日，共举办25场宣传活动，接待咨询1800人次，现场受理投诉3件，解决3件。制作宣传条幅31幅，展版13块，发放各种宣传材料4.5万份；进村镇6次、进社区3次、进学校2次，进商业、电信、药店、宠物学校等地区14次。

（杨 静）

【“12315”平台申诉举报工作】 2010年，工商分局“12315”中心受理消费者申诉661件，办结659件，办结率99.70%，符合受理条件的454件，调解成功317件，调解成功率69.82%。为消费者挽回经济损失18.2万元；接到群众举报810件，办结775件，办结率95.68%，经查属实195件，处理177件，属实处理率90.77%。

（杨 静）

【继续消保维权“进六区”工作】 年内，区消协积极组织相关部门开展消保维权“进社区、进农村、进学校、进军营、进景区、进工地”活动，大力宣传《中华人民共和国消费者权益保护法》等法律法规知识；强化消费者消费责任意识和自我保护意识；提高学生消费群体食品安全和健康维权意识。全年进社区5次，进村镇9次，进学校2次，发放各类宣传材料3万份。

（杨　静）

【完成民用炉具整治工作】 年内，工商分局对102户炉具经营单位加强日常专项检查，健全进货验收制度。民用炉具专项整治期间，工商分局共出动执法车次1268车次，出动执法人员2230人次，检查炉具经营主体2806户次，取缔无照经营燃煤炉具5户，发放责令改正通知书15份，责令停止销售没有检测报告的燃煤炉具20个。

（杨　静）

【完善消费争议快速解决“绿色通道”建设】 年内，工商分局通过召开座谈会、开展行政指导等方式，积极推进消费争议快速解决“绿色通道”建设，依托“绿色通道”机制，切实提高消费争议解决的效率，降低消费者的维权成本。年内，发展了北京天宇朗通通信设备股份有限公司、马驹桥百尚生活广场、乐友母婴用品网上商城3家单位成为“绿色通道”成员单位。截至年底，全区有“绿色通道”企业27家，涵盖了大型商场、连锁超市、食品生产企业、家具制造企业等消费投诉重点行业，辐射部分农村地区。

（杨　静）

【推进工商工作站建设】 年内，固定工商工作站共受理消费者申诉76件，在工作站成功解决60件，为消费者挽回经济损失3.44万元。围绕消费安全主题，依托固定工作站，辐射周边地区，在群众身边广泛开展消费提示、法制宣传活动。2010年，通州工商分局固定工商工作站共开展各类宣传活动176次，发放宣传材料共计12637份，解答消费者咨询346件次，有效提高了辖区居民的法律意识、维权意识和自我保护能力。截至年底，工商分局已建立固定工商工作站12个、流动工商工作站点3个，为群众和企业提供了更为便捷的服务。同时，工商分局积极开展网上工作站建设前期基础工作，在互联网上搭建消保维权工作平台，开展食品安全信息公示、消费信息发布、在线咨询调查等。截至年底，网上平台共公示不合格食品下架信息16期，发布各类消费提示、警示信息52件，信息访问量超过2万次。

（杨　静）

【打击违法行为】 工商分局全年办结侵犯消费者合法权益行政处罚案件7件，案件性质涉及销售不合格商品、商标侵权、销售未经检测商品、商品未注明安全使用警示语4类，罚没款共计105652.51元。

（杨　静）

【为消费者挽回经济损失25万元】 年内，工商分局、区消协围绕依法受理和调解消费者投诉的工作职能，不断进行探索，改进工作，坚持热情服务、耐心解答、认真处理的原则，努力提高服务质量和工作效率。工商分局共接到消费者申诉591件，办结588件，受理415件，已调解成功283件，为消费者挽回经济损失171046元。区消协受理消费者投诉91件，解决67件，为消费者挽回经济损失79898元。接待咨询4401人次。

（杨　静）

【完成重点商品抽检工作】 年内，工商分局通过日常监督检查、商品质量抽检和行政指导等有效措施，加强对消费品零售企业的监管和指导，有效提高了辖区流通领域商品质量的监控能力，探索不合格商品的监控新模式。在日常商品质量抽检工作中，对12类商品共133组样本进行了检测，涉及家用电器、服装、鞋类商品、通讯器材、日化用品、一次性纸杯、珠宝首饰等重点商品。其中116组样本已经检测完毕得出检测结果，涉及10类商品，共312个检测项目。

（杨　静）

质量技术监督

【概　况】 2010年，北京市通州区质量技术监督局坚持以科学发展观为指导，牢固树立大质量的管理理念。按照“抓基础、重考核、强素质、树形象”的工作思路，坚持以改革创新为全年工作主线，注重改革监管方式，全面履行质量技术监督职能，狠抓工作落实，圆满完成了各项工作任务。全年出动执法人员4507人次，开展行政执法活动1804起。查处质量、计量、标准、特种设备等违法案件113起，罚没款41.66万元，取缔造假窝点20个。受理群众举报投诉案件141起，为消费者挽回经济损失7.36万元，进一步树立了质监部门“科学、公正、廉洁、高效”的良好形象。3月，区质监局质量监督管理科进行重组，撤销质量监督管理科，成立食品生产监督管理科和产品质量监督管理科。

（韩　涛）

【食品生产监管】 年内，采取日常检查、监督抽查、专项整治、重点巡查等措施，对全区193家取得食品生产许可证企业和34家食品小作坊逐一进行检查，检查覆盖率达100%。认真开展乳制品和含乳食品生产企业的专项整治工作，对一次性塑料餐饮具、化妆品、蜂蜜、酱油等生产企业开展专项整治工作，严肃查处食品违法行为。注重加强证后监管，完成167家食品生产企业和45家食品相关产品生产企业年审材料的审查工作，对17家食品生产企业和6家食品相关产品生产企业进行实地核查，帮助52家生产企业取得53张生产许可证。

（韩　涛）

【食品样品监督抽查】 年内，区质监局对糕点、肉制品、调味品等26类食品样品进行监督抽查。抽查食品样品302个，经检测合格样品292个，合格率为97%。

（韩　涛）

【“食品安全大家行”活动】 7月22日，由国家质检总局主办,北京市质监局协办的“质检邀您看企业、食品安全大家行”活动在通州区蒙牛乳业（北京）有限公司举行。国家质检总局食品司副司长稽超、北京市和通州区质监局相关领导、中国质量万里行促进会及通州区人大和政协相关领导、中央电视台和《人民日报》等媒体记者、消费者代表等各界人士一并参加活动。蒙牛公司负责人介绍了企业生产经营和食品安全控制情况，组织现场检查和观摩了企业的原料购进、进货查验、生产过程质量控制、产品经营管理、不合格产品处理及不安全食品召回、产品销售管理、从业人员教育培训和健康管理等制度。活动的开展，进一步营造了全社会人人关心、人人参与食品安全监管、支持企业履行质量安全主体责任的良好氛围。

（韩　涛）

【工业产品质量监管】 年内，围绕涉及人体健康和人身财产安全的建材、农资、家具、煤炭、家电下乡产品、化妆品、电热毯、炉具、计生用品及国家实行生产许可证和强制性认证管理的产品开展执法监督检查。对全区87家涉及取得工业产品生产许可证和“CCC”认证的15类产品进行监督抽查，抽查样品76个。对1家机动车检测场进行专项检查，对3家化肥生产企业进行专项检查，开展对室内加热器、细木工板等4类生产企业的联动检查，对22家汽车零部件产品生产企业进行专项检查。积极开展工业产品生产许可证年审和取证工作，有198家企业提交自查报告及证书200张。对30家次申证企业的文件及现场进行初审，派出观察员40人次，帮助7家生产企业取得7张生产许可证。

（韩　涛）

【特种设备安全监管网络建设】 坚持特种设备二级安全管理网络单位季度例会制度，通过座谈交流工作经验、聘请专家授课、案例分析等形式不断提升安全管理人员的素质。注重采取有力措施，逐步完善特种设备安全管理网络建设。及时督促二级网络单位做好对三级网络单位建立特种设备安全管理各项规章制度，规范设备情况、检查记录等档案管理工作，做到特种设备情况清、底数明。全年组织特种设备作业培训班11期，培训特种设备作业人员406人次。

（韩　涛）

【特种设备专项整治】 在电梯专项整治活动中，坚持从严查使用单位、落实安全主体责任、规范维保单位行为、大力宣传普及电梯安全使用常识等方面开展整治活动；在液化气站专项整治活动中，检查了各单位安全管理制度的执行情况、管理人员及操作人员持证上岗情况、气瓶使用登记和定期检验情况、安全培训教育和应急演练等情况；在游乐设施专项整治活动中，组织开展了游乐设施专项检查，帮助受检单位进一步完善游乐设施的安全管理制度。

（韩　涛）

【特种设备日常监督与检验】 年内，完成日常监督检查436家次，检查各类特种设备3493台次，其中检查锅炉313台次、压力容器1749台次、电梯823台次、起重机械360台次、场内专用机动车209台次、游乐设施39台次。完成锅炉内部检验612台，压力容器定期检验801台，电梯定期检验3460台，起重机定期检验809台。全年处理特种设备投诉23起，注册特种设备1547台，办理开工告知499份，办理特种设备停用142台，注销220台，重新启用69台。

（韩　涛）

【执法打假工作】 注重突出抓好农资、建材、危险化学品等区域性质量问题，严厉打击制假售假违法行为，大力整顿和规范市场经济秩序。扎实开展食品小作坊专项整治活动，检查食品小作坊160家次，监督整改24家次；严厉打击制售假冒伪劣食品黑窝点活动，会同当地政府和公安部门端掉20个黑窝点，没收假冒白酒8155瓶、无证熟肉制品2200公斤；开展建筑用聚苯乙烯板材产品专项整治活动，为40家企业建立质量档案；开展炉具产品专项整治活动，对8家民用燃煤取暖炉具生产企业进行监督检查，分别签订《确保民用取暖炉具质量安全责任书》；完成钢琴、润滑油、学生装等15类工业产品的质量监督抽查工作，抽取样品207个，合格率为84%。

（韩　涛）

【第六批农业标准化示范区通过验收】 7月30日，通州区食用菌生产、豆芽生产、白灵菇生产、乌鸡养殖、观赏鱼养殖等5个第六批国家级农业标准化示范区经过三年的示范推广，顺利通过考核组验收。经过国家标准化委员会专家组的考核，形成考核结果如下：通州区5个第六批国家级农业标准化示范区分别建立健全了标准化管理体系，领导重视、工作扎实，落实到位、效果明显，均符合《国家农业标准化示范区管理办法（试行）》的要求，目标考核全部合格。

（韩　涛）

【采用国际标准和国外先进标准】 年内，积极为企业提供标准咨询服务，查找相应的国际标准和国外先进标准，指导企业按标准组织生产，严密组织审核验收，为通州区3家企业的10个产品办理了采标申请。

（韩　涛）

【企业标准备案及标准文本监督】 按照企业标准备案程序和规定，认真做好企业标准备案工作。全年为197家企业办理标准备案626份，为110家企业办理标准注册登记189份，监督检查企业备案标准文本550份，备案标准文本监督检查率达88%，对34份不符合要求的企业产品标准发出责令改正告知书，对9家企业备案的13份不符合要求的标准文本取消备案。

（韩　涛）

【能效标识监督检查】 年内，对通州区国美、苏宁、家乐福、易初莲花等11家单位进行能效标识专项检查，重点检查电冰箱、洗衣机、空调、热水器等涉及消费者切身利益的电器产品。出动执法人员26人次，检查各类电器产品300批次，检查总体情况良好。

（韩　涛）

【组织机构代码管理工作】 年内，组织机构代码中心为企业新办组织机构代码7155件，发证13938件。为541个单位办理特种设备告知1183件，为460个单位办理特种设备使用登记1708件。办理标准备案731件，制卡10078张。

（韩　涛）

【计量专项整治】 年内，紧密结合区域实际，扎实开展农资计量，汽车衡计量，燃油加油机，电子计价秤，制造、修理计量器具等专项整治活动。全年检查企业162家，办理投诉举报30起。

（韩　涛）

【计量惠民活动】 结合“3•15”、“5•20”和日常监督检查，深入开展诚信计量进社区、进学校、进乡村活动，发放各类宣传资料2100余份，受理计量咨询近千人次，为群众免费检定计量器具168件；与中国石化、中国石油北京通州分公司及社会加油站开展面向社会公开承诺诚信计量活动，按照《加油站诚信计量行为规范》，与86家加油站签订诚信计量承诺书；结合眼镜制配行业计量器具检定工作，广泛开展光明进镜店活动，向通州区备案的59家眼镜制配单位进行相关知识宣传。

（韩　涛）

【计价秤统配统管】 年内，积极协调区商务局、工商分局做好社区菜市场计价秤的统配统管工作，对相关菜市场负责人进行统配统管知识培训，组织社区菜市场计量管理人员进行计量知识培训。及时指导帮助社区菜市场建立和完善各项计量管理制度，统一配备自检砝码，合理设置公平秤。全年为2家社区菜市场统配统管计价秤345台，其中为运河源菜市场统配285台，为杨家洼菜市场统配60台。

（韩　涛）

【能源计量监测】 年内，组织对重点用能单位进行能源计量监测。完成市发改委布置的68家重点用能单位的能源监测工作；对通州区147个重点用能单位的253台设备进行设备检测；完成市质监局布置的50家能源计量单位的检测，对10个用能单位进行综合平衡测试，对65个次级用能单位进行水平衡、电平衡和热平衡测试。

（韩　涛）

【检测检验服务】 年内，通州区计量检测所、特种设备检测所、产品质量监督检验所坚持不断提升服务水平，努力为通州区的企业提供检验检测服务。全年检测计量器具175961台套，检测特种设备11917台套，检验产品样品3006个。

（韩　涛）

【信息宣传工作】 年内，结合质量技术监督管理的职能作用，扎实开展信息宣传工作。全年共报送政务信息182篇，采用256篇次。向《中国质量报》、《北京质监》、通州电视台、《通州时讯》等新闻媒体报送稿件202篇，采用252篇次。其中《中国质量报》刊登18篇次、《北京质监》刊登33篇次、北京电视台报道1次、通州电视台报道126次、《通州时讯》刊登75篇次。

（韩　涛）

北京市通州区投资服务中心

【概　况】 2009年12月至2010年11月，区投资服务中心接待咨询270332人次，比上年同期增长43%；受理查询、审核、审批共71854件，同比增长1%；核发各种证照37948件，同比增长15%；提供查档、发申请表等项服务4844件，同比增长6%；为6907户企业办理注册资本（金）专项入资93.17亿元，分别增长14%和21%；为5842户企业办理划转注册资本（金）77.85亿元，分别增长6%和28%。其间，新开办企业7045户，同比增长20%，注册资本（金）64亿元，同比增长42%。注册资本（金）在100万元以上的企业共1105户，减少2%。其中100万元至500万元的867户，同比减少7%；500万元（不含）至1000万元的75户，同比减少18%；1000万元以上的163户，同比增长50%。

（杜　文）

【中心办公大厅增设受理窗口】 1月，经区质量技术监督局与服务中心沟通协调，将该局的特种设备使用登记、工业生产许可证、企业产品标准备案、压力管道设计单位资格认证等29项审批事项放入办公大厅窗口受理，并选派3名工作人员负责窗口工作。

（杜　文）

【工商分局窗口调整审批权限】 1月，为方便企业办事，降低准入成本，有利于区、县政府掌握和分析辖区内市场主体的发展情况，北京市工商局下放审批权限。一是将注册资本5000万元人民币（含）以下的内资有限责任公司登记权由市工商局调整至区（县）分局登记注册。二是将外商投资企业分支机构和注册资本500万美元（含）以下的外商投资企业由市工商局直接登记调整为由市局在区（县）分局派驻工作人员的形式开展相关登记注册工作。该许可事项已全部在办公大厅窗口受理。

（杜　文）

【文化委窗口增加审批职能及简化营业性演出审批手续】 2月1日，文化委窗口增加“电影放映单位设立许可”审批职能；3月22日，新增“有线电视站、共用天线设计及安装”审批职能；5月13日，再增两项审批职能，分别为“单位设立有线广播电视站审批”和“建立城市社区有线电视系统审批”，文化委窗口行政许可事项已增至12项。简化营业性演出审批手续，10月，根据新修订的《营业性演出管理条例实施细则》要求，此后举办含有内地演员和港澳台演员共同参加的营业性演出，可以直接报北京市文化局一并审批，内地演员演出部分可以不单独报区县审核。

（杜　文）

【市政市容委窗口五项审批职能划归园林绿化局】 4月，根据《北京市通州区人民政府关于机构改革方案的实施意见》将临时占用或挖掘城市绿地、建设项目避让保护古树名木措施批准、10株以内城市树木砍伐或移植审批程序、建筑工程开工前审批、市政公用工程穿越公园或临时占用公园内土地许可的五项审批项目划归园林绿化局审批。市政市容委窗口共有机动车公共停车场经营企业资质审查和经营备案、临时占用城市道路批准、公共场所设置标语、宣传品批准等受理职能共12项。

（杜　文）

【网上行政审批和效能监察系统试运行】 5月1日，区投资服务中心开通网上行政审批和电子监察系统，此系统对行政审批部门从受理到办结各个环节的办理时限实施网上全程公示和电子监察。办事人只要在中心受理窗口一次性提交所办件业务的全部资料后，受理部门将按程序及时限办结后通知办件人领取证照。只要超过审批时限的，将实行黄牌警告，并提醒审批人，对经提醒后，仍不审批办理的，将对审批单位及责任人进行通报。通过该系统，办事人员还可以随时通过互联网查询到审批进展情况，并能对审批过程中的服务态度、工作效率等进行评议。

（杜　文）

【住房城乡建设委受理的施工许可实行即时发证】 5月1日，通州区住房城乡建设委受理的施工许可实行即时发证，改革现有施工许可审批办理流程，将原来由区住建委初审后报送市住建委复审并审定发证的程序，调整为由区住建委复审后，通知市住建委即时审核网上资料，由通州区现场发证。此次审批程序的调整为办事人员节省了大量时间。

（杜　文）

【开展投资服务环境建设】 年内，区投资服务中心进一步加快优化服务环境，特别是在软环境建设方面，进一步转变工作作风，营造更优良的投资服务环境和发展环境，吸引高质量的项目。主要从三个方面入手。一是增强主动服务意识，提供优质高效服务，努力推进重大项目“一门受理、一站办结”，让企业和群众实实在在感受到政府服务理念的转变和服务效能的提升。二是从入厅窗口单位工作事项着手，按照“能简则简、能优则优”的原则，对窗口事项的工作流程进行进一步的梳理优化，使每个审批项目都有规范的受理要求、流畅的操作程序、明确的承诺期限和详细的收费标准，确保审批全过程公开透明、阳光操作，为办事群众和企业提供透明、放心快捷的服务。努力提高现场办结率，以此推动行政审批提速，促进企业降本增效。三是拓展服务领域，树立“服务无边界”的理念，以企业服务为导向，不断扩大服务面，提升服务层次、丰富服务内涵，中心加强与各职能部门的联系和合作，不断优化政务资源配置，形成网络化服务体系。

（杜　文）

【市政市容委窗口增加三项审批职能】 10月，市政市容委窗口增加三项审批职能。一是从事城市生活垃圾（含粪便）经营性清扫、收集、运输服务审批；二是从事城市生活垃圾（含粪便）处理服务审批；三是供暖单位资质审查和登记备案。

（杜　文）

【地税局窗口方便纳税人减少办理登记资料】 10月，为了减轻纳税人负担、提高征管效率给纳税人提供更加优质的纳税服务，通州区地方税务局减少纳税人办理登记资料，自10月1日起正式执行《税收业务流程指导手册》。办事人在地税局窗口办理税务登记过程中，只需提供：营业执照复印件；组织机构代码复印件；法定代表人的身份证复印件（正、反面）；注册及生产经营地址证明（产权证、租赁协议），出租人为自然人的还须提供产权证明的复印件，租赁合同按租金总额的千分之一贴印花税；公司章程（出示）等资料。

（杜　文）

【外商投资企业审批权限进一步下放】 11月11日，北京市商务委员会将外商投资企业审批权限进一步下放至各区县审批部门。此次下放的审批权限内容为：投资额1亿美元（含）以下鼓励类、允许类外商投资企业合同、章程及其变更事项的审批及发证工作。此前区县级的审批权限为投资额5000万美元（含）以下，通州区商务委根据文件要求，努力做好权限内外商投资企业的各项审批工作。

（杜　文）

【拓展服务领域】 12月底，行政服务中心在不断优化政务资源配置，完善网络化服务体系的同时，积极探索通州区“绿卡”服务机制，实行企业联系员制度。确定专人联系入区重点企业，了解企业的需求。同时，通州区监察局派专人进驻行政服务中心，负责各服务窗口办事效率和服务质量的监督。服务中心按照区政府确定的重大项目，或在服务大厅即时申办的注册资金在1000万元以上的企业实行跟踪服务，及时了解项目的进展情况和企业的需求，遇有需协调的问题，即启动两级审批协调联席会。努力实现企业和群众“进一扇门、办全部事”的目标。

（杜　文）

财税·金融·审计

财　政

【**概　况**】 2010年，地方财政收入完成141.43亿元，同比增长114%。其中一般预算收入完成31.5亿元，同比增长20.9%；基金收入完成109.93亿元，同比增加69.9亿元。财政预算内区级总财力实现236.78亿元（本年实现总财力195.11亿元）。财政总支出175.73亿元。其中一般预算支出72.87亿元，完成调整预算的101.2%；基金支出102.86亿元。全区经济实现平稳较快发展，各项重点支出得到有效保障，为全区经济和社会事业健康发展创造了积极条件。

（姜　山）

【**“聚财源、保增长”完成财政增收任务**】 一是加大税收及非税收入的征管力度。建立“逐户跟踪”税源监管机制，对重点行业进行全方位监管，强化非税收入管理，规范非税收入收缴程序，加大征管力度，努力做到应收尽收。二是完善组收联动机制。继续坚持财政、国税、地税、工商等部门联席会议制度及联系乡镇（园区）工作机制，定期召开会议，把握全区经济发展特点，有针对性的抓好收入征管工作。三是落实责任，激发部门组收积极性。结合全区经济形势及各乡镇实际，对全年收入任务进行分解，明确任务，细化责任，保证全年增收目标顺利实现。通过全区上下的共同努力，2010年财政一般预算收入完成31.65亿元，同比增长21.5%。

（姜　山）

【**为重点产业发展提供资金支持**】 一是扩大产业发展资金的规模和覆盖范围，安排资金2亿元，重点支持文化创意产业、商务总部、电子物流、金融保险等战略性新兴产业发展。二是认真落实《通州区促进产业发展办法》等一系列鼓励政策，吸引北京国际航空城、四环医药集团总部等符合新城功能定位的大型项目签约落户，努力积蓄后续财源。三是充分发挥财政资金的扶持引导作用，通过财政补贴、资本注入、贷款担保等多种形式，解决企业融资难题。拨入平台资金10亿元，确保了北苑商务区建设顺利推进；拨付企业扶持资金3500余万元，支持了企业技术改造及产业升级；为70家企业办理担保贷款3亿元，有利促进了本区中小企业健康发展。四是做好新城宣传推介的资金保障工作。安排资金1650万元，支持举办了世界城市通州国际新城发展论坛等大型活动，扩大新城影响力，加速优质资源向通州聚集。五是拨付资金4000余万元，全面启动“十二五”规划、新城核心区规划等专项规划编制工作，为现代化国际新城奠定基础。

（姜　山）

【**保障新城建设顺利推进**】 2010年，按照现代化国际新城建设的总体部署，统筹安排资金73.6亿元，全力保障新城基础设施及重点工程建设的顺利推进。为配合新城区建设规划，加大基础设施建设力度，运河核心区、朝阳北路东延、宋郎路北延等重点工程拆迁补助如期拨付；通胡大街、怡乐中路绿化景观工程进展顺利；支持了运河西大街、潞苑北大街等地段的高压入地工程；完善了故城东路和玉桥中路绿地城市公用设施建设；大运河森林公园投入运营；通惠河北部城区污水截流工程竣工；东南郊水网一期工程基本完工；三河热电联供、玉桥南里和竹木厂锅炉房等建设工程加快推进；运河核心区建设进展顺利，新第三中学、新东关小学开工建设，新华医院、骨伤医院等拆迁安置工作加快推进；加大住房保障工作力度，出资5400余万元，回购廉租住房300余套，努力保障低收入群体住房需求；坚持建管并重，积极贯彻落实《2010年通州区主要污染物总量减排工作方案》，顺利完成2010年老旧小区等既有建筑节能改造任务，支持市容管理、大气治理、黄标车淘汰、节能减排、垃圾治理等综合整治工作深入开展，为成功创建国家卫生区、建设绿色新城奠定了基础。

（姜　山）

【加大财政涉农领域投入】 切实“重投入、惠三农”，全面加大财政涉农领域投入，统筹城乡一体化发展成效显著。统筹安排资金，新农村“5+3”工程建设“四年任务两年完成”的工作目标顺利实现；投入3000余万元，支持张凤路、漷大路农业生态走廊建设；投入5160万元，全面完成4.2万亩中低产田改造；及时拨付资金，支持筹备第十八届国际食用菌大会等工作开展。发放各项农业补贴资金6700余万元，各项惠农政策得到全面落实；投入2亿元，林业绿化、病虫害防治、水环境治理等工作进展顺利；投入3.6亿元，全面落实“家电下乡”、“家电以旧换新”、“汽车下乡”、“汽车以旧换新”等惠民政策，群众享受到更多实惠。

（姜　山）

【社会保障及民生领域投入稳步提高】 加大社会保障、卫生和就业投入。发放基础养老金和福利养老金2.4亿元，全区9.3万名老年人基本生活得到有效保障。发放城乡低保资金2100万元，1.2万名困难群众得到及时救助。拨付资金2300余万元，积极落实居家养老（助残）服务政策。筹集资金1.74亿元，新农合报付水平进一步提高，切实减轻了群众医疗负担。继续加大医疗基础设施建设，中医医院投入使用，潞河医院手术病房楼建设加快推进。支持完成400个镇（村）社区服务中心（站）建设，基本实现农村社区全覆盖。安排资金2000余万元，支持全区12家规范化社区建设。安排资金2400余万元，用于公益性岗位补贴、劳动力市场建设、职业介绍及培训，积极引导农村富余劳动力和城镇失业人员实现再就业。进一步加大“双拥”工作投入，积极推进“双拥模范城”创建工作。

（姜　山）

【保障公益事业发展】 年内，促进教科文体等社会公益事业发展，投入资金12.2亿元，重点保障校舍抗震加固、校园安全工程、中小学校舍迁建及基础教育课程改革、教育人才培养等工作的顺利推进。增加科技投入，支持开展双百对接活动、科技服务创新等工作开展，鼓励一批节能环保应用技术的研发利用。加强文化事业投入，启动区文化中心建设，支持农村文艺演出“星火工程”、公益电影放映以及竞技体育活动开展，促进了全区文体事业的健康发展，文化通州建设得到推进。同时，统筹安排资金，保证了区委、区政府为民办实事、折子工程及全区重点工程建设的全面推进，城市面貌和居民生活环境明显提升，和谐社会建设得到有力推进。

（姜　山）

【强化国库管理工作】 进一步完善制度建设，研究制定《通州区行政事业单位银行存款账户管理办法》及《北京市通州区财政资金拨付管理办法》，分别从资金使用渠道和资金拨付方法两方面规范业务流程，加强制度约束，保证财政资金安全规范运行。进一步规范财政工资统发范围，将全区二级预算单位全部纳入国库集中支付，真正做到“横到边、竖到底”。

（姜　山）

【推动政府采购健康发展】　制定实施了《通州区政府采购资金结算管理规定》，严格按照《中华人民共和国政府采购法》规定开展各项政府采购工作，做到“应采尽采”、“方式合法”、“程序合规”。坚决贯彻《通州区行政事业单位会议费管理办法》和《通州区行政事业单位公务用车统一维修管理暂行办法》，完善相关政府采购工作。加强政府采购资金管理工作，制定《政府采购资金结算内部管理规定》，加强各环节间的监督制约，提高了政府采购预算管理水平。全年完成采购项目300个，采购资金2.55亿元。

（姜　山）

【强化投资评审工作】　进一步拓宽评审范围，积极探索投资评审与政府采购相结合的途径，建立“先评审、后招标”的机制，提高财政资金使用效益。全年完成评审项目192项，送审金额40.8亿元，审定金额35.8亿元，审减5亿元，审减率12.3%。在加强区级重点工程资金评审的基础上，财政投资评审向乡镇延伸，全年完成乡镇评审项目14项，送审资金4538.3亿元，审减资金681.7亿元，审减率15%，乡镇财政资金使用效益进一步提高。同时，充分发挥自有力量，加大自主评审工作力度，全年自主评审项目达到132项，占总项目数比重接近70%，节约评审费用580余万元。

（姜　山）

【加强行政事业单位国有资产管理】　制定实施《通州区行政事业单位国有资产处置管理实施细则》，完善制度体系。强化行政事业单位资产管理建设，对全区行政事业单位300余名资产管理人员进行业务培训，提升了行政事业单位资产管理水平。加强对行政事业单位的资产出租、出借、担保行为的监管，严格按照规定进行审批。加强拆迁范围内行政事业单位资产管理，可利用资产全部上缴公物仓、拆迁补偿资金全部上缴财政，实行专户管理，有效避免了国有资产流失。

（姜　山）

【加强政府债务管理】　严格执行《通州区政府债务管理办法》，防范和化解财政风险。根据国务院及北京市的有关工作部署，逐步做好政府融资平台清理及资金监管工作。

（姜　山）

【加强会计管理工作】　强化会计代理记账审批工作，加强会计信息质量监控，积极开展各系统会计继续教育和培训工作。2010年，6108人取得会计从业资格证书，370人取得初级会计专业技术资格。举办区属预算单位、乡镇财政会计业务知识培训班，全区会计管理水平得到进一步提升。

（姜　山）

【强化财政监督职能】　强化财政监督职能，确保财政工作高效规范运行，制定完善《通州区财政局财政监督检查工作制度》、《通州区财政局行政处罚工作规程》，强化监管力度，创新工作方法，积极开展专项资金、“小金库”、“假发票”检查工作。对预算单位各类财政资金使用情况检查，使财政监督贯穿于财政运行的各个环节，确保财政工作高效规范运行。

（姜　山）

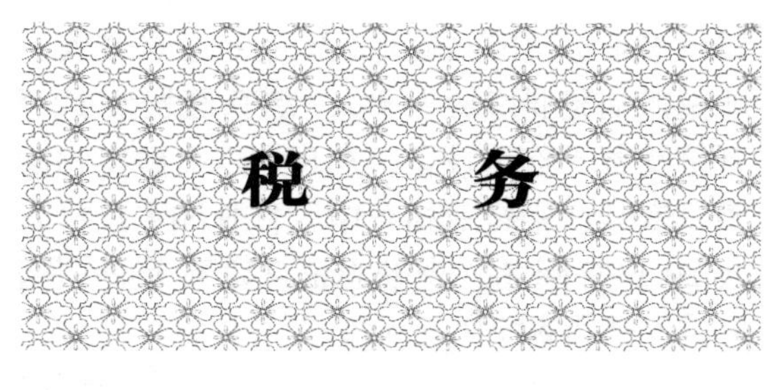

税 务

国家税务

【概　况】 区国税局位于通州区运河西大街111号，有干部职工387人，内设13个科室，另设机关党委办公室、1个直属单位、3个事业单位、8个派出机构。2010年，区国税局上下统一、步调一致，化繁为简，以简治繁，依法科学组收，全年组织入库各税66.25亿元，同比增加10.82亿元，增长19.5%，完成年度计划的103.7%。其中区属税收50.14亿元，同比增加7.85亿元，增长18.6%，完成年度计划的103.1%。

（孟祥胜）

【推进税源管理】 调整或充实税收管理员岗位人员，优化年龄和知识结构，充分发挥税收管理员在税源日常管理、重点监控和纳税评估等环节的作用，采取企业分类管理方式，实现税源管理效能的最大化。

（孟祥胜）

【拓展纳税服务手段】 以办税服务厅为主阵地，以税企交流和日常管理为主线，为纳税人提供全方位、全过程和多层面的纳税服务。积极开展特色活动，推进纳税服务工作。利用税企交流中心举办活动；召开税企联席座谈会；与地税局联合办税；研究推行"一窗通办"模式；依据纳税服务满意度调查结果制定持续改进措施，优化工作流程；组织税收志愿者招募活动，共招募税收志愿者138人。

（孟祥胜）

【加强征期申报纳税管理】 对外公开办税事项，加强征收所、管理所和服务单位之间的衔接，突出日常管理重点，严格审核零申报企业，核查税负率，大力追缴陈欠、严防新欠。建立跟踪反馈机制，提醒纳税人及时缴纳税款并上解销号，确保税款及时足额入库。

（孟祥胜）

【开展普通发票换版工作】 年内，开业及停业纳税人替换通用机打发票（折票）47条次，替换通用机打发票（卷票）155条次，替换通用手工（百元版、千元版）12433条次；完成手工修改的票种核定9542条次。根据金税稽核管理要求，采集存根联1361192份，采集率达100%，核查222份增值税专用发票，缴销202户企业手写版普通发票。

（孟祥胜）

【车辆购置税征收管理平稳】 5月10日，按照市国税局统一部署，车辆购置税征收大厅在第五税务所正式挂牌运行，全年受理新车业务8052辆，征税6767.9万元。

（孟祥胜）

【提高税收信息化征管效率】 加强计算机设备和系统维护，保证系统稳定、数据安全，举办数据库应用知识培训，提升征管数据信息的利用水平。推行信息化办税手段，电子申报覆盖面达90.13%，居于北京市国税系统第六位；试点推行网上报税系统2007户；推行财税库银横向联网18000余户；对具备条件的24个集贸市场推行计算机开票系统，实现以票控税；组织研发评估管理软件，年底前正式投入使用。

（孟祥胜）

【加强流转税管理】 围绕一般纳税人认定审批和小规模纳税人零申报清理，加强增值税管理，对2009年7955户零申报、1122户零申报且购票的小规模纳税人进行集中清理，清理资源综合利用产品生产企业，审批备案229户次，退税近1977.29万元。对固定资产进项税抵扣、建安企业混合销售等行为进行政策效应分析，规范行业管理。严格出口退税企业监管，做到应退尽退、应调尽调。

（孟祥胜）

【规范所得税管理】 年内，规范所得税管理，实行核定征收近6700户，减免税备案317户，非营利组织免税资格认定142户，核销14户企业资产损失6520万元。在所得税汇算清缴中，编发辅导手册和政策汇编光盘10000份，汇算清缴申报率99%，有税率66.67%，同比增长近23个百分点。

（孟祥胜）

【强化大企业和国际税收管理】 按照涉外企业管理要求，受理国际税收业务220项，入库税款6029万元，同比增长165%。根据大企业税收管理要求，为三户大企业各指派一名联络员，定期走访企业，提供税收管理服务。

（孟祥胜）

【个体集贸税收征管工作】 抓好个体集贸税收征管，"双定户"核定达起征点共5266户。对32个市场实行委托代征，24个安装机打发票系统。根据市国税局要求，对家具、建材、装饰装潢材料销售企业重新核定税额，综合治理家具生产企业，进一步摸清底数，规范管理。

（孟祥胜）

【提升纳税评估水平】 对机动车销售企业、小规模纳税人等评估127户次，查补税款199万元，调减留抵145万元；完成所得税评估62户，43户有问题，调增应纳税所得额1350万元，调减亏损和应退税款574万元，补缴增值税、所得税、加收滞纳金共137万元。

（孟祥胜）

【加强税收执法监督检查】 审理12起重大税务案件，涉及税款318.07万元，罚款34.58万元，重新修订税务行政事项集体审批制度，突出合法性、程序性和可操作性，上会集体审批案件45件。开展税收执法检查，突出五个方面8项重点内容，加强税收执法考核，规范税收执法。

（孟祥胜）

【深入整顿和规范税收秩序】 全年稽查检查各类案件117件，结案率97%，问题率90.1%，查补总额1320万元。在打击发票违法犯罪活动中，查票近4万份，违法发票1213份，查补总额592万元；协同公安、地税抓捕犯罪嫌疑人3人，缴获假发票1.25万份及若干作案设备。在房地产、建安、医药、家具产销行业检查中，自查和重点检查共20户有问题，查补总额222万元，调增应纳税所得额216万元。

（孟祥胜）

地方税务

【概　况】 通州区地方税务局位于通州区玉桥中路136号，全局有干部职工356人，机构30个，包括15个职能科室、11个征收税务所、1个后勤服务中心、1个税务学会、1个稽查局（含4个科室）。截至年底，全局税源户数61675户。其中批发和零售贸易、餐饮业27307户，社会服务业14552户，制造业6658户，科教文卫业5655户，建筑业2175户，农林渔牧业2008户，交通运输、仓储及邮电通讯业1378户，房地产业1288户，地质勘察、水利管理业141户，金融、保险业111户，电力、煤气及水的生产供应业66户，采掘业25户，其他行业311户。

（潘国强）

【税收完成情况】 2010年，区地税局组织地税税收53.2亿元，同比增收11.9亿元，增长28.8%。其中完成市级一般预算收入45.05亿元，同比增加9.8亿元，增长27.85%，达到市局计划44.6亿元的101%，为新城建设及社会发展提供了强有力的财力保障。"十一五"期间全区税源户、税收指标均实现成倍增长。其中税源户由"十五"末的3万户增长至6万余户，年均增加0.6万户，增长15.4%，各项税费收入由"十五"末的23.4亿元增长至53.2亿元，年均增收5.9亿元，增长17.8%。"十一五"累计完成各项税费收入190.6亿元，较"十五"的73.8亿元增长了1.6倍。年纳税百万以上企业由"十五"末的285户增长至516户，税款由16.9亿元增长至39.1亿元，占总收比重由72.2%提高至73.5%。

（潘国强）

【组收工作成效显著】 从年初开始，区地税局即将组收作为压倒一切的中心任务来抓。各税务所积极开展税源调查，主动与当地财政部门沟通，随时向局党委及区政府汇报，会同区发改委到各委办局、乡镇、园区进行调研，分片组织召开乡镇、园区经济形势分析汇报会，重点了解全区的重大项目、重点工程、招商引资等情况。下半年，根据经济税源变化实际和区政府对地税收入目标的调整要求，及时调整各所收入计划，制定具体实施方案，牢牢把握组织收入的主动权。全年完成区级一般预算收入21.98亿元，同比增收3.35亿元，增长17.97%，完成区政府下达年度计划的105.33%。

（潘国强）

【加强重点项目重大工程和纳税大户的管理】 2010年，在全市“集中力量、聚焦通州，尽快建成与首都发展需要相适应的现代化国际新城”的积极推动下，以“汽车动力总成”“利星行奔驰中心”和“通州新城核心区工程建设”为代表的一大批重点项目、重大工程相继出现，区地税局紧抓机遇把如何将重点建设项目税收管住、管好、管到位列为首要目标，根据项目所在地成立重大项目涉税服务工作领导小组，主动实施项目跟踪、反馈、指导机制，开辟“绿色通道”，召开专题座谈协调会，落实各项优惠政策，刊发活动简报，为项目发展创造有利条件。2010年，全区纳税百万以上重点税源516户，同比增加113户，增长28.04%。入库税款占全局年纳税总额的73.53%，同比提高1.34个百分点。

（潘国强）

【税法宣传重实效】 扎实开展第19个税收宣传月活动，围绕“税收 发展 民生”这一主题，在人员密集的乔庄路举行“税收宣传一条街”大型税法宣传活动。通过竖立大型灯箱广告、宣传栏，横幅展板等传播手段，将乔庄路打造成全市首个都市税法宣传示范街。邀请通州区诚信纳税A级企业、重点企业和近年来接受检查的企业法人或财务代表举办“税收稽查开放日暨税务稽查案例解析”活动。连续三年参加全国税法动漫大赛并获奖，围绕热点以二手房交易为题材制作的《八戒买房记》，在第五届全国税法动漫大赛上被评为金奖。漫画作品《害人害已》获司法部法制宣传司颁发的全国法制宣传漫画作品鼓励奖。

（潘国强）

【纳税服务方式不断丰富】 围绕通州新城建设举办了以“积极融入、共建新城、推进发展、齐谋共赢”为主题的实践活动，在全局81个服务窗口开展“五比、一争当”活动即“比服务意识、比服务态度、比服务效率、比服务质量、比服务满意度，争当星级服务岗”，采取所长打分、干部互评和纳税人无记名投票的方式共评选出五星级服务干部18名。加强和规范“12366”纳税服务平台及税务网站建设，对全局电子触摸屏、“12366”软硬件设备进行更新和维护，开通依托“12366”同步实现手机短信服务的新功能。全年“12366”纳税服务系统接受咨询5.5万人次，日平均受理咨询230人次。

（潘国强）

【强化监管履行职能】 强化土地增值税基础税源和清算管理，开展全区范围内的房地产开发项目土地增值税清算工作，对挂靠单位、法院查封、法律纠纷等收入成本不能确定的项目，协调立案科、评估科、征管科等相关科室，制定本局清算核定征收操作流程，解决历史遗留问题，对符合清算条件的项目逐步发放清算通知。2010年，有66个项目达到清算条件，已完成清算项目46个，入库税款7003万元。通过与区建委建立启用查询权属交易信息系统，有效提高了二手房交易税收征管的质量与效率，自5月启用至年底，共发现115份虚假申报首次购房材料，避免税款流失31.2万元。推进税务行政诉讼案件办理工作，坚持“防重于议，议重于诉”的工作原则，认真做好诉讼应诉工作，共办理法院应诉8件，并全部以胜诉告终。

（潘国强）

【加大稽查检查工作力度】 充分发挥税务稽查“外反偷漏、内促征管”的职能作用，围绕组收目标，深入开展重点行业、企业税收专项检查，加大对重大案件、举报行为和协查案件的查处力度，推行查前辅导、查后建议的阳光稽查模式。2010年，全局立案267件，审理定案186件，有问题176件，结案191件，查补收入6160万元。处理举报案件215起，其中实施稽查检查已结案件20件，查补各项收入合计1710万元，入库232万元，答复具名举报276人次，奖励支出6000元。

（潘国强）

【提高稽查办案水平】 加强稽查考核机制，按行业特点建立房地产业、建安业、交通运输业等8个案源库，选取专项案源160件。利用专项检查案源先后起草《建安业税务稽查指导意见》等5个相关行业指导意见，用于指导行业检查，降低案件补正率。建立内部通报制，通过《稽查案件完成情况统计表》、《举报案件超时报警明细表》、《结案案件明细反馈表》和《税务检查简报》在各检查组、各部门、税务所之间建立起交流平台。完善案件审理机制，促进各环节程序和实体法律应用水平的提高，全年召开重大案件审理会3次，审理三级案件2件、二级案件7件，发出审理提示12期，依据审理中发现的问题，出台《税务稽查指导意见》，以提高案件执法水平和质量。

（潘国强）

【创造性地开展评估工作】 采用“一查、二筛、三剔除”的方式，确定1569户零申报企业为指定案源，对其实行分类管理和重点评估。全年对7452户纳税人履行纳税义务情况进行了评估核实，对医药、商业等8个行业开展专项评估。通过对纳税人实施税务函告、约谈、实地调查核实和税收政策讲解，提请纳税人改正一般性涉税问题，纳税人自行补缴税款、滞纳金以及经转行政处罚加收罚款共计9282万元，同比增长33.11%。深化评估重大事项审理制度，对符合条件的评估案件中涉及评估程序、违法问题的项目进行全面审理，并形成最终意见。全年启动评估重大事项审理13次，实现评估税款及滞纳金4253万元，占全年评估税款任务的45.82%，与上年相比增长3倍多。

（潘国强）

【创新征管工作】 一是对全局存续期满一年的2万余正常状态有税户（不含个体工商户），按相关标准客观评价税收风险等级，分成自愿遵从类（A类，低风险企业）；引导遵从类（B类，中等风险企业）；强制遵从类（C类，高风险企业），实施差别管理。二是以纳税人生产经营、人员资产、资金流动信息为突破口，尝试采取企业报送、系统查询、实地核查、政府部门间信息交换以及第三方机构获取等多种途径和方法进行信息的获取和采集。三是通过建立主辅两个指标进行比对和预警的工作办法，为纳税评估确定工作方向。全年有针对性地开展纳税评估1546户次，占税收管理员自主选案的34.9%，其中有问题459户次，补缴入库5732.3万元，占全年评估补缴总数的72.4%，平均有问题率为29.7%，较上年提升近20个百分点。查找出物流行业风险点14个、房地产行业风险点16个、建筑安装行业风险点10个，确定行业风险主指标1个、辅指标5个。

（潘国强）

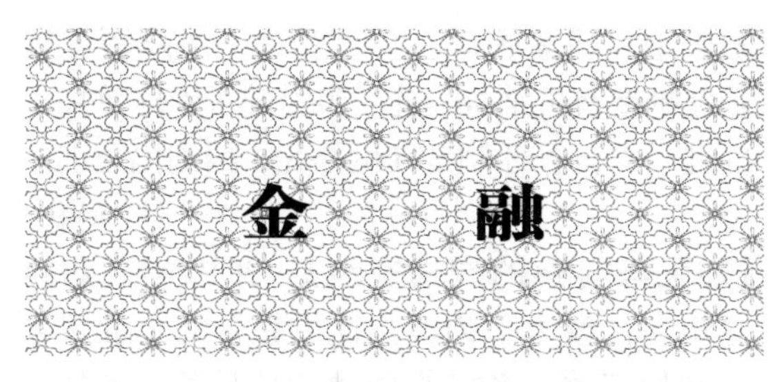

金融

工商银行通州支行

【概　况】 中国工商银行股份有限公司北京通州支行位于通州区新华西街47号，全行在职员工近360人，设9个内设部室、15个营业网点，代理人民银行国库业务和发行基金保管库业务。2010年，工行通州支行坚持以科学发展观为指引，积极开拓市场，推进结构调整，转变发展方式，加快改革创新，加速提升竞争能力，提高风险控制水平，加强党建和队伍建设调动积极性和增强战斗力，有效提高服务管理水平和服务效率，各项工作取得显著成绩。

（高　博）

【经营效益创历史新高】 截至2010年末，工行通州支行实现本外币拨备前利润42952万元，增长55.35%。实现营业收入93052万元，增长18.55%，其中中间业务收入实现8027.95万元，增长24.34%。各项贷款余额增幅22.11%，本外币负债增长47.46亿元。其中：人民币对公存款较年初增加24.73亿元，人民币储蓄存款较年初增加15.88亿元，人民币对公存款日均余额较年初增加2.13亿元；外币存款较年初增加243万美元。

（高　博）

【党风廉政和案件防范工作成效显著】 工行通州支行在党风廉政和案件防范方面开展了一系列卓有成效的工作。在党风廉政建设方面：逐级签订《党风廉政建设责任书》；抓好各项廉洁制度的执行，完善相关规定；加强监督与管理，实现案防关口前移；认真贯彻落实工行通州支行《建立健全惩治和预防腐败体系2009～2012年工作规划》。在案件防范方面：逐级签订《案件防范责任书》；定期召开案件防范分析会、员工行为动态分析会；贯彻落实“内控和案防制度执行年”的各项工作部署；全行未出现各类案件。

（高　博）

【实施全面风险管理和内部控制】 工行通州支行狠抓基础管理，积极开展内控管理工作，树立全面的风险管理观，建立涵盖市场风险、信用风险、操作风险和道德风险的风险管理体系，坚持把风险管理和风险控制作为持续发展的生命线，提升风险掌控能力。强化操作风险的管理，全面落实内控外防的措施，抓好各级人员的管理工作。

（高　博）

【服务品质全面提升】 2010年，工行通州支行进一步完善服务考核管理办法，加大支行服务考核管理力度，增大服务在部门考核中的权重。进一步明确专人专岗负责日常服务管理工作，增加检查频次，加大检查力度，确保及时发现问题，快速处理整改。强化网点引导员和保洁员考核管理，有效推动大堂整体服务水平的提高引进在校大学生实习机制，补充营业网点大堂引导的人力需求。围绕服务价值年工作方案开展系列活动，推进支行服务精细化和规范化进程。

（高　博）

建设银行通州支行

【概　况】 中国建设银行北京通州支行位于通州区玉带河西街25号，在岗员工243人，下设5个部室、4个升格支行、1个营业部、6个储蓄所。2010年，建行通州支行坚持以科学发展观统领全局，本着以人为本、加快发展的工作理念，围绕“效率”主线，以精细管理、提高效率为目标，解放思想，转变观念，开拓进取，迎难而上，各项工作取得成效。金融服务能力、基础管理水平和盈利能力得到全面提高。

（陈英秋）

【主要经营指标】 截至年底，建行通州支行实现拨备前利润1.98亿元，本外币全口径存款时点余额120亿元，本外币各项贷款余额35.87亿元。在年底建设银行北京分行系统关键业绩指标考核中取得第一名的好成绩，成为分行系统内发展最快的综合性支行之一。

（陈英秋）

【大力扶持中小企业发展】 2010年，建行通州支行大力开展中小企业金融服务，把发展中小企业金融业务，扶持中小企业健康快速发展作为年度工作重点之一。支行通过"成长之路"、"速贷通"等专门融资产品和"企业版网上银行"、"短信通"、"电子回单柜"、"现金管理系统"等电子渠道产品为中小企业提供高效的融资及资金结算服务，赢得了客户的一致好评。全年发展中小企业信贷客户十余户，办理电子金融服务渠道业务千余笔。

（陈英秋）

【优化资源配置】 为了提高服务效率，取得可持续发展空间，建行通州支行通过对辖内营业网点的实地调研，针对不同区域的客户结构和区域特色，对网点的地理分布、网点功能、自助设备、人员配备等方面进行了优化调整。尤其在网点功能模块设置、宣传布置、营销流程、风险管理等方面进行了进一步优化，在提升营业网点的客户体验、服务功能、服务效率等方面取得了一定成果，完成所辖网点的资源再次优化整合。其中通惠路储蓄所完成自助化改造，多个网点改造项目已经启动。

（陈英秋）

【基础管理向流程化精细化迈进】 2010年，建行通州支行把流程化、精细化管理作为日常管理工作的第一准则和长期目标。从日常工作入手、从细节入手，切实提高管理水平。对支行各部门管理制度进行统一化、透明化、网络化整合，形成管理合力。力求将人力资源管理、薪酬管理、会计管理、风险管理等管理制度有机结合，进一步提升了管理效果，推进了支行管理制度向网络化、精细化迈进。

（陈英秋）

【加强与客户的沟通交流】 2010年，建行通州支行致力于为客户提供完善的金融服务方案和高效、多样的金融产品服务，加强与客户的沟通交流，支行多次举办金融研讨会与客户共同探讨，为客户打造便捷的学习和咨询渠道，方便客户获取信息，有效促进了企业与客户共同成长，鼓励员工与企业共同进步。

（陈英秋）

农业银行通州支行

【概　况】 中国农业银行股份有限公司北京通州支行位于通州区八里桥南街1号院9号楼，内设7个部门，下辖15家营业网点，在职员工371人。2010年是农业银行股改上市之年，年内，农行通州支行认真贯彻落实上级行党委的决策部署，把"市场进主流、同业创一流"作为不懈的奋斗目标，在经营中着眼于通州地区经济发展形势，牢牢锁定全年任务目标，从强化市场营销力度、夯实内部管理基础出发，务实高效地推进各项工作有序开展，各项业务的发展速度和质量均得到大幅度提升。

（黎　岩）

【主体业务健康发展】 截至2010年末，各项存款余额154.9亿元，比年初增加33.8亿元，其中储蓄存款余额86.7亿元，比年初增加19亿元。全行人民币各项贷款余额51亿元，比年初增加20.8亿元，贷款投放规模较往年大幅度增加。全年实现经营利润2.5亿元，实现中间业务收入5299万元。

（黎　岩）

【网点转型继续深入】 2010年，农业银行通州支行继续深入推进网点转型战略，在硬件方面，以临时停业的形式消灭1家低效网点和2家储蓄所，完成武夷花园分理处、杨庄路分理处和龙鼎园自助银行的开业，完成马驹桥分理处的原址装修。软件方面，全年对3家分理处开展文明标准服务导入，并对辖区内60%的网点进行营销技能提升导入，通过组织业务培训和营销PK大赛等多种形式，极大地激发了网点全员参与营销的积极性，全行网点的综合竞争能力显著提高，其中武夷花园分理处获得农行北京分行授予的转型“标杆网点”称号。

（黎　岩）

【电子银行业务实现跨越】 2010年，农行通州支行大力发展电子银行业务，一、二季度在全行范围内分别启动“春天在线金e顺”电子银行营销和新开借记卡“1+4”综合营销活动，持续开展客户回馈，加快电子银行业务的发展步伐。2010年全行电子银行新增注册客户78688户，营业网点自助设备年均分流率达到89.48%，有效提升了网点业务处理效率，为客户节省了大量等候时间。

（黎　岩）

【开展信贷资金流向自查工作】 2010年，根据北京银监局和市分行的要求，以防范信贷资金流入股市为重点，对全行贷款业务进行全面彻底的自查。并通过建立经办（调查、贷后管理）、审查、风险管理、审计的立体防控系统，严格贷款“三查”制度，细化对每笔贷款业务的管理流程，进一步强化了支行信贷风险管控能力。

（黎　岩）

【全力打造“平安银行”】 2010年，农行通州支行提出创建“平安银行”的工作目标，组建了领导小组，对网点案件防范工作实行包片管理，加强对各营业网点的监督和辅导。多次开展ATM安全风险专项排查、保安押运工作专项行动、消防安全知识讲座、防火防盗抢预案演练等活动，保证了工作环境的安全稳定，全年未发生安全事故和案件。

（黎　岩）

中国银行通州支行

【概　况】 中国银行股份有限公司北京通州支行位于通州区车站路44号，内设六部一室，下辖7个营业网点。2010年，面对复杂的经济环境、激烈的市场竞争和紧迫的系统升级工作，中国银行通州支行在全面贯彻总分行年初工作会精神，坚持以科学发展观统领全局，以落实分行的各项工作部署为主线，“讲诚信，重绩效，负责任，尚创新，促和谐”，努力夯实和扩大客户基础，着力扩大资产和负债业务规模，全力推进系统升级，狠抓文明优质服务，加强风险管理和内部控制，各项业务持续、健康、快速发展，经营管理取得长足进步，各项安保和服务工作圆满完成。

（刘　云）

【全力支持通州新城建设】 2010年，中国银行通州支行深化银政、银企战略合作，全力支持新城建设。上半年，支持核心区建设实现贷款发放，在推动新城建设项目的同时实现了银行业务规模的进一步扩大；下半年，支行承接“台湖两站一街拆迁补偿款发放项目”，圆满完成补偿款发放、稳存吸存工作，实现银政双赢。利用新城建设契机，支行深入了解房贷客户需求，在有效控制风险的前提下积极协调，调整放款流程，解决客户实际困难，赢得开发商的认同，同时促进市场份额的扩大。10月，中国银行通州支行成功进驻通州区工商注册大厅，设立验资专柜，为区内企业提供工商注册验资一站式服务。凭借工商验资平台，支行深入了解中小企业开户及融资需求，加强客户源头维护，为企业运营发展提供结算及融资便利，得到广大客户的认可。支行的客户规模随之扩大，客户结构随之调整，实现银企共赢。

（刘　云）

【服务水平稳步提升】 2010年，中国银行通州支行不断深化服务内涵，提升服务水平。

人员队伍建设方面，逐步实施专业队伍建设和增配，通过专业化队伍建设，提高业务联动效能，促进服务质量和效率的提升；网点建设方面，加强网点软、硬件条件改造，并大力发展自助渠道、电子渠道服务等服务，提升多渠道服务平台；业务系统建设方面，支行完成业务系统升级，为进一步提高服务水平奠定基础；服务管理制度建设方面，把文明优质服务管理常态化，建立服务长效机制，完善培训机制、检查机制、评价机制，坚持一把手负总责，层层落实责任制，以检查奖惩为手段，以流动红旗评比为激励，使支行全辖营业网点对外服务水平保持在优秀以上。

(刘 云)

农业发展银行通州区支行

【概 况】 中国农业发展银行北京市通州区支行位于通州区新华北路55号，在职员工26人。2010年，农发行通州区支行全面落实分、支行行长会议精神，狠抓内部管理，政策性业务和商业性贷款业务并重，企业文化建设和党建工作并举，全年实现了业务的跨越式发展，员工素质进一步提高，全行上下形成了同心协力、共创佳绩的良好局面。

(侯碧玉)

【实现政策性粮油信贷业务监管目标】 积极支持地方储备粮油的增储、轮换，及时办理政策性贷款手续，确保了政策性粮油业务的资金供应。严格执行总分行规章制度和操作流程，认真执行库存监管规定，实现对库存粮油的全过程监管。全年累计发放省级储备粮贷款 4835 万元，增加省级储备粮 1956万公斤，收回省级储备粮 3813 万元，轮出省级储备粮 3839万公斤。

(侯碧玉)

【商业性贷款业务取得跨越式发展】 2010年，农发行通州区支行经营团队贯彻“一把手”带头营销、重点营销，班子成员协调营销、整体营销的营销策略，积极参与通州区新农村建设，重点营销县域城镇建设银团贷款、“五项基础设施建设”、小城镇开发及农业产业化企业贷款，商业性贷款业务取得跨越式发展，全年发放商业性贷款10.21亿元，各项贷款余额127306万元，同比增长422%。

(侯碧玉)

【“双基建设”见成效】 一是夯实信贷基础管理。实现了政策性贷款的监管目标，农发行通州区支行认真执行总、分行的一整套管理规定及操作流程，坚持信贷员日志、定期查库、交叉查库、全面核查、出库报告等库存监管制度，全过程对粮食库存的监管，在全国粮食清仓查库工作中，连续多年实现了账实相符、库贷相符。把好了贷款准入关，商业性贷款风险得以控制，确保了各项规章制度、操作流程和改革措施落实到位。二是会计结算工作实现全年无差错。全年实现内外部账户核对相符，现金收付合法有效，结算账户管理、综合业务系统操作规范，各项费用开支合理、合规。

(侯碧玉)

华夏银行通州支行

【概 况】 华夏银行股份有限公司北京通州支行位于通州区梨园镇北杨洼25号商务楼。2010年，按照服务通州、支持通州发展的原则，逐步增加对辖区内企业和个人提供金融服务的支持力度，业务得到较快发展，存款余额达到10.3亿，比上年增长41%。其中储蓄存款余额2.4亿；贷款余额7.8亿，比上年增长62%，其中个人贷款余额1.6亿。实现利润2100万，比上年增长157.7%。

(王刚毅)

【扶持中小企业快速发展】 华夏银行为扶持通州中小企业发展，成立华夏银行北京分行中小企业部通州分中心，先后为十几家中小企业提供资金支持，解决中小企业发展中遇到的资金短缺问题，提高中小企业的发展后劲，也为这些中小企业在激烈的市场竞争中壮大发展提供机遇。

（王刚毅）

【开拓ETC快速通道】 2010年，华夏银行与北京快通公司合作，推出华夏ETC卡，为客户提供办理华夏ETC借记卡送ETC电子标签服务，并可绑定华夏信用卡，实现先通行后集中缴费的金融服务，享受快通公司的通行费95折优惠。2010年，在通州地区发放5200多张华夏ETC卡，方便了通州居民快速出行，同时减少了因停车缴费造成碳排放和能源损耗。

（王刚毅）

北京银行通州支行

【概　况】 北京银行股份有限公司通州支行成立于2004年4月。截至2010年年底，北京银行通州管辖行在通州区设有3家支行，分别为北京银行通州支行，位于新华西街59号（通州西门世纪联华超市底层），北京银行瑞都支行，位于九棵树大街165号（果园环岛家乐福超市南侧），北京银行运河支行，位于通胡大街11－1（水恋晶城小区底商）。2010年，通州支行坚持秉承“为客户创造价值、为股东创造收益、为员工创造未来、为社会创造财富”的理念，北京银行的品牌效应和影响力在通州区日益扩大。

（周威威）

【主要经营指标】 2010年，北京银行通州管辖行各项存款余额达到511153万元，各项贷款余额305304万元，实现利润9113万元。其中零售业务方面：本外币时点存款余额97367万元，较年初净增46154万元；个人贷款余额69398万元，较年初净增30849万元。公司业务方面：人民币公司时点存款规模413786万元，人民币公司贷款余额228335万元。全年实现税收1024万元，北京银行通州支行成为“纳税千万元企业”，受到区政府的表彰。

（周威威）

【提供优质服务】 北京银行通州管辖行秉承“真诚所以信赖”的经营理念，真诚为客户服务，不断加强对员工的合规教育，强化内部监督检查，将内控管理渗透到所有业务环节。支行不断提高服务客户的质量，瑞都支行获得“北京市银行业文明规范服务百佳示范单位”和通州区“巾帼文明岗”的荣誉称号。支行零售团队通过专业、优质的服务，赢得了客户的充分信赖和广泛好评。心喜理财系列产品深受客户喜爱，满足了客户的多层次需求。

（周威威）

【扶植中小企业发展】 北京银行通州支行坚持“服务地方经济、服务中小企业、服务市民百姓”的工作思路，将服务壮大中小企业作为工作目标。年内，在中小企业因信贷紧缩而遇到困难时，北京银行通州支行努力为中小企业提供信贷支持，充分利用“小巨人”中小企业服务系列产品，不断进行业务创新突破，帮助区内中小企业克服资金困难，帮助更多企业解决融资难题，赢得企业的信任，实现共赢局面。

（周威威）

北京农村商业银行通州支行

【概　况】 北京农村商业银行股份有限公司通州支行有营业网点51个，其中管辖行1个、非管辖支行13个、分理处37个，在职员工585人。2010年末，资产总额295.21亿元，比上年增长22.51%；各项存款余额289.35亿元；各项贷款余额51.37亿元。2010年，农商行通州支行坚持以科学发展观为统领，深入分析和应对经济金融形势的变化，以“经营质量攻坚年”、“制度建设年”和“流程优化年”为工作主线，强化内控和风险管理、优化客户和贷款结构，积极谋划、开源挖潜，实现各项业务快速稳定发展。

(姚月露)

【个人金融及中间业务成绩显著】 截至2010年末，储蓄存款余额133.76亿元，比年初增加24.15亿元；累计发行银行卡61.6万张，本年净增加6.2万张;中间业务手续费收入3525万元。

(姚月露)

【拓展票据业务市场】 截至2010年末，北京农商行通州支行贴现余额13.27亿元，共办理贴现业务772笔,累计发生额19亿元，实现利息收入3882万元。

(姚月露)

【加强贷款结构调整】 2010年度，北京农商行通州支行存量贷款净收回近400笔、20余亿元（含压缩转贷金额），授信规模在5000万元以上的占全部对公贷款余额的60%以上。

(姚月露)

【超额完成不良贷款清收】 2010年初，北京农商行通州支行制定了具体的不良贷款清收方案，将总行下达的清收任务分解到每个基层行，逐户制定清收措施，逐户明确清收责任人。截至年末，实现存量四级不良贷款净降3.57亿元，完成清收任务的128%。

(姚月露)

【多渠道多举措开展存款营销】 2010年，农商行通州支行紧紧抓住通州新城拆迁建设契机，根据拆迁进度和补偿情况，走进社区，逐村下户，单位包片、员工包户，开展地毯式营销。同时，加强对各大开发区入区企业注册资本金的营销。2010年各项存款余额289.35亿元，比年初增加53.5亿元，增幅为22.68 %；日均存款余额252.59亿元。

(姚月露)

【支行迁入新址办公】 北京农商行通州支行原办公地点新华东街161号，位于新城建设拆迁范围内，按照在年底前完成搬迁工作的要求，对支行新址进行45天的紧张施工建设，12月中旬，支行迁入位于通州区梨园北街63号、65号的新址办公。装修后的支行新址是北京农商行系统面积较大的支行之一，建筑面积达5200平方米；是本系统装修规格较高的10家财富理财中心之一。

(姚月露)

中国人民财产保险公司通州支公司

【概　况】 中国人民财产保险股份有限公司北京市通州支公司，坚持以“人民保险、服务人民”为使命，秉承“以人为本、诚信服务、价值至上、永续经营”的经营理念，弘扬“求实、诚信、拼搏、创新”的企业精神，坚持以市场为导向、以客户为中心，积极履行优秀企业公民责任，为促进改革、保障经济、稳定社会、造福人民提供了强大的保险保障。2010年，公司实现保费收入20268万元，创税1023万元，处理各种赔案40000余起，累计支付赔款金额达到11122万元。

(彭湘雪)

【推出“安驾宝”机动车驾驶人员意外保险】

为优化市场竞争策略，推进业务发展模式转型，在车险、意外健康险组合产品的基础上，发挥公司渠道优势，深入挖掘分散性客户市场潜力，2010年，本公司推出“安驾宝”驾驶员意外保险。此产品是专为私家车驾驶人员量身定制的保险卡产品，保障全面并补充了车上人员责任险，涵盖意外伤害事故、残疾、烧伤和意外门诊、住院医疗费用保障。该产品投保便捷，采用短信、网络两种注册投保方式，可下载电子保单，方便了客户。

(彭湘雪)

【通州地区政策性农险显成效】 通州区政府和人保财险通州区支公司不断强化巩固完善各项支农惠农政策，让广大农户从政策性农业保险中获得保障，为农业生产保驾护航。2010年，共开办了小麦、玉米、苹果、桃、葡萄、梨、西瓜、温室大棚、樱桃、枣、种猪、生猪等12个险种，实现了全险种覆盖，涉及通州区全部11个乡镇，近200个村。农村保险实现规模1300万元，承保农户达34835户，保险保障2.16亿元；年内，实施了各险种赔款，其中小麦赔款受益农户11039户、玉米赔款受益农户10088户、生猪赔款受益农户139户、种猪赔款受益农户10户、果树赔款受益农户151户。农户均通过政策性农业保险得到了保险补偿。

（彭湘雪）

北京通政国有资产经营公司

【概　况】 2010年，北京通政国有资产经营公司（管理中心）围绕建设现代化国际新城这一主题，在抓好常态工作的同时，大力度发挥职能作用，全力支持本区各项重点工程建设，加快推进棚户区的改造；继续提升中小企业融资担保平台服务能力，将原来的500万元的担保额度提高到1000万元，担保品种由流动资金及固定资产担保业务扩大到保函类业务；进一步提高行政事业单位国有资产管理水平，对全区351名行政事业单位资产管理人员进行培训；深入推进绩效考评工作，重点考评体制下划项目，进一步体现财政支出资金效益。

（王　艳）

【确保各项建设资金及时到位】 年内，拨入投融资平台资金共计50.09亿元，其中市级以上专项资金15.09亿元、区级配套资金35亿元。平台拨出资金共计40.73亿元，其中用于本区重点工程建设11.94亿元。

（王　艳）

【全方位支持中小企业发展】 全年受理中小企业担保项目95个，金额4.5亿元；资金到位项目81个，金额3.5亿元；无代偿项解除担保项目55个，金额1.6亿元；在保项目117个，金额6.1亿元。受理下岗再就业小额贷款担保项目10个，金额79万元；资金已全部到位。

（王　艳）

【强化日常资产处置管理】 全年审核行政事业单位资产共计3360.6万元；经审核符合政策规定报废电子设备865.6万元；车辆共计1437.3万元；调拨资产13.8万元。批准由单位自行处置办公设备等资产378.5万元。跨部门调拨闲置资产665.4万元。

（王　艳）

【绩效考评工作继续深入】 扩大绩效考评范围，加大考评力度，提高财政资金使用效益。全年完成区级绩效考评项目19个，考评金额共计3.28亿元，涉及卫生、交通、科教、公安等多个领域，其中项目等级为优秀的12个、良好的5个、一般的2个。

（王　艳）

【加强对拆迁行政事业单位资产管理】 年内，完成对因西海子周边拆迁而涉及的老年病医院、骨伤医院、中医医院、民政局、审计局等多家行政事业单位国有资产，按照国有资产管理相关规定督促和监督其进行了资产清查和盘点工作。

（王　艳）

审　计

【概　况】 2010年，通州区审计局围绕全区中心工作和通州国际新城的经济发展，按照市审计局和区委区政府的工作要求，认真计划，精心组织，全面实施，圆满完成了各项审计任务。年内共完成审计项目33个，涉及被审计单位126个。查出违规和管理不规范金额近15亿元，上缴财政180万元。

提出审计建议45条，刊用信息172篇次。

（李树为）

【预算执行审计】 1月至4月，区审计局对2009年区财政预算执行和其他财政收支情况及2008年审计意见的落实情况进行审计。主要审计区财政部门组织本级预算执行、区农委等4个区级部门预算管理和执行情况、中小学校安工程建设、区政府债务资金以及下划资金管理使用情况。依照资金拨付渠道审计及延伸了52个单位和部门。6月7日，区委第107次常委会首次专门听取《关于通州区2009年财政预算执行和其他财政收支情况的审计结果报告》。6月11日，区第四届人大常委会第26次会议审议通过《关于通州区2009年预算执行和其他财政收支的审计工作报告》。常委会高度评价审计工作，认为预算执行审计目标明确、重点突出，审计出的问题客观、实事求是，审计建议具有针对性。常委会提出，要进一步加大对重点部门、重大投资项目以及人民群众关心的热点、难点问题的审计监督力度，加强现代化国际新城建设资金跟踪审计，加大执法力度，确保审计意见落实。

（李树为）

【应用京OA审计软件】 区审计局在对区住建委进行审计时第一次应用京OA审计软件。审计组边学习、边应用、边总结，并根据自己摸索的经验，编写了京OA审计信息管理系统操作指南，受到了市审计局的肯定和表彰。

（李树为）

【重点工程和专项资金审计】 一是对运河核心区土地一级开发项目和西海子棚户区拆迁改造资金的阶段性审计：截至7月，核心区项目共收到区土地储备中心拨入资金97.3亿元，开发成本57.7亿元。西海子棚户区项目共筹集资金15亿元，开发成本6.9亿元。对6861户住宅搬迁户与拆迁公司签订的补偿协议进行现场审核，占已签约户数的63.58%，审查补偿金额21.7亿元。对94户非住宅拆迁档案全部进行了审查，审查补助款9.7亿元。二是对中小学校舍安全工程建设资金使用情况第二阶段的审计：校舍安全工程资金实际到位12501万元，支出3923万元。区教委按照规定设立资金专户，实行专户管理、专账核对、集中支付，并按工程进度逐笔支付、专款专用。三是对亦庄轻轨工程本区征地拆迁第二阶段的审计：重点对区住建委和台湖镇人民政府对项目的管理和组织实施，项目资金的管理和拨付使用情况进行了审计。四是对土地储备开发项目第二阶段的审计调查：重点对内控制度、资金使用及财务核算情况，项目前期手续履行情况，确定拆迁公司和评估公司程序的合规性，征地补偿与安置情况，农民宅基地、居民房屋和个人拆迁补偿情况，国有和集体企业拆迁补偿情况，直接收购项目情况和大市政基础设施建设情况进行了调查。五是对区重点建设工程12个项目的审计专项调查：重点对项目审批、土地管理、拆迁、概预算管理、招投标、建设资金管理使用、债务管理等方面进行了审计。六是对玉树抗震救灾捐款资金物资的跟踪审计：对区接受救灾捐赠事务管理中心、区红十字会接收玉树抗震救灾捐款资金物资情况进行了跟踪审计。七是对2009年新农合资金情况的审计调查：主要内容是新农合资金的使用管理情况，新农合财政补助资金是否纳入财政预算并及时足额拨补到位，管理机构与经办机构的设置情况，各种制度的建立是否健全、完整，核算是否规范，参合农民受益情况，是否按规定预留10%风险资金等情况。

（李树为）

【经济责任审计】 年内，共完成区委组织部委托的对处级领导干部经济责任审计项目18个，涉及处级领导干部21人，查出违规和管理不规范金额5.6亿元。同时，为进一步规范经济责任审计工作，健全和完善领导干部监督管理机制，加强党风廉政建设，制定出台《关于进一步加强通州区经济责任审计工作的意见》，完善了《通州区经济责任审计工作联席会议制度》和《通州区经济责任审计工作联席会议办公室工作规则》。区委常委会对全区经济责任审计工作提出四点要求：第一要转变观念，深化对审计工作的认识。第二要充分发挥审计工作在现代化国际新城建设中的作用。第三要加大力度，突出重点地开展经济责任审计工作。第四要加强对审计成果的运用，切实发挥经济责任审计作用。

（李树为）

【充分发挥社会审计的作用】 由于通州国际新城建设、中小学校舍安全工程和重点工程建设项目的增加，审计工作量大幅度增加，审计人员特别是工程专业人员非常短缺，为按时完成任务，经市审计局推荐，区审计局聘用了5家有经验、有能力、信誉好的社会审计机构协助进行审计，先后对运河核心区和西海子棚户区、区中小学校舍安全工程、潞河医院手术病房楼、台湖镇“两站一街”和生态小镇以及于家务乡中心土地一级开发进行了跟踪审计。

（李树为）

【审计调研】 区审计局把审计调研工作作为一项重要工作内容来抓，并结合审计业务情况，成立专门课题组围绕通州区有关热点问题进行调研。完成4个调研课题：《任中审计是经济责任审计的发展和创新》、《通州区政府性债务情况专项审计调查报告》、《政府投资建设项目在招投标中存在的问题与思考》、《关于新型农村合作医疗资金的专项审计调查》。

（李树为）

【内部审计】 认真贯彻执行内部审计准则，促进内部审计工作规范化管理；召开通州区内审协会二届四次理事会和内审协会会长扩大会；举办了贯彻《审计法实施条例》培训班；由监事会对内审协会2009年度财务收支情况进行了检查；广泛开展内审工作交流，召开内审宣传工作会，组织内审单位开展专题理论研讨活动；完成了2009年度区内审协会年检工作；区内审协会荣获区民管2009年度先进社会组织和《中国审计》编辑部2010年度审计宣传工作先进集体称号。

（李树为）

【审计发现的问题】 年内，审计发现的问题：一是预算、专项资金管理、财政资金支出、往来款核算等不够规范。二是预算外资金仍未纳入国库管理制度改革。三是预算执行动态监控机制未能充分发挥作用，对预算单位授权支付业务的监督力度有待进一步提高。四是部分国有资产处置收益未计财政收入。五是专项资金管理使用不规范。六是部分单位财务管理水平和财会人员的素质有待提高。

（李树为）

农　　业

综　　述

2010年，农业生产稳步发展，实现农林牧渔业总产值39.8亿元，比上年增长3.5%。其中农业产值23.22亿元、林业产值1.17亿元、牧业产值12.32亿元、渔业产值2.3亿元、农林牧渔业服务业产值0.76亿元。全年粮食总产量20.84万吨，蔬菜产量68万吨，比上年分别下降10.9%和0.7%。年内，出栏生猪31.04万头,下降6.5%；羊10.1万只,下降 4.2%；肉牛1.21万头,下降16.3%；肉鸭559万只,增长11.4%。产鲜奶9.02万吨,增长12%；鲜蛋7257吨,增长2.1%；水产品9878吨,增长3.1%。

都市型现代农业持续发展，加强农业基础设施建设，完成5.3万亩都市型现代农业基础建设项目、东南郊水网工程和1.3万亩农业综合节水改造工程。创建粮食高产面积和高标准农田3.8万亩。新建、改造设施农业面积4000亩。加强品牌农业建设，台湖数字农业、西集樱桃、张家湾葡萄、漷县花卉等乡镇特色农业加快发展。建设国际种业园核心区，11家知名种业公司入驻园区。完成20个采摘园规范建设。东升方圆等6家企业被评为市级农业龙头企业。落实支农惠农政策,粮食直补6700余万元,推进政策性农业保险,加强金融支农服务体系建设,成立北京澳美小额贷款公司。

年内,实施市、区和乡镇级重点绿化工程33项，绿化面积1700公顷，栽植各类苗木593.3万株。完成滨河森林公园“六园十八景”建设；完成平原治沙建设任务1.85万亩，治沙示范区建设4000亩。全区13.1万人次参加义务植树活动，植树70余万株。

（王岩军）

种植业

粮食及经济作物种植

【概　况】 全年粮食播种面积 563462 亩，比上年减少 24555 亩；亩产 369.87 公斤，比上年减少 24.62 公斤，总产 20840.51 万公斤，比上年减少 2356.17 万公斤。

夏粮小麦面积229056亩，比上年减少4926亩。夏粮总产7291.39万公斤，比上年减少1032.29万公斤。夏粮亩产318.32公斤，比上年减少37.42公斤。

秋粮播种面积33.44万亩，比上年减少1.96万亩，亩产406.17公斤，比上年减少20.73公斤，总产13549.12万公斤，比上年减少1529.28万公斤。其中玉米播种面积325174亩，比上年减少17418亩，亩产411.56公斤，比上年减少21.67公斤，总产13382.96万公斤，比上年减少1459.15万公斤；水稻播种面积498亩，比上年减少638亩，亩产360.84公斤，总产17.97万公斤；豆类播种面积7738亩，比上年减少1053亩，亩产136.73公斤，总产105.8万公斤。

经济作物种植：花生种植面积1306亩，亩产240.20公斤；棉花种植面积2092亩，亩产96.7公斤；薯类种植面积671亩；西瓜种植面积2328亩。

2010年，区种植业服务中心共承担国家级、市级重点农业项目9个，完成各类基础性研究课题、试验示范项目127项，展示新品种282个、新技术50余项。监督本区4个农药生产企业近2万余张不合格的农药标签进行销毁，防止不合格农药标签产品流入农药市场，行政处罚80起，罚款22208元。

区种植业服务中心围绕发展种植业和富裕农民这条主线，强化职能部门的服务意识，积极开展工作。全年发布防病虫防治预报19期，印发5000余份，技术材料5期3万余份，群发病虫情况手机短信30条9000人次。完成田间学校新建3所、续建12所的建设任务。针对学员的实际情况，全年开展培训179次，培训农民学员7642人次，向学员累计发放各类技术资料3200份。田间辅导105次，开展农民专题活动49个、团队建设活动35个、试验示范活动5个，解决实际问题20个，推广或传播实用技术30项、新品种20个，提高了农民的种植水平，减少了不必要的投入，实现增产又增效。

（魏　莹）

【都市农业走廊综合节水示范工程】 2010年，农业技术推广站结合通州区蔬菜标准园建设，继续申报节水工程项目，申报地点3个，申报项目总面积1021亩。分别是台湖镇胡家垡村“金福艺农种植园”356亩、宋庄镇大兴庄村“兴农兴乐种植园”123亩、张家湾镇小耕垡村“瑞正园”542亩。年内，项目区全面实现节水灌溉，综合应用工程节水、农艺节水、管理节水和集雨利用等节水高效技术，实现了节水节肥、省工省药、节本增收等综合效果。

（魏　莹）

【北运河综合治理项目】 全年完成秸秆设施循环池15个；建立配方肥示范点10个，推广配方肥1.5万亩，配方肥应用1125吨；建立缓释肥示范点5个，推广缓释肥0.4万亩，缓释肥应用200吨；推广二氧化碳袋肥2.53万袋。使农田秸秆循环利用，降低化肥用量，减少土壤及地下水的污染。

（魏　莹）

【完成粮食档案调查汇总工作】 2010年，完成小麦种植档案调查汇总工作，涉及小麦种植面积2338374亩、农户37511户，玉米种植面积3418193亩、农户52518户。

（魏　莹）

【农产品产地环境安全状况普查工作】 2010年，重点完成春茬蔬菜和夏粮作物农产品的取样、抽样及调查表录入工作。完成潞城镇、永乐店镇、西集镇等9个乡镇所有信息的录入工作，2067个农产品取样、制样工作，所有样品及时送到北京市农业环境监测站统一检测分析。

（魏　莹）

【测土配方施肥普及行动】 2010年，测土配方施肥普及行动以常态化服务与个性服务相结合，免费为农民取土测土502个，提供配方卡1.25万份，推广测土配方施肥技术达65万亩，配方肥应用面积25万亩，完成氮磷钾肥效试验和反馈试验研究各14个，建立村级示范方10个，上下两茬平均亩产1060.8公斤，比农民常规施肥亩增产21.5%。建立村级示范片10个，上下两茬平均亩产958.3公斤，比农民常规施肥每亩增产9.8%。开展农民施肥调查300户，进行测土配方技术宣传15次，进行科技赶集8次，举办培训班5次，共培训农民1200

人次，解答技术咨询达2万人次，发放施肥建议卡1.5万份，发放技术资料和书籍3.5万份。

（魏　莹）

【苗情、墒情、气象、水质常规监测】 2010年，在全区建立小麦、玉米监测点20个，春玉米监测点8个，定时、定期对苗情、土壤墒情等进行监测，及时发布监测信息，并有针对性地提出栽培管理技术措施，指导农民因苗分类科学施肥浇水，开展田间管理。全年进行墒情、苗情普查20次，为全市农业气象数据库提供14期、近10万个有效数据。

（魏　莹）

【农业新品种新技术引进及试验示范推广工作】 2010年，农业技术推广站承担试验课题共计127项，其中粮经类试验研究课题39项，农业节水技术研究课题15项（主要为应用粮田节水技术、重力滴灌技术、水肥一体化技术等），蔬菜品种筛选试验17项（主要为应用茄果类蔬菜嫁接技术、草莓西甜瓜套种技术、无公害蔬菜栽培技术等高产高效栽培技术），肥料试验49项（主要为应用测土配方施肥技术、新型肥料使用技术、有机肥和二氧化碳吊袋肥使用等技术示范面积达到5.8万亩），食用菌实验7项（主要为应用日光温室反季节双孢菇高效栽培技术、日光温室猴头菇立体高效栽培技术、日光温室冬茬香菇高产高效技术、林地塑料棚地埋香菇新技术、塑料大棚双孢菇不同培养料出菇技术、林地塑料棚中高温型香菇品种筛选、白灵菇废弃菌棒二次出菇技术）。引进新品种200余个，筛选出适合本区种植的新品种100余种，推广农业新技术50余项。

（魏　莹）

【完成粮食高产创建工作】 2010年，区种植中心实施粮食高产创建项目。在全区建设两个“冬小麦——夏玉米”万亩高产示范区，总面积2.5万亩，主推小麦高产栽培的“一选三调五改进”、玉米高产栽培的“一增二改三提高”的核心技术，重点打造于家务乡北辛店村、漷县镇黄厂铺村两个百亩示范方，示范区小麦亩产419公斤，比计划指标增长9.3 %，玉米亩产657.8公斤，比计划指标增长26.5%，比上年增长7.3%，实现了增产增收，全面提升粮食综合生产能力，带动全区粮食稳产增收。

（魏　莹）

【都市型现代农业基地建设与综合开发项目】 一是项目区内建立培肥效果监测点，以便掌握培肥情况。在7个乡镇44个村80个地块的项目区内建立耕地培肥效果监测点80个。二是在项目区内建立耕地污染监控预警点，准确掌握耕地污染情况。在7个乡镇45个项目村98个地块，建立耕地常规监控预警点110个，完成有机肥使用、地膜残留、沼渣沼液使用、再生水使用、地下淋溶等特殊监控预警点10个，监测区域面积7.43万亩。三是对配送补贴肥进行质量监控。对承担项目配送肥料生产企业进行检查和质量抽测，完成项目区内所有配送补贴肥料的质量抽测、检查。共抽检配方肥67个、有机肥333个，及时送至北京市土肥工作站进行检测。四是农田废弃物循环利用示范点建设。在张家湾镇小耕垡村瑞正草莓园建设农田废弃物循环利用示范点1个，农田废弃物进行充分发酵腐熟制成有机肥，作为肥料返回到农田再利用，达到农田废弃物循环利用、清洁田园的目的，年处理量5000吨。

（魏　莹）

【开展农作物种子田质量检验和确认工作】 为全面提高小麦品种质量，尽快完成小麦种子更新换代，促进小麦种子产业化在全区的发展，5月底至6月中旬，种植中心种子管理站对全区小麦种子生产田进行了纯度普查，检查9个品种，面积22480亩。经过检查和复查，小麦种子田纯度达到99.5%以上的13780亩，合格率为83.4%。

（魏　莹）

【调解处理种子纠纷】 2010年，种子管理站共接待群众电话、来访等投诉案件20起，通过耐心细致的工作，合理调解了种子纠纷，全部投诉案件成功调解，双方达成一致。为农民挽回经济损失2万余元，保护了农民及经营者的合法权益，做到为群众排疑解难。

（魏 莹）

【重大病虫害预测预报防治工作】 2010年，通州区植物保护站承担了全区主要农作物病、虫、草、鼠害预警信息的发布与指导防治工作，病虫草鼠害总体为中等发生，防治面积237.7万亩次。在全区范围内开展了大面积农田灭鼠工作，统一发放0.005%溴敌隆成品毒饵18吨、纸质毒饵站11000个、陶土毒饵站6000个，监测结果显示农田平均防治效果91.5%，保护地平均防治效果90.0%。小麦吸浆虫发生面积15万亩左右，防治面积10万亩次；粘虫发生面积达到17万亩，防治面积11万亩。

（魏 莹）

【开展种子及化肥执法检查】 2010年，农药执法在加强日常检查的基础上，采取了"拉网式检查"、"夜查"、"联合检查"、"专项检查"等多种检查形式，共计执法检查123天；通过强化培训农药使用监管人员，进一步加强了高毒农药经营与使用的管理；强化农药企业源头治理，监督本区4个农药生产企业近2万余张不合格的农药标签进行销毁，防止不合格农药标签产品流入农药市场；对于有违法行为的生产企业和经营部门，在说服教育的基础上坚决实施行政罚款，甚至重罚。本年度共计行政处罚80起（简易行政处罚74起，一般行政处罚6起），罚款22208元。全年组织肥料执法活动33次，其中联合执法4次，出动执法车辆35次，出动执法人员85人次。检查肥料生产企业7个，肥料销售门市中110个。共抽取肥料样品683个。加大对肥料生产环节的监管，进一步清理、核查市场经营主体，加强联合执法，提高肥料执法的威慑力，广泛开展宣传培训，发放宣传资料4000份。通过宣传、培训、检查、处罚等多种措施相结合，促进了市场秩序进一步好转。

（魏 莹）

【做好小麦品种更新换代工作】 2010年，种子管理站超额完成各项种子田的繁育工作，原种田完成5个品种400亩的提纯工作，超额完成300亩；原种田完成4个品种2180亩的提纯工作，超额完成180亩；良种田完成7个品种16170亩的提纯工作，超额完成4170亩，共超额完成提纯任务4650亩，超出规定工作量的33%，淘汰不合格种子田3730亩，淘汰率16.6%。

（魏 莹）

【救灾备荒种子储备工作】 2010年，种业中心承担了国家、北京市农作物救灾备荒种子任务，为确保储备种子质量，严格按照种子法的相关规定，对储备种子进行规范化管理，此项工作通过了北京市相关部门的检查验收。共储备农作物救灾备荒种子32.25万公斤，其中宽城一、纪元一、京单28三个玉米品种30万公斤，大豆1.6万公斤，蔬菜种子0.65万公斤。

（魏 莹）

【种子质量监督管理】 强化种子质量监督管理，保障农业用种安全，2010年，种子管理站对亿兆益农种子公司库内所有商品种子进行全面抽样检查，共检查118个品种。其中大田40个品种，玉米种子合格率为98%、大豆种子合格率100%、花生种子合格率100%；蔬菜种子78个品种，合格率为90%。要求公司对不合格种子进行了处理，保证了源头种子的质量。6月初，对全区小麦种子生产基地进行抽查，抽查品种有京9428、京9843、京冬8、京冬12、京冬17、农大3432、中麦175、农大211、农大212九个品种，面积12000亩，田间纯度在99.4%以上。主要检查了小麦种子繁殖田田间纯度和田间生产档案情况。通过检查达到督促种子生产企业对种子生产过程的质量控制，确保小麦种子高质量入库营销。

（魏 莹）

【农作物优新品种综合展示服务厅开业投入使用】 3月31日，种业中心“农作物优新品种综合展示服务厅”开业投入使用。综合展示服务厅集种子科技咨询、籽种信息服务、农业技术培训、高新品种展示为一体，在引进、展示、销售农作物优新品种，丰富本区农业用种的同时，为本区农民搭建了一个可以选购良种、学习农业知识、咨询农业技术的零距离服务平台。

（魏 莹）

【发挥种子协会的纽带作用】 通州区种子协会在做好行业自律，为会员做好服务性和指导性工作的同时，利用网站、展板、科普赶集、下乡等多种形式在不同作物、不同生育时期对会员和种植户进行宣传及技术指导，解答他们在生产中出现的各中疑难问题。使种植户掌握了更多的实用技术知识，为通州区农业增效、农民增收起到了积极地促进作用。9月15日，协会组织部分会员召开夏播玉米现场交流会，对本地区主栽和主推夏播新品种进行了实地观摩，聘请了生产厂家和专家进行讲解，现场考察活动使会员对夏玉米的长势有了直观认识，并明确了下年玉米品种的主推方向。

（魏 莹）

【沼肥综合利用试验示范推广】 2010年，沼肥综合利用大面积非精准性推广工作的推广面积达到4500余亩，达到了作物增产、农民增收的目的。

（魏 莹）

【引进及建设新型蓄能温室大棚技术】 为探索都市化观光农业的低碳化道路，2010年能源技术服务站引进、建设了新型蓄能温室大棚技术。在宋庄镇和台湖镇建设“太阳风”温室低碳空调系统，将白天温室内多余热量通过地埋管方式收集在土壤中，夜间需要温度时再将热量释放出来，实现了大棚内温度的合理调节。在台湖镇建设碳热棒热风机系统，碳热棒较一般加热元件相比可达到节能效果20%～30%，风机将热风通过吊在温室顶部的许多帆布风筒吹向地面，实现室内增温。年内，两套温室大棚增温系统均完工，开始进行调试、运行、数据记录和应用分析等工作。

（魏 莹）

蔬 菜 种 植

【概 况】 全区蔬菜面积15万亩，设施面积5万亩，主要有日光温室、大棚、连栋温室和中小棚结构类型，蔬菜种植村334个，地块827个，生产主体（个体、集体）20810个，劳动力39640人。蔬菜一品村、专业村21个，面积55360亩。全区9个乡镇成立了40个蔬菜合作社。金福艺农、金盛强等19家企业、合作社的35个蔬菜品种获得无公害认证，认证蔬菜生产面积35834亩，大运河、草厂、金盛强、东升方圆等6家企业或合作社获得有机认证，东升方圆12个蔬菜品种获得绿色认证。注册了草厂蔬菜、徐官屯生菜、东升农产等8个蔬菜商标（品牌）。蔬菜加工配送企业9个，蔬菜出口企业5个，加工配送、出口蔬菜品种40个，蔬菜年产量68万吨，年产值12亿元。

（王艳青）

【创建设施蔬菜标准园】 台湖镇金福艺农农业科技发展有限公司被农业部批准为创建全国200个设施蔬菜标准园之一。区种植中心制订了实施方案和创建目标，技术人员、专家与基地进行了对接，引进了番茄、黄瓜、彩椒、西甜瓜、药用蔬菜等蔬菜品种；完善了番茄、黄瓜、生菜、甜瓜、茄子、小型西瓜、甜椒、草莓8种生产技术规程；实施11项安全生产实用技术；配置了育苗块、基质、育苗盘、防虫网、遮阳网、黄板、微生物酵素菌有机肥、植物营养剂等物资；建立农药管理、生产档案记录、产品检测与准出、产品质量追溯四项管理制度。设置了标牌，有针对性地开展3次技术培训。截至年底，创建工作取得成效，实现了“优新品种生产，肥水营养调控、植保绿色防治、安全品牌销售、残体循环利用、智能数字控制”，蔬菜亩产达7000公斤以上，亩增收1000元以上的目标。

（王艳青）

【实施菜田测土配方施肥技术】 实施测土配方施肥技术，促蔬菜增产增收。在永乐店、漷县镇等8个乡镇104个村203亩菜田取土样156个进行化验，提出施肥方案312个，发放配方施肥卡2130个，推广配方肥5500吨，推广测土配方技术7.8万亩。建立永乐店镇大务、坚村，于家务乡果村，张家湾镇瑞正园，台湖镇金福艺农测土配方示范基地1580亩，漷县镇西黄垡村、永乐店镇小务村等7个示范方村565亩。

（王艳青）

【建设设施蔬菜高产高效示范点】 在永乐店镇大务村，漷县镇徐官屯、东黄垡、草厂，张家湾镇小耕垡、苍上、大辛庄村，西集镇老庄户村、尹河村，潞城镇前疃村5个乡镇10个基地21个蔬菜种植户19栋日光温室、18栋大棚进行了黄瓜、茄子、柿子椒、番茄等果类蔬菜品种的示范。推广了育苗块、育苗基质、防虫网、遮阳网、黄板、新型生物农药防病虫、硫磺熏蒸、二氧化碳、生物菌肥，黄瓜、茄子、番茄嫁接等技术。通过培训、观摩等形式互相切磋高产高效技术提高种植管理水平，带动周围100多户农民致富。

（王艳青）

【建设蔬菜标准化集约育苗基地】 针对设施蔬菜基地菜农缺乏育苗技术，买成品苗价格高、运输难、品种选择受限制的实际问题，在永乐店镇大务村已建成的4栋大跨度半地下寿光式日光温室（后墙厚7米、跨度10米、脊高5米），配置标准化育苗基质、育苗盘、苗床、控温仪和地热线等育苗物资，在棚内施用标准化育苗技术，聘请育苗技术人员。育苗棚培育出茄子、番茄、辣椒、黄瓜等20多个蔬菜品种商品苗。

（王艳青）

【强化蔬菜质量安全】 一是从源头入手，进行农产品安全专项整治。与区农业局种植科、食品安全科联合于4月19日至21日、5月11日至15日两次对区蔬菜规模基地、加工配送企业、合作社进行专项检查，检查是否有使用禁限用农药的情况、是否有生产技术规程和田间使用农药记录，企业是否有农产品质量安全各项管理制度，是否建立农药残留检测机制等。二是农产品质量检验检测站获得北京市质量技术监督局资质认定证书，本区蔬菜可自行有效地进行农药质量与农药残留的检测，促进了本区蔬菜安全生产。同时为蔬菜进入北京大型批发市场开启了便捷之门。三是做好农药残留检测工作。内检情况：应用速测仪器检测，抽取12个蔬菜基地、3个农贸市场、1个批发市场、1个超市、1个蔬菜合作社、1个村，共抽取36个品种，530个检测样品，所检样品合格率100%。应用气象色谱仪检测，36个蔬菜品种，500个检测样品，合格率100%。外检情况：市药检所共抽检2次 ，其中5月份抽检4个蔬菜基地18个蔬菜品种32个检测样品、6月份抽检6个蔬菜基地20个蔬菜品种30个检测样品。

（王艳青）

【番茄黄化曲叶病毒病防控工作】 针对北京市番茄黄化曲叶病毒病发生情况及对生产造成的严重影响，按照市防控办的要求，有序地开展番茄黄化曲叶病防控工作，对番茄育苗面积、品种进行统计，对种植大户开展育苗基质、防虫网发放工作；进行了三次烟剂熏蒸防治和田园清洁工作，累计防控面积1.13万亩，清园面积7.4万亩。在烟粉虱高发期（7月～9月），根据监测到的情况，随时掌握烟粉虱及黄化曲叶病毒病发生发展情况，及时发布监测预警信息，指导种植户开展科学防控。在防控工作期间，及时将药剂发放到位，共发放敌敌畏烟剂 21132公斤。毒死蜱400公斤。确保农民统一防治进程，有效地避免了烟粉虱的传播。

（王艳青）

【蔬菜生产技术培训及宣传】 加强蔬菜生产技术培训，开展了标准化育苗、日光温室轮作倒茬、塑料大棚茬口安排、黄瓜嫁接、草莓新品种培训，全年组织各类培训7次、区内观摩4次，参加市培训观摩会8次，参加人员5000多人次。制作了实用性保护地黄瓜、番茄病虫害防治技术宣传画6张，向农民发放20000张，发出简报19期4370余份，技术材料5期3万余份。投报信息53篇，接收咨询热线40余个，解答农民提出的问题40余项，编辑蔬菜植保、天气预报、农贸市场蔬菜行情等手机短信30条，共发布9000人次。

（王艳青）

养殖业

【概　况】 2010年，区农业局以农业增效、农民增收和提高本区农产品市场竞争力为目标，以农业“区域化布局、规模化生产、产业化经营”为总体思路，加快农业发展方式转变，加强领导，强化措施，突出重点，圆满完成动物防疫、检疫等重大动物疾病防控工作；加大执法力度，整治市场秩序，净化养殖环境，确保农产品安全，为养殖业各项工作的顺利开展提供了有力保障。2010年，全区养殖业总产值达13.3亿元，其中畜牧总产值11亿元、渔业总产值2.3亿元。

（李伶娟）

【养殖业生产情况】 2010年，区农业局系统统计全区各类备案畜禽养殖场162个，其中：生猪77家、奶牛34家、肉牛6家、肉羊3家、蛋鸡12家、肉鸡5家、乌鸡10家、肉鸭10家、特种养殖5家。家畜总存栏33.8万头(只),累计出栏60.1万头(只),其中：生猪出栏37.8万头、肉羊出栏10.6万只、奶牛产奶9.6万吨（其中农场局奶牛产奶5.1万吨）。全区家禽总存栏135万只，累计出栏536.8万只，其中：肉鸭出栏228万只、肉鸡出栏70万只、乌鸡出栏223万只。年出商品蛋0.9万吨。畜牧总产值11亿元。全区养鱼水面18770亩，其中：成鱼养殖水面7770亩、鱼种养殖水面4000亩、观赏鱼养殖水面7000亩。全年食用鱼总产量14978吨，其中鱼种产量5100吨；观赏鱼产量20000万尾，全区共放养家鱼苗28840万尾、观赏鱼苗45000万尾。全年渔业总产值2.3亿元。

（李伶娟）

【全程代办工作】 区农业局有行政许可项22项。2010年办结各类行政许可事项122件，其中：动物诊疗许可证38个、动物防疫合格证29个、兽药经营许可证4个、水产苗种生产许可证9个、种畜禽生产经营许可证4个、农业转基因生物标识审查认可4个、生鲜乳收购站经营许可证1个、生鲜乳准运证33个。经查，全年办理的122件行政许可无一例差错，群众满意率在98%以上。

（李伶娟）

【纪检监察工作】 2010年，据区监察局的授权重点对食用农产品安全和重大动物疫病防治两项工作进行了立项监察：一是制定《通州区农业局立项监察工作方案》，明确了工作目标，检查对象、检查内容和检查方法；二是注重部门配合，实现整体合力；三是注重监督检查，促进重点工作全面落实。通过有效监察，保证了本区全年食用农产品质量安全，有效地防止重大动物疫情传入本区。全区未发生口蹄疫、高致病性禽流感等重大动物疫病。

（李伶娟）

【食用农产品质量安全】 2010年，本区农产品执法检查共出动执法人员2022人次，执法车辆810车次，开具监督笔录755份。捣毁病死猪加工窝点5个，销毁病死动物及动物产品7.1吨，查获未经检疫动物产品

164公斤，立案4起；取缔私屠乱宰窝点3个，查处私屠乱宰猪产品1640公斤；采集和检测农产品及投入品6969份，其中饲料采样151份，奶样74份，动物产品采样猪肉36份、猪肝12份、鸡肉26份，瘦肉精检测6100份，蔬菜样品570个。年内对全区7个乡镇的251家水产养殖场（户）进行了执法检查及抽样检测，累计检测498个样品，合格率达100%，确保了本区食用农产品质量安全。

（李伶娟）

【专项整治工作】 2010年，区农业局针对水产、兽药、肥料、饲料及饲料添加剂、生鲜乳等农产品进行了专项整治工作。全年检查各类监管对象941个次，各种农产品抽样98721个次；制作监督笔录366份、意见书277份；全局6个执法站所共查处行政违法行为329起，实施行政处罚103起，其中简易程序80起、一般程序23起，没收销毁未经检疫动物产品、不合格动物产品5600公斤。

（李伶娟）

【动物卫生监督执法】 2010年，5个公路监督检查站共检查进京动物34万头（只），检查消毒车辆6.4万车次，劝返运输动物、动物产品车辆25车次；全年救治收容流浪动物1147条（只）；开展联合执法11次，检查农村集贸市场35个次；配合市饲料兽药监察所兽药抽样检查工作，全年抽取兽药样品30份，均未发现兽药残留和疫病等情况。全年立案查处23起，作出行政处罚22起，移交公安机关1起，罚款8.4万元，没收并销毁未经检疫动物产品2200公斤，未出现行政复议、行政诉讼事件。

（李伶娟）

【规模养殖场粪污治理】 2010年，区农业局利用北京市农业局北运河污染源治理项目经费750万元，通过采用生物床养猪、沼气+堆肥的治理模式，在30家畜禽规模养殖场（包括生猪场19家、奶牛场4家、肉羊场1家、乌鸡场2家、肉鸡场3家、蛋鸡场1家）开展了粪污治理、综合利用工作，进一步规范了规模畜禽场的生产经营行为，减少了养殖粪污对环境的污染。

（李伶娟）

【动物防疫和监测】 2010年，本区累计免疫高致病性禽流感351.26万只次，鸡新城疫158.23万只次，偶蹄动物口蹄疫63.78万头次，猪蓝耳病28.22万头次，猪瘟43.76万头次，应免动物免疫密度达到100%。年内本区检测高致病性禽流感4451份，H5Re-4、H5Re-5平均合格率分别为90.2%和79.6%；新城疫2082份，平均合格率87.3%；猪瘟1187份，平均合格率91.2%；偶蹄动物口蹄疫8884份，O型、亚Ⅰ、A型平均合格率分别为83.1%、84.8%和89.4%。种畜禽场、养殖小区、规模商品畜禽场监测覆盖面达到100%，总体免疫效果良好。

（李伶娟）

【动物疫病检疫净化工作】 2010年，本区全年检测马传贫样品500份、鸡白痢样品400份、除奶牛以外动物（猪、羊）布鲁氏杆菌病样品2000份，全部为阴性。按照北京市“两病净化”项目实施要求，开展了奶牛布鲁氏杆菌病净化采样工作，年内全区送检样品14740份（其中上半年采集样品8788头份，下半年采集样品5952头份），共检出布病阳性牛66头，全部按要求进行了扑杀。

（李伶娟）

【官方兽医室建设】 2010年，本区完成4个区域官方兽医室（宋庄、西集、张家湾、永乐店）和4个驻场官方兽医室（北京二商大红门、北京永顺之舟、北京御香苑和北京全聚德三元金星）的建设工作并全面投入使用。共投资40万元，配备了4辆执法专用车、官方兽医14人，均已到位并开展工作，聘用各乡镇动物防疫站和大型企业内的兽医技术人员共140余人作为签约兽医，通过培训和考核的签约兽医全部就位，本区签约兽医辅助支撑下的官方兽医体系建设逐渐步入正轨。

（李伶娟）

【防疫基础设施建设完成验收】 2010年，本区《2009年县级动物防疫基础设施建设项目》和《2008年乡镇兽医站基础设施建设项目》完成验收。其中2009年县级动物防疫基础设施建设项目概算投资60万元，新建设备、仪器34台／套，用于动物疫病预防控制中心日常办公和实验室建设；2009年乡镇兽医站基础设施建设项目概算投资60万元，新建设备、仪器274台／套，用于基层兽医站日常办公和基层防疫建设。

（李伶娟）

【规模化、标准化养殖基地建设】 2010年，依照北京市标准化基地建设要求，对4家规模化养殖场进行标准化改扩建。累计改扩建标准化猪舍12栋，共3870平方米；建运动场6490平方米；建挤奶厅384平方米；硬化场区道路1800平方米。完成了3家养殖场农业部畜禽标准化示范场认证工作，总投资524万元，其中中央投资200万元、地方投资180万元、自筹投资144万元；年内实施通州区观赏鱼产业化体系提升项目已完成2000平方米观赏鱼良种繁育实验室建设；对施园、国兰等6个苗种繁育场提供资金支持，主要用于观赏鱼良种引进；建立台湖、西集、张家湾等6个观赏鱼科技协调员工作站，培养农村科技协调员30名，并提供培训经费；建设完成14个观赏鱼养殖示范区，养殖示范户33户，示范水面1000亩。

（李伶娟）

【池塘标准化改造项目竣工】 台湖镇唐大庄观赏鱼养殖专业村池塘改造工程是北京市池塘标准化建设试验示范项目，5月3日，工程正式施工。按照现代都市型渔业发展要求，对52个老旧池塘进行了池塘清淤、池底硬化、池塘护坡、进排水设施及老旧电路改造、园区道路硬化、看护房建设等内容的标准化改造，改造总面积达178亩。年内工程全部竣工。

（李伶娟）

【科学增殖放流】 2010年，本区供苗企业共向全市13个区县放流锦鲤、兴国红鲤、草金鱼等鱼种454万尾，承担了本市大部分供苗任务。4月22日，“修复运河水域生态、助力世界城市建设”主题放流活动在通州区大运河漕运码头举行。经过春、秋两次增殖放流活动圆满完成增殖放流任务，共向本区自然水域放流苗种78.9万尾，对改善水域生物多样性，维护本区水域生态平衡起到了良好的促进作用。

（李伶娟）

【良种体系建设】 2010年，进一步做好畜禽、水产良种体系建设工作。利用现有的10家生猪人工授精点，推广使用“浩邦”优质种猪精液，累计推广1200余户，实施猪人工授精配种6320余头；利用通州区肉羊良种繁育中心的良种资源，深入开展肉羊品种杂交改良工作，无偿为养殖专业户发放种公羊20只，提供种羊授精6500枚；完成了北京市金展旺养殖场和北京市明兴养殖场由商品养殖场向种畜禽场转变的提升改造工程；年内，观赏鱼良种繁育基地建设项目在鑫淼水产总公司实施，总投资900万元，经过精心培育，孵化锦鲤苗种640万尾、优质草金鱼苗种3000万尾、兴国红鲤400万尾，宫廷金鱼200万尾，销售锦鲤夏花180万尾。食用鱼生产加大名特优新品种引进力度，进行试验示范养殖，截至年底，全区淡水鱼名优品种养殖已达20余个。

（李伶娟）

【新型农民田间学校建设】 2010年，本区开办养殖业新型农民田间学校24所。其中畜牧业田间学校18所，有农民学员524人；水产业田间学校6所，有农民学员158人。通过开展畜牧农民田间学校培训活动，带动了200户肉羊养殖户进行了优良品种改良；推广应用人工授精技术，在全区建立了6个生猪人工授精站点，全年使用10000份优质猪精液，每头母猪可节约配种开支30元；另外推广应用发酵床养猪2000余平方米等6项新技术。2010年，水产农民田间学校推广新技术3项、新产品3个、新品种4个。食用鱼养殖过程中，通过应用水体修复剂调节水质环境，鱼病发病率降低18%，饲料系数降低3%，亩增产89.3公斤；在全区103家渔场推广应用了中草药代替孔雀石绿防治水霉病技术，应用面积2010亩，水霉病防控率达95%，治愈率达87.6%，通过应用此项技术使观赏鱼亩平均增效1500元，食用鱼亩平均增效520元。

（李伶娟）

【各项补贴政策落实到位】 2010年，根据农业部和北京市有关文件精神，对每头能繁母猪补贴100元，对享受奶牛良种补贴改良后的优质后备母牛一次性补贴500元。年内，本区有能繁母猪25645头，共补贴资金256.45万元；有优质后备奶牛7529头，共补贴资金376.45万元。在20家奶牛规模养殖场进行改扩建，吸纳散养奶牛5795头入场养殖，补助散养奶牛入场管理费57.95万元、设施（牛舍）建设补贴费579.5万元、购置机械设备补贴资金246.55万元，共计884万元，2010年畜牧业总计补贴资金1516.9万元。年内，全区共发放补贴增氧机1148台、补贴金额85万余元，该项国家渔机补贴发放政策使本区500余个水产养殖户直接受益。

（李伶娟）

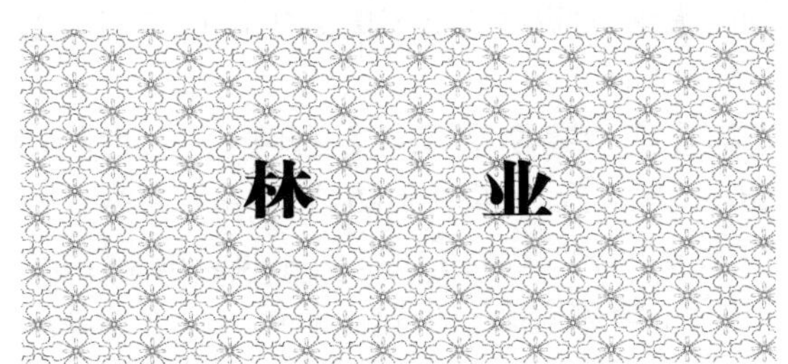

【概　况】 2010年，园林系统实施市、区和乡镇级绿化工程33项，绿化面积1700公顷，栽植各类乔灌木514万株。林木绿化率达到23.38%；城市绿化覆盖率达到49.04%，绿地率达到46.86%，人均绿地面积60.81平方米。以大运河森林公园建设为重点，坚持高起点规划、高水平设计、高标准建设和高效能管理，发挥重大工程的示范、辐射效应，带动了园林绿化建设全面发展。果品、花卉、林下经济等产业健康发展，促进了绿色产业提质增效。全年13.1万人次参加义务植树活动，植树70余万株。林木有害生物防治效果显著，林政资源管理得到全面加强。森林火灾防控能力不断提高，连续25年实现无林地火警、火灾。

（李　伟）

【通州新城滨河森林公园建成开放】 完成森林公园“六园十八景”建设，比原计划提前了半年时间，栽植各类乔灌木40余万株。9月25日试开园，成为全市11个拟建新城滨河森林公园中首个建成并开放的公园，截至年底，共免费接待游人32万余人次，完成中央、市区领导视察等团体接待任务60余次。新城滨河森林公园成为了展示新城形象、吸引市民休闲旅游的亮点。

（李　伟）

【平原治沙工程】 年内，完成平原治沙建设任务18450亩，其中灌草覆盖8000亩、残次林改造6000亩、沙坑治理450亩，治沙示范区建设4000亩，涉及通州区的11个乡镇。

（李　伟）

【三北防护林建设工程】 年内，完成三北防护林建设任务4.24万亩，建设地点涉及通州区11个乡镇及凤岗河、减河、潮白河、小中河、温榆河等。其中与2009年二道捆绑0.03万亩，与滨河森林公园捆绑0.79万亩，新增补植补造3.42万亩。

（李　伟）

【公路河道绿化工程】 年内，区公路河道绿化工程总长38.7公里，涉及永乐店、宋庄、西集、于家务、永顺、漷县、台湖、张家湾8个镇（乡）。其中永乐店镇永开路5公里，西集镇通香路二期5.8公里，张家湾镇九德路3.8公里，于家务乡政府大街3公里，台湖镇京湖路2.4公里，宋庄镇徐尹路6公里、潞苑北大街3公里，永顺镇潞苑北大街3.4公里、温榆河西路2.5公里，漷县镇觅西路

3.8公里。截至年底，该工程已完成80%的绿化施工工作，其余工作待道路修好后一并实施。

(李 伟)

【第二道绿化隔离地区建设工程】 年内，第二道绿化隔离地区建设工程完成，建设430亩，全部为景观生态林，涉及张家湾、台湖和梨园3个乡镇。

(李 伟)

【通州区电视台发射塔绿化工程】 4月8日至6月3日，实施完成通州区电视台发射塔绿化工程。此项工程整理绿地6500平方米、新植乔木137株、花灌木80株、色块植物900株、攀援植物1720株、花卉1520盆；铺设草坪3000平方米；安装景观木亭1座。

(李 伟)

【北空运输机大队绿化工程】 4月17日至6月30日，实施完成北空运输机大队绿化工程。此项工程绿化总面积23600平方米。移植云杉、国槐、木槿415株，修剪原主路两侧法桐110株；新植乔木496株、灌木395株、色块植物80500株、花卉22960盆，铺设草坪12000平方米。

(李 伟)

【花卉生产】 全区花卉总面积5823亩，其中切花324亩、盆花1122亩、其他种类花卉760亩、观赏花灌木1406亩、草坪2211亩。保护地面积为894.5亩，现代化智能联栋温室8万平方米，组培室面积500平方米。年内，结合市场需求，共繁育花卉苗木500万株，其中月季200万株、蕨类200万株、菊花50万株、其他50万株。

(李 伟)

【果品产业】 年内，在5个示范园区推广实施超有机果品栽培生产技术，实施面积1000亩，实施地点包括台湖红樱旅游观光园130亩、潞城武窑松江果园70亩、张家湾北京葡萄大观园200亩、漷县吉鼎立达科贸有限公司500亩、通州区果园100亩，树种包括樱桃、桃、葡萄、苹果，按照实施技术要求各果园分别进行了有机肥、制肥素、净化剂、保护剂的使用，并对果品进行了抽样检测，检测结果均符合有机果品生产标准。以推广有机栽培为主，推广面积1000亩，其中区果园200亩、武窑100亩、崔楼550亩、双埠头150亩。

(李 伟)

【发展林下经济】 2010年，继续发展林下经济，扩大规模，引进新技术，新发展林菌间作1060亩，其中永乐店960亩、漷县100亩。

(李 伟)

【国庆节摆放花卉装点新城】 国庆节期间，在新华大街、新华南北路、运河大街、玉桥中路、东关大桥、国泰百货、区委及区政府门口、漪春园等主要地点进行摆花，花卉品种丰富，有小菊、羽状鸡冠、彩叶草、非洲凤仙、四季海棠等时令花卉装点通州新城，共计摆放各种鲜花70万余盆。

(李 伟)

【科技培训】 年内，在2009年的基础上，新建4所果树农民田间学校，各校共进行活动225次，培训学员2300人次。举办技术擂台赛三次，参加比赛的果树种植技术员105人次，参加观摩学习达240余人次。结合田间学校培训及乡土专家管理，组织各种技术培训班80次，培训果农5200人次；发布果树减灾防灾信息630条；电话指导510次。

(李 伟)

【林业病虫害防治工作】 年内，累计防治90.1万亩次，其中飞防作业412架次、预防控制面积22.6万亩次，地面防治67.5万亩次；释放周氏啮小蜂1.8亿头。无公害防治率达到95%以上。在做好美国白蛾防控的基础上，加强对春尺蠖、国槐尺蠖、国槐小卷蛾、杨扇舟蛾、杨小舟蛾等其他林木有害生物的防治工作，全区未发生任何林木有害生物灾情。

(李 伟)

【森林防火工作】 严格落实森林防火责任，加强森林防火的领导和组织机构建设，不断加大巡逻防控力度，年内实现了无森林火警、火灾和无人员伤亡事故的目标。全区连续25年被评为市级森林防火先进区县。

（李　伟）

【执法工作】 开展木材运输执法检查，共检查运输车辆1107车次，检查运输原材2188立方米、木制品30006件、苗木276426株、果品548吨、草坪10550平方米。检查过境车辆过程中，没有发现林业有害生物。在打击非法运输陆生野生动物及其制品的工作中，没有发现非法运输野生动物的行为。

（李　伟）

【林政资源管理工作】 年内，受理审批林木伐移申请897件，其中采伐853件、移植44件，采伐林木24.8万株，移植林木1.32万株，立木蓄积4.39万立方米；征占用林地受理并上报审批3件，征用林地4.7158公顷，上缴植被恢复费94.32万元；采伐受理并审批5件20株；移植受理并审批14件395株，并对全区140株古树档案进行了更新完善。

（李　伟）

【集体林权制度改革】 成立区级林改机构1个，乡镇级林改机构11个，村级林改机构475个。已确权的林地面积达155075亩，其中大户承包经营152473.15亩（以家庭承包经营为主）、集体股份经营1027.85亩、集体统一经营1574亩。对全区林改范围内的已经有经营主体的规划林地进行了合同梳理，共梳理合同1160份7615.8亩，其中A类合同688份3625.5亩、B类合同472份3990.25亩。

（李　伟）

【中低产田改造农田林网配套建设】 年内，继续实施中低产田改造农田林网配套建设，改造面积为4.2万亩，新植、补植农田林网59条、58.1公里、4.08万株。

（李　伟）

【领导视察】 5月14日，在市园林绿化局局长董瑞龙、副区长于世疆等领导的陪同下，副市长夏占义带队，对大运河通州森林公园进行拉练检查。对森林公园工程建设给予了充分肯定。市发改委、市财政局、市园林绿化局、市水务局主管领导，亦庄经济开发区主管领导、全市11个森林公园所在地的区县政府、园林绿化局及建设单位主要领导参加了拉练检查。5月25日，北京市政协副主席赵文芝及北京市政协委员一行20余人到通州参观视察森林公园建设情况，区政协主席王春元、副区长张勇、区政协常务副主席高志禄、区园林绿化局局长刘卉等领导陪同视察。市政协副主席赵文芝对公园建设情况给予充分肯定，并对下一步工作提出了具体的意见和建议。6月29日，市政协领导一行80余人到通州滨河森林公园参观。市园林绿化局局长董瑞龙、代区长岳鹏、区政协主席王春元、区委副书记李玉君等领导陪同参观。7月1日，市园林绿化局局长董瑞龙、副局长史贵升，首绿办副主任王苏梅、甘敬，副局长强健、高士武等领导及全市园林绿化系统领导50余人进行全市绿化检查，到通州重点检查了滨河森林公园建设工作。各位领导对通州滨河森林公园的建设给予充分肯定。副区长于世疆、区园林绿化局局长刘卉陪同检查。7月2日，中央巡视组、市有关领导及有关部门负责同志到通州巡视工作，各位领导乘船视察运河水系，听取了区园林绿化局局长刘卉关于通州滨河森林公园有关情况的汇报。区委领导王云峰、岳鹏、张勇、于世疆、崔志成、肖志刚陪同视察。7月12日，国家林业局领导一行3人，实地查看了白蜡等林木良种基地建设项目。区园林局领导就项目的基础设施建设、树种引进以及资金使用等情况作了详细的汇报。11月26日，北京市副市长丁向阳到通州区调研，主要考察通州区文化旅游产业发展情况，并到大运河森林公园视察。

（李　伟）

【重大活动】 4月3日，区园林绿化局（绿化办）在通州区新城滨河森林公园组织开展义务植树活动，市政协副主席蔡国雄、首绿办副主任甘敬等市领导，区委、区人大、区政府、区政协的主要领导及区妇联、团区委、驻通部队、园林绿化局机关干部职工、社会人士等500余人参加活动。4月9日，全国政协副主席杜青林，副主席兼秘书长钱运录，副主席阿不来提·阿不都热西提、张梅颖、张榕明、孙家正等领导及全国政协工作人员共400余人，在北运河滨河森林公园参加义务植树活动。市政协第一副主席沈宝昌，首绿办主任董瑞龙、副主任王苏梅，区领导王云峰、岳鹏、王春元等市区领导陪同参加。4月10日，市委办公厅干部职工一行100余人到森林公园进行义务植树活动。6月14日，在王府井百货大楼前的消夏广场举办"魅力通州樱桃季"通州樱桃文化节活动，市委常委牛有成、副市长夏占义、市委副秘书长李福祥及市有关部门主要领导，区领导王云峰、岳鹏、王春元等出席了活动。6月23日，通州大樱桃地理标志的申报顺利通过果品检测和专家评审。8月17日，北京市通州区大樱桃协会正式成立。首批共有76个会员申请入会，其中包括大樱桃专业合作社、公司和果园等单位会员18个，个人会员58人。9月25日上午，通州区人民政府在大运河森林公园主大门，举办"绿色北京　魅力通州"——大运河森林公园开园仪式。市委常委、统战部部长牛有成，副市长夏占义，市委副秘书长李福祥，市发改委、市农委、市园林绿化局、市水务局领导，区领导王云峰、岳鹏、张文山，大运河森林公园总设计师、国家级有突出贡献专家檀馨以及通州区委、区人大、区政府、区政协及各委办局、乡镇、街道办事处的有关领导和企业家代表、志愿者、大运河森林公园建设者、媒体记者等400余人应邀参加了开园仪式。12月29日，在通州区园林绿化局召开通州区基层林业工作站改革推进会，区委副书记李玉君、组织部部长郭旭升、北京市林业工作总站站长施海及区监察局、区编办、区人力社保局、区财政局、区农委、各街道办事处和乡镇的主要领导参加了会议。

（李　伟）

农　机

【概　况】 2010年，区农机服务中心紧随全区农业发展的方向与步伐，跟进做好农机化配套服务工作，充分发挥先进农机、先进技术在提高农业综合生产能力中的作用。促进了新农村和都市型现代化农业更快、更好的发展。截至年底，全区农业机械总动力25.9万千瓦，农业机械原值2.45亿元。拥有大中型拖拉机3086台，各种拖拉机农具3640台件，拥有小麦联合收割机331台，玉米大中型联合收割机150台，农副产品加工机械202台，林业机械124台，渔业机械5288台，农用运输车2131辆。万亩玉米拥有联合收获机4.3台，万亩小麦拥有联合收割机14.2台。

（安玉双）

【深入开展食用菌培养料翻抛机推广项目】 通州区食用菌产量逐年大幅提高，食用菌机械化生产更显重要。农机化研究所研发的食用菌培养料翻抛机生成效率高，翻抛效果好、操作方便，在农民中反响强烈，起到很好的社会效益。2010年，农机化研究所在翻抛机的原研发基础上加以改进，提高自动化程度和机械加工翻抛功率。生产制造出一台具有更大加工效率的食用菌培养料翻抛机，以满足农民需求，提高通州区食用菌培养料翻抛环节的劳动生产率。

（安玉双）

【汽车驾驶员培训工作】 截至年底，农机中心下属单位农机化学校共培训汽车驾驶员546名、收割机驾驶员165名、大中型拖拉机驾驶员6名，协助农机监理部门检测农用机动车100多辆；复训收割机驾驶员230名、拖拉机驾驶员125名，培训其他人员2300名。

（安玉双）

【做好支持和服务“三农”工作】 “三夏”期间，农机中心下属单位农机公司深入乡、镇、村以及田间进行调查走访，充分了解农民需求，全力做好服务工作。其间，农机公司延长营业时间至22时，随时接待用户，随时送货上门，保证供应，随时做好服务和技术指导工作，全力做好秸秆禁烧工作。

（安玉双）

【农机年度检审工作】 年内，区农机服务中心圆满完成农机检审工作。截至年底，共检审农业机械496台，其中北京B牌照53台、京01牌照60台、京NJ牌照36台。新增农业机械143台，其中拖拉机74台、玉米收获机69台；新增农机驾驶员172人，其中拖拉机驾驶员8人、玉米收获机驾驶员164人，农机驾驶员换证186人，注销机车39台。

（安玉双）

【深入开展“平安农机”创建工作】 通州区在原有“平安农机”创建的基础上，经过认真筛选，确定西集、马驹桥镇为第四期“平安农机”示范乡镇，为了创建工作落到实处，农机中心工作人员从年初对两个乡镇“平安农机”示范村进行调查走访，召开机手座谈会，进一步了解“平安农机”示范村的安全生产情况，并指导镇村两级进一步健全和完善农机安全生产的指示精神传达到机手手中，营造了通州区农机安全生产良好氛围。

（安玉双）

【农机打假活动】 围绕安全生产法律、法规和农机安全生产知识，开展农机安全生产宣传工作，普及农机安全文化，不断提高农民群众的安全生产意识。农机中心工作人员先后在永乐店镇、西集镇集贸市场，开展以“深入开展‘消费与服务’年主题活动，切实维护农机消费者的合法权益”为主题的“3·15”宣传活动。活动中，悬挂宣传横幅一条，宣传展板8块，向过往群众免费发放农机相关法律法规、农机维修维护方法等9种6000余份材料，解答群众咨询1300余人。

（安玉双）

【“三夏”、“三秋”农机安全工作】 区政府对“三夏”、“三秋”农机安全生产及秸秆禁烧工作提出了具体要求。农机中心下发《关于认真做好2010年“三夏”、“三秋”期间农机安全生产工作的通知》。与各乡镇签订了农机安全生产及秸秆禁烧责任书。农机中心工作人员对投入“三夏”、“三秋”作业的小麦联合收割机、拖拉机、播种机、玉米收获机、青贮收获机、高杆粉碎机、旋耕机、小麦播种机等机具进行了安全检查，对存在安全隐患的农业机械，提出整改措施，未经检验合格的机具一律不准投入“三夏”、“三秋”作业。下发《隐患告知书》438份，粘贴合格证1773张。实现了“三夏”、“三秋”期间无农机事故的目标。

（安玉双）

【安全隐患排查工作】 11月1日至20日，农机服务中心按照市相关部门要求，开展安全隐患排查工作，采用进村入户的方式，在辖区内开展安全生产情况的调查。共调查大中型拖拉机150台、秸秆粉碎机110台、脱粒机64台、拖拉机驾驶员60人、操作人员80人，圆满完成工作任务。

（安玉双）

【设施农业配套电动卷帘机项目】 通州区设施农业不断加快发展，为跟进通州区设施农业发展，2010年区农机中心在通州区有关乡镇为设施农业配套电动卷帘机项目，计划推广配套设施电动卷帘机500套，截至年底，已在通州区张家湾镇、宋庄镇、西集镇，漷县镇推广日光温室电动卷帘机400台套。进一步提高了通州区设施农业机械化水平，为农民增收提供了重要支撑。

（安玉双）

【落实都市型现代农业基础建设及综合开发项目】 区农机中心承担了《通州区（2009～2012年）都市型现代农业基础建设及综合开发项目》相关工作任务，2010年，开展了玉米秸秆还田和土壤深松技术的推广与应用，具体抓好四项工作：一是组织实施玉米秸秆还田和土壤深松，落实玉米秸秆还田和土壤深松补贴政策；二是贯彻落实相应技术标准和运行机制，把好玉米秸秆还田和土壤深松质量关；三是适时开展技术指导和培训，及时掌握工程进度，开展督导服务，做好玉米秸秆还田和土壤深松效果评价；四是结合工程建设，抓好农机服务组织培育，深松机具的定型等工作。按照项目要求，区农机中心积极争取市农业局农机具购置补贴种类。落实120马力拖拉机加深松机10套、75马力拖拉机35台、自走三行玉米收获机70台。

（安玉双）

【实现小麦秸秆禁烧工作】 区农机中心在通州区小麦收割前，成立两个禁烧巡查小组。从6月20日开始，农机中心工作人员对各乡镇进行小麦秸秆禁烧检查，发现问题及时汇报，并采取了有效措施尽快解决。顺利地完成2010年23.3万亩小麦秸秆禁烧工作任务。

（安玉双）

【开展农民技能培训】 通州区农机中心下属单位农机化学校积极发挥单位职能，开展了一系列专项培训，为通州区新农村建设做了大量务实的工作。一是开展了农机手培训，截至年底，共培训农机手200人次，提高了他们操作农机具的技能与水平。二是开展了外地务工农民专项培训。共培训800人次，进一步提高了他们的就业技能。

（安玉双）

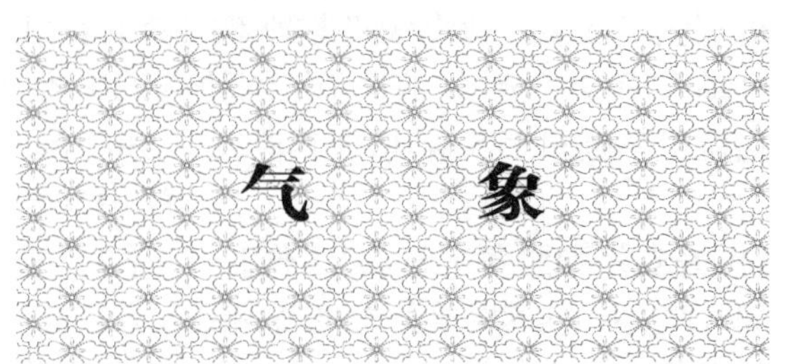

气　象

【概　况】 2010年，区气象局围绕现代化国际新城建设、新农村和都市型现代农业建设，跟进做好决策服务、公众服务、专业服务工作，针对汛期和大型庆典活动提供及时准确的气象信息；针对北京市地铁五条新城线建设，完成通州区范围内地铁亦庄线的亦庄车辆段、亦庄火车站、次渠站、次渠南站的防雷检测工作。2010年，区气象局坚持党务与政务相结合，开展创先争优活动；与陕西省山阳县气象局以互动、交流、帮扶等方式，全方位开展“南北互动”，促进不同地区间气象部门的协调发展；按时按质完成气象档案移交工作，档案移交得分95分，成绩优异在北京市各区县站排名第二；业务综合质量总分99.9分，考评达A级；5月，区气象局被中共北京市通州区委员会评为“帮扶新农村建设工作先进单位”。

（田　飞）

【气候评价】 本年度气候特点是：气温偏高，但幅度不大；降水偏少；日照时数不足。本年度平均气温为12.6℃，比常年同期偏高0.7℃，比上年同期偏低1.1℃。全年12个月当中，除1月份、3月份和4月份平均气温比常年同期偏低以外，其余各月均比常年同期偏高，其中偏高幅度最大的是7月份，月平均气温为28.5℃，比常年同期偏高2.5℃。偏低的3个月中，偏低幅度最大的是4月份，月平均气温为11.2℃，比常年同期偏低2.6℃。年内极端最低气温为−15.7℃，出现在1月5日。日极端最高气温为40.5℃，出现在7月5日。

本年度总降水量为495.1毫米，比常年同期偏少66.8毫米，比上年同期偏少49.6毫米。全年有4个月降水比常年同期偏多，1个月与常年同期持平，其余7个月比常年同期偏少。其中12月份和11月份都无降水。其余各月偏少幅度最大的是7月份，月降水量为84.6毫米，比常年同期偏少52%。在偏多的4个月当中，偏多幅度最大的是1月份，月降水量为8.6毫米，比常年同期偏多2倍多。

本年度总日照时数为2157.9小时，比常年同期偏少438.8小时，比上年同期偏少340.9小时。全年只有11月份比常年同期偏多，其余11个月均比常年同期偏少。其中偏少幅度最大的是6月份，月日照时数为192.1小时，比常年同期偏少65.0小时。唯一偏多的11月份，月日照时数为181.2小时，比常年同期偏多4.9小时。

（赵　岩）

【气象灾害】 1月2日21时左右到1月3日21时左右本区普降暴雪，降水量8.0毫米，雪深17厘米。造成本区永乐店镇半截河村、西集镇尹河村和漷县镇东定安、西定安、大柳树、曹庄、徐官屯、西黄垡、边槐庄和柏庄等村共147个温室大棚及竹木冷棚被压坏，其中漷县镇大柳树村有10个竹木冷棚全部倒塌。其余为部分压塌或部分损坏。造成宋庄镇吴各庄村40头小羊被冻死。

（赵　岩）

【通州区首家社区科普自动站揭牌】 3月23日，区科协、区气象局及区中仓街道办事处在星河社区建设的首家社区科普自动站举行揭牌仪式。本气象科普自动站为AWS600系列的六要素自动站。

（田　飞）

【气象宣传】 3月23日世界气象日，开展以“世界气象组织——致力于人类安全和福祉的60年”为主题的系列宣传活动；同时，利用“5•12”、“12•4”特殊纪念日，开展防灾减灾、气象法制宣传活动，全年发放各类宣传材料2000余份、书籍150余册。

（田　飞）

【气象服务】 按照“一年四季不放松、每次过程不放过、各种要素都关注”的要求，区气象局履行气象保障职责，以电话、传真、计算机网络、手机短信等形式，向区委、区政府、区防汛办、应急指挥办、扫雪铲冰指挥办等多个部门发布气象信息382份、气象预警信息32期224份、气象专报12期84份；向区农委、区种植中心、区植保站等农业部门发布气象资料360份；向区政府信息科发送信息52份。手机短信预报预警服务用户520人，年发送量达到15万余条。

（田　飞）

【气象执法】 2010年，区气象局严格行政许可审批事宜，加大气象执法检查力度。全年受理施放气球审批事项92件，系留气球448个。查处违法施放气球行为6次。

（田　飞）

【防雷检测】 2010年，区防雷装置安全检测站对全区机关、企事业单位等部门进行防雷检测，共检测461家、总建（构）筑物数3626栋。

（田　飞）

【基础建设】 2010年，新建2个土壤湿度自动气象站，分别建在台湖的金富艺农和双埠头通州区农业技术推广站实验基地，测定深度为1米，测定层次为8层，分别为0～10厘米、10～20厘米、20～30厘米、30～40厘米、40～50厘米、50～60厘米、70～80厘米、90～100厘米，获取土壤重量含水率、相比湿度，为防汛抗旱作好气象服务工作奠定了基础。

（赵　岩）

农村经济管理

【概　况】 2010年，区农村经管工作贯彻党在农村各项方针政策，围绕“三保”和“两新建设”任务，深化农村改革、加快农村经济发展，圆满完成了产权改革、土地流转、农民专业合作社规范化建设三项折子工程任务，农村“三资”管理业绩显著，农村审计和农民负担两项监督得到进一步强化。

（纪宇一）

【村级集体经济产权制度改革】 年内，全区启动改革村243个，其中185个村完成了改革，提前并超额完成区政府“启动90个、完成60个”的折子工程任务。全区11个乡镇累计完成改革村305个，占村级总数的63.8%；量化集体资产36.02亿元，农民个人持股26.91亿元，占74.7%；农民股东人数达19.47万人，占农村分配人口的53%。

（王秋石）

【农村土地承包经营权流转有序进行】 年内，全区新增土地流转面积1.19万亩，超额完成区政府“年流转土地一万亩”的折子工程任务。截至年底，全区累计流转土地面积达26.59万亩。

（付　艳）

【农民专业合作社带动力继续扩大】 年内，新发展农民专业合作社18家，合作社总数累计达到202家，现有社员10000余户，带动社外农户18000户，新发展资金互助服务合作社6个，新增互助金本金238.7万元，新增社员82户。累计资金互助试点24个，加入社员680户，筹集互助金605.13万元（其中财政扶持41万元），年周转使用资金达到800余万元，为300户社员解决了资金困难。

（肖　然）

【农业部简报刊登《通州区农民专业合作社资金互助管理办法（试行）》】 3月，国家农业部将《通州区农民专业合作社资金互助管理办法（试行）》刊发于由农业部经济体制与经营管理司和经管总站主办的《农村经营管理情况》刊物第二期，供全国各地予以借鉴。《通州区农民专业合作社资金互助管理办法（试行）》于2009年7月出台，施行后较好地解决了农民专业合作社及成员生产发展中资金短缺的问题，取得了积极效果，曾得到上级领导和专家“方向正确、经验可贵、管理有序、效果明显、潜力很大”的高度评价。

（付　艳）

【村级集体经济事项招投标范围扩大】 5月5日，召开通州区村级经济事项招投标工作会议，会上宣布《通州区村级经济事项招投标管理办法》正式实施，村级招投标的范围从“重大经济事项”扩展到“所有经济事项”。

（纪宇一）

【改变村级产权制度改革村登记方式】 6月，经区长办公会同意，将改革后村集体经济组织登记方式由原工商注册改为由政府登记发证，有效解决了农村社区股份合作社在工商注册登记环节中存在的验资资金不足、全员股东登记程序复杂等问题。

（王秋石）

【成立全市首家乡镇级“集体资产交易市场”】 7月1日，全市首家乡镇级集体资产交易市场——“宋庄镇集体资产交易市场”成立并投入运行。市场交易大厅建筑面积260平方米，投入资金60余万元。年内，已承接25宗招投标项目，完成13宗，为集体增收节支累计达213.85万元，取得了良好的经济效益和社会效益，受到市农委、市农研中心领导的充分肯定和高度评价。

（肖　然）

【成立通州区农民专业合作社联合会】 7月，区经管站召开北京市通州区农民专业合作社联合会成立大会。会上，67名会员代表认真听取了联合会筹备小组的筹备工作报告；审议并通过了《通州区农民专业合作社联合会章程》；选举产生了第一届理事会和监事会，建立了办事机构；聘请区经管站副站长金世明为名誉会长，聘请农业部农村经济研究中心原主任、中国合作经济学会顾问缪建平、北京市农研中心原主任焦守田、北京市经管站合作组织科科长韩生、区农村委员会副主任高雪峰为联合会专家顾问。农民专业合作社联合会成立后，充分发挥了桥梁与纽带作用，为农民专业合作社规范发展提供了全方位的咨询与服务，对农民专业合作社的规范建设、农业结构调整和农村经济的发展起到了有力的推动作用。

（纪宇一）

【完成农村土地承包“两证一书”专项检查】

自4月起，分三个阶段，历时4个月，完成了对全区“农村土地承包经营权证书”、“农村土地承包经营权收益证”和《村级土地承包合同》（简称“两证一书”）签订、发放、登记等情况的专项检查，检查了9个乡镇（梨园镇、永顺镇除外）的397个行政村，涉及土地承包合同131415份。对检查结果，本着查漏补遗的原则，明确存在问题，分析问题产生的原因，研究解决办法，并及时指导和监督整改。

（王秋石）

【举办首届通州区农民专业合作社发展成果展】 9月24日至26日，在运河文化广场成功举办首届通州区农民专业合作社发展成果展。成果展以促进本区农民专业合作社发展，加强城乡统筹发展，推进新城和新农村建设为宗旨，向城乡居民展示了《中华人民共和国农民专业合作社法》实施三年来，通州区农民专业合作社规范化建设取得的丰硕成果和优质品牌产品。

（付　艳）

工　业·信息化

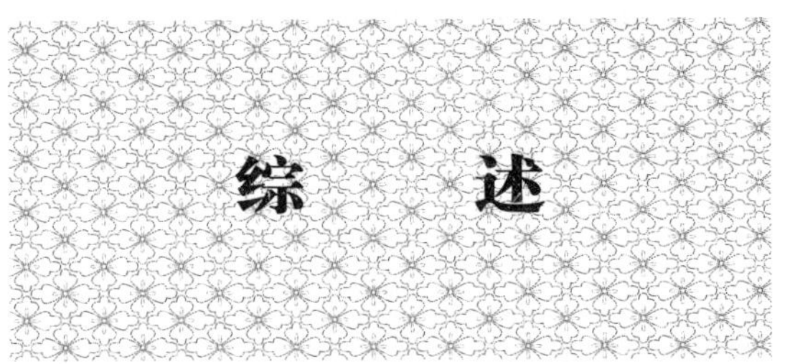

综　述

2010年，全区工业企业随着宏观形势的不断好转逐渐摆脱金融危机的影响，生产活跃，产销衔接较好，各项经济指标保持较快增长，超额完成年初的指标计划。项目引进、资产盘活、节能减排等工作取得显著成绩。经信委系统统计，全年区域工业企业累计完成现价工业总产值601.3亿元，同比增长22.3%；销售收入639.43亿元，同比增长24.8%；实现利润28.19亿元，同比增长19.5%；工业增加值146.32亿元，同比增长18.9%；上缴税金39.08亿元，同比增长19.4%。5个工业园区累计完成现价工业总产值218.36亿元，同比增长25.9%，占区域工业总产值的36.3%；销售收入232.06亿元，增长30.9%，占区域工业销售收入的36.3%；实现利润10.34亿元，增长16.5%，占区域工业实现利润的36.7%；工业增加值43.7亿元，同比增长29.5%，占区域工业增加值的29.9%；上缴税金16.41亿元，同比增长27.3%，占区域工业上缴税金的42%。

区域工业经济运行的态势良好。一是区域工业企业生产形势较好，全年呈现高位运行。上半年产值增速较快，受同期基数逐步走高等因素的影响，下半年产值增速有所回落，到年底稳定在23%上下。二是规模企业经济总量不断扩大，占区域工业比重进一步增加。区域853家规模企业完成产值563亿元，同比增长24.1%，占区域工业总产值的93.6%，比上年增加4个百分点。其中产值亿元以上企业有116家，同比增加24家，完成产值388.4亿元，同比增长30.5%，高于区域规模企业平均增速6.4个百分点，占区域规模工业产值的69%，占区域工业总产值的64.6%，是区域工业的主体。5亿元以上企业13家。10亿元以上企业7家，共计完成产值140.4亿元，占区域规模工业产值的24.9%，占区域工业总产值的23.3%。上缴税金达到500万元以上企业83家，上缴税金19亿元，同比增长20.9%，占区域规模工业上缴税金的75.4%，占区域工业上缴税金的48.5%。其中千万元以上企业有34家，5千万以上企业有7家。三是工业行业中九成以上企业实现正增长，重工业生产形势喜人。规模企业中轻工业产值增速达到19%左右，低于规模企业平均增速。以重工业为主的区域工业受国内政策拉动作用明显，摆脱了金融危机的影响，产值增速达到30%以上，带动全区工业较快增长。在全区规模工业涉及的30余个行业中，九成以上行业实现了正增长，只有饮料和皮革毛皮制品业为同比下降。行业中排在前五位的交通运输设备制造业、化学原料及化学制品制造业、专用设备制造业、通信设备、计算机及其他电子设备制造业和金属制品业完成产值261.8

亿元,同比增长26.5%,高于区域规模工业平均增速2.4个百分点,占区域规模工业产值的46.5%,行业带动作用进一步显现。四是重点产业发展取得新进展。随着区域工业企业整体生产形势的好转,本区重点发展的光机电、都市、汽车零部件三大产业也呈现良好的发展势头。在区域规模企业中三大产业共计完成产值381.7亿元,同比增长21.1%,占区域规模工业产值的67.8%,比上年同期提高0.2个百分点。随着北汽动力总成、博格华纳二期等项目的建成投产,全区工业产业结构将不断优化,重点产业发展速度进一步加快。全区规模以上现代制造业完成产值218.6亿元,同比增长24.9%,高于区域规模工业平均增速0.8个百分点,占区域规模工业产值的38.8%。五是开发区对区域经济增长的拉动作用不断增强。五个开发区完成产值218.4亿元,同比增长25.9%,高于全区增速3.6个百分点,占区域工业总产值的36.3%。对全区工业产值增长的贡献率达41%,拉动区域工业产值增长9.1个百分点。随着园区发展速度的加快,对区域工业增长的贡献程度也会进一步加大。六是乡镇工业出口较快增长,但仍未达到国际金融危机之前的水平。从5月开始,乡镇工业出口止住了负增长局面,呈现出总量逐步上升、增速逐渐加快的态势。乡镇工业企业全年完成出口交货值25.2亿元,同比增长22.6%,但仍没达到2007年30.2亿元的出口水平。七是中市属企业仍然是区域工业的重要组成部分。中市属企业生产形势喜人,全年完成产值30亿元,同比增长24.1%,占区域工业总产值的5%。但利润、增加值、税金指标均呈下降趋势,企业经济效益有待进一步提高。

年底,完成通州区"十二五"时期工业和信息化发展规划方案初稿编制工作。

(金绍光)

区属工业

【概　况】 2010年,北京金通资产经营管理公司加大创新力度,开展"管理年"等一系列活动,实现公司可持续发展。通州新城建设拆迁安置工作平稳进行、改革改制工作顺利推进,国有资产的实现保值增值,年内金通公司各项工作取得新成果。

(陈文清)

【做好拆迁安置工作】 2010年,金通公司全力配合通州国际新城建设,努力做好拆迁安置工作。年初市政府批准通州国际新城建设的规划方案,根据区委区政府的部署,区国资委的工作安排,明确了2010年金通公司所管理的资产拆迁范围。为此公司党委详细部署整个拆迁工作方案,全力配合区新城基业的拆迁工作。拆迁涉及公司所管理的物业有北京橡胶十厂小区、锅厂小区、通州区物资总公司家属院、北京铝材厂小区54号院、花丝镶嵌厂家属宿舍及齐天乐园,涉及居民740户、对外承租户16户、3个锅炉房,共计4.1万平方米的拆迁任务。涉及与本公司有关系的商户达17家,商业及工业厂房拆迁建筑面积为36050平方米,土地面积为93449.56平方米。在工作量大、难度高、时间紧的情况下,公司做了大量细致的工作,耐心做好居民和承租户的工作,重新整理所有出租商户的合同文件以及一些相关法律、法规文件,详细、认真的按类别归纳了合同文本,与每一位商户、租赁户一对一地签订补偿拆迁协议。做到了拆迁工作的平稳、有序进行,没有发生暴力冲突事件。在规定的时间内,圆满完成运河核心区资产拆迁工作。

(陈文清)

【做好离退休人员及残疾职工管理服务工作】 年内,及时准确无误地为4200 多名离退人员、48 名在职残疾人员办理独生子女费、工资、洗理费、取暖费、医疗费、补充医疗保险及社保卡等的发放工作;年底为离退、残疾困难人员发放困难补助;认真负责任地为离退人员办理查阅个人档案,财产公证,出具收入、工龄证明等等;关注残疾职工,因残疾人行动不便,本公司工作人员亲自上门拿医保报销的药费单据,当面核实后,交由社保局报销。遇有问题,公司工作人员耐心解答。

(陈文清)

【稳步推进各小区基础设施建设】 金通公司管理着40 万平方米的非经营性资产,这些资产属于公司改制、重组、破产企业遗留的职工宿舍楼。房屋年久失修,锅炉、供水、供电设施陈旧破损严重。住户大部分属于国有企业下岗失业职工,物业费、供暖费等各项费用收缴十分困难。公司党委在加强日常物业管理工作同时,本着以人为本的原则,多方筹集资金,先后投入88 万元为北苑、玉桥、通州宾馆、果园、芳洲、二变、水泥厂宿舍楼、鞋厂宿舍楼、牧机厂宿舍楼、金远洋小区3 号楼房等小区实施楼顶防水、墙面粉刷、硬化地面、新建化粪池和地下暖气管网等工程建设;为老、旧小区楼房节能环保改造,全力配合由区住建委主导无偿为北苑小区413 户居民更新门窗;通过协调区市政市容委(包括供暖办和供暖中心)、大稿村村委会和果园村委会,顺利地将原华飞两栋居民楼和通州宾馆居民楼并入城西梨园5 号线市政管网,使小区设施管理得到保障。

(陈文清)

【改革改制工作进展顺利】 2010 年,金通公司全面推进企业市场化,突出企业改革攻坚,做到改制扫尾工作与盘活国有资产启动并举,全面推进企业改制工作,全年完成改制企业12 家。其中采取公开交易方式完成产权转让的有北京宏安建筑装饰工程有限责任公司、北京花丝镶嵌厂、北京京空铝合金厂、通州区给排水总队等企业;处于改制程序当中的有通州区住宅建筑公司、北京市通州富康水利工程修建队、北京市银龙机械设备租赁公司、通州制酒厂、北京市京东大有建材公司、北京市通州区城市房屋拆迁服务所、汇鑫物资等单位,上述企业分别进入审计评估阶段。

(陈文清)

【资产经营管理工作取得新成绩】 在加快改革步伐同时,金通公司对现有的资产进行详细的调查摸底,建立健全资产管理台账,绘制资产管理分布图,彻底摸清资产家底,健全规章制度。公司对租赁合同的签订坚持按照规定程序办理,对合同文本是否合理合法由法律顾问把关,各项内容逐项进行检查。并根据市场变化,及时调整租金、租期等,完善补充租赁协议。以资产租赁为重点,通过拍卖、置换、产权转让、经营权出租等方式盘活存量资产,实现资产经营效益最大化。使多年悬而未决的梨园土地收益、华强公司土地转让、联城房地产土地出让金等问题得到妥善处理,妥善地解决了一批历史遗留的难题。

(陈文清)

【困难群体帮扶工作】 积极开展送温暖工程,做好困难职工的生活保障工作,金通公司将这项工作作为常规性工作,作为为职工办实事、办好事的切入点。2010 年,公司通过调查摸底结果显示,本系统共有特困、困难职工41 人,通过三八金秋助学、各级工会组织节日走访慰问、红十字会救济等多方面工作,基本实现应保尽保。元旦、春节期间开展两节送温暖工作,共发放慰问金14 万元。送温暖活动中,金通公司走访慰问职工141 户和劳模7人。

(陈文清)

【信访工作成绩显著】 通州国际新城建设中,运河核心区拆迁工作涉及金通公司一些破产企业的下岗和退休职工,由于原企业已经不复存在,历史遗留问题较多,每天到公司处理问题的拆迁户不断。金通公司与多部门及时沟通，上下协调，多次召开临时紧急会议，掌握政策，探讨问题，查找历史资料，提出解决办法，在确保国有资产不流失的前提下，尽可能的让利于老百姓，使运河核心区拆迁工作圆满完成。另外一部分来访涉及劳动人事方面，来访人员中大多是原区属工业企业的职工或退休人员，上访问题涉及到职工或退休人员的切身利益，而随着时间的推移和历史资料的短缺遗失，许多问题受理起来有很大的难度、风险和不确定性，金通公司接访过程中在认真听取上访人员诉求的基础上，积极应对，慎重处理，千方百计寻找相关资料，尽力给予办理，力争做到不留后患。对不能办理的向当事者讲明原因和政策规定，耐心做好说服解释工作。本年共接待和处理上访问题约200件，通过内查外调，反复核实等大量细致的工作，做到上访事件件件有答复，为上访人员解决了一些实际问题，核查了一些问题，得到区劳动部门的肯定。

（陈文清）

乡镇工业

【概　况】 2010年，经信委系统统计全区乡镇工业企业（含五个工业园区）完成现价工业总产值571.29亿元，同比增长22.2%，占区域工业总产值的95%；销售收入602.95亿元，同比增长24.8%，占区域工业销售收入的94.3%；实现利润27.77亿元，同比增长19.9%，占区域工业实现利润的98.5%；工业增加值140.9亿元，同比增长20.2%，占区域工业增加值的96.3%；上缴税金38.01亿元，同比增长21.1%，占区域工业上缴税金的97.3%。

（金绍光）

【招商引资成效显著】 年内，全区引进千万元以上工业投资项目74个，投资总额441.96亿元。其中亿元以上项目29个，投资总额433.74亿元；亿元以下项目45个，投资总额8.22亿元。6月3日，北京市重大工业项目落地签约仪式上，通州区共有河南汉威、四环制药、鑫科贤生物等8个重大项目进行意向签约，投资总额达50亿元。

（金绍光）

【盘活重组工作常抓不懈】 年内，加大力度盘活闲置土地，集约利用土地资源。截至年底，共盘活土地资源157处，盘活闲置厂房面积47.3万平方米，盘活闲置资产总额28.8亿元。

（金绍光）

【标准化厂房建设】 全区产业园区、产业基地累计建设标准厂房96.1万平方米，总投资34.45亿元。已出租面积75.1万平方米，入驻企业185家中已投产167家，解决本地劳动力就业2855人。

（金绍光）

【农民就业产业基地取得长足发展】 针对农民就业产业基地的发展情况和经济指标完成情况，积极主动的开展服务工作。全区7家农民就业产业基地批准的规划土地面积为2085公顷（31275亩），实际开发面积1515公顷（22725亩），入区企业实际占地面积669公顷（10035亩），剩余可利用土地面积1150公顷（17250亩）。7家基地基础设施累计投入达到15亿元，其中年内新增投入4826万元。入区企业406家，累计总投资150亿元，年内新增投入9.2亿元。基地内用工人数3.4万人。7家基地年内实现销售收入126.8亿元、利润2.37亿元、税金5.78亿元、增加值26.1亿元，分别占全区工业指标的21.8%、9.2%、16.1%和22.3%。

（金绍光）

【为中小企业开展“集合信托”融资】 为缓解中小企业融资困难，根据市政府关于推进中小企业集合融资的折子工程任务和市经信委关于征集一批参与发行“集合信托”中小企业融资项目的工作要求，发挥集合融资的优势，积极为符合条件的中小企业解决融资问题。8月25日，区经信委组织由11个乡镇、5个工业开发区及20多家重点企业管理人员参加的“中小企业集合信托”融资、政策宣讲培训班。邀请北京国融工发投资咨询有限公司、北京中小企业信用再担保有限公司、北京中关村科技担保有限公司和翰华担保股份有限公司等有关单位的专家，为企业在项目申报、融资知识、融资渠道和融资技巧等方面做了详细的讲解。区经信委及时与北京中小企业信用再担保有限公司联系沟通，对北京聚龙科技发展有限公司、北京仙源食品酿造有限公司、北京新福润达绝缘材料有限责任公司、北京美华重型锻造有限公司、北京金圣缘古典家具有限公司、北京强力家具集团有限公司和北京鑫洁丽建筑玻璃有限公司等企业进行逐家辅导，根据企业的具体情况和实际需求确定融资方案。截至年底，有两家企业通过评审获得融资，资金已到位。

（金绍光）

【核查区内乳制品生产企业】 12月14日，按照市经信委统一部署，组织专家组对蒙牛、科尔沁、鑫华星三家乳制品生产企业在工艺与装备、产品质量、能耗及水耗、环境卫生与保护、安全和社会责任等方面进行了认真细致的审核检查。审核过程中，专家组认真审查了企业的各类相关证明，同时深入车间、实验室、检测检验部门进行现场审核。专家组对全区乳制品生产企业在确保产品质量安全等方面工作给予了充分肯定，三家乳制品生产企业全部通过专家组的审核。

（金绍光）

【组织企业各类培训工作】 一是组织企业参与第六届APEC中小企业技术交流暨展览会。区经信委组织区域内部分优秀中小企业参加了此次展览会，帮助全区中小企业走出去开拓国际市场。二是组织企业参加中小企业信息化业务培训。组织部分企业参加由北京市经信委和机械工业信息中心信息化推进处举办的北京市中小企业信息化业务培训会。为今后应用商业智能系统管理企业奠定了的基础。三是组织企业参加《中华人民共和国食品安全法》培训。组织区内部分食品企业参加了市经信委举办的食品工业企业诚信体系建设、乳制品产业政策和产品质量控制等内容的培训班。

（金绍光）

【做好减轻企业负担工作】 按照北京市减负工作会议的部署，制定了以清理涉及企业的各种收费，取消不合理收费项目，对国家明令取消的收费和基金，以及面向企业乱收费、乱罚款和各种摊派等专项治理为主要内容的《通州区2010年减轻企业负担工作意见》。同时根据通州区减负领导小组各成员单位的职能，将各项减负工作任务分解落实到各有关成员单位，进一步明确了各单位的减负任务分工。10月8日，由国家减轻企业负担专项治理督查组组长、国资委财务监督与考核评价局副局长郇红兵带领的国家减轻企业负担专项治理督查组，对通州区减轻企业负担专项治理工作开展情况进行督查。督查组对通州区减轻企业负担领导小组推进专项治理工作、支持企业发展等方面所做的大量工作给予了充分肯定。

（金绍光）

【为中小企业争取政策资金支持】 一是积极组织中小企业申请“保增长”奖励资金。为充分发挥北京工业发展资金的引导作用，鼓励企业多做贡献，确保完成北京工业增加值增长8%的目标，北京市制定了对为北京工业增长做出突出贡献的重点工业企业的奖励规定。区经信委通过报刊、网络等媒体形式对此项政策进行了广泛宣传，最终为全区26家企业申请得到奖励资金555万元，极大地促进了企业的生产积极性。二是积极争取市级资金支持。因受国际金融危机影响，北京市出台的帮扶措施主要以贷款贴息为主，延缓了一部分申请拨款补助项目的评审进度。年内，区经信委向市经信委推荐了14个项目，全部通过评审，资金已经下发到企业，为推动企业技改、信息化建设等方面工作发挥了积极的作用。

(金绍光)

【核准、备案工业固定资产投资项目】 全年完成核准、备案项目79件，总投资达85.4亿元。从项目类型看，完成核准项目12家、备案项目67家。从投资情况看，核准项目12家，总投资5.4亿元。其中新建项目3家、扩改建项目7家、技术改造项目1家、增加流动资金1家。备案项目67家，总投资80亿元。其中技术改造项目27家，建设工业厂房及配套设施项目40家。全区非政府投资工业固定资产项目中内资项目呈现向上的势头，明显好于外资企业的发展。年内先后完成5家汽车零部件企业的技改、新建的初审工作，并给予办理了5家申办全国工业生产许可证的企业符合国家产业政策证明文件确认的初审工作。

(金绍光)

【多举措做好节能工作】 按照市发改委要求，通州区2010年全年能源消耗总量控制在266万吨标准煤以内，工业领域全年能源消耗总量控制在70万吨标准煤以内。为此，区经信委起草了《2010年10月至12月节能调控措施方案》。同时，积极和区发改委、统计局进行沟通，综合分析工业企业生产与城市居民生活的紧密程度、企业生产产品与工艺流程是否适合于停电停气、企业的综合能源消费量、企业万元产值能耗指标等因素。确定能耗总量2000吨以上的企业40家，能耗总量5000吨以上的企业16家。采取相应的措施：一是要求各乡镇提出工作方案及实施方案，明确四季度工业能耗总量控制目标、同比节能量，并把工业节能目标指标分解到具体企业。二是突出工作重点。一方面，对于国家下达的9月底前淘汰落后产能的水泥企业，以及列入年度退出计划的小化工、小铸造等“三高”企业，进行严格管理、加强监督。另一方面，突出抓好高耗能企业的节能工作，继续挖掘节能潜力和空间，同时关注高耗电企业，必要时也要实施关停措施。三是建立长效机制。摸清企业工业生产和担负的社会生活用能耗电的基础情况，掌握各乡镇、园区年综合用能2000吨标煤以上工业企业的名单，为加强企业能耗在线监测建设奠定基础。建立健全统计分析和考核办法，加强对节能预警调控措施落实的组织、检查和督查工作，定期对重点监控企业能耗数据进行调度、统计和分析，进行节能目标现场考核，对未完成节能目标的企业提出严格要求。

(金绍光)

【实施能源节约和资源综合利用、清洁生产促进工作】 上半年，区经信委配合北京市资源综合利用认证工作组，对区域内北京城建银龙混凝土有限公司、北京市住六混凝土有限公司、北京尹各庄新型建材厂、北京天基新材料股份有限公司、北京创导高科绝热材料有限公司五家企业进行资源综合利用认定。11月，对各乡镇、开发区的资源综合利用、清洁生产项目进行摸底、汇总，对上报的项目进行筛选后，分别提出指导意见。全年共有5家企业通过了资源综合利用认证，分别是北京城建银龙混凝土有限公司、北京住六混凝土有限公司、北京天基新材料股份有限公司、华星集团环保产业发展有限公司、北京铁建永泰新型建材有限公司。

(金绍光)

【副市长苟仲文到通州企业调研】 10月27日，副市长苟仲文到通州就帮扶企业应对金融危机及节能减排工作进行调研。市发改委、市经信委、市科委、市规划委、市国土局、市金融局等相关负责人以及区长岳鹏，副区长崔志成等领导陪同调研。副市长苟仲文先后到北京通美晶体技术有限公司、福耀集团北京福通安全玻璃有限公司，听取相关情况介绍。在2009年国际金融危机之初，这两家企业所受冲击较大，生产增速大幅回落。通过市、区两级政府多措并举、一系列的帮扶工作，企业快速走出国际金融危机影响，经济指标环比增长加快。福耀集团北京福通安全玻璃有限公司，2010年的生产总值同比增长达到了60%。副市长苟仲文对通州应对危机一系列举措及取得成效给予充分肯定。

（金绍光）

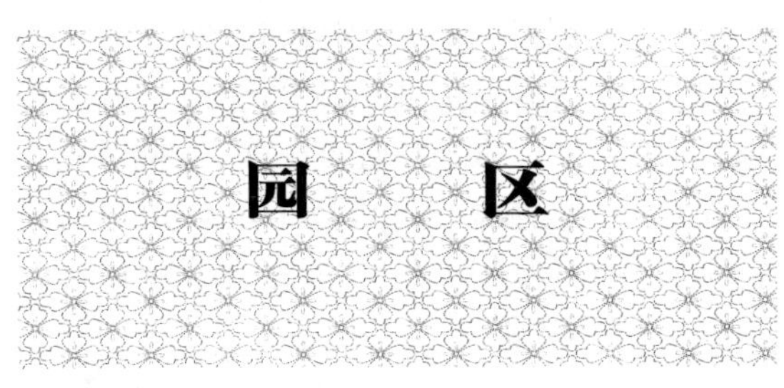

园　区

概　述

2010年，园区把发展放在首位，坚持高端发展、品牌发展、集聚发展、创新发展，以引进符合产业定位的大项目为着力点，营造良好的产业发展环境，加快调整产业结构，努力提升园区经济总量。经济主要指标大幅增长，园区综合实力明显增强。2010年，园区（包括光机电基地，金桥基地，物流基地，宋庄集聚区，永乐开发区，经济开发区西区、东区、南区）实现总收入492亿元，同比增长15%；利润总额19.9亿元，同比增长14%，税收26.6亿元，同比增长20%。光机电基地税收超过10亿元，金桥基地税收超过5亿元，通州经济开发区东区和宋庄集聚区增长幅度超过100%。

项目引进水平不断提升。园区共引进各类企业项目80个，协议投资总额131.93亿元。项目质量明显提高，引进的80家企业中，总部型企业30家，占引进项目总数的40%，同比增长51%；投资亿元、税收千万元以上总部企业有14家，总投资85.4亿元，占地1093.84亩，税收17.03亿元；引进国家重点支持的高新技术领域类型企业50家，占引进项目总数的66.7%，协议投资总额104.2亿元，平均亩投资额为650万元，同比增长16.6%；引进投资10亿元以上的大规模产业项目3个，占实体落地项目（18个）的16.7%；购买标准厂房项目27个，购买面积达5.9万平方米，投资总额6.39亿元，增长491.7%。

产业项目建设进展顺利。园区产业项目建设开复工项目总投资达到145.67亿元，建筑面积337.19万平方米。共有17个竣工项目，投资总额32.02亿元；21个开工项目，17个复工项目。基础设施和环境建设加快推进。光机电基地的嘉创一路、科创七街、经海六路、物流基地的外电源工程和经济开发区西区的张凤路修建等竣工项目5个，金桥基地的景盛北三街、经济开发区西区的天然气管线、宋庄创意产业集聚区的公共服务平台、永乐经济开发区的凤河绿化工程等在建项目8个，金桥基地的景盛北一街、北二街、经济开发区东区的电力开闭站及电力管线、经济开发区西区的数字文化产业园供水等12个项目正在积极办理前期手续。土地一级开发加快推进。全年安排25宗土地启动进行一级开发，园区交易完成土地12宗，总面积164.8万平方米，交易金额34.6亿元，同比增长13.3%。配套设施更加完善。光机电基地绿化面积3万平方米。宋庄集聚区公共服务平台建设竣工，14栋回迁楼完成主体封顶。物流基地的生活配套区开发全面启动。回迁楼地块完成上市工作。联东U谷、枢密院、方和正圆等标准厂房及平台建设加快推进。永乐开发区积极做好凤河绿化工作。中关村科技园通州园建设步伐加快，园区核心竞争力不断增强，企业创新创业水平不断提升。通州园有中关村高新技术企业77家（其中有国高新企业26家，村高新企业51家），可实现总收入161.35亿元，同比增长38%，研究与试验发展经费支出1.19亿元，同比增长291%。

产业定位更加清晰，园区品牌形象明显提升。各园区产业特色凸显。金桥基地定位为“能源环保总部基地”，商务园、物流基地、经济开发区西区“一主两辅”空间结构，被中国电子商务协会授予“中国国际电子商务示范基地”，同时商务园的“北京市电子商务聚集区”正式揭牌。光机电基地在巩固光机电一体化产业的基础上，编制生态型园区总体规划。宋庄集聚区被国家广电总局命名为国家动漫产业基地，同时，宋庄国际艺术博览中心正式揭幕。漷县镇农民就业基地晋升为通州经济开发区南区。积极探索园区开发的新模式。光机电基地与京开公司合作开发取得进展；物流基地与京泰公司探索一级开发的模式，双方就合作模式达成共识，采取“京泰集团出资，基地实施一级开发”的模式。光机电基地、金桥基地、西区借助中关村发展集团的优势积极参股，为引进项目搭建平台。

管理服务水平不断提升，园区产业发展平台逐步完善。积极申报专项资金支持。园区及园区内企业总计42个项目申请各类资金支持1.95亿元，到位资金8597万元。积极为企业搭建服务平台。与区教委、工商分局、经信委、交通局等有关部门配合，为企业搭建全方位的服务平台。

（郭庆云）

北京通州经济开发区西区

【概　况】 2010年，通州经济开发区西区围绕加快推进现代化国际新城建设的核心任务，深入开展园区工作，圆满完成各项工作任务。全年实现总收入81.16亿元，同比增长49.4%；完成工业总产值42.8亿元，同比增长15%；完成工业产品销售收入42.19亿元，同比增长14%；实现工业增加值8.63亿元，同比增长20%；完成出口销售收入4.91亿元，同比增长16%；利润总额实现20885万元，同比增长33%，其中工业利润16328万元，同比增长30%；上缴地税3.23亿元，同比增长44%。年内，通过盘活现有资源，引入了一大批优质产业项目。四环医药、中国战略技术研发基地、中关村国家院所通州产业园、森工集团销售总部、东联集团、东方金炬等项目正式签约入驻，总投资49.6亿元。另有路桥集团、亚联机械、航空部下属航空监控中心、城里城外家居创业广场、圣象集团等重点项目深入在谈，招商工作卓有成效，为加快发展积蓄了力量。

（孙　丽）

【通州经济开发区西区商务年会】 1月6日，由通州区张家湾镇政府和北京通州经济开发区西区管理委员会联合举办的通州经济开发区西区商务年会在亚太花园酒店举行。此次年会以“聚焦通州·寻求合作·共谋发展”为主题。会上，世界华人联合会——世华园项目、上海加冷松芝汽车空调股份有限公司、中粮集团DC物流、北京东南融信投资有限公司等4家知名企业代表与开发区西区管委会负责人共同签署了入驻协议，总投资近39亿元。截至年底，开发区西区数字产业园已引进企业30家，另有60个项目签约工作进行中。市投资促进局负责人，区领导邓乃平、岳鹏、张秀余、张华，区各委、办、局负责人，张家湾镇重点企业、重点入驻企业、在谈项目、招商中介机构代表200多人参加活动。

（孙　丽）

【吉林森工销售总部入驻开发区】 1月25日，中国吉林森林工业集团有限责任公司销售总部与通州经济开发区西区正式签署入驻协议。项目总投资5亿元。该集团于2009年5月将公司销售中心项目签约入驻开发区后，又将其销售总部迁入开发区，项目签约后该集团将把金桥牌实木复合地板、露水河牌刨花板等产品的销售业务统一到销售总部进行结算。

（孙　丽）

【江苏太阳雨新能源集团及四季沐歌北京公司到开发区西区考察】 3月5日，江苏太阳雨新能源集团及四季沐歌北京公司两位负责人到园区就太阳雨新能源集团运营总部、研发中心、核心部件生产基地及下属四季沐歌新能源公司的总部基地项目实地考察。新项目计划将江苏太阳雨新能源集团运营总部、研发中心、核心部件生产基地及下属四季沐歌新能源公司的总部迁入通州经济开发区西区。新项目总投资5至10亿元人民币，总占地80亩至100亩。

（孙　丽）

【中国战略技术研发基地项目签约】 4月，

开发区西区与亚洲仿真控制系统工程(珠海)有限公司签订合作框架协议,由该公司投资建设“中国战略技术研发基地”项目。新项目占地约450亩,计划总投资约18亿元,新项目为建设5个中心及1个学院。5个中心包括:国家仿真技术验证中心、中国节能减排技术培训中心、中国大飞机技术仿真培训中心、中国多学科科学家创新中心、中国中医药仿真技术研究中心;1个学院为:中国仿真技术学院。

(孙 丽)

【举办“知识产权进企业”宣传及交流活动】 4月19日,开发区西区知识产权工作站举办主题为“知识产权进企业”宣传及交流活动,本次活动特别选址在开发区知识产权工作的重点企业北京通美晶体技术有限公司进行,市、区知识产权局的领导和专业人员、重点企业领导及知识产权专职人员以及开发区企业职工等200余人参加了活动。活动中发放宣传材料(宣传册、单页、光盘等)400余份,宣传纪念品200余人次,开发区企业及其职工积极参与,宣传范围广泛,涉及开发区全部入区企业。在随后的座谈交流活动中,市、区领导及专业人员详细介绍并解答了与会企业普遍关注的知识产权相关问题,为企业知识产权专职工作人员进行了深入浅出的专业培训和咨询。

(孙 丽)

【北京德龙电力设备有限公司扩建项目开工】 4月8日,北京德龙电力设备有限公司扩建项目正式开工,新建厂房项目总投资500万元、占地面积10014平方米、建筑面积2199平方米。扩建项目主要用于企业对新技术、新产品的研发工作,提高企业的核心竞争力。北京德龙电力设备有限公司于1997年成立,为欧洲公司在华投资的独资企业。公司主要从事电力系统工程设备的生产、销售和售后服务。

(孙 丽)

【开展特种设备安全专项检查工作】 6月21日,通州经济开发区西区会同区质监局对园区北京威士龙驱动器设备有限公司、北京海德润制药有限公司等入区企业开展特种设备安全检查工作。针对检查中发现的个别起重机超期未检、电梯未注册等问题,质监局、开发区分别对其下发了整改通知书,责令其限期整改。消除了安全隐患,确保园区夏季安全生产的稳定。

(孙 丽)

【东联集团入驻开发区西区】 7月6日,东联集团入驻开发区西区。该项目占地约20亩,建成后将集团总部、研发中心、集团核心部件生产基地整体迁入。总投资1.5亿元。

(孙 丽)

【四环医药控股集团入驻开发区西区】 7月26日,四环医药控股集团入驻开发区西区。该项目总投资11亿元,占地150亩,规划新建四环医药控股集团经营管理中心、四环医药控股集团研发中心、北京四环医药生产基地。设计项目全部建成达产后年产值将超过60亿元。10月28日,四环医药集团在香港证券交易所正式挂牌交易。

(孙 丽)

【市领导听取中关村国家院所创新产业示范园项目进展情况】 11月26日,北京市委常委赵凤桐在中关村管委会委员李翔、中关村发展集团董事长于军、总经理许强及区领导王云峰、李玉君、张华的陪同下到开发区西区,听取中关村国际院所创新产业示范园项目进展情况汇报,并进行了实地考察。该园计划总占地1126亩,一期占地310亩,计划将中国农业机械化科学研究院热障涂层项目、中国建材科学研究总院中国建筑材料检验认证中心项目等3个项目,中国机械科学研究总院热模锻压力机等系列形成压力机产业化项目等7个项目,中科院物理所碳化硅项目等4个院所的12个技术成果转化项目签约落地。以上项目总投资20.6亿元,项目全部达产后预计实现销售收入70亿元,可实现税收6.4亿元。市委常委赵凤桐对项目给予了充分肯定，并强调要加大力度引入重大项目，提高项目质量，尽快促进重点项目落地。

（孙 丽）

【北京东方金炬科技有限公司落户开发区西区】 12月21日，通州经济开发区西区与北京东方金炬科技有限公司（原称北京北方机电技术研究所）签署入驻协议。该公司为专业从事光电产品的研制和生产的企业，并持有军工生产许可资质，特别是在激光测距领域，无论是产品的质量还是数量，均居国内榜首。公司在常州、成都、杭州、深圳等地设有分公司。公司计划将总部及生产、研发、销售等部门整体迁入通州经济开发区西区。总占地30亩，总投资1.5亿元，设计达产后可实现税收1500万元。

（孙 丽）

【与珠江公司合作取得重要突破】 2010年，南扩区开发建设工作全面启动。一是抓紧推进二号地拆迁，加快启动新项目，同时确定三号地拆迁和回迁楼建设计划并全力筹措资金；二是抓紧进行四号地科技研发中心、综合服务中心以及中心商业街等新项目建设，为产业发展聚集人气；三是全力推进五、六号地上市工作，确保上半年入市交易；四是启动南扩区外电源、道路、管网等基础设施建设，尽快为项目落地创造条件；五是督促珠江公司按照既定指标继续履行发展建设任务，并通过相关协议加以约束，着力提高南扩区的税收贡献。

（孙 丽）

【基础设施建设与环境建设】 2010年，继续加大基础设施建设力度，完成张凤路（广通街至数字文化产业园路段）、渔场供水管线、临时供电以及天然气管线的建设，修复了区内道路塌陷，进一步改善了基础设施环境。

（孙 丽）

【推进项目建设】 全年共有森工股份销售中心、森工集团销售中心、沈飞铝业幕墙总部等7个项目开工建设，森工股份销售中心、宏泰旸、德龙电力等3个项目竣工。在手续办理上，取得了渔场地块控规批复，完成供电路由改造方案设计，为项目落地创造了有利条件。

（孙 丽）

北京通州经济开发区东区

【概 况】 2010年，北京通州经济开发区东区实现工业总产值15.3亿元，工业增加值3.7亿元，总收入21.4亿元，销售收入15.4亿元，税收总额1.38亿元。招商引资成绩显著，引进北京珅诺基医药科技有限公司、北京诺思兰德医药科技有限公司和北京昆鹏恒通天然气有限公司等5家企业。落地企业建设顺利，北京汽车动力总成有限公司、北京珠江钢琴制造有限公司等项目开工建设，北京乔治费歇尔管路系统有限公司、北京华商三优新能源科技有限公司等项目建成投产。继续强化园区安全管理，实现全年零伤亡、零事故的“双零”目标。

（张 伟）

【北汽动力总成项目奠基揭牌仪式举行】 2月26日，北汽动力总成项目奠基仪式暨动力总成有限公司揭牌仪式在开发区东区举行。副市长苟仲文、中国汽车协会秘书长董扬、区委书记王云峰和北汽集团董事长徐和谊共同为北京汽车动力总成有限公司揭牌。该项目占地面积约1000亩，计划投资总额109.6亿元，基地由研发中心、发动机工厂和变速器工厂构成，集研发、设计制造为一体，为北京汽车自主品牌发展提供核心动力总成产品。

（张 伟）

【珠江钢琴项目开工奠基仪式举行】 4月1日，北京珠江钢琴制造有限公司开工奠基仪式在开发区东区举行。广州市政协副主席平欣光，广州市国资委主任、珠江钢琴集团股份有限公司党委书记、董事长黄伟林，区领导王云峰、张文山、岳鹏、王春元、李玉君、张华及区发改委、区规划分局等相关各委办局领导出席奠基仪式。

（张 伟）

【北京乔治费歇尔管路系统有限公司开业典礼举行】 8月14日，北京乔治费歇尔管路系统有限公司举行开业典礼仪式，通州区区长岳鹏和瑞士联邦主席洛伊哈尔德(Doris Leuthard)先后致辞，并进行开业剪彩。该项目总投资1300万美元，占地30亩，总建筑面积1.7万平方米，主要生产工业和民用塑料管材和管件，设计年产值1.5亿元，年上缴税收1500万元，解决当地劳动力180人。乔治费歇尔集团董事会主席马丁•胡贝尔和通州区领导张文山、王春元、崔志成出席开业仪式。

(张 伟)

【招商引资成效显著】 为推动和加快项目落地，开发区积极拓展招商渠道，与中关村生物医药园、清华医药园等单位合作，获取项目资源，并加大跟踪和洽谈力度，重点引进高端生物医药的研发和制造企业。2010年，开发区东区引进北京珅诺基医药科技有限公司、北京诺思兰德医药科技有限公司、北京昆鹏恒通天然气有限公司、北京华商京海智能科技有限公司和北京华商三优新能源科技有限公司5家企业。其中两家医药公司均具备突出的自主创新能力，拥有独立自主知识产权，市场前景良好、成长空间广阔。5个项目协议投资总额6.8亿元。

(张 伟)

【推进项目建设】 开发区东区全力做好服务工作，加快推进项目建设。年内，乔治费歇尔和华商三优新能源项目分别于8月和11月竣工投产。北汽动力总成项目在区委、区政府的高度重视和区动力总成项目领导小组的领导下，完成5.7万平方米发动机厂房主体结构和附属用房结构施工，启动6.3万平方米变速器厂房建设；冶科纳米科技项目完成1#厂房施工及设备安装，进行试生产；珠江钢琴项目2.2万平方米1#、2#生产车间完成施工，进行设备安装调试；华商京海智能科技项目具备投产条件。

(张 伟)

【开展宣传推介活动】 2010年，开发区东区通过多种渠道，开展宣传推介工作，以北汽动力总成和珠江钢琴项目奠基活动为契机，通过《北京日报》、搜狐、新浪、汽车之家等知名媒体和行业网站对园区进行广泛宣传。并通过香港《文汇报》刊登《东区水韵之镇建设绿色开发区》文章，利用两办信息、园区信息、开发区东区动态和《通州时讯》等媒体向全社会介绍开发区建设发展情况，有效地提高了开发区东区的知名度。

(张 伟)

【做好入区企业手续办理】 年内，帮助北京北内发动机零部件有限公司取得市发改委进口设备免税批复、新增20万根凸轮轴生产能力技术改造项目立项批复和获得市经信委支持资金155万元。东方华睿新能源示范项目取得区发改委立项批复；泛美中恒取得环评批复；中冶焊接科技有限公司贷款贴息获批，贴息金额162万元。

(张 伟)

【全力做好安全生产工作】 开发区东区将安全生产工作作为重点工作之一，成立开发区东区安全生产领导小组，开展一系列安全生产工作，与入区企业签订涉及“安全生产”工作责任书、下发各类安全生产管理文件、组织召开安全例会、开展安全生产事故应急预案演练、开展综合安全检查等，实现全年安全生产工作零伤亡、零事故的“双零”目标。

(张 伟)

中关村科技园区通州园光机电一体化产业基地

【概　况】 中关村科技园区通州园•光机电一体化产业基地于2001年7月23日经北京市政府批准成立。在北京城市总体规划中，光机电基地位于北京市东部发展带、环渤海经济发展圈的核心位置，京津塘、京哈、五环、六环四条高速公路环抱基地。基地规划面积750公顷，其中规划的产业用地约400公顷。2010年，各项工作顺利完成，园区经济持续快速发展。认真贯彻落实区委、区政府建设现代化国际新城的发展战略和工作部署，结合基地制定的各项计划，不断创新工作思路和方法，加快项目建设进程，各项主要经济指标继续保持平稳增长，产业结构调整升级取得明显实效，园区综合竞争实力稳步提升。入区企业数量、质量和产业规模实现预期目标，基础设施、环境建设基本完善并与园区发展相匹配，为今后的快速发展奠定坚实的基础。2010 年，基地落地企业累计210 家，投产规模企业66 家，全年累计实现生产总值135.8 亿元，同比增长40%；总收入220.8 亿元，同比增长10%；利润12.8 亿元，同比增长11%；实现税收10.55 亿元，同比增长13%，超额完成年初制定的各项经济指标。其中税收过百万元企业68 家，过500 万元企业27 家，过千万元企业16 家（包括李宁40545 万元、摩比斯9405 万元、百纳威尔5104 万元、中石油北京奥达3361 万元、天宇朗通2724 万元、比亚迪2548 万元等）。

（符 迪）

【招商工作再创佳绩】 为了加快调整产业结构，优化产业布局，夯实基地经济稳步发展的基础，基地继续贯彻落实总部经济战略，加快推进“三园一区”建设（“三园”为经开产业园、枢密院白酒总部产业园、光谷创新置业园；“一区”为以李宁及在谈项目KAPPA 为核心的运动品牌总部区）；同时，积极引入和重点培育“物联网”这一高端新兴业态，实现基础优势产业、高端特色产业互补式协同发展。年内，基地成功引进项目6 个，投资总额5.51 亿元。3 月至4 月，中华老字号企业红星股份有限公司及中国最大的气体传感器制造商河南汉威电子股份有限公司先后签约入驻基地，实质性推进了“精品白酒园”和“现代物联网”两大产业板块的建设。枢密院一期项目已经竣工。“红星”项目入驻枢密院白酒总部产业园，建筑面积4290 平方米，投资总额5000 万元。“汉威电子项目”将建设集国际先进的MEMS 传感技术研发平台、全球营销平台、产业化平台为一体，产业规模超50 亿的新型产业基地，塑造一个全球领先的传感器品牌。该项目计划投资4.6 亿元，占地50 亩，建筑面积8 万平方米。此外，中国邮政储蓄银行北京分行、大唐国际化工技术研究院有限公司等4 个园中园项目也先后签约入驻；基地及时捕捉央视集团整合各子公司，建设央视文化产业园的契机，积极推动项目落户通州，并取得阶段性进展。

（符 迪）

【项目建设全面推进】 2010 年，基地加大协调服务力度，采用专人跟踪负责制，加快手续办理速度，项目建设顺利进行。基地全年新开工项目7 个，建筑面积11.3 万平方米，投资总额7.8 亿元。复工项目6 个，建筑面积21.6 万平方米，投资总额13.6 亿元。竣工项目7 个，总竣工面积22.5 万平方米，完成投资14.4 亿元。列入区政府重点产业项目5 个；列入折子工程的产业项目5 个。列入基地计划的6 个地块征地工作全部完成。取得新征地项目7−20 地块景观绿化的征地批复。完成光谷创新置业地块、经开光谷置业D 地块上市工作，并成功摘牌。基地汉威电子、动向集团、文创意三个地块上市准备工作已经完成。

（符 迪）

【拆迁工作进展顺利】 2010 年，北神树村被列为北京市50 个重点整治村之一。基地按照“保工期、保平衡、保稳定”的原则，对北神树村进行整体规划调整，完成了基地资金总体平衡方案及拆迁具体工作方案。入户摸底累计清登857 户（住宅778 户，非住宅79 户）。北神树村非住宅搬迁签约工作仅用10 天，于12 月25 日圆满完成，此次签约总数为79 户。100% 完成了非住宅签约工作，为北神树村的整体搬迁工作的顺利完成奠定良好基础。2010 年，完成拆迁总面积180 余亩，拆迁总户数31 户，协议补偿总额3420 万元。

（符 迪）

【园区综合环境不断提升】 2010 年，基地按照新的发展要求，深化调整土地规划，推进园区基础设施及配套环境建设。一是新控规方案获得批复,新控规将基地原有的部分工业用地性质调整为其他类多功能用地,土地利用率大幅提升。二是完善道路及配套市政管线。全年投资2500万元,先后完成经海六路、科创七街及嘉创一路3条道路的完善及配套市政管线。三是优化园区绿化景观建设。基地在施绿化面积达3万平方米,绿化品质不断提高,养护管理工作继续加强,生态型园区建设稳步推进。四是狠抓落实安全施工、安全生产及综合治理。建立安全防范和预警机制,确保在建企业施工安全;扎实开展专项整治和监督检查,全年无重大安全事故发生;加强园区治安巡查,及时排查解决火情、水情等隐患,创建和谐稳定的园区环境。五是综合服务职能逐步强化提升。积极做好非公企业党建工作,维护职工合法权益;制定完成基地阳光工程工作流程及实施办法,使拆迁等工作有据可循,真正做到公正、公开和透明;认真研究产业优惠政策,协助企业争取各项资金支持近800万元;加强企业劳动管理,帮助解决用工需求,安置劳动力900多名;协调完成400余家企业工商年检和5家高新技术企业认证。

(符 迪)

【资金运营安全有效】 2010年,基地积极采取多项措施,缓解资金压力,确保资金安全有效运营。一是创新工作方法和思路,做好资金筹措和管理,为基地开发建设提供资金保障。在银行融资渠道受阻的情况下,基地另辟蹊径,成功与经开股份签订合作开发协议,截至年底9亿元资金已落实到位,为北神树村拆迁工作提供了有力的资金保障。二是加强资金统筹管理,确保资金安全。认真做好日常财务核算工作,严格执行财务内控制度,加强合同等各项手续审核,检查票据合法性,确保资金支出无差错。三是力求节约和减少成本,及时回收欠款,多渠道争取多方资金支持。年内,基地根据实际情况及时调整清欠方案,签订还款计划,力争尽快收回欠款;同时积极协调,取得中关村管委会和财政部贴息资金132万元。

(符 迪)

【品牌宣传进一步提升】 2010年,基地继续加大力度推进品牌宣传。一是加强队伍建设和管理。优化宣传团队结构,提高员工整体素质,增强信息资源整合能力,让每个员工都成为基地形象的代言人。二是利用多种渠道推介园区。通过各种展览、会议、媒体、报刊和信息平台提高园区知名度。年内在市区、报刊、网站等媒体上发表信息300余条,在《香港文汇报》、《投资北京》、《通州时讯》等刊物上专版宣传基地发展情况,有力扩大了园区品牌效应。三是完善和创新宣传机制。积极向区委组织部申报成为"园区企业经营管理现场教学基地",通过建立通州区领导干部教育培训现场教学基地扩大园区的知名度和影响力;规范接待市、区、企业各级领导参观考察基地的服务流程,优化项目招商宣传方案,多管齐下做好园区宣传工作。

(符 迪)

中关村科技园区通州园
金桥科技产业基地

【概 况】 2010年,金桥基地拓宽思路、锐意进取,准确判断形势变化,及时科学地把握发展机遇,加速了总部基地发展步伐,各项工作进展顺利,成绩显著。2010年,金桥基地各项经济指标稳步增长,总产值36.5亿元,收入50.02亿元,税收5.08亿元。同比分别增长10%、7%和20.7%,分别完成全年任务的101.4%、100.4%和101.6%,圆满完成全年工作任务。

(王 跃)

【招商引资工作成效显著】 金桥基地把握通州新城建设有利契机,积极发展总部经济,全力抓好重大项目引进与建设,项目数量和质量均有显著提升。2010年,引进项目61个,项目总投资近43亿元,全部达产后年可形成税收约6.5亿元。其中引进了婷美集团、特瑞斯能源、德豪电器及天圣制药4个总部型项目，总投资33亿元；引进了以北京张一元茶叶有限公司、北京优科利尔能源设备有限公司、聚成企业管理顾问有限公司等为代表的联东U谷独栋研发及标准化厂房项目56个，租售面积近8万平方米，项目总投资约8.8亿元。加强了对现有闲置资源的盘活工作，成功盘活了旌丽荣公司20亩闲置土地和厂房，盘活资产2700万元，引进了北京天工印刷有限公司项目。该项目计划投资1亿元。

（王 跃）

【二期扩区工作全面启动】 年内，金桥基地二期扩区工作全面启动，拟扩区总面积为6.38平方公里，其中包括中关村政策区扩区5.74平方公里。计划二期一级开发总投入57亿元，3至4年完成。根据基地新功能定位要求，新扩区区域初步拟定新能源及环保、装备制造业和新医药三个产业板块。新扩区区域将充分利用基地科技人才资源和已建成配套设施，确保土地开发效益最大化。二期用地控规方案已向区政府进行专题汇报，并得到初步肯定，根据区政府意见进行进一步深化调整。

（王 跃）

【项目建设稳步推进】 2010年，金桥基地开复工项目18个，开复工总面积273万平方米，总投资126亿。其中凯隆分析仪器、长空机械主体工程完工；华星集团7栋楼主体和玲珑轮胎2栋宿舍楼主体工程完工；柯瑞伦电器工程一期8400平方米主体已经封顶；珠江创意科技CBD工程一期于5月开工建设；华夏理想证章于10月初开工建设；利星行奔驰（北京）工程一期于12月15日开工建设。

（王 跃）

【利星行奔驰（北京）项目开工建设】 4月10日，金桥基地利星行奔驰（北京）产品支持中心项目开工剪彩。该项目占地102亩，项目投资5.5亿元，建设内容为产品展示中心、研发综合楼、零配件加工车间、汽车维修车间、物流中转控制基地、零配件仓库等，建筑面积达8.16万平方米。项目为奔驰汽车华北区物流、配送、认证检验中心和4S店，主要进行奔驰汽车的维修及售后服务，零部件的生产、加工、批发及销售以及自营和代理各类商品和技术进出口等。

（王 跃）

【珠江科技创意CBD项目开工建设】 5月15日，金桥基地珠江科技创意CBD项目开工奠基，该项目占地560亩，计划总投资42亿元，建筑面积87万平方米。项目定位为研发创意总部基地，规划建设创意SOHO、新型阳光办公、生态群落办公和院墅花园办公四个主题板块。项目分三期开发建设，一期（孵化器）26万平方米建设时段为2010年5月至2012年12月，主要产品形式为“创意SOHO和新型阳光办公楼”，建成后可入驻中小企业2000家，成熟期运营税收4亿元。

（王 跃）

【德豪电器、天圣集团两个总部型项目签约落地】 9月10日，德豪电器、天圣集团两个总部型项目签约落户金桥基地。德豪电器新能源研发及产业化项目：占地面积229.55亩，投资总额23.3亿元，总建筑面积26.3万平方米，建设内容包括18项研发项目和8项产业化项目。协议年税收1亿元以上。天圣集团总部及现代制药基地项目：占地面积110亩，总投资额5.6亿元，建筑面积12.35万平方米，建设内容为集团总部、结算中心和生产基地。

（王 跃）

【张一元等十家企业签约落户联东U谷】 金桥基地依托联东U谷等知名品牌，坚持“以商招商”战略。10月26日，张一元茶叶、聚成企业管理顾问、优科利尔能源设备、昆泰龙太阳能科技、汉武服饰、快达通信、唐景自控设备、创新通恒科技等10家区域总部型项目和研发及核心生产型项目集体落户金桥基地联东U谷。企业总占地面积约1.31万平方米，总投资7.6亿元。

（王 跃）

【企业帮扶工作有效推进】 中关村高新技术企业申办工作：协助倍杰特水环境公司、音达斯超尼克公司及黎明文仪公司、凯瑞通电子、科苑隆科技准备了中关村高新技术企业申办材料，截至年底，凯瑞通电子和科苑隆科技已取得相关中关村高新资质。国家高新技术企业申办工作：协助城光日月（LED灯）和天擎利都科技、博旺天成（节电器）3家企业积极申办高新技术企业，上报相关材料，城光日月公司资质已经公示。人才引进工作：为甘李、玲珑申请了人才引进项目入库工作，为两家公司留住高级管理及科技人才提供了依托。为玲珑公司引入1名应届毕业生。争取资金支持：协调工信部、中关村管委会、区经信委等相关部门，共为企业争取各类市级支持资金1052万元。其中为婷美和华威博奥公司各取得经信委保增长资金20万元支持资金。为华星2600万元贷款贴息、明日新建项目直补、捷宸阳光15000万元贷款贴息申报了经信委工业发展资金。协助争取2009年四季度中关村保增长专项资金21万元，其中海斯顿环保、联东钢结构、婷美保健科技公司各7万元。为中纺锐力公司申请工信部专利企业支持资金200万元。协助争取婷美"中国驰名商标"补助资金200万元。科技资质申办工作：基地为捷宸阳光和民生软件申报了工程实验室和工程研究中心资质，该项工作已纳入市发改委评审；为婷美、甘李药业、中纺锐力申报了工业产品质量控制和技术评价实验室；为博旺天成、蓝畅机械、中纺锐力、三得普华申请自主创新产品，蓝畅、中纺、三得普华共有五类产品申报成功。

（王　跃）

北京通州物流基地

【概　况】 2010年，物流基地坚持以建设现代化物流园区为目标，围绕通州现代化国际新城建设，以项目建设为重点，以创新招商模式为突破口，不断提高开发管理水平，基地基础设施进一步完善，发展环境不断优化，新型现代化物流园区框架基本形成。本年度基地经济运行态势良好，全年工作任务超额完成，年内完成销售收入98.3亿元、利润4.2亿元、税收4亿元，分别增长28.4%、44.2%和19%；项目引入取得新成果，全年引入实体投资企业3家，协议投资21亿元；基地设施建设同步推进，基地的承载力和保障力明显增强；项目开工建设步伐加快进行，全年开工项目5个，实现开工面积25万平方米；队伍建设得到加强，落实工作责任制，强化制度建设，完善督查考核工作机制，进一步提高了基地运营管理的规范化、科学化。

（段　磊）

【签约项目开工建设规模持续增长】 2010年，物流基地继续优化发展环境，为入区企业提供优质高效的全程服务，大力推进项目建设步伐。华润物流（北京）有限公司、北京颢世中鸿科技发展有限公司、北京苏宁电器有限公司（二期）、宝德伟业北京物流中心、荣丰科技5家企业陆续开工建设。全年开复工面积达到25万平方米，竣工9.5万平方米。

（段　磊）

【招商引资工作取得新进展】 2010年，基地引入北京宝联成衣有限公司、北京邦达地产有限公司、联东集团3个实体投资项目，协议投资额21亿元，并与国药物流、海尔物流等项目积极洽谈中。截至年底，基地累计引入实体投资企业51家，注册企业150家。

（段　磊）

【市商务委及物流专家到物流基地调研】 1月18日，市商务委及物流专家到物流基地调研，招商局物流、华润物流、祥龙物流、苏宁电器、东方信捷等基地入驻企业参加座谈。基地领导从基地发展的区位优势、产业优势、招商引资情况等三方面对基地的开发建设情况进行介绍。与会企业负责人介绍了企业的基本情况及运营模式，并就构建城市保障绿色物流体系相关问题与专家进行了深入交流。随后市商务委领导及专家组参观了苏宁电器、东方信捷公司，与企业负责人就企业物流技术水平、运输、车辆调配等细节问题进行交流。

（段　磊）

【宝德伟业北京物流中心项目奠基仪式举行】 4月26日，宝德伟业北京物流中心项目举行奠基仪式，该项目总投资1亿元，占地58亩，总建筑面积2.46万平方米，主要建设仓库、办公区和辅助用房等设施，项目将为电子商务、餐饮等行业客户提供定制仓储服务，投产后可形成税收5000万元。区领导王云峰、岳鹏、张华以及相关委、办、局、行业协会领导出席奠基仪式，副区长张华致贺词。

（段　磊）

【上海考察团到基地参观考察】 5月22日，上海考察团一行10余人到基地参观考察。基地领导对基地整体开发建设及经济运行情况进行了详细介绍。市委农工委副书记高华对北京市城镇建设总体情况进行了介绍。随后结合北京市城镇建设与基地开发情况考察团领导与市、区领导进行了座谈。市委农工委副书记高华，区领导张勇、韩振福等陪同考察。

（段　磊）

【日本东海港口物流访华团到基地投资考察】 5月24日，日本东海港口物流访华团一行30余人到基地投资考察。基地领导详细介绍了基地开发、运营情况，日方访问团代表对东海本地的产业发展情况进行了介绍，日方访问团代表表达了与中国企业的合作意愿，表示将在今后的投资计划中充分考虑中国的物流企业，并愿与基地建立长期联系，分享成功的物流运作经验。

（段　磊）

【通州区物流协会一届四次全体会议召开】 北京市通州区物流协会一届四次全体会议在基地召开。华润物流、苏宁电器、烟草物流、出版发行物流、德利得物流等会员企业参加会议，与会企业听取了协会理事会和监事会工作报告，并按照协会章程规定，选举出了第二届理事会及监事会。副区长崔志成出席会议并对新一届物流协会提出了希望。

（段　磊）

【物流基地被授予“北京市电子商务产业园”称号】 9月16日，在北京市电子商务“新经济、新时代”系列论坛暨北京市电子商务产业园与应用示范区授牌仪式上。通州物流基地被授予“北京市电子商务产业园”称号，成为北京市四大电子商务产业园之一。

（段　磊）

【全国工商联领导到基地入驻企业参观考察】 10月29日，全国工商联副书记郑默杰一行到基地入驻企业苏宁电器参观考察。苏宁华北区管理总部执行总裁范志军介绍了北京公司的经营概况，以及苏宁电器进入北京9年来的发展历程和发展现状，郑默杰对苏宁电器取得的优异成绩给予肯定。随后郑默杰一行参观了苏宁公司办公、物流等功能区。

（段　磊）

【物流基地参加第六届中国国际物流节】 11月11日，基地参加了中国交通协会在国家展览馆举办的第六届中国国际物流节。活动为期3天，通过参展，为基地招商工作的开展积累了项目信息，增加了项目储备。通州物流基地与中国外运、中国邮政速递物流、中铁快运、顺风快递、福田物流等参展企业建立了联系，部分企业对基地的投资环境表现出了浓厚的兴趣，表达了投资意愿。

（段　磊）

【生活区回迁安置房项目开工仪式举行】 11月19日，举行基地生活区回迁安置房项目开工仪式。项目由首都开发股份有限公司投资建设，总用地面积为14.73万平方米，总建筑面积约31万平方米，该项目为基地内驸马庄村、南堤村村民的回迁安置房项目。

（段　磊）

【口岸项目签约仪式举行】 11月24日，在第十四届京港洽谈会上，通州物流基地与北京北控集团、亚洲港口联运（香港）有限公司、嘉里物流（中国）投资有限公司，就口岸建设项目签订合作协议。通州物流基地口岸建设项目系北京内陆港体系重要组成部分，口岸未来将建成涵盖国际物流、区域物流及国际物流的结点，联结海陆空多种运输方式，结合仓储、配送、保税、加工等多种功能，并具备海港、陆港等各类进出口通关能力的综合性口岸。项目总投资约20亿元人民币，设计建设各类仓库约40万平方米，建设各类办公场所约6万平方米，将吸引海关、检验检疫等部门提供进出口相关服务，为东南方向的进出口通关物流提供综合服务。

(段 磊)

北京市通州新城金融服务园区

【概 况】 北京市通州新城金融服务园区(通州商务园)位于通州新城西北部，温榆河两岸，是通州区调整产业结构，加快现代服务业发展，重点发展的高端商务、企业总部办公集聚区，是北京市9个金融功能区之一和“北京市电子商务聚集区”，产业定位是金融后台服务基地、电子商务聚集区、效率型国际总部基地、新型服务业孵化基地。园区总规划面积7.3平方公里，一期2.96平方公里，特色为滨水生态、低密度、节能环保“花园式办公”。2010年，园区10个地块中8个授权地块(3174亩)拆迁全部完成，3个地块 (1373亩)完成出让，园区内外路网基本建成通车，40万平方米滨河森林公园景观环境已经形成，电站、消防站等配套设施正在加紧建设。园区聚集了金融街园中园、阳光保险总部、乐天百度、凡客、乐友等一批大型项目，金融保险和电子商务产业聚集状态初步显现。金融街园中园、商务园示范区等项目开工建设，园区进入由土地一级开发向二级项目建设转型发展阶段。

(王 洋)

【授权地块拆迁全部完成】 商务园一期共10个地块约4440亩，其中8个地块取得一级开发授权，包含两镇四村集体土地3680亩，涉及企业23家、种养殖户132户、宅基地22户。截至7月，8个授权地块拆迁工作全部完成，为基础设施建设早日完成和土地入市创造了条件。

(王 洋)

【B1、B2地块入市交易完成】 2月24日，商务园B1、B2地块公开招标出让，金融街控股集团分别以2.8亿元和6.2亿元取得土地使用权，顺利实现金融街分区项目供地。两地块建设用地分别为168.7亩和294.5亩，代征用地为149.4亩和238.6亩，建筑规模为10.4万平方米和23.3万平方米。金融街园中园项目将建设规模近34万平方米的商务办公用房，吸引金融保险机构入驻。

(王 洋)

【D1地块南北区招标出让完成】 12月8日，商务园D1地块南区和D1地块北区公开招标出让，通州商务园开发建设有限公司以2.19亿元取得D1地块北区使用权，顺利实现商务园示范区项目供地，总占地面积18.6万平方米，建筑控制规模7.1万平方米；紫石置业有限公司以2.66亿元取得D1地块南区使用权，顺利实现五星级酒店项目供地，总占地面积9.17万平方米，建筑控制规模9万平方米。

(王 洋)

【园区内外路网循环贯通】 2010年，由一级公司投资建设11条内部市政道路及管线。截至年底，滨榆东路、商务园中路南段、三号路、四号路、五号路等6条道路具备通车条件，其他道路及管线相继竣工，基本实现园区内外道路循环贯通。

(王 洋)

【电站建设不断推进】 园区采用双回路供电，一期范围内规划1座220千伏、2座110千伏变电站，先期启动220千伏和纪庄110千伏电站建设。220千伏电站完成工程总量的50%。纪庄110千伏电站前期手续完成，已启动电力沟道施工。电力设施建设的不断推进，为园区提高承载产业的配套设施环境奠定基础。

(王 洋)

【高压线迁改工程进入尾声】 园区2条220千伏高压线需要迁改，截至年底，顺福220千伏高压线迁改完成，遂营220千伏高压线新路由塔基建设完成；1条110千伏高压线迁改咨询方案通过审批。

（王 洋）

【北马庄回迁楼具备入住条件】 为解决北马庄村22户宅基地拆迁和相关历史遗留问题，园区启动3万平方米的回迁楼建设。截至年底，3栋住宅楼室内室外工程全部完成，电力、燃气、消防、绿化等配套工程相继完成，已基本具备入住条件。

（王 洋）

【滨河森林公园大面积景观形成】 滨河森林公园景观工程北区是商务园配套景观工程，规模40万平方米，分6个标段施工。截至年底，温榆河西段工程基本完工，东段工程正在加紧推进，大面积景观已经形成，完成全部工程量的95%以上。

（王 洋）

【二级项目开工建设】 5月18日，金融街园中园项目举行开工奠基仪式，区委书记王云峰等相关领导参加奠基仪式；12月底，商务园示范区破土动工。商务园从土地一级开发进入二级项目建设阶段。

（王 洋）

【项目引进态势良好】 2010年，商务园成功签约13个项目。其中5个项目是出让地块项目，分别是金融街分区、商务园示范园、阳光保险、超五星级酒店、国际企业园；8个项目是"园中园"项目，分别是中邮集团、万国数据、泛华保险、乐天百度、威泰信息、乐友达康、凡客尚品、大唐高鸿，通过购买或租用"园中园"里的写字楼入驻办公。

（王 洋）

【商务园成为中国国际电子商务示范基地总部承载地】 2月，中国电子商务协会授予通州区"中国国际电子商务示范基地"，通州区明确了以商务园为主，规划建设"电子商务总部基地"，主要吸引电子商务企业总部入驻；以通州物流基地和张家湾"亿平方"创业园为辅，规划建设电子商务物流基地，吸引企业设立物流中心的"一主两辅"空间结构。

（王 洋）

【商务园成为北京市电子商务聚集区】 7月20日，商务园被市商务委、经信委、工商局联合授牌"北京市电子商务聚集区"，成为北京市首个电子商务园集聚区，副市长程红参加授牌仪式并作重要讲话。

（王 洋）

【举办首届重点企业新春联谊会】 1月27日，商务园首届园区重点企业联谊会召开，参会企业有金融街控股、阳光保险、泛华保险、同成宏业、华道数据、金杜律师事务所等重点企业。永顺镇政府、区投资服务中心和工商、税务等相关部门参加了活动。联谊会通过会议、文艺表演、晚宴等环节加强了政府与企业以及企业之间的沟通交流，宣传推介了重点在谈项目。

（王 洋）

【成功举办电子商务专场论坛】 10月14日，区政府与市商务委、经信委、工商局在商务园联合举办"2010北京新城·通州国际商务年会——北京电子商务产业发展高峰论坛"。本次论坛围绕电子商务产业发展趋势、政策环境以及企业战略需求等话题展开深入探讨。乐友、大唐高鸿、凡客尚品3个项目现场签约入驻。副市长程红、商务部信息化司副司长聂林海，市商务委、市经信委、市工商局等相关委办局，中国电子商务协会、北京电子商务协会、区四大家领导、相关委办局负责人、50余家电子商务企业以及20多家媒体出席本次活动。

（王 洋）

【乐天百度电子商务项目入驻园区】 4月23日，乐天百度电子商务合资项目正式签约入驻商务园，该项目定位为中国大陆地区最大的B2C网上购物商城，总投资5000万美元，设计3年后其平台交易总额达到2000亿元，占全国网上交易总量30%以上，将在园区电子商务产业聚集方面起到龙头带动作用。副市长程红等相关领导出席签约仪式。

（王 洋）

【税收贡献突破亿元】 2010年,新引入注册企业49家,注册企业累计达到94家,总注册资本近20亿元;园区税收实现1.2亿元。

(王 洋)

【搭建企业人才服务平台】 继与北京工业大学实验学院签订人才战略合作协议后,年内,通州商务园又与北京物资学院就开展企业员工培训、高校人才定向培养等校企合作进行探讨,达成人才战略合作意向,为入园企业提供人才支持。

(王 洋)

北京宋庄文化创意产业集聚区

【概 况】 北京宋庄文化创意产业集聚区是北京市首批认定的十个文化创意产业集聚区之一,被国家广电总局认定为国家级动画产业基地。2010年,北京宋庄文化创意产业集聚区坚持文化产业发展的集约集聚化目标,集中精力、突出重点、真抓实干,不断完善基础设施建设,优化发展环境,全力打造“中国·宋庄”的文化品牌。年内,集聚区经济运行态势良好,超额完成税收任务,全年完成税收5198万元(其中国税1195万元、地税4003万元),同比增长141.8%,形成镇级财力1450万元。年内开复工面积近30万平方米,开工道路4.8公里,完成总产值约2.7亿元。

(张明罡 谢巽彦)

【前期手续有效推进】 2010年,集聚区加快了土地一级开发进程,按规划构想大力推进前期手续办理工作。集聚区(一期)土地A、B地块取得建设用地批准书;C地块取得区政府“一书四方案”的批复。集聚区(二期)土地E、F、G、H地块项目总用地面积111.9万平方米,已取得勘测定界成果、拨地定桩成果、4个地块的土规图及现状地形图、村民代表大会决议、征地协议;一级开发实施方案经区国土储备分中心二次审核后做了相应的修改完善,争取尽快报区国土分局局审会审批。

(张明罡 谢巽彦)

【在建工程进展顺利】 六合新村安置楼工程14栋住宅中10栋楼主体结构封顶,抓紧进行二次结构施工;公共服务平台主体工程已完工。

(张明罡 谢巽彦)

【拆迁工作稳步推进】 本着“拆迁一处,造福一片,稳定一方”的原则,在全面、细致做好入户清登的基础上,充分调动镇村两级干部的积极主动性,2010年共签订拆迁补偿协议380户,总体签约率达95%。

(张明罡 谢巽彦)

【招商引资工作取得新进展】 2010年,集聚区创新招商模式,提高服务水平,北京世贸中心项目成功签约,中国艺术品产业博览会项目(含中国艺术品交易中心项目)进展顺利。结合产业功能分区,集聚区洽谈了宋庄时尚创意谷项目、秋水堂创意产业总部基地、华谊兄弟总部基地等一批项目,为“十二五”期间,园区实现文化产业集聚奠定了基础。

(张明罡 谢巽彦)

【北京世贸中心项目签约落户】 5月15日,北京世贸中心项目正式签约入驻宋庄集聚区。该项目为城市综合体项目,选址于集聚区E地块内,建设用地132.84亩,代征用地70亩,总建筑面积约27万平方米,总投资约18亿元。该项目由北京世贸中心大厦、会展中心、艺术酒店和艺术家公寓等部分构成,建成后将成为全球首个以艺术为主题的世贸中心。作为综合性国际高端服务配套项目,世贸中心将成为宋庄集聚区乃至通州新城的地标性建筑。

(张明罡 谢巽彦)

【市领导到集聚区调研】 5月29日,北京市委常委、统战部部长牛有成赴宋庄调研六合村拆迁及新村建设工作情况。听取了六合村村民安置方案及新村安置楼建设等相关情况汇报,对拆迁和新村建设工作提出要求。

(张明罡 谢巽彦)

【市领导到宋庄调研】 6月3日,市委常委、宣传部长、副市长蔡赴朝一行6人赴宋庄调研,视察了六合新村、公共服务平台施工现场，参观了部分展馆及艺术家工作室，并听取了宋庄镇工作汇报。蔡赴朝充分肯定了宋庄文化创意产业发展思路和所取得的成绩。区委书记王云峰、区委常委、宣传部长张秀余、副区长崔志成及宋庄镇主要领导陪同调研。

（张明罡 谢龑彦）

【2010 第六届中国·宋庄文化艺术节】 9 月10 日至10 月10 日，第六届宋庄文化艺术节成功举行。本届艺术节以“跨界”为主题，历时30 天，共有1883 名艺术家的4670 件作品参展，14.5 万人次到场参观；其间，开展了八个艺术学院作品展、十二个艺术群落作品展、十七个国外艺术机构作品展、“跨界”海选作品展、“宋庄之窗”展、“现成村”展，宋庄音乐、宋庄戏剧、宋庄电影、宋庄诗歌、宋庄讲座等文化专题活动，取得了显著的宣传效果，达到了展示宋庄艺术群落，促进文化创意产业发展的目标。

（张明罡 谢龑彦）

【世博奥地利馆副总代表一行到集聚区考察】 11 月17 日，世博奥地利馆副总代表穆娥及建筑工程师一行5 人赴集聚区考察调研世博奥地利馆迁建宋庄项目。考察团了解了通州现代化国际新城的发展规划和集聚区的基本情况，实地考察了选址位置及周边环境，参观了宋庄美术馆。

（张明罡 谢龑彦）

北京珠江房地产开发有限公司

【概 况】 北京珠江房地产开发有限公司是珠江投资有限公司的全资子公司。珠江投资有限公司创建于1992 年，是一家以房地产开发与建设为主，同时参与基础设施投资的大型企业集团，业务核心地域包括广东、北京、上海等城市。经过20 年的发展，珠江投资积累了丰富的社会资源和雄厚的资金实力，投资版图从最初的广州拓展至北京、上海、天津、深圳、武汉、西安、成都、内蒙古、东莞、惠州等全国各地，涉足房地产开发、工程建设、基础设施、商贸物流、教育投资、通讯网络、管理咨询等各领域。房地产开发作为珠江投资的龙头领域，旗下品牌“珠江地产”在北京、上海、深圳等各主要中心城市，所开发的住宅、商业项目均成为当地的标志性楼盘，在行业塑造出一个实力与品质兼具的开发商品牌，累积销售面积超过500 万平方米，总资产超过300 亿元，已成为中国最具实力的房地产开发企业之一。

北京珠江房地产开发有限公司陆续开发了珠江骏景、珠江国际城、珠江壹千栋、珠江摩尔国际中心、珠江国际公馆等著名楼盘，总开发面积300 多公顷，总建筑面积400 万平方米。

珠江地产在建立诚信品牌的过程中，始终秉承以人为本的开发理念，以“汇聚力量，创新价值”为宗旨，以“惠人达己，守正出奇”为理念，将业主和客户的利益放在第一位，每个项目都紧紧围绕“ 好生活，在珠江 ”的经营核心，一方面在产品上严保质量、不断创新，一方面在服务上继续做到尽善尽美，为业主、社会奉献精品住宅，致力和谐社区的建设，致力回报社会勇担社会责任，受到广大业主及社会各界的高度评价与赞誉。多次荣获“中国房地产品牌价值10 强”之一、“中国房地产30 年城市建设杰出成就奖”等实力奖项。

2010 年，北京珠江房地产开发有限公司销售收入完成52.2 亿元，总规批复面积98.01 万平方米，工程规划许可证面积29.85 平方米，施工证面积45.45 万平方米，预售证面积35.57 万平方米，新开工面积65.86 万平方米。珠江地产以其优秀的品质、完美的服务，得到京城客户的认可，使珠江品牌向全国各地顺利推进，进展迅速。

（陈 佳）

【参与通州现代化国际新城建设】 珠江公司全面创新的地产模式，探索地产市场新方向，为业主带来一种全新的品质生活概念。针对不同客户开发出高档住宅、低密度生态住宅等具备差异性优势以及稀缺物业类型的高端产品。公司将环渤海区域纳入建设版图，京津国际城、天津温泉度假村等实力雄厚的项目得到市场一致好评。截至2010年，珠江地产在通州已形成一个黄金三角的战略布局：由珠江·国际公馆和珠江·拉维小镇组成的珠江国际城与珠江·御景湾、珠江·东都国际广场形成居住、商务、贸易一体化互补体系，构建通州新城黄金联动体，带动通州新城核心区发展。

(陈　佳)

【保障住房建设】 珠江地产在为新城建设了大量品质优良的生态住宅的同时，也为区域建设了几十万平方米的保障性住房。2010年，建设珠江·嘉华家园保障房，其建设标准不仅符合国家有关规范、规程和技术水平，材料也精挑细选并反复进行质量检测和现场实验，在建筑体型、材料、颜色上增加变化活跃元素，使入驻业主享受到与商品房同等待遇。这些保障性住房的建设极大改善了低收入居民的居住条件，并带动了相关行业的迅速发展。

(陈　佳)

【珠江·科技创意CBD项目】 5月15日，北京珠江投资开发有限公司在金桥科技产业基地举行珠江创意科技CBD项目奠基典礼。通州区委书记王云峰、区长岳鹏、区人大常委会主任张文山、区政协主席王春元等领导出席奠基典礼。科技创意CBD项目定位为研发创意总部基地，通过整合国内外优势资源，让中小科技企业专注科技创新，在平等高效的平台上运作，营造国际知名品牌，促进区域经济增长，带动周边地区及相关行业全面发展。

(陈　佳)

【珠江·国际公馆项目】 珠江·国际公馆项目于10月开工建设，该项目地处通州新城运河核心地块，一刻钟可到达CBD及国际机场，与规划中的珠江10万平方米大型商业，S6、R1月亮湾站相临。产品优势方明显，为投资和居住两相宜的产品项目。

(陈　佳)

【珠江·拉维小镇项目】 9月24日，拉维小镇三期新品开盘。平均三秒钟就有一套房子成交，不到一小时，本次开盘活动推出的所有房源销售一空。珠江·拉维小镇作为通州新城运河核心地段的全精装花园洋房，累计销售突破12亿，位于通州销售榜首。项目占地近10万平方米，建筑面积约21万平方米。生态楼王面世后受到广泛好评，项目周边大型购物中心、物美超市、餐饮街、商业步行街、幼儿园等一应俱全，容积率2.1，绿化率30%。

(陈　佳)

【珠江·紫宸山项目】 6月14日，珠江紫宸山在温榆河畔举行了首届“水上端午节”温榆龙舟赛活动，248位珠江新老业主及相关人士参加了活动。珠江·紫宸山项目坐落于800年的中轴龙脉之上，总占地16.59公顷，地上建筑面积98169.44平方米，共211栋，户型有804.76至737.03平方米，四重礼序空间、澳洲砂岩外立面、私家专属电梯，考究的用料，精湛的技艺，领军奥北高端独栋别墅。

(陈　佳)

【珠江·摩尔国际中心项目】 4月，位于昌平的珠江·摩尔国际中心开盘。项目规划占地约208万平方米，地上总建筑面积15万平方米，产品为5.49米层高，80～123平方米空间的新形态商务MOHO空间。是珠江地产联合海外十大建筑及景观设计事务所研发的别墅级商务项目、北京商业地产热销标杆。

(陈　佳)

北京苏宁电器有限公司

【概　况】 2010年，北京苏宁电器有限公司全面贯彻落实国家“家电下乡”及“以旧换新”方针政策，以连锁发展为工作中心，凭借对市场的敏锐预测和准确把握,保持迅猛发展的态势,已发展成为北京家电连锁第一品牌,截至2010年底,店面总数达84家,员工1.1万余人,年销售收入近80亿元,上缴税收2亿多元。2010年公司荣获光彩事业突出贡献奖、2010年纳税超2亿元先进单位、纳税信用A级企业等荣誉称号。被北京市商务委员会评为"年度北京市促销费贡献突出单位",被北京市教育委员会评为"北京高校毕业生就业百佳用人单位"之一。

(苏 宁)

【连锁发展新突破】 北京苏宁坚持"稳健快速"的发展战略,不断壮大规模,拓展布局。2010年年初,北京苏宁强势进驻张家口市,并在五一小黄金周期间取得良好的销售业绩和品牌效益。2010年公司连锁发展再次取得突破,开启精品店时代。2月6日,京城首家苏宁精品店富力广场精品店开业,标志着连锁发展模式的再次成功突破。截至年底,北京苏宁电器公司成功开设精品店4家。

(苏 宁)

【市场营销】 公司坚持"整合社会资源,合作共赢;满足顾客需要,至真至诚"的经营理念,持续创新经营方式,不断拓展产品品类与品牌,通过高层互访、B2B、联合人才培训、联合促销等形式,与三星、LG、松下、索尼、夏普、诺基亚、西门子、惠而浦、海尔等国内外知名厂家建立稳固的战略合作关系,并承诺品牌、价格、服务一步到位,通过B2C、联名卡、全会员制营销等方式,为京城千万家庭提供丰富的商品和舒适的购物环境。3月10日,以苏宁电器为代表的家电零售商联合家电制造业著名品牌西门子、美的等在京成立首个家电行业"3·15"诚信联盟,数十家家电品牌与苏宁电器共同签署了诚信服务联盟公约。联盟公约出台多种便民服务措施,以苏宁电器为代表的诚信服务联盟除遵守诚信经营、真实促销、明码标价等经营活动规则外,重点对家电产品售后服务进行了共同约定。

(苏 宁)

【举办2010年家电信贷消费趋势论坛】 4月14日,苏宁电器在北京亮马河酒店举行"2010年家电信贷消费趋势论坛"。国家商务部、市商委,招商、民生、中行等九家国内知名银行高管及家电业知名厂商出席此次会议,纵论中国家电信贷消费现状及远景。苏宁方面表示,希望在政府的支持下,通过银行、家电厂商的共同参与和推动,在国内创造出一个良好的家电信贷消费环境,实现真正意义上的"家电信贷消费普及"。

(苏 宁)

【服务创新】 北京苏宁坚持"专业自营"的服务策略,形成了差异化的竞争优势,以连锁店服务为基石,配套建设了物流配送中心、售后服务中心和客户服务中心,为消费者提供方便、高效的零售配送服务、专业的电器安装、维修、保养服务和周到的咨询、受理、回访服务。北京苏宁电器公司荣获"2009——2010年度中国最佳售后服务奖"称号,北京客户服务中心被"12315"授予"2010年度消费者突出贡献奖"。

(苏 宁)

【多种方式回馈社会】 北京苏宁坚持做负责任的企业公民,通过缴纳税收、吸纳就业、公益慈善等各种形式不断回馈社会。通过自身发展历年累计纳税数亿元,吸纳了大量的大龄下岗人员、农村劳动力、应届大学毕业生及合同期满大学生"村官"就业。直接吸纳解决了就业人数近万人,并实现全员劳动合同与全员统筹。热心公益与慈善事业是苏宁回报社会的重要方式,2010年公司先后举办了"送500名大学生回家过年"、"阳春三月苏宁带您一起去植树"、"分享成长 传递温暖——苏宁二十年 5000万全国感恩行动"等大型公益活动,在扶贫济困、捐资助学等公益事业领域成为行业典范。

(北京苏宁)

中国烟草总公司北京市公司物流中心

【概　况】 北京烟草物流中心成立于2004年7月，隶属于北京市烟草专卖局（公司），负责北京市4万个卷烟零售户、年销售400亿支卷烟的仓储、分拣和配送工作，是以烟草物流为特色的国有企业。物流中心位于通州区梨园镇大稿村，占地面积7.5万平方米，总建筑面积3.1万平方米，总投资1.98亿元。中心下设“一室七部”，即：办公室（企管办）、人力资源部（政工）、财务部、安全保卫部、后勤保障部、工程技术部、仓储分拣部、配送运营部。拥有员工649人。

（刘　燕）

【全面完成仓储分拣配送工作】 2010年，全面完成仓储分拣配送任务，年度经营目标得到较好实现。全年累计入库卷烟78.69万箱，同比增长4.3%；出库78.73万箱，同比增长4.1%；分拣、配送卷烟1.92亿条、121万户次；累计收取现金1.25亿元、收取支票17.4亿元；配送车辆安全行驶295.3万公里。

（刘　燕）

【完成会议和参观接待工作】 在保障经济运行工作的同时，全年承接各种会议接待和参观来访共计540批次，接待总人数14604人次，顺利完成军科院、国资委、工信部、国家安监总局、市政协等重要领导的参观接待任务，通过优质高效的接待服务，充分展现了烟草行业的精神风貌和良好形象。

（刘　燕）

【强化基础管理和监督工作】 2010年，以财务管理为核心，预算管理为重点，强化费用的动态监控，提高了费用预算的控制力和约束力。全年发生费用1.3亿元，完成年度预算的95%（剔除年末调资和补缴企业年金等因素），其中可控费用611万元，执行全年预算707万元的86%。单箱物流费用165元，与行业平均水平持平，在北京、天津、大连、深圳、上海等城市中名列前茅。顺利通过了市局内部专卖管理监督检查、“五五普法”宣传教育检查验收、建设项目审计检查和国家局“三项检查”重点抽查工作组的检查验收，北京烟草物流中心被评为北京烟草系统“五五普法”先进单位。

（刘　燕）

【加强安全生产和隐患排查治理】 2010年，坚持安全工作与企业的生产经营同计划、同布置、同检查。落实安全责任制，按照“一级管一级、层层抓落实”的要求，逐级签订了全员安全责任书，细化分解安全目标61项，使安全责任横到边、竖到底。组织开展了危险源重新辨识工作，补充危险源37项，制定了相应的安全管理方案和应急预案，使安全风险得到了有效控制。组织了法律法规辨识和合规性评价，确定了中心适用的国家和地方性法律法规、行业规定、制度等28部，确保中心在设备安装、系统调试、维护等各项工作中有据可依、符合要求、安全有效。大力开展“安全月”活动，通过组织开展培训、讲座、图片展等内容丰富、形式多样的安全知识宣教活动，积极培育企业安全文化，营造良好安全氛围。完善安全基础设施建设，全年投入资金285万元，完成了消防系统三个项目的改造，对消防设备设施进行了全面的维护保养、更新，有效保证了经济工作在安全的环境下稳定运行。以提高“四个能力”为主题，大力开展安全教育培训，认真组织应急疏散演练，为职工发放知识卡片，组织安全知识培训考试，有效提高了全员消防安全意识和抗御火灾的能力，全年未发生重大安全责任事故，实现了1002的安全管理目标。物流中心被评为通州区消防安全先进单位，安全保卫部荣获市公安局安全工作集体二等功，3名同志获个人嘉奖。全自动分拣线巡视组被团市委评选为“北京市青年安全示范岗”。

（刘　燕）

【组织各类培训工作】 2010年，选派5名科级干部参加了市局组织的科级干部脱产培训，组织10名工程技术人员分批次参加了国家局组织的信息技术、机电一体化等专业培训，聘请专业教师组织物联网、工伤保险等知识培训，对19名新上岗和转岗人员进行系统的岗前培训和转岗培训。配合市局（公司）和市财干院组织物流序列教材的开发，为下一步组织送货员等物流序列岗位的职级培训考试奠定了基础。全年组织各类培训47项、3558人次，培训费用超过31万元，职工的岗位技能、行为规范、职业道德等综合素质有了明显提高。

（刘 燕）

【领导及各界人士参观考察物流中心】 2月3日，工业和信息化部党组成员、中央纪委驻部纪检组组长郭炎炎一行考察了北京烟草物流中心高架立体仓库、卷烟全自动分拣线、北京烟草物流指挥调度中心、北京烟草电话访销中心、工业企业首席代表集中办公区等，观看了卷烟生产经营决策管理系统和北京烟草物流信息管理系统操作演示，并进行了座谈。3月24日，重庆市北碚区人民政府区长雷政富率政府学习考察团11名成员到物流中心参观考察。4月14日，四川省政府领导一行22人到物流中心参观座谈。5月14日，湖南省烟草公司副巡视员姜孝清等领导、湖南省轻工纺织设计院、建筑设计院等领导一行9人到物流中心参观考察。5月18日，国家安监总局党组成员、副局长孙华山等领导在国家局副局长李克明的陪同下，到北京烟草物流中心考察调研。5月28日，崇文区区委常委、副区长朴学东等一行20余人到中心参观座谈。先后参观了物流中心高架立体仓库、卷烟全自动分拣线、指挥调度中心、电话访销中心。并对中心3G系统在途监控和整体运行情况进行了座谈交流。6月10日，国家安全生产监督管理总局局长骆琳、副局长杨元元等一行到北京烟草物流中心考察调研。国家烟草专卖局副局长张辉、市局（公司）副总经理刘根甫及有关处室负责人陪同考察。同日，河北省政府驻京办主任刘忠昌；廊坊市政府副市长饶贵华，交通局、水务局领导；三河市市委书记李刚，市长、副书记张金波，常务副市长周春生；香河县委书记、县长张贵金，副县长张学义等一行30余人在通州区委书记王云峰、副书记岳鹏等领导及办公室领导的陪同下到物流中心参观、座谈。7月9日，国资委副主任黄淑和到北京烟草物流中心考察调研。中国物流与采购联合会副会长兼秘书长崔忠付、北京烟草专卖局（公司）局长、总经理周瑞增及物流中心主要负责人陪同考察。7月13日，中国产业发展促进会副会长张龙之等一行9人到物流中心考察调研。7月16日，国家工商行政管理总局第四十四期党校班学员一行25人，到北京烟草物流中心参观考察。

（刘 燕）

北京东方石油化工有限公司 东方化工厂

【概 况】 2010年，东方化工厂紧密围绕“挖潜增效”奋斗目标，以“精细管理、勇创一流”为工作主线开展各项工作。在工作中，始终践行“我要安全”主题活动，以挖潜增效和“比学赶帮超”为着力点，以经济责任制考核为手段，强“三基”、抓管理，加大降本减费、节能降耗力度，部分技术经济指标创历史最好成绩，较好地完成了各项任务。2010年，东方化工厂获得通州区人民政府颁发的“通州区安全生产标准化金安企业”、东方石化公司先进党委等荣誉称号。在北京市第二十五届企业管理现代化管理成果评审中，工厂现代化管理成果《风险管理在设备装置低排放高效能运行中的应用》获二等奖，《科学培训员工技能、构建企业持续竞争优势》和《关键因素法在企业突破废水排放标准中的实践》获三等奖。

（东方宣）

【部分技术经济指标取得新突破】 乙烯装置能耗644.43千克标油/吨，比2007年704.08千克标油/吨，降低59.65千克标油/吨，创历史最好成绩；双烯收率5 次进入行业前三甲。环乙装置能耗9 次进入行业前三甲。从原料进厂检验计量、原料储存、生产加工、成品储存、产品出厂计量五大环节，进行全员、全过程、全方位损失排查，制定51 项降低综合损失率具体措施。工厂损失率不断刷新纪录，全年累计综合损失率为0.90%，比2007 年的2.87% 有显著进步。

(东方宣)

【安全工作扎实推进】 开展贯穿全年度的“我要安全”主题活动，进一步夯实“以人为本，我要安全”的安全理念。以安全生产“六个抓手”为指导，认真开展各项安全工作，实现五项事故为零的目标，未发生报总部安全事故。开展“HSE 观察卡”活动，促进职工充分了解、熟悉作业环境可能存在的危害，共收集HSE 改进建议1741 条。认真执行各种制度和禁令，加强直接作业环节监管，严格执行高风险直接作业环节报告制度，严格票证管理。稳步推进“厂中厂”整治工作，完成工厂区域内部分公司搬迁和工厂相关部室的搬迁工作，进行厂内环境整治，完成了厂前区整治一期工程。

(东方宣)

【环保节能工作取得实效】 强化环保绩效考核，从源头抓环保管理，开展废水治理等专项治理工作，实现工厂环保达标排放，污染物减排目标。工厂废水COD 排放总量232.69 吨，是公司考核值的74.34%；工厂废水排放总量418.14 万吨，是公司考核值的94.39%；工厂二氧化硫排放量324.31 吨，是公司考核值的88.61%；丙烯酸二丁酯装置实现高浓度废水减排40 吨/天，高浓度废水焚烧炉F2601 连续停炉两个月，节省燃料油、蒸汽、电等费用199 万元；低含盐废水回用项目回用水量为46.83 万吨；流化床掺烧火炬气量1529.90 万立方米，折合节煤1.01 万吨，创历史最好成绩。煤粉炉脱硫项目和低含盐废水回用项目为通州区“十一五”期间污染物减排项目，为通州区域减排工作做出了积极贡献。

(东方宣)

【企业安保环境良好】 运用现代科技手段进行管理，开展科技创安。门禁智能管理系统、围墙周界报警及重点区域的监控系统等先进科技手段开始应用于工厂的治安管理。年内，未发生重大治安、刑事案件。

(东方宣)

【生产装置优化运行】 年内，实现乙烯装置安全平稳一次开车成功，为公司实现所有装置全面恢复正常生产、做大产品总量奠定了基础。同时，为了适应市场变化，工厂主动出击，环乙装置及时调整产品结构，多产贡献率高的环氧乙烷3883.26 吨。丙烯酸装置及时优化检修方案，调整检修计划，通过将1AA 两次检修合为1 次并提前3 天完成检修任务、2AA 推迟检修等工作，努力做大贡献率高的丙烯酸系列产品总量，实现了丙烯酸及酯类产品提前一个月完成全年生产任务的好成绩。

(东方宣)

【设备管理水平提升】 加强设备的日常维护保养，结合季节特点有针对性地做好设备检查、维护保养、抢修等工作，特别是加强关键机组特护工作，做到设备故障“早发现、早处理”，努力降低故障停机率。制定《设备专业考核细则》，进一步强化管理机制。加强特种设备管理，按照检验计划完成压力容器、移动式铁路罐车、安全阀等特种设备检验。以本厂原安全阀校验组为基础，成立东方公司企业安全阀校验自管站，彻底解决了全公司安全阀的校验问题。加强电气仪表巡检和在线诊断，始终坚持“检修不过夜”，保障设备稳定运行，2010 年因仪表设备原因的停车次数由往年的最低7 次降低至1 次。利用停炉检修契机，完成1 号煤粉炉灭火保护项目的安装和测试工作，消除了一项困扰工厂多年的运行隐患。完成电力系统304 所/319 所等高/低压柜设备的升级改造工作。完成烯烃装置DCS、ESD 升级改造，此改造由本厂自行完成、自行安装测试，并一次投运成功，积累了经验，增强了信心，储备了人才。

(东方宣)

【持续推进技术进步和创新工作】 2007年启动的13项乙烯系列节能降耗攻关项目至2010年已全部投入运行，乙烯装置技术经济指标得到全面提升。工厂实施三套丙烯酸装置蒸汽喷射泵凝液回收项目，将原设计作为废水焚烧处理的60吨/天凝液全部回收，作为丙烯酸氧化单元吸收塔的吸收水使用，既可降低废水处理费用，又可以增加丙烯酸收率。全年计划实施技术改造项目19项，预计投资2575.20万元。实际完成及投用项目10项，正在施工4项，结转2011年实施项目5项，完成投资2027.10万元。"3万吨/年丙烯酸甲酯生产装置工艺包开发"和"3万吨/年丙烯酸乙酯生产装置工艺包开发"项目已全部完成。10月28日，拥有自主知识产权的"5吨/小时高浓度丙烯酸及酯类废水生物处理工艺开发及工业应用试验项目"进入投水试运阶段。1月初，丙烯酸1丁酯生产丙烯酸辛酯试生产项目，完成了全部生产准备，经过多批次生产，为该装置丁酯/辛酯切换生产积累了经验，为工厂创造了新的效益增长点。

（东方宣）

【库存资金占用率持续降低】 采取有针对性的措施进行工艺优化和调整，规范三剂库存，在确保装置稳定运行的基础上，从计划、入库到出库层层严格审批，使三剂库存资金逐步下降到较低的水平，三剂库存资金占用指标在公司考核中受到嘉奖。工厂积极推进物资仓储式供应，在保证维修的前提下，大幅降低备件材料费用。在各类物资计划提报过程中，加强对核库工作的监控与审核，多用账外、代管、自存物资。2010年，各车间累计利库591项，估价金额合计约136万元，有效地节约了物资采购成本。另外，针对轨道衡数据偏差较大这一问题，工厂进行了多次轨道衡计量准确性实验。通过不同车速下重复性进行推、拉过衡实验，得出车速在8～9千米/时匀速行进时，过衡重量与检尺接收量和供应方发货量接近，大大提高了原料进厂和产品出厂火车过衡数据的准确性。

（东方宣）

【强化考核提升基础管理工作】 修订工厂经济责任制考核办法，实行公司考核指标的完成情况与相关责任单位的奖金密切挂钩，注重对效益、工作结果的考核，注重对车间横向管理的考核，真正体现硬考核、硬兑现。结合机构扁平化的运行模式，与班组经济核算工作充分结合，建立起基层班组指标与效益、贡献、收入挂钩的机制，营造了班组有指标，班班有比较，人人有责任，人人有压力的管理氛围，加强了基层经济责任制考核。按照扁平化管理后的65个班组重新制定班组八大制度，进一步明确专业管理要求。修订岗位说明书，明确扁平化改革后值班长的职责范围，确保岗位说明书的准确性和实用性。根据公司费用归口控制要求，重新修订了工厂内控部门及职责分工，使各主管部门在保证专业工作正常开展的基础上，尽可能压缩不必要的费用支出。本着应收尽收、足额收取和按期到账的原则，加强对外供能等重点收入项目监控，及时协调解决控制过程中存在的问题，外供能等收费实现无新欠款。

（东方宣）

【推进职工队伍建设】 落实《2010年培训重点工作指导意见》的要求，积极开展通岗和跨专业培训工作，实现了培训工作重心的三个转移。共组织内部和外出培训300余项，除岗位培训外，内部专项培训和外出培训2000余人次。组织了95名值班长、班长参加班组长管理能力提升培训，组织72名值班长、班长和具有高级技师、技师资格操作人员参加的"安全心理学"培训，选派26名职工参加公司举办的化工工艺本科班、经济管理大专班等专业学历教育，分6批派出12名职工参加燕山石化公司和中国石化集团公司举办的专业技术人员继续教育培训，组织80余名新老党员轮训、通讯员培训等。工厂共组织了11个工种的技能竞赛和2个技术竞赛，达到了显化人才、选拔拔尖人才，以赛促训、以赛验训的目的。在参加上级公司组织的竞赛中，驻厂财务室周燕在代表燕山石化公司参加中国石化集团公司财会人员素质达标赛中获得团体成绩第二名，水气车间二循在代表公司参加燕山石化公司循环水处理工比赛中获得团体第三名，检修中心北区班组获得东方石化公司班组赛第二名。电力车间两名职工分别获得燕山石化公司维修电工选拔赛第一名和第七名，烯烃车间有7名职工进入燕山石化公司乙烯装置操作工选拔赛的前十名；烯烃、水气、电力车间和检修中心12名职工分别取得东方石化公司技能比赛不同工种前六名的好成绩。热力车间李赫荣获2009～2010年度中国石化集团公司“技能能手”称号。

（东方宣）

【劳动竞赛促效益提升】 2010年，深入开展“安康杯”、“增收节支，降本减费”、“优、挖、改、降”、“大干四季度，杜绝‘非停’，做大总量，确保燕山石化公司100万吨乙烯奋斗目标实现”等五项劳动竞赛活动。上报公司“增收节支、降本减费”竞赛成果6项，“修旧利废”竞赛项目10项。竞赛加强了企业管理，优化了装置的运行，调动了广大职工的积极性，为扭亏增盈、挖潜增效做出了贡献。在全厂范围内开展了“增收节支，降本减费”提合理化建议活动，号召全厂职工从新的角度观察自己的工作岗位提专项合理化建议，全厂提合理化建议1726条，提建议率94.4%，各车间上报工厂159条。

（东方宣）

北京摩比斯变速器有限公司

【概　况】 北京摩比斯变速器有限公司成立于2003年3月21日，是韩国现代摩比斯株式会社、韩国现代汽车株式会社、韩国起亚汽车株式会社、现代汽车（中国）投资有限公司共同投资设立的外商独资企业。公司投资总额3亿美元，注册资金10173万美元，拥有员工746人，其中外籍员工16人，是通州区最大的外资企业。

公司位于北京市通州区中关村科技园通州园·光机电一体化产业基地嘉创路2号，占地总面积为20万平方米，一期工程厂房占地面积为1.8万平方米，主要生产中型和小型手动变速器，年产变速器20万台，二期工程厂房占地面积为2.97万平方米，主要生产新小型变速器，年产变速器30万台，现在正在开工建设的三期工程厂房占地1.5万平方米，主要生产六档新小型变速器，年产变速器20万台，2007年10月实验楼正式投入使用。公司主要生产手动挡、自动挡汽车变速器和汽车零部件，年产70万台变速器，主要为北京现代、东风悦达起亚汽车供货配套，其配套的主要车型有索纳塔、伊兰特、途胜、悦动、名驭、领翔、御翔、瑞欧、雅绅特、赛拉图、智跑、狮跑、i30和远舰等轿车。

（张　丽）

【实现销售收入22万元】 2004年至2010年，公司7年销售收入累计达到113亿元。2009年和2010年由于政府对汽车行业的扶植政策，两年销售收入达42亿元，其中2010年销售收入达22万元。2004年至2010年公司连续被评为“通州区纳税百强企业”之一，是通州区外资企业纳税大户。

（马书生）

【安全生产和安全保卫工作】 公司严格执行国家方针政策“安全第一，预防为主”，年内，举行全厂安全月活动。公司严格执行门禁制度，实现装置区域封闭管理，对进出厂的人员及车辆进行严格检查，实现生产和办公区的隔离，开展全体员工安全教育工作，努力达到安全生产事故为零的指标。公司连续7年被评为通州区、台湖镇和光机电园区安全工作先进企业。

（南文日）

【加强培训工作】 2010年，公司职工参加各项培训共计1019余人次。其中168名职工参加职业技能培训，13人参加特殊工种高压电工证复审培训，199名职工参加外出培训，

10名职员派往韩国本部进行研修,在ISO/TS16949专项技能培训中共有7名员工取得内审员资格证书。

(南文日)

北京市通州烟草公司

【概　况】 北京市通州区烟草专卖局、北京市通州烟草公司分别成立于1992年8月和1998年1月,实行“统一领导、垂直管理、专卖专营”的管理体制,主要负责通州区内的烟草市场管理和卷烟经营。在职职工76人,资产总额2.7亿元,辖区内现有卷烟零售户2498个。北京市通州区烟草专卖局(公司)成立以来,始终按照北京市烟草专卖局(公司)党组和区委、区政府的工作部署和要求,牢固树立“国家利益至上、消费者利益至上”的行业价值观,依法行政水平、卷烟市场有效供给水平、服务水平、经济运行质量和整体管理水平明显提高,为构建和谐通州发挥了积极作用。

(张　鸥)

【经济效益稳步增长】 坚持“保牌、稳价、规范、增效”的方针,认真实施卷烟营销计划,根据市场实际需求,有效控制,科学投放,确保卷烟销量和利税的稳步增长。2010年,完成卷烟销售48862箱,实现销售收入7.33亿元,利税1.61亿元,上缴税金0.91亿元。

(张　鸥)

【营销网建水平大幅提升】 认真贯彻落实市烟草公司网建工作要求,积极推行网上订货工作。完善零售客户升降档管理制度,进一步规范零售客户卷烟经营。与全国各卷烟工业企业召开协同培育品牌会,为工业企业产品搭建良好发展平台。提高有效供给,指导零售户经营,客户获利水平有较大提升。开展创建优秀区县烟草公司活动,顺利通过市烟草公司验收。积极探索创新客户管理方式,组织辖区五档以上零售户安装终端信息采集系统,实现对零售户进、销、存及销售价格等情况的全面掌握。进一步完善电子结算、明码标价工作。全面推广“135”工作法,提升营销人员服务能力和水平。组织开展调研并撰写的《通州辖区未来五年卷烟市场发展状况及需求预测调研报告》,该调研报告获北京烟草卷烟流通论文一等奖。

(张　鸥)

【专卖监督管理迈上新台阶】 2010年,公司始终保持卷烟打假高压态势,全年查处各类违法卷烟案件421起,刑事拘留23人,判刑21人,查获各类违法卷烟共1017.54万支,上缴罚没款138万元。以彻底解决公开摆卖假私非卷烟和无证经营问题为重点,全年进行市场执法检查248次,出动执法人员4752人次,组织辖区集中整治2次,联合执法10次,取缔无证经营户241户,公开摆卖假私非卷烟和无证经营问题得到有效治理,市场净化率进一步提升。专卖打假打私实现四个“零”的突破:实现向工商部门移送立案案件零的突破,实现对无烟草专卖品准运证运输烟草专卖品案件判刑零的突破,实现烟叶案件当事人刑事拘留零的突破和实现涉烟案件共犯刑事拘留零的突破。全面推进法律监督管理体系建设,进一步完善行政执法责任制。许可证有效率达到100%,行政许可案卷、行政执法案卷评查合格率和优秀率均达到100%。组织开展卷烟零售户法律法规集中培训5次,持证零售户培训率达到100%。开展创建优秀区县烟草专卖局活动,顺利通过市烟草专卖局验收。积极探索创新市场监管方式,打造“WLM卷烟市场监管平台”,与部分零售户建立视频沟通和检查渠道,提高执法工作的及时性和规范性。认真开展市场调研,形成的《通州辖区内货运场站、物流企业调研报告》受到了市局好评。通州区烟草专卖局被北京市公安局、北京市烟草专卖局授予“2010年度卷烟打假先进集体”称号。

(张　鸥)

【夯实内部管理基础】 认真抓好质量管理体系建设,严格按照体系文件要求运行,在北京烟草系统质量管理体系第一次内审中获得好评。坚持“安全第一,预防为主”的方针,认真抓好安全责任制落实、安全设备设施建设、安全隐患排查以及职业健康安全管理体系的运行工作,实现“1002”安全管理目标。加强财务规范化管理,完善资金的使用、审批和执行制度,完善成本费用核算和控制体系,实现企业内部协调、有序、健康运转。积极推进办事公开、民主管理工作。加强公文运行管理,做到规范行文,行政公文运行无差错;按档案室建设标准,投资新建档案室,全局(公司)档案实现集中统一管理。政务信息工作取得突出成绩,全年向市局报送信息276条,全方位展示了通州烟草职工的精神面貌和工作情况。办公楼及院内外工作环境和绿化管理工作进一步得到加强,通州区烟草专卖局被北京市人民政府和首都绿化委员会授予“首都绿化美化花园式单位”荣誉称号。

(张　鸥)

【队伍素质显著提高】 加强班子建设,创建学习型企业。按照年度培训计划,以专卖和销售人员素质培训为重点,采取PPT互动交流方式,使专卖和销售人员在业务技能、写作、分析和语言表达能力上得到较大提升。认真推进岗位技能鉴定工作。结合ISO9000贯标要求,制定《客户经理作业指导手册》和《专卖执法检查制度》等八个行政执法工作规定。以岗位绩效工资考核为抓手,建立动态的内部考核管理机制,运行成效明显。

(张　鸥)

北京中丽制机工程技术有限公司

【概　况】 北京中丽制机工程技术有限公司是中国纺织科学研究院独资企业,其前身为北京化纤机械厂。它与3个子公司中丽制机电气有限公司、中丽制机喷丝板有限公司、中丽制机配件有限公司共同组成化纤机械工程产业集团,是国内化纤机械制造和工程技术服务的龙头企业、中国化纤装备行业的主要研发和生产基地,是北京市高新技术企业。公司资产规模13亿元,注册资金1.1亿元,员工1042人,其中具备多年化纤设备设计和化纤工艺研究经验的工程技术人员近百人,公司具有行业甲级工程咨询和设计资质,技术水平领先、市场信誉优良。公司位于通州区光机电一体化产业基地,建设占地面积7.098万平方米,拥有各类先进加工设备210余台套,其中60多台套为数控机床和加工中心等自动化、柔性化生产设备,具备年产3500纺位纺丝机、3500台高速卷绕头的生产能力,主要产品涵盖涤纶、丙纶、锦纶民用长丝、工业用丝、短纤维生产设备和各类差别化产品,以及其他棉纺、化纤成套设备用电气控制柜和多种规格喷丝板等。产品销往东南亚、美洲、欧洲及全国各省市上百家企业,市场占有率居行业前列。公司被中国产品质量协会评为“21315全国绿色质量信用AAA等级”;被通州区评为“优秀科技企业”;成为通州区“2010年度纳税千万元企业”。

(王　靖)

【主要经济指标完成情况】 2010年,公司实现销售收入80886万元,利润总额1616.6万元。新签生效主机合同395207.9万元;累计有效合同共计478547.1万元。全年实现工业总产值82179.64万元。科技投入1198.7万元。

(王　靖)

【研发创新工作取得新成果】 2010年,公司参与的国家标准、行业标准制(修)订《涤纶、锦纶、丙纶设备工程安装及质量验收规范》、《涤纶短纤纺丝机》、《丙纶短纤纺丝机》、《帘子线纺丝机》已报批;《BKV448型涤纶超细纤维高速纺丝机》企业标准,于9月通过通州区质量技术监督局备案。

国家“十一五”科技支撑计划项目“涤纶超细纤维高速纺丝卷绕(FDY)成套设备与工艺技术开发”通过科技成果鉴定;“双胞胎型卷绕头”项目试车成功;“熔体纺氨纶纺丝生产线”项目完成。重点研发项目加弹机设备制造试车成功可以推向市场。申请的2009年科技部“科技人员服务企业行动项目——新溶剂法纤维素纤维工业化生产设备的制造”获批国拨资金40万元；“BWA860T型全自动换筒高速卷绕头”作为“高新技术成果转化项目”，获得180万元资金支持；“年产3.5万吨涤纶环吹纺丝工程项目”被评为2010年纺织行业优秀工程设计奖三等奖；“年产5.6万吨一步法异收缩PET混纤复合纺丝工程项目”被评为2010年纺织行业优秀工程设计奖二等奖；“年产3万吨涤纶一步法分纤母丝纺丝工程项目”被评为2010年纺织行业优秀工程设计奖二等奖。

“双排组件纺丝箱”、“多内腔圆型纺丝组件”、“一种高速卷绕头”、“一种不漏浆的纺丝组件”、“一种单丝纺丝箱”、“一种生产高分子分纤母丝的装置”、“一种用于纺丝的热媒循环供热系统”七项专利获国家知识产权局授权；“一种熔纺氨纶纺丝箱”、“挤压机冷却夹套”、“螺杆挤压机保温罩壳”、“一种能够消除熔体流动死点的纺丝组件”、“利用聚酯废料生产涤纶纤维的方法”、“全自动卷绕机转盘传动装置的控制方法”、“卷绕机转盘传动装置的控制方法”4件实用新型专利申请、3件发明专利申请已被受理。截至年底，公司已拥有12件授权专利，7件专利申请被受理。

（王　靖）

【推进企业信息化建设】 根据大力推进制造业信息化，采用先进的管理手段与制造模式，缩短产品的生产周期、提高产品质量、降低生产成本的战略目标，公司推进企业信息化建设，建立先进的产品开发、有效的生产经营管理和科学的决策支持系统，本着“总体规划、分步实施、务实推进”的原则，通过一年的建设，公司OA系统、PDM系统已正常运行，PLM工艺系统正式上线运行，ERP项目启动，中丽制机公司开始跨入全新的管理模式时代。

（王　靖）

【节能减排 降本增效】 公司将2010年确定为“创新年”，以创新为动力，节能减排、降本增效。公司全年在技术、工艺、生产等各方面的改革创新达33项，年内为公司节约成本600余万元。降低库存，实现有效利用，年度共顶用各类毛坯4374件，节省不锈钢圆钢、无缝钢管、铝棒等原材料856米。实现顶用油剂传动部件60台、纺丝箱部件8台、油剂箱部件2套、侧吹风部件32位、机架部件32位。严控供应、外协成本，引入竞争机制，节约成本2300万元。

（王　靖）

【消防保卫和安全生产工作】 2010年，公司在生产任务紧张的情况下，积极开展安全管理保障工作。严格执行《安全生产管理规定》，预防管控相结合，下发了《安全生产应急预案》，明确了专项预案小组的领导机构和岗位责任范围；6月，开展“公司安全月”活动。11月，公司邀请通州区消防局的警官对公司员工进行了消防安全培训，并在消防局专业人员的现场指导下进行了消防演练。全年未发生火灾、重大工伤及以上事故，实现了《安全工作目标责任书》的各项目标。

（王　靖）

【人才建设】 2010年，公司进一步完善考核激励机制和用人机制，进行薪酬改革，充分调动员工工作热情，焕发公司活力。本着“以德为先、德才兼备”和“能者上、平者让、庸者下”的用人原则，针对人员自身情况，合理定位、人尽其才，谋求企业与个人的共同发展。培养人才、积极挖潜，本年度共组织各类培训11项，包括特种设备检测、专利技术、机械设计、档案管理等。多个集体和个人获中纺院、通用集团荣誉表彰。

（王　靖）

【企业文化建设】 2010年，通过开展各类活动加强党风廉政建设，通过创优争先活动激发员工热情，干部员工精神面貌发生深刻变化，做到了风清、气正、心齐、劲足；各级领导班子团结和谐，有执行力，能力强，带领员工满腔热情投身公司发展。工会、团委积极组织

"第五届员工拔河比赛,女工跳绳比赛"、"乒乓球比赛"、"同舟共济比赛"、"歌咏比赛"、"十腿连心比赛"等活动,丰富员工生活,凝聚人心;组织慰问单身宿舍、困难职工,关心员工生活,创造和谐的劳动关系;组织员工为玉树灾区和甘肃舟曲灾区捐款共计31020元。《中丽报》荣获行业"十佳优秀企业报(刊)"称号。全年刊发文章320篇、图片260幅、文字16万字,大量信息被《中国纺织报》,《中国纺织机械信息》等国家级刊物刊登、转载,扩大了公司在行业和国际市场的影响力。

(王 靖)

北京万生药业有限责任公司

【概 况】 北京万生药业有限责任公司是以原北京生物化学制药厂为基础组建的集新药开发、原料药和制剂生产及销售为一体的新型高新技术制药企业。公司成立于1999年2月,注册资本5000万元。位于北京通州经济开发区西区,占地面积27000平方米,建有符合GMP要求的原料药、颗粒剂、片剂及胶囊剂生产车间,年生产能力片剂4亿片、胶囊剂1亿粒、颗粒剂5000万袋,原料药30吨。

万生药业拥有卓越的研发实力、独特的营销模式及强大的营销网络,致力于通过技术创新和以市场为导向,不断研究、开发和推广新产品,向社会推出安全、疗效显著的药品。公司以技术创新为发展原动力,营销、生产、研发联动,取得骄人业绩。2010年,荣获"北京公益健康教育十佳品牌"、"通州区纳税千万元以上企业"、2010年度"通州区优秀科技企业","北京市经信委重点支持企业"等称号,获得"2010年中国医药企业社会责任奖"、"中国医药企业孺子牛奖"和"北京市自主创新产品——科罗迪®"等殊荣,进一步提升了企业在北京市医药行业的社会地位。

(姜淑清)

【主要经济指标完成情况】 2010年,公司实现销售收入10646.84万元,利润总额1975.69万元。全年实现工业总产值10159.60万元。科技投入851.55万元。

(姜淑清)

【公司被纳入G20工程】 2010年,公司入选北京医药企业跨越发展的首批23家企业(G20),极大地提升了企业形象,企业发展全面受益,荣获北京生物医药产业跨越发展工程(G20)2010年度"最具贡献度高成长企业"称号。万生药业经过3年努力创新成为北京市医药行业的重点企业和主力军,2010年初,公司从200多家企业中脱颖而出,成为首批G20企业,标志着在化药领域,万生药业已与双鹤药业、赛科药业并驾齐驱。据药监局的一项关于2010年"北京医药行业企业竞争力分析"的报告,公司主营业务收入复合增长率排名第一、利润总额复合增长率排名第二、净资产收益率排名第十、研发投入强度排名第七、北京市医药企业竞争力排名第十六,充分显示万生药业的飞速发展和在北京市医药行业的地位。

(姜淑清)

【销售模式不断革新】 2010年,公司改变了以前传统的、单一的招商模式,丰富了多种销售模式,把普药模式作为一个独立的营销模式,成立了普药事业部,统一了普药模式的营销要素,逐个进行要素分析,在各个省区进行推广。在全国建立了九个新药推广办事处,成立了推广事业部,建立直销队伍,实现了药品终端的销售。保留招商模式,也专门成立了招商事业部。2010年,公司坚持以学术支持、产品疗效为导向的销售思路,拥有招商代理、渠道流通、临床推广的独特组合营销模式,以新药招商事业部、普药事业部、新药推广事业部三大事业部和20个办事处为主干实施区域化管理,强大的营销网络和专职销售队伍遍布全国20多个省、市、自治区。2010年,公司的产品在医院、连锁药店的覆盖面达到5000多家,有力支撑了万生品牌及产品线向多元化发展的进程。公司完善的生产质量保证体系,贯穿于自原材料采购至产品出厂的整个生产和营销过程。

（姜淑清）

【政府项目申报初见成果】 2010年，公司组建了战略发展部和投资管理部，以服务于公司实现既定的战略目标。战略发展部初步建立了与政府机构长期良好的沟通关系，与各政府机构保持友好接触，协调内外公关关系，为公司发展制造良好内外部环境，政府项目申报工作已初见成果。年内，完成了国家科技部“十一五”重大新药创制“抗乙肝病毒药物拉米夫定胶囊的研制”的申报工作，获得国家批复的200多万元科研经费，已签署任务书。完成北京科委科技研发项目“托吡酯片等通用名的药物研发”的申报工作，拟获政府支持数百万元，已进入最后的财评阶段。

（姜淑清）

【万生——北化纳微化结构药物联合实验室成立】 9月8日，由北京万生药业有限责任公司和北京化工大学联合组建的“万生——北化纳微化结构药物联合实验室”正式揭牌成立。联合实验室成为北京市生物医药领域成果转化与承接的平台，建立了以企业为主体、市场为导向、产学研相结合技术创新体系。通过建立共同投入、联合开发、利益共享、风险共担的机制，万生药业与北京化工大学签订了长期且国内独家的纳微化结构药物合作协议，为公司研发自主创新性纳米药物提供了产业化技术平台。联合实验室的主要工作目标是根据万生药业的研发需求，利用化工大学超重力技术制备纳米颗粒的理论和专利技术，完成目标药物纳微结构化的药物研究。

（姜淑清）

【研发创新】 2010年，公司坚持国内首仿和抢仿与创新齐头并进的研发思路，建立了覆盖选题调研、药学研究、临床前研究、临床研究等整个药品研发链条的研发体系。借助新和成强大的化学合成力量，依靠自身卓越的研发能力及多方位的技术合作，发展纳米技术平台、缓控释技术平台、微丸技术平台、纳微结构化药物产业化技术平台等多个研发技术平台。2010年，在研品种有21个，已新申报品种5个，另有1个补充申请品种；在研待申报品种16个，其中确保有12个品种在2011年申报。年内，进一步完善研发中心硬件设施，建有符合GLP标准的新药实验室，配备多种高精密度的具有国际化水准的设备仪器。

年内，公司以多方位的合作方式开展新产品开发，与北京化工大学、中国医学科学院医药生物技术研究所、沈阳药科大学、上海应用技术学院等国内外多家高校和科研权威机构开展紧密合作，建立以企业为主体、市场为导向、产学研相结合的技术创新体系，实现资源共享、优势互补，从源头上保证了研发领域的不断拓展和后续产品线的持续丰富。

（姜淑清）

【加强安全生产工作】 2010年，公司积极参加所属地区政府部门组织的安全消防工作会议，及时将有关安全生产的资料文件下发到各部室阅读学习，不断增强员工的安全生产意识。定期组织员工进行对《中华人民共和国安全生产法》、《北京市安全生产条例》、《医疗器械安全生产各岗位管理制度》、《药品制剂安全生产各岗位管理制度》法律法规的培训。通州区安监局危险品监察科到公司检查危险化学品的使用情况，将本公司列为重点监察单位。公司行政部积极与区安监局沟通联系，上报了公司的基本信息，为公司的安全评价工作做了前期的准备工作，通过积极的组织和协调等工作的开展，公司于年底顺利地通过了区安全监督管理局的危险化学品使用安全评价的审核。

（姜淑清）

北京东昇农业技术开发（集团）有限公司

【概　况】 北京东昇农业技术开发（集团）有限公司始创于1989年，1999年成立第一家公司——北京方圆平安食品开发有限公司,随后陆续成立多家公司,2009年6月,公司经改组正式成立东昇集团,注册资金5000万元,注册地址北京市通州区于家务回族乡聚富苑民族工业园,现拥有7家子公司,净资产4.6亿元,员工1500人。公司始终坚持"农业企业,以农民为本"的信条,秉承"诚信、创新、高效"的理念,确立了以农业产业为主,以服务于农业产业链的物流和以建设新农村为目标的房地产为辅的长远战略发展模式,在农业领域里,形成了从种苗培育、生产研发、加工销售、物流配送、休闲农业、低碳循环、农超对接为一体的现代农业产业链。管理通过了ISO9001质量管理体系认证和HACCP食品安全体系认证,产品通过绿色食品及有机食品认证,并出口到美国、韩国、新加坡、日本等国家。

(黄 方)

【发展低碳循环农业】 2010年,完成"东昇低碳现代农业示范园"建设规划,园区位于于家务乡,占地700亩,建设总投资5000余万元,以蔬菜种苗培育、绿色和有机蔬菜种植及特色养殖为主导产业,生产过程中遵循低碳循环理念,构建低碳、无污染、零排放的环保型产业链,实现种植、养殖、肥料、沼气能源一体化。

(黄 方)

【发展休闲农业】 2010年,北京台湾第五季农业博览园建成,位于于家务乡,占地面积1100亩。博览园有果树认领,南果采摘、土地认领,体验种植、房车营地、垂钓等项目,是一个集景区、娱乐、服务为一体的综合旅游度假地,已成为北京最大的示范性特色立体农业风情文化博览园,通过建立景观农业、创意农业、特色农业、健康农业、人文文化农业,打破传统农业的耕作模式,使乡村农业旅游化,促进新农村建设。

(黄 方)

【参与社会公益事业】 东昇集团发展经济的同时不忘回馈社会,积极关注并支持社会公益事业的发展。2010年,集团向社会各类机构捐款捐物,累计100余万元。成为北京市通州区慈善协会理事,并向通州区慈善协会捐款50万元。

(黄 方)

【获得多项荣誉】 东昇集团被认定为国家级农业产业化重点龙头企业、国家级农业标准化生产基地,并获得全国百佳乡镇民营企业等荣誉称号,产品被评为中国名牌农产品、中国国际农产品交易会畅销产品等。

(黄 方)

信息化工作

【全面推进"两化融合"工作】 2010年,区经信委加强与联通通州分公司、移动通州分公司、歌华通州分公司、天童通信网络公司四家通信、有线电视运营商的协调与合作,深入开展新城基业公司、商务园、"两站一街"、宋庄文化产业聚集区等重点区域的信息化建设调研与规划,与中国通信建设集团设计院、北京通信设计院就新城信息基础设施规划设计问题进行商谈。按照市经信委要求和专家建议,初步梳理通州区编制运河核心区、商务园、"两站一街"等重点地区信息基础设施规划思路和方案。同时,加快政务数据中心改造,3月14日,政务数据中心和政府信息公开大厅装修改造项目开工,主要实施六项改造任务:数据中心机房、政府信息公开大厅、信息中心业务办公区、信息培训教室、办公楼外观装修和供电系统增容改造。截至年底,数据中心机房、楼房外观、办公区和培训教室主体基本完工,供电系统改造正在抓紧实施。

(金绍光)

【大力推进信息技术的应用】 一是高度重视电子商务在全区的应用与发展。全区电子商务的发展已初现端倪，区域“一主一辅两基地”发展模式基本确定。通过做好扶持电子商务的发展产业政策和区域优势的宣传，积极同市经信委有关部门协商，直接促成了物流基地的“北京市电子商务产业园”成功受牌。二是扎实推进企业信息化程度的提高。为进一步提高企业的信息化应用程度，借助《十二五信息化建设规划》编制契机，在深入调研部分企业对发展信息化作用的认识和需求的基础上，合理利用北京市经信委扶持中小企业信息化发展的政策，积极争取扶持资金和扶持项目，大力推进企业信息化应用的推广，年内，在北京鑫洁丽建筑玻璃有限公司安装了企业管理软件，另有几家在积极洽谈中。

（金绍光）

【加强政务专网建设】 通州区政务专网于2001年开始建设，截至2010年已建成核心千兆、主干百兆、光纤专线直连的区政务专网，部署了防火墙、入侵检测、安全审计、流量控制等网络安全设备，以及网管系统、漏洞扫描系统、网络版防病毒系统、终端安全管理系统等信息安全监管系统。全区统一互联网出口130兆字节。接入单位145家，接入行政村466个，接入社区13个，专网终端计算机7000余台，形成了覆盖全区城乡统一的区——街乡——村三级网络传输平台，为各级政务部门的业务应用系统运行提供了统一的网络支持。2010年为10家单位进行了政务专网接入工作。其中区信访事项复查办公室，光机电一体化产业基地管理委员会等4家单位为局域网接入，区新城建设管理委员会、区园林绿化局森林公安处等6家单位为光纤接入政务专网。通过对网络行为监管、系统监管和安全状态检测，采用统一策略下发并强制策略执行的机制，实现了对局域网内部桌面系统的管理和维护，有效地保护了用户系统安全和机密数据安全。

（金绍光）

【信息化基础设施建设】 一是协调落实各运营商的基站站址。区经信委负责协调11个基站建设任务，区协调办公室多次召开规划、建委、市政、乡镇、街道办事处等相关部门协调会，对需要政府协调建设的基站逐一分析，逐一落实责任部门，协调相关部门和乡镇、街道帮助运营商解决基站建设中遇到的实际问题。二是大力推进光纤到村、光纤入楼到户工作。组织召开相关运营商座谈会，交流情况，商讨共同推进方案。由联通通州分公司承担主要建设任务，并向市里申报“宽带小区”试点17个和“信息化村”试点88个，积极开展相关的建设工作。截至年底，试点建设顺利，张家湾镇南许场村被选定为“信息化村”的挂牌代表村。宽带小区建设共计完成52处，其中直接入户小区20个、光纤到分电小区32个，在建小区15个。共计完成20兆字节接入能力覆盖4万户。信息化村建设完成20兆字节光纤覆盖建设的行政村共有62个，正在设计施工阶段的行政村30个，共计完成20兆字节接入能力覆盖1.8万户。三是实施高清电视播出转换和交互式数字电视网络改造。区经信委协助歌华通州分公司进行高清双向网络改造工作，歌华公司专门从各部门抽调技术骨干成立了高清双向网络改造项目组。截至年底，各项工作全面开展，已完成高清双向网络设计1.9万余户，开工6000余户。协助歌华通州分公司新建了46个村的有线电视分配网，改造了7个村的有线电视分配网，并在台湖镇胡家堡、于家务乡小海子等15个村发展农村宽带上网服务。

（金绍光）

【市经信委领导调研通州区信息化基础设施提升工作】 9月3日，市经信委副主任白新到本区调研信息化基础设施提升工作。市经信委领导对本区信息化建设和通州新城信息化规划编制工作给予了充分肯定，同时提出了指导意见和建议。

（金绍光）

【市经信委领导检查指导通州区电子政务工作】 11月17日，市经信委副巡视员、电子政务工作检查组组长姜毅群及电子政务专家和各部门业务专管到本区检查指导工作。区经济信息化委领导从电子政务工作现状、2010年电子政务主要工作、完成市重大应用任务、业务应用、保障和管理、问题和差距、2011年工作思路和目标等七个方面，全面汇报了通州区2010年电子政务工作，并进行了政务专网网络管理系统和全程代办网上服务监察系统、重大工程项目“阳光工程”管理系统的实际操作演示。检查组对通州区今后电子政务工作提出了中肯的意见和建议。

（金绍光）

商贸·旅游

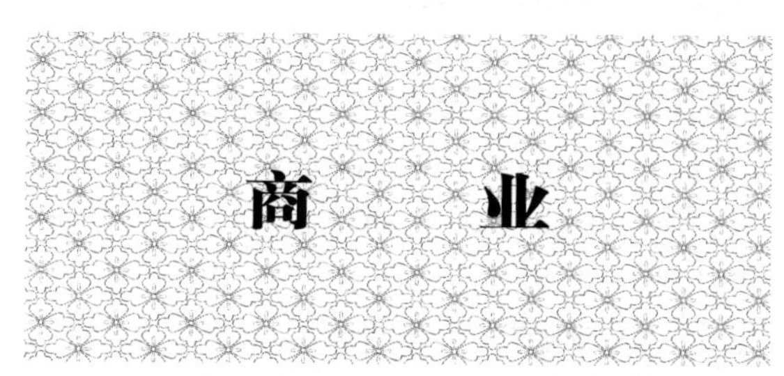

商业

【社会消费品零售额持续快速增长】 年内，通过支持商业企业开展多样化促销活动，落实家电下乡、以旧换新、加快农村流通网络建设等多项政策和措施，拉动区内消费，繁荣消费市场。2010年，全区社会消费品零售额实现187.7亿元，同比增长16%，增幅比上年提高5.4个百分点。月均零售额比上年增长2.2亿元。从各月看，单月零售额达到15亿元的有8个月，而上年只有3个月。2010年单月零售额增幅波动较大，累计零售额增速较为平稳。

（高士增）

【商品流通规模继续扩大】 2010年，全区规模以上商业购进总额达到493.9亿元，同比增长17.3%。其中市内购进额129.1亿元，同比增长9.3%；市外购进额362.6亿元，同比增长20.5%；进口额2.2亿元，同比增长5.1%。规模以上商业销售总额达到554.8亿元，同比增长16.2%。其中市内批发额217.7亿元，同比增长10.2%；市外批发额214.8亿元，同比增长21%；零售额122.3亿元，同比增长19.4%。

（高士增）

【落实惠民促消费政策成效显著】 落实消费政策，推动便利消费，2010年，共销售家电下乡产品4.3万件，销售金额9493.46万元；销售家电以旧换新产品129万件，补贴金额达3.97亿元；销售汽车摩托车下乡产品847辆，销售金额3959.42万元；办理黄标车淘汰手续10946件，共发放补助资金8526.99万元。

（高士增）

【不断提升市场水平】 继续推进农村连锁超市建设工作。2010年，在新建60家超市的基础上，不断提高配送率，提升连锁超市运营质量。利用三年时间对全区社区菜市场和农村集贸市场进行升级改造，本年进入收尾阶段。截至年底，累计完成13家社区菜市场及7家农村集贸市场的升级改造工作。

（高士增）

【加大食品安全执法力度】 坚持宣传与执法相结合，2010年，组织食品安全宣传活动3次，组织专场培训4次，培训400余人次；共取缔生猪屠宰窝点30个，查没生猪42.5头；加强对盐业、酒类备案的管理工作，处理盐业违法案件20起，查没私盐73430公斤，罚没款12500元，督促酒类经营备案登记985户。

（高士增）

【确保商务领域安全有序】 落实安全、促销管理规定，规模以上零售及餐饮经营单位的安全生产、市场秩序检查率达到100%，2010年，共开展“商务行业安全大检查”、“百日平安行动”等9项专项整治活动，检查企业609户次；开展29次大型宣传培训活动，培训企业负责人及员工3100余人次，确保商务领域安全有序。

（高士增）

【举办通州商务年会系列活动】 2010年，开展系列活动，致力于将商务年会打造成为商务促进的品牌活动，5月28日，成功举办2010北京新城·通州国际商务年会的首场活动——中国商业地产联盟通州行；7月30日，举办“国际新城商业规划发展论坛”，从商业规划的角度，为通州现代化国际新城的商务发展拓展了新思路。此外，10月举办电子商务专场活动，12月先后举办知名餐饮企业通州行、知名品牌企业通州行活动，为知名商业及餐饮企业与通州区资源方进行对接搭建了桥梁。

（高士增）

【引进品牌商业】 1月，北京华联武夷购物中心正式营业，占地面积三万平方米，购物中心集百货商场、超市及餐饮、银行等配套业态于一体，是一站式的消费场所；蓝岛大厦签约落户车里坟村，建筑主体为一栋24层的大厦，蓝岛租用此大厦1至4层商业部分，建筑面积2.6万平方米，11月底进行二次装修。11月24日，万龙洲海鲜通州店开业，坐落于八通轻轨临河里车站对面，营业面积5500平方米。

（高士增）

【推进电子商务产业基地建设】 区商务委积极协助相关部门，制定电子商务布局规划，初步形成了“一主两辅”的空间结构；制定出台《通州区促进电子商务企业发展暂行办法》，为电子商务产业发展提供了政策支持；加大投资促进力度，电子商务企业引进工作取得较大进展。积极争取市领导及相关部门的大力支持，副市长程红专门听取了通州加快电子商务产业发展的情况汇报并给予充分肯定；区委、区政府重视电子商务产业发展，计划用十年左右的时间，利用全区最优质的资源，把电子商务产业打造成为通州区的主导产业之一。

（高士增）

【做好行业“创卫”工作】 根据区委、区政府的统一部署，将商、市场行业创卫工作作为工作的重中之重扎实推进，确保了本区创卫工作整体通过验收。共抽调12人分6组下放到6个乡镇和街道，重点对6个区域的商市场、超市创卫工作进行督促指导和检查，对发现的问题，及时督促改正。

（高士增）

【开展各项促销活动】 年内，推出以“品牌消费，品质生活”为主题的系列活动，举行“2010通州购物季启动仪式”，开展“2010年通州区新春佳节购物季”、“2010通州区商业广场消夏节”、“绿色环保进餐饮”、“2010国庆家电购物节”等活动。活动期间，各大商业企业开展了超值特惠的折扣促销、时尚潮流的品牌推介、特色鲜明的节日商品展销、绚丽多彩的娱乐歌舞等活动，积极营造丰富多彩、便利、安全、放心的消费环境。

（高士增）

【加强重点议题研究工作】 年内，开展商务领域各项调查研究工作，统筹兼顾推进商业发展规划、再生资源回收体系建设、全区粮食储备调查、全区商务领域安全生产等重点议题的研究工作，提请区长办公会审议《“十二五”时期商业发展规划》、《再生资源回收体系建设实施方案》、《关于全区粮食储备情况的汇报》、《关于全区商务领域安全生产情况的汇报》等议题。

（高士增）

【完成全区社会粮食供需平衡状况调查】 年内，完成2009年全区社会粮食供需平衡状况调查工作，理清了全区社会粮食供需基本状况：全区2009年度年初社会粮食库存247431吨（混合粮，下同）；本年粮食供给543998吨，同比增长12%；本年粮食需求549825吨，同比增长14.6%。粮食消费231376吨，其中口粮142748吨，人均0.3578

公斤／日，（城镇居民人均 0.2955 公斤／日，农民人均 0.4088 公斤／日），饲料用粮 54062 吨，工业及食品用粮 29174 吨；年末社会粮食库存 241604 吨，全区社会粮食供需基本平衡。

（高士增）

【完成全区社会食用植物油供需平衡状况调查】 年内，开展全区社会食用植物油供需平衡状况调查，调查结果显示：2009 年度全区年初社会食用植物油库存 4109 吨；本年食用植物油需求 23379 吨，食用植物油消费 22234 吨，其中口油 21637 吨，日人均 0.0543 公斤（含餐饮和食堂用油），食品加工业用油 597 吨；年末社会食用植物油库存 6526 吨，食用植物油供给全部区外购入，其中市外购入 14000 吨。

（高士增）

【完成区内粮食仓储设施和投资调查】 年内，开展区内粮食仓储设施和投资的调查，调查结果显示：截至 2009 年底，全区现有规模以上粮食仓储企业 2 家，11 个库点，总有效库容量 356162 吨，同比下降 3.26%；从业人员 223 人，同比减少 4.93%；保粮环流熏蒸系统仓容量 147682 吨，与上年持平；粮情测控系统仓容量 356162 吨，同比下降 3.26%；实现机械通风仓容量 356126 吨，同比下降 3.26%；仓储设施改造投资 154.3 万元，同比增长 3.36%。2009 年，全区粮食流通基础设施建设投资项目 1 个，即北京市通州粮食收储库仓房维修改造项目，投资总额 154.3 万元。其中企业自筹资金 46.3 万元，地方财政投入 108 万元。上年投资项目 1 个，同比持平；投资总额 149.28 万元，同比增长 3.36%。

（高士增）

【通州商业资产运营公司概况】 2010 年，通州商业资产运营公司围绕年度任务目标，坚持以减债增效为中心，以落实财务预算管理为主线，以拆迁工作为重点，以党建工作为保障，以“深入开展创先争优活动”为载体，各项工作平稳顺利。全年实现销售收入 2.89 亿元，上缴税金 1122 万元，实现利润 131 万元。

年内，继续加大减债还贷力度，在拆迁导致收入大幅度减少的情况下，全年偿还各类借、贷款总计1422万元。积极推行并严格执行财务预算管理，自营销售比预算增加242万元，比上年同期增加571万元，各项费用支出比预算减少87万元，比上年同期减少677万元。年内通过考察、论证，引入网络电算化财务软件并在公司范围内全面推行，网络中共建立站点10个，建立汇总账套21个，初步建立起一个以公司财务部为中心平台的内部财务网络系统，在提高公司管理水平的同时，实现税审、内审、租金收取和拆迁补偿资金调配等工作严格按规范程序操作的管理目标。年内，按照区委区政府对运河核心区拆迁的总体要求，在保安全、保稳定、保职工收入福利的前提下，集中精力完成拆迁任务。首先成立拆迁领导小组和拆迁信访小组，从组织机构上加以保障；其次建立各项应急预案，从制度上加以保障；第三针对涉及拆迁企业多、涉及职工多、房屋土地情况复杂等实际情况，制定工作计划，设定阶段目标扎实推进。共清退租赁商户68户，向新城基业交付房产25处，完成总体拆迁任务的86%。同时，利用拆迁契机，解决了拖滞多年的法律纠纷，共收回欠款170万元，收回土地面积13321平方米，保护了国有资产不流失。

年内，公司以“创先争优活动”为载体，开展多种多样、有声有色的活动，推动党建工作迈上新台阶。健全领导班子队伍，健全工会组织，健全党员和干部队伍，及时合并调整所属基层企业，优化管理层级。年内继续规范制度建设，根据企业发展形势的需要重新修编《通州商业资产运营公司制度汇编》，在原有的基础上进行增删改易，优化依法治企的政策制度环境。

（高　岩）

【通州区粮油贸易公司概况】 2010年，区粮油贸易公司在夯实仓储经营的基础上，把贸易经营放在首要位置，拓宽发展思路，变换发展方式，破解发展瓶颈，围绕经济发展认真细致地开展工作，完成各项工作任务。既实现了国有资产保值增值，又实现了发展成果企业与员工共享。2010年，实现存储中央储备粮14.24万吨，北京市储备粮11.93万吨，区储备粮325吨。公司在做好主业同时，抓好企业资产的开发、盘活工作，全年签订租赁合同59份，收回租金343.19万元，逐步实现与主业的优势互补。通过抓管理、搞经营，公司实现总收入3059.93万元，实现税金300.25万元，实现利润237.63万元，职工收入增长13.3%。

2010年，强化仓储管理工作。以仓储工作为重点，建仓房、抓管理、搞实验、重培训，努力提高仓储管理水平，确保储备粮安全，各项工作取得显著成绩。继续加大投资建设仓储硬件设施，实施大杜社二期工程建设，总投资4563.56万元。至年底，完成3、4、5号平房仓的建设工程，建筑面积10111.41平方米；完成6号平房仓80%的砌筑工程；完成7、8、9号平房仓的基础工程。年内，加大规范化管理，加强仓储信息化建设，提高科学保粮水平，其中“北京市稻谷延长储存年限生产性试验及其成果推广应用”项目获通州区科学技术二等奖。北京市通州粮食收储库永乐店粮库荣获“全国粮油仓储规范化管理先进企业”称号。通过规范化管理工作，提升了仓储管理水平。

（杨永宽）

【通州区煤炭公司概况】 通州区煤炭公司是集煤炭加工、销售、运输为一体的国有企业，公司下属有3个基层单位，即通州区煤炭公司业务科、北京市通州液化气站、通县节能技术推广站。2010年，按照通州区国资委的整体部署，在完成公司机关整体搬迁的基础上，经济工作稳步推进，职工收入稳中有升。年内，区煤炭公司全力做好煤炭保供工作，在推广使用低硫优质煤和煤炭应急储备工作中起到了不可替代的作用，认真贯彻落实区政府的相关政策，完成工作任务，行使区政府赋予的煤炭保供职能，对缓解区内煤炭货源紧缺和平抑煤炭市场价格发挥了重要作用，2010年，公司实现销售收入9664.17万元，年销售烟煤数量处于北京市煤炭行业系统首位。年内，受电煤供应紧张及本区新城建设规划、低碳环保要求、锅炉整合改造等政策条件制约，公司煤炭经营和副营业务面临着严重困难和严峻挑战，突出的问题是煤炭需求下降，火运进货短缺，成本处于高位，企业经营出现严重困难。正确对待客观困难，公司提出四要（即：要准确调查了解煤炭市场信息，全力抓好主业；要继续完善各项规章制度，提高服务水平；要做好销售保供工作，保证安全万无一失；要加强管理，增效节支）确保经济稳步增长。制定灵活经营措施，取得较好效果。一是制定基层单位2010年经济责任书，下达经济指标，与基层单位签订经济责任书。二是根据通州区国际新城建设规划，公司办公楼及两个零售网点处于运河核心区，制定搬迁计划，成立搬迁领导小组，服从大局，迅速行动，规定时间内，完成搬迁。三是液化气站充分利用现有设备，成功引进储罐租赁合作业务，克服液化气用量削减的困难，摆脱了经营困难的局面，实现扭亏为盈的目标。四是推广站强化危机意识和责任意识，将增收指标分解到各个部门，积极寻找工程，增加小区服务项目，取得明显效果。在制定措施，加强企业管理同时，公司针对煤炭销售量下降、进货资金短缺的状况，一方面积极向区政府和国资委反映情况，另一方面加强与北京市煤炭总公司经销中心及产煤地关系单位的联系沟通，最大限度地争取上级政府及关系单位的理解和支持。以进货工作为基础，认真进行市场调查，针对铁路到货受到条件制约的情况，加大公路运输的协调力度，抓住时机及时组织进货，至9月底共组织进货近4万吨，完成了区政府安排的2万吨煤炭应急储备，10月以后，继续抓紧进货环节，在原有4万吨基础上，又储存了4万吨煤炭。在资金短缺和火运道线不能使用的情况下，年内筹集汽运煤 11.23万吨，煤炭销售达到13.03万吨，煤炭质量达到较高标准，充分发挥区煤炭主渠道作用，确保冬季煤炭供应。

（任雪莲）

【通州区供销合作总社概况】 通州区供销合作总社主要经济效益指标呈逐年上升趋势，2010年达到近年深化改革后最好水平。实现利润162万元，同比增长32.8%；主营业务收入完成3722万元，同比增长4.8%；各项税费完成387万元，增幅达283%。

2010年，区供销合作总社进一步推进新农村建设，不断开创“三农”工作新局面。一是加快各重点乡镇现代化商业设施建设。5月底，采取合作开发方式建设的徐辛庄商业住宅综合楼项目顺利开工，建筑面积4000平方米，楼体分为三层。该项目主体结构封顶，完成内外装修，全面进入消防、电气工程施工阶段。实施合作开发建设的张家湾经济适用房项目被列为通州区2010年政府安置房工程，开展前期工作，积极解决腾退遗留问题。郎府商服业大楼项目与合作方签订合作协议，该地块与邻宗地各单位指界完毕，国有土地使用证正在办理当中。二是发挥企业原有资源优势，扎扎实实开展服务“三农”工作。通过上年成立的北京通供惠民商贸有限公司，利用现有烟花库门面房作为仓储配送基地发展零售化肥等业务。“三夏”、“三秋”两大农业季节的试运作，发展40余个农村化肥销售网点，组织化肥供应1800吨，实现销售287.1万元，适时地支援了农业生产。除传统经营业务外，继续在市社带领下运行新的商业模式。通过入股的世欣荣和投资控股股份公司，以股权投资、基金管理形式获得新的收益。2010年，区社收回“中弘卓业”项目投资收益840万元，并投资1700万元继续参与运营，其中的“天地控股”项目，以股权收购形式实现借款交易模式使区社不断参与到现代金融市场交易体系中。年内，按通州区国际新城发展规划及运河核心区拆迁工作部署，顺利完成下属单位二合商店、大运河商城、环城工贸总公司及河东机关旧址的搬迁补偿工作。拟定《关于区社拆迁补偿资金的管理意见》，拆迁补偿资金由区社设专户管理，设专人负责，各商户补偿资金由区社统一发放，做到专款专用。按科学管理工作目标，区社机关进行机构改革，组建退休管理办公室、资产经营管理部，改建财务部，进一步实现资产、人员、财务的统一管理，有效增强了企业集约控制能力。为保障企业和谐稳定，一方面紧紧围绕组织工作抓好领导班子建设、人才队伍建设、基层党组织建设和党员队伍建设；一方面抓好安全、信访、稳定工作，引导干部职工做好安全防范工作。

（博丽杰）

对外及港澳台经济贸易

【概　况】 2010年，区商务委围绕“建设现代化国际新城”的战略部署，认真贯彻“高效利用外资，提升出口水平”的基本方针，坚持依法行政，提高服务质量，大力推动全区利用外资及港澳台资水平和外贸出口的发展，全区外经贸发展势态良好。

（高士增）

【外经贸及对港澳台贸易增速显著回升】 2010年，全力支持企业发展，促引资，扩出口，实现外经贸数据显著回升。外商及港澳台商投资企业投资总额合计1.05亿美元；注册资本合计1.38亿美元；合同利用外资及港澳台资1.03亿美元，同比增长23%；

实际利用外资及港澳台资合计9042万美元，同比增长11.8%。全区实现进出口总额23.6亿美元，同比增长42.04%；其中，出口收汇14.3亿美元，同比增长52.65%；进口付汇9.3亿美元，同比增长28.27%。

（高士增）

【外资及港澳台资来源】 2010年，本区共审批36家三资企业，外资来源分别为：美国5家、新加坡4家、韩国4家、英属维尔京群岛2家、俄罗斯2家、日本1家、科威特1家、尼日利亚1家、马来西亚1家、蒙古1家、澳大利亚1家、荷兰1家、英国1家。港澳台资来源分别为：中国香港地区9家，澳门地区1家，台湾地区1家。

（高士增）

【利用外资及港澳台资行业结构情况】 2010年，全区新批36家外商及港澳台商投资企业，所属行业分布情况是：批发零售业15家、租赁和商业服务业7家、技术服务业6家、制造业4家、计算机软件业3家、金融业1家。

（高士增）

【产品出口及对香港地区输出情况】 产品出口主要面向欧盟、美国、日本以及东南亚等国家和对中国香港地区输出。出口及输出产品主要集中在金属机械及电气、信息技术及材料、合成材料及化工、木材加工及家具制造、纺织服装等行业。

（高士增）

【外商及港澳台商投资企业年检情况分析】 一是参检企业数量及规模方面。截至2010年8月5日，实际参加年检的外商及港澳台商投资企业448家，比上年减少2家。累计实现投资总额21亿美元，注册资本13亿美元，合同利用外资及港澳台资9.9亿美元。外商及港澳台商投资企业投资总额在1000万美元以上企业59家，占参检企业总数的13%。二是参检企业外方及港澳台商投资者国别地区来源方面。主要来自亚洲(270家)、北美洲(68家)、欧洲(94家)、大洋洲(11家)、非洲(5家)。其中，亚洲地区主要以中国香港地区、韩国、日本为投资通州区最主要的国家和地区。三是参检企业纳税方面。实现纳税总额18.1亿元，同比增长15%。其中，纳税额500万元以上的企业47家，累计纳税15.7亿元，占总纳税额的86%。从行业划分看，纳税额最大的前三个行业是：金属机械电气类、服装纺织类和合成材料化工类，纳税额分别是8.1亿元、4.9亿元和1.9亿元。四是参检企业行业分布方面。主要是服装纺织皮革类企业40家、金属机械电气类企业131家、房地产建材类48家，合成化工类企业59家、印刷纸制品类企业14家、信息技术及材料类企业44家、服务类企业67家、木材加工及家具类企业16家、农业及食品制造类企业24家、礼品制造类企业5家。

（高士增）

旅　游

【概　况】 2010年，区旅游局围绕国际新城建设和打造现代文化娱乐休闲旅游区，全面推进服务环境、发展环境“两优化”和提升旅游整体水平“六促进”各项工作，通过加强景区建设，扶持产业发展，创新活动载体，实施品牌战略，使全区旅游呈现出高端低端同步发展、城乡一体统筹发展、旅游经济持续发展的良好局面。2010年全区旅游实现接待游人231.3万人次，旅游综合收入57153.1万元，其中，民俗旅游接待64万人次，民俗旅游收入8257.7万元。为构建“和谐、创意、活力”通州，拉动经济、促进发展起到积极作用。

（王会文）

【虎年新春通州旅游市场平稳有序】 2月13日至19日春节期间，全区纳入旅游统计监测的15家住宿单位、4家景区（点）和5

个乡镇的民俗旅游共接待游人3.62万人次，实现旅游综合收入235.82万元，客房平均出租率19.7%。围绕“北京请您来过年”主题，虎年新春全区推出“三教庙文化庙会”、“农家亲子游”、“温泉养生”、“图书展销”、“特色花卉观赏”和“创意文化艺术体验游”等活动，其中运河苑度假村的“御泉水世界”为游客冬季养生、度假休闲提供了良好去处，7天假期接待游客0.79万人次，实现收入20.1万元；宋庄小堡画家村成为众多艺术爱好者的聚集地，各类创意文化艺术深受游人喜爱，7天假期共接待游客1.4万人次，获旅游综合收入70余万元。春节黄金周全区旅游秩序良好，无旅游投诉和安全事故。

（王会文）

【“北京请您来过年”群众评选活动通州获4个奖项】 2月26日，由北京市旅游局、北京市商务委员会、北京市文化局、北京市公园管理中心和《北京晚报》等多家单位联合举办的“游不尽的北京城、品不够的京味年‘2010北京请您来过年’春节十大系列群众评选活动”揭晓，经群众评选、专家评审，本区大鸭梨通州二店、农招大酒楼荣获“最受喜爱的年夜饭”奖，通州四景笔筒荣获“最受喜爱的十大旅游商品”奖，北京泊浒乐园荣获“最受喜爱的民俗户”奖。

（王会文）

【旅游人才工作座谈会】 3月16日，区旅游局组织召开旅游人才工作座谈会。北京工业大学实验学院和区内重点星级酒店、A级景区、旅行社主要负责人参加座谈会。会议围绕新城建设就旅游产业发展所需人才培养、社会实践、在职人员培训等方面进行深入研讨，在企业家进校园、旅游企业为院校学生提供实习基地、就业机会，以及学院为旅游企业输送实用型人才，为旅游企业在岗人员提供培训等方面形成共识，达成意向。

（王会文）

【旅游服务质量提升年宣传咨询日分会场活动】 3月27日，“品质伴你行，满意在北京‘全国旅游服务质量提升年’北京地区宣传咨询日通州区分会场活动”在运河公园文化广场举行。副区长刘淑华和区旅游、公安、工商、文化、安监、城管等部门领导以及各旅游企业主管领导和员工代表200余人参加启动仪式。本次活动就深入搞好旅游质量提升年各项活动进行全面动员，并向全区旅游企业发出“构建依法、诚信、公平、优质、和谐旅游环境，为现代化国际新城建设做贡献”的倡议，亚太花园酒店、运河公园、欢乐旅行社分别进行表态发言，20余家旅游企业现场设站宣传，向市民和游人发放《京郊旅游手册》、《北京“一日游”服务提示》和《北京风光》、《通州旅游》光碟等各类宣传资料2万余份。

（王会文）

【组团参加全国百城世博旅游宣传推广周启动仪式】 4月3日，区旅游局组团参加在奥林匹克中心举行的“2010走进世博——旅游大篷车凯旋仪式暨全国百城世博旅游宣传推广周启动仪式”。通州区以“游通州（新城）、走大运（古河）”为主题精心布展，通过彩绘展板展示、发放旅游宣传资料和提供旅游咨询服务等，集中宣传本区的特色旅游资源、丰厚的运河文化和现代化国际新城建设、现代文化娱乐休闲旅游新形象等，本次参展本区展台接待游人5000余人次，发放各类宣传资料2000余份，服务咨询游客千余人。国家旅游局局长邵琪伟在副市长丁向阳和市旅游局局长张慧光陪同下，视察了通州区展位，对本区新城建设和运河旅游开发情况给予高度关注。

（王会文）

【区旅游局与北工大实验学院缔结合作关系】

4月16日，区旅游局与北京工业大学实验学院举行签约仪式。区内部分星级饭店、A级景区、旅行社和特色食品生产企业的主要负责人参加了仪式。仪式上，区旅游局与学院主要领导，分别就旅游人才培训，大学生实习、就业、调研课题研究等方面加强合作，双方签署了合作协议，并为“北京工业大学实验学院大学生校外实习就业基地”进行了揭牌。实施“学、旅”合作共谋发展，为高校发挥“教学、科研、服务社会”功能，旅游业借助高校资源培训、充实企业人才，提升企业品质，助力新城建设起到积极促进作用。

（王会文）

【组团参加第五届中国（北京）国际餐饮·食品及供应商博览会】 5月7日至9日，区旅游局、旅游行业协会组团参加在北京展览馆举办的“第五届中国（北京）国际餐饮·食品及供应商博览会”。展会上，本区设展集中宣传了运河公园、韩美林艺术馆、宋庄创意文化产业集聚区等特色旅游资源和通州新城建设，重点推介了莎日娜蒙古风情生态农业观光园、快乐源农庄等民俗特色餐饮企业和餐饮文化，发放各类旅游宣传资料3000余份。本次参展对扩大通州旅游和民俗餐饮文化知名度、影响力具有积极作用。

（王会文）

【旅游饭店服务技能大赛】 5月13日，区旅游局在北发大酒店举办“2010年通州区旅游饭店服务技能大赛”。区内10家旅游饭店和北京工业大学实验学院的44名选手参加比赛，200余名饭店员工观摩大赛。大赛分中式铺床和中餐宴会摆台两个项目，涵盖仪容仪表、现场操作、工装展示三项内容，设集体奖6个、组织奖5个、单项奖12个。经过激烈角逐和专家评委打分，北发大酒店、亚太花园酒店等6家饭店获得集体奖；运河苑度假村、太阳花酒店等5家饭店获得组织奖；北发大酒店张春红、亚太花园酒店黄芬芬、月亮河温泉度假村段艳霞等12名选手获得个人单项奖。北京市旅游局副局长于德斌、饭店处处长周树琦出席大赛，为获奖选手、获奖单位颁奖并讲话。

（王会文）

【区旅游局与北京林业大学人文学院建立合作关系】 5月19日，区旅游局与北京林业大学人文学院公共关系文化与应用研究所举行合作签约仪式。区旅游局与学院学委主要领导就学院为通州旅游发展在定位研究，项目策划，旅游环境心理研究，体验式旅游模式建立，旅游产业发展，项目设计、开发，实操性技术服务和培训、咨询等方面提供支持，区旅游局为林业大学大学生实习、实践及就业等方面提供服务平台签署了合作意向书。本次“学、旅”合作签约，将对通州旅游产业发展、“打造现代文化娱乐休闲旅游城市”，在智力支持和旅游人才培养、培训、引入、扩充上提供有力支撑。

（王会文）

【宋庄艺术文化休闲旅游专项规划通过专家评审】 5月20日，区旅游局组织召开《北京市通州区宋庄艺术文化休闲旅游专项规划》专家评审会。由市政府研究室、市旅游局、北京大学、北京世纪唐人旅游发展有限公司、市规划委通州分局专家组成的评审组和宋庄管委会主管领导听取了北京神州新纪录规划设计研究院对《规划》的系统介绍，经专家评审组深入讨论认真评审，认为该《规划》编制思路清晰，依据充分，体例完整，空间布局合理，形象定位准确，创意文化旅游产品和品牌项目策划具有前瞻性、创新性和可操作性，为宋庄创意文化旅游产业的可持续发展提供了科学规范、严谨丰富的有效路径。该《规划》通过了专家评审。

（王会文）

【组团参展2010北京国际旅游博览会】 6月25日至27日，区旅游局组团参加在中国国际展览中心举办的“2010北京国际旅游博览会暨北方旅游交易会”。在北京乡村旅游展区中，通州区设展集中宣传推介了南瓜观光园、快乐源农庄、莎日娜蒙古风情生态观光园、北京葡萄大观园等特色乡村旅游资源，并展示了“面人彭”现场制作和景泰蓝系列旅游工艺品。参展的本区展台受到众多参观者关注，共发放各类旅游宣传资料3000余份。副市长丁向阳和市旅游局局长张慧光参观本区展台。

（王会文）

【举行绿色旅游从我做起活动】 7月27日，区文明办、区市政市容委、区旅游局联合在东方宾馆举行“做文明有礼的北京人，垃圾减量垃圾分类，绿色旅游从我做起”活动倡导仪式。区委常委、宣传部长张秀余，副区长肖志刚和区文明办、区市政市容委、区旅游局的领导出席仪式，区内28家旅游企业代表和社区群众代表近200人参加仪式。仪式上，月亮河温泉假日酒店代表旅游行业发出了“垃圾减量、垃圾分类、绿色旅游”的倡议，亚太花园酒店介绍了垃圾减量、垃圾分类的经验做法，与会领导共同为活动宣传海报揭牌，并就活动的目的意义要求进行了强调。

（王会文）

【3家旅游企业申报特色业态休闲农庄获批】 8月18日，北京市旅游局新型业态专家评审组对“快乐源农庄”、“北京金篮子生态种植有限公司”、“北京瓜兴园农业观光有限公司”3家旅游企业申报特色业态休闲农庄进行验收。评审组通过听汇报，实地考察环境、景观、餐饮、住宿等接待服务设施，对3家旅游企业各具特色、优势明显、发展前景好、潜力大和安全卫生、导览标识、科技含量、文化内涵达到标准要求给予肯定，经评审，3家企业一致通过专家评审组验收。

（王会文）

【低碳环保游运河活动】 8月29日，由区旅游局与“八通网”联合发起的以“游通州新城 走大运古河”为主题的百名网友徒步低碳环保游运河活动在运河公园举行。活动中百名网友观看了通州国际新城发展规划沙盘及宣传片，并由运河文化广场出发，沿运河东岸徒步南行至漕运码头折回，往返总里程约8公里。此次活动将游运河、观新城与倡导低碳生活方式有机结合，对弘扬运河文化、扩大通州现代化国际新城建设影响、宣传低碳环保旅游理念起到积极作用。

（王会文）

【通州区讲解员获北京市导游电视大赛“最佳讲解员”奖】 9月9日，在北京市旅游局、共青团北京市委、北京市妇女联合会共同举办的“2010北京市导游电视大赛”颁奖仪式上，本区韩美林艺术馆讲解员田莉以95.76分的优异成绩荣获讲解员组第一名，获得“最佳讲解员”称号。本次大赛，共有全市各旅行社、导游服务中心和景区等62家单位的126名导游员和讲解员参赛，最终决出4名最佳导游员、1名最佳讲解员、8名优秀导游员、3名优秀讲解员。

（王会文）

【2010秋季旅游活动媒体发布会】 9月14日，由区委宣传部、区旅游局联合主办的“2010年通州秋季旅游活动媒体发布会”在运河公园举行。“北京易游假期”等十余家知名旅行社负责人和报社等媒体记者应邀参加发布会，区旅游局、文化委、园林绿化局和西集镇、漷县镇、新城基业资产运营公司、宋庄文化创意产业集聚区管委会以及市旅游局旅游促进一处的主要领导出席发布会。本次发布会以展示运河历史文化深厚底蕴、现代创意文化时尚元素、低碳生态休闲独特魅力和通州国际新城建设美好远景为主旨，就通州现代化国际新城规划及发展高端商务休闲旅游、打造现代文化娱乐休闲城市，结合运河文化游、艺术体验游、生态休闲游三大旅游主题，重点发布推出通州秋季系列旅游活动23项，区文化委、宋庄创意产业集聚区管委会、新城基业资产运营公司分别就运河艺术节、宋庄文化艺术节及运河游等活动作了重点推介。发布会后，与会人员参观了新城规划展厅，观看了新城建设宣传片，游览了漕运码头和大运河森林公园。

（王会文）

【第二届农业节暨第五届梨园采摘节】 9月21日，宋庄镇第二届农业节暨第五届梨园采摘节在宋庄镇翟里村“通达观光采摘园”举行。本次采摘节以“缤纷金秋，灿烂宋庄”为主题，以打造农业旅游与艺术旅游互动融合为模式，与宋庄文化艺术节共同为各界游人提供农业观光休闲采摘与品味现代创意文化艺术双重享受。采摘节历时一个月，推出采摘、观赏项目50余种，成为京郊金秋旅游最受游客关注的项目之一。

（王会文）

【组团参加2010年第十二届北京国际旅游节】 9月20日至21日，区旅游局组团参加“2010年第十二届北京国际旅游节”。本届国际旅游节以“世界之城，美丽北京”为主题，本区以“游通州新城　走大运古河”为主旨，在蓝色港湾国际商区分会场设展，通过展板展示与旅游咨询服务，向游客宣传通州新城建设，推介运河艺术节、宋庄文化艺术节、中秋运河水上赏月游等丰富多彩的旅游活动和旅游资源，吸引游客到通州旅游。

（王会文）

【“两节一园”火爆“十一”黄金周】 10月1日至7日，通州区纳入统计监测的10家住宿单位、5家旅游景区和8个乡镇民俗旅游共接待游人39.97万人次，实现旅游综合收入642.29万元，客房平均出租率50.1%，同比分别增长96.6%、8.9%和19.5%。全区旅游市场秩序良好，无旅游投诉和旅游安全事故发生。“十一”黄金周全区各景（点）精彩丰富的旅游活动受到广大市民关注，其中北京·通州运河艺术节、第六届中国·宋庄文化艺术节和大运河森林公园游园活动成为“十一”黄金周突出亮点。北京·通州运河艺术节以“国际新城，和谐乐章”为主题，推出运河摄影展、书法展、工美艺术展、戏曲、舞蹈和儿童嘉年华、交响乐等近20项丰富多彩的活动，1日至6日，运河艺术节共接待游人5.2万人次，获旅游综合收入5.5万元。宋庄文化艺术节推出音乐、戏剧、电影和8个艺术学院作品展、11个艺术群落作品展及11个国外机构作品展，并与宋庄第五届梨园采摘节相呼应，为游客提供了艺术观赏与观光采摘的双重乐趣，“十一”期间共接待游人3.5万人次，获旅游综合收入170余万元。大运河森林公园以运河为主线，秉承“以水为魂，以林为体，林水相依”的理念，构建的“一河、两岸、六园、十八景”景观组团，为市民和游人打造了一个天然大氧吧。公园自9月25日开园以来，咨询、前往的游人络绎不绝。“十一”7天假期游人更为众多，旅游接待达18.39万人次，成为“十一”黄金周最聚人气的景区。

（王会文）

【导游员、讲解员大赛颁奖暨《通州导游》发布仪式】 11月9日，区委宣传部、区文化委、区旅游局共同主办的“通州区导游员、讲解员大赛暨《通州导游》发布仪式”在北发大酒店举行。北京市旅游局副局长安金明，区领导张秀余、刘淑华及区委宣传部、区文化委、区文明办、区人力社保局、区旅游局、区总工会、北工大实验学院的领导出席仪式。本次导游员、讲解员大赛共有各旅游景区、旅行社和北工大实验学院等18家单位的46名选手报名参加。大赛由实景讲解和知识问答两个环节组成，通过角逐，北京永安国际旅行社、北京欢乐旅行社、大宋旅行社和韩美林艺术馆、中国民兵武器装备陈列馆、运河公园6家单位分别获得旅行社组和景区组集体一、二、三等奖，北京永安国际旅行社的刘文婧、韩美林艺术馆的孟雅静等22名导游员、讲解员分别获得旅行社组和景区组个人一、二、三等奖和优秀奖。颁奖仪式上，参赛选手代表进行了精彩讲解表演和才艺展示，与会领导为获奖集体和个人颁发了奖杯、证书和奖金，并对本区选派参加“2010北京市导游电视大赛”以总分第一夺冠荣获全市“最佳讲解员”称号的韩美林艺术馆讲解员田莉进行了表彰。仪式上，区委宣传部、区文化委、区旅游局对共同主办编写的《通州导游》进行了发布，并向旅游企业赠送了《通州导游》手册。《通州导游》收录了通州区14家具有代表性的旅游景区、艺术展馆、农业主题观光园、休闲采摘园等旅游企业及通州大樱桃、张家湾葡萄等旅游资源。该手册较为全面地介绍了通州的运河文化、历史文化、现代创意文化、古迹文化、乡村民俗文化和新城建设等内容，是旅游者更好地了解通州特色文化旅游资源的工具书，同时也为导游员、讲解员培训提供了理想教材。

（王会文）

【组团参加第五届中国北京国际文化创意产业博览会】 11月18日至21日，区旅游局、旅游行业协会和区工艺美术行业协会组团参加由文化部、国家广电总局、新闻出版总署、北京市人民政府在国际展览中心主办的“第五届中国北京国际文化创意产业博览会”。本区参展的系列民俗作品、景泰蓝作品受到参观者的青睐和好评。

（王会文）

【编制《快乐通州乡村游》宣传册】 11月24日，区旅游局编制完成《快乐通州乡村游》宣传册，该图册涵盖了“运河名果”、“旅游节庆活动”、“精品采摘园”、“特色民俗游”等内容。突出了“郊野、情趣、生态、休闲”等乡村特色，为游人到通州区乡村旅游提供了便捷指南。

（王会文）

【副市长丁向阳调研通州旅游产业发展】 11月26日，北京市副市长丁向阳带领市政府副秘书长安钢、市旅游局局长张慧光以及市发改委、市规划委、市国土局等有关部门领导到通州调研旅游产业发展。首旅集团、派格太合公司主要领导随同调研。区领导王云峰、张秀余、刘淑华及区属相关委办局领导陪同调研。副市长丁向阳实地考察了大运河森林公园、韩美林艺术馆和现代音乐学院，听取了区领导对近年来通州旅游产业发展情况的汇报和主题公园、派格5D炫幻秀等文化旅游项目进展情况的介绍，对通州城市建设、城市环境和旅游产业发展取得的明显进步给予肯定。并针对旅游资源多样化、旅游服务便利化、旅游管理精细化、旅游市场国际化的未来发展方向，以及北京建设世界城市的大背景，就通州打造支柱产业、开展多种形式主题节庆活动、培育旅游市场、加强区域合作、积聚文化旅游发展力量，吸引众多投资者关注，用主题休闲公园和5D秀这样的大项目拉动通州旅游产业发展走在全市前列提出了要求。

（王会文）

【旅游咨询接待服务】 2010年，区旅游咨询服务中心共接待各类游客咨询80075人次，同比增长50.5%。其中直接来访者61280人次，同比增长53.4%；电话咨询者18795人次，同比增长41.7%；发放各类旅游宣传资料16751份；来访者数量和增长率均创历史新高。

（王会文）

【“通州礼物”设计大赛】 12月7日，“通州礼物”设计大赛颁奖仪式在亚太花园酒店举行。区领导张秀余、刘淑华与市旅游局有关领导、专家评委、区属相关委办局领导，以及旅游纪念品研发企业、个人工作室、旅游企业代表和媒体记者百余人出席了颁奖仪式。本次“通州礼物”设计大赛，由区委宣传部、区旅游局、区文化委主办，区旅游行业协会、区工艺美术行业协会承办，本次大赛自3月份启动，历时8个月，共征集到22家参赛单位和个人工作室设计作品76件，涵盖公务礼品、工艺品、食品包装产品、旅游纪念品等多方面创意作品，大部分作品突出了通州地域特色，有的反映通州现代化国际新城风貌，有的体现运河文化和民俗文化，大都具有较强的市场性和实用性。经专家评委评审，北京福人福地文化发展有限公司的“通州运河旅游纪念品挂件系列”和北京东方运河人文化艺术有限公司的“北京通州新城公务礼品系列”荣获银奖；北京格申工艺美术品有限公司的“运河船模系列”、北京惠民工艺品厂的“景泰蓝工艺品系列”和彭小平工作室设计的“通州古韵挂盘面人”荣获铜奖；北京福人福地文化发展有限公司的“漕运船纸插玩具”、北京格申工艺美术品有限公司的高仿“潞河督运图”手卷、北京仙源食品酿造有限公司的“通州特产高档礼盒”、北京雨辰斋文化有限公司的“炭雕运河塔影”、北京唐人坊文化发展有限公司的“运河姑娘绢人系列”、北京大运河翰林文化开发中心的“织锦古运回望图”、北京艺景金古运文化发展有限公司的石雕“茶砚”和罗浩工作室设计的“通州水韵”纪念画册荣获优秀奖。与会领导为获奖单位和个人颁发了证书和奖金。仪式上，主办方还为获奖作品走向市场搭建了平台，组织获奖单位、个人与“北京礼物”通州店签署了作品供销协议。

（王会文）

【编制《通州旅游一图通》】 12月24日，区旅游局编制完成《通州旅游一图通》，该旅游图较全面的整合了通州的旅游资源，从吃、住、行、游、娱、购等方面为游人提供内容丰富、分类清晰、实用性强的旅游资讯服务，是各界游人通州之行的良好服务指南。

（王会文）

【旅游环境秩序整治】 2010年，区旅游局按照国家、市、区环境整治要求，会同区公安、工商、城管、交通等部门，对区内非法“一日游”假站牌、无证经营旅游业务的行为加大执法检查力度，全年出动旅游执法车50辆次，旅游执法检查人员150余人次，拆除非法“一日游”假站牌100余块，使旅游市场秩序持续净化，在上半年全市“一日游”市场治理整顿考核中，通州区获满分100分的好成绩。

（王会文）

【旅游安全实现“双百”目标】 2010年，区旅游局认真贯彻落实国家、市、区安全工作会议精神，组织指导旅游行业积极开展“安全生产三项行动”、“安全生产日”、“安全隐患排查整治”和“安全生产互联查”等活动，举办“旅游系统消防安全大演练”、“安全生产知识培训”和“安全生产经验交流”等活动，并以春节、“五一”、“十一”、元旦等节假日和春夏秋冬旅游季节特点为重点，部署旅游安全工作，开展安全防范大检查，督促企业落实安全隐患整改，实现了全年旅游安全无事故、零投诉“双百”目标。

（王会文）

交 通 · 邮 电

公 路

【概　况】 2010年，通州公路分局深入贯彻落实科学发展观，努力实现“十一五”规划目标，以做好迎接全国干线公路养护管理检查准备工作为重点，不断创新管理方式，提高依法行政水平，圆满完成各项工作任务。全年实施计划内新改建工程5项，旧桥改造工程2项，大修工程8项，中修工程26项，小修工程14项，完成建设养护等各项投资5.3亿元；全年管养县级以上公路492公里，其中国道2条、33.8 公里，市道13 条、160.6公里，县道 25 条、296.8公里。

（孙国斌）

【公路计划管理工作】 2010年，完成2011年10项大修工程的设计概算编报及通顺路、九德路、新堤路道路工程等7项工程决算编报工作，编制完成《分局设计变更管理实施细则》；完成2011年大修委托设计和测绘工作以及2010年8项大修工程施工图设计委托及批复工作，配合路政局项目管理中心完成宋郎路南延工程施工图设计工作。竣工验收方面，完成2008年以前全部新改建工程竣工验收工作。档案专项验收方面，通州公路分局在路政局范围内率先完成2004～2007年29项新改建工程档案专项验收。

（孙国斌）

【公路建设】 2010年，通州公路分局实施新改建工程5项，完成投资2亿元，其中张凤路改建工程、滨榆东路延长线工程完工，徐尹路改建、通香路改建工程在施，宋郎路南延工程开工建设；全年实施京塘路一期、张采路、任李路、新堤路、漷马路、黄马路、铺大路、京塘路二期大修工程8项，全部工程于8月底前完工，完成投资1.98亿元；年内，完成旧桥改造工程2项，分别为京塘路土桥桥改造工程和永觅路老槐庄桥加固工程，完成投资424万元。

（孙国斌）

【公路养护】 全年通州公路分局实施京塘路、张采路、漷小路、武兴路、通马路等中修工程共26项及14项小修工程，工程合格率100%；完成路面灌缝1.57万米，整修路肩及边坡 170万平方米，补坑修复面积2.3万平方米，完成国市干线路面弯沉的检测工作和汛前泵站管线及各种排水设施清理工作，完成公路日常维护投资5873万元；年内，公路分局实施国家高速公路网标志更换工程、路网调整指路标志改造工程和开放式道班服务站标志工程，完成投资439万元，共计更换和新设各类标志667套；完成交通工程日常维护投资537万元，进行标线更新工程，施划热熔标线16981平方米，振动标线8134平方米；投资38.3万元实施隐患点专项整治工作4项，安装护栏1050米，黄闪灯2个；实施绿化补植工程2项，完成绿化管护投资834万元；完成2010年大修及新改建工程绿化共计6项，成活率达到98%；实施通顺路生态绿化工程1项,绿化面积2.7万平方米，完成投资122.7万元；投资163万元对138座桥梁进行定期性检查，对6座桥梁进行特检，进行涵洞检查 94 座，汛期无水毁等汛期突发事件发生，冬季积极储备除雪设备及物资，确保了道路安全畅通。

(孙国斌)

【乡村公路】 2010年，通州公路分局编制《通州区乡村公路建设、养护工程年度预算》、《2010年资金使用计划》，并起草《通州区乡村公路建设工程质量、安全监督管理办法》,全年完成乡村公路养护任务1832公里，完成乡村公路建设工程28项26.6公里；完成旧桥改造项目8项,指令性中小修工程6.8万平方米。

(孙国斌)

【路政执法】 4月，通州公路分局利用年初收费人员转岗的机会，将原养路费征稽所部分执法人员充实到路政大队执法队伍中，按照新的《公路路政巡查制度》的要求，成立5个巡视分队分别进行巡视，保证了国道和高速公路每天巡视1次、市道每2天巡视1次、县道3天巡视1次的巡视频率。同时派专人在白庙南站、白庙北站、觅子店站、西集站、永乐店站和应寺站等6个治超站加强检查。全年公路分局办理处罚案件49件，处罚金额9.9万元；路产赔偿案件109件，收取赔偿金额约37.6万元；受理行政许可案件104件，审结102件，收取补偿费约355.2万元。治理超限运输方面，全年检测6.7万辆,卸载694辆,卸载2672.4吨。此外，公路分局多次参加通州区联合进行的集中夜查行动并完成昌平线轨道交通、15号线轨道交通大件运输等护送任务。

(孙国斌)

【路网管理】 6月，通州公路分局公路路网管理与应急处置系统正式启用，并开始进行24小时系统值守工作。全年公路分局通过可变情报板对外发布信息565条，填写值守人员日常监控记录共计396篇，填报路政案件、养护事件2128件。

(孙国斌)

【安全管理】 2010年，公路分局制定《安全生产七项制度》、《突发事件总体应急预案》、《公路中、小修工程质量监督规定（试行）》等多项制度，并组织养护作业、防火及公共卫生等应急演练。为有效加强中小修工程质量监督，公路分局对房通路、张采路等27项中、小修工程进行了以质量保证体系的运行情况和监理程序执行情况、内业资料的真实性和及时性等重点内容的全面监督，并委托有资质的第三方检测机构对工程实体质量进行了监督检测。

(孙国斌)

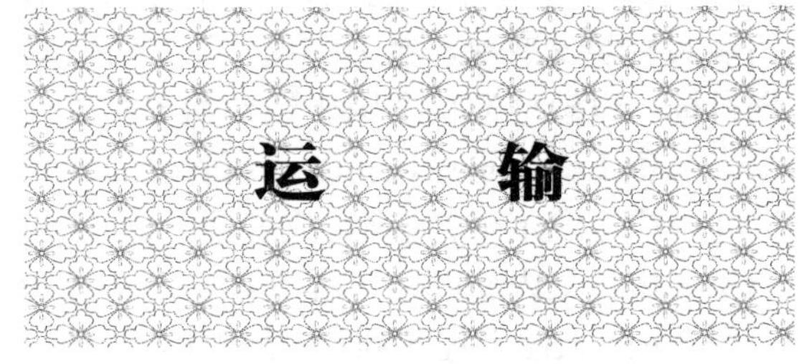

运 输

【概 况】 通州区交通局为区政府职能部门，担负着全区客运、货运、水运、汽车维修行业的行政审批、行业管理和行政执法工作。局机关设有综合办公室、政工科、纪检监察科、法制科、客运管理科、货运管理科、汽车维修管理科、安全管理科、财务科9个科室，下属有运输管理所、出租汽车管理所、汽车维修管理所、培训中心4个事业单位。2010年，区交通局认真贯彻落实科学发展观，紧紧围绕通州现代化国际新城建设这一中心，全局上下团结一心，迎难而上，拼搏奉献，圆满完成全年工作任务，营造了健康、稳定、和谐发展的交通运输环境。

(陈 颖)

【客运行业基本情况】 通州区客运行业包括：郊区客运、出租汽车、旅游客运、人力三轮车运输、汽车租赁。其中郊区客运企业1家，为北京市恒基客运有限公司，隶属于区国资委，现有运营线路32条（其中区境内线路13条，区县间线路5条，村村通线路 14条），运营车辆197部，运营线路长度 925公里，覆盖通州11个乡镇，通达行政村205个。出租汽车企业11家，个体经营业户17户，运营车辆2043部。旅游客运企业2家，运营车辆11部，从业人员15人；人力三轮客运车辆839辆，从业人员839人。汽车租赁企业12家，车辆121部。此外，在区内经营大公交客运的企业主要为北京市公共交通控股（集团）有限公司所属的北京八方达巴士长途客运有限责任公司通州分公司、公交客运第五客运分公司，在通州经营的线路共计53条，车辆1300余部，车型全部为大型客车（通道车或单机车）。

（陈　颖）

【水运行业基本情况】 全区游船业户2户，游船145艘，年运送游客13.4万人次，年营业收入193.6万元。

（陈　颖）

【货运行业基本情况】 全区货运业户8802户，货运车辆23332部（主车22747部、挂车585部），总吨位81242吨。其中货运站（场）4户；化危运输企业30户，危运车辆882部（主车758部、挂车124部），3835吨；普通货物运输企业8692户，21221部车，63829吨；集装箱运输企业55户，主车157部、挂车162部，4860吨；大型物件运输企业57户，主车63部、挂车50部，1435吨；农用车辆303台，占总车数的1.3%。

（陈　颖）

【汽车维修行业基本情况】 汽车维修行业有一类企业 26 户，二类企业 142 户，三类经营业户 396户，摩托车修理业户29户。其中各种品牌的专修店25家，连锁经营品牌店4家。

（陈　颖）

【加大郊区客运改革力度】 坚持节能、低碳、环保的公共交通理念，全年更新和新增郊区客运黄标车126部。新更车辆符合北京市环保要求及北京市运输局郊区客运车身颜色推介方案标准。新更车型舒适、宽敞，安全性高，受到乘客的普遍好评。郊区客运企业进一步完善“五定”管理方案，逐步推进公车公营的经营模式改革，实现郊区客运公益性定位。

（陈　颖）

【完成郊区客运一卡通系统安装和建设工作】

区交通局协调建设一卡通结算分中心，加强日常维护与管理，在本区197部郊区客运车辆上全部安装一卡通刷卡系统，12月18日正式实现刷卡功能，并实施刷卡乘车2、4折优惠。为方便城乡居民购卡充值，在原有公交北苑站及轻轨八通线沿线站点等售卡、充值点的基础上，在11个乡镇的北京农村商业银行所属分支机构增设市政交通一卡通购卡、充值网点。

（陈　颖）

【调整优化公交线路】 区交通局协调开通了552路公交线路，解决了新城东北部与西南部两地间无直达公交车及换乘轻轨不便问题，充分发挥了轻轨八通线果园轻轨站对周边客流的吸引作用，有效缓解北苑轻轨站的客流压力；调整延长通4路至小稿村，两条线路均设立新中医医院站，为百姓就医提供了服务。采取分批分期方式解决园区接驳问题，先行试点对光机电基地、物流基地、金桥基地三个区域公交需求进行线路开调，一是新开两条专线线路通28路、通29路，解决物流基地、环保产业园区群众出行问题；二是对现有通11路、通12路运营线路采取增加运力、延长首末班运营时间、缩短发车间隔、调整线路走向等方式解决金桥基地、光机电基地以及亦庄地区群众出行不便问题。做好轨道交通亦庄线通州段的公交接驳工作，确保轨道交通亦庄线12月28日开通后百姓便于换乘。

（陈　颖）

【做好公共交通行业调研和规划】 一是进

行“十二五”时期通州新城公共交通体系建设规划，对轨道交通建设、快速公交系统(BRT)、客运枢纽建设、客运站建设等提出了规划意见。二是进行北苑、土桥两个客运枢纽规划研究，确保了枢纽站建设顺利推进。三是进行新能源车型及充电站、加气站建设和使用的前期调研，为通州核心区建设中推广和使用新能源清洁燃料车做好先行工作。四是积极参与新城建设规划工作，协调市交委完成新城外部联络通道的近期规划和近期建设计划，初步形成“九横十纵”的对外道路网络规划和“4321的对外公共交通规划”。

（陈　颖）

【提高依法行政水平】 完善依法行政基础工作，重新梳理界定执法依据和职权，全局统一执法主体，建立健全了依法行政各项制度12项。开展全局法制培训和考核，组织局160名执法人员参加市交通委的执法证件资格考核，全年法制培训 12次158学时。加强日常执法监督工作，严格执法责任制考核，对行政许可案卷进行月检查、季考评，案卷评查全部为优秀卷。

（陈　颖）

【强化行业管理】 年内，以贯彻《北京市道路运输条例》为抓手，认真落实条例配套的规范性文件和新出台标准的宣贯和实施工作，加强对客运、货运、汽车维修、水运企业日常管理，严把市场准入关，引导运输行业依法经营、规范管理。进一步提高了行政效能，做好行政审批服务，全年受理许可（备案）事项10951件（含从业人员），全部在规定时限内完成，实现全部审批无超时，群众满意率100%。在货运、汽车维修行业开展质量信誉考核工作，不断完善道路运输市场诚信体系建设。继续抓好四项制度落实和《汽车大修竣工出厂技术条件》等四项地方标准宣贯工作，落实到全区的每一户维修企业，提高了汽车维修企业质量管理水平和维修服务质量，切实维护了汽车消费者合法权益。启用新的郊区道路客运电子政务网上审批服务系统，提高了管理手段。加大水运行业管理力度，确保水域游船安全服务。完成货运车辆抽样调查等各项行业统计工作。

（陈　颖）

【行业行政执法】 加强了执法队伍建设，进一步规范了执法行为，全年进行执法检查77932起，做出行政处罚6442起，行政执法保持了无投诉、无上访、无行政复议，运输市场秩序进一步规范。

（陈　颖）

【加强行业培训服务】 全年举办10期货运驾驶员从业资格培训班，2000余人经考核合格领取了从业资格证。受理包括旅客运输、汽车维修检验员等从业资格申请120人次。为300余人如期换发了新版从业资格证。

（陈　颖）

【行业安全监管工作】 完善安全监管工作机制，层层落实责任，逐级签订安全生产责任书，认真开展安全生产月活动、百日平安行动，加强安全生产检查，重点加大了对低栏板运输车辆拉高立气瓶化危运输企业的监管和执法力度，罚款10余万元。协助市局做好本区化危运输车辆远程定位监控系统(GPS)联网工作，已完成500余辆车的调试，20家企业通过“安全评价”。扎实推进汽车喷烤漆房设备安全专项整治工作，最大限度减少了安全隐患和污染物排放。加强了轻轨八通线通州段运营安全和服务监管。完善交通运输应急保障机制，重点对防汛应急预案进行全面梳理和修订完善，确保运输保障及时有力。

（陈　颖）

【巩固治超成果】 区交通局全力做好牵头组织工作，巩固治超成果，全区共出动运政、路政、交通、公安执法及工作人员54040人次，检查车辆130943辆次，超限超载车辆卸载2778辆次，卸载货物15118吨。基本实现对进出北京东大门的超限超载车辆的全面防控。加紧建设西集、京津二通道、白庙北、小甸屯公路综合检查站。

（陈　颖）

【扩建城市货运"绿色车队"】 积极参与创建国家卫生区工作，继续抓好节能减排工程，年内，引导扩大组建城市货运"绿色车队"，受理上报绿色车队企业88家、车辆4807辆。

（陈 颖）

邮 政

【概 况】 通州区邮政局位于运河西大街174号，拥有干部、职工575人。区邮政局机关设五部一室，下辖邮政支局9个、邮政所24个、专业公司2个。共设邮路8条，投递道段111条，其中汽车投递道段7条、摩托车投递道段4条、自行车投递道段98条、机要投递道段1条、包裹直投道段1条，投递里程4012公里，信筒信箱250处。担负着全区912平方公里150余万人口的邮政通信服务工作。

2010年，通州区邮政局紧紧抓住"现代化国际新城建设"的机遇，坚持以科学发展观为导向，突出解放思想抓建设促经营、以人为本抓管理促和谐理念，通过深化改革、强化经营、提升素质，以服务促发展，勇于创新，攻坚克难，使企业实现又好又快的发展，各项工作取得新进展。

（王锁良）

【经营成果】 2010年，邮政业务总量完成13804.21万元；邮政通信总量完成8057.82万元；邮政业务收入完成8517.61万元，完成预算的100.25%，同比增长19.18%。收支差额完成2079万元，完成预算的102.44%，同比增长10.94%。全员劳动生产率实现16.17万元／人。

（李士娟）

【加强营销体系建设】 创新营销机制，提升营销整体实力，扩大专职营销员队伍。2010年这，进一步完善营销激励机制，制定营销部工作职责、营销主任岗位职责，并出台《2010年营销项目奖励办法》、《2010年营销体系建设实施办法》，此办法实施后，经营效益不断提高，促进了企业经营发展。年内，成功开发用户154户，营销业绩434.12万元。

（张素霞）

【开展多层面培训活动】 强化营销员培训力度，建立作风过硬的营销队伍。区邮政局加大对支局长、营销员的培训工作，对支局长进行了全面系统的管理知识、管理方法、工作思路的培训，利用周末组织商函和集邮专项业务培训和营销知识培训，引导支局长学业务、学方法、找感觉、促效果。加强培养内部营销人员的培训力度，培养内训师，采取送出去、请进来等多种培训方式，快速提高内训师人员的素质。在营销员培训方面，对营销员传授营销知识，举办"2010年营销知识大赛"等各种活动，共开展各种形式的培训、竞赛8次，集中考试4次。通过强化培训，提升了营销员的专业素质、营销技能和产品开发的能力。

（张素霞）

【推进村邮站建设】 年内，区邮政局按照市邮政公司及区政府文件精神，紧紧围绕"村村建站、户户通邮"的目标，以服务"三农"为主线，狠抓各项任务的落实，推动了通州区新型村邮站建设工作的开展，解决了最后一公里的服务问题。

（张素霞）

【完成五局所装修改造工程】 2010年，按照建设工程规划，对5个局所进行了装修改造，完成新华大街、翠屏南里、张家湾、台湖、马驹桥邮政局所的装修改造工程，解决了生产场地狭窄问题，为全局今后的整体经营发展奠定了坚实的基础。

（张素霞）

【强化安全工作】 按照"安全第一、预防为主、综合治理"的方针，强化安全管理，落实重点制度，进一步加强了安全防范设施建设和对重点部位、重点环节的安全检查。严格遵照市邮政公司的工作要求，对各类邮件严格执行收寄验视制度，严把收寄关，确保了世博会期间寄递物品的安全。同时，加强对网点资金安全、管理岗履职情况的监督与检查，进一步规范邮政资金防盗、防抢等规章制度的落实，组织金融风险“百日大排查”活动。开展“安全生产月”、“平安邮政”建设活动，做到全员参与、人人皆知，切实提高各级管理干部及职工的安全生产意识，全面实现了“平安邮政”工作目标，全年各项安全指标全红。

（王忠厚）

【精神文明建设再上新台阶】 开展形式多样的争优创先活动。在营业、投递及司机人员中分别开展“文明服务示范岗”、“文明标兵”、“优秀投递班组”、“服务质量标兵”、“营销能手”等评选活动，全局上下掀起学东四、学先进的热潮。通过创建工作的开展，发动职工以良好的精神面貌投身到企业经营发展中去，并组织各种丰富多彩的竞赛活动，丰富企业文化建设的内涵。2010年，区邮政局再次获得“全国精神文明建设先进单位”称号，获得北京市邮政公司“安全生产先进单位”称号，自1995年至2010年连续16年获北京市“交通安全工作先进单位”称号，梨园支局投递部获北京市“模范集体”称号。

（张素霞）

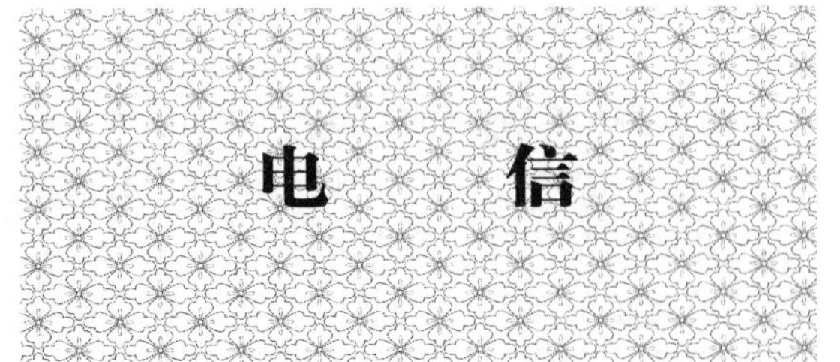

电　信

【概　况】 2010年，中国联通北京市通州区分公司围绕2010年公司工作会“六个深化、四个推进、三个提升”的工作思路，积极应对3G业务优势期短的挑战，高度重视新城拆迁对属地用户的辐射影响，增强对移动网销售网络的保有扩张，不断创新发展思路、逐步深化管理水平、努力适应市场需求、全局联动激发效能，深挖市场潜力，加快网络建设，合理配置资源，提升服务质量，推进体制改革，出色完成各项工作任务。

（张云伟）

【多项工作列郊区第一】 2010年，中国联通通州分公司在KPI考核中，排名提升到郊区各分公司第一位；收入贡献位列郊区第一位，为通州分公司历年来取得的最好成绩。实现3G出账用户数郊区第一，3G高质量用户数郊区第一，3G手机邮箱出账用户数郊区第一，3G短信出账用户数郊区第一，3G炫铃出账用户数郊区第一。

（张云伟）

【开展校园展销活动】 中国联通通州分公司围绕3G技术优势和世界杯营销热点制订方案。在院校展销现场搭建大型iPhone演示终端，将iPhone操控的界面呈现在电视屏幕上，直观展现3G丰富的应用程序，引导用户现场体验，为iPhone用户更新应用程序、升级系统。在现场推出“进校选联通，幸运大抽奖”活动，现场办理联通新势力或3G号码的学生，可参与幸运抽奖，把实惠送给用户手中。

（张云伟）

【开通联通论坛】 年内，联通通州区分公司与八通网合作，率先开通联通论坛，向通州地区网友介绍公司全业务产品优势，提供线上答疑服务。新增的联通论坛内容全面，共设置iPhone专区、沃·3G、沃·家庭、沃·优惠、沃·活动五个版块，分别从iPhone资讯尝鲜、3G-WCDMA技术优势宣传、固话宽带客户服务、联通产品优惠促销、联通线下活动等角度正面宣传公司各项业务。截至年底，论坛共发布各类联通宣传帖近万条，浏览人数超过3万人次，解答用户提问300余条。

（张云伟）

【组建新项目拓展小分队】 随着新城建设项

目的深入推进，通州分公司针对各分局在园区建设、新楼宇拓展以及新入住企业不断增加的形势下，缺少专门的队伍对特点的目标用户群进行渗透的情况，选定次渠分局作为试点成立新项目拓展小分队，次渠分局的集团客户资源占通州分公司的 30%，且次渠与亦庄开发区相接壤，有巨大的发展潜力。从通州分公司内部抽调 3 人与次渠分局属地的商务客户经理、社区经理等 5 人，共同组建次渠分局新项目拓展小分队。负责次渠分局境内的新楼宇拓展、存量楼盘项目反抢、入驻企业固网业务发展、园区项目拓展以及整个分局境内新项目信息的搜集和基础台账的建立。新项目小分队的日常管理纳入到通州分公司的管理范畴，实行独立绩效考核和奖金分配。对现有工程建设流程进行梳理和优化，对于集团客户重点项目建设、公众高带宽需求大的新增区域、各分局园区用户紧急需求、政府新城建设和旧城移改项目配套等特殊情况，建立重点项目的绿色通道制度。次渠分局新项目拓展小分队成立后，通过通州分公司在市场营销和工程建设之间搭建绿色通道，形成周期例会，加快部门间的联动，紧密围绕业务收入完成这一主线，以工程建设推动了业务发展。

（张云伟）

【新城建设拆迁工作】 在通州新城建设拆迁中，涉及中国联通通州分公司位于新华大街银地路口的电信局，该局地处通州城区中心区，服务老城区 90% 地区。截至年底，共拆迁住宅用户 2.98 万户、单位用户 186 家，撤机或外移固定电话23650部、宽带21770部。

在北京新城规划运河核心区区域（东起运河，西至新华北街，北至京哈高速，南至新华大街）内，中国联通通州分公司现有规划中需要迁移、改造的网络资源：其中电缆79公里，迁移造价685万元；水泥电杆807棵，迁移造价110万元；10对分电2071只，迁改造价40.55万元；水泥管道31.67孔公里，迁移造价190万元；人孔86个，移改造价43万元；约17000户用户下线，拆改费用约170万元；光缆（含光箱）、机房（含有源箱）移改费用350万元；需搬迁GSM/WCDMA基站11处，迁移造价880万元。部分工程已开始实施。

（张云伟）

城　乡　建　设

综　述

2010年，住房和城乡建设工作紧密围绕区委、区政府的中心工作，按照“高效、廉洁、和谐”的工作方针，在现代化国际新城建设中充分发挥职能作用，重点工作扎实推进，行业发展健康平稳，年度任务圆满完成。建筑业开复工面积实现1153万平方米，新开工面积307万平方米，竣工面积290万平方米，同比分别增长64%、47%和90%。其中房地产开复工面积716万平方米，新开工面积253万平方米，竣工面积170万平方米，同比分别增长60%、178%和61%。完成税收14.53亿元，同比增长34%，占全区税收总额的1/5。收缴城市基础设施配套费8.168亿元，同比增长162%。

重点工程建设扎实推进。本着建设“保障工程、绩效工程、亮点工程、发展工程”的原则，2010年，由区住建委建设和协调的所有工程均成为新城建设和产业发展的重要支撑，实现“十一五”计划圆满结局。全年承担13项重点工程的建设和协调任务，通过思路、制度、管理“三创新”，人员、时间、财力“三集中”，认识、职责、监督“三到位”，强势推进项目建设，进一步实现了城市路网、公路路网和轨道交通体系“三完善”。其中张凤路在平面线型、路网结构方面进行了全新的优化，通过新建凉水河桥将路线调直，改变了旧路狭窄拥堵、蜿蜒曲折的状况，工程的建成给周边商业区、居民区带来了很大的方便，对北京通州经济开发区西区乃至通州东南部地区的发展将发挥更大的作用。北京小学分校进出道路作为区政府临时交付的重点任务，从设计、施工到竣工，仅用一个月的时间，保证了9月1日学校顺利开学。

住房保障任务全面完成。各类政策性住房项目新开工16556套，总建筑面积144.56万平方米，竣工10354套，总建筑面积85.4万平方米，超额完成市政府确定的年度建设任务，年度开工量位居全市第一。4月28日，市委书记刘淇，市委副书记、市长郭金龙，市委副书记王安顺等市区领导出席玉桥东小区竣工仪式，1834户居民喜迁新居，标志着本区第一个、也是北京市2010年首个整体经适房项目交付使用。为实现“应保尽保”的工作目标，重点推开实物配租，累计完成416户廉租房配租。积极推进光机电和梨园两个公租房建设，尝试性探索公租房管理办法，推动本区住房供应和消费模式从“以售为主”向“租售并举”转变。在全市率先实现2010年6月30日前保障住房审核通过家庭“应保尽保”、“配售配租”目标。

新城拆迁组织有力。坚持“惠民、阳

光、依法、和谐”的拆迁方针，2010年实施了运河核心区及西海子棚户区拆迁改造，拆迁总面积达78.12万平方米，动迁总户数11334户，在全额奖励期内完成签约率95.6%，在区委、区人大、区政府的正确领导下，区住建委全过程参与拆迁的组织协调、方案制定、依法裁决、行政强拆。坚持以法律法规为依据，制定了《运河核心区及西海子棚户区拆迁组织实施方案》和《运河核心区及西海子棚户区改造项目拆迁安置补偿实施细则》等多项规范性文件。坚持以人为本，参与制定了一系列惠民利民政策：高额奖励，置换递增，保底安置，帮贫助弱，最大限度地确保拆迁人“居者有其屋”。坚持“以拆促迁、以裁促迁、以建促迁”，强化调解，审慎裁决，减少对抗性，增强信赖感，有效地化解了争端。建立安置房源倒排工期工作机制，对各安置房源项目逐一排查梳理，明确责任单位、竣工时限，全力推进安置房建设，促进拆迁工作进程。为认真总结成功的经验做法，完成了《通州区城市房屋拆迁调研报告》，调整了《通州区城市房屋拆迁补偿实施意见》，为即将启动的拆迁项目奠定基础。

防管并重，确保城镇房屋住用安全。年初排查本区城镇房屋共有危房151户、340间、4853平方米，连续26年实现汛期“不塌房、不死人”的目标。严格物业资质核查，逐步推行物业服务标准化活动，物业管理不断优化。完成房改售房86件，采用具结方式创新拆迁区域内房改售房工作，为新城拆迁提供有力支持。房屋产权与权属管理不断加强，对18项产权事项实行即时办理。

（李丽娜）

重点工程

【概　况】 2010年，全区重点工程建设取得新突破。北京小学道路进出口工程、潞苑北大街跨温榆河大桥、潞苑北大街一期道路工程、朝阳北路东延工程、玉带河大街东延一期工程、张凤路改建工程6项工程的竣工将有效改善缓解主要道路的交通压力，为促进地区经济发展提供有力支撑。徐尹路一期道路工程、通香路二期道路工程、宋郎路北延道路工程3项工程进展顺利。东六环西侧路北延工程、外环路东段道路工程、潞苑北大街二期道路工程、北运河东滨河路道路工程、宋郎路南延道路工程5项工程开工建设。

（李丽娜）

【潞苑北大街跨温榆河大桥工程】 潞苑北大街跨温榆河大桥工程全长426米，标准段桥梁全宽41米，经路口渠化加宽后桥梁全宽48米，桥塔高75米。桥梁结构采用主跨为钢梁、边跨为钢筋混凝土混合箱梁的有背索独塔双索面斜拉桥。按远期交通量设置为双向六车道，两侧非机动车道各宽3米，两侧人行道各宽3米。工程于2009年7月29日开工，2010年12月9日竣工。

（李丽娜）

【潞苑北大街一期道路工程】 潞苑北大街一期道路建设工程西起温榆河西路，东至东六环路，全长约5.5公里，道路红线宽60米，设计速度为60公里／小时，规划为城市主干路。道路为四幅路型式，中央隔离带宽2米，两侧机动车道各宽12米，三上三下；两侧机非隔离带各宽3米；两侧非机动车道各宽5米；两侧人行道各宽3米。工程于2009年5月20日开工，2010年12月9日竣工。

（李丽娜）

【朝阳北路东延二期道路工程】　朝阳北路东延二期道路建设工程起点为通顺路，终点为东六环西侧路，全长3.86公里，红线宽60米，设计速度为60公里／小时，规划为城市主干路。道路横断面为四幅路型式，中央隔离带宽2米，两侧主路各宽12米，机动车道三上三下，两侧机非分离带各宽2.5米，两侧非机动车道各宽6米，两侧人行道各宽3.5米，两侧绿化带各宽5米。通顺路至靶场路段具备通车条件，长度为1.2公里。其中焦王庄跨小中河桥长96米，宽50米。工程于2009年10月22日开工，2010年12月9日部分路段竣工。

（李丽娜）

【玉带河大街东延一期道路工程】　玉带河大街东延一期道路工程西起东六环西侧路，东至宋郎路，全长2.7公里，红线宽50米，设计速度为50公里／小时，规划为城市主干路。道路为三幅路型式，具体横断面布置为：中间路面全宽23.5米，三上三下；两侧机非分隔带各宽5米；两侧非机动车道各宽3米；两侧人行道各宽5.25米。潞城镇古城村至芙蓉路段于2010年12月9日具备通车条件。其中包含东六环跨线桥，桥长331米，宽17.7米；人行步道桥，桥长35米，宽50米。工程于2009年10月18开工，2010年11月28日竣工。

（李丽娜）

【张凤路道路改建工程】　张凤路道路改建工程南起京哈高速路南侧，北至京津公路，道路全长3.97公里，路面宽度21米至26米。包含桥梁两座：凉水河桥和京哈跨线桥。旧张凤路是7米宽的三级公路，新建张凤路等级提升为城市主干路，设计行车速度达到每小时50公里。工程于2010年6月26日竣工。

（李丽娜）

【北京小学道路进出口工程】　北京小学进出口道路工程位于通州区河东地区，该道路西起芙蓉路，东至北京小学东侧，全长491.927米，红线宽15米，道路为城市支路。工程于2010年7月13日开工，8月23日竣工。

（李丽娜）

规划管理

【概　况】　2010年，北京市规划委员会通州分局按照科学发展观的要求，强化主动服务，充分发挥城乡规划的综合协调职能。区规划分局共核发各项行政许可772件，同比增长14.2%；村民建房779件；完成全区全部村庄规划编制工作；办理人大代表、政协委员建议、提案37件；开展8项规划调研工作。2010年，通州规划分局被评为北京市规划委员会优秀分局。

（周明玉）

【深化运河核心区规划】　按照通州区新的定位，区规划分局对新城规划在规模和内容上进行了调整：把原来的运河中心区由16平方公里拓展到48平方公里。其中占地16平方公里的运河核心区，凭借其文化底蕴深厚、环境景观独特、区位优势明显，成为新城建设优先启动的重点区域。《通州新城运河核心区部分地块控规》得到市规划委批复；涉及运河核心区三平方公里的《通州新城运河核心区（Ⅰ—Ⅸ区）控规性详细规划》已经完成并上报市政府审查。

（周明玉）

【加强城市总体规划引导】　年内，区规划分局制定《通州新城2011年年度实施计划》用以指导规划管理工作；超前编制了《通州新城近期建设规划（2011年～2015年）》，使其和通州区“十二五规划”进行有效衔接，以加大建设力度，突出长效管理，推进城乡一体化建设。

（周明玉）

【编制街区和地块控规方案】　年内，完成9

个新城街区的控规编制工作。配合核心区拆迁安置、旧村改造、重点功能区发展及土地一级开发工作顺利进行，编制上报了铜牛地块、化六地块等地块编制。

（周明玉）

【全面完成村庄规划编制】 2010年，完成区内120个村庄中的109个村庄规划编制的审查工作，其余11个村庄将统一纳入城镇化管理，按照新城规划进行实施。年内，全部完成本区的村庄规划编制，实现通州区村庄规划全覆盖的工作目标。

（周明玉）

【启动乡镇地名规划编制】 2010年，通州区启动了乡镇地名规划编制工作，在全市率先实行乡镇地名规划全覆盖。区规划分局对新城范围外的9个乡镇地名规划进行了地名编制。漷县镇地名规划已获批复，台湖镇、宋庄镇地名规划取得前期成果。

（周明玉）

【启动挂账整治村治理工作】 通州区全力推进4个城乡结合部市级挂账整治督办重点村建设，区规划分局高度重视宋庄镇六合村、台湖镇北神树村、永顺镇杨庄村、梨园镇高楼金村等4个挂账整治村的综合治理，及时制订计划，建立工作台账，加强多方协调，加强规划引导，提供规划服务，积极推动挂账村的改造建设工作。

（周明玉）

【加快土地储备开发】 围绕新城核心区建设，协调加快运河核心区、商务园、宋庄文化产业集聚区三大功能区的一级开发进程。完成一期上市10宗地的各项前期工作，总用地面积约为56.95公顷，其中建设用地约38.5公顷，建筑规模约140.21万平方米，为区重点项目落地打下了扎实的基础。

（周明玉）

【推进政策性住房建设】 落实加大建设城市困难群体保障性住房的文件精神，办结了17个保障性住房项目的前期手续，建筑规模约218.11万平方米。完成通州区第一个保障性住房项目的规划验收工作，完成通州区首个公租房项目——光机电一体化产业基地二期E地块配建公共租赁住房项目的审批。

（周明玉）

【完善市政基础设施】 筹备运河中心区西岸地下交通环廊工程的规划前期准备工作，协助通州区进行运河核心区地下空间开发、基础设施及水电气热等市政设施的规划建设。完成朝阳北路东延等多项道路交通项目前期规划审批，开展北京市东南郊水网等城市污水处理建设，加快老旧小区电网改造、调峰锅炉房集中供热等惠民工程的前期规划手续。

（周明玉）

【落实公共服务设施】 加强新城重点功能区的文化、教育、卫生等公共配套服务设施的规划建设。协调通州区内各相关单位开展无障碍建设查漏补缺工作，通州区顺利通过了创建全国无障碍建设城市的检查验收。并按照一级开发的要求，对老旧社区、新三中、芙蓉小学等公共服务项目办理了相关规划意见手续。

（周明玉）

【规划调研】 区规划分局结合新形势新定位下通州规划建设问题，开展《通州新城运河核心区地下空间及综合交通规划研究》、《通州住宅与人口专项研究》、《北京市拆除违法建设行政执法问题研究》、《通州新城工业资源适宜性再利用研究》等8项特色规划调研工作。

（周明玉）

【规划审批】 年内，审批规划意见书230件，其中建筑工程178件、用地规模918.5万平方米，市政工程52件。办理建设用地规划许可证99件，其中建筑工程83件、用地规模1245.2万平方米、市政工程16件。办理建设工程规划许可证689件，其中建筑工程616件、建设规模564.7万平方米，市政工程73件。

（周明玉）

【规划监督】 全年完成规划验线155件，同比增长37.2%，建筑面积548.45万平方米。其中合格143件，建筑面积497.52万平方米；不合格12件，建筑面积50.93万平方米。完成规划验收618件，同比增长127%，建筑面积482.87万平方米。其中合格557件，建筑面积415.72万平方米；不合格61件，建筑面积67.14万平方米。

（周明玉）

【规划执法】 严格落实卫星航拍违法建设查处工作，现场核实确定192处图斑为违法建设，并依法移交相关部门查处。协助乡镇政府、区城管大队等有管部门，出具“违法建设认定函”共129份。

（周明玉）

【基础测绘】 推进通州新城1:500大比例尺地形图基础测绘工作。为运河核心区的重大工程项目提供更精确的地形数据，加快工程进度，减小施工误差。

（周明玉）

【地名工作】 年内，办理标准地名使用手续38件，核准建筑名称9个，办理标准地名命名17个，同比增长7%。

（周明玉）

【城建档案管理】 对运河核心区内9个拆迁区及4个重点挂账村及时进行了现场摄录像工作，做好“绿色通道”档案管理，加强电子档案建设，全方位提升城建档案管理为社会大众服务。

（周明玉）

国土资源管理

【概　况】 2010年，通州国土分局按照市国土局深入贯彻落实科学发展观，围绕国土资源管理参与宏观调控的工作要求，圆满完成全年的各项工作任务。全年办理建设项目用地预审84件，总用地面积850.07公顷。其中市、区两级“绿色审批”通道项目21个，487.47公顷。共受理、上报市局征占地项目34个，总用地面积约565.33公顷，其中市、区两级“绿色审批”通道项目24个、476.09公顷。受理4个乡镇、16个村、35户新批宅基地申请，用地面积约0.57公顷，均已获得区政府批复。全年国有建设用地供应总量为222.04公顷。全年办理土地登记合计1006宗（件），其中土地登记初始登记76宗、400.66万平方米，变更登记187宗、103.7万平方米；办理土地抵押登记381件，贷款总额283.09亿元，办理土地抵押注销登记362件。共有6个土地开发整理项目完工，并进入初验阶段。2010年，本区土地储备开发项目投资160.95亿元，比上年提高75%，在全市排名第三。新授权土地储备开发项目14个，总用地面积331.79公顷。共完成土地开发面积约462公顷，在全市排名第三。完成上市交易地块32个，总用地面积328.92公顷，建设用地208.95公顷，政府土地收益103.8467亿元，供应量同比增长187.48%，在全市供应量排名第三。对北神树村、高楼金村、六合村及杨庄村4个市级挂账整治督办重点村进行集中整治，工作进展顺利，并取得初步成效。超额完成保障房土地供应，其中廉租房和经济适用房供地面积2.14公顷，建筑面积4万平方米；两限房供地面积24.76公顷，建筑面积39万平方米；定向安置房供地面积111.73公顷，建筑面积192.97万平方米。顺利完成国土资源部2009年度卫片的执法检查工作，处罚（处理）到位率100%。

（张　键）

【土地利用规划编制工作】 区级土地利用总体规划获得市政府批复，并率先完成乡镇级规划编制及报批工作。按照“依法编制，统筹兼顾，上下结合，相互协调，公众参与，注重实施”的原则，结合通州实际编制完成区县级和9个乡镇共10套文本、说明及图件。合理安排本区域土地利用规模、结构、布局和时序，审慎划定“三界四区”，合理划分七个用途分区和一个复区，严格落实约束性指标和预期性指标，并建立了1∶500和1∶2000的规划GIS数据库，并分别就土地利用结构调整与空间布局、土地资源的合理保护、加强土地综合整治、土地用途分区与空间管制等十二个方面内容进行了分析研究。探索制定了基本农田动态管理机制、城乡扩展边界管理机制和存量建设用地挖潜机制等。通州区级及台湖、于家务两个乡镇级规划成果，已获市政府批复，在全市名列前茅。同时，本区在全市率先完成所有乡镇级规划的编制，并成为首个报批乡镇级规划的区县。

（张　键）

【推动重点项目开发进程】 加紧推进关键节点项目储备开发进展，保障新城开发建设进程。全面梳理新城开发建设进程中的各项重点项目，找准问题，逐个排查，研究解决方案。大力推进各项目的融资、开发环节，积极配合拆迁单位的洽谈、强拆等工作，尽快完成各地块入市交易。2010年，本区重点在施的联合储备及通州国土分局为主体的项目均取得较大进展，7个重点项目总用地面积2346.95公顷，已完成投资263.77亿元。

（张　键）

【农村土地总登记调查工作】 继续开展农村土地总登记调查工作，积极推进新农村建设。在上年进行农村土地总登记试点的基础上，开展了漷县镇、西集镇、永乐店镇农村土地总登记调查工作，共调查4415宗地，其中调查集体建设用地2327宗、集体土地所有权887宗、国有土地使用权1201宗。做到图、数、实地一致，实现了土地调查率100%的目标，为全面开展确权登记工作做好相关准备工作。

（张　键）

【发挥地籍数据成果的作用】 充分发挥地籍数据成果的作用，为建设现代国际新城服务。利用地籍成果的基础和保障作用，认真做好市区重点项目、建设现代化国际新城拆迁规划、政府储备用地等的地籍调查前置工作，为国有土地上市、新农村建设、政府储备等项目进行地籍调查185宗，并出具文字材料；为张凤路、宋郎路、两站一街等项目核查数据、图斑211件次，打印图件693份，其中办理征地手续打印图件240份；为运河核心区等打造国际新城项目拆迁、规划及社会查询档案226批次，查阅档案650余卷，查清了运河核心区10个地块土地登记发证情况及相关数据，工作量同比增长75%。

（张　键）

【新增3个国土资源管理所】 强化基层国土资源管理工作，新增成立3个国土资源管理所。按照市国土局关于加强国土所标准化建设的指导意见，通州国土分局在原有1个国土所的基础上，新成立了3个国土所。完成了人员招聘录用、培训、实习，办公用房选址、装修，办公家具、办公设备购置等工作，并正式开始办公。至此，全区共有4个国土所：第一国土所，办公地点设在漷县镇，管辖范围包括漷县镇、永乐店镇、于家务乡；第二国土所（新增），办公地点设在潞城镇，管辖范围包括潞城镇、西集镇；第三国土所（新增），办公地点设在宋庄镇，管辖范围包括宋庄镇、永顺镇、梨园镇；第四国土所（新增），办公地点设在台湖镇，管辖范围包括马驹桥镇、台湖镇、张家湾镇。

（张　键）

【通州区地质灾害调查与区划数据库项目通过验收】 通州区地质灾害调查与区划数据库项目通过评审验收。项目获得专家一致肯定，认为其数据库结构合理、关系清晰、内容丰富，为通州区地质灾害数据的信息化管理提供了基础平台。该项目是本市首个区县地质灾害数据库项目，对提高全市地质环境的数据化处理水平具有示范效应。

（张　键）

【违法用地治理工作】 贯彻落实《通州区土地管理目标责任制》，对11个乡镇土地管理情况进行考核，同时通过开展专项整治行动等形式，运用各部门联合执法等手段，多管齐下，有效打击违法用地行为。全年共有75宗占用耕地和基本农田的违法用地项目被拆除，拆除地上物16万平方米，腾退土地650亩；共下发行政处罚决定书107份，涉及面积1555.702亩，收缴罚款共计201.4647万元；送达责令停止土地违法行为通知书149份；22宗案件申请了法院强制执行，其中2人移送公安机关追究刑事责任。

（张　键）

房屋管理

【概　况】 2010年，房屋管理工作将高标准管理、高质量服务、高水平发展的三大理念管理服务并举，促进全区小区物业管理规范化发展，确保城镇房屋住用安全。强化物业企业管理进行了全覆盖式物业服务检查，做好物业服务企业资质核查工作，开展物业服务标准化活动，出色完成小区“创卫”、“平安国庆”等多项工作。直管公房通过汛前、汛中严密的排查和修缮，顺利实现了安全度汛。按照市委、市政府的要求，将着力改善民生为工作重点，圆满完成城镇房屋98户、203间、3201.48平方米的城镇危房解危工作，深化落实市政府的“五无”工作目标。

（李丽娜）

【物业服务企业资质管理】 年内，审批物业服务企业资质11件，其中新设立企业资质7件、三级资质3件、二级资质1件。截至年底，全区具备物业服务企业资质的企业共210家，其中在本区注册的有163家、异地注册本地管理的企业47家。在本区注册的163家企业当中，具备一级资质企业1家、二级资质企业16家、三级（三级暂定）资质企业146家。

（李丽娜）

【物业服务招投标备案】 年内，对16个住宅物业服务项目进行招投标备案，总面积达200余万平方米。截至年底，在本区进行前期物业服务招投标备案的住宅项目总计63个，总面积达1000余万平方米。

（李丽娜）

【住宅专项维修资金审批】 年内，完成区内36项维修项目的资金使用审批，总维修款额200余万元，维修类型主要涉及屋面防水、电梯及污水管道。

（李丽娜）

【房屋安全检查】 2009～2010年，对直管公房进行安全检查，共检查楼房123栋37.92万平方米，平房9724间15.89万平方米，其中严重破损楼房一栋1584平方米、严重破损和危险平房951间15311.1平方米。直管公房的管理根据查房数据，制定房屋安全修缮计划，制定大、中修工程，有效保证了汛期房屋的住用安全。

（李丽娜）

【防汛工作】 汛期中期，再次对直管公房进行了全面安全检查，对锁房户、拒查户、四五类房重点检查，确保汛期安全。汛期共组织防汛抢险269人次，检查平房2260间，漏雨59处，及时采取苫盖、修补、加固等措施；检查楼房120栋，漏雨63处，采取疏通泄水管，重做防水、清理雨漏管等措施。实现了第26个安全度汛的防汛工作目标。

（李丽娜）

【解危工作】 根据2009～2010年度的房屋安全普查对98户、203间、3201.48平方米的城镇危房进行翻建、挑顶、铲瓦、拆砌檐墙等解危方式，确保了居民住房安全，改善了居住环境。

（李丽娜）

【直管公房拆迁工作】 2010年，随着通州区新城建设的步伐加速，高标准、高质量地完成了直管公房拆迁、拆除工作。运河核心区及西海子棚户区共涉及区住建委产权的住宅用房共计1854户，房屋2892间，建筑面积为44855.7平方米。其中1817户完成签约并拆除，剩余37户完成弃产工作。

（李丽娜）

城镇住房制度改革

【概　况】 2010年，城镇住房制度改革工作以加快改善民生、与旧城改造和现代化国际新城建设相结合、促进社会和谐稳定为重点，紧密围绕切实解决本区中低收入家庭住房困难的总目标，区、街道（乡镇）两级住房保障工作体系正常运行，进一步扩大保障范围，坚持严格审核程序，加大提升政策性住房建设规模速度，整体工作取得明显成效。

（李丽娜）

【公共租赁住房发展中心揭牌】 3月19日，在市政府召开的北京市2010年住房保障工作会上，北京市市长郭金龙、住房城乡建设部部长姜伟新为通州区公共租赁住房发展中心揭牌。

（李丽娜）

【调整廉租住房家庭年收入准入标准】 8月10日，经区政府批准，将本区廉租住房家庭年收入准入标准由原人均月收入低于697元（不含697元）上调至人均月收入低于960元（含960元）该准入标准于2010年9月1日起执行。

（李丽娜）

【保障性住房项目玉桥东小区交付使用】 4月28日，北京市2010年首个整体竣工的保障性住房项目——玉桥东小区交付使用。市委书记刘淇，市委副书记、市长郭金龙，市委副书记王安顺等市区领导出席竣工仪式并为首批入住业主代表发钥匙。玉桥东小区经济适用住房总建筑面积14.2万平方米，由12栋高层板式住宅楼组成，幼儿园、学校、医院、超市等配套设施齐备，可解决1834户居民居住问题。

（李丽娜）

【政策性住房建设】 确定政策性住房项目26个，总建设规模380余万平方米，房屋43943套。其中：廉租房项目4.61万平方米，房屋1029套；经济适用住房44.95万平方米，房屋5713套；限价商品住房101.92万平方米，房屋11750套；公租房7.61万平方米，房屋1337套；定向安置用房（包括“三定三限”项目）219.95万平方米，房屋24114套。已开工建设政策性住房项目24个，建筑面积360万平方米，房屋41658套。年内竣工项目有玉桥东小区项目、京贸家园定向安置房、半壁店大方居限价房项目、半壁店大街廉租住房项目4个政策性住房项目，建设规模86.35万平方米，可提供住房10354套。

（李丽娜）

【政策性住房受理审核配售】 自政策性住房受理审核工作开展以来，截至2010年底，累计接待来电、来访政策咨询16万余次，发放《申请核定表》16637户，初审受理9817户，复审受理8884户，审核通过8190户，已经市住保办备案8152户；摇号7750户，选房5024户，签约3286户。对2352户申请家庭进行专项核查。

（李丽娜）

【定向安置房建设】 年内，把加大快速安置房建设作为不断推进政策性住房建设持续、快速、健康发展的重要部分，与加快旧城、棚户区改造和建设繁荣和谐的现代化国际新城相结合，构建多层次住房保障体系。确定开工建设土桥制线厂，梨园玻璃钢厂一期、二期，嘉华9号地，化工六厂，铜牛针织厂，海阔名苑，荔景园8个定向安置房项目，总建设规模91.19万平方米，可提供房源约

10776套。

（李丽娜）

【疏解中心城区人口】 环渤海高端总部基地（两站一街E5、E6地块）开发项目，占地面积53.3万平方米，建筑面积100万平方米，安置东城区人口约2.5万人。同时为中心人口调配房源6628套，占已配售项目总房源的54%,有效承担了首都中心城区人口疏解功能。

（李丽娜）

【职工住房补贴调查】 经过调查，截至2009年年底，通州区在职职工共20361人、退休职工7394人。新职工共计7441人，其中无房新职工所占比例为90%即6697人。初步预算无房新职工及在职老职工每年需财政支出4380.3万元，在职新老职工及退休职工一次性住房补贴需91429.6万元。已拟定《通州区无房和住房未达标住房补贴发放实施方案》初稿，积极与市房改处沟通，领取《北京市落实机关事业单位职工住房分配货币化政策宣传手册》，并组织相关工作人员学习，熟知住房补贴相关政策。

（李丽娜）

【公有住房出售】 2010年，公有住房出售共涉及175个单位，住房4954.5间，面积193895平方米。其中房改售房105个单位，4659.5间，面积为174331平方米；变更产权62个单位，250间，面积为16429.76平方米；调整住房8个单位,45间，面积为3134.18平方米。受理职工建立住房公积金方案3份，受理审核单位使用支取售房款方案3份，资金为167023元。受理审核单位使用售后公有住房住宅专项维修资金4份，提取金额104.3万元。

（李丽娜）

【运河核心区及西海子棚户区拆迁改造】 截至年底，运河核心区及西海子棚户区拆迁改造项目涉及住宅与非住宅共计11574户，其中：住宅11334户（西海子棚户区共涉及住宅1291户),包括居民10079户、村民1255户；非住宅240家。拆迁签约奖励期内共签订协议10845户，签约率达到95.6%。

（李丽娜）

房地产开发

【概　况】 2010年，房地产行业加强五个管理,即企业动态监管、资质管理、人员管理、统计管理、信息平台管理，坚持以科学发展观为指导，以建设通州区现代化国际新城的总体目标开展全年工作，合理调控房地产业理性发展，细化项目管理，制定项目手册确保项目建设可追溯，加细审核建设方案，把好配套设施同步交付第一关。完成《通州区“十二五”时期房地产发展规划》编制。超额完成2010年度“市政府实事工程”，实施既有居住建筑节能改造53.2万平方米、农宅节能改造676户及新建抗震节能农宅48户。

（李丽娜）

【房地产业蓬勃发展】 截至年底,通州区（不包括外区）房地产开发企业建设的商品房项目开复工面积717万平方米，其中新开工面积253万平方米，复工面积465万平方米；竣工面积170.6万平方米；销售面积87.1万平方米；完成产值（销售额）90亿元，实现税收8.6亿元，各项指标除了销售额及销售面积略有减少外，同比均有不同程度增长。

（李丽娜）

【审核房地产项目建设方案】 2010年，严格执行《关于新建商品住宅小区住宅与市政公用基础设施、公共服务设施同步交付使用管理暂行办法》有关文件规定，共受理新商品住宅小区建设方案备案15项，召开项目联席审核会7次。项目联席单位由国土、规划、民政、卫生、供电、供水、邮政、项目所属办事处及乡镇等20余个单位和部门组成，通过联席会的严格审查，确保居委会、物业、医疗卫生、教育用房以及供水、供电、道路、绿化等基础设施同步交付同步使用。

（李丽娜）

【完成十二五规划编制工作】 按照《北京市通州区人民政府关于印发通州区“十二五”规划研究编制工作方案的通知》，根据通州区行业发展现状的分析及结合北京市十二五时期房地产行业发展战略的基础上，经过详细调查，完成通州区“十二五”期间房地产业和建筑业发展的目标、思路及措施的编制工作。

（李丽娜）

【进一步规范行业统计工作】 4月，为进一步规范房地产行业统计报表，修改并印发了新版《房地产开发企业统计报表》(第五版)。改版后的《月报表》新增“房地产项目手续进展情况”及“商品住宅小区配套设施建设情况”两项内容，旨在更加全面掌握企业在开发房地产项目过程中手续的具体进展。

（李丽娜）

【强化房地产项目手册信息系统管理工作】 2010年，继续对通州区50余个在建及已竣工项目进行逐一审核，对每个房地产项目的一级开发、土地取得（协议、拍卖）、立项、规划、施工建设、销售、竣工封园等全过程的信息进行详细记录。项目手册信息系统建立后，通过该系统整合了各部门数据资源，搭建了统一的信息共享和监控平台，有效地增强了宏观检测能力，进一步强化了对项目动态监测监管的能力。

（李丽娜）

【商品房销售】 2010年，受理初审预售项目26个，核发预售许可证48个，其中政策房（含限价房和经适房）6个。新增预售许可面积1919114.99平方米19860套，其中新增商品房预售许可面积1480941.31平方米14109套、政策房438173.68平方米5751套。年内，通州区预售商品房联机备案6844套，其中普通商品房住宅预售备案5548套，比上年同期减少72%，备案面积55.93万平方米，比上年同期减少68%，成交金额95.79亿元，同比减少43%；办公、商业、别墅共1296套，同比增加6%，备案面积14.47万平方米，同比减少42%，成交金额26.02亿元，同比减少28%。

（李丽娜）

【房屋中介机构备案】 2010年，通州区注册备案房地产经纪机构（含分支机构）439家，其中经纪机构189家、分支机构250家。年内，新增备案房地产经纪机构（含分支机构）149家，比上年同期增加81.7%；变更（重新）备案、撤销备案共208件，同比降低28.7%。

（李丽娜）

【房地产市场监管】 全年执法检查售楼处现场32处，对15个存在问题的售楼场所下发了整改通知；处理房地产网上各类投诉108个，同比下降60.7%；检查房地产经纪公司204家。对存在较多问题的天源浩业（北京）房地产经纪有限公司进行处罚。受理房地产经纪类投诉30起，同比减少11.7%。

（李丽娜）

建筑·建材

【概　况】 2010年，通州区建筑安全形势平稳，建筑业以“质量安全年”为主线，结合本区打造通州现代化国际新城的规划目标，搭建工程管理“三三”工作框架，全面提高工程建设品质。安全月报制、生产许可的管理责任挂钩制、三级教育制三项制度，全面记录工程项目信息和企业安全检查情况。完善工程项目建档制，每个项目建立建筑工程安全监督管理档案，直到工程全部竣工。开展执法检查、专项治理和宣传引导等活动，执法检查2425次，纠正安全隐患5624处，简易处罚工地21个，限期整改36个，停工整改15个，安全监督备案75项，创建北京市绿色安全文明工地29个。2010年，全区未发生重大安全事故。

截至年底，本区建筑企业达到383家，其中一级26家、二级94家、三级263家。各类持证上岗人员近20000余人，其中建造师1551人。

（李丽娜）

【完成创卫达标工作】 3月至9月，6次召开创卫区域内建设工程负责人动员部署会，采取分片包干的方式每天对区域内8个施工工地进行认真排查，发现问题及时处理。经国家爱卫会检查组明查、暗访、档案考核三个阶段验收，建筑工地创卫工作顺利达标。

（李丽娜）

【专项整治】 开展冬季防火防煤气中毒检查、节后复工检查、深基坑防护检查、高大模板支撑体系检查、高大脚手架支搭检查、起重机械专项检查、临时用电专项检查、施工现场消防安全专项检查等8项整治活动，防止季节性特点造成各类事故发生。

（李丽娜）

【清欠工作】 按照“谁用工、谁管理、谁负责”的管理原则，进一步强化施工总承包单位责任承保制，通过督促劳务手续办理、严查恶意拖欠、严厉处理违规行为、集中开展专项治理四项措施，有效促进企业用工行为的规范化管理，确保国庆及春节期间未发生群体群访事件，建筑市场恶意拖欠事件呈逐年下降趋势。

（李丽娜）

【确保新城拆除工作安全】 2010年，运河核心区及西海子棚户区拆迁面积78万平方米，现场共涉及39家拆除公司，区住建委加强现场的巡查力度，联合区安监局3次组织召开由建设单位、监理单位、拆除单位参加的安全生产工作会议；加强备案制度，要求拆除公司将企业资质、安全生产许可证、项目经理资格证书、由总监理工程师审批的施工组织设计等进行备案管理，确保了拆除进度与安全。

（李丽娜）

【建立乡镇工程监督档案】 2010年，通州区乡镇开工面积大、新建工程总体集中，为加大乡镇工程安全监管水平，成立专项乡镇工程检查组，建立乡镇工程监督档案，每周不定期对乡镇工程进行执法检查，加大处罚力度，实行项目负责人约谈告诫制度，确保乡镇工程安全万无一失。

（李丽娜）

【超额完成“市政府实事工程”】 2010年，完成既有建筑节能改造项目共52.78万平方米、农宅节能改造676户、新建抗震节能农宅50户。圆满完成市建筑节能联席会议办公室下达给通州区的既有建筑节能改造42.97万平方米、农宅节能改造600户、新建抗震节能农宅50户的任务。

（李丽娜）

【开展节能宣传活动】 向各乡镇政府和农村节能改造村项目的管理人员派发《北京市农房节能改造技术指导手册》50余册。与通州电视台合作，深入到部分改造户家中，对节能改造的益处进行面对面的宣传，向改造户派发了节能宣传活动的手册和宣传品，并在村委会宣传栏张贴了节能宣传周的宣传海报。配合市住建委有关部门开展建材使用专项检查，在施工现场宣传“推广使用预拌砂浆”，并派发《北京散装水泥管理法规汇编》和“预拌砂浆”等宣传材料。

（李丽娜）

市政建设

【概　况】 2010年，通州区市政市容管理委员会加强重点工程建设和为民办实事项目建设，加大市政基础设施建设力度，增强城市运行力和保障力。在完善市政路网方面，继续实施内环路道路改造工程和城区道路微循环工程；在改善道路配套设施条件方面，进行了老旧街巷路灯改造，对部分道路照明设施进行了节能改造；在推进集中供热方面，实施玉桥南里锅炉房工程和老旧小区供热管网改造工程。一批市政基础设施的建成，进一步改善了城市面貌，提高了城市服务功能，也为百姓的出行带来极大的便利。

（苏　君）

【实施内环路改造工程】 内环路由翠屏西路、云景南大街、梨园南街3条道路组成。工程于2009年9月开工建设梨园南街段，完成一期工程；2010年开工建设翠屏西路和云景南大街，工程完成了雨水、污水、热力、给水工程的施工，道路主路完成底层油铺设和临时标志标线的设置，实现了主路的通行。

（苏　君）

【实施微循环道路改造工程】 针对城区路网存在“断头路”、“折腰路”、“梗阻路”等问题，年内对临河里路、梨园路、玉桥斜街、乔庄北街东延及五里店西路实施改造。微循环项目整体推进，进展顺利，乔庄北街东延与五里店西路工程完工；临河里路完成930米路段的道路施工；梨园路完成275米路段的道路施工；玉桥斜街完成825米路段的道路施工。全年较好地完成各项既定任务。通过改造逐步形成以主次干道和支路为主要载体的片区道路微循环系统，实现分流交通，达到便捷输送的功能。

（苏　君）

【道路照明设施节能改造】 为改善路灯耗能大，运行成本和维护成本高的现状，落实节能减排号召，区市政市容委采取更换LED新型光源灯头和加装智能照明节电器两种方案相结合的方式对全区部分道路照明设施进行节能改造。其中对通胡大街、通顺路、芙蓉路、滨河路、宋梁路、京通——京哈联络线等6条道路安装节电器，共计39台；在玉带河大街和京榆旧路一期等道路安装LED新型光源，分别为256盏和368盏。

（苏　君）

【老旧街巷路灯改造】 2010年是实施老旧路灯改造的第二年，为保证百姓夜间出行的方便与安全，区市政市容委对城区五、六十年代的路灯进行了改造，增加了节能灯具的使用，提高了道路照明亮度，同时对没有路灯的街巷加装了路灯，其中包括东方路、玉桥南北里、后南仓小学西侧路、三关庙等30余个地区及道路，共计550余盏路灯。

（苏　君）

【路灯远程控制及防盗系统建设工程】 年内，对新华大街、运河大街、滨河路、通香路等40余条道路路灯安装远程监控及防盗系统，共在路灯箱变中安装控制终端173台，同时设立面积约为15平方米的路灯监控室。该系统是以信息化技术为平台的控制及防盗系统，能实现远程无线照明开关灯控制和快速准确地对电缆偷盗的报警。

（苏　君）

【做好市政设施巡查工作】 开展设施普查统计工作，明确各类设施产权单位，分类统计井盖、水箅子数量，为设施巡查提供基础数据；不断提高市政设施巡查工作的科技化手段运用，启用GPS智能监控平台，对车辆及人员卫星精确定位，及时调度，提高了问题报送的及时性和准确性。全年发现井盖丢失、损毁855处，水箅子丢失、损毁451块，其他设施损毁问题共计1040处，路灯不亮问题2896件，均已通知相关产权单位进行更换维修。

（苏　君）

【市政道路维护管理】 为使市民享受到更加平整美观的道路出行环境，年内完成对新华大街、玉带路、车站路等城市主干路和支路的步道整修和补油；对南街以及周边的马家胡同、白将军胡同、回民胡同等15条胡同和回民支巷进行了全面的修缮。全年共维护养护道路面积61455平方米，水泥路面1590平方米，铺步道砖38050平方米，路缘石23602米。

（苏　君）

【做好路灯维护管理】 2010年，维护管理城区73条道路总量18739盏路灯。全年出动维修车辆 1500余台次，更换灯泡3186个，镇流器、触发器、接触器1317个，保险404套，灯口、灯罩和时控275个，电缆871米，井盖6套，路灯其他配套设施203套，新装灯杆8根，处理撞杆事件13起。

（苏　君）

【推进三河热电厂项目】 三河热电厂输热主干线工程（一期）是建设三河热电厂至北京通州北运河东岸的输热主干线，管径DN1400，长度22.5公里；同时建设供给北运河以东通州新城新建区的配热支干线，管径DN600～DN1000，长度14公里。管线全长36.5公里。截至年底，总体完成工程量的80%，约29.2公里。三河热电厂输热主干线工程（二期）建设，由通州北运河东岸至北运河西岸，沿滨河路，内环路的供热管线6.5公里，管径DN1400～DN800；在宋郎路以东建设中继泵站1座。截至年底，完成工程量的33.29%，主干线总体完工8.9公里。

（苏　君）

【加快实施玉桥南里锅炉房工程】 玉桥南里锅炉房工程是与三河热电联产供热项目配套建设的城市供热管网工程。位于梨园北街以北、玉桥中学西侧，占地面积5540平方米，建筑面积3666平方米。锅炉房安装2台116兆瓦燃气热水锅炉，替代城西3号部分区域和4号区域30余座分散小型燃煤锅炉房，替代面积约270万平方米。2010年11月3日投入试运行，11月7日正式向通州区320万平方米面积供暖。

（苏　君）

【加强城市安全应急管理】 采取五项措施，切实加强组织领导，统筹规划，全面履行值守应急、信息汇总、综合协调的职能，努力提高保障城市公共设施安全和处置突发事件的能力，确保城市运行安全。一是加强应急预案建设，应急预案体系逐步完善。充分发挥城市公共设施事故应急指挥部和城镇防汛分指挥部作用，加强应急基层组织管理和应急预案体系建设。重新制定公共设施事故及城镇防汛应急预案，督促基层单位完善本单位应急处置机制。二是针对风险，组织实施应急演练。组织相关单位开展光缆被破坏、天然气泄漏、防汛等事故应急演练，全年演练活动达到10次，通过演练检验预案的可操作性，提高处置突发公共事件和防汛的能力。三是加强输油气管线安全、推进城市安全运行。建立了输油气管道月巡查排查统计台账，进行安全检查，严格管线巡护制度，协调解决梨园镇古玩市场内建房占压东方化二管线安全、潞城镇、西集镇两处建围墙影响陕京天然气管道安全等12起事宜，确保了输油气管道安全平稳运行。四是加大隐患排查力度，确保安全稳定。认真落实安全生产与应急保障的各项规章制度，广泛深入推进面向基层单位、管道权属单位的安全培训。有效排查燃气、供热管线、环卫有限空间作业等方面安全隐患，防范和坚决遏制安全生产事故的发生。五是加大宣传教育培训，组织进行了一系列宣传教育培训活动，有效提高了市民的抗灾减灾意识。

环境卫生

【概　况】 5月，通州区环境卫生服务中心成立；9月，成立通州区城乡环境建设委员会，加强对全区环境建设工作的统筹协调和组织领导。2010年，通州区环境卫生工作围绕现代化国际新城建设，结合全区城乡环境建设工作实际，明确城乡环境建设任务和目标，在全区有序开展各类环境卫生及环境秩序专项治理，加大创卫工作、垃圾分类等各项重点工作力度，完成“环境优美乡镇”和“文明生态村”创建工作，完善各项环卫基础设施，着力为新城建设营造整洁优美、和谐有序的城乡环境。

（苏　君）

【环卫体制改革稳步推进】 为进一步整合现有环卫资源，理顺环卫管理体制，通州区环境卫生服务中心于2010年5月正式成立，初步实现政事分开、管干分离的管理体制。9月，为加强环境建设工作的统筹协调和组织领导，成立通州区城乡环境建设委员。环境建设委办公室设在区市政市容委，为日常办公机构，负责全区城乡环境建设工作的全面落实。

（苏　君）

【城乡环境整治十大项目百项工程】 按照市农委的工作要求，在全区开展批发市场环境整治，农贸市场和马路市场整顿，辖区铁路、轻轨、高速公路以及辖区公路两侧环境整治等“十大重点区域、百项重点工程”环境整治工作。加大对鑫隆服装、乔庄建材城、八里桥农贸市场等周边环境卫生综合整治力度；对京承、京秦铁路等高速公路沿线两侧的环境卫生进行综合治理，捡拾白色污染，清理乱倒的垃圾渣土；对张采路、宋梁路、富壁路等30余条道路、公路两侧加大环境整治力度；开展对永顺、梨园、潞城镇等城乡结合部地区的强化治理；重点整治张家湾镇皇木场村、潞城镇大营村、宋庄镇小堡村等民俗旅游村环境；加强对运河沿岸、台湖镇星湖园等旅游景点周边环境整治；加强公路沿线、村庄的绿化美化工作；加强运河、运潮减河等20条河道沿岸环境卫生整治工作。

（苏　君）

【节假日城乡环境综合整治活动】 年内，制订工作方案，组织召开工作会议，部署全区城乡环境整治和环境保障工作。以开展“爱国卫生日”、“清洁周”等重大活动为载体，各乡镇、街道、有关单位开展辖区内环境卫生综合整治活动。各行政单位、执法部门、环卫作业人员节日期间坚守岗位，加大环境整治和监督检查工作力度，治理卫生死角，解决环境脏乱问题，提高全区环境卫生整体水平。

（苏　君）

【开展各类专项整治工作】 一是年初开展白色污染治理活动，成立检查组，加强对白色污染治理工作的检查监督。二是4月开展温榆河北岸运河源头石碑周边环境综合整治工作，协调相关单位对该地区从事废品收购的单位、人员、出租房屋和临建、违建情况进行了细致摸底调查，并按照职责督促开展该地区的环境整治工作。三是编制、印发了通州区《2010年夏季市容环境集中治理行动工作方案》，广泛组织环卫专业队伍、（村）居委会工作人员、社区志愿者、辖区单位、（村）居民等开展夏季市容环境集中治理活动，共清理卫生死角1128处，清运垃圾1675余吨，捡拾白色污染508余公斤。四是开展城市街面环境秩序百日整治行动，加强公共设施的清理、保洁，提高作业标准，对主要大街、重点路段延长保洁时间，加强城市“牛皮癣”的清除工作，加快巡回清除力度。五是开展市级挂账西门地区的排查整治工作，组织协调街道办事处及相关部门，加强清扫保洁力度及“门前三包”责任制管理工作，加大市政设施维护管理力度，规范广告牌匾，解决西门地区环境卫生的突出问题，明显改善周围环境。六是开展冬季城乡环境整治工作，重点解决道路扬尘、黄土露天及道路、铁路、公路、绿地、河道两侧乱倒垃圾渣土、白色污染等环境脏乱问题。

（苏　君）

【创卫工作取得显著成效】 加大渣土、卫生死角整治力度，提高主要街道环卫服务质量和频次。对67处桶站、22处地坑式垃圾站点、82座公厕、4座垃圾楼和工作站点进行了修缮改造,新设置公厕导向牌35块,同时,累计更新置换垃圾方桶3000个，对230个垃圾箱体进行喷漆见新、统一环卫标识。基本完成创卫区域内的梨园北街、西营前街等道路改造工程。完成运河小学、潞河医院等5座天桥修缮任务。加大户外广告牌匾的规范整治力度，对新华南北路、乔庄北街等7条道路沿线户外广告及牌匾标识进行专项整治。拆除违法广告2784块、牌匾524块，完成整改规范牌匾3365块。

（苏　君）

【全面开展生活垃圾分类工作】 全区投资508.67万元，从宣传及垃圾投放、收集、运输、处理各方面入手推动生活垃圾分类工作深入开展。招聘105名垃圾分类指导员，发挥“垃圾减量、垃圾分类绿袖标指导员”队伍作用；发放分类收集容器13671组和垃圾袋247.62万个，购置分类运输三轮车71辆、厨余垃圾分类运输车增至4辆，建成日处理能力10吨的区级厨余垃圾处理设施。完成11个试点小区、23家党政机关和6所学校的垃圾分类工作和4处“零废弃”管理试点；2010年乡镇生活垃圾分类工作投资1842.5万元，完成梨园、永顺、潞城、西集、漷县5个乡镇，涉及179个村庄55850户的垃圾分类工作，购置户用分类桶6.3万套，运输车190辆，建设灰土消纳站、厨余堆肥池和可回收储物笼各158座。

（苏　君）

【实施架空线入地工程】 根据首环办工作要求，区市政市容委组织电力、联通、移动等相关部门，在通州新城范围内开展废弃线杆情况调查工作，并要求权属单位限期自行拆除。同时联合电力、联通、公安分局等单位对全区新城范围内架空线情况进行调查摸底，并在此基础上制定《通州区架空线入地工程实施方案》。根据北京市架空线入地工作实施计划，实施了临河里路、梨园北街道路两侧的架空线入地工作。截至年底，梨园北街供电高压管道建设全部完成，共铺设管道2250米，新建管井及箱变基础80余座，完成架空线入地管道铺设2200米。临河里路10千伏电力架空线路已进场施工，完成管线铺设1700米、通信管线900米。

（苏　君）

【“环境优美乡镇”、“生态村”创建工作】 张家湾镇根据25项环境优美乡镇创建指标，永乐店镇老槐庄等14个村根据15项生态村创建指标，广泛深入开展环境建设和环境整治工作，完善基础设施建设，改善村容村貌，提高生态环境建设质量。顺利通过市农委、市环保局专家组的考核验收，张家湾镇获北京郊区“环境优美乡镇”称号，永乐店老槐庄等14个村获北京郊区“文明生态村”称号。

（苏　君）

【加大农村环卫基础建设力度】 年内，完成437座农村公厕的建设工作；完善重点镇垃圾中转站建设，截至年底，漷县镇、西集镇、永乐店镇和台湖镇垃圾中转站建设全部完成。

（苏　君）

【开展渣土管理集中整治月活动】 4月1日至5月15日，在全区范围内开展“全区渣土管理集中整治月”活动。通过拉网式检查、联合执法检查、巩固成果三个阶段的集中整治，加强了土方工程施工现场、渣土运输、渣土消纳处置的管理,规范了施工工地围挡、进出口路面硬化、车轮冲洗设施不到位等情况,防止了无证运输渣土（准运证、消纳证）、无全密闭苫盖装置、道路遗撒、乱倒乱卸等违法行为，阶段性效果明显。活动期间，共检查在建工地91个，开展联合执法检查3次，联合执法夜查4次，检查渣土运输车辆2058台次,规范施工现场8个,规范30台次,暂扣18台，处罚21起，处理车轮带泥、道路遗撒行为3起,清理污染路面1.5万平方米。

（苏　君）

【116处大型垃圾脏乱点整治工作】 根据“北京一号”小卫星监测报告显示，全区行政区域范围内存在116处面积在1000平方

米的大型垃圾脏乱点，为了做好该项整治工作，对116处垃圾脏乱点进行了实地摸底调查工作。截至年底，属于生活垃圾脏乱点的98处已整治完毕92处，整治面积63.95万平方米。

（苏 君）

【开展市容环境治理】 2010年，市容办签订“门前三包”责任书4700份，纠正违规责任单位责任人8115件次，督促清理卫生死角108处，清理面积约12367平方米，规范广告牌匾44块，核查广告条幅50条，向属地管理单位反馈问题34起，发限改督促单58份。监管的91个施工现场共处理道路遗撒、车轮带泥行为300余起，责令施工企业恢复污染路面8.6万平方米；开展扫雪铲冰工作，向相关责任单位发出雪情预警通知200余份，对各成员单位的扫雪铲冰情况进行了部署与督促。共出动扫雪铲冰专业作业队伍25076人次、车辆4700辆，使用融雪剂2510吨，动员社会单位参与扫雪铲冰人员11万余人、三轮车578辆。

（苏 君）

【完成环卫保洁工作】 环卫所负责城区193万平方米的道路清扫保洁和32095米隔离栏杆的清擦工作。全年出动扫路车3884车次、洒水车4054车次，用中水79205吨；清运垃圾2298车次，清理遗洒物417车次；出动栏杆清洗车548车次，安排专人擦拭各类附属设施；清除非法小广告58万余张；捡拾白色污染及垃圾33000余公斤；做好扫雪铲冰工作，出动各类融雪车辆440余车次，出动专业作业人员3000余人次，使用融雪剂300余吨，融雪面积达194万平方米，清运积雪25500余吨；从除夕至正月十五共清除烟花爆竹残屑27车，共计55吨。

（苏 君）

【垃圾清运及处理】 环卫设施所负责351处垃圾站点，日清运垃圾450吨；担负全区共计1170个化粪池和80座公厕的日常粪便抽运工作，全年抽运粪便3.7万吨；完成80座公厕（二类公厕22座，达标公厕58座）的保洁任务，做到全天开放，随时保洁；转运站调整压缩工艺，提高输送能力和工作效率，全年共处理、转运生活垃圾158866吨，日平均转运量达到435吨；污物处理站职工全年无休息日，出车8196次，消纳粪便约42355.16吨；填埋场进行无害化填埋生活垃圾22.5万吨，填埋率达到100%。新建污水处理车间，增加除臭设备，累计处理渗沥液共5000吨，填埋气处理量70万立方米。

（苏 君）

水务管理

【概 况】 2010年，通州水务工作坚持以科学发展观为指导，认真贯彻落实区委、区政府现代化国际新城建设的各项决策部署，不断强化水务管理，加速推进工程建设，扎实开展水务改革，全面适应现代化国际新城战略需要，取得了明显成效。一是水环境建设深入推进。年内，完成跨年度的东南郊水网（通州区）工程，使区内沟渠相通、水网相连、常年有水，初步实现了循环水系的设想。强化了北运河生态治理，在北运河河道综合治理基础上，将鸟岛、生态岛、湿地等景观建设与码头、平台、栈桥等设施建设相结合，打造景观亮点。同时，在河道内建设取水泵站等水利设施，利用河道蓄水实施综合灌溉，为实现净化水质、以水为魂、林水相依的运河生态目标创造条件。二是供水保障能力稳步提高。2010年，为全区21座供水厂分别加装了视频监控和水量、水质在线监控系统；为392眼水源井加装水量监控设备，进一步提高了供水安全保障能力。三是污水治理工作扎实推进。年内，先后完成市、区多项排污口、地表水、饮用水等监测任务；

推进了通惠河北部城区污水截流工程、北运河通州城区段补水净化工程、碧水污水处理厂升级改造、河东再生水厂前期工作等一批截污治污项目的进程；开展公共排水、再生水管网设施普查等。四是节水型社会持续推进。2010年，创建节水型农村试点30个，完成12万户城镇居民用水器具调查摸底；农业新增节水灌溉面积1.3万亩，实施新河灌区（五期）工程，改造面积8.5万亩；安装农业用水智能计量管理系统1538套，初步实现农业用水精细化管理；再生水利用范围逐年扩大，工程集蓄雨洪水2400多万立方米。五是防汛及水务安全不断强化。汛前，经过对管线的疏通，检查井、雨水口的清掏，确保了全区汛期排水畅通；汛期，通州区共发生大雨及以上降雨4次，由于防汛工作准备充分，制度措施落实到位，未出现明显灾情，全区安全度汛。在创建“平安水务”以及日常安全管理工作中，狠抓在建工程安全生产责任落实和有限空间作业安全，取得明显成效，确保了水务安全规范的有效管理。六是“百日整治行动”成效显著。在“百日整治行动”中，区水务局通过采取部门联动、属地管理、强化宣传和建立长效机制等措施，达到了预期目标，荣获北京市百日整治行动“突出贡献奖”。七是坚持规划先行支撑新城水务建设。年内，编制完成《“十二五”水务发展规划》和《通州新城水务综合规划》。通过实施规划，为通州提供充足的水源、优良的水质和安全的水环境，使水务发展为新城建设提供支撑和保障。由于水务工作成效显著，2010年通州区荣获市政府授予的“水环境先进奖”。

（翁　琳）

【东南郊水网（通州区）工程主体完成】 东南郊水网（通州区）工程为跨年度工程，共分两个标段进行。两个标段的施工单位均为北京泽通水务建设有限公司。截至2010年12月底，主体工程全部完成。

（郝少魁）

【北运河通州城市段补水净化工程】 北运河通州城市段补水净化工程是通州区政府主持的市科委科技示范工程，结合东方化工区的3个主要排污口和“十二五”启动东方化工厂拆迁的规划，建设地点由新城核心区调整到东方化工区东侧、北运河西岸，将处理河水的示范工程调整为日处理工业、生活等污水3万吨的再生水厂，为通州区COD减排的重点工程。工程主要包括：调节池、絮凝沉淀池、曝气生物滤池、生物活性炭滤池、清水池、配电室、污泥脱水机房、鼓风机房、管理房等各一座；污水截流管D300～D650毫米，长度为2350米；河水取水泵站一座，取水管DN500毫米，长度为520米。工程由中国市政工程东北设计研究院设计，北京燕波工程管理有限公司监理，北京泽通水务建设有限公司施工。于2010年3月开工，至年底前开始试运行。工程建成后可使北运河重点污染源得到有效治理，改善水环境。

（邵春刚）

【通惠河北部城区污水截流工程】 为减少通州区自身排放污染问题，改善水环境，实施通惠河北部城区污水截流工程。工程涉及通惠河以北、温榆河以西的规划新城区域。工程截流干管总长5.4公里，支管1.05公里，分通惠河北岸段和温榆河西路段两部分。其中通惠河北岸段截污干管长4.2公里，截污支管36处；温榆河西路段截污干管长1.2公里，截污支管1处。截流干管采用顶管施工，支管采取明挖施工。工程于8月完成截流，并正式通水，防倒灌设施等附属设施于12月全部完成。工程总投资9324万元，由北京市市政工程设计研究总院设计，安阳市润安工程咨询监理公司监理，北京通成达水务建设工程有限公司施工。工程实施后，总汇水面积达到13.3平方公里，受益人口15万人，不仅满足现有截流的要求，完善了通州新城基础设施，使已建污水处理厂能够充分发挥作用，同时依照通州规划的远期目标预留了余量，为通州区下一步“国际化新城”建设实现雨污分流、污水集中处理打下了良好的基础。

（邵春刚）

【水环境治理工程】 水环境治理工程涉及宋庄镇小堡村和台湖镇口子村，服务人口共10500人，目的是配合新农村建设，对村域内收集的污水进行治理。建设内容包括污水处理厂和输水管道工程，通过对村庄及企业的人口现状调查计算污水量，确定小堡村污水处理厂规模400立方米／天、口子村污水处理厂规模500立方米／天，采用A/O处理工艺。工程总投资502.43万元，于10月5日开工，至12月31日主体工程全部完成。

（郝少魁）

【坑塘雨洪利用工程】 2010年，通州区雨洪利用工程涉及宋庄镇平家疃村1处坑塘，坑塘面积5.3亩，可蓄水7260立方米。工程内容主要是对坑塘西侧的垃圾进行清理并回填素土，对坑塘周围进行绿化，对坑塘东侧已有圆涵进行出水口护坡。工程总投资40万元，全部为市补资金。工程实施后总蓄水能力7260立方米，新增蓄水能力2600立方米，每年可减少地下水资源开采量2万立方米。工程由宋庄水务二所施工，于6月28日开工，至11月20日完工。

（郝少魁）

【运河森林公园水利配套设施工程】 运河森林公园水利配套设施工程位于北运河六环桥至甘棠橡胶坝段，全长约6.5公里。施工内容包括：对河道两岸土坡进行护砌加固、新建4处码头、新建6处取水泵站、生态岛及鸟岛等。目的在于通过对河道坡岸的加固，提高其抗冲刷能力，提高坡岸稳定性；新建生态岛、码头等景观工程，改善北运河两岸生态环境；新建取水泵站，为河道两岸绿化用水提供保障。工程于2009年4月开工，至2010年8月完成。此项工程的实施，为实现净化水质、以水为魂、林水相依的运河生态目标创造了条件。

（翁　琳）

【北运河左堤涵闸工程竣工】 为保证北运河防洪堤的连续性，消除安全隐患，增添滨河景观，区水务局组织实施了北运河丰字沟、减运沟、武兴沟三座涵闸工程。新建丰字沟闸及方涵为2孔，单孔净宽3米，闸室长10米，采用5米渐变段方涵与新堤路方涵连接。闸门型式为平板铸铁闸门，基础采用砂石挤密桩进行处理。同时建设工作间201平方米。新建减运沟闸及方涵为3孔，单孔净宽3米，闸室长10米，采用5米渐变段方涵与新堤路方涵连接。闸门型式为平板铸铁闸门，基础采用砂石挤密桩进行处理。同时建设工作间220平方米。 新建武兴沟闸及方涵为2孔，单孔净宽3米，闸室长10米，采用5米渐变段方涵与新堤路方涵连接。闸门型式为平板铸铁闸门，基础采用砂石挤密桩进行处理。同时建设工作间201平方米。考虑到三座闸涵滨临北运河左堤路，在外部墙体装饰上体现了与周边生态景观相融合。工程由北京市水利规划设计研究院设计、北京泽通水务有限公司施工、北京燕波工程管理有限公司监理。于2008年配合区公路分局新堤路工程先期完成部分下部结构工程，全部工程于2010年竣工。工程概算总投资884.6万元。

（程　群）

【农业节水灌溉工程】 农业节水灌溉工程涉及宋庄镇、张家湾镇、西集镇、漷县镇、马驹桥镇、永乐店镇、于家务乡等7个乡镇24个村。建设规模和内容包括新增改善节水灌溉面积13030亩，其中滴灌730亩、微喷100亩、管灌12200亩。新增和更新机井45眼，新建井房110座，更换水泵108台（套），铺设管线90千米。工程总投资1654万元。于3月开工，9月完工。

（郝少魁）

【农村污水处理站环境治理工程】 为保证农村地区污水处理站正常运行，保护处理站设施，改善处理站周边环境，保障周边居民人身安全，区水务局对32处农村污水处理站周边边境进行了治理，在入水收集井和提升泵处增设井房，在污水处理站周围增设绿篱。工程总投资99.6万元，于5月完工。

（邵春刚）

【村镇供水管理体系】 为保障乡镇供水安全，提供技术支撑，通州区村镇供水管理体系已经初步建设完成。有19个集中供水水厂和333眼单村水源井纳入管理体系，相关数据已录入数据库。

（高　乐）

【水环境监测分中心通过国家计量认证】 从2009年开始，区水务局着手进行国家计量认证评审的筹备工作，经过对实验室房屋改造、配置先进仪器设备、组建实验室和人员监测技术培训等，使北京市水环境监测中心通州分中心水质化验室的监测能力基本达到国家水质监测标准的要求，经国家计量认证评审组专家的审查，于2010年3月4日顺利通过国家计量认证评审，具备了独立完成水质检测化验的能力。

（王新颖）

【应急度汛工程】 年内，重点实施了凉水河何各庄至海子洼左堤路维修、张家湾镇西定村雨洪道路清淤、永顺团结沟及电台沟清淤和北运河左堤肖林、吕湾、牛牧屯强排站设施维修及更新4项应急度汛工程，总投资256万元。工程于汛前开工，至10月竣工。

（安志彬）

【汛期降雨情况】 2010年，全区平均降雨量400.8毫米，汛期平均降雨量304.3毫米，较上年汛期减少26.9%，较多年同期减少27.1%。汛期降水偏少，总体为较干旱的一年。6至9月汛期间，共有4次强降雨，总雨量达152.9毫米，占汛期降雨量的50%。据全区23个雨情监测点的数据显示，除通州城区及西集镇汛期平均降雨量在550毫米以上，其余21个地区均集中在240～300毫米之间。

（安志彬）

【百日整治行动】 按照市委、市政府的安排部署，从7月1日至9月底，全市开展“盗采砂石、非指定区域游泳和钓鱼、非法洗车百日整治行动”。通州区成立由区委常委、副区长于世疆为组长，水务、住建委、国土、公安、交通、城管、司法、教委、市政市容委，各乡镇、街道等单位组成的百日整治领导机构。百日整治行动按照明确责任、分解任务的方式展开，共设立警示标牌100多处，出动人员2595人次、车辆627车次，教育劝阻1407人次，查扣采砂车5辆。整个行动达到了预期目标，获得北京市百日整治行动“突出贡献奖”。

（郭冬丽）

【查处水事案件】 年内，共查处违法、违规水事案件315起，结案315起，结案率100%。其中查处打井案件45起，封井16眼；查处设排水口案2起，排水调查案14起，倾倒垃圾案25起，共清运垃圾42吨；查处违章建筑案38起，违章修建水工程案15起，水工程损毁案14起；拆除违章建筑3091平方米，拆除围墙150延米，回填土方42.5立方米；在重点水工程巡查中，共责令排除安全隐患70处，批评教育80人次，处理协调案29起，共为国家挽回经济损失100余万元。

（郭冬丽）

【水法宣传活动】 在3月22日第十八届“世界水日”、22日至28日第二十三届中国水法宣传周期间，全区开展了以“清洁用水，健康世界”及“严格水资源管理，保障可持续发展”为主题的系列宣传活动。共有700人次参加，共印发宣传材料2万份，设宣传站21个，悬挂宣传横幅22条，张贴临时性标语1000条，书写和刷新永久性标语100余条，设立咨询台8个，解答群众咨询2000余人次，利用村级广播宣传约100小时。全区宣传教育的覆盖面达95%以上。

（郭冬丽）

【水资源利用情况】 年内，全区总用水36218.16万立方米，其中用再生水

16099.46万立方米，用地下水20118.7万立方米。在总用水中农业用水26705.87万立方米，其中用再生水16099.46万立方米、用地下水10606.41万立方米；工业用地下水2259.56万立方米；家庭居民生活用地下水4293.59万立方米；公共服务用地下水2556.12万立方米；城镇环境用地下水206.33万立方米；农村生态用地下水196.69万立方米。

（高淑红）

【"平安水务"创建活动】 为确保水务安全生产，提升水务安全文化水平，年内开展了"平安水务"创建活动。其间，转发了《北京市水务有限空间作业安全规范》和《国务院关于进一步加强企业安全生产工作的通知》，签订了水务工程安全施工责任书，加强了水务安全隐患排查和及时整改，实行了常态化的水厂封闭式管理，筹措资金更新先进的水务有限空间作业设备，并先后组织水务有限空间作业人员资格和安全生产、应急管理工作培训等，在2010年北京市安全生产委员会对通州区进行安全生产管理检查中受到好评。

（贾志刚）

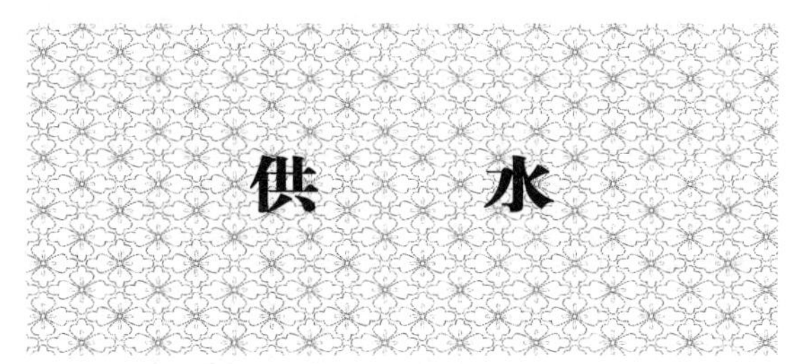

供　　水

【概　况】 2010年，北京潞洲水务有限公司坚持"强基固本"的工作方针，认真落实"抓储备、增能力、降成本、强基础、上水平"的工作思路，以改革创新为动力，完成年度供水、设备维护、供水管网检查、水质检测、创卫工作等各项工作任务，确保了通州区的安全供水。

（张小莉）

【完成年度供水工作】 全年完成供水总量3029万立方米，售水总量2485万立方米，水费销售收入4908万元。利润总额为-304万元左右。水费回收率96.05%，产销差率17.97%，水质合格率100%，修漏及时率为100%。全年未出现安全生产责任事故和死亡责任事故。

（张小莉）

【供水设备设施维护检修工作】 加大对供水设施设备维护检修力度，发现问题隐患及时排除。公司供水部大修机泵14套、新装机泵2套、加泵管30根、电检变压器100余台等一系列对供水设备、设施的维护检修，保证供水设施设备的完好运行。

（张小莉）

【加强供水管网的维护检查】 公司安装中心始终坚持以服务群众为宗旨，做到来电来访热情接待，及时上门维修服务，以安全供水为目标，加强供水管网设施检查，检查闸门井2282个、消火栓井1156个、排气门井72个，清理闸门井38个，修理消火栓36个，更换或补装井盖77个，完成干线修漏421处，修漏换管568米，故障换表180块，零活小修565户，安装测压表20处。修漏及时率达到99%以上，及时排除了供水设备设施存在安全事故隐患，确保了全年供水设施的完好运行及供水安全。

（张小莉）

【加强水质检测力度】 为保障供水安全，公司水质监测站在日常工作的基础上加大了对取水点的监测频次及加大监测范围，全年完成出厂水监测3621项次，完成补压井、水源井、管网等多处水源检测项目，所有检测指标全部符合国家饮用水卫生标准，水质合格率达100%，完成全年98.5%的指标。水质处理及时率100%，数据准确率100%。

（张小莉）

【实施供水管网测压系统安装工程】 为了实时准确掌握供水管网的压力变化，提高供水安全系数，实现供水的科学合理调度，公司实施供水管网测压系统安装工程。该系统为及时了解管网压力、合理调配出厂水量提供了实时、准确的数据。初步实现了供水的科学合理调度，并解决很多因供水压力问题而产生的居民提案问题，社会效益、经济效益显著。

（张小莉）

【实施供电线路真空负荷开关安装工程】 年内，公司完成供电线路真空负荷开关安装工程，在宋庄50千伏变站水管1路、水管2路、配水1路、配水2路四条出线上安装10千伏负荷开关，该工程的实施提高了公司供电线路的安全保障。

（张小莉）

【完成供水管线占压情况调查】 随着通州城区规模不断扩大，出现了一些违章建筑，公司的输、配水管线也不同程度的存在被占压的现象，针对此种问题公司进行了一次全面的排查，共发现被占压输水管线17处、占压长度4550米，占压配水管线19处、占压长度749米，并制定了初步的解决方案。

（张小莉）

【做好拆迁工作中供水管线管理】 2010年，在实施通州运河核心建设中，出现大规模、大范围的拆迁地区。为了做好拆迁地区的供水管线的卡堵及撤表工作，公司召开专题工作会，对拆迁的用户及时进行了撤表卡堵、维修堵漏，有效地控制了管网漏水，防止水资源的流失。

（张小莉）

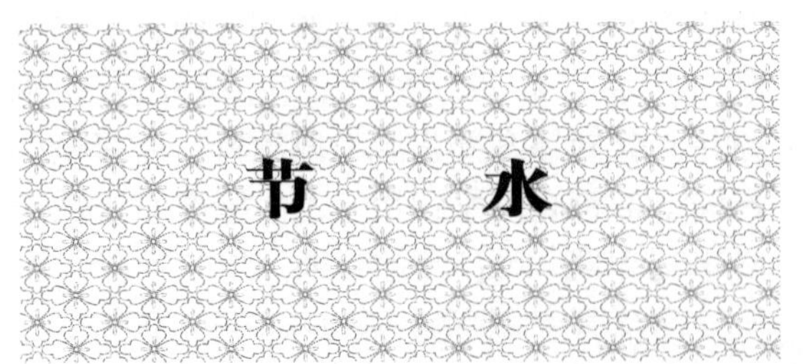

节　水

【概　况】 2010年，通州区节水工作以加强作风建设、优化发展环境，服务现代化国际新城建设为契机，认真做好节约用水管理工作。年内，围绕《中华人民共和国水法》等一系列水法规，开展节水宣传，先后在北苑街道办事处和11个乡镇开展“世界水日”、“中国水周”以及“城市节水宣传周”系列宣传活动。开展对全区除居民用水以外的所有用水单位的基础数据调查，完成对1063户的计划用水管理，加强和完善了再生水管理基础性工作。年内，对辖区内建有中水处理设施的用水单位、小区进行调查摸底，更新了中水设施基本信息资料库，并及时录入节水信息系统。继续开展节水型企业（单位）和节水型居民小区的创建工作，53个单位和5个居民小区达到市级节水型单位（小区）验收标准，并通过了北京市节水管理中心验收组的验收。为推进通州区节水型社会建设步伐，落实北京市节水工作任务，参照北京市创建节水型企业单位、节水型居民小区的活动模式，研究制定了《通州区节水型农村创建活动考核办法》和《通州区节水型农村考核标准》。完成30个节水型农村创建试点工作并通过验收。2010年，完成收取地下水资源费2311.28万元，收取污水处理费225.67万元的征收任务并足额上缴。

（徐景跃）

【用水计划管理】 针对北京水资源紧缺形势，按照“计划供水、以供定需、定额管理、累进加价”的管理原则，为进一步加强对社会用水单位的（除居民以外）用水管理，更好地完善《北京市节水信息管理系统》中各项基础数据内容的完整和准确，使节约用水管理工作更加科学、合理、规范，年初，开展了对全区除居民用水以外的所有用水单位的基础数据调查。调查内容包括：单位基本信息、单位自备井信息、公共生活用水单位用水情况、工业用水单位用水情况等，重点是摸清各用水户的实际用水现状以及用水户的各项基本信息，为今后节水管理工作提供真实准确的基础资料。年初，对全区1079个用水单位（户）下达计划用水指标，总计划量为34330万立方米。

（徐景跃）

【节水宣传系列活动】 在5月15日至21日的“全国城市节水宣传周”期间，组织开展了以“节水全民行动，共建生态家园”为主题的节水宣传活动，共印制和制作节水宣传画10000张、无纺布购物袋5000个，印制并发送节水宣传口号毛巾5000条。同时向全区各中小学校发送节水知识读本《北京之水》300本。

（徐景跃）

【特殊行业用水监督检查】 年内，加大全区节水监督检查力度，特别是对特殊用水行业（洗车、洗浴、高尔夫球场、纯净水生产等）的监督检查，逐步依法进行规范。每天出动两台车6名工作人员分别对这些行业的基本信息数据进行了调查登记，建立数据档案；对102个洗车站点及洗浴中心等进行两次以上的监督检查和指导。

（徐景跃）

【节水村建设】 为全面推进通州区节水型社会建设，落实北京市节水工作任务，参照北京市创建节水型企业单位、节水型居民小区的活动模式，研究制定了《通州区节水型农村创建活动考核办法》和《通州区节水型农村考核标准》，组织17个乡镇水务所相关人员进行了创建培训，共完成30个节水型农村创建试点工作，并通过了验收。

（徐景跃）

【节水型单位创建工作】 根据北京市政府的要求，在认真调查研究的基础上，对全区所有党政机关、事业单位用水户进行了梳理：全区共有党政机关65个，通过往年和本年市级创建验收的有31个单位；事业单位70个，通过达标创建验收的有22个单位。7月2日，区节水办向全区所有党政机关、事业单位发出《关于在全区党政机关、事业单位开展节约用水达标创建活动》的通知，号召所有党政机关、事业单位全面开展节水达标创建活动，争取所有党政机关、30%事业单位达到节水型单位标准。

（徐景跃）

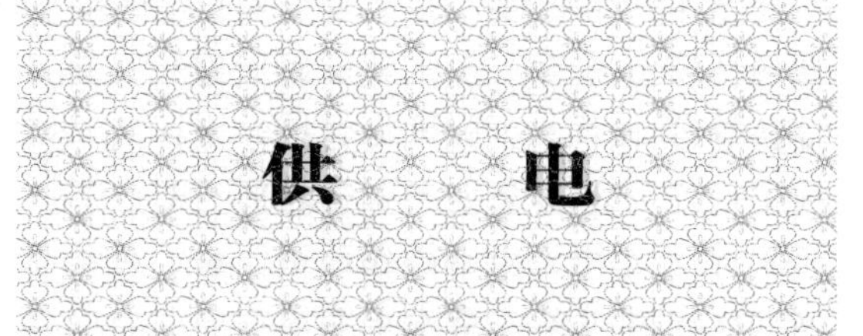

供　　电

【概　况】 2010年，北京市电力公司通州供电公司以“大局、可靠、法制、两效”八字方针为统领，主动适应北京市电力公司经营管理模式的转变，在安全生产、电网建设、营销与优质服务等方面取得新成绩，为公司健康可持续发展奠定了良好基础。2010年，坐落于通州地区220千伏变电站5座，110千伏及以下变电站30座，其中110千伏变电站21座，主变总容量1846.5兆伏安，35千伏变电站9座，主变总容量217.8兆伏安；35千伏及以上输电线路39条，其中110千伏输电线路19条、线路长为271.65千米，35千伏输电线路20条、线路长为149.30千米；10千伏配电变压器5490台，总容量共计1499.39兆伏安；10千伏配电线路519条，线路长为3051.20千米。年内，通州区最大负荷发生在7月29日，最大负荷为85.73万千瓦。

（王立峰）

【电网规划与建设】 通州供电公司结合通州地区发展规划，重点开展运河中心区、核心区范围内变电站站点布局研究；编制新城范围内电力规划和高压线路架空入地方案规划；动态完善并修编《通州地区“十二五”电网规划报告》，积极推进乔庄、上园等新建站点项目前期工作；认真分析地区电网薄弱环节，深入开展地区负荷分析，积极组织升压增容工程可研报告。2010年，完成商务园区220千伏顺福线路迁改，胡各庄、张家湾变电站改造工程投产，半壁店10千伏南路切改工程投产发电。

（王立峰）

【安全生产】 2010年，通州供电公司认真落实安全生产责任制，强化安全基础管理，加强现场安全监督，强化规章制度建设，提高设备管理水平，实施风险管控，全面完成各项生产任务，安全生产形势总体平稳。投入3600余万元用于电网设备改造工程，使得通州地区电网设备安全水平明显提升；加强电网风险分析、安全评估和应急预警机制建设，组织完成三次电网综合应急演练；以输电线路风险管控、反外力、消除线路运行隐患为重点，加强输电架空线路运行管理，增加反外力工作投入，加大群众护线工作力度。投入67万元作为护线费用，有力保证输电线路安全运行；投入12万元加大电力设施保护宣传力度，确保反外力工作得到社会各界支持；投入27.5万元解决输电线路树线矛盾隐患，共计去树5100棵。2010年，供电可靠率城镇完成99.9879%，同比提高0.0128个百分点，用户平均停电时间为1.06小时，同比减少1.12小时；农村完成99.9222%，同比提高0.0028个百分点，用户平均停电时间为6.81小时，同比减少0.25小时。

（王立峰）

【营销与优质服务】 2010年，通州供电公司售电量完成402492万千瓦时，同比增长18.54%；报装客户35000户，容量116.65万千伏安，同比增长273.46%；新增接电户数28624户，容量49.02万千伏安，同比增长94.09%。缩短635户高压客户业扩报装时间，加快重点工程报装接电速度。公司制定客户与供电公司“双向”应急预案，提升一、二级客户服务水平；开展灵活多样的菜单式服务，报装时主动为客户提供节电方案，发电后，协助客户开展内部设备安全评价，编制客户设备故障应急处理预案；开展第三方供电服务暗访活动，对营业窗口进行服务监测，提升客户窗口体验满意度；开展高压客户服务工作，完成各类保电任务。年内，完成高考、中考、防汛度夏等162户保电工作。

（王立峰）

【用电普查】 2010年，通州供电公司加强与区发改委、公安局等部门的联动机制，坚持每月开展反窃电专项行动，全年检查各类客户3000多户，挽回经济损失214万元。

（王立峰）

【农电工作】 2010年，通州供电公司大力推进新农村电气化和农村供电所标准化建设，提升农电系统整体服务能力。完成12个电气化村和永乐店镇新农村电气化镇创建工作。截至年底，累计创建211个电气化村和9个电气化镇。完成7个标准化供电所创建工作，10个农村供电所全部实现标准化。西集供电所率先成为国家电网公司级“标准化示范供电所”，并被中国电力报社、中国电力报刊协会和中电新闻网评为“中国最美金牌供电所”。

（王立峰）

【科技与信息化】 2010年，通州供电公司充分发挥科技进步的引领作用，加大科技工作力度，鼓励技术创新、技术革新、新产品试用等。开发《通州新城配电网规划》、《大容量管井建设》等重要科技项目；不断推进生产管理信息化建设，深化PMS、GIS系统应用，在基础数据、缺陷、运行记录、设备评估等方面基本实现信息化管理。

（王立峰）

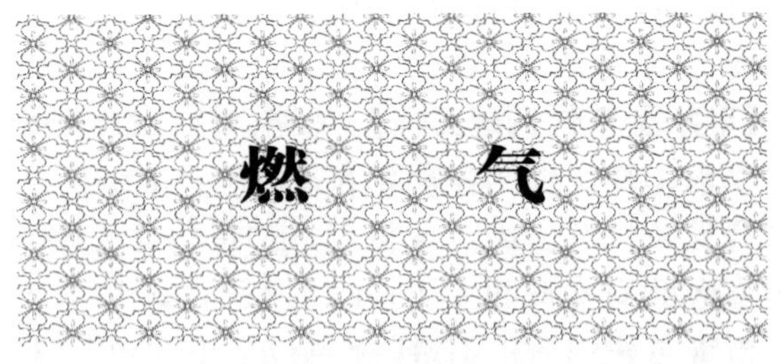

燃　气

【概　况】 全区有经营燃气企业70家，管道燃气居民用户　16万户，工业用户8户，商业用户120户，全区燃气管网总长度360公里。2010年随路铺设朝阳北路东延、潞苑北大街等8条燃气管线，铺设管线共计12.88公里。2010年，全区天然气供应总量2.3亿立方米，新发展天然气用户2.8万户。

（苏　君）

【天然气管线铺设工程】 2010年，实施8条管线铺设工程，共铺设管道高压3400米、中压18900米。完成潞苑北大街、玉桥南里供热专供线的管道铺设工作，推进宋郎路北延、玉带河大街东延等管线铺设工程。其中朝阳北路东延（通顺路——东六环）管径DN400中压，全长4300米，完成600米；宋郎路北延（通胡路——潞苑北大街）管径DN500中压，全长4400米，完成1000米；玉带河大街东延（东六环——宋郎路）管径DN300中压，全长2400米，完成800米；临河里路（梨园南街——京津公路）管径DN300中压，全长1500米，完成780米。完成于家务中心区三路共3000米管线的铺设。

（苏 君）

【天然气入户工程】 2010年，在全区继续深入推进天然气入户工程。克服入户难度大、施工复杂等问题，积极开展规划、施工建设、入户等各环节工作。2010年，共完成2.8万户的入户安装工作。

（苏 君）

【落实燃气行业安全生产责任】 加强全区燃气企业的安全管理，落实责任主体，加强行业监管，确保全区燃气使用及安全情况良好。全年组织召开两次全区燃气企业法人代表、安全责任人参加的安全工作大会，部署液化石油气安全生产专项治理工作和燃气企业安全生产工作。要求企业法人不断提高责任意识和安全生产意识，经常对本企业安全生产工作进行自查自纠，查找问题并及时整改，加强安全生产管理，确保本企业不发生安全生产事故。与各燃气企业签订了安全生产责任书，督促燃气企业落实各项安全管理制度。

（苏 君）

【开展燃气行业安全检查】 为加强日常监管工作力度，对本区液化石油气瓶装供应站，压缩气站等近70家燃气企业进行全方位安全大检查。对发现的问题及时进行督促整改，及时复查整改情况，确保安全隐患消除在萌芽状态，确保燃气的安全生产。在遇有节日及重大活动前，专门进行安全通知，并有针对性的进行检查，确保各项活动的顺利进行。

（苏 君）

【加强培训宣传力度】 年内，对48名燃气企业法人代表、安全负责人进行了岗位培训，提高企业负责人的安全生产意识，为企业的安全生产奠定了坚实基础。同时，为提高居民安全使用燃气意识和常识，结合液化石油气安全生产专项治理工作，宣传安全使用燃气知识，发放安全使用燃气手册8万余份。

（苏 君）

环境保护

【概 况】 2010年，通州区环保局以改善环境质量为目标，以污染物总量减排为主线，以防治大气污染为重点，全面加强各项污染防治、环境安全监管和生态建设工作，实现了环境质量和生态状况整体改善。促使本区顺利完成“十一五”减排工作的任务目标。

（王 罡）

【危险化学品及涉辐单位专项检查】 3月1日至15日，为保障2010年全国“两会”期间通州区环境安全，通州区环保局落实市环保局和区政府相关文件精神，在两会期间集中开展了危险化学品从业单位和放射源及射线装置单位专项检查活动。其间，区环保局共出动执法人员近百人次，出动执法车辆50余车次，集中检查了通州区危险化学品从业单位20余家，放射源及射线装置使用单位20余家，在检查过程中对存在问题的企业下发环保执法监察意见3份，并进行了复查，存在问题的企业均按照监察意见的要求整改完毕。

（王 罡）

【职能部门节能工作培训会】 4月21日，通州区召开职能部门节能工作培训会，会议通报北京市2009年度节能目标考核情况，就通州区节能潜力进行了调研分析。对相关单位提出了提高编制能源的利用状况水平和编制能源利用报告的专业技能的要求。区环保局、发改委、农业局、财政局、教委、住建委、种植中心等多家单位参加了会议。

（王　罡）

【对渣土运输联合执法夜查行动】 4月22日，按照《通州区渣土管理集中整治月活动工作方案》的要求，区环保局、交通局、运管、城管等部门联合开展第一次联合执法夜查行动。此次主要针对渣土运输车辆道路遗撒、无证清运、超载、无苫盖装置、不符合环保要求等违法行为进行严厉查处。

（王　罡）

【完成《通州区2009年度环境质量报告书》编写】 5月6日，通州区环保局完成《通州区2009年度环境质量报告书》的编写工作。该报告书利用2009年度环境质量监测结果论述了2009年度环境质量现状及变化趋势。监测结果表明：2009年通州区空气质量进一步改善，优良天气比2008年提高了1.6个百分点；地表水环境质量较往年无明显变化，河流水质改善率为32.1%，河流水质综合达标率为12.8%；集中式地下饮用水源地水质总体良好；区域环境噪声和道路交通噪声与上年基本持平。2009年度环境质量报告书的完成，为通州区新城规划和区域经济发展提供了可靠依据。

（王　罡）

【开展村庄环境规划联合审查】 5月7日，通州规划分局、新农办联合区环保局、园林绿化局等相关职能部门对通州辖区11个乡镇共110个村庄环境规划进行审查。在此次规划编制中，生态建设投资预算大幅增加，在沼气及太阳能等农村新能源的推广使用、村级污水处理站的建设、生活垃圾的分类收集、村内因地制宜的绿化美化等方面都给予充分的考虑，并提出了在民宅中安装更经济可行的小型植物处理器的规划思路。

（王　罡）

【开展突发环境污染事件防治宣传】 5月10日，通州区环保局结合全区开展的“防震减灾日”活动开展突发环境污染事件防治宣传。活动中通过展示宣传展板、张贴宣传横幅的形式向群众展示了突发环境污染事件的危害，向群众发放4类宣传材料2000余份，解答群众咨询近百人次。

（王　罡）

【对家具制造企业生产环节专项执法检查】 5月12日，为巩固通州区大气环境治理成果，区环保局对辖区内49家家具制造企业的喷漆和烘干等产生VOC（挥发性有机物）的生产环节开展专项执法检查。此次专项执法主要检查了家具制造企业是否按要求安装挥发性有机物净化设施，净化设施运行是否正常，VOC排放是否达标等。针对存在违法行为的企业，依法予以严厉处罚。经三个月的执法检查和企业整改，9月，通过了市环保局的检查验收。

（王　罡）

【完成两家生活垃圾填埋场渗滤液和观测井上半年监测任务】 5月21日，区环保局监测站完成辖区内两家生活垃圾填埋场的渗滤液和观测井的上半年监测任务。监测结果表明：北神树卫生填埋场各项污染指标均能达到国家控制标准，西田阳垃圾卫生填埋场的地下水观测井水质总体良好，其渗滤液采取回喷的方式处理。为彻底解决该隐患，该垃圾卫生填埋场二期建设了污水处理设施，有效处理渗滤液问题。

（王　罡）

【推行重点企业“企业环境监督员”制度】 5月，区环保局在辖区重点企业范围内推行企业环境监督员制度。区环保局成立以主管副局长为组长的企业环境监督员工作小组，并在辖区内41家重点企业内设置了企业环境管理总负责人和企业环境监督员。企业环境管理与监督人员主要负责组织管理企业的环保工作；检查企业污染防治设施运转情况；协助环保部门开展工作，及时上报企业污染物排放情况。年内，区环保局督促各企业按照要求开展环境监督员工作。

（王　罡）

【燃煤锅炉改清洁能源项目绩效考评】 5月24日，北京市节能环保中心对通州区2009年燃煤锅炉改清洁能源项目开展绩效评价工作。2009年通州区内共计3家燃煤锅炉使用单位实施了清洁能源的改造工作，共计拆除燃煤锅炉42蒸吨，减少燃煤8000吨，减排二氧化硫排放合计96吨，使用北京市专项用于燃煤锅炉改造项目资金231万元。评审组对项目实施单位改造过程中专项资金使用情况进行了细致审查，对项目实施后产生的环境效益给予充分的肯定。

（王　罡）

【加强高考期间噪声监察、监测、整改工作】 6月，区环保局制定了高考期间噪声监察、监测计划，加强对辖区考场及考场周围200米范围内的噪声敏感点的监测工作，重点做好考场、考生住地周边地区的噪声监测工作，执法科室会同区住建委和城管大队联合执法，严格管理强化执法，针对夜间重点举报对象进行执法检查，检查包括运河湾小区施工工地、京贸世纪城小区工地、人文大学工地和珠江拉维小镇施工工地等6个施工工地，并对存在问题的单位下发了责令停止违法行为执法文书。环保局在考试期间的上午和下午两个时段对高考考场进行抽测，及时查处遏制噪声超标现象，确保中高考生和广大居民得到良好休息环境。

（王　罡）

【2010年环委会工作会议召开】 6月4日，通州区召开2010年环委会工作会议。会上总结了2009年工作成果，就2010年环保工作进行研究部署，审议了通州区第十六阶段控制大气污染措施及黄标车淘汰工作方案。副区长肖志刚出席会议并讲话。会议经过研讨确定了年内通州区环保工作的工作重心。

（王　罡）

【开展夏季农作物秸秆禁烧工作】 6月9日，通州区召开"三夏"工作会议，对2010年夏季农作物秸秆禁烧工作进行了部署。区农委、区农业局、区环保局、区园林绿化局、区城管监察大队、区农机中心等部门领导参加了会议。会上，下发了《通州区2010年夏季农作物秸秆禁烧工作方案》。副区长于世疆代表区政府与各乡镇签订了目标责任书。会后，各乡镇成立专门禁烧工作领导小组，制定各项工作制度，形成上下联动、行动迅速、运转高效的工作机制。并制定具体可行的实施方案，明确职责、落实措施。在"三夏"期间，对辖区内的小麦收获现场进行不间断的巡查，对重点村、重点地块加大巡查力度，设专职人员监控，严防死守。区环保局按照《方案》的要求，严防严控，坚持全面防控和重点巡查，实现秸秆有效利用，彻底消除焚烧隐患，实现"不点一把火，不冒一处烟"的"三夏"工作目标。

（王　罡）

【低碳通州讨论会举行】 6月11日，通州区政府举行低碳通州讨论会，邀请专家以低碳为主题就新城低碳定位进行讨论。会上，特约环保专家北京环境交易所毕建忠及世博会零碳馆馆长陈硕作了题为"中国低碳发展战略"的报告，并就通州新城的低碳标准及世博零碳馆进行了前瞻性的介绍。随后与会人员围绕低碳，对新城建设献言献策，展开讨论。区长岳鹏在讲话中强调，现代化国际新城的建设要走"节约能源、提高能效、发展可再生能源"之路，要突出体现低碳、环保、绿色、亲水。

（王　罡）

【液氨泄漏事故应急演练】 7月25日，通州区有关部门及部分企业在通州区潞城镇举行液氨泄漏事故应急演练。模拟液氨泄漏后，组织人员疏散、堵漏、稀释、修补漏点，使泄漏事故得到有效控制。演练检验了企业应急预案的可行性、实用性及相关部门应急队伍的协同配合能力和处置能力。相关部门针对企业演练过程中存在的问题，给予了批评指正。

（王 罡）

【完成挂牌督办单位排污整治工作】 9月27日，通州区圆满完成2010年度整治违法排污企业保障群众健康环保专项行动中3家挂牌督办单位的整治工作。年内通州区的挂牌督办单位共有3家，涉及的环境问题分别是噪声扰民、气味扰民和擅自向北运河排放危险废物。在进行整治过程中，本区采取督促关闭和限期治理方式圆满完成了对3家单位的环境整治。

（王 罡）

【开展创卫工作】 自全区正式启动创建国家卫生区工作以来，区环保局机动车排放管理站不断加大油气回收系统的日常管理工作力度，定期开展油气回收专项检查检测工作，动员全区加油站、储油库和油罐车公司做好油气回收自检工作。通过对各储运油单位日臻完善的管理和大力广泛动员，各加油站、油库的环境保护意识进一步增强，实现了油气达标排放的目标，全区大气环境质量得到全面改观。9月28日，创卫评估专家组到通州区指导工作，环保组领导对九棵树加油站的油气回收装置运行情况进行了检查。详细了解了加油站油气回收装置的工作原理，就加油站日常检查、管理等工作与环保人员进行了深入的研讨与交流，并对环保工作给予了充分的肯定。

（王 罡）

【专家组论证碧水污水处理厂污染物削减实效】 10月20日，由国家环保部、市环科院、人大及清华大学教授组成的专家组对碧水污水处理厂污染物削减实效进行了专题论证。专家组实地考察了碧水污水处理厂工艺布局、设备运行情况、污染物减排效果，经过认真研究和讨论，与会专家一致认为碧水污水处理厂工艺能够有效地去除污水中的主要污染物，有明显的减排效果，符合国家环保部减排核算标准。

（王 罡）

【加快推进燃煤锅炉改用清洁能源及整合工作】 10月27日，将2010年5家实施煤改清洁能源的单位的补助资金申请上报北京市环境保护局。根据《北京市环境保护局关于做好2010年燃煤锅炉清洁能源改造和整合工作的通知》的要求，并结合通州区实际情况，加快推进燃煤锅炉改用清洁能源及整合工作，年内，通州辖区内共计5家燃煤锅炉使用单位实施了清洁能源置换的改造工作，拆除燃煤锅炉共计25台，共计167蒸吨，全部改用天然气锅炉。

（王 罡）

【提前完成黄标车遥感监测年度任务】 11月2日，遥感监测组提前完成17万辆的年度任务后，全体组员再接再厉，坚守岗位，继续完成万余辆的检测工作。全年完成黄标车筛查163366辆，其中黄标车574辆、尾气检测14146辆（其中超标36辆），圆满完成了2010年遥感监测任务。

（王 罡）

【玉桥南里燃气锅炉房供热试运行】 11月3日，玉桥南里燃气锅炉房进行点火，标志着三河至北京供热管网工程及通州供热资源整合项目开始供热试运行。玉桥南里锅炉房项目是与三河热电厂二期工程配套建设的城市供热管网工程，同时也是通州老城区分散燃煤锅炉房整合的主要热源，2010年冬季替代32座分散燃煤锅炉房，为老城区供热270万平方米，减排二氧化硫648吨。

（王 罡）

【组织登高查烟行动】 11月15日，通州区组织相关单位在北京亚太花园酒店开展登高查烟行动，区监察局、区市政市容委、区城管监察大队、通州技术监督分局、区燃气办、区供暖中心、区兴华物业公司等单位领导参加了此次行动。通过登高检查，在可视范围内未发现锅炉烟囱冒黑烟的现象。为进一步扩大检查范围，环保局监察科、监测站还抽调人员组成3个检查组，分别对城市和城乡结合部等区域10多个锅炉房进行了现场检查，检查中重点对脱硫除尘设施运转、脱硫加减情况进行检查，监测人员还对其二氧化硫、烟尘排放进行了监测。同时区城管监察大队、通州技术监督分局也派出人员随检查组对锅炉房煤质、煤堆、渣堆覆盖抑尘情况进行了执法检查。根据本区实际，冬季锅炉排放监管工作由以往的城市区域向工业区和乡镇区域转移。为加大燃煤排放污染控制的宣传，区环保局邀请通州电视台、《通州时讯》记者随队进行了采访。

（王　罡）

【提前17天完成全年二级天数指标】 12月31日，通州区完成空气质量二级和好于二级以上天数270天，占已过天数74%，提前17天完成全年二级天数指标，比北京市下达的71%的任务指标多完成10天。

（王　罡）

【完成全年黄标车淘汰任务目标】 年内，多次开展淘汰黄标车宣传活动，5月6日，区环保局结合通州区“三下乡”宣传活动，在西集镇开展“淘汰黄标车，建低碳新城”为主题的宣传活动，现场耐心细致地对多位车主讲解黄标车淘汰过程中奖励资金发放情况及以旧换新的相关政策，活动中共发放宣传材料3000余份。6月10日，通州区组织辖区内11个乡镇、4个街道的主管领导召开通州区2010年黄标车淘汰推进会，传达了北京市关于黄标车淘汰工作精神，对各乡镇、街道在上一阶段黄标车淘汰工作中遇到的问题，进行了深入探讨分析。并结合现阶段入户排查情况，就通州区黄标车淘汰工作现状、淘汰目标及实施方案进行了分类说明。对各乡镇、街道黄标车淘汰工作进行了安排部署，提出具体工作要求，下发了黄标车辆情况统计表。会后，各乡镇、街道等相关部门积极开展黄标车核实、宣传和淘汰工作。截至12月31日，通州区黄标车淘汰联合服务窗口共办理淘汰补助手续1210件，其中转出422件、报废788件，办理汽车以旧换新手续2574件，完成全年黄标车淘汰任务目标。

（王　罡）

防震减灾

【概　况】 2010年，通州区地震局依据全国防震减灾工作会议精神和市政府防震抗震减灾工作部署，紧紧围绕三大体系建设，积极推进通州区各项防震减灾工作的顺利开展，全区下属各部门、社会各阶层高度重视防震减灾工作，宣传力度大、各项措施落实到位，有力地推动了防震减灾工作的开展。2010年通州区地震局获市地震系统区县防震减灾震害防御先进奖。

（史新英）

【通州新城地震小区划建设启动】 地震小区划是对城市或工程场地范围内可能遭遇的地震强度及其特点的划分。为确保现代化国际新城建设地震安全，区政府决定启动运河核心区范围小区划项目建设。4月15日，区地震局在地震局信息中心举行专题协调会，邀市地震局工程所、区规划分局、国土分局、新城基业、金融服务园区管委会等部门具体负责人参加，就现代化国际新城规划建设中小区划项目的工程概况、辅助资料、技术要求等内容进行充分交流；4月底分别形成中心区（16平方公里）、核心区（48平方公里）、新城（155平方公里）等3套实施方案，连同工程概算一并提交政府审议。9月26日，在东方宾馆，区政府授权区地震局与北京赛斯米克地震科技发展中心签约，正式启动运河核心区16平方公里小区划建设；区发改委、住建委、新城基业、商务园区管委会、财政局等17个通州新城运河核心区地震小区划项目工作小组成员单位主管领导参会。10月初，建设资金拨付到位，小区划项目手续齐备，入场施工。

（史新英）

【校舍地震安全性排查工作】 区地震局和区教委建立联动机制，共同开展抗震加固工程检查；对教委牵头印发的校舍安全工程领导小组通讯内容进行全局月度通报，重要信息及时告知局领导班子和相关负责人；按照《北京市通州区扩大内需重大项目绿色审批通道实施办法》要求，建立了地震局审批绿色通道，各项工作顺利进行。4月27日，区教委召开“通州区中小学校舍安全工程”断裂排查工作研讨会，区地震局参与并邀请了市局工程所所长母红旺到通州讲评，会上各方人员对涉及断裂带附近的学校逐一进行筛查探讨，提出设防专业意见和建议。

（史新英）

【防震减灾宣传教育】 借助“5•12”减灾日、“7•28”唐山地震纪念日、地球日等宣传日，强化防震减灾知识的宣传普及，大力推进防震减灾知识进社区、进乡村、进校园、进家庭活动，提高市民对地震的心理承受能力，增强灾害防范和应急意识。

（史新英）

【培训志愿者队伍建设】 7月7日，区地震局配合团区委举办“通州区志愿者培训乡镇行”张家湾站培训活动，对与会80余名志愿者进行了地震基础知识和自救互救知识讲座，此次活动对志愿者提高防震减灾专业知识和技能起到了良好的效果。

（史新英）

【加强应急管理机制】 年内，按照地震应急预案的总体要求，及时修订应急管理机制，指导、督促本辖区内企业、学校、社区、村镇、家庭应急预案的编制，落实情况的监督检查。加强对地震应急包、救援工具等应急物资的储备，筹备办理地震监测应急指挥车辆。加大防震减灾工作的管理力度，“三网一员”建设工作、志愿者队伍建设稳步推进。

（史新英）

【加强地震监测设施建设】 4月1日，经半年测试合格，邓庄观测站正式纳入北京市地震前兆观测网管理，硬件建设和相关配套设施逐步建设。9月，大东站所属地管大东中学正式开始抗震改造、全校翻建；10月起区地震局数次到现场与大东中学、大东村委会以及潞城镇政府商议台点50余平方米改造事宜，先后就施工单位、工程概算、设备架设、进场协调、工程款拨付等事项展开逐项磋商，最终达成共识；10月底签订合同，12月底工程竣工，投入使用。

（史新英）

城 管 监 察

【概　况】 2010年，区城管监察大队按照科学发展观要求，以创建国家卫生区和推进现代化国际新城建设为中心，进一步强化服务意识，改进管理方法，转变工作作风，加大执行力度，不断推进城管工作科学有序、扎实稳步发展，圆满完成年度各项工作任务，大队党建、队伍建设取得新进展。年内，共纠正违法行为7万余起次，实施处罚1.5万起次，处罚额100.2万元。为通州区创建国家卫生区提供了坚强的市容环境保障，新城市容环境秩序得到显著改善。

（秦来富　杨　璇）

【完成创建国家卫生区工作任务】 年内，积极开展创建国家卫生区工作，在创卫地域上，把创卫明确的主要大街、重点地域纳入重点整治地域，把创卫重点区域辐射区、延伸区作为备检区域，周密制订工作方案和工作预案，合理安排力量、强化监督考核力度，确保创卫地域内及创卫周边地域无管理死角；在管理时间上，把早、中、晚作为管理重点，把人流和车流密集区、繁华商业区、轻轨及运河景观沿线作为重点监控地域，人员全时监控，车辆巡察加大频次，不留管理空档；严格按照创建国家卫生区标准要求，强化措施，严格监督，确保整治质量稳中有升。主动协调相关职能部门，充分发挥职能部门管理手段的强力作用、各办事处属地管理的优势作用、媒体宣传的强势影响作用和社会公众主动参与的基础作用，有效提升了创卫环境治理整体工作水平。为本区顺利通过创建国家卫生区验收，奠定了良好城市市容环境秩序基础。

（秦来富　杨　璇）

【以拆违工作推动运河核心区建设】 区城管监察大队严格依照城管法规和区委、区政府的工作部署和要求，按照前期工作主动配合、中期攻坚全力以赴、后期管理严防反弹的工作思路，有力促进了运河核心区拆迁工作的有序进展。抽调70余名同志具体参与，累计出动1200余人次，会同新城管委会、公安分局、工商分局等部门，做了大量宣传教育工作，使整个拆迁工作形成强大合力；依法拆除上营棚户区、北苑商务区、运河核心区内57处、2361.6平方米违法建设，有力触动和影响了其他违建滞留户，促使52户签约，加快了拆迁工作进度，为核心区规划建设打下了良好基础。同时还积极配合张家湾、马驹桥、宋庄等乡镇拆除违法建设79处5.98万余平方米，围墙1处1151.9延米。

（秦来富　杨　璇）

【城市环境秩序“百日整治行动”】 9月10日开始，全市开展城市环境秩序“百日整治行动”，区城管监察大队主动牵头协调，积极开展工作。共排查核实重点地区、重点点位41处，形成详尽的基础台账和完备的影像资料，明确具体单位和责任人，实行挂账销账制度，督促各街道、乡镇建立联勤联动执法小组，开展经常性联合执法，利用宣传展板、悬挂横幅、发放《致广大市民的一封信》等多种形式开展宣传，共报送各类信息70余条，编写《“百日整治行动”通报》7期，各类媒体报道25条。整治行动中共治理无照经营2850余起次，夜市大排档、露天烧烤35处，非法张贴、喷涂小广告2.5万余处、广告牌匾430余块，暂扣摩的、人力三轮350余辆，暂扣盗版光盘2700张，公安部门查获各类扰序人员526人，协调相关部门引导规范非法马路市场8处，建立和改造便民菜市场20余个，设立便民服务点25个，信息栏20余处，建设便民停车场2处。“百日整治行动”成效显著，得到群众的广泛认可和市委、市政府的充分肯定，区城管监察大队被市城管执法局授予“北京市城管队伍‘百日环境秩序整治’优秀组织奖”。

（秦来富　杨　璇）

新农村建设

【村庄规划编制全部完成】 2010年，完成106个村的村庄规划编制，五年累计完成393个村。另外87个村庄，因属于新城范围和旧村改造，也进行了相应的整体规划。至此本区所有行政村全部完成村庄规划编制。

（李雪莹）

【实施新农村建设“阳光工程”】 一是项目管理规范化。新农村五项基础设施建设工程和“三起来”建设工程项目（简称“五＋三”工程），按照政府投资50万元以上的项目需公开招投标的政策规定，严格履行立项、公开投标程序。二是资金管理阳光化。由区新农办、阳光办、财政局、审计局等制定了《通州区社会主义新农村建设专项资金管理暂行办法》，加强资金管理，设立了新农村建设专项资金账户。三是质量监管精细化。组成区、镇、村，专业和行政结合的工程质量监管工作小组，严把质量关；区新农办按照《“五＋三”工程建设标准》组织专业人员，对各项建设工程质量进行抽查；“五＋三”工程建设检查验收实行初步验收和竣工验收制度。区新农办组织区财政局、区发改委、项目监理、乡镇等部门联合验收。

（李雪莹）

【提前完成五项基础设施建设工程】 五项基础设施建设工程包括：村庄街坊路硬化和两侧绿化、污水处理、垃圾处理、农村厕所改造五项内容。10月中旬完成全部建设任务。村庄街坊路硬化：2010年全区街坊路建设工程硬化总任务量为350万平方米，9个乡镇、205个村建设完成350万平方米，完成总任务量的100%。农村户厕改造：总任务量41920座户厕，完成42000座，超额完成80座。农村公厕：年内建设任务437座，全部竣工，完成总任务量的100%。农村污水处理项目：完成小堡、口子两处，完成总任务量的200%。农村街坊路主路两侧绿化：总任务量为135万平方米，完成172.6万平方米，完成总任务量的128%。农村垃圾分类处理项目：在上年完成6个乡镇垃圾分类项目的基础上，年内实施完成5个乡镇垃圾分类处理项目，完成总任务量的100%。

（李雪莹）

【“三起来”建设工程如期完工】 “三起来”工程即“让农村亮起来、让农民暖起来、让农业资源循环起来”三项工程。其中“暖起来”为既有农宅保温改造工程；“循环起来”主要是农村雨洪利用工程；“亮起来”主要是农村改造和安装LED节能路灯，其他自建工程，如能源管护、两气安全建设等。一是农村节能路灯改造和安装工程任务为12000盏，完成12413盏，完成总任务量的103%。二是既有农宅保温改造工程600户，完成改造676户，完成总任务量的113%；新建节能民居总任务量50户，完成总任务量的100%。三是雨洪利用工程1处，在平家疃村实施完成。四是两气维护19处，已全部完成。

（李雪莹）

【城乡结合部城市化工程建设启动实施】 2010年，通州区城乡结合部建设工作认真贯彻落实北京市城乡结合部50个重点村搬迁建设工程的相关精神，4月，成立城乡结合部建设领导小组，分市、区、乡镇三级，确定通州区城乡结合部4个市级重点村，分别是永顺镇杨庄村、宋庄镇六合村、台湖镇北神树村、梨园镇高楼金村。签订城乡结合部重点村建设目标责任书。采取“先建后拆，异地安置”的建设模式与土地一级开发，多主体推进的工作方法，保证了城乡结合部工作扎实推进。2010年通州区城乡结合部4个重点村城市化工程建设实现良好开局。

（付潞娟）

【签订城乡结合部重点村建设目标责任书】 5月13日，区委副书记李玉君代表区政府与市城乡结合部建设领导小组签订了《北京市城乡结合部重点村建设目标责任书》。6月25日，区城乡结合部领导小组组长李玉君与4个重点村所在乡镇的镇长签订了责任书，进一步明确了重点村建设整治责任及各项任务完成时限。结合实际完成以下具体任务：农民全部上楼，旧村全部拆除；农民一次性整建制转居接轨城市社会保障体系；及时完成集体资产处置和农村集体产权制度改革；发展好集体产业，促进农民充分就业，确保农民上楼后长远发展；完善配套安置楼区市政基础设施和公共服务设施建设；农民集中上楼后及时建立城市社区新型社会组织，加强流动人口服务管理；统筹资金安排，确保资金平衡。

（付潞娟）

【城乡结合部市级重点村安置楼建设】 杨庄村、高楼金村和六合村由于处于通州新城范围内和城市化建设的需要，于2009年，均先期启动安置楼建设。截至2010年底，杨庄村黄瓜园通广嘉园7栋自住楼全面封顶，开始进行内外装修。西果园安置楼项目进行前期手续办理工作。高楼金村12栋自住楼全面封顶，进行内外装修。六合村地处宋庄文化创意产业集聚区范围内，结合集聚区土地一级开发安置楼“三定三限”的建设方案，14栋安置楼全面封顶，正在进行二次结构施工。北神树村安置楼与“两站一街”14个村安置楼（2011年5月可达到入住条件）进行置换，用以解决北神树村安置楼建设的时间问题。北神树村安置楼建设按照“三定三限”的建设方式，进行新建安置楼的前期手续办理工作。

（付潞娟）

【城乡结合部建设启动非住宅拆迁】 杨庄村非住宅142个单位，完成140户的拆迁工作，完成非住宅拆迁任务98.5%。六合村A、B、C地块391个单位，完成A地块174个非住宅单位的拆迁工作，占非住宅拆迁任务44.5%。B、C地块非住宅拆迁方案报区住建委和国土分局。A、B、C搬迁计划补偿方案已通过区政府专题会审议。北神树村非住宅79个单位。签约率100%，已完成42户非住宅单位拆迁，占非住宅拆迁任务53.2%。

（付潞娟）

【城乡结合部建设多渠道融资】 城乡结合部4个重点村建设采取多种方式进行融资，杨庄村通过项目收益和银行贷款解决资金问题。高楼金村通过土地一级开发解决融资问题。六合村安置房项目创新融资方式，除银行贷款外，引入青建集团公司以BT模式承建安置房。北神树村通过光机电基地与北京经开投资开发股份有限公司签署合作协议，通过合作开发的方式分阶段融资解决北神树村拆迁安置的资金需求。

（付潞娟）

【城乡结合部建设4个重点村全部完成产权制度改革】 按照“资产变股权、农民当股东、切实保护农民利益”的思路，将产权改革与产业用地、劳动力就业、社保工作有机结合，使农民真正成为带有集体资产的新市民，保障农民搬迁上楼后的稳定收入。4个重点村在全市率先完成集体经济产权制度改革工作。4个村量化资产30454万元，农民股东7988人。

（付潞娟）

【城乡结合部建设重点村明确产业发展思路】 据初步统计，通州区城乡结合部建设4个重点村共有劳动力人口4894人，按照劳均50平方米标准，需要建产业用房24.5万平方米。4个重点村均明确了产业发展思路和产业类型。杨庄村与高楼金村由于地处通州新城范围内，确定发展金融业、租赁和商业服务业。六合村与北神树村利用距离产业园区近的优势，确定发展租赁、商业服务业及文化、体育和娱乐业。确定4个重点村在完成安置楼建设与拆迁的同时，启动重点村产业建设。

（付潞娟）

【城乡结合部重点村初步确定整建制转居工作思路】 按照与市城乡办签订的责任书要求，重点村农民要整建制转居，与社会保障体系接轨。此次重点村整建制转居可以不挂钩土地管理制度，不区分遗留集体剩余土地多少，不改变剩余土地的产权属性。根据以上精神，4个重点村明确整建制转居思路。在编制重点村建设实施方案中，将整建制农转居费用纳入到建设资金平衡当中，为下一步工作创造了条件。经调查统计，本区4个重点村需要整建制农转非人数8097人，共有超转人员人数2264人。

（付潞娟）

北京新城基业投资发展有限公司

【概　况】 2010年，北京新城基业投资发展有限公司围绕建设通州现代化国际新城这一工作目标，全力推进运河核心区规划、土地一级开发、工程项目建设、运河旅游开发工作，较好地完成年初确定的各项工作任务，全年公司实现收入5亿元，上缴税金4889万元。2010年新城基业公司被评为通州区纳税千万元以上企业、房地产税收工作先进单位、工会工作先进单位、文化工作先进单位。

（师慧敏）

【运河核心区规划工作进展顺利】 2010年，新城基业公司积极推进运河核心区规划工作，取得运河核心区一级开发规划意见书，完成运河核心区控制性详细规划的编制以及核心区市政基础设施和综合交通规划、地下空间利用规划编制工作；完成乔庄南路相关设计工作，着手进行了运河核心区5座变电站电力设施及高压线迁移的规划调整工作；积极开展铜牛、化六、杨坨安置房项目相关规划设计工作。

（师慧敏）

【土地一级开发工作全面推进】 2010年，新城基业公司按照“集中力量、聚焦通州，借助国际国内资源，尽快形成与首都发展需求相适应的现代化国际新城”的要求和区委、区政府的统一部署，在继续推进上营棚户区和北苑商务区拆迁改造工作的基础上，于4月8日启动运河核心区和西海子棚户区拆迁改造项目。上营棚户区、北苑商务区、运河核心区及西海子棚户区4个拆迁改造项目，总占地面积233万余平方米，共涉及住宅拆迁18521户、非住宅拆迁327家。截至12月31日，各项目住宅共签约18147户，签约率达到97.98%；非住宅签约272家，签约率达到83.2%。

（师慧敏）

【保障性住房开发建设】 2010年，新城基业公司坚持高标准设计、高水平建设、高质量管理，完成通州区首个整体经济适用房项目——玉桥东小区经济适用房项目建设，建成居民住宅楼12幢、1834户、14.2万平方米，并于4月28日举办入住仪式，同步开展入住手续办理工作。完成化六、铜牛、杨坨定向安置房项目全部规划设计方案和住宅、车库初步设计及施工图纸设计，取得控规方案批复、地勘文件、规划意见书、规划方案函复等审批手续，同步确定项目周边道路及市政规划方案，并于9月28日正式启动化六定向安置房建设，于10月4日正式启动铜牛定向安置房建设，于11月8日正式启动杨坨定向安置房建设。

（师慧敏）

【基础设施建设】 2010年，新城基业公司完成滨河森林公园4座码头、4座取水泵站和3座桥梁的建设工作，码头投入运营，取水泵站和桥梁通过竣工验收并移交区园林绿化局。在完成乔庄南路道路规划意见书、规划工程许可证、管线综合规划意见书和热力管线规划意见书等前期手续办理工作的基础上，完成梨园南街至乔庄斜街的电气管线、雨污水管线的铺设工作。

（师慧敏）

【景区管理与资产运营工作取得新成绩】 2010年，新城基业资产运营公司坚持以聚人气、增收益、提升知名度为目标，积极做好景区维护和改造，提升景区品质，加强品牌建设，扩大经营成果，全年实现经营收入919万元。一是全面落实“规划设计高标准，建设设施高质量，服务管理高水平，经营利用高效能”的园林绿化精品战略，加强景区硬、软件建设。2010年，运河公园被北京市园林绿化局评为精品公园。二是强化管理，规范接待流程，加强招商引资，努力开拓市场。运河游水上游全年安全出航1522船次，接待游客27690人次，接待参观4490人次。三是积极开展节庆活动，提升运河公园知名度。于“五一”期间成功举办第二届草莓音乐节活动，“十一”期间协助文委举办运河艺术文化节。通过大型节庆活动的开展，丰富了群众的文化生活，提升了运河公园的知名度，扩大了对外影响。

（师慧敏）

科 教 文 卫 体

科 技

【概 况】 2010年，通州区科技工作坚持“自主创新、重点跨越、支撑发展、引领未来”科技工作方针，围绕通州现代化国际新城建设和加快推进城乡统筹发展总体目标，开展科技集成创新，不断强化科技的支撑引领作用，推动了通州经济和社会的各项事业快速发展。全年组织实施科技项目64项，包括市级40项、区级24项，获北京市科技支持资金7004.5万元。其中“通州区低碳现代农业示范园建设”项目被列为市委、市政府重点工作及区县政府应急项目；“通州现代化国际新城低碳城市标准体系研究”项目被列为北京市科委绿色通道项目；“设施蔬菜生物防控先导技术的应用”项目被列为北京市科委重大科技成果转化落地项目。年内，获得北京市自主创新产品9项，被批准为国家级科技中小型企业技术创新基金项目3项；被批准为市级科技型中小企业技术创新资金项目3项；“蛆虫生物清创的临床与实验研究”、“通州区全生物无电力农村污水处理技术示范应用”项目获得2009年度北京市科学技术三等奖。评选出2008、2009年科学技术奖59项，授予20家企业“通州区优秀科技企业”称号，授予60名同志“通州区优秀科技带头人”称号。北京天宇朗通通信设备股份有限公司、中轻太阳能电池有限责任公司等5家科技企业加入中国高新技术产业开发区协会高新技术企业专业委员会。截至年底，全区有高新技术企业113家，2010年获北京市高新技术产业化科技扶持资金9808万元；有30个项目被认定为北京市高新技术成果转化项目，获得成果转化专项资金共计2738.09万元。进行科技企业孵化器建设，北京京东东岸科技企业孵化器和北京方和正圆科技企业孵化器入驻企业55家，在孵企业总数28家。开展“北京市——科技部共建国家农业科技城”工作，深入乡镇及企业开展调研，完成“通州国际种业科技园建设”策划方案。年内，完成技术合同认定登记103份，技术交易额17.23亿元；利用全区147个农村远程教育工作站开展“节水农业势在必行”、“特菜栽培技术”、“京郊低碳经济适宜技术”等培训537期，培训18600人次；全面实施北京市知识产权战略纲要，大幅度提升知识产权创造、运用、保护和管理能力，全年累计申请专利1069件，专利授权899件。区科委被评为北京市2010年“科普工作先进集体”。

（陈 兵）

【北京市自主创新产品】 年内，北京中纺锐力机电有限公司的“隔爆型大功率开关磁阻电机调速系统”，甘李药业有限公司的“重组甘精胰岛素注射液”等9个项目列入北京市自主创新产品。

（张永浩）

【首都科技条件平台通州工作站成立】 年内，积极推进首都科技条件平台建设工作，建立了首都科技条件平台通州工作站，协助企业与科研机构进行对接，解决企业的实际难题，促进企业自主创新。

（张永浩）

【科技政策法规宣传培训】 年内，广泛开展科技政策法规宣传培训工作，深入乡镇、街道、园区和科技企业，组织高新技术企业认定培训会 11 次，参加人员 400 余人。

（康连元）

【完成多项市区两级科技项目】 年内，市区两级科技项目“优质菜产加销配套服务产业化提升工程”、“生产力促进型农村科技服务体系建设”、“种养业优良品种引进、繁育与推广”等项目顺利完成，通过了结题审计及课题验收。

（张春兰　李　杰）

【李宁运动科学研究总部创新能力提升建设项目】 市区两级“绿色通道”项目“李宁运动科学研究总部创新能力提升建设项目”全面完成了预定的任务指标，建成了国际一流的运动生物力学实验室。实验室对公司新研发的篮球鞋、跑步鞋、羽毛球鞋等多款产品进行生物力学定量评估检测并提出了改进建议，使其成功推向市场。依托实验室，与清华大学、香港理工大学等高等院所合作，开展了对多种运动鞋进行产品灵敏度、平衡、地面反作用力、减震效果及后跟控制能力等运动生物力学测试，进行鞋底及足部材料测试及生物力学有限元建模等研究工作。通过项目的实施，公司的自主创新能力得到极大的提升。

（鲁新龙　苏　颖）

【通州区农村科技协调员培训基地建设项目通过验收】 区县科技专项“通州区农村科技协调员培训基地建设”通过验收。项目建成占地 100 亩的农村科技协调员培训基地，对多种温室墙体材料进行了导热保温性能测试，并采用多种墙体材料及结构建设了不同的温室展示厅，共进行了 9 类 120 个品种蔬菜的试种和展示，针对温室立体栽培农作物的需求和果实收获的要求，开发了一种小型移动式可自动连续升降的采摘车样机，先后举办了 6 次各乡镇科技协调员现场培训观摩会，为全区农村科技协调员提供了一个学习交流农业新技术与展示观摩新品种、新设施的场所。

（鲁新龙　苏　颖）

【通州区低碳现代农业示范园建设项目启动】 市委、市政府重点工作及区县政府应急项目“通州区低碳现代农业示范区建设”项目的申报、论证和财政评审工作顺利完成，2010 年资金拨付到位，项目正式启动。

（张春兰　李　杰）

【设施蔬菜生物防控先导技术的应用项目启动】 市科委重大科技成果转化落地项目“设施蔬菜生物防控先导技术的应用”项目的申报、论证和财务评审工作顺利完成，2010 年资金拨付到位，项目正式启动。

（张春兰　李　杰）

【通州现代化国际新城低碳城市标准体系研究项目启动】 市委、市政府重点工作及区县政府应急项目“通州现代化国际新城低碳城市标准体系研究”，完成了项目申报、论证和财政评审工作，资金拨付到位，项目正式启动实施。

（鲁新龙　苏　颖）

【国家科技型中小企业技术创新基金】 北京创导高科绝热材料有限公司的“利用林业废弃物锯末生产绝热轻质砖”、北京中欧互联信息技术有限公司的“Autho LMS 数据呈现分析工具”和北京博莱德光电技术开发有限公司的“口腔涎腺超细内窥镜系统”项目被列入国家级科技型中小企业技术创新基金项目，共获得支持资金 225 万元。

（鲁新龙　王万清）

【北京市科技型中小企业技术创新资金】 北

京华世金阳智能科技有限公司的“感应式点滴流量可计量水表（冷水）”、北京博莱德光电技术开发有限公司的“口腔涎腺超细内窥镜系统”、北京鸿仪四方辐射技术有限公司的“新型 Co- 60γ 辐照装置的倒装源装置及技术”项目被列入北京市科技型中小企业技术创新资金项目，共获得支持资金 115 万元。

（鲁新龙　王万清）

【国家星火计划项目】 北京市通州鑫淼水产总公司的“锦鲤引种繁育及相关技术研究”项目被列为国家星火计划项目。

（鲁新龙　王万清）

【国家火炬计划项目】 北京凯德石英塑料制品有限公司的“8 英寸石英钟罩”项目被列为国家级火炬计划项目。

（鲁新龙　王万清）

【国家重点新产品计划项目】 北京四环制药有限公司的“马来酸桂哌齐特注射液”、北京中纺锐力机电有限公司的“混合动力客车用开关磁阻电机驱动系统”、北京凯德石英塑料制品有限公司的“8 英寸石英保温筒”、北京燕化永乐农药有限公司的“阿维菌素乳油”4 个项目被列为国家重点新产品计划项目。

（鲁新龙　王万清）

【“双百对接”活动】 年内，全面开展“双百对接”活动，完成 9 个乡镇 18 个村的对接工作，从师资、技术、新品种等方面给予支持。2 月 2 日，区科委组织市农村科学院蔬菜中心党支部的高级农艺师到漷县，开展“双百对接”活动，市农林科学院蔬菜中心专家向当地农民讲授嫁接黄瓜的种植栽培技术，并带去了蔬菜所黄瓜新品种。

（张春兰　李　杰）

【农业技术转移“信服通”示范工程】 区科委与市科委交易促进中心合作开展农业技术转移“信服通”示范工程，完成 19 个站点的调研、培训及安装调试等工作，各站点工作进展顺利。年末，在全市各组织单位及 100 个站点的评比中，区科委获得先进工作单位奖、5 个企业获优秀站点奖、6 个信息员获优秀奖。

（张春兰　李　杰）

【通州国际种业科技园区建设】 开展通州国际种业科技园区建设工作，积极引进法国利马格兰特种谷物研发有限公司等国内外知名企业入驻。

（张春兰　李　杰）

【评选通州区科学技术奖】 年内，完成 2008、2009 年度通州区科学技术奖的评选与表彰工作，有 59 项成果荣获 2008、2009 年度通州区科学技术奖。其中 2008 年 30 项、2009 年 29 项。2008 年 30 项中，一等奖 5 项、二等奖 15 项、三等奖 10 项；2009 年 29 项中，一等奖 6 项、二等奖 10 项、三等奖 13 项。并评选出通州区优秀科技企业 20 家、通州区优秀科技带头人 60 名。12 月 22 日，区政府召开大会，对获奖项目进行了表彰。

（鲁新龙　苏　颖）

【科普工作联席会议制度建设】 年内，召开 2010 年通州区科普工作联席会议，通报了关于增加区农业局、园林绿化局、气象局、地震局为区科普联席会议成员单位及部分成员调整决定。组织 40 家相关单位完成《2009 年度全国科普工作统计》报表培训、申报及汇总工作。为科普基地及相关科普联席会议成员单位下发《科技旅游体验手册》、《科技旅游导游词》等宣传材料 330 册。

（蔺文颖）

【创新型科普社区】 在北苑街道新华西街社区举行创建“北京市创新型科普社区”命名揭牌仪式，全面总结了通州区开展创建“北京市创新型科普社区”活动取得的成效和经验。完成了于家务乡北辛店村第四批科普社区创建工作。组织社区科普工作者参加市科委组织的科普指导员、信息员培训 2 期 10 人次。

（蔺文颖）

【农村远程教育站点建设及培训】 2010年，

新建农村远程教育站点1个，通州区远程教育站点达到147个。加强与乡镇、专业协会的合作，全年通过专家授课、农民田间学校等形式,共组织开展“节水农业势在必行”、“特菜栽培技术”、“京郊低碳经济适宜技术”等培训537期，培训人数1.86万人次。

（蔺文颖）

【科技直通车】 2010科技直通车参与各种科普宣传、培训以及参观学习、“三下乡”等活动65次，受益20000余人次。发放科普书包、科普扑克、科普围裙、科普扇子、科普海报、农业科技彩页等4.5万份。

（张亚利）

【科普基地建设】 年内，加强科普基地建设，组织本区4家科普基地参加市科委的综合考评工作，顺利通过考核；民兵武器装备陈列馆和北京观光南瓜园南瓜科普馆被评为2010年北京市科普基地优秀科普展览。

（蔺文颖）

【通州区科技工作会议召开】 12月22日，召开通州区科技工作会议，会议全面总结了“十一五”以来全区科技工作取得的显著成效，对2011年及“十二五”时期科技工作的思路和任务进行了明确规划。为2008、2009年度获得通州区科学技术奖的单位和个人进行了颁奖，其中一等奖11项、二等奖25项、三等奖23项；并对促进全区经济与社会发展的通州区优秀科技企业20家、通州区优秀科技带头人60人给予了表彰。

（陈　兵）

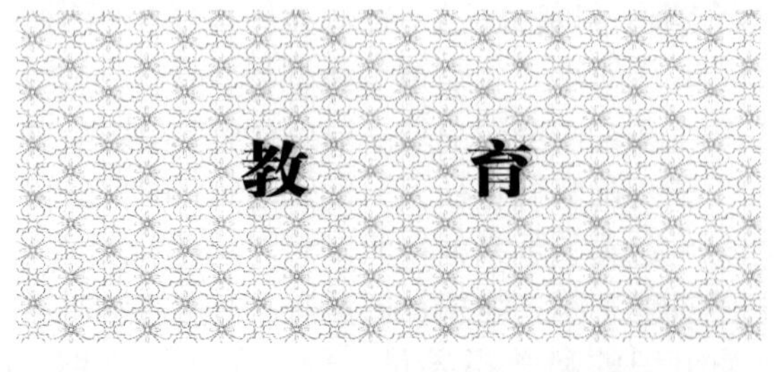

教　育

概　述

2010年，通州区教委深化教育改革，实施素质教育，推动各类教育优质健康协调发展，提升教育服务通州现代化国际新城建设的水平。

加强和改进党的建设，着力抓好科学发展观理论武装。实施理论中心组学习制度和“微型党课”活动。完善后备干部选拔机制，建立领导干部数据库，构建反对和预防腐败长效机制。组织校长论坛及中小学校长任职资格培训。评选表彰2名区级名校长和10名区级名教师。组织教育系统“群众心目中的好党员”先进事迹报告会。

实施素质教育，提高教育教学质量。突出德育，制定《通州区关于进一步加强中小学中华传统文化教育的实施意见》。开展中学“温馨教室”、“道德之星”，小学优秀班主任及中小学十佳班主任和优秀德育工作管理干部等评选工作。加强学校体育、科技、卫生与艺术教育工作。确保学生每天锻炼1小时，开展健康促进学校和阳光体育活动，组织区级田径运动会和专项竞技比赛。组队参加市运动会获团体总分第二名，成功举办安捷伦北京市青少年科技创新大赛、通州区学生艺术节、科技节、科学实践论坛等。扎实推进基础教育课程改革和教育科研工作，稳步提高教育教学质量。组织了教学春华杯、秋实杯、启蒙杯、民族杯、启智杯等教学评比和基本功竞赛等活动。小学、初中入学率保持100%，高中阶段入学率稳定在95%以上，高考上线率达90.7%，特殊教育普及率达98.3%。教育公平得以体现，城乡低保家庭学生、残疾学生每人每年享受300元助学补助，年内，市、区财政拨款686.38万元实施“两免一补”，受益学生达67541人。30220名借读儿童在公办、民办学校接受义务教育。

依据现代化国际新城建设，编制了“十二五”教育规划。推进规模办学，改善办学条件。新建设的北京小学通州分校和培智学校教学综合楼、附属设施楼竣工投入使用。第二批24所小学规范化硬件建设，25所农村中小学教师集体宿舍改造，15所学校7.4万平方米校安加固工程和20所学校5.9万平方米翻建改建任务等相继完成。49所完小、8所成人学校以及北京史家小学通州分校、保健站等教育信息网完成接入。

职成教育、终身教育改革发展。整合区一、二、三职校教育资源组建了新城职业学校。建设永乐店成人学校市级示范校，推出7个市级实用技术项目获奖。区成人教育中心获北京市学习型学校荣誉，2名个人获首都学习之星称号。 11个村级成人学校达到区级建设标准。

围绕教育法律法规执行情况，实施素质教育、校外教育、民办教育等专项督导。重新制定《通州区乡镇政府落实素质教育责任目标评价体系》，制定了《关于中小学幼儿园全面实施素质教育年度考核工作意见》以及落实北京市全面实施素质教育督导评价方案的实施意见。组织高中新课程改革、小学规范化建设工程督导随访和对4所公办幼儿园、第一职业学校全面实施素质教育督导评价等。

（勾庆祥）

学 前 教 育

【概　况】 2010年，通州区有幼儿园74所，在园幼儿13514人（含学前班906人）。其中教育部门办园12所，在园幼儿3655人（含学前班63人）；民办幼儿园27所，在园幼儿7553人（含学前班843人）；集体办园34所，在园幼儿2208人；其他部门办园1所，在园幼儿98人。全区幼教职工1342人。其中园长81人，专任教师800人，保健员93人，其他368人。专任教师中，本科学历88 人，专科426人。具有小学高级职称46人。教育部门办幼儿园教育投入3423.8万元，其中国拨2266.1元、自筹1160.7万元。

（勾庆祥）

【组织新教材培训】 3月27日，通州区教师研修中心学前研修部在该中心报告厅举办《幼儿园快乐与发展课程》新教材培训讲座，全区40所幼儿园的518名园长和教师参加培训活动。培训邀请了北京市教材编写组、宣武区教育学院分院研修员何桂香、刘亚明分别讲授《学习“纲要”，把握幼儿特点，探索有效的施教策略》、《幼儿园快乐与发展课程》。

（勾庆祥）

【组织幼儿园管理工作现场会】 4月15日，通州区教委在区民办运乔蓝天幼儿园召开管理工作现场会，全区各类幼儿园园长、副园长70余人参加。会上，运乔蓝天幼儿园园长就幼儿园管理工作作了统一认识办园目的、统一认识办园宗旨、统一办园目标，狠抓室内外环境建设达标、狠抓领导班子与教职工素质的提高、狠抓规范达标的经验介绍。与会人员还参观了该园办园环境，观摩了教学活动。

（勾庆祥）

【组织幼儿体育活动专题讲座】 5月26日，通州区教师研修中心会同区教委学前科邀请北京教育学院丰台分院学前教研室范惠静为全区幼儿园干部、教师140余人作了关于幼儿园体育活动专题讲座。讲座图文并茂、深入浅出地将幼儿园体育活动开展的各方面的问题进行了全面系统的分析和阐述。

（勾庆祥）

【培训幼儿园保育员】 9月11日至11月6日，通州区教师研修中心利用双休日，与北京市幼儿师范学校师资培训中心联合举办为期10天的幼儿园保育员岗前、岗中培训班，来自全区53名保育员参加。培训课程为幼儿心理学、教育学、卫生学等。授课教师理论联系实际，运用生动鲜活的事例，深入浅出讲解。学员出勤率100%。

（勾庆祥）

【教育教学基本功表彰展示活动】 10月10日，通州区教委在教师研修中心举办幼儿教师教育教学基本功展评活动，全区幼儿园干部教师420人参加。研修中心学前研修部主任以“给教师一片展示的天空、用活动助燃教师专业发展的热情”为题作了总结，提出了实现自身的专业发展、铸就良好师德、文化涵养3点希望。15名获奖教师通过舞蹈、唱歌、故事、钢琴独奏等形式展示了风采。

（勾庆祥）

【组织青年教师说课活动辅导】 10月14日，通州区教师研修中心学前部组织全区幼儿园青年教师60余人参加了“幼儿教师如何说课”辅导。活动中，研修员就什么是说课，说课与授课的异同，说课的内容及说课的注意事项进行了讲解。还从名称内容、活动来源、活动目标、重点难点、活动准备、活动过程、活动反思等方面理解给出了具体答案。

（王艳娟）

【开展课例研究提高教学水平】 10月20日，通州区教师研修中心学前部组织早教中心组教师，就0至3岁亲子班课程内容的分析，开展了教研活动。活动中，研修员以上海一所幼儿园的亲子班课程为例，进行了全面的分析与解读，对涉及的相关理论进行重点介绍。引导中心组教师明确婴幼儿应该是健全、优质、和谐的发展认识，掌握亲子班课程设计要秉承连续性与顺序性等相关原则。

（陈康康）

【阳光体育活动现场观摩会】 10月28日，通州区教委学前教育科在通州区新城东里幼儿园组织了通州区阳光体育活动现场观摩会，全区60多名园长等参加。会上，新城东里幼儿园、区幼儿园、张家湾镇幼儿园介绍了经验。与会人员还参观了该园阳光体育活动。

（勾庆祥）

【半日活动观摩会】 11月2日至16日，通州区教师研修中心学前研修部在通州区幼儿园、教工幼儿园、张家湾中心园、梨园中心园、运乔蓝天幼儿园分别举行了半日活动观摩课，累计全区138个幼儿园、514名园长和教师参加。相继观摩了区域活动和户外民间体育游戏，半日常规工作及过渡环节，主题活动和环境创设及户外体育活动场地的合理利用等。

（勾庆祥）

基 础 教 育

【概　况】 2010年，通州区有小学85所（教育部门办77所、其他部门办1 所、民办7所），教学班1354个。招生9222人，毕业6690人，在校生47912人（含借读生26411人）。教职工3764人，其中专任教师3285人。中学43所（完中12所、高级中学2所、初中20 所、九年一贯制学校9所）。教学班850个（初中536个、高中314个），招生10158人（初中5865人、高中4293人），毕业9715人（初中6196人、高中3519人），在校生30594人（初中18283人、高中12311人）。教职工4306人，其中专任教师3073人（初中1921人、高中1152人）。特殊教育学校1 所，在校生138人。校外教育单位1个，教职工80人。教育部门办中小学专任教师学历合格率，小学100%、初中99.51%、高中99.71%。专任教师中具有高级专业技术职务534人。中小学总占地面积335.19万平方米，总建筑面积197.82万平方米，图书馆藏书249.24万册，固定资产总值 14.79亿元。全年教育经费投入125206.8万元，其中国拨122756.4万元、自筹2450.4万元。

（勾庆祥）

【完成寒假期间培训任务】 1月23日至2月2日，通州区教师研修中心与首师大等高校联合办班，培训教师716人，其中学历教育496人、计算机中级培训220人。

（勾庆祥）

【李银环获“首都十大年度教育新闻人物”称号】 2月5日，北京教育新闻中心联合北京日报、人民网等12家媒体联合组织的2009年“首都十大年度教育新闻人物”揭晓，通州区培智学校教师李银环名列其中。李银环从事特教事业20多年来，爱岗敬业，潜心研究残障儿童康复工作，刻苦钻研专业知识，爱心全部献给了特教事业。先后被评为“全国教育先进工作者”、北京市“师德标兵”，并被授予“全国五一劳动奖章”。

（张海燕）

【中小学调整周学时教学计划】 年内，区教委根据国务院和市政府中小学校舍安全工程实施方案的精神，针对2010年全区将完成三年全部工程任务50%的要求，调整2009～2010学年第二学期教学计划，以保证施工工期和正常教育教学的完成：除幼儿园外，全区各中小学、职业学校、成人学校直属单位从2009～2010学年第二学期开始，每周上课（班）6天（双休日改单休日）。小学所有年级在6月15日结束本学期工作，初中、完中及职业学校、成人学校、直属单位在6月26日前结束本学期工作。部分学校工程如影响2010～2011学年第一学期开学上课，继续实行每周上课6天，直至补齐耽误课程为止。

（勾庆祥）

【获希望之星选拔活动集体金奖】 2月底，由国家教育部、中国教育电视协会、文化部中国大众音乐协会主办的“希望之星”中国艺术新秀电视选拔活动闭幕式上，通州区青少年活动中心琵琶小组杨悦等10位学员演奏的琵琶齐奏《彝族舞曲》获得北京赛区集体一等奖，并在全国电视选拔活动总评中夺得民乐类集体金奖，指导教师焦雪获得优秀指导教师奖。

（刘学平）

【潞河中学接待俄罗斯冬令营代表团】 3月2日，通州区潞河中学接待了俄罗斯中小学冬令营代表团。2010俄罗斯学生来华冬令营代表团50名师生在该校举行开营仪式，进行了校园参观，观摩了该校特色课程，双方学生表演了各具特色的体育游戏。教育部国际司欧亚处处长张晓东、俄罗斯驻华大使馆安娜等参加活动。

（梁　娟）

【表彰德育干部和十佳班主任】 3月11日，通州区教委在教师研修中心召开通州区第四届优秀德育工作管理干部、第二届十佳班主任表彰暨中华传统文化报告会，全区中小学德育干部和班主任代表400余人参加。会上，对齐久波等10名“通州区第四届优秀德育工作管理干部”和赵月灵等10名“通州区第二届十佳班主任”进行了表彰。特邀北京青年政治学院原副院长、东方道德研究所所长王殿卿教授为与会人员作了中华传统文化报告。

（勾庆祥）

【承办科技创新大赛决赛】 3月19日至21日，北京市科学技术协会、北京市教育委员会、通州区人民政府联合主办的“第30届安捷伦北京青少年科技创新大赛决赛”在台湖学校举行。19日举行开幕式，副市长黄卫，市科协、通州区等有关部门领导出席。中共中央政治局委员、北京市委书记刘淇，市委副书记、市长郭金龙等领导在活动期间，专程到通州，参观了青少年科技创新成果展示。决赛期间，来自各区县的20支代表队以及美国、德国等11个国家和地区的70余名学生和教师参加。决赛中，潞河中学于洋获得安捷伦青少年科技英才奖和大赛一等奖，通州六中赵海啸获得大赛一等奖，通州六中唐墨涵、通州四中林冰心获得大赛二等奖，台湖学校获得优秀科技实践活动奖，通州区科协、科委、教委、台湖学校均获得大赛特别贡献奖。

（勾庆祥）

【区青少年活动中心接待国际友人参观访问】 3月19日，通州区青少年活动中心接待国际友人参观访问。来自德国、澳大利亚、韩国、日本等11个国家的71位国际友人在该中心领导陪同下，参观了校园环境、观摩了书法、绘画、民族器乐等教学活动，并进行了亲身体验活动。

（周海英）

【课堂评优总结表彰会召开】 4月8日，通州区中学第四届“春华杯”课堂教学评优总结表彰会在潞河中学召开，200余人参加。区教委领导出席，北京市教育科学研究院基础教育课程教材发展研究中心主任钟作慈特邀参加。会上对15名“春华杯”获奖者、53名优秀奖获得者以及43名表扬奖获得者进行了表彰。钟作慈为参会者作了题为《关于改进中小学教学的几点思考》辅导报告。

（勾庆祥）

【民族学校传统运动会举行】 4月17日，通州区第五届民族学校传统体育运动会在于家务乡中心小学召开。开幕式上，全区各民族学校、幼儿园及潞河中学新疆班的学生表演了七彩阳光、中华太白扇、花毽飞扬、安塞腰鼓等节目，市民委、区政府、区教委、民委等相关领导出席开幕式。200余名运动员参加了推铁环、夹包、角球、绫球、跳绳、踢毽等民族传统体育项目比赛。潞河中学新疆班和张家湾村民族小学分获中、小学组团体总分第一名。

（勾庆祥）

【国家教育部检查教育关工委工作】 4月28日，国家教育部关工委常务副主任郭振有及10个省市教育关工委负责人组成的全国教育关工委第一协作组到通州区检查指导教育关工委工作。通州区委教工委副书记李少杰向与会人员汇报了通州区教育发展的现状，通州区教育关工委常务副主任宋继尧汇报了区教育关工委工作，潞河中学校长汇报了关心下一代工作开展情况。协作组还参观了潞河中学校园等。市教育关工委会长陈大白等和通州区教工委书记等陪同。

（勾庆祥）

【启动中小学国学教育实验】 5月20日，通州区中小学国学教育实验启动大会在教师研修中心召开，全区中小学主管教学工作的副校长、德育副校长、教研组长、25所国学实验学校教师代表230余人参加。会上，区教委副主任肖建辉宣读了区教委关于开展国学教育实验的方案。区教委主任宋京璋接受了“全国传统文化教育示范区”铜牌。与会专家为25所国学实验学校颁发了实验基地证书。开展国学启蒙教育实验是区教委一项教育改革举措。会后实验校将在国学教育实验中，享受中央教科所的国学教育优质资源。

（勾庆祥）

【阳光校园节能活动获奖】 5月29日，通州区教委组队参加由市教委、市发改委主办，在东直门中学举行的“阳光校园”节能活动暨第四届中国尚德创意大赛北京赛区选拔赛上获得好成绩。通州六中、北京二中通州分校获得团体比赛一等奖，其中通州六中取得团体总分第一名。在单项比赛中，通州六中的光能水陆两栖小车竞速获得第一名。全区24名学生参加的创意比赛获得一等奖1名、二等奖6名、三等奖9名。运河中学潘萍萍获得优秀创意奖一等奖。潞河中学、运河中学、通州四中、潞州中学、新华学校获得7月23至26日参加在上海举行的全国比赛资格，通州六中、北京二中通州分校获得7月28至30日在江苏泰州中学直接参加全国总决赛资格。

（勾庆祥）

【表彰展示课堂教学评优】 6月12日，通州区教委组织的小学教师新课程教学基本功培训和展示暨第六届“秋实杯”课堂教学评优活动总结表彰会在区教师研修中心召开。全区小学校长、主管教学工作的领导干部、部分教师代表计200余人参加，区教委、区政府教育督导室、区教育纪工委领导参加。会上，对97名获得小学新课程教学基本功培训与展示活动的优秀教师、21名优秀指导研修员、19个优秀组织奖学校、40名“秋实杯”课堂教学评优获奖教师以及15个“秋实杯”先进集体进行了表彰。与会人员还观摩了获奖教师代表的说课展示及5位获奖教师的课堂教学片段。

（勾庆祥）

【表彰民族团结教育先进】 6月13日，通州区教委为树立民族团结教育的先进典型，总结民族团结教育工作经验，充分发挥典型的示范、引领作用，表彰了崔淑仙等11名民族团结教育先进个人。

（勾庆祥）

【撤销5所小学校】 截至9月1日，通州区教委撤销5所小学校。依据办学规划，将北关小学并入贡院小学，大香仪小学并入马头小学，杨坨小学并入北京二中通州分校，东张各庄小学并入永乐店中心小学本校和小务小学，里二泗小学并入上店小学。5所小学总占地42859平方米，建筑面积8731平方米，校产归属教委及所属乡镇。

（勾庆祥）

【教师节庆祝大会召开】 9月10日，通州区在区教师研修中心召开2010年教师节庆祝大会，区委、区政府等领导王云峰、岳鹏、张文山、王春元，市教工委副书记王民忠、教育督导室副主任李鋆等出席大会，全区部、委、办、局，乡镇党政正职、主管教育乡镇长以及教育系统干部教师代表近400人参加大会。会上，认定、表彰了李文凤等2名区级名校长和马九林等10名区级名教师（颁发荣誉证书、奖牌、1万元奖金）。王民忠、王云峰分别作了讲话。

（勾庆祥）

【北京小学通州分校竣工】 4月16日，北京小学通州分校签约仪式在通州亚太花园酒店举行。仪式上，通州区教委与宣武区教委签署了北京小学通州分校共建协议；通州区教委、北京小学、北京小学教育专家及北京天旭运河房地产开发有限公司还分别签署了合作协议和培训协议。其中共建协议中提出，北京小学通州分校是具有独立法人资格的正科级全额拨款事业单位，隶属通州区教委管理。聘请北京小学教育专家服务中心主任吴国通为名誉校长，其中心参与学校的干部、教师的招聘和培训工作。9月29日，举行北京小学通州分校竣工典礼。区委、区政府等领导王云峰、岳鹏、张文山、王春元等出席，市教工委副书记王民忠、市教育督导室副主任李鋆、西城区副区长王粤等应邀出席，全区部、委、办、局，乡镇主管教育乡镇长以及教育系统干部教师代表近500人参加。该校占地面积22340平方米，建筑总面积19000平方米。建有14823平方米的行政及教学楼、900平方米的体育馆、1000平方米容纳400人的报告厅和28个专用教室及18间专用琴房等，室外设有1个200米标准塑胶环形操场和2个标准篮球场。安排每个年级6个班，计36个教学班，1440名学生。该校经通州区委、区政府决策，由北京天旭运河房地产开发有限公司投资亿元建设。韩美林题写校名。

（勾庆祥）

【多所学校课程改革工作获市级表彰】 10月27日至28日，在北京市基础教育课改年度总结会上，潞河中学、第六中学、玉桥小学被评为市课程建设先进单位。第三中学被评为市学生综合素质评价先进单位，4位教师获得学生综合素质评价工作实绩先进个人。一批教学设计、改革论文、课程设计获优秀成果和市级一、二 、三等奖。玉桥小学、通州区第一实验小学、潞河中学分别作了主题发言或分论坛发言。

（勾庆祥）

职业教育

【概　况】 2010年，通州区域内中等职业学校7所。其中中等职业技术学校3所，职业高中校4所（教育部门办2所、民办2所），开设专业7类 。招生1846人，毕业1797人，在校生7966 人。教职工680人，其中专任教师342人。职业高中学校（学校产权）占地总面积21万平方米，建筑总面积5.11万平方米，图书馆藏书13.65万册，固定资产总值3165.77万元。全年区教委辖属职业教育经费投入1147.5万元，其中国拨1046.8

万元，自筹100.7万元。

(勾庆祥)

【整合更名中等职业学校】 3月22日，北京市通州区机构编制委员会办公室批复，将区教委所属的北京市通州区第二职业学校、区职教中心所属的北京市通州区第三职业学校并入北京市通州区第一职业学校，并将北京市通州区第一职业学校更名为北京新城职业学校。更名后，北京新城职业学校为区教委所属相当科级全额拨款事业单位。编制为152名，其中校长1名、副校长4名。主要职责是承担中等职业学历教育，承担相关职业培训和社会服务。核减区职教中心全额拨款事业编制68名，核减后区职教中心全额拨款事业编制254名。

(勾庆祥)

【举办职业生涯规划演讲】 4月29日，通州区教委职成科与区教师研修中心联合，在北京现代音乐学校组织辖属职业学校学生举行“规划自己未来 展中职生风采”演讲比赛。基层校经过培训和校内选拔赛推选出的11名学生上台展示。经过评委认真依条件评出一等奖4名、二等奖7名。

(刘继清)

【北京新城职业学校揭牌】 5月21日，通州区管北京新城职业学校揭牌仪式举行。市教委职成处处长邵和平、区委副书记李玉君等领导及通州区人大、政府、政协、教委，各乡镇教委办、中学、成人学校等负责人参加。仪式上，新城职业学校校长致辞，邵和平与副区长刘淑华分别讲话。北京新城职业学校是办区一、二、三职校教育资源整合组建。

(勾庆祥)

【举办教师职业生涯规划演讲】 5月6日，通州区教委职成科与区教师研修中心职成教研部联合举办职教学校青年教师“行走在课改的征途上”演讲比赛，全区4所学校于3月在校内组织近80名教师参加的初赛，推出优秀选手后，进行校内演讲内容到体态语的使用培训，参加区级比赛。经区评议组认定新城职业学校、现代音乐学校各2名教师获一等奖，另3名教师获二等奖。

(刘继清)

【组织市级获奖教师说课展示】 5月29日，通州区教委职成科与区教师研修中心职成教研部联合，组织3位市级获奖教师面向全区职教50余名教师进行语文、英语、数学说课展示。区专职研修员从课程改革角度逐位进行点评。

(刘继清)

【新开幼儿教育和物流管理专业】 9月1日，北京新城职业学校新开的幼儿教育专业80名学生、物流管理专业28名学生入学上课。幼儿教育专业学制3 年，专业课设幼儿教育心理学、教育学、幼儿卫生保健等13门课程。物流管理专业学制3年，专业课设现代物流概论、基础会计、计算机基础等13门课程。

(刘惠金)

【承办职成牵手项目培训会】 10月29日，新城职业学校承办区教委职成科主办的职成学校牵手农民实用技术项目培训工作会，13名校长参加。会上围绕通州区“十二五”期间都市型农业产业发展规划总命题，提出了4条牵手措施。即认识理念的牵手、组织架构的牵手、项目思路的牵手、务实方法的牵手。

(刘惠金)

成人教育

【概　况】 2010年，通州区成人教育单位58个，其中成人教育中心1个、教委辖管乡镇成人学校11 个，其他培训机构46个。开设外语、计算机、农业技术、文明素质等培训科目。教职工982人(不含外聘教师)，其中专任教师647人。区教委辖属乡镇成校占地总面积83258平方米，建筑总面积18205平方米，图书馆藏书37369册，多媒体教室座位783个，计算机574台，远程教育设备11套，固定资产总值976.91万元。

全年教育经费投入1972.8万元，其中国拨1275.8万元，自筹697万元。

（勾庆祥）

【永顺成人学校举办远程教育学历班】 1月至9月，通州区永顺成人文化技术学校与中国石油大学协议举办远程教育专科、本科学历班。分春、秋两季招生，1月、4月、7月、9月四次入学，共招收学员95人，其中本科生35人。专业涉及会计、法学、环境工程、人力资源管理、工商企业管理和计算机信息管理等。采取远程在线学习为主，其他形式为辅的混合式模式进行。入学考试和各科结业考试均在该校，以积分形式结、毕业。

（卢学知）

【马驹桥成人学校联办成人大专班开学】 4月17日，通州区马驹桥成人文化技术学校2010年大专班开学。来自本地区居民、农民的36名学员入学上课。此届大专班是该校与中国石油大学、北京交通大学联合举办。届时两年半。开设人力资源管理、经济管理等专业。由该校负责学员管理、联办单位派专任教师授课。学员成绩合格后，发给国家承认的大专毕业证书。

（田爱芳）

【两人获首都学习之星称号】 9月30日，通州区于家务乡北辛店村村民宗少为，通州区关工委顾问、常务副主任王志红被北京市建设学习型城市工作领导小组认定为“首都学习之星”。宗少为坚持读书、看报、听广播，自订《京郊日报》学习知识，3次参加日报知识竞赛，均获奖。长期坚持运用所学知识帮助村民勤劳致富。先后总结24项除草剂的安全使用，通过防治白粉病、遏制蚜虫以及抗农作物倒伏取得良好的经济效益。王志红酷爱学习，常年订阅报纸5份、刊物3份，藏书上千册。十几年撰文著书百万字，其中为中小学生著书4本，无偿赠书万余册。2010年被评为全国关心下一代先进工作者。

（姜梦笔）

【成教中心获市学习型学校称号】 9月30日，通州区成人教育中心经市专家组评估，被北京市建设学习型城市工作领导小组认定为北京市学习型学校。该中心2007年9月成立了创建学习型组织领导小组和创建办公室，负责设计、组织、协调创建学习型学校工作。提出了“在为全民终身学习的服务中，我与成教共发展”，指导教职工制订了“个人职业生涯规划”，聘请专家培训。在创建过程中坚持实施过程有计划、有检查、有记录，年终进行总结并且和考核评优挂钩。创建工作取得实效。

（裴志军）

【台湖成人学校举办农村行政管理大专班】 10月10日，通州区台湖成人文化技术学校联合北京广播电视大学（通州站）举办的农村行政管理专业大专班开学。该班注册学员54人，全部为台湖镇机关、村级党支部和村委会干部。学制3年，采取集中面授和函授方法教学，进行学分制考核，由该校负责学员管理、联办单位派专任教师授课。毕业合格发电视大学证书。

（裴志军）

【举办安全员安检员培训】 10月11日至22日，通州区成人教育中心配合区安监局举办基层安全检查员和专职安全员培训，来自各乡镇、街道办事处的264名学员参加培训。该培训班采取集中面授方式授课，主要学习针对机械、电、危险化学品以及职业卫生安全等方面知识，学员分成5个教学班，聘请安监局专业人员授课。

（裴志军）

【7项目获市优秀项目奖】 11月4日，北京市教委组织专家评审小组根据《关于继续开展郊区农民教育培训优秀项目评选工作的通知》进行评审，认定通州区7个申报项目获奖。其中通州区新城职业学校《农产品上网销售技术培训》项目获一等奖，潞城成人学校《中式面点加工制作培训》、西集成人学校《计算机应用人才培训》项目获二等奖，市农广校通州分校《黄瓜嫁接技术的示范与

推广培训》、马驹桥成人学校《叶菜类实用技术培训》、永顺成人学校《家庭低碳生活教育》、梨园成人学校《失地农民转岗市场营销策略培训》项目获三等奖。

(杨海涛)

【建立成人教育兼职教师师资库】 11月25日，通州区教委职成科联合区教师研修中心职成教研部，组织完成了通州区成人文化技术学校兼职教师“师资库”建设。该库按文化教育、职业技能、实用技术、引导培训、转岗就业、学历教育6类别入库兼职教师152名，分别记载每名教师姓名、性别、出生年月、居住地址、联系电话、可承担培训内容、培训能力等详细情况。该库下发到区各成人学校，方便实用。

(勾庆祥)

【举办成人学校教师培训】 12月9日始，由通州区教委决定、区教师研修中心筹办的“通州区成人文化技术学校教师培训”开课。此期培训聘请从事成人教育工作的市区专家、学者进行授课，采取集中培训与分散实践相结合的方式进行。安排《成人教育概况》、《信息技术的应用之道》、《学习型学校创建》、《成人教育中教师专业发展研究》、《教师的发展与成人学校发展》等5个专题。其间，除要求在规定时间内完成各项作业外，还要根据培训和工作实际，撰写一篇不少于1500字的工作案例。案例由教委职成科与教师研修中心职成部评审、认定出一、二、三等奖，择优代表案例推荐给《通州教育》。此培训计划到2011年6月底。

(勾庆祥)

【永乐店成人学校通过市验收】 12月底，通州区永乐店成人文化技术学校经北京市教委专家组集中验收，办学条件和办学效益达到市颁标准，被认定为北京市示范成人文化技术学校。

(杨海涛)

北京工业大学实验学院

【概　况】 北京工业大学实验学院按照通州区人民政府和北京工业大学合作办学协议，于2007年1月迁入通州，位于通州区潞苑南大街89号，占地230亩，总建筑面积6.2万平方米，是一所多学科综合院校，下设信息工程系、经济管理系、信息管理系、建筑与环境系、文法系、机电工程系、基础教学部（含数学、物理、英语、体育、政治五个教研室）六系一部，及行政办公室、党委办公室、学生工作办公室、教务办公室等17个行政处室。本科设有电子信息工程、信息管理与信息系统、计算机科学与技术、会计学、土木工程（施工与工程管理)、法学（知识产权法)、经济与贸易、工商行政管理等8个专业，专科设有网络系统管理、计算机信息管理、经济与贸易、市场营销、工商行政管理、会计电算化、旅游管理、文秘、建筑工程技术、汽车运用技术等10个专业。实验学院不断强化党员作风建设，深入开展创先争优活动，深化内涵建设，用社会需求和高等教育发展的眼光研究学院发展规划，紧密结合首都经济社会发展和通州区现代化国际新城建设，进一步探索高素质应用型（创新型）人才培养模式，注重抓好干部队伍建设、师资队伍建设、学生思想素质建设、骨干专业建设、重点课程体系建设和实践能力培养等关键环节，以质立教、以德育人，努力拓宽办学途径，改善办学条件，深化教育教学改革，提高教学质量和管理水平。

坚持“强化产学研合作，注重道德培养，突出实践能力”的办学特色，继续抓好学风建设、教风建设，从养成教育入手，使学风建设成为一项全员参与、师生互动的系统工程；不断深化实习就业基地建设，突出学生实践能力和创新能力的培养，在学院领导的指导和各系部、教研室的积极配合下，相关人员认真走访北京市及通州区一些知名的企事业单位，积极开展交流研讨活动，与中国人寿保险股份有限公司通州分公司、北京博创兴业科技有限公司和北京康拓科技发展有限公司等多家企事业单位签署了校企合作协议，建立起实习就业基地，学院已挂牌的校外实习就业基地达到28家，其中与通州区合作的有14家，努力寻求校企双方在就业招聘、产品研发、成果转让、技术培训等方面更广泛的合作，实现资源共享，提高了服务地方经济发展的能力和水平。

2010年学院有教职工315人，其中专任教师159人。专任教师中，教授4人、副教授42人、讲师61人。学院聘用学科专业导师13人，12人为教授。2010年，学院引进13人，其中博士3人、硕士4人。

2010年，毕业学生935人，其中本科354人、专科581人；招生1046人，其中本科484人、专科562人；至年底，在校学生3401人，其中本科1655人、专科1746人。

（周　敏）

【创先争优活动动员大会召开】 5月5日，实验学院召开“加强党员作风建设 积极开展创先争优”主题实践活动动员大会，学院班子成员、教职工党员和学生党员180余人参加。会上宣读了学院创先争优活动动员报告和实施方案；教师和学生党员代表分别从不同层面进行了表态发言，全体党员在“加强党员作风建设 积极开展创先争优”主题实践活动横幅上郑重签名，掀起了创先争优活动的高潮。

（周　敏）

【获得北京市职教系统校园体育节冠军】 5月22日至23日，2010年北京市职教系统校园体育节在实验学院举行，全市共有49所院校的3487名运动员参赛，实验学院参赛的35名运动员经过顽强拼搏，取得了高职组第一名的好成绩，实验学院荣获精神文明奖。

（周　敏）

【创先争优活动总结暨庆“七一”表彰大会】 6月30日，实验学院在综合楼报告厅召开“深入开展创先争优活动暨庆七一表彰大会”。通州区委副书记李玉君、北京工业大学副校长卢振洋等领导参加了大会。会上对5个“五好”党支部、44名优秀共产党员、12名优秀党务工作者进行了表彰，激发了全体党员创先争优的热情，促进了学院各项事业的科学发展。

（周　敏）

【北京工业大学校长郭广生一行到学院调研】 7月12日，北京工业大学校长郭广生一行在通州区委副书记李玉君、副区长刘淑华等的陪同下到实验学院调研，听取了实验学院领导的工作汇报，参观了校园建设情况，充分肯定了学院整合后取得的成绩，增强了办好学院的信心和动力。

（周　敏）

【庆祝教师节暨优秀教师表彰大会】 9月8日，实验学院召开庆祝教师节暨优秀教师表彰大会，区委副书记李玉君、副区长刘淑华、北京工业大学副校长卢振洋等领导参加大会，会上表彰了29名优秀教师、32名优秀教育工作者、11名优秀青年教师和16名优秀班主任、辅导员。

（周　敏）

【第一届大学生科技节闭幕】 9月26日，历时五个月的实验学院“第一届大学生科技节”圆满结束。本届科技节以“科技融入理想，创新点亮校园”为主题，旨在培养学生的科研精神，提高创新能力，掀起“知科学、学科学、用科学”的热潮。有超过1500人次参与，近200名学生获奖，16名教师被评为优秀指导教师。其中在内蒙古自治区参加的中国机器人大赛中，茅雪涛等3名同学组建的“实验之星队”，取得了2010中国机器人大赛一等奖的佳绩。

（周　敏）

【“十二五”规划编制组到北京联合大学调研】 10月12日，实验学院“十二五”发展建设规划编制工作小组全体成员结合“学院建设与发展的现状、未来建设与发展的目标”、“师资队伍建设的经验”、“产学研合作教育的经验”等调研题目到北京联合大学进行调研。通过广泛深入的交流，不仅使学院编制工作小组成员深受启发，也加强了与北京联合大学的交流合作。

（周　敏）

【旅游管理专业学生在区导游员大赛中获奖】 11月9日，实验学院旅游管理专业学生王慧薇、周非非在通州区委宣传部、通州区文化委员会、通州区旅游局共同主办的通州区导游员、讲解员大赛中，在实景讲解和知识问答等环节中成绩优异，获得通州区“十佳导游员”称号，学院被授予大赛优秀组织奖。

（周　敏）

【第二届教职工代表大会召开】 12月18日，实验学院召开第二届教职工代表大会暨会员代表大会第一次全体会议。会上学习了《国家中长期教育改革和发展规划纲要》、《通州区国民经济和社会发展“十二五”规划纲要(阶段性初稿)》、《北京工业大学“十二五”规划编制指南》等文件；通报了2010年财务预算执行情况；并换届选举产生了工会主席、副主席和13名工会委员会成员。 通州区总工会副主席张慧敏等领导参加了本届工会委员会换届选举工作。

（周　敏）

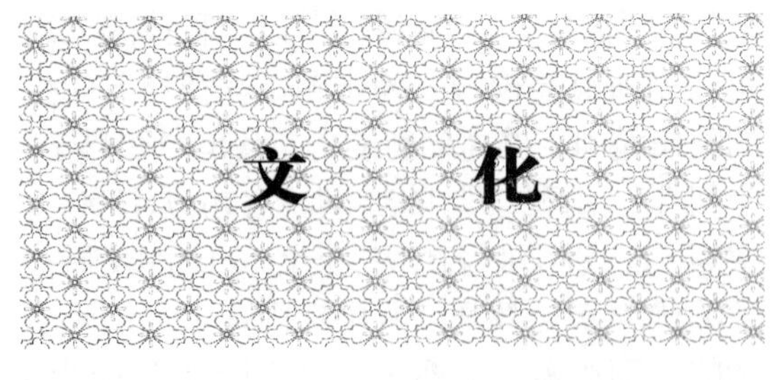

文　化

文化文物

【概　况】 2010年，全区文化文物工作以科学发展观为指导，围绕通州区现代化国际新城建设的中心工作，继续深化“三文计划”，成功举办北京通州运河文化节，进一步完善了覆盖城乡的公共文化服务体系，基础文化设施建设实现新跨越，文化遗产保护取得新成绩，文化市场管理和文化产业服务有了新的起色，完成年初文化工作确定的各项任务。从9月16日到10月6日，成功举办北京通州运河艺术节。艺术节由公益性文化活动和商业文化活动两个部分组成，包括开幕式、“逍遥音乐之旅”、非物质文化遗产项目展、书法美术摄影作品展、北京市东赛区舞蹈大赛决赛、新城低碳环保墙等活动，共进行10余场精彩的文艺表演，奉献了118个节目，展出作品近100幅，吸引观众近10万人次。通州区社区文化服务中心升级改造工程竣工。该工程建筑面积为5380平方米，实际投资3000余万元，并于4月底对外营业。通州区文化中心于12月17日正式开工建设，工程总投资约1.7亿元，工期1年半。张家湾镇文化中心改扩建工程占地面积为2600平方米，投资近170万元，规划建设成本区面积最大的乡镇（街道）级文化中心。完成47个行政村村级文化设施建设，投资3560万元，建设面积15700平方米。“五月的鲜花”群众歌咏比赛，各乡镇、街道，政府机关、企业、学校积极参与活动，共举办100余场活动，涌现出原创节目60多个。文艺演出“星火工程”演出1860场次，达到预期效果。首次开创文化品牌——“我的舞台”群众文化擂台赛共举办演出11场，参加演员3000人以上，观众接近5万人次。招募志愿者300人，相继举办了送演出下乡、送书画作品下乡、辅导社区书画爱好者学习美术技巧等丰富多彩的志愿活动。区文化馆配合有关部门圆满完成全区春节团拜会、“运河清风”廉政文艺演出、全区组织系统“七一”文艺演出、“八一共建双拥模范城活动”等系列活动任务。区图书馆新增及续办借书证4424个，到馆人数近23万人次，书刊外借16.5万册次，分编上架图书1.59万册。积极开展文化资源信息共享工程维护管理、管理工作，开展了“红领巾读书活动”、少儿科普活动、知识讲座等丰富多彩的活动。区博物馆先后举办12个展览，吸引观众近4万人次。韩美林艺术馆接待游客近5万人次，举办多项高层次文化活动，提升了新城形象和全区对外文化交流水平。农村电影放映成效显著，为全区502个数字影厅配备放映设备，每一套机器设备全年放映不少于100场。流动放映设备16套，每套设备全年放映不低于80场。配合运河核心区建设工作，加强建设区域内的文物保护工作。对区级以上文物保护单位进行了原址保护，对有价值的三合院、四合院、店铺门面房10余处进行整体迁建保护，对零散文物进行收集保护，共收集雕花隔扇及门窗50件，门枕石30件，金砖2块，其他石刻3件。通州区区级文物保护单位三义庙和漷县东门桥修缮工程于5月开工，年内，漷县东门桥修缮工程竣工，三义庙修缮工程有序推进。文物征集工作征集到一批雍正年间治理漕弊布告、铁锚等有运河文化特色的文物。通过各种有效形式，加强了对本区各类非物质文化遗产进行整理、研究和宣传。深入挖掘现有文化资源，编著了《通州历史文化丛书·记忆——石刻篇》，研究出版了图文并茂的资料性图书《不能隔断的记忆》，整理出版了《百年沧桑——通州历史图片汇编》。进一步提高行政审批和企业年检工作效率，简化一些不必要的前置审批环节，严格执行审批时限，最大限度缩短审批时间。全年受理各种行政审批164件，年检684项，审验各种材料4700余件，接受社会相关咨询3000余人次。积极开展执法工作，全年出动执法人员2500余人次，检查各类文化经营单位1623家次，行政罚款65900元，纠正违规78起。开展对歌舞娱乐场所、网吧、印刷厂的安全生产宣传培训，组织各类培训7次，培训企业从业人员2000余人次。积极配合市文化创意产业领导小组做好对扶持项目的跟踪服务和监督工作，积极搭建平台，遴选了19个优秀项目报送北京市文化创意产业领导小组办公室。加大宋庄文化产业集聚区监管力度，促进该集聚区的健康发展。

（邢振华）

【文化娱乐场所安全生产及法规培训会】 1月7日，区文化委在通州红旗宾馆组织企业的法人代表、主要负责人召开全区文化娱乐场所安全生产及法规培训工作会。会上通报了2009年通州区文化娱乐场所的安全生产和行政执法情况，并对2010年全区文化娱乐场所的安全生产工作进行了要求和部署。区文化委主管领导与133家企业法人代表签订《通州区文化娱乐场所责任书》和《文化娱乐场所燃放烟花爆竹承诺书》。

（邢振华）

【印刷复制行业安全生产及法规培训会】 1月27日，区文化委在通州红旗宾馆组织文化企业的法人代表、主要负责人召开全区印刷复制企业安全生产及法规培训工作会。邀请北京市火灾防治中心的工作人员对与会人员进行了安全生产培训。会上，向与会人员通报了2009年通州区印刷复制企业的安全生产和行政执法情况，发放了《北京市新闻出版行业安全生产工作制度》、《关于开展2010年印刷企业审核登记工作的通知》等材料，并与216家企业法人代表签订《通州区印刷复制企业责任书》和《印刷复制企业燃放烟花爆竹承诺书》。

（邢振华）

【组织开展“看电影过大年”活动】 1月至2月，根据北京市广播电影电视局相关文件精神，通州区组织开展“看电影过大年”的公益电影放映活动。活动以迎新春为主题，突出团圆、敬老、祥和、平安的理念，全区共放映2976场次，吸收观众92460人次。

（邢振华）

【通州区2010年春节团拜会】 2月9日，由区委、区政府主办的大型文艺演出“虎跃雄风 聚焦通州”暨通州区2010年春节团拜会在陆航学院举行。区委、区人大、区政府、区政协领导与千余名观众欢聚一堂共庆佳节。区人大常委会主任张文山主持团拜会，区委书记王云峰作新春致辞。

(邢振华)

【“三教庙”春节文化庙会】 2月14日至19日，举办通州区“三教庙”春节文化庙会。庙会包括通州漕运文化展示、通州名人奇石及书画展示、运河出土皇木展示、曹雪芹墓石展示等十余项活动，吸引游客3000余人。

(邢振华)

【新闻出版总署督察一组到通州区检查工作】 3月1日，国家新闻出版总署督察一组会同北京市新闻出版局、北京市文化市场行政执法总队到通州区检查印刷复制企业安全生产工作。督察一组检查随机抽检了北京美通印刷有限公司、北京京都六环印刷厂、北京国彩印刷有限公司，被抽查的三家企业未发现存在违法、违规的行为。

(邢振华)

【“五月的鲜花”群众歌咏活动】 4月至6月，“五月的鲜花”群众歌咏活动在各乡镇、街道、相关政府机关、企业、学校相继开展，共举办歌咏活动100余场，原创节目有60余个。

(邢振华)

【通州区电影院重装开业】 4月29日，举行通州区电影院开业典礼，区领导王云峰、张文山、张秀余、储怀森、张勇、罗明光、刘淑华、王子江及市广电局领导和著名演员杨立新等参加了开业典礼。通州区电影院(通州区社区文化活动中心）改造工程是区委、区政府为全区百姓办的重要实事之一，总投资3100万元，总面积达5000平方米。改造后的社区文化活动中心包括3D影厅、VIP影厅、家庭厅、普通厅、游艺活动厅和台球健身厅等多个功能厅，具有电影放映、娱乐演艺、游艺健身等多项功能。

(邢振华)

【“运河之夜周末春天演出季”活动】 5月1日至12月31日，通州区电影院每周周末在影院3D影厅开展“运河之夜周末春天演出季”活动。活动组织了形式各异的演出节目：综艺节目、民乐、评剧等，全年演出40场次，吸收观众13733人次。

(邢振华)

【文化遗产日活动丰富多彩】 6月12日是我国第五个文化遗产日，通州区举办系列活动。以“文化遗产，在我身边”为主题，开展了专家“公益鉴宝面对面”活动。古书画、瓷器、玉器及杂项类多位专家为本区100多位文物收藏者免费鉴定了300余件藏品。奥运期间非遗项目、六十年大庆非遗成果以及2005年至今非遗保护成果在三教庙进行汇展。开展端午佳节民俗讲座、非物质文化遗产讲座等丰富多彩的活动。

(邢振华)

【打击销售非法图书音像制品行为】 8月27日和30日，区文化执法队接群众举报，分别对本区辖区范围内的3家经营图书和音像的商店、摊点进行了执法检查。经过检查，3家单位均无正规的进货手续，其中2家单位涉及无书刊和音像经营许可超范围经营。3家单位所销售的图书和音像大多为盗版制品。执法人员现场查封扣押非法图书232册、盗版音像光盘315张，并责令其立即停止此项经营。

(邢振华)

【组织文化娱乐场所安全公开课】 9月14日，区文化委在通州红旗宾馆组织召开全区娱乐场所安全生产大型公开课。北京市安监局专家俞胜章针对娱乐场所安全生产工作应注意的事项进行了解析，共有139家网吧及歌舞娱乐场所负责人参加了公开课。

(邢振华)

【北京通州运河艺术节】 9月16日至10月3日，北京通州运河艺术节由公益性文化活动和商业文化活动两个部分组成，包括开幕式、非物质文化遗产项目展、书法 美术 摄影作品展、北京市东赛区舞蹈大赛决赛、新城低碳环保墙等活动。其中从10月1日到3日的“逍遥音乐之旅”是活动的亮点，该活动由“咏叹之夜”、“协奏之夜”和“交响之夜”组成，是中国首个户外古典音乐会，受到社会各界广泛关注。艺术节期间，共进行10余场精彩的文艺表演，奉献了118个节目，展出作品近100幅，吸引观众近10万人次。

（邢振华）

【石刻书籍出版发行】 9月，历经三年编撰工作，《通州历史文化丛书·记忆——石刻篇》一书正式出版发行。该书对通州区博物馆馆藏墓志铭进行整理、擦拓、抄录、段文、注解，共收录通州出土的墓志38合，共计50余万字，对研究通州历史有着辅助作用。

（邢振华）

【联合执法】 10月19日，区文化执法队与工商、城管等相关职能部门，在西门世纪联华超市附近进行联合执法行动。根据群众举报，西门世纪联华人行辅路及天桥有无照经营小贩及沿街地摊现象，导致过往行人及车辆堵塞，严重地影响了街面环境和行人的安全。联合执法小组对该区域的无照游商进行了突击检查，通过整治行动，西门地区周边环境秩序明显改善，提升了辖区环境建设水平，改善了街面环境面貌。

（邢振华）

【“运河清风”廉政文艺汇演】 11月1日，通州区在陆航学院举办“运河清风”廉政文艺汇演，市委常委、纪委书记叶青纯为全市首个廉政文化品牌标识“运河清风”揭幕。此次活动由通州区纪委、区委宣传部和区文化委员会发起，历时8个月，汇集全区文艺原创作品171件，31家单位、108个社会团队、2000多人登台演出。精选11个节目举行文艺汇演。

（邢振华）

【印刷复制行业工作会】 12月14日，区文化委在通州红旗宾馆召开了全区印刷复制企业安全生产及法规培训工作会。会上，通报了2010年通州区印刷复制企业的安全生产和行政执法情况，发放了《北京市新闻出版行业安全生产工作制度》、《关于在全市印刷复制企业开展依法经营专项教育活动的通知》等材料，并与参会的236家企业法人代表签订了《通州区印刷复制企业责任书》。

（邢振华）

【通州区文化中心开工建设】 12月17日，通州区文化中心开工奠基仪式在项目工地举行，副区长刘淑华主持开工奠基仪式。市文化局副局长王鹏，市文化局副局级巡视员、首都图书馆馆长倪晓健，市文化活动艺术中心主任陆斌，区领导王云峰、岳鹏、张文山、李玉君、张秀余、张勇、罗明光、王子江等出席仪式。

（邢振华）

广 播 电 视

【概　况】 2010年，通州区广播电视中心各项工作取得新进展，宣传工作成绩突出，事业建设力度前所未有，管理工作更加规范，党的思想建设、组织建设、作风建设和人才队伍建设进一步加强，“创先争优”活动开展顺利，党员先锋模范作用得到发挥，廉政建设成绩显著，监督工作全面推进。年内，围绕全区建设现代化国际新城、开展国家卫生区创建工作、大力推进全国双拥模范城建设、“一新两创”等重点工作，广电中心积极发挥新闻媒体宣传党的主张、引导社会热点、疏导公众情绪的作用，做到了宣传有高度、稿件有深度、观点有力度、播出有速度、事件有角度、短评有态度。两台共播出新闻6113条、专题419期，评出好新闻97条、好专题62期。整体宣传质量高于往年，为通州区新城建设、经济发展和社会进步做出了重大贡献。区广电中心连续三年被区委、区政府评为绩效突出事业单位。

（张娟娟）

【强化全区重点工作宣传】 通州电视台《通州新闻》栏目先后开办了《我为新城做贡献》《细说新城》《奇葩绽放》《争创国家卫生区》《青年榜样》《“两会”报道》《安全》《“优环

境　建新城”访谈》《我的十一五》等重点板块儿，这些重点板块儿涵盖了新城建设、争创国家卫生区、人大和政协会议、安全监管、成就展示等多项全区重点工作。其中先后播发的《细说新城——规划》《细说新城——拆迁》《细说新城——招商》《细说新城——政策》等八条重头新闻，每一篇作品都成为当月的经典之作，收到良好的社会效果。

（张娟娟）

【新城建设宣传】　在推进现代化国际新城的宣传报道中，广电中心专门成立了由部门负责人、责任编辑和资深记者为团队的报道组，对有关新城规划、房屋拆迁、项目建设等方面内容进行统筹策划、选定重点、深入报道。全年通州电台、电视台共播出现代化国际新城建设相关新闻160余条，其中一些重要报道为新城建设营造了良好的舆论氛围，得到区领导的肯定。在年初的“两会”上，通州电台、电视台围绕《政府工作报告》中提出的有关新城建设的观点，记者对人大代表、政协委员进行了多角度的采访，特别是在“两会”闭幕之际，通州电视台记者对区委书记王云峰进行了长达40分钟的专访，王云峰站在首都建设世界城市的高度，从建设新城的目的、意义、未来蓝图等方面做了详尽的表述。专访节目于次日在黄金时段进行了首播，节目播出后收到非常好的社会效果，新闻热线接到多个反馈电话，希望能够予以重播，组织收看。根据这一情况，广电中心及时调整播出计划，对专访进行了两次重播。进一步提升了专访报道效果。3月12日，本区举行新城规划论坛，广电中心即对这次重要报道工作进行了详细策划，同时派出两组能力强、业务精、素质高的记者参与报道。先后采访播出了《国际顶级规划大师聚焦通州新城》等六篇深度报道，透过大量经典画面和多位国外专家的采访，通州百姓从多篇报道中再次感受到了新城的美好前景。针对国际新城运河核心区正式破土动工，全市目光再次聚焦运河，电视专题《记者视点》制作播出了《新城起航》专题片。10月，新城建设在富华集团项目奠基当日正式同步启动，通州电台、电视台从多个角度展开采访报道，在当晚的新闻节目中用13分钟的时长报道此事，收到极佳宣传效果。

（张娟娟）

【拆迁补偿政策宣传】　针对百姓最为关心的拆迁补偿政策问题，通州电视台专访了区委常委、副区长张勇，张勇从国家政策到拆迁补偿，从安置房源到被保护被拆迁户利益等方面一一做了详尽解答。针对难度最大的拆迁签约和“钉子户”问题的宣传工作，广电中心进行反复研究，制定宣传方案，此项工作做到了有声势、有影响、有效果。在签约的第一天，面对大量拆迁户聚集签约点的情况，电台、电视台及时播出了《房源充足、签约秩序井然》的报道，同时，记者深入到签约户家庭采访，以讲故事的形式报道了广大居民理解支持新城建设的新闻。对于一些对拆迁政策不太满意，迟迟不予签约的居民，采取慎之又慎的态度，坚决按照区委宣传部的要求予以客观实际的报道，特别是在对一些“钉子户”进行强拆的报道中，全部采用有关部门提供的原始材料，同时发挥广播电视能够最直观、最真实的表现特点，从法律程序、文明执法等方面予以采访报道，在所有拆迁新闻中未出现任何纰漏，既对其他“钉子户”起到了震慑作用，又反映了区委区政府建设新城的信心和决心。

（张娟娟）

【新闻播出新尝试】　年内，在新城建设宣传工作中，通州电视台在《通州新闻》栏目中，从推进新城建设、全区人民共建伟业等方面，编发六篇短评文章。短评性文章是2010年增加节目影响力、号召力方面做出的一项新尝试，通过播出的重要新闻配加短评，使通州百姓感受到党和政府对此项工作的态度和力度。

（张娟娟）

【专题彰显地区特色】　在《通州城建》、《大市政·新市容》、《古韵新绿》等专题栏目中及时播报通州现代化国际新城建设最新动态，反映通州日新月异的变化和发展。对政府折子工程、新城建设的重点：大运河森林公园的开园，专门制作了精美的宣传片，并对开园录制了全场，留下了通州新城建设的每一幅精彩画面。播出有关新城建设的专题和新闻480件（篇）。《记者视点》板块，对上半年两次大型的论坛：新城规划论坛和全球企业邀约活动都给予了关注，分别制作播出《汇聚众智 共绘蓝图》和《邀约全球 共建新城》两部专题片。

（张娟娟）

【加大创卫宣传声势】 通州区在2009年成功创建北京市卫生区的基础上，2010年启动了国家卫生区的创建工作，为更好的配合这项工作有声有势的开展，广电中心安排两组记者进行了全方位、多角度的采访报道，形成了较大的宣传声势。全年采写创卫相关新闻报道70多条，其中涉及曝光监督类新闻4条。此项工作中，责任记者走访了创卫区域的大街小巷，采写了大量有利于推进“创卫”工作的新闻。充分发挥媒体监督职能作用，对一些不文明、不合理、不合法的新闻事件予以报道，节目播出后，引起有关部门的高度重视，同时责任单位或个人及时与新闻部进行联系，并表明改正的态度，在回访中证实，所有被曝光区域全都进行了整改。在“创卫”的宣传中，抓住多个好经验、好做法的地区和单位予以弘扬。在“创卫”工作阶段性检查时，先后两次随检查组同行采访，对于发现的问题，采取了画面对比手法予以突出表现，使很多问题立即得到整改。同时为了加大“创卫”的宣传力度，分别采访了时任区委副书记、代区长岳鹏和区委常委、副区长于世疆，进一步表明政府对于创卫的工作态度。节目播出后引起有关部门和单位重视，收到了很好的社会效果。电视专题《健康人生》的工作人员，积极搜集多方信息，抓住关键节点和重要信息，以《健康人生》栏目为基础，制作了多部紧跟形势的专题报道，为通州区创卫工作的顺利开展打好了坚实的基础。本区创卫的成功也扩大了《健康人生》栏目的社会影响力。国庆节前夕，国家创卫检查组对卫生达标情况进行整体验收，电视台的记者兵分两路，一路紧随创卫验收组做动态新闻采访，另一路记者继续对全区各地区创卫成果重点报道，确保每天至少两条新闻以上的播出量。国家验收组对本区的创卫宣传工作给予了肯定。全方位的宣传工作为创卫成功，营造了良好的舆论环境。

（张娟娟）

【“双拥”创建宣传亮点突出】 创建全国双拥模范城是2010年全区的重点工作之一，从5月开始，广电中心积极配合区双拥办做好创建工作动态消息报道，重点在八一建军节期间，挖掘双拥工作中的好典型予以加大力度宣传。特别是抓住周波烈士事迹的典型，随区领导赴重庆涪陵再次进行深入采访，采写了感人至深的《军地领导烈士故里悼念英灵》的系列报道。11月，周波烈士铜像从涪陵运往通州，并安放在烈士生前部队，针对这一事件进行了细致报道。此外，结合区双拥办举行好军嫂评比活动、区政府启动新兵征集工作等一系列题材，对全区双拥共建工作进行了大量报道，成为了双拥宣传工作中的亮点。按照相关部门的要求，制作了反映本区“双拥”工作的专题片。

（张娟娟）

【全力报道新农村建设】 随着农村土地集约程度的发展，本区兴建起很多农业生态、博览、采摘园。通州电视台制作了《休闲观光农业吐芬芳》等两期专题节目对这一动向给予了关注及报道。同时随着农业科技园实力的逐步壮大，筑巢引凤中引进了博士等人才，采写了《博士务农乐陶陶》。此外在农业的新发展上，在2010年樱桃节开始前对西集发展樱桃产业几年来的成绩做了回顾性报道，播出了两期节目《樱桃红了 百姓乐了》。在反映百姓的新生活上，拍摄播出了马驹桥农村自投资金自建《农家剧场》，梨园南部新城城乡一体化后，如何通过《保障安民》、《就业惠民》。全年对农村题材予以重点关注，特别是那些农村的新动向、农业的新发展和农民的新生活。

(张娟娟)

【新栏目《周末大舞台》】 7月，将原《我的祝福我来送》栏目改版为《周末大舞台》，于8月正式播出第一期节目。全新改版的《周末大舞台》节目保留了原有的观众展示的舞台、观众送祝福的环节。并在此基础上提高参与节目录制的门槛。由栏目编导负责对于参与节目录制的观众自备节目质量进行把关，对于符合录制要求的节目聘请专家进行一定的指导，提高节目质量同时增加可观看性。《周末大舞台》开播后，每天报名参加节目录制的观众络绎不绝，甚至有很多外地的观众，通过居住在通州的亲戚朋友知道通州有一档百姓参与、展示自我并具有一定真人秀性质的《周末大舞台》栏目，不远千里来参加《周末大舞台》的录制，远至黑龙江、吉林、内蒙古，河北廊坊、燕郊，周边区县有顺义、大兴、房山、密云等地赶来参加录制节目的观众。他们中年龄最大的已70多岁，最小的参与者才4岁。借助《周末大舞台》举办了通州电视台第一届百姓歌手大奖赛，比赛得到各界群众的积极响应，有100余名选手报名。12月24日、25日，经过精心策划，聘请相关专家对这100余名选手进行了初赛的筛选。

(张娟娟)

【纪念三八妇女节宣传活动】 2010年是第100个“三八”国际劳动妇女节。3月3日，通州电视台与区妇女联合会共同举办的《世纪芳华谱新篇》纪念三八国际劳动妇女节100周年大会在通州现代音乐学院成功录制完成。市妇联主席赵津芳，区领导岳鹏、张文山、王春元、张秀余、尹双曼、储怀森、李淑华、田春华等到现场观看。3月8日晚上进行了播放。节目受到了全区各界人士的好评。

(张娟娟)

【新发射塔正式投入使用】 7月13日，新发射塔正式投入使用。新发射塔塔高148米，电视天线为六层四面偶极子板天线，调频天线为四层四面天线，更新了电视发射机、调频发射机。经过实地测量，新塔实现了通州辖区内全覆盖，并辐射朝阳、顺义、三河、大厂、香河等周边地区。新塔除发射通州电台、电视台节目外，还具备应急指挥、微波传输等功能，并为将来地面数字广播电视预留天线段，为通州广电事业发展打下良好基础。新广播电视发射塔总计投资1673万元，征地面积16.4亩，建筑面积1200平方米。2010年对场地进行了绿化美化，完善了安防、消防系统，大大改善了通州广播电视发射台的工作环境和硬件。新发射塔投入使用后，老发射塔经过修整，重新调整了供电、传输、发射系统，作为备用发射塔，新发射塔出现问题能随时启动。

(张娟娟)

【通州广播电视制播收发存管综合平台建成】

年内，通州区折子工程通州广播电视制播收发存管综合平台项目完成并投入使用。此项目投资1350万元，从2008年开始调研，2009年完成规划设计，2010年初进行招投标工作。区原综合办事大厅将近500平方米的大厅作为演播制作区，主要完成电视台节目的录制和制作。4月底施工建设，截至年底主体项目完工并投入使用。项目主要包括以下几大部分：真三维虚拟演播室系统、高标清非线性制作系统、三频道数字硬盘自动播出系统、高标清前期摄录采访设备。

(张娟娟)

【播出系统改造】 随着通州广播电视制播收发存管综合平台建成投入使用，进行播出机房的改造，根据空间和安全的要求，播出系统继续留在原办公区，将一楼80平方米的初编和计算机房改造为新播出机房，制作播出区通过双路光纤互联，并采取文件迁移和视频传输两套方案实现节目传输，确保节目播出安全。播出系统为由方正公司中标，更新的系统能实现三个频道的盘带混播，信号质量高，备份手段齐全，各控制软件稳定，全流程数字化、网络化、文件化，各环节自动检测并及时报警，可切实提高通州电视台的节目播出质量和播出安全。按照广电总局“高质量，不间断，既经济，又安全”的方针，2010年完成对新发射台值班人员的培训和交接，顺利实现新老播出系统的交接和新播出系统的试播，实现了全年电视节目5305.3小时、电台6752.5小时安全播出无责任事故。

（张娟娟）

【更换UPS供电系统和光传输系统】 为保证新发射塔和新平台系统启用后的播出安全和节目质量，广电中心投资70余万元，更换了UPS供电系统和信号传输系统。UPS采用模块化主机，最大可扩至100千伏安，最大供电时间两个小时以上；光传输系统采用米兰达公司的光传输模块和周边设施，SDI信号直达歌华公司前端，确保光传输系统稳定及节目播出质量。

（张娟娟）

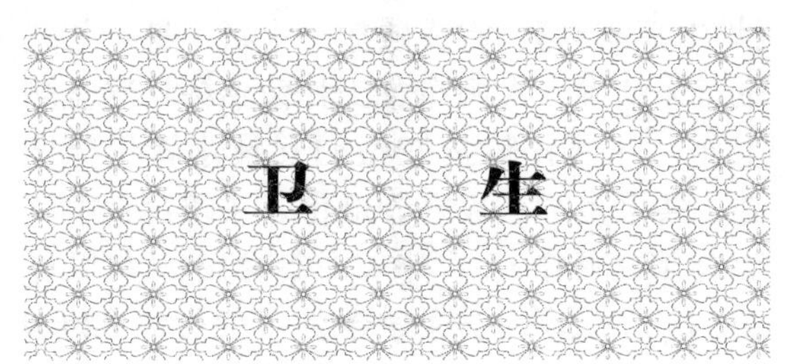

卫 生

医疗卫生

【概 况】 2010年，通州区卫生系统统计辖区内有各类医疗机构612家，其中三级医疗机构1家，二级医疗机构6家，一级医疗机构25家（含18家乡镇卫生院），村卫生室355家，门诊部41家，诊所、卫生所、医务室100家，社区卫生服务站76家，其他8家。共有各类医务人员7373人，其中卫生技术人员5878人，执业（助理）医师2381人，注册护士2058人。平均每千人口拥有卫生技术人员4.48人，执业（助理）医师1.82人，注册护士1.57人。实有病床2608张，平均每千人口拥有病床1.99张。

2010年，卫生系统计全区出生4685人（户籍人口），出生率为7.06‰，死亡4500人，死亡率6.78‰，人口自然增长数185，自然增长率0.28‰。死亡原因顺位依次为：心脏病、脑血管病、恶性肿瘤、呼吸系统疾病、损伤和中毒外部原因、内分泌，营养和代谢的其他疾病、消化系统疾病、泌尿生殖系统疾病、传染病、神经系统疾病。

年内，辖区医疗机构门诊413.09万人次，急诊68.98万人次，入院63706人次，出院63504人次，病床使用率82.34%，治愈率60.01%，好转率34.07%，病死率1.52%。

2010年，抓好深化医药卫生体制改革各项工作，确保医改工作扎实有效推进，区卫生局成立深化医药卫生体制改革领导小组，贯彻落实医改各项方针政策。先后组织10余次调研工作，采取问卷调查、座谈讨论和综合论证等形式，深入基层开展调查研究，在充分调研的基础上制定了《通州区深化医药卫生体制改革方案》。针对医改方案目标任务，细化分解、明确任务、责任到人、统筹协调、化解矛盾，有效推进了全区医药卫生体制改革深入开展。

年内，引进副高以上职称的专业技术人员14名，接收应届毕业生344名，其中本科以上学历164人，占47.7%。潞河医院依托北京首都医科大学举办首届研究生班，首批86名医学专业人员成为北京首都医科大学硕士班学员。

（田剑韦）

【社区医疗工作】 2010年，随着通州新城建设步伐的加快，根据规划占路、棚户区拆迁、新农村建设等情况，造成一部分建好的社区中心、站面临拆迁或已经拆除（其中包括新华社区服务中心）。截至年底，全区有标准化社区中心18所，科学整合后社区站135个。社区卫生服务机构覆盖全区4个街道和11个乡镇，基本满足远郊平原出行20分钟可及社区卫生服务的目标。开展家庭医生式服务模式试点工作，全区18所社区服务中心由480名医务人员组成127个社区卫生服务团队，通过走访宣传、制作社区卫生服务团队公示展板、下发《致居民一封信》、制作家庭医生联系卡等多种形式，让百姓了解家庭医生式服务模式。积极推进大型医院与基层医疗卫生机构建立分级诊疗和双向转诊机制，引导社区居民常见病、多发病在基层医疗机构医治，根据北京市卫生局启动大型医院与社区卫生服务机构转诊预约试点工作，通州区被列为第二批试点区县。10月19日，潞河医院与18所社区中心签订了转诊预约协议。截至12月31日，通州区累计转诊预约患者 12人次，转诊成功12人次，转诊预约成功率100%。加强人员培训，提高社区常见病如过敏性鼻炎、哮喘、高血压等的诊治水平，先后组织5场全科医师公益性培训；11个岗位资质培训，38名全科医生、40名社区护士、28名防保医师及防保人员、41名其他岗位人员取得相应的社区岗位资格证；4场社区在岗人员培训，共273人次参加；社区护士岗位培训61人，累计100学时，经考核40人取得北京市卫生局颁发合格证书。

（田剑韦）

【农村医疗工作】 落实《北京市人民政府办公厅转发市卫生局等部门关于建立健全乡村医生社会养老保险制度与基本待遇机制意见的通知》，完成496名乡村医生年度考核、基本待遇的统计及经费分配发放，23人基本信息核实和组织趸缴工作；522人次参加乡村医生规范化60学时培训。全区拥有乡镇卫生院18家，村卫生室355家，均属非营利性非政府办医疗机构，覆盖率74.2 %新型农村合作医疗。全区参加新型农村合作医疗人员共计335682人（包括低保人员7137人，优抚人员760人），参合率98.6%。人均筹资520元（筹资标准为：市、区级财政每人补助315元、乡镇财政每人补助140元，农民每人65元），筹资总额为17455.46万元。本参合年度累计报销31.95万人次，发放报销款17100万元；其中领到5000元以上报销款的5507人。

（田剑韦）

【传染病管理】 2010年，以防治霍乱、手足口病为重点，同时加强其他传染病的防治工作。全区报告法定传染病二类21种，发病12100例，死亡12例，总发病率1311.10/10万，总死亡率1.03/10万，总病死率0.10%；与上年相比总发病率上升12.32%，总死亡率下降55.50%，总病死率下降64.73%。痢疾发病1519例，死亡1例。发病率为 115.9 /10万，其中菌痢1507例，死亡1例，阿米巴痢疾12例。手足口病4652例，重症52例，死亡2例，发病率为355.2/10万， 25家流感样病例监测哨点医院（一级以上医疗单位），共监测病例总数1499417例，其中流感样病例23142例，流感样病例就诊比例为1.54%。

（田剑韦）

【地方病防治】 完成碘盐、水氟含量、儿童氟斑牙情况、人间布鲁氏杆菌感染状况监测工作，开展育龄及妊娠妇女碘营养状况调查，共采集孕妇尿样200份，尿碘含量中位数为179.0微克／升；采集育龄妇女尿样202份，育龄妇女尿碘含量中位数为326.0微克／升。开展学龄儿童碘缺乏病现状调查，在本区内选择历史上病情较重或碘盐覆盖率较低的乡镇，对200名8至10岁小学生做甲状腺触诊和尿碘检测，其中有14人尿碘含量小于100微克／升，占7. 0%，1人尿碘含量小于50微克／升。

（田剑韦）

【职业病管理】 全年报告法定职业病44例(9例疑似)，其中尘肺28例，包括石棉肺19例，矽肺、煤工尘肺和电焊工尘肺各1例，铸工尘肺 2 例(1 例疑似)，其他尘肺 4 例；其他职业病 16 例,包括职业性噪声聋 4 例(2 例疑似)，职业性苯中毒 6 例(均为疑似)，职业性丙烯酰胺中毒 6 例。农药中毒 46 例，死亡 8 例。接受 153 个用人单位委托进行粉尘、苯系化合物、盐酸、汽油等 34 个项目的职业病危害因素现场采样、检测，共检测样品 6330 件，超标样品 663 件，超标率 10.47%，出具职业病危害因素检测结果卫生学评价报告 153 份。

（田剑韦）

【计划免疫】 全年接种一类疫苗 644062 人次，二类疫苗 141301 剂次。卡介苗报告接种率 99.80%，脊灰疫苗接种率 99.95%，百白破疫苗接种率 99.95%，乙肝疫苗接种率 99.96%，麻疹、风疹二联减毒活疫苗接种率 99.96 %，A 群流脑接种率为 99.94%，乙脑接种率 99.94%，麻风腮疫苗接种率 99.92%，甲肝接种率 99.93%。年内，接种甲型 H1N1 流感疫苗 121090 人次。其中中小学生及教职工 54684 人次，大学生及教职工 12720 人次,医务人员 5157 人次，公共服务人员 9139 人次，国家公务员 3022 人次，60 岁以上老年人 10136 人次，其他人群 26232 人次。外来务工人员接种情况，共为建筑工地、大型建材城等集中用工单位 93 家接种麻疹疫苗 11045 人次，接种率 93.86%，A+C 流脑疫苗 10611 人次、接种率 94.21%。

（田剑韦）

【结核病防治】 全年确诊结核病人 341 例，全部进行了登记管理，做到登记 1 例、治疗 1 例、管理 1 例。监化治疗率 100%。除 4 例病人回原籍、4 例病人外出未及时返回外，其他病人均得到及时规律的治疗，规律治疗率 97.7%。卡介苗门诊共完成 PPD(结核菌素)监测 12545 人次,补种卡介苗 2810 人次，微量元素检查 4833 人次。完成 8 所大学及潞河中学新疆班 7803 名学生 PPD 强阳性监测，检出感染者 1139 例，发现活动性肺结核病人 5 例，全部进行治疗管理。

（田剑韦）

【健康教育】 健全健康教育网络，以区委宣传部、安监局、文明办、4 个街道办事处及 11 个乡镇、教委、商务局、卫生局为牵头单位的通州区健康教育二级网络和所属单位的健康教育三级网络。开展社区、学校、医院、公共场所健康教育工作和控烟教育活动。充分利用通州区电视台、广播电台和报纸等多种媒体开展多渠道、多方面的健康知识宣传，累计播发健康教育类新闻 1410 多条（次），专题 840 组（次）。在社区、广场、公交车站制作宣传橱窗和宣传栏 200 多个，喷制大型健康教育文化墙 800 多平方米。

（田剑韦）

【公共卫生监督】 餐饮卫生监督。区内餐饮服务单位 3036 户，其中餐饮单位 1758 户、集体食堂 757 户、集体用餐配送单位 11 户、现场制售单位 510 户；监督检查餐饮服务单位 3688 户次，合格率 96.4%。行政处罚 132 起，停业整顿 12 户次，吊销卫生许可证 1 户次，取缔无证经营 32 户次。

公共场所卫生监督。全区有各类公共场所1692户（办理卫生许可证），其中旅店212户、公共浴池170户、理发美容业1201户、娱乐场所80户、游泳场所12户、商场（店）书店17户；监督检查各类公共场所2224户次，合格2166户次，合格率97.4 %。

饮用水卫生监督。全区有供水单位262家（办理卫生许可证），其中市政供水2家、乡镇小型水厂18家、二次供水77家、自备水源供水75家、农村改水单位90家。监督检查372户次，合格362户次，合格率97.3%。

医疗卫生专项检查。监督检查各类医疗机构641户次，在检查中发现7家医疗机构存在聘用非卫生技术人员、超范围开展诊疗活动等问题及时进行立案查处，没收违法所得8836.04元，罚款6.83万元。开展医政血液监督641户次，合格634户次，合格率98.9%。取缔非法行医122户次，立案处罚43户次，没收各类器械13件，药品157箱。出动卫生监督人员559人次，车辆124辆次。开展大规模联合执法7次，向公安机关移送案件2件。

（田剑韦）

【爱国卫生】 2010年，投资3000万，完成72条小街小巷、5000个老旧楼门改造，开展7000多个楼门文化建设。聘请3家A级资质的专业消杀公司进行公共场所消杀、200名社区志愿者对社区楼门、平房进行统一消杀，有效控制“四害”密度。完成8个乡镇100个村的户厕改造36819座，经检查验收均达到标准。推进创建国家卫生区工作，经专家组对健康教育、餐饮卫生、公共场所与生活饮用水、传染病防治等方面的验收考核，本区顺利达到国家卫生区标准，进入国家卫生区行列。开展控烟工作。在4个街道办事处、52家居委会、50余所中小学校、22家医疗机构发放控烟海报1000余张，报刊10000份，制作了“性别与烟草”为主题的宣传条幅30余幅，11所医疗机构印刷了控烟健康教育处方，利用电视、显示屏等多媒体向患者进行控烟知识宣传。

（田剑韦）

【妇幼保健】 年内，开展妇女病普查，普查率29.26%，患病率为40.29%。其中乳腺癌9人、宫颈癌2人，全部进行治疗。全区孕产妇4649人，系统管理4620人，管理率99.38%；高危住院分娩率100%；孕产妇死亡2人，死亡率42.69/10万；享受农村孕产妇住院分娩补助454人；为待孕妇女免费发放叶酸增补剂2350人。围产儿死亡率5.53‰，出生缺陷发生率7.62‰，婴儿死亡率3.84‰，5岁以下儿童死亡率5.34‰，0～6岁儿童保健管理率98.38%，3岁以下儿童系统管理率95.72%，高危儿智力筛查覆盖率100%。

（田剑韦）

【血液管理】 2010年，采集血液177257单位，比上年增长11.5%。其中全血162459单位，比上年增长8.6%；成分血14798单位，增长12.9%。检验血液标本100365人次，增长10.9%。实现了三个100%，即北京市疾病预防控制中心多次组织HIV室间质评检测结果符合率100%，北京市监督所抽检合格率100%，卫生部抽检合格率100%。各种血液成分包装199439单位，比上年增长9.2%；全血入库162459单位，增长10.6%；机采血小板入库14798单位，增长11.7%；浓缩血小板入库4728单位，增长4.0%；全年制备悬浮红细胞118877单位；洗涤红细胞2288单位，去白悬浮红细胞43098单位，冰冻红细胞219单位，解冻去甘油红细胞239单位，浓缩血小板5608单位，冰冻血浆159823单位。为满足临床用血需求，日均制备量为450单位，日最多制备量达800单位，确保当天采血当天制备。根据医院救治需求，及时供应各类红细胞156539单位，比上年增长21.1%；供应全血367单位；血浆152713单位；单采血小板14749治疗量，浓缩血小板3654单位，血小板供应比上年增长12.4%；无偿献血者满意度97.95%，用血医院满意度96.57%。

（田剑韦）

药品监督管理

【概　况】 2010年，药监通州分局创新监管思路，不断完善三品一械监管体系；在完成日常监管工作任务的同时，全力支持通州新城建设，按区政府要求完成办公楼搬迁工作；调整科室职能，促进监管模式向“严审批重监管”转变；破获“11·20”特大制售假药团伙案，有力保障了辖区内人民群众的用药安全。

2010年，辖区内有药品生产企业34家，经营企业536家；药包材生产企业3家；医疗器械生产企业67家，经营企业702

家；保健食品生产企业18家，经营企业633家；化妆品生产企业10家，经营企业2000余家；一级以上医疗机构30家，一级以下医疗机构550家。

（张高亮　张　鹏）

【行政许可办理工作】 年内，完成药品生产企业许可事项换证初审34件；药品经营许可事项零售筹建227件、变更44件、验收41件，GSP认证96家、换证77件、注销32件；办理医疗器械生产企业许可事项开办9件、变更12件、换证10件，医疗器械经营许可事项开办67件、变更35件、换证16件；办理保健食品经营企业许可事项核发124件、变更22件。

（张高亮　张　鹏）

【投诉举报办理工作】 全年受理各类举报、投诉、批转、移送等案件共计131起。其中立案查处45起（其中撤案5起、一般程序22起、一般程序现场处理7起、当场行政处罚11起），未办结5起，移送公安部门涉刑案件1起，刑事拘留14人，没收物品价值33.1万元，没收违法所得8.55万元，罚款42.79万元。案件受理率100%，立案率34%，办结率96%。

（张高亮　张　鹏）

【"三品一械"抽验抽检工作】 年内，累计完成药品抽验任务558件，其中针对性抽检206件、基础测试213件、监督性抽验104件、评价性抽验35件，合格率99.82%；完成医疗器械抽验任务18件，合格率100%；完成保健食品抽样任务19批次，合格率100%；完成化妆品抽样任务40批次，合格率100%。

（张高亮　张　鹏）

【整治农村药品代销点】 开展农村药品代销点专项整治工作，依据国家食品药品监督管理局和市药监局规定，凡是违规经营的药品代销点一律撤销。全年整治90家药品代销点，其中8家取得"药品经营许可证"的转变为药店、18家正在申请向药店转变、15家因严重违规被取缔、38家退出药品经营，占年初总计106家药品代销点的84.91%，农村药品市场秩序进一步规范。

（张高亮　张　鹏）

【节日市场巡查】 元旦、春节、"五一"等重大节日期间，组织执法人员对重点区域、重点场所、重点企业进行市场巡查，主要检查药店、保健食品店、大型超市、农贸市场等。全年出动执法人员68人次，检查单位40家次，对发现的违法行为依法处理，有效地保障了节日期间的药品安全。

（张高亮　张　鹏）

【开展三大专项整治行动】 积极开展打击"黑诊所"、医疗机构周边非法收售药品、非药品冒充药品三大专项整治行动，全年组织多部门联合执法20余次，取缔非法售药的"黑诊所"67家，没收药品、医疗器械约6万余元，检查医疗机构及药品经营企业500余家次，未发现未标示产品批准文号以及标示虚假、无效批准文号的产品冒充药品的违法行为。

（张高亮　张　鹏）

【安全用药知识宣传】 结合"'科技、文化、卫生'三下乡"活动、"12•4普法宣传日"活动、"五五"普法宣传活动、"5•12防灾减灾日"宣传活动、"5•15预防经济犯罪"宣传活动、"百日整治行动"专项宣传活动，积极向辖区百姓宣传安全用药知识，全年共发放宣传材料2.6万份，出动宣传执法人员33人次。通过法制宣传教育活动，使辖区百姓的法律意识和安全用药意识进一步提高，自我保护能力进一步增强。

（张高亮　张　鹏）

【药品经营企业负责人培训会暨质量管理大会】 4月20日，药监通州分局召开药品经营企业负责人培训会暨质量管理大会，辖区401家经营企业的负责人参加会议。

（张高亮　张　鹏）

【成立行政受理审批办公室】 5月，药监通州分局成立行政受理审批办公室，于6月1日正式对外办公。行政受理审批办公室是分局内设机构，负责分局行政许可事项的受理及“三品一械”经营企业相关行政许可事项的审批工作。

（张高亮 张 鹂）

【ISO 9001 质量管理体系成功转版】 9月19日，药监通州分局顺利通过了方圆标志认证集团组织的 ISO 9001 质量管理体系监督审核，成功完成体系转版。审核过程中随机抽取记录齐全、有效，各部门人员能够清晰准确的回答审核人员的提问，得到审核组的好评。审核组认为，市药监通州分局领导高度重视 ISO 9001 质量管理体系工作，体系策划完善、运行良好，各项工作有效受控，药品三级监督网建设颇具特色。

（张高亮 张 鹂）

【破获“11•20”特大制售假药团伙案】 11月20日，在公安部门的配合下，药监通州分局成功破获了一起特大制售假药团伙案，共抓捕犯罪嫌疑人14人，查扣各类药品2.2吨、生产工具21台、控制车辆3台、电脑7台、公章36枚、标签说明书及包装材料48.9万个、银行卡40张、账本29本、快递单8400张、通讯设备13部、存折6个，涉案金额近千万元。此案涉案人数之多、生产规模之大、销售范围之广，是药监通州分局成立近十年来独立办理的最大一起特大涉刑案件。

（张高亮 张 鹂）

【药监通州分局迁址办公】 12月，药监通州分局原址位于新华东街107号，属新城建设拆迁范围内，为支持新城建设，搬迁至新办公地址梨园北街51号，于12月20日起在新址正式对外办公。

（张高亮 张 鹂）

【药监与工商建立规范经营者经营行为协作机制】 12月30日，药监通州分局与工商通州分局举行《规范经营者经营行为协作机制》签字仪式。通过该机制的建立，明确了联络机制、信息沟通机制、线索移送机制、个案协作机制、学习交流机制、总结调研机制和联系会议机制七个方面的工作机制，将之前两部门之间简单的部门配合上升到形成一种联合协调机制高度，有利于进一步加强两部门在规范“三品一械”生产经营企业、使用单位经营行为、预防和治理“三品一械”购销中的商业贿赂行为等领域的沟通与协作，实现工商行政管理机关与药品监督管理机关的职能互补，促进社会管理机制创新。

（张高亮 张 鹂）

潞河医院

【概 况】 2010年，潞河医院扎实推进医院的整体发展建设，逐步形成医院大综合突特色的发展模式，在医疗质量管理、服务体系管理、医学教育、基础科研、学科建设、环境建设、文化建设、人才梯队建设等多方面取得丰硕成果。全年总收入7.78亿元，其中财政补助1.33亿元，业务收入6.45亿元；门诊114.31万人次，同比增长12.3%；急诊18.72万人次，同比增长12.4%；出院病人21306人次，同比增长0.02%；全院病床占用率为91.6%，床位周转率为30次/床。全院病房抢救危重病人1770人次，抢救成功率85.88%；门诊抢救危重病人5293人次，抢救成功率90.5%。

年内，医院各专业科研工作成果显著，全院发表学术论文94篇，其中在核心期刊上发表44篇，非核心期刊上发表50篇。全年获区级以上（不含区级）资助科研项目5项，其中获批国家自然基金1项、市科委“临床特色”1项、市卫生局“首发基金”3项，共资助科研基金153.06万元；院内35项科研课题开题立项，获批科研经费44.5万元；中心实验室建成并投入使用，设有医生办公室、培养室、仪器设备室、处置室、动物试验室、细胞学实验室、生物培养室、手术室、尸体标本室、病理标本室等实验室共16间，集中了医院主要大型公共科研仪器设备，为医院的教学科研工作提供技术支持与服务。

（谢卫国　闫晓静）

【临床路径试点管理工作稳步开展】 潞河医院作为第一批卫生部制定临床路径试点单位，顺利完成路径管理实施的前期准备工作，初步建立临床路径管理制度和组织结构。4月1日，医院确定的8个试点科室全面进入路径实施阶段。4月9日，通过卫生部关于临床路径试点管理工作早期评估。8月17日和9月1日，先后召开临床路径管理试点科室自评工作会议和非试点科室路径启动会议，会上，医院总结了8个临床科室11个病种开展临床路径管理的实施情况，提出了14个非试点科室参照临床路径实施方案和具体要求。10月，临床路径管理工作在医院全面展开。

（谢卫国　闫晓静）

【成功救治颅眶区多次手术后放射性溃疡、组织缺损患者】 年内，潞河医院烧伤整形科接收了一位患有“右侧颅眶区内翻性乳头状瘤恶性变”的患者，该患者经过多家医院的多次手术后，肿瘤治愈了，却因右侧颅眶区放射性溃疡，局部组织缺损无法治疗。患者入院后，副院长王江宁教授在了解其基本情况之后，协同相关科室主任一起展开病例讨论，制定了手术及治疗方案。3月5日，为患者实施了“右前臂桡动脉蒂皮瓣修复右上睑组织缺损”手术，后又经过4月19日和22日两次手术给予患者皮瓣断蒂和皮瓣供区修复，术后病人恢复良好，已痊愈出院。

（谢卫国　闫晓静）

【美国心脏病学院（ACC）教育基地挂牌仪式】 7月1日，在医院多功能厅举行美国心脏病学院（ACC）中国教育基地挂牌仪式。该教育基地是由美国心脏病学会授权，中华医学会心血管病学分会和中国医师协会心血管内科医师分会共同协作的项目。

（谢卫国　闫晓静）

【首都医科大学潞河教学医院研究生班开班】 7月8日，在潞河医院多功能厅举行首都医科大学研究生课程班的签字仪式，研究生院院长陈改清等相关领导出席了签字仪式。9月5日，首都医科大学潞河教学医院研究生班开班，共接收来自潞河医院、结研所等医院医务人员80余名，学习时间为期10个月，学习内容包括：医学科研方法学、卫生经济学、病理解剖学、英语等相关课程。研究生班的开班标志着潞河医院正式成为首医大教学医院之后，医务人员学位教育工作正式展开。

（谢卫国　闫晓静）

【手术病房楼工程结构封顶】 7月，潞河医院手术病房楼进行结构封顶，工程总占地面积1890平方米，建筑面积23999.58平方米，为框架剪力墙结构。工程顺利通过了两次北京市长城杯检查及市、区住建委质监站的验收。工程项目进入二次结构施工与内部装修阶段。

（谢卫国　闫晓静）

【国内首例“人工肌肉”临床应用】 8月16日，潞河医院国内首例“人工肌肉”植入小儿麻痹患者萎缩下肢的手术宣告成功。该患者为45岁美籍华人，因小儿麻痹后遗症导致双下肢不等长，左侧下肢明显肌肉萎缩。入院后，副院长王江宁教授为其进行查体，了解患者基本情况之后，经研究小组人员讨论，制定了一套定量预扩张锚钉悬吊个性化“人工肌肉”植入序列治疗方案，如期对患者进行了左侧臀部及左下肢多处“人工肌肉”植入术，患者术后恢复快，手术效果好。经国内整形专家研讨认为该成果具有国际先进性，其中几项技术填补了该领域国际国内的空白。

（谢卫国　闫晓静）

【通州区糖尿病防治中心揭牌仪式】 11月12日，潞河医院在通州东方宾馆举行通州区糖尿病防治中心成立揭牌仪式。区委常委、宣传部长张秀余，区委常委、副区长于世疆等应邀参加了揭牌仪式。仪式上潞河医院院长马春光介绍了相关情况，潞河医院作为第一批北京市糖尿病协会挂牌教育基地，平均每年接诊糖尿病患者达到3.5万余人次。仪式结束后，医院内分泌科医务人员为在座的100多名糖尿病病友举行糖尿病知识讲座。

（谢卫国 闫晓静）

【急诊病房（EICU）建成并对外接诊】 11月23日，医院急诊病房经过一系列筹备工作，正式进入运行阶段。病房内各项医疗设施、人员配备齐全完善，设有病床17张，其中重症监护床位3张，普通观察床位14张。截至12月22日，急诊病房共收治急诊重症患者69人，有20名患者经过初步抢救治疗后转往专科病房，另有36名患者好转出院。护理级别为一级危重的患者住院天数累计达到227天，心电监护仪的使用达到4695小时，8台注射泵均处于持续工作状态。

（谢卫国 闫晓静）

【通过医疗质量万里行工作督导检查】 11月25日，潞河医院医疗质量万里行工作顺利通过市卫生局的督导和检查。督查组共分为临床医疗组、输血组、药剂组、门急诊组、院务公开组、后勤组、护理组、院感组和生物安全组，通过实地检查、现场操作、抽检病历、现场随机提问等方式分别对各科室进行督导检查。检查结束后，督查组指出：医院重视院科两级医疗质量管理，医疗管理措施完善，风险制度健全，急诊体系建设完善，双向转诊实施效果良好，院感控制制度及落实措施到位，输血管理标准，行政和后勤支持系统工作成绩突出。

（谢卫国 闫晓静）

【护理工作】 年内，护理工作继续贯彻“以病人为中心”的服务理念，强化护理质控管理，推行责任制护理模式，开展优质护理示范工程，加大护理人才培养及学科建设，全面提升了护理质量。年内，医院补充修订了58项护理规章制度、15项护理工作流程、20项护理安全管理制度；全年护理质控组完成质量检查30次，护理督导组完成质量检查16项，安排护士长夜查147次；组织“三基”培训理论与实践考核7次，实考人员1123人次；开展护理专题讲座8次，听课人员共计1529人次；配合院内临床带教和首医教学工作，接收实习、见习、进修人员157人次，选派外出进修人员11人次。

（谢卫国 闫晓静）

体 育

【概 况】 2010年，全区体育工作全面实施《全民健身计划纲要》，大力宣传《北京市全民健身条例》等体育法规，努力构建多元化全民健身服务体系，不断满足广大人民群众日益增长的体育需求，积极开展各类体育活动，丰富百姓生活，深入推动全民健身工作的开展，人民群众身体素质明显提高。

（冯晶晶）

【第四届和谐杯乒乓球比赛】 3月至5月，举行通州区第四届和谐杯乒乓球比赛，各社区、行政村、街道、乡镇开展了自下而上的和谐杯乒乓球比赛活动，参加人数3万余人，参与人数达到8万余人。5月27日，举行通州区和谐杯乒乓球比赛决赛。6月19日，组队参加市级总决赛，通州区代表队获三等奖。

（冯晶晶）

【全民健身路径交流大会】 3月至6月，举办通州区全民健身路径交流大会，各社区、行政村、街乡先后举办不同层次的交流活动。6月8日，举办通州区全民健身路径交流大会决赛。此次活动共有3万余人参加，参与人数达到6万余人。6月26日，通州区组队参加在昌平区亢山广场举行的北京市全民健身路径交流大会总决赛，通州区代表队获三等奖。

（冯晶晶）

【健身操舞风采展示活动】 6月23日，在通州区羽毛球馆举办健身操舞风采展示活动，20 支队伍 300 余人参加了展示活动。玉桥街道代表队获得第一名。

（冯晶晶）

【完成2010 年全国国民体质监测工作】 年内，根据市体育局工作部署，开展国民体质测定工作，成立由区体育局主要领导为组长的领导小组，组建由 25 人组成的国民体质测试队。4 月 26 日至 28 日，相关人员参加了市体育局组织的业务培训，全部通过考核。7 月 8 日至 15 日，对各年龄段 615 人进行体质监测，圆满完成市体育局下达的监测任务。

（冯晶晶）

【游泳场馆安全执法检查】 强化联动机制，8 月 17 日至 20 日，区体育局联合区安监局、公安分局、卫生局对全区 23 家开放的游泳场馆进行了安全执法检查。重点检查危险化学品使用情况，水质保障情况及游泳救生员、教练员持证上岗情况等，共出动执法人员 29 人次，出动执法车辆 8 台次，发现问题三类 15 项。均提出了整改要求。年内开展"金安企业"创建活动，由于监管到位、管理到位，全年未发生生产安全事故。

（冯晶晶）

【参加市第十三届运动会获佳绩】 8 月，在北京市第十三届运动会上，通州区选派 161 名运动员参加了 8 个大项的比赛。其中男运动员 90 人，女运动员 71 人；运动员最大年龄 19 岁，最小年龄 11 岁。首次参加市全运会的运动员 155 人，占总人数的 96%。通州代表团获得金牌 8 枚、银牌 18 枚、铜牌 17 枚，奖牌总数 43 枚。团体总分排在 18 个区县第三位。通州体育代表团获得市运会精神文明奖，田径代表队获得体育道德风尚奖。

（冯晶晶）

【通州区第四届男子篮球联赛】 9 月 19 日至 28 日，在通州区篮球场举办通州区第四届男子篮球联赛，20 支代表队 300 人参加了比赛。经过激烈争夺，国资委获得机关组冠军，中仓街道获得街乡组冠军，马驹桥工业园区获得驻通组冠军。

（冯晶晶）

【全民健身工程建设与器材更新】 根据市体育局文件精神，区体育局自 1998 年以来，利用体彩公益金先后为 11 个乡镇、4 个街道办事处配建全民健身工程。年内先后为城口 4 个街道办事处所辐射的辖区及宋庄镇、张家湾镇、于家务乡、西集镇等 90 处全民健身工程的器材进行了更新。截至 2010 年底，全区共配建全民健身工程 572 处，面积 19.6 万平方米，总投资 1994 万元，其中农口 494 处，总投资 1760 万元，面积 14.72 万平方米，实现了村村都有体育设施，覆盖率达到 100%。

（冯晶晶）

【完善社区体育设施体系】 不断完善社区体育设施体系，推动社区体育发展，成功创建了北苑街道京贸国际社区体育健身俱乐部、玉桥南里二区体育生活化社区，提高了社区体育建设水平。截至 2010 年，本区共有体育生活化社区 3 处：中仓街道中仓社区、北苑街道复兴南里社区、玉桥街道玉桥南里二区；社区体育健身俱乐部 5 个：永顺镇运乔家园社区体育健身俱乐部、玉桥街道土桥社区健身俱乐部、漷县镇长陵营社区体育健身俱乐部、梨园镇魏家坟社区健身俱乐部、北苑街道京贸国际社区健身俱乐部；篮球体育场地 2 片：奥体公园篮球场和区体育局篮球场；乒乓球长廊 1 条：玉桥街道玉桥南里社区。

（冯晶晶）

【体育指导员队伍建设】 培养建造一支扎根社会的体育指导员队伍，大力加强培训力度，全年开展 3 次培训活动、累计培训 320 人次，圆满完成市体育局部署的工作任务。在举办区级培训同时，本区选派 12 人参加市级主办的社会体育指导员工作培训。截至年底，本区有体育指导员 1044 名，其中国家级 9 名、一级 84 名、二级 448 名、三级 503 名。

（冯晶晶）

社 会 生 活

精神文明建设

【概　况】 2010年，全区精神文明建设坚持以科学发展观为指导，围绕中心，服务大局，以北京建设世界城市、通州建设现代化国际新城为契机，以建设社会主义核心价值体系为根本，以“做文明有礼的北京人”活动为主题，加强统筹协调，充分发挥文明委成员单位的作用，大力开展群众性精神文明创建活动，配合全市重点推进“个十百千万”工程（1个突破口“倡导垃圾减量和垃圾分类”、10个品牌文明团队、100个“文明北京新市民”、1000个文明示范楼门庭院、10000名孝星），市民文明素质和城市文明程度进一步提升，为建设现代化国际新城创造了良好的社会环境。

（肖海玲）

【通州区道德模范迎春座谈会】 1月29日，组织召开通州区道德模范迎春座谈会，对张品正、高振平、池桂香、杨得永、赵丽芹、王永珍、白启芳、孟宪峰、李银环等道德模范，以及周波烈士生前战友进行慰问，区委常委、宣传部长张秀余出席活动并讲话。

（肖海玲）

【通州区各界人士暨中市属单位迎春团拜会】 2月4日，文明办与区委统战部联合组织召开2010年通州区各界人士暨中市属单位迎春团拜会，区委书记王云峰作重要讲话。

（肖海玲）

【争当社区文明小使者暨过一个有意义的中国年活动】 2月9日，配合首都文明办在玉桥街道举办全市“争当社区文明小使者暨过一个有意义的中国年活动”倡导仪式，宣传推广通州区“传承中华美德——过一个有意义的中国年”活动典型经验，动员全市中小学生积极参与社区组织的各项社会实践活动，丰富假期生活。首都文明办巡视员尹学龙，区委常委、宣传部长张秀余，副区长刘淑华出席活动。

（肖海玲）

【“未成年人楼门文化建设互动访谈”活动】 2月26日，人民网、首都文明办在通州区玉桥街道共同举办“做文明有礼的北京人”大家谈系列活动——通州区玉桥街道未成年人楼门文化建设互动访谈。活动内容丰富多彩，涉及视频录制、主持人提问、嘉宾与观众现场互动等环节。

（肖海玲）

【2010年通州区精神文明建设委员会全体会议】 4月6日，召开2010年通州区精神文明建设委员会全体会议，区委常委、宣传部长张秀余主持，会议审议了《2010年区精神文明建设工作会议上的工作报告》、2009年区精神文明创建工作先进单位名单和最佳

道德实践活动名单，以及《召开2010年区精神文明建设工作会议的方案》，区委书记、区精神文明建设委员会主任王云峰讲话。区领导岳鹏、张秀余、储怀森、蒋洪昉、刘淑华、高志禄出席会议。

（肖海玲）

【2010年通州区精神文明建设工作大会】 4月23日，组织召开2010年通州区精神文明建设工作大会，区委副书记李玉君主持会议，区委常委、宣传部长、区精神文明建设委员会常务副主任张秀余作2010年通州区精神文明建设工作报告，副区长、区精神文明建设委员会常务副主任刘淑华宣读《关于表彰2009年度通州区精神文明创建工作先进单位的决定》，市、区领导为创建工作先进单位颁奖，首都文明办主任陈冬和区委书记、区精神文明建设委员会主任王云峰分别作了重要讲话。区领导张文山、王春元、蒋洪昉、刘淑华、高志禄出席会议。

（肖海玲）

【组织开展"身边好人"推荐投票活动】 5月至12月，在全区广泛开展"身边好人"推荐和投票活动，向中国文明网"我推荐、我评议身边好人"活动推荐候选人10人，通州区永顺派出所杨庄社区民警施文东入选"中国好人榜"，他的先进事迹刊登在中国文明网和首都文明热线上，引领更多的市民向善向好。

（肖海玲）

【"垃圾减量、垃圾分类、绿色餐饮从我做起"活动倡导仪式】 6月18日，在北京市郭林家常菜食品有限责任公司举办"做文明有礼的北京人——垃圾减量、垃圾分类、绿色餐饮从我做起"活动倡导仪式。向全区市民发出"适量点餐、减少浪费、剩菜打包、减少废弃"四点倡议，号召绿色餐饮和绿色消费的生活理念。与会领导为餐饮服务员代表佩戴了"绿色餐饮宣传员"标识，并发放了宣传品。

（肖海玲）

【"快乐假期——争当文明小使者"主题教育实践活动】 6月，为动员广大中小学生积极参与形式多样的社会实践活动，提高综合素质，体验参与的快乐，组织开展了"快乐假期——争当文明小使者"主题教育实践活动以及"社区文明小使者"评选活动，使广大中小学生度过了一个欢乐、充实的假期。

（肖海玲）

【通州3名市民入选"文明北京新市民"】 6月，全市开展"文明北京新市民"评选推荐活动，通州区推荐的王晓东、王东辉和王千3名市民当选为"文明北京新市民"，在《北京日报》专版《100名文明北京新市民风采录》中进行风采展示。

（肖海玲）

【"垃圾减量、垃圾分类、绿色旅游从我做起"活动倡导仪式】 7月26日，在东方宾馆举办"做文明有礼的北京人——垃圾减量、垃圾分类、绿色旅游从我做起"活动倡导仪式。在全区全面启动绿色旅游月活动，积极推进垃圾减量、垃圾分类进宾馆、进公园和民俗户等旅游行业，推行节能降耗、循环使用，提倡游客自带旅游必需品，减少使用一次性牙具、刮胡刀、洗漱等用品，推进园林垃圾就地资源化处理。区委常委、宣传部长张秀余，副区长肖志刚出席活动。

（肖海玲）

【开展北京首届武搏会文明观赛培训】 8月3日，下发《关于开展北京首届武搏会文明观赛培训的通知》，组织开展武搏会竞赛知识、规则、礼仪等内容的社会宣传，并将武搏会文明观赛大讲堂内容刻成的DVD光盘、《武搏项目规则礼仪》动漫片与3000册《武搏会文明观赛礼仪手册》一起下发到各单位，用于组织培训和在网站、电子屏幕上播放。使众多居民受到教育，提升了市民文明观赏水平，为成功举办武搏会创造了文明观赛的浓厚氛围。

（肖海玲）

【参与"文明观世博 热情迎亚运 和谐迎国庆——做文明有礼的中国人"网上签名寄语

活动】 8月11日,下发《关于积极参加“文明观世博　热情迎亚运　和谐迎国庆——做文明有礼的中国人”网上签名寄语活动的通知》，呼吁全区居民抒发文明感言，做出文明承诺，使文明有礼的理念更加深入人心，为成功举办上海世博会、广州亚运会，喜迎国庆61周年营造了文明和谐的浓厚氛围。

（肖海玲）

【60个楼门庭院入选文明示范楼门庭院】 8月，为倡导邻里之间文明礼貌、和睦友善、守望相助的社会文明风尚，提高社区、农村的整体文明水平，动员各乡镇、街道积极参与全市宣传树立1000个文明示范楼门庭院活动，通州区推荐的60个文明示范楼门庭院在全市当选，在人民大会堂举办的“做文明有礼的北京人”主题晚会上，现场展示、表彰了本区4个楼门庭院。

（肖海玲）

【2个团队入选品牌文明团队】 8月，为进一步发挥品牌文明团队典型示范引领作用，积极参与全市开展的宣传树立10个品牌文明团队活动。通州区的“北苑街道道德警察团队”被评为北京优秀文明团队，“暖阳志愿者团队”被评为10个品牌文明团队之一，并在《北京日报》专版《10个品牌文明团队风采录》中进行风采展示。

（肖海玲）

【开展“共铸诚信”征文活动】 8月底，组织各单位积极参与全市组织开展的“共铸诚信”征文大赛活动。征集突出表现全区政务诚信、商务诚信、社会诚信建设中的变化、涌现出的新人新事新风貌，充分反映近年来全区诚信建设工作的新经验、新做法、新实践的好文章作品。共收集并向首都文明办推荐征文66篇，通州区有1篇获好作品奖，2篇获好作品提名奖,3篇作品均被收录到《共铸诚信》一书中。同时，通州区获得“共铸诚信”征文大赛组织奖。

（肖海玲）

【总政群工办领导到通州考察调研】 9月28日，总政群工办组织驻京部队群工部门领导一行60余人在首都文明办主任陈冬陪同下，到通州区调研北京新城建设与发展情况。考察团先后参观了新城规划展厅、大运河森林公园、北京出版发行物流中心，实地了解通州区的新发展、新变化。参观过程中，区委书记王云峰向总政群工办领导介绍了现代化国际新城的建设情况。区领导李玉君、张秀余、储怀森、肖志刚陪同调研。

（肖海玲）

【建立“通州十大道德模范”宣传灯箱】 10月初，“通州十大道德模范”宣传灯箱长廊在运河文化广场正式落成。12块宣传灯箱坐落于广场西侧的显著位置，灯箱正面记载着张品正、孟宪峰、杨得永等10位通州道德模范感人事迹，背面是传统美德名言警句。以充分发挥十大道德模范的榜样示范作用，弘扬道德模范的先进思想和高尚精神，倡导爱国、敬业、诚信、友善等道德规范。

（肖海玲）

【宣传推进垃圾分类进新农村活动】 年内，配合市有关部门开展第25个“周四垃圾减量日暨绿色市场月”活动和“做文明有礼的北京人,垃圾分类进新农村”活动。10月14日，在八里桥市场举行第25个“周四垃圾减量日暨绿色市场月”活动。11月7日，由首都文明办、市市政市容委、市农委、市商委和通州区委区政府共同主办的“做文明有礼的北京人，垃圾分类进新农村”活动，在宋庄镇小堡村举行。宋庄镇负责人介绍了本镇开展垃圾减量垃圾分类工作的经验做法，以文艺演出、实地参观等形式，宣传垃圾减量垃圾分类知识，引导农民树立绿色生活理念。

（肖海玲）

【“巩固文明创建成果　建设现代化国际新城”主题知识竞赛活动】 10月30日，举办“做文明有礼的北京人——巩固文明创建成果　建设现代化国际新城”主题知识竞赛电视决赛。整个知识竞赛历时3个月,包括筹备阶段、读报知识答题阶段和预决赛阶段。近2万余人参与了读报知识答题。全区32个单位经过分组预赛，8支代表队胜出参加决赛。梨园镇代表队获得第一名。此次活动大力宣传了新城建设成就及未来规划，普及了文明创建知识和通州历史文化知识。首都文明办巡视员尹学龙，区领导李玉君、张秀余、蒋洪昉、刘淑华出席活动，并为获奖队伍颁奖。

（肖海玲）

【首都文明办复查通州区全国和首都精神文明创建工作先进单位】 12月9日，首都文明办副主任马润海等对通州区全国和首都精神文明创建工作先进单位进行复查，实地考察了全国创建文明村镇先进单位永顺镇龙旺庄村和区市政市容委。区文明办主任王增哲汇报了全区全国精神文明创建工作先进单位督查情况。全国和首都文明创建先进单位代表进行了座谈汇报。首都文明办副主任马润海和副区长刘淑华分别讲话。

（肖海玲）

【"2006～2010年度首都精神文明建设奖"评选活动】 12月底，组织全区各单位参加"2006～2010年度首都精神文明建设奖"评选活动，通过基层推荐、组织审核和社会公示，推荐了12名在精神文明建设方面做出突出贡献、关心支持首都精神文明建设工作、具有一定社会影响和知名度的优秀人员，以及筹办奥运会、举办国庆60周年庆典和"做文明有礼的北京人"主题活动等工作中涌现出的先进典型。

（肖海玲）

【"做文明有礼的北京人——最佳道德实践活动"评选活动】 12月底，为加强公民思想道德建设，推进"做文明有礼的北京人"主题宣传实践活动，总结展示全区公民道德教育实践经验成果，在全区组织开展"做文明有礼的北京人——最佳道德实践活动"评选工作。41个主题实践活动获得最佳道德实践活动。

（肖海玲）

【广泛宣传通州区精神文明建设成果】 9月开始，以"巩固文明创建成果 建设现代化国际新城"为主题，首都文明热线对全区精神文明建设特色工作进行宣传展示。11月23日，《北京日报》"做文明有礼的北京人"专版刊登通州篇暨"文明建设谱新篇 助力国际新城崛起"，充分展示了全区精神文明建设的丰硕成果。

（肖海玲）

【"垃圾减量 垃圾分类从我做起"主题宣传实践活动】 年内，下发《关于开展"做文明有礼的北京人——垃圾减量 垃圾分类从我做起"主题宣传实践活动实施方案》。在全区11个居住小区，30%的党政机关和学校中，开展垃圾减量、垃圾分类示范引导活动。在4个单位开展生活垃圾"零废弃"试点。招募"绿袖标"指导员105名，指导居民做好垃圾分类工作。下发8000余册《绿娃在行动——图说垃圾减量垃圾分类》知识手册和3000张宣传海报。组织市民观看"3D"杂技音乐剧《再见，飞碟——绿娃在行动》，广泛普及垃圾减量垃圾分类知识。

（肖海玲）

【开展"做文明有礼的北京人"主题活动】 年内，下发《关于深入开展"做文明有礼的北京人"主题活动的实施方案》。全区各单位按照建设"人文北京、科技北京、绿色北京"的要求，以"做文明有礼的北京人"为主题，以"爱首都、爱通州、讲文明、树新风——我参与我奉献我快乐"为行动口号，全面开展了礼仪、环境、秩序、服务、观赏和网络六大文明引导行动。加强了市民公共文明礼仪宣传教育和公共环境、秩序文明的引导，提高了窗口行业文明服务水平，提升了市民文明素质和城市文明程度，为建设创意、活力、和谐现代化国际新城提供强大精神动力。

（肖海玲）

【开展"我们的节日"主题活动】 春节期间，广泛开展"做文明有礼的北京人"春节系列文化活动，使全区人民度过了一个快乐、祥和、平安的春节。端午节期间，下发《关于组织开展“我们的节日·端午”主题活动的通知》，大力倡导文明行为，培育文明风尚，树立绿色健康生活方式和绿色消费理念，积极引导广大市民认知传统、尊重传统、继承传统、弘扬传统，争做文明有礼的北京人。

（肖海玲）

【“城乡统筹 文明先行”主题社会实践活动】 年内，在全区开展“城乡统筹，文明先行”主题社会实践活动。积极协调全区首都文明单位标兵和首都文明单位与行政村镇结对共建，帮助改善农村环境、完善设施、培育新农民，切实提高了农村文明创建整体水平，有力促进了全区社会主义新农村建设。

（肖海玲）

【未成年人争当“环保小卫士”等“六小”活动】 年内，组织未成年人开展争当“环保小卫士”等“六小”活动（即：文明小宣传员、小楼门长、环保小卫士、爱心小使者、文明小引导员和家庭小孝星），此活动已成为通州区在全市的品牌活动，被首都文明委评为“2010年首都未成年人思想道德建设创新案例”，人民网对“六小”活动进行了访谈，玉桥街道在首都未成年人思想道德建设大会上交流了“六小”活动经验。

（肖海玲）

【编印《精神文明建设简报》】 年内，为全面及时反映全区精神文明创建工作，挖掘特色经验，推广先进典型，交流创建成果，全年编写《精神文明建设简报》64期。

（肖海玲）

人口管理

【概　况】 2010年，通州区有户籍人口322941户663303人（男329412人、女333891人），其中非农业人口330311人；全年登记出生6022人（男3125人、女2897人），死亡5815人（男3111人、女2704人）；迁入3811人（省内迁入302人、省外迁入3509人），迁出790人（迁往省内37人、迁往省外753人）。

（王丽华）

【流动人口和出租房屋管理】 截至年底，通州区登记流动人口648302人，已办暂住证427082人，携带15岁以下儿童12901人；登记出租房屋42109户120898间，建立出租房屋管理站237个（来京人员和出租房屋服务站），配备专职协管员547人。

（张学通）

【户口申报审批】 2010年，通州公安分局办理各类审批户口1874份2103人，其中公安分局审批1547份1654人，上报市公安局审批327 份449人。

（侯振宇）

【证件管理】 2010年，通州公安分局办理二代居民身份证28615个，办理临时居民身份证5104个。

（王丽华）

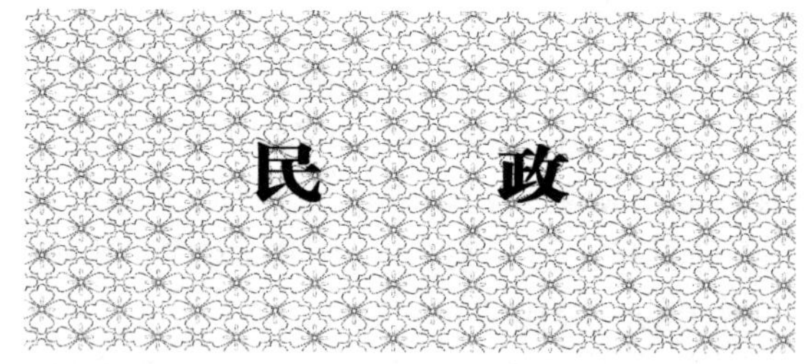

民政工作

【概　况】 2010年，通州区民政工作以邓小平理论和“三个代表”重要思想为指导，牢固树立科学发展观，深刻理解和努力实践“大民政”理念，保障民生、服务民生、发展民生，全面推进民政事业科学发展，服务于通州国际新城建设。年内，区民政局有1项民政工作被评为全国先进，12项工作被评为市级先进，6项工作被评为区级先进，

31人次被评为市、区级先进个人。

（夏文利　周　冰）

【民政信息】 严格把握民政信息时效性、真实性和全面性，不断加大采编数量，提高信息质量，为领导决策提供依据。年内，共收集、处理各类政务信息685篇，被《民政部信息网》、《中国民政》、《昨日市情》、《北京民政信息》、《通州信息》、《信息快报》、《人大信息》等各大报刊采用344篇次。

（夏文利　周　冰）

【民政宣传】 为进一步加大民政宣传工作的力度，年内，通过展板、电视、广播、报刊等多种形式进行广泛宣传，被《中国社会报》、《北京日报》、《京郊日报》、《北京社区报》、《中国民政》、《通州时讯》等报刊媒体采用民政新闻稿件1500篇次。其中一版重头稿件130篇次；北京电视台、通州电视台、通州广播电台等媒体播报新闻90条次；编印《通州民政》专刊5期，编印《民政信息》3期；与通州电视台联合策划播出专题栏目《民政民生》12集；在《通州时讯》制作"爱民惠民"专版 12期，扩大了民政工作的社会影响。

（夏文利　周　冰）

【民政信访】 认真贯彻落实《北京市信访条例》，建立健全信访工作长效机制，成立了信访排查调处工作领导小组，坚持局长信访接待日制度，重点信访件党政一把手亲自阅批，及时化解了矛盾。年内，受理各级（部门）转办群众来信48件（含联名信件），其中市民政局转办7件、区信访办转办14件、区政府转办13件、区领导交办6件、直接收办8件；接待群众来访750人次，信访件办结率和群众满意率均为100%。

（夏文利　周　冰）

【民政理论调研】 2010年，民政理论调研工作、紧紧围绕通州现代化国际新城建设和全局中心工作，广泛深入地开展调查研究，调研理念不断创新，调研内容进一步拓宽，调研报告质量进一步提升。全年局机关干部职工及所属各单位正、副职共撰写调研报告108篇，不仅创造了历年调研篇数之最，而且调研报告的指导性和操作性更强，为解决实际问题，指导工作实践提供了依据。此外，综合办公室还将53篇优秀调研报告编印成册，供全体干部职工学习、借鉴和交流。

（夏文利　周　冰）

【全程代办服务】 全程代办服务大厅紧紧围绕全局的中心工作，进一步拓宽更新工作理念及服务理念，以群众满意为工作标准，以争创一流为工作目标，不断提高工作水平和服务水平。2010年，服务大厅共接待咨询人员2410人次，咨询事项1063件次；办理行政审批事项369项。其中农村最低生活保障153项，城市最低生活保障128项，社团登记新成立8项、变更1项、增设2项、注销1项，民办非企业新成立12项、变更21项、注销1项，更改民族成分31项，清真食品生产、加工、经营企业使用清真专用标志11个；承办行政管理服务事项5110件，按照行政审批服务承诺和服务时限全部时限内办结，执法合格率和群众满意率均为100%。

（夏文利　周　冰）

【网上服务监察系统】 年内，区民政局全程代办网上监察服务系统积极发挥监督、检查、指导、协调作用，加强监督检查。被监察科室严格执法、文明执法，竭力为群众办实事、解难题，牢固树立新形势下民政干部形象，全年承办网上监察行政审批和服务类事项8462项，时限办结率和群众满意率均为100%。

（夏文利　周　冰）

【征地超转管理】 全区征地超转工作坚持维护和保障征地超转人员的基本生活权益为出发点和立足点，不断改善征地超转人员的就医条件，依法依规为征地超转人员排忧解难。年内，新接收征地超转人员111人，为3200名征地超转人员报销医疗费662万元，发放生活补助费2989万元，接待来信来访150余人（件）次，群众满意率100%。

（夏文利　周　冰）

优抚安置

【概　况】 2010年，区民政局认真贯彻落实国家各项优抚安置政策，竭力为优抚对象解决医疗、住房、生活上的困难，优抚对象抚恤补助标准和义务兵优待标准进一步提高。年内，为全区451名义务兵兑现优待金676.5万元；元旦、春节期间市、区领导广泛开展走访慰问活动，慰问金总额117.2万元，并为他们送去了棉被、大米、食用油等慰问品。

（夏文利　金禄春）

【参战参试人员认定】 年内，区民政局按照中央有关文件精神，切实做好军队退役参战参试人员相关政策的完善落实，为56名符合政策的复退军人确认为参战参试人员身份，并及时为他们补发了补助金和医疗减免证。截至年底，全区确认参战参试人员183名。

（夏文利　金禄春）

【落实优抚对象医疗保障政策】 按照优抚对象医疗保障办法和相关文件精神，区民政局会同区人力资源和社会保障局、区卫生局为48名一至六级享受公费医疗人员参加医疗保险，为57名城镇优抚对象纳入了一老一小医疗保险，为721名农村优抚对象纳入新型农村合作医疗，并为全区558人次优抚对象在享受城镇一老一小和新农合药费报销的基础上办理了医疗减免，医药费报销金额240万元。

（夏文利　金禄春）

【军功奖兑现】 2010，区民政局为114名通州籍现役军人兑现了军功奖4.44万元。其中荣立个人三等功12人，每人2000元；荣获优秀士兵称号102人，每人200元。

（夏文利　金禄春）

【优抚对象危旧房翻建】 为做好农村优抚对象危旧房翻建工作，区民政局与区住建委、区财政局、区农委依照相关文件精神，联合出台《通州区农村住房救助实施办法（试行）》、《关于做好2010年通州区农村住房救助工作的通知》。联合区住建委等相关部门对乡镇审核的建房户逐一进行核实、检查、审批、验收，11月底前圆满完成了10个乡（镇）30户90间优抚对象翻建房屋工作，投入资金162万元。

（夏文利　金禄春）

【免费为重点优抚对象体检】 年内，区民政局积极与区卫生局、区财政局协调，联合出台《通州区重点优抚对象体检实施方案》，全区19家卫生医疗机构集中在9月27日、28日，为全区558名重点优抚对象进行B超、X光胸透、心电图、血常规等21项检查。

（夏文利　金禄春）

【见义勇为权益保护】 为弘扬见义勇为行为，维护社会稳定，构建和谐社会，2010年，区民政局与区委宣传部、区文明办、区综治办、区政府法制办、区司法局协调，在国防教育广场组织《北京市见义勇为人员奖励和保护条例》、《〈北京市见义勇为人员奖励和保护条例〉实施办法》颁布十周年“宣传周”活动。元旦、春节期间慰问全区61名见义勇为人员，发放慰问金73200元；走访慰问5户见义勇为家庭，送去慰问金15000元；给西集镇病故见义勇为人员侯兴金发放一次性抚恤金10000元、困难救助金20000元。

（夏文利　金禄春）

【复退军人接收安置】 2010年，接收退役士兵228名，其中城镇退役士兵142名（转业士官18名）、农村籍退役士兵86名。年内，区民政局努力为退役士兵提供用人信息，拓宽安置渠道，同时鼓励城镇退役士兵自谋职业。通过与用人单位协商将12名退役士兵安置到区属事业单位，15名安置到市、区企业单位，103名自谋职业，1名复工，8名复学，3名自主择业，安置率100%。

（夏文利　谢　科）

【“双拥”工作】 2010年，全区“双拥”工作紧紧围绕现代化国际新城建设，以创建“全国双拥模范城”为目标，进一步巩固新时期军政军民团结，发展军政军民关系。“八一”、春节等重大节日期间，区四大家主要领导深入部队，走访慰问驻通部队广大官兵，慰问金总额70万元，并与部队领导共商全区双拥大计。年内，区委、区政府及全区有关单位竭力为驻通部队解决实际困难，累计投资320余万元，用于绿化美化部队军营、建立“拥军图书室”、为部队官兵配备健身器材、为部队培养军地两用人才等。驻通部队广大官兵积极参加通州新城建设，投入人力20万人次，参加通州滨河森林公园建设，并在公园内建立了“双拥林”。驻通部队，还积极开展送医送药下乡活动，263医院选派医务人员深入到农村，开展义诊，发放“军援卡”300张。

（夏文利　王　强）

救灾救济

【概　况】 2010年，社会救灾救济工作以维护困难群众的基本生活权益为出发点和落脚点，建立健全各项保障制度，为困难群众提供系统、全面、规范的基本生活保障。社会福利社会化步伐加快，各项救灾救济政策得到落实，“五保”供养水平、城乡低保标准进一步提高。年内，为全区1977户3420人城市低保对象发放低保资金1501.7万元；为3870户6961人农村低保对象发放低保资金1176.5万元；为全区城乡低保对象发放一次性生活补贴款107.1万元；对364户因病、因灾等遇到暂时困难的家庭给予临时性救助，救助金45.6万元；为1941名城乡特困群众发放医疗救助金263万元；为168名困难大学生发放助学金48.4万元。

（夏文利　马兆东）

【城乡低保对象动态管理】 年内，区民政局与乡（镇）、街道办事处民政部门认真做好低保入户调查、公示上墙、受理审批等环节的工作，确保实现动态管理下的应保尽保。严把审批关，全区577个居（村）委会成立了以居（村）委会主任为组长的城乡低保申请评议小组。与此同时，各乡（镇）、街道民政科、街政科依规进一步规范审批程序，加强管理，全年新审批城乡低保对象28户476人。区民政局对享受城乡低保待遇的民政对象采取半年复审、不定期抽查、社会监督相结合的原则，进一步加大动态管理力度。全年调查城乡低保对象5847户10415人，重点抽查1219户2146人，收到群众来信来访25件次，对群众反映的情况全部进行了调查核实，对所涉及享受城乡低保对象依规进行停发和调整，全年停发城乡低保对象562户1042人、调整657户1104人。

（夏文利　马兆东）

【城镇低保对象就业服务】 按照《建立促进城市低保就业服务对象就业机制暂行办法》及相关政策，认真做好城市低保对象失业登记工作，全区11个乡镇和4个街道办事处低保对象失业登记告知率100%。

（夏文利　马兆东）

【救灾应急预案管理】 为确保民政对象安全度汛，区民政局制定《汛期抢险应急预案》，下发了《关于做好安全防汛工作的通知》，与各乡镇、街道办事处签订汛期灾民救助工作责任书，下拨40万元救助资金、发放救助卡3700张，保证特困群众在冬令、春荒期间的基本生活。此外，为5234户低保家庭发放冬季燃煤取暖补助209.4万元，为6630户困难家庭发放元旦、春节慰问金236万元。

（夏文利　马兆东）

【农村特困户危旧房修建】 2010年，按照抗震、节能、保温的标准，市、区、乡镇投入资金270万元，为60户农村特困户翻建房屋180间，11月底前全部竣工。

（夏文利　马兆东）

【救助流浪乞讨人员】 积极协调公安、城管、卫生等部门，成立专职救助巡视队，在全区开展流浪乞讨人员集中救助行动，救助城市生活无着的流浪乞讨人员302人次，流浪乞讨、露宿街头等现象明显减少。

(夏文利 马兆东)

【五保供养】 2010年，全区农村五保供养218人，其中集中供养198人、分散供养20人，五保老人年生活标准8296元。年内，全区新建养老服务机构2家、扩建6家，新增养老床位数1338张，全区21家养老服务机构总床位数4266张，床位使用率达到50%。

(夏文利 马兆东)

社区建设

【概　况】 通州区社区建设工作在区委、区政府的领导下，紧密结合全区实际，狠抓机遇，按照现代化国际新城建设的需要，确定发展社区服务、推进农村社区建设的工作思路，坚持以人为本，加强城乡统筹发展，营造通州社区建设亮点，全面推进城乡一体化建设。

(夏文利 王 宁)

【农村社区建设全覆盖】 2010年，全区新建成8个镇级农村社区服务中心、394个农村社区服务站。农村社区服务站遵循“统一服务标识、统一项目设置、统一运行流程、统一服务规范、统一资源调配”五个统一工作原则，组织实施了社区服务站标准化建设工程。以区委办、区政府办名义印发《通州区农村社区建设全覆盖实施方案》、《关于加快推进农村社区建设的意见》等文件，编印了《通州区农村社区建设指导手册》、《通州区农村社区服务项目卡》，用以指导通州区农村社区建设全覆盖工作。截至11月底，全区共建成11个镇级农村社区服务中心，453个村级农村社区服务站，使农村社区服务中心的建设率达到100%，农村社区服务站的建设率达到95.4%。12月26日，通过了民政部“创建全国农村社区建设实现全覆盖示范单位”验收评估，通州区成为北京市首家“全国农村社区建设实现全覆盖”示范单位。

(夏文利 王 宁)

【社区节活动丰富多彩】 第五届社区节以“和谐社区 魅力通州”为主题，全区59个农村社区、102个城市社区开展城乡社区“同走新城建设路”携手共建活动，城乡社区结对，通过文艺、体育、艺术、观光等59场分会场活动，体现了全区人民爱北京、爱通州、爱社区的情怀。社区节系列活动充分展示了全区和谐社区建设成果以及社区居民的聪明才智，宣传了通州现代化国际新城的社会建设，通过城乡居民的积极参与及互动，推动了城乡一体化进程，营造出新城建设的和谐氛围。

(夏文利 王 宁)

【首都精品社区创建】 年内，印发了《通州区关于开展首都特色精品社区创建活动的工作意见》，组织城乡精品社区的申报、审核、验收工作。通过听取汇报、实地考察、查阅资料、民意调查等方式评选出区级精品社区96个。中仓街道的西营社区、新华街道的天桥湾社区等5个城市社区和梨园镇大马庄社区、宋庄镇小堡社区等11个农村社区荣获“北京市精品社区”称号。

(夏文利 王 宁)

【社区服务】 为提高社区服务质量，引导各街道、社区拓展以“四小”、家政等服务项目为重点的社区服务；开展以“共襄盛世、共享和谐”为主题的“两节”服务活动。活动主要包括“逛社区 赶大集”活动、“留住美好 传递亲情”摄影活动、“政府购买服务送居民”活动。此次活动市、区两级共发放清洗油烟机、小时工等公益服务卡690张，300余个家庭690人次享受到政府购买的服务项目。

(夏文利 王 宁)

【组织培训】 年内，区社区服务中心在建立社区教师库、课程库的基础上，组织了20期培训，其中包括社工师资格考前培训和居委会软件建设培训等，20期培训有1726人次参加。

（夏文利　王　宁）

【志愿者服务】 2010年，区义工联合会注册志愿者人数达到21013人，人员增幅达49.26%，全区有志愿服务队伍423支。志愿者通过组织引导，积极开展志愿服务活动，使志愿者作用得到良好发挥。

（夏文利　王　宁）

【社区服务信息网络】 为进一步加大信息采集量，通过广泛动员宣传，年内全区录入信息总量达9212条，其中居家生活类信息355条，非居家生活类信息8857条。与此同时，进一步加强与政协民革支部及北京银行通州支行的合作，开展多种社区大课堂活动48次，发放宣传材料18万份，向居民宣传和普及健康、养生、法律等各种知识。

（夏文利　王　宁）

基层自治组织建设

【概　况】 2010年，全区成功地进行了第八届村委会换届选举，村民的参与意识和法律意识进一步增强。年内，全区农村基层自治组织建设工作以解决村民群众最关心、最直接、最现实的利益问题为工作重点，不断完善村务公开民主管理制度，全面推进村民自治制度化、民主化、法制化。为加强村务公开民主管理督察，区村务公开领导小组办公室印发《关于做好北京市“村务公开民主管理示范单位”申报工作的通知》，在全区深入开展村务公开民主管理专项督察。同时，区委组织部将村民自治纳入党的建设“三级联创”活动和争创农村“五个好”乡镇党委、“五个好”村党支部的重要内容。通过深入开展农村民主日活动和村级干部“双述双评”，使农村基层自治组织建设得到进一步巩固和加强。西集镇被北京市社会主义新农村建设领导小组评为北京市村务公开民主管理示范镇；漷县镇大香仪等48个村被评为北京市村务公开民主管理示范村。

（夏文利　周庭桂）

【民主管理专项督察】 为贯彻落实北京市村务公开工作办公室《关于开展“村务公开民主管理示范单位”创建活动及“难点村”治理工作情况检查的通知》精神，区村务公开领导小组办公室，对全区村务公开民主管理专项督察和示范单位创建申报工作进行专题部署。全区各乡镇党委、政府积极组织相关部门，组成督察小组，深入基层，广泛了解社情民意，对照示范单位创建标准，指导村委会完善和落实各项制度，对乡镇所辖各村的村务公开和民主管理工作进行全面督察。12月底，区委组织部、区纪委、区民政局、区经管站等职能部门组成督查组，集中一周时间，深入乡镇、村，就村务公开民主管理情况进行全面督察。通过深入扎实的工作，使全区村务公开民主管理工作机构进一步健全，农村基层民主政治建设得到健康发展。

（夏文利　周庭桂）

【农村民主日活动】 为切实保障村民的决策权、参与权、知情权和监督权，维护全区农村政治稳定和各项事业全面发展，认真做好年内两次农村民主日工作的安排部署，并以区村务公开领导小组办公室名义印发了《关于组织开好全区农村民主日活动的安排意见》。全区各行政村按照文件要求和民主程序召开村民代表大会，村民代表按民主程序审议了村务工作报告和财务收支报告。同时，按照区委关于对村干部进行“双述双评”的工作要求，认真对村干部进行民主评议。民主日活动的深入开展，极大地调动了广大群众参政议政的积极性，提高了农村基层干部的决策水平和解决实际问题的能力，进一步密切了党群干群关系。

（夏文利　周庭桂）

【第八届村委会换届选举】 4月27日至8月底，按照全市的统一部署，全区圆满完成第八届村委会选举工作。全区11个乡镇的475个建制村全部参加了选举，共选举产生新一届村委会成员1509名，其中主任475名、副主任80名、委员954名。在参加换届选举的37.3万名选民中，参加投票的选民有35.7万人，参选率为95.7%。新一届村委会成员平均年龄48岁，其中具有高中、中专以上学历的845人，比上届提高了8个百分点，妇女委员占村委会成员总数的18.1%，比上届提高了2个百分点。一批农村“能人”进入了村委会班子，有162名各级人大代表被依法选举为村委会成员，村委会班子的整体结构得到进一步改善。

（夏文利　周庭桂）

【民主管理制度创新】 2010年，区委组织部和区民政局共同出台《中共北京市通州区委组织部 北京市通州区民政局关于在全区农村推行村级重大事项“四议两审三公开”制度的实施意见》。通过“四议两审三公开”制度的推行，进一步巩固了村党组织的领导核心地位，扩大了农村基层民主，调动了广大群众的积极性，充分发挥农村基层组织推动发展、服务群众、凝聚人心、促进和谐的作用，为提高全区新农村建设水平，建设现代化国际新城提供了坚强的组织保证。

（夏文利　周庭桂）

【社区居委会建设】 2010年，经区长办公会研究通过，同意通州区马驹桥镇撤销南海、北海、胜利、河北段、壮丁屯5个村民委员会建制，成立新海南里、新海北里、新海祥和3个社区居委会。至此，全区共有社区居委会102个。

（夏文利　周庭桂）

【行政区划管理】 年内，圆满完成对“通大线”、“通顺线”7颗界桩委托管理情况的检查及建档工作，并根据检查情况，按协议及时向被委托人拨付了2010年委托管理费；积极配合区综治部门，并会同区有关职能部门，认真履行界线管理职责，做好界线附近地区纠纷的排查、调处工作，确保界线附近地区的稳定，推进了“平安边界”创建工作的深入开展。

（夏文利　周庭桂）

综合执法

【概　况】 2010年，区民政局把依法行政作为民政法制工作的重点，坚持学法与用法相结合、法律宣传与法律实践相结合，不断提高民政执法人员的法律素质和行政执法水平。年内，执法职能科室系统地开展民政政策法规的学习和培训，认真贯彻落实行政执法责任制，进一步规范行政执法行为，做到准确执法、严格执法、文明执法，持证上岗率和执法合格率100%。

（夏文利　赵一默）

【“五五”普法】 区民政局按照《通州区民政局法制宣传教育第五个五年规划》的具体要求和部署，按照民政局“五五”普法工作指导思想、实施办法和具体要求，开展各项普法工作。在“五五”普法收官之年，区民政局定期深入到街道和乡镇开展送法下乡活动。通过广播、电视、报刊、橱窗、展板、宣传手册等形式，广泛深入地开展民政法律法规的宣传。

（夏文利　赵一默）

【法律培训】 为提高执法人员的法律素质，区民政局积极组织执法人员参加市级法制培训2次，培训内容包括：民政依法行政面临的形势和民政法制建设的任务、行政自由裁量权、行政规范性文件相关问题等，并向有执法职能的科室发放依法行政手册。

（夏文利　赵一默）

【法制宣传】 为加大各项法律法规的宣传力度，区民政局结合清明节群众祭扫、第八届村民委员会换届选举、10月10日婚姻登记高峰日、“12•4”普法宣传日等重点时期，开展以宪法和民政相关法律法规为主要内容的普法宣传，普法宣传覆盖到11个乡镇和4个街道办事处，普法宣传收到实效。

（夏文利　赵一默）

【清明祭扫】 为确保清明节期间群众扫墓服务工作安全、有序进行，成立由区政府办公室、区民政局、区公安分局等部门组成的通州区群众扫墓服务工作指挥部，召开有24个指挥部成员单位领导参加的清明节群众扫墓接待工作协调会。清明节前夕，联合指挥部成员单位对辖区内公墓（陵园）、骨灰堂、公益性集体埋葬点进行了安全检查，对在检查中发现的问题责令限期整改。清明节期间，通州殡仪馆、永安公墓、通惠陵园、京运陵园、惠灵山陵园5个扫墓接待点，共接待扫墓群众19.4万人、车辆4.2万辆，由于组织周密，措施有力，未发生一起安全责任事故。

（夏文利　赵一默）

【移风易俗宣传】 为在群众中树立移风易俗新风，区民政局开展形式多样的教育宣传，内容包括：殡葬改革法律法规、现代文明礼仪等，在全区范围内广泛开展了反对封建迷信及大操大办等社会不文明现象。为进一步加大移风易俗宣传工作力度，清明节期间，区民政局在通州电视台新闻时段滚动播出“文明祭祀 平安清明”等宣传内容。

（夏文利　赵一默）

【丧葬补贴】 2010年，按照《通州区城乡无丧葬补助居民丧葬补贴办法》及其实施细则，共审核丧葬补贴申请3235件，区、乡（镇）两级财政共拨付补贴资金1617.5万元。

（夏文利　赵一默）

【综合治理】 为有效治理殡葬用品的违法经营活动，区民政局会同区工商分局、区公安分局、区城管监察大队、区发改委等有关部门，组成联合执法检查组，对全区12家丧葬用品销售网点进行联合执法检查。检查中，没收了各类违法物品1万余件，对一家无丧葬用品营业执照的网点责令停业。另外，对有太平间的四家医院和非法运尸车进行了专项检查，未发现医院违规情况，对发现的非法运尸车进行了警告。

（夏文利　赵一默）

【规范性文件】 2010年，区民政局制发行政规范性文件4件，均已由区政府法制办备案。对截至2009年制发的规范性文件进行了清理，保留21件，13件失效。

（夏文利　赵一默）

社会组织管理

【概　况】 年内，通州区社会组织管理工作坚持培育发展和监督管理并重的工作方针，在严格依法行政的同时，完成社会组织年度检查等重点工作。与此同时，着力引导社会组织积极整合资源，发挥各自优势，积极参与社会组织服务民生行动，进一步发挥社会组织在和谐社会构建中的作用。2010年，已登记注册社会组织288个，其中社会团体106个、民办非企业单位182个。

（夏文利　曹新亮）

【社会组织年检】 为强化社会组织监督管理，结合社会组织年度检查工作，区民政局积极推进社会团体规范化建设、民办非企业单位信息公开和承诺服务活动，重点对社会组织财务管理、开展活动、换届情况严格检查，确保年度检查工作取得实效。2010年，全区应参检社会组织235个，实检204个。其中社会团体年检合格的85个，拟注销登记的6个；民办非企业单位年检合格的117个，基本合格的2个，拟注销登记的4个；社会组织网上年检率100%。

（夏文利　曹新亮）

【社会组织服务民生行动】 在社会组织服务民生行动中，全区169个社会组织在区民政局组织动员下，积极围绕与人民群众生活密切相关的领域开展了181项形式多样、内容丰富的公益活动。其中扶贫救助项目17个、扶老助残项目22个、支教助学项目19个、文体科普项目32个、医疗卫生项目17个、生态环境项目19个、妇幼保护项目3个、服务“三农”项目17个、法律援助项目3个、促进就业项目16个、其他类项目22个。项目涉及政府资助453万元，社会组织自筹资金690万元；共有12.3万人次会员、1.7万人次志愿者、4万人次本组织工作人员参与；有5万困难群众，21万普通群体通过社会组织服务民生活动受益。

（夏文利　曹新亮）

【城乡社区社会组织登记启动】 年内，区民政局制定印发《北京市通州区民政局关于印发〈北京市通州区城乡社区社会组织备案工作细则（试行）〉的通知》，就城乡社区社会组织备案的条件、程序进行了详细的规定，提出了保障城乡社区社会组织规范发展的相关政策和措施。同时，积极鼓励各街道办事处和乡镇人民政府帮助解决困扰城乡社区社会组织发展的突出问题，在落实城乡社区社会组织开展公共服务的资金、场所和人员给予政策和资金支持，为城乡社区社会组织规范发展提供基础保证。2010年，已备案登记城乡社区社会组织152个。

（夏文利　曹新亮）

【社会团体资金专项治理】 年内，区民政局与区纪委、区监察局、区财政局、区审计局等部门联合下发《通州区社会团体和公募基金会"小金库"专项治理实施办法》和《通州区党政机关、企事业单位、社会团体和公募基金会假发票专项治理实施办法》，并召开社会团体业务主管单位负责人和财务人员参加的工作会议。通过动员部署、自查自纠、重点检查、整改落实四个环节开展对社会团体"小金库"专项治理。通过专项治理，进一步疏理规范了社会团体的各类收费标准。

（夏文利　曹新亮）

婚姻登记

【概　况】 2010年，婚姻登记管理工作依照《中华人民共和国婚姻法》、《婚姻登记条例》和《婚姻登记工作暂行规范》要求，坚持依法行政、人性化服务为准则，进一步提高工作水平和服务水平，群众认可程度不断提高。全年办理结婚登记7152对，离婚登记1376对，补领婚姻登记证1919对，出具无婚姻登记证明482份，出具查档证明1480份，办理收养登记77件（含清理事实收养65件），出具事实收养证明4份，执法合格率和群众满意率均为100%；完成2009年婚姻档案移交入库工作，共整理移交婚姻档案1108卷，收养档案11卷，装订2010年婚姻档案1046卷，收养档案77卷；接待电话咨询及现场解答29000余人次。此外，协助司法部门查办案40余件，审查出使用假证件办理婚姻登记21起，有效地维护了法律的尊严。

（夏文利　刘广宇）

【特殊婚姻登记日服务】 2010年10月10日是个特殊婚姻登记日，许多新人都希望在这个日子领取结婚证。为确保此项工作安全有序进行，区民政局在吸取以往高峰登记日经验的基础上，认真做好前期的准备工作，并制定了各项应急预案，抽调10余名机关各科室人员协助做好现场预约登记和网上预约登记工作，当日共办理婚姻登记523对，其中结婚登记521对、补领婚姻登记2对。

（夏文利　刘广宇）

【协调解决公民私自收养子女问题】 2010年，依照北京市民政局、市公安局、市人口与计划生育委员会、市司法局、市卫生局《关于解决本市公民私自收养子女有关问题的通知》精神，对全区公民2009年4月1日前未经登记私自收养子女情况进行了集中清理，为切实做好此项工作，区民政局成立以局长苏亚文任组长、党委副书记马金玉任副组长，相关科室科长、主任为成员的通州区民政局解决本区公民私自收养子女问题领导小组。同时，由区民政局牵头，还成立了由区委宣传部、区公安分局、区计生委、区司法局、区卫生局、区财政局、区广电中心及各乡镇（街道）主要负责人为成员的通州区解决公民私自收养子女工作领导小组。制定《北京市通州区关于解决公民私自收养子女问题的实施方案》，举办全区公民私自收养子女问题的前期培训，通过部署、协调、宣传、调查摸底等环节工作，截至年底，共为65户私自收养子女家庭办理了收养手续，出具事实收养证明4份。

（夏文利 刘广宇）

【建立婚姻家庭健康咨询室】 2010年，区民政局积极配合区卫生、计生等部门，在婚姻登记处建立婚姻家庭健康咨询室。为加大免费婚检宣传力度，向当事人发放优生优育宣传资料，提高新婚当事人婚前医学检查的健康意识，引导当事人主动进行婚检和孕检，进而降低全区出生人口缺陷率。年内，共接待婚检咨询6000多人次，协助计生部门发放新婚大礼包4000余份。

（夏文利 刘广宇）

【婚姻法律法规宣传】 2010年，区民政局婚姻登记处通过多种媒体向全社会宣传婚姻法律法规，并在《通州时讯》、《通州新闻》、《法制晚报》等新闻媒体刊登宣传稿件30余篇。与此同时，进一步加大婚姻政策法规的宣传，全年向全区群众发放《中华人民共和国婚姻法》、《中华人民共和国收养法》、《婚姻登记条例》及计划生育相关知识等宣传资料35000余份，解答群众政策咨询15000余人次。

（夏文利 刘广宇）

【社会监督】 为进一步提高机关行政效能，区婚姻登记处开展网上监察服务，将全年10447件婚姻登记办结情况通过监察服务系统向群众公布，接受社会监督，增加了工作透明度，执法合格率和群众满意率100%。

（夏文利 刘广宇）

福利事业

【概　况】 通州区社会福利事业坚持社会福利服务社会的工作宗旨，福利企业坚持以市场为向导，使福利生产稳中求进，实现经济效益与社会效益双赢；福利彩票事业坚持“扶老、助残、救孤、济困、赈灾”的工作理念，不断优化服务，加强网点制度化、规范化建设管理；通州区光荣院不断完善自身建设，进一步提高工作人员的职业素质，美化院内环境，全心全意为孤老优抚对象服务；通州区社会福利院不断强化服务意识，进一步加强软硬件建设，为维护社会稳定做出了积极贡献。

（夏文利 周 冰）

【福利生产】 年内，积极组织相关人员进行培训，确保各项政策落实到位，并妥善安置退出福利企业的残疾职工，为他们解除后顾之忧。2010年，全区28家社会福利企业有职工1876人，其中残疾人职工633人，占职工总数的33.7%。全年实现销售收入41501.5万元，完成利税2614万元。以“春雨抗旱救灾行动”为主题，大力宣传，积极为甘肃舟曲灾区募集捐款；积极开展青海玉树抗震救灾捐赠工作，帮助灾区人民渡过难关。

（夏文利 周 冰）

【福利彩票销售发行】 2010年，销售总额再创通州区福利彩票发行历史新高，实现福利彩票销售额突破21900万元，比2009年增长131.57%，列北京市第六位、郊区县第二位。年内，经区福彩中心积极协调，争取市福彩中心公益金4700万元，资助了区内5户困难家庭，帮助他们渡过生活困境。

（夏文利 周 冰）

【慈善事业】 7月30日，通州区慈善协会正式成立。大会审议通过了《北京市通州区慈善协会章程》（草案）、《通州区慈善协会关于授予捐赠人慈善协会职务及名誉职务的办法》（草案）及《选举办法》（草案）。大会选举通州区政协原主席王玉辉担任协会首任会长。年内，区慈善协会积极筹集善款2227.24万元，部分善款已开始用于捐赠灾区、救助区内的特殊困难群众。

（夏文利 周 冰）

【光荣院服务管理】 通州区光荣院继续坚持“老人第一 服务至上”的服务宗旨，以求真务实的作风，进一步健全各项规章制度，完善服务管理，加强自身建设，并定期组织职工进行业务培训，进一步提高业务技能和服务水平。年内，区光荣院各项优抚政策落实到位，院医务室坚持对入住老人实行一人一档的服务管理，经常组织在院老人参加趣味运动会、采摘活动，还组织他们观看爱国主义电影，丰富了在院老人的业余文化生活。

（夏文利　周　冰）

【社会福利院服务管理】 通州区社会福利院加强管理，遵循“安全第一，预防为主”的方针，不断加强医生的医德医风教育，积极为精神病患者及孤残儿童奉献爱心。2010年，为确保国庆期间的维稳工作，区福利院制定多项应急预案，维护了社会稳定。

（夏文利　周　冰）

老龄工作

【概　况】 年内，通州区老龄委积极开展为高龄特困老人送温暖、开展“敬老 爱老 助老”、“空巢”老人安全越冬、度夏大检查系列活动。按照京政办发[2008]47号和京政办发[2009]104号文件精神，区老龄委认真抓好落实，一是制定《通州区关于落实〈北京市市民居家养老（助残）服务（“九养”）办法〉实施方案》；二是建立高龄津贴制度、孝星表彰制度、居家养老（助残）服务券制度、养老（助残）餐桌制度等多项制度；三是为全区65周岁及以上老年人免费制作“北京市老年人优待卡”；四是加强对全区11个为老服务场所贯彻落实“实施意见”情况进行监督检查，积极营造全社会尊老敬老助老的良好氛围。此外，区老龄委还组织全区老年人开展丰富多彩的文体活动，丰富老年人文化生活，促进老年人身心健康。

（夏文利　张连琴）

【老年活动站建设】 为加强全区老年人福利服务设施建设，以创建社会主义新农村示范村建设活动为契机，加大对全区老年福利服务设施的建设投入，使老年活动站（室）的硬件建设规模水平与新农村建设同步发展。与此同时，进一步加强软件服务建设，建立健全制度、规范管理。年内，全区新建10个面积在200平方米以上的村委会老年活动中心，并配备有棋牌室、阅览室、卫生保健室，还组建了老年合唱团、舞蹈队、秧歌队等，进一步丰富了老年人的业余文化生活。

（夏文利　张连琴）

【老龄工作经验交流】 为不断研究和解决新形势下老龄工作所面临的新情况和新问题，为领导制定老龄政策提供理论依据，2010年，区老龄办完成《通州区〈老年法〉〈老年保障条例〉贯彻落实情况调查》、《发展居家养老服务构建和谐通州》、《老年人居家养老服务需求现状分析》、《老龄化的社会发展趋势》、《关于做好全区空巢老人精神关怀工作的调查思考》等调研，调研紧密结合老龄工作的实际，并对未来老龄工作的发展方向作出了有益的尝试和探讨，以便进一步推动新时期全区老龄工作的发展。

（夏文利　张连琴）

【老年人维权】 认真贯彻落实北京市老龄委、北京市司法局联合下发的《关于加强维护老年人合法权益工作的意见》，进一步建立健全村（居）委会老年维权服务工作网络，形成区、街（乡镇）、居（村）委会三级老年维权服务工作网络。年内，区法律援助中心办理涉老案件15件，涉案老人21人；各级网络设有联络员，负责办理老年人来信、来电、来访等项工作，做到登记清楚、处理及时。此外，每个社区均有法律宣传橱窗，每个社区半年开展1至2次法律咨询，认真做好老年人的维权工作。为了进一步学习宣传贯彻《中华人民共和国老年人权益保障法》，印发了宣传材料、宣传画5000余份，在区内主要公共场所、集市和交通要道设立宣传点，向过往的群众发放宣传材料；利用广播、办宣传栏、张贴宣传画、咨询解答等形式宣传《中华人民共和国老年人权益保障法》，弘扬尊老敬老爱老的传统美德，促进了家庭和睦。

（夏文利　张连琴）

【为老年人办实事】 年内，为全区 1234 名 90 周岁及以上老年人发放高龄津贴 128 万元；为全区 7200 名 65 周岁及以上老年人免费制作“北京市老年人优待卡”，为 1332 名老年人办理了老年证；为全区 13786 名 80 周岁及以上老年人发放了居家养老服务券。老年餐桌和托老所在“五一”前实现全覆盖，解决了“空巢”、独居老人的就餐问题。

（夏文利　张连琴）

【走访慰问】 年内，区政府拨款 5 万元，为 51 户特困老人发放困难补助金和 18 名百岁老人发放营养补贴金。重阳节期间，市民政局、市老龄办、区委、区人大、区政府、区政协的主要领导走访慰问了全区特困老人和百岁老人，并送去了慰问品和慰问金。

（夏文利　张连琴）

【老年人文体活动】 年内，区老龄办组织 20 余名文艺骨干参加北京市老年体育协会举办的第四套全民健身秧歌培训班。重阳节前夕，区老龄办举办“重阳杯”老年门球赛、台球赛，有 56 支代表队 550 名队员参加了门球、台球比赛。

（夏文利　张连琴）

民族 宗教 侨务

【概　况】 2010 年，区民宗侨办落实市民委、市宗教局和市侨办部署的关于民族宗教侨务的各项工作任务，认真学习贯彻科学发展观，从通州区民族宗教侨务工作的实际出发，全面落实党的民族宗教侨务政策，加强民族团结进步，依法管理宗教事务，积极引导宗教与社会主义社会相适应，努力维护民族宗教领域的稳定。

（夏文利　刘　嵩）

【扶持发展民族经济】 年内，区民宗侨办争取民族经济发展资金 366 万元，用于于家务乡蓝莓园、于家务村麒麟瓜园、枣林庄村肉牛养殖场、紫光园餐饮有限公司设备改造、如意食品公司技术改造、大顺斋食品公司技改贴息等经济项目的扶持；协调区农委、区水务局、区商务委等有关部门，为民族乡村争取各种扶持政策，加大新农村建设投入，全面推进民族乡村基础设施建设。

（夏文利　刘　嵩）

【市政协调研民族经济工作】 3 月 19 日，市政协民族和宗教委员会副主任金毓嶂、季文渊及部分委员到通州区调研民族乡村经济发展情况，视察了张家湾镇枣林庄温室大棚、于家务乡蓝莓种植园项目，听取了通州区“十一五”期间民族乡村经济发展情况的汇报，调研组对通州区民族乡村经济的发展予以肯定，并提出了具体意见和建议。

（夏文利　刘　嵩）

【清真食品监督管理】 年内，区民宗侨办、区商务委通过调研，重新认定了 23 个清真规范化专柜。会同区工商分局、商务委对全区清真饮副食网点经营情况、清真食品供应及规范管理情况进行联合检查，审批和重新认定清真网点 11 个，及时纠正了部分商户擅自悬挂清真标志牌等违法行为。

（夏文利　刘　嵩）

【民族教育】 儿童节、教师节期间，区民宗侨办走访慰问民族中、小学校及民族幼儿园。争取市民委扶持资金 30 万元，用于于家务中学校园建设，进一步促进了全区的民族教育事业发展。

（夏文利　刘　嵩）

【民族体育】 2010 年，区民宗侨办、区教委联合举办“通州区第五届民族学校传统体育运动会”，有 5 所民族小学和 1 所民族中学的 200 余名学生参加了民族传统体育项目的比赛。8 月 21 日至 28 日，通州区组建 254 人的代表队参加北京市第八届民族传统体育运动会，共参加了 13 个竞赛项目及集体太极拳、民族舞表演赛项目的角逐，获得

3 项个人项目第一名、1 项团体项目第一名、5 项团体项目第二名、9 项团体项目第三名的好成绩。

（夏文利　刘　嵩）

【区基督教第二次代表会议】 10 月 30 日，通州区基督教"三自"爱国运动委员会召开第二次代表会议。大会听取审议了上一届通州区基督教"三自"爱委会工作报告；审议并通过了通州区基督教"三自"爱委会章程；选举产生了通州区基督教"三自"爱委会第二届委员会及领导成员，牧师吕东当选通州区基督教第二届"三自"爱委会主席，牧师魏佳当选秘书长。市宗教局、市基督教"两会"领导及区委、区政府相关领导出席了会议并讲话。

（夏文利　刘　嵩）

【宗教场所维稳】 年内，通州新城建设拆迁涉及原东关清真寺、北关清真寺、西关清真寺的宗教房产。区民宗侨办、区伊协为了维护少数民族群众的切身利益，确保在拆迁过程中的和谐稳定，积极做好清真寺选址、重建、确权等各项工作。

（夏文利　刘　嵩）

【民族聚居区拆迁调研】 年内，区民宗侨办组织有关街道、乡（镇）专程到牛街参观学习，深入了解牛街在拆迁中处理民族宗教问题的经验做法，并根据通州区的实际，起草了《关于保留通州清真寺、民族小学等民族聚居区配套服务设施的意见》，提出了少数民族安置、饮食、殡葬等具体问题，为新城建设委员会提供了参考依据，同时也为南大街拆迁改造做好前期准备。

（夏文利　刘　嵩）

【和谐寺观教堂创建活动】 年内，区民宗侨办深入开展创建"和谐寺观教堂"活动。组织区级宗教团体及 15 个宗教活动场所为南方旱灾和青海玉树地震灾区进行捐款，区伊协还组织 9 座清真寺穆斯林为所有受灾归真的青海玉树地区穆斯林同胞举行"缺席殡礼"。10 月，区民宗侨办配合市宗教局完成全国和谐寺观教堂评比和推荐工作。

（夏文利　刘　嵩）

【行政执法检查】 年内，区民宗侨办共接待涉及宗教问题来信上访事件 19 起，其中群访 4 起、个人访 15 起。区民宗侨办以保护合法、制止违法、打击非法为原则妥善处理，协调、配合有关部门予以解决，取得了良好的效果，得到市宗教局有关领导的肯定。经市宗教局推荐，区民宗侨办被国家宗教局评为全国宗教工作系统"五五"普法工作先进集体、刘嵩被评为全国宗教工作系统"五五"普法工作先进个人。

（夏文利　刘　嵩）

【侨务工作】 认真贯彻落实《中华人民共和国归侨侨眷权益保护法》，全年走访慰问困难归侨 10 户；积极组织归侨侨眷开展"中秋节联谊活动"、"通州区民宗侨界新春联谊会"、"海外华人走进通州"等活动；主动争取市侨办领导班子成员和有关处室负责人到通州调研，考察通州国际新城建设情况。

（夏文利　刘　嵩）

人民生活

【概　况】 2010 年，城乡居民收入稳步增长，消费结构逐步优化。城镇居民人均可支配收入 22454.9 元，比上年增加 1971.7 元，增长 8.4%；农民人均纯收入 12613 元，比上年增加 1252 元，增长 11%。城乡居民储蓄余额 565.6 亿元，比上年增加 106.8 亿元，增长 23.3%。

（刘海燕）

【农民收支保持稳步增长】 2010 年，农民人均纯收入达到 12613 元，同比增长 11%。其中工资性收入 6593 元，同比增长 5.7%；家庭经营纯收入 25653 元，同比增长36.4%；财产性纯收入1183元，同比增长21.2%；转移性纯收入2271 元，同比增长0.3%。农民人均生活消费支出9840.1元，同比增长18.6%。其中食品消费支出2958.3元，增长3.9%；衣着消费支出584.8元，增长12.8%；居住消费支出2358.5元，增长61.6%；家庭设备、用品消费支出536.5元，下降6.9%；交通和通讯消费支出1447.8元，增长78.6%；文化教育、娱乐消费支出862.4元，增长6.1%；医疗保健消费支出913.5元，下降19.4%；其他商品和服务消费支出178.2元，增长28.7%。

（刘海燕）

【农民生活消费水平不断增长】 2010年，农民人均生活消费支出9840元，同比增长18.6%。农民人均用于食品类消费支出2958.3元，同比增长3.9%，其中食品消费品支出2465.2元，同比增长5.3%，食品消费服务性支出493.1元，下降2.3%；家庭设备用品消费品支出511.2元，下降6.1%；交通和通讯消费支出呈现快速增长态势，交通和通讯消费支出1447.8元，同比增长78.6%，其中交通和通讯用品支出达到1015.6元，同比增长159.2%，交通和通讯服务支出消费432.1元，同比增长3.1%。

（刘海燕）

【农民手存及存款余额持续增长】 调查显示：2010年农民人均手存现金为2451元，同比增加408元，增长19.9%；农民人均存款余额11275元，同比增加1092元，增长19.9%。

（刘海燕）

【城镇居民收入稳定增长】 2010年，城镇居民人均家庭总收入达到27657.7元，同比增长8.9%。其中工资性收入18039.4元，同比增长11.1%；经营性收入1317.7元，同比下降9.6%；财产性收入559.8元，同比增长6.2%；转移性收入7740.8元，增长4.2%。

（刘海燕）

【城镇居民人均消费性支出增长14.3%】 2010年，城镇居民人均消费性支出16046元，同比增长14.3%。其中食品消费支出5535.6元，同比增长12.8%；衣着消费支出1517.2元，增长26.6%；居住消费支出1590.6元，增长22.1%；家庭设备用品及服务支出1150.8元，增长37%；医疗保健消费支出915元，下降24.5%；交通和通讯消费支出2724.5元，增长30.9%；教育文化娱乐服务消费支出1980.9元，增长13.1%，其他商品和服务消费支出631.3元，下降15.4%。

（刘海燕）

【城乡居民居住条件不断改善】 2010年，城镇居民人均住房建筑面积为29平方米，比上年增加0.6平方米，人均住房使用面积为21.8平方米，比上年增加0.4平方米；农村居民人均住房面积为41.8平方米，比上年减少4.1平方米；

（刘海燕）

社会组织活动

通州区企业联合会

【概　况】 2010年，区企业联合会面对通州现代化国际新城建设提出的北京通州现代化国际新城建设新要求、新使命，在广大会员的积极参与下，秉承服务宗旨，坚持自立原则，依托政府、面向社会，努力构建和谐劳动关系，加快促进企业和企业家成长，积极研究本区首批“绿卡”企业评定标准及服务办法，极大地优化了企业发展服务环境，提升了区域产业核心竞争力，各项工作取得了新进展。

（衡启民）

【清华大学企业总裁研修班考察通州】 4月26日，清华大学企业总裁研修班一行30余人到通州考察。鄂尔多斯万力集团、南宁奥华房地产公司、中广联盟房地产公司负责人等一批国内优秀企业家对新城建设和发展给予了高度评价，并就新城规划及开发建设等问题与区发改委、规划分局等部门领导进行了交流与探讨。企业家们还参观了新城规划展厅、万亩滨河森林公园。

（衡启民）

【举办中科院专家走进通州活动】 6月12日，企业联合会、企业家协会主办的“凝聚智慧·共谋发展 2010中国科学院专家走进通州”活动在亚太花园酒店隆重举行。来自中科院的50余位专家学者与新城建设者们围绕“科技推动新城建设、和谐促进通州发展”主题进行了广泛深入交流。与会专家明确表示，将加快推进产学研结合，切实将科技成果转化为产业，尽快与通州科技产业园区、入区企业建立合作伙伴关系。

（衡启民）

【全国台企联领导到通州考察】 11月15日，全国台企联会长、台升国际集团董事长郭山辉等一行十余人到通州考察。本区重点介绍了新城规划和土地一级开发情况、招商和土地上市情况。台企联就投资建设台企联大厦项目与本区进行了交流。副区长崔志成对该项目表示欢迎，希望台企联发挥桥梁纽带作用，引进更多的台资企业到本区发展置业。

（衡启民）

通州区消防协会

【概　况】 通州区消防协会有团体会员160家（辖企业单位244家），建有中仓、张家湾、漷县、西集等4个地区基层活动片组，有个人会员35家。年内，全会紧密围绕现代化国际新城建设和区政府全面构筑社会消防安全“防火墙”等消防工作中心，开展消防安全流动展览、培训演练等消防宣教活动，全区12万余人次的企业员工、在校师生、医务工作者、社区居民和社会群众接受了消防安全教育，有力地配合了全区社会消防安全“防火墙”工程建设以及“安全生产月”、“平安国庆”和“119”消防宣传周等大型活动的开展。区消防协会荣获区民政局系统“2010年服务民生先进社会组织”称号。

（郭淑云）

【“消防安全”流动展览】 2010年，区消防协会全面推动会员单位消防安全“防火墙”工程建设，切实增强会员单位整体防灾能力。从突出服务理念的思路出发，以大力推进会员单位“防火墙”工程建设为重点，在资金紧张的情况下，自主设计并制作了以“人人关注消防，共筑国际新城”和“筑牢消防防火墙，建设国际新城区”为主题的4套80块图文并茂的消防安全流动展览展板，并以“送展上门”的形式集中开展了4轮“消防安全”流动展览活动。5月27日至7月5日，协会在北京物资学院、北京铜牛制衣有限公司、北京阳光鑫隆市场等8家较大规模的防火重点会员单位中组织了协会2010年第一轮消防安全流动展览，27215名企业员工参观了展览；6月1日至28日，协会在中仓、张家湾、漷县、西集4个地区基层片组的企业中组织了2010年第二轮消防安全流动展览，52672人参观了展览；9月26日至12月14日，协会在北京财贸职业学院通州校区、北京医科大学附属北京胸科医院、北京市西集创意投资发展有限公司等6家会员单位中组织了协会2010年第三轮消防安全流动展览，10587名在校师生、医患人员、企业员工和社会群众参观展览；11月9日至12月23日，协会在潞河医院、北京中医学校、金马驹开发建设有限公司等5家人员密集型会员单位中组织了协会2010年第四轮流动展览，32686名医患人员、在校师生、企业员工和社会群众参观展览。为保证组展效果，协会认真拟定组展方案并召开参展单位组展预备会，进行部署和动员，提高了组展效率，取得较好的宣教效果。同时，协会从促进中仓、张家湾、漷县、西集4个地区基层活动片组消防宣传活动的开展和扩大消防宣传覆盖范围的角度出发，全年配送中仓、张家湾、漷县、西集4个地区基层活动片组各一套展板，在全区安全生产月和“119”消防宣传周活动中，4个地区基层活动片组在本片分别组织了消防安全流动展览。截至年末，协会组织的流动展览累计有12万人次的企业员工、大中院校师生、医患人员、商市场人员、社区居民和社会群众参观了流动展览。

（郭淑云）

【加强协会组织建设】 1月29日，通州区消防协会二届五次理事会召开，会议对协会上一年工作进行总结并研究制定本年的工作计划。5月28日，协会二届六次理事会召开，会议审议通过了协会《关于动员全体会员单位积极参加全区“安全生产月”活动的通知》，并对配合全区安全生产月活动所开展的消防安全流动展览进行部署。11月3日，协会二届七次理事会召开，会议审议通过了《关于加强会员单位“防火墙”工程建设意见》，研究部署协会工作。

（郭淑云）

【消防宣传教育活动】 为延伸流动展览功能，促进会员单位“防火墙”工程建设和“四个能力”（即：检查消除火灾隐患能力、组织扑救初起火灾能力、组织人员疏散逃生能力、消防宣传教育培训能力）以及“三懂三会”（即：懂基本消防常识、会查改火灾隐患；懂消防设施器材使用方法、会扑救初起火灾；懂逃生自救技能、会组织人员疏散）等能力的培养与提高，协会积极协助会员单位通州小楼饭店、北京京通医院、北京工业大学实验学院、北京财贸职业学校、北京中医学校、北京物资学院和阳光鑫隆市场等单位开展消防安全培训演练活动，活动模拟火情发生，进行人员疏散逃生、灭火救助演练，在疏散现场均组织以“防火墙”工程为主题的消防安全流动展览，并安排疏散后的人员参观展览，协会秘书处工作人员现场讲解了展板。协会积极配合、主动参与“119”消防宣传周等全区重大安全宣传活动，并现场举办流动展览。协会积极筹备并召开推进会员单位“防火墙”工程建设座谈会，协会理事会、监事会和典型发言单位代表30余人参加座谈会，会议以典型引路的方式，总结了协会整体推进会员单位“防火墙”工程建设情况，听取了消防支队领导对协会“防火墙”工程建设的意见，有力地推动会员单位“防火墙”工程建设。

（郭淑云）

【政府购买服务】 大力开展社会组织服务民生工作，年内，抓住政府购买服务这一契机，区消防协会发挥宣传教育的职能，将对会员单位中外来务工人员的消防安全宣传教育确立为协会社会组织服务民生项目并全力组织实施。该项目得到市区民政部门的肯定，协会作为区百余家社会组织代表的三家之一参加了市民政局举办的政府购买社会组织服务项目推介大会，并得到区社会工作委员会的资金支持，被区民政局评为服务民生先进单位。

（郭淑云）

通州区关心下一代协会

【概　况】 2010年，抓住通州区关心下一代协会成立25周年的契机，区委进一步加强对关心下一代工作的领导和支持，全区关心下一代事业取得显著成绩。在五年一届的全国关心下一代工作会议上，区关协和玉桥街道葛布店北里社区关协分别获得全国关心下一代工作先进集体光荣称号，王志红、罗敬义、田俊杰、金熙寅获全国关心下一代工作先进个人称号。区关协会长罗敬义出席会议，接受中央领导接见和颁奖。反映通州区关心下一代工作25年成绩和经验的部分照片、奖牌、图书等参展“全国关心下一代工作二十年回顾展”。在新形势下为加强对关心下一代工作的领导，四届区委第114次常委会听取区关心下一代工作情况专题汇报，并就调整充实全区关工组织领导机构、增加活动经费、充实工作人员、改善办公条件等做出相应决议。12月17日，召开全区关心下一代工作会议，认真总结25年来工作成绩和经验，表彰先进，部署工作任务。

（吴桂森）

【编写出版两部育人图书】 区关协组织发动有特长的老同志为孩子们撰写出版各种图书、开展中华民族传统文化教育和爱家乡教育。年内，区关协顾问王志红撰写出版《西马坊史话》，用自己家乡解放前后发生变化的大量事实，向孩子们阐述了“没有共产党就没有新中国、没有共产党就没有中国特色社会主义”的伟大真理。顾问周良用自己多年研究成果，撰写出版了《四言通州文》，以翔实的历史资料和“千字文”的韵文体例，向孩子们诠释了通州运河文化的丰富内涵。阅读《四言通州文》活动被正式列入通州区2010年政府购买社会组织服务项目。

（吴桂森）

【民族传统节日普及中华优秀文化传统】 春节期间，组织中小学生开展了“虎年说虎”手抄小报活动，全区有17个乡镇、街道和区直单位基层关工组织发动近千名同学参与，上报180余幅小报作品，经区关协秘书处评审，有92名同学作品获奖。清明节期间，区关协与漷县镇关工委组织200多名师生在邢德荣烈士墓联合举办祭奠革命先烈活动，进行革命传统教育。中秋节期间，区关协在农民工子弟学校七彩学校举办活动，向孩子们普及中秋知识，传承中华民族优秀文化传统。

（吴桂森）

【表彰宣传先进典型】 在继续做好上年度确定的24个城乡基层关工组织示范点的宣传带动作用基础上，2010年，区关工委和区文明办联合作出了《关于授予刘庄等8名同志通州区关心下一代工作荣誉奖、张肃等37名同志关心下一代突出贡献奖的决定》，在全区关心下一代工作会议上，由市、区领导隆重颁奖，大张旗鼓地宣扬老同志的先进事迹和无私奉献精神，有力地推动了全区关心下一代工作的进一步健康发展。

（吴桂森）

街　道

中仓街道

【概　况】 中仓街道位于通州城中部，辖区总面积6.5平方公里，常住人口20551户、47257人，流动人口24366人，共计7万余人；有大小单位114个，门店998家；辖区有13个民族居住，其中城区最大的少数民族回族居住区南大街，有回民2231户4406人。2010年，中仓街道坚持巩固学习实践科学发展观活动成果，围绕年初制定的"科学发展惠于民，深化和谐6+1，争创和谐示范街道"的工作目标，深入开展创先争优、"三个心系"主题教育活动，社会领域党建继续创新；上营棚户区拆迁滞留户促签工作稳步推进，创建国家卫生区工作成果显著，辖区环境水平不断提升；民生保障体系不断完善，社会建设全面推进，辖区社会治安持续稳定，全年各项工作任务圆满完成，街道各项事业取得了新的成绩。2010年，中仓街道获得北京市和谐示范街道称号，被评为北京市同邪教组织斗争先进集体、首都国家安全工作先进集体、养老助残工作先进单位、文化工作先进单位、计生工作先进单位、红十字工作先进单位；连续六年获得首都文明街道称号；社区服务中心被评为北京市社区志愿服务优秀组织；街道信访、民政、残联、"五五普法"、武装、工会、妇联等工作均获评区级先进。

（郭　玮）

【上营棚户区促签促拆工作稳步推进】 积极发挥街道社区贴近居民的工作优势，全力配合相关部门做好政策宣传、信息补充、纠纷调解、听证、拆除等工作，上营棚户区滞留户促签促拆工作取得阶段性成果。

（郭　玮）

【辖区社会治安状况持续稳定】 健全社会治安综合治理工作体系，签订安全稳定责任书84份；开展流动人口、出租房屋"一户一档"工程和"百日核查行动"，发动2000余人次，检查登记流动人口1.5万余人，出租房屋4000余户；完善社会面防控机制，整合各种防范力量，开展重点地区整治活动，确保了各节日期间安全稳定。

（郭　玮）

【全面加强安全生产监管】 履行各项安全监管职责，发挥20名专职安全员作用，认真开展日常安全生产监督检查工作；按照上级要求开展有限空间安全、"厂中厂"及出租厂房安全等专项排查，以及安全生产"百日平安行动"、"金安企业"创建等活动；全年协调资金16万余元组织开展安全生产宣传教育活动；投入检查力量1450余人次，检查各类单位5510家次。

（郭　玮）

【深入推进矛盾纠纷排查化解】 2010年受

理各类信访矛盾102件，接待来人访18批33人次，受理来信访23件，处置调处便民电话60余个，各社区排查和化解各类矛盾90余件，主责信访问题均得到解决，群众满意率达到100%，有效维护了辖区稳定。

（郭　玮）

【开展创建国家卫生区工作】　扎实落实区有关创卫工作要求，开展创卫教育宣传活动，营造良好的创卫宣传氛围；发动辖区各类力量3.7万余人次，出动车辆940台次，开展集中环境整治活动39次，清理垃圾2700吨，清理小区36个，卫生死角112处，清理小广告11万张；改造8条道路13600平方米，粉饰围墙、围栏95000平方米，规范广告牌匾150处；会同有关部门对南大街等重点区域进行9次联合执法，取缔无照经营128家；积极协调25家单位，加快解决了创卫难点问题，确保了顺利通过国家检查组的验收。

（郭　玮）

【推进社区规范化建设】　完成东里、西营、运河园、莲花寺4个社区规范化建设，社区办公用房面积均达到350平方米以上；9个规范化建设的社区独立设置社区服务站并实现“五统一”标准，落实“369”社区项目职能分工；西营、运河园两个社区被评为北京市星级社区。

（郭　玮）

【楼门文化建设水平进一步提升】　全面实施《楼门文化建设项目制管理办法》，建设完成36个拓展楼门、155个创新楼门、635个更新楼门和400个自建楼门，48%的楼门实现项目制管理；运河园社区京贸中心商务楼宇楼门文化建设工作扎实推进，楼门文化建设整体水平明显提升。

（郭　玮）

【社区救助和社会保障服务到位】　年内，审理低保家庭324户、低收入家庭16户；全年发放低保金、临时救助款等民政事业费431万元；举办红十字等捐赠活动，募集捐款4.3万元；“九养政策”全面落实，规范管理养老助残服务中心，发放养老（助残）券113万元，整合辖区10家服务商资源为街道老人和残疾人提供优惠便捷服务。

（郭　玮）

【社区服务领域不断拓展】　年内，分三期组织15支社区服务商队伍进行培训，全年为居民提供各类社区服务826次，居民满意率100%；1500余人次参加“96156”社区大课堂举办的知识讲座活动；街道“96156”信息平台全年完成社区信息4866条，信息数量名列全区第一；成功组织通州区第五届社区节活动17场次；清查辖区药店、医疗机构115次，完成过期药品回收300多公斤，督导社区健康教育档案整理工作，圆满完成国家卫生区创建工作，通过检查组验收。

（郭　玮）

【稳定扩大就业见成效】　全面落实各项就业服务政策，年内开发社区就业岗位902个，安置705人就业；实现创业22人，并带动126人就业；接收各类失业人员档案951份，办理求职证1536个，再就业优惠证994个；发放失业金162万元，发放退休金700余万元；对各类求职者提供职业指导服务2405人次，帮助1052名就业困难人员实现就业；为8860人次的退休人员办理医药费申报手续，报销金额1745万元；为2700人提供“一老一小”大病医疗保险服务。

（郭　玮）

【开展优质贴心的计生服务】　年内，办理“生育服务证”296件、“独子女父母光荣证”173件，发放独生子女费12万余元、一次性奖励9.5万元；协调资金10万元创建东营前街计生文化园地；开展纪念“7·11世界人口日21周年”暨“倡导婚育文明，构建和谐家庭”文艺演出，组织大型计生政策法规宣传活动4次，发放计生用品14万件。

（郭　玮）

【第六次全国人口普查工作】　按照区人普办统一部署，中仓街道成立人口普查领导小组，设立人普机构，组织开展人员招聘、广泛宣传、学习培训、入户摸底、登记核查等项工作，辖区划分363个普查小区，普查登记人口3.2万户、8.7万人，做到普查工作全覆盖，数据准确有效。

（郭　玮）

【保障性住房工作顺利开展】 年内，接待电话咨询5000余个，接到申请人申报表1589份，发放各种核定表1212份；全年受理保障性住房申请家庭404户，其中经济适用房145户、廉租房42户、限价房217户。

（郭　玮）

【居民文化生活丰富多彩】 整合街道文艺文体资源，组建1431人的社区文体志愿者服务队，开展丰富多彩的“365乐民日”活动；组织300名居民参加市区各类文艺比赛，获得可喜成绩；围绕“科学发展惠于民，践行和谐‘6+1’”,举办大型文艺演出及“红五月”演唱会；建成全市首家社区科普气象站暨数字科普视窗，科普楼门建设成果显著；顺利通过“五五”普法工作验收。

（郭　玮）

【党建创先争优活动成果显著】 年内，中仓街道社会工作委员会成立，制定相关工作职责；建立商务楼宇“五站合一”（党建工作站、妇联工作站、工会工作站、团建工作站和社会服务站）工作站，推动楼宇党建工作深入企业良性发展；认真执行干部选拔任用相关工作办法，强化科级干部选拔任用程序，选拔任用8名科级干部；精心组织庆祝建党89周年的各项活动，上营社区书记王永珍获得北京市“群众心目中的好党员”荣誉称号，被评为市级优秀党员。

（郭　玮）

新华街道

【概　况】 新华街道位于通州城东北部，东北起温榆河、北运河中心线，西至新华北路、通顺路中心线，南至新华大街中心线，面积3.25平方公里。下设如意、司空、贡院、东大街、天桥湾、新建、北关7个社区居民委员会，有户籍人口9954户、22186人，外来人口2000人。2010年，新华街道紧紧抓住现代化国际新城建设全面启动的机遇，以构建和谐社区为目标，把服务和改善民生作为首要任务，深化社区党建，推进社区规范化建设，开展创先争优暨“三个心系”主题实践活动，圆满完成运河核心区及西海子棚户区拆迁改造、创建国家卫生区、全国第六次人口普查等各项任务，为通州新城建设营造了良好的发展环境。

（吕冬梅）

【社区青年工作联席会成立】 1月15日，新华街道社区青年工作联席会正式成立。街道团工委与区市政市容委、新华医院、北工大实验学院、煤炭公司等9家机关、企事业单位结成共建单位，有力推动“四联四建”区域团建体系建设，为创新社区青年工作搭建了实践载体。

（万　磊）

【开展防灾减灾宣传教育】 3月1日，新华街道在国防教育广场开展“防灾减灾，共同行动”安全宣传活动，通过多种形式向居民宣传突发事件的种类、特点和危害，预防与避险、自救与互救基本技能等知识，提升居民的应急救灾能力。

（王术军）

【成立社区社会组织联合会】 5月，成立全区首家街道层面的社区社会组织联合会。起草《联合会章程（草案）》，对辖区社会组织进行整合、筛选。截至年底，在街道登记备案的社会组织共计54个，可满足居民法律咨询、家政服务等需求。

（成德卿）

【建立人口文化廊】 10月，新华街道投资7万余元，在西海子公园建立人口文化长廊。该长廊占地面积200平方米，主要介绍了人口文化常识、婚育文明史等五个方面的知识，将人口文化与健身娱乐融为一体，受到社区居民普遍欢迎。

（董文华）

【新华街道总工会第一次代表大会】 10月27日，召开新华街道总工会第一次代表大会，选举产生新华街道总工会第一届委员会委员11人，经审委员会委员和女工委员会委员各5人。

（郑友松）

【成立街道综治维稳中心】 投资35万元，通过租赁的方式，在北大街17号建立综治维稳中心，于12月初投入使用。该中心通过整合公安、司法、信访等维稳力量，形成工作合力，增强了基层化解矛盾纠纷和治安防控的整体能力。

（张振文）

【完成人口普查工作】 5月至12月，开展全国第六次人口普查工作，于12月底完成普查工作，并在全区率先完成光电录入工作，准确率达100%。普查结果：新华街道辖区户籍人口9954户，22186人；户在人不在的17111人，户口在外省市的1953人。

（董文华）

【住房保障工作】 全年累计受理“三房”申请594户，市级备案通过473户，参加选房82户；接待来电来访咨询逾4000人次；对439户备案家庭收入、住房、资产情况进行复审；完成222户运河核心区及西海子棚户区拆迁家庭对接经适房工作。

（姜莉莉）

【社保工作】 全年城镇登记失业人员控制在317人（指标任务450人）；815名失业人员实现再就业，其中“4050”人员377人，完成全年任务的107%；推荐成功就业480人，完成全年任务的120%；采集空岗信息2182条，完成全年任务的145%；开发就业岗位795个，安置667人，分别完成全年任务的106%和102%；征集创业项目5条；召开11场招聘洽谈会；为2579名社会化退休人员、892名灵活就业人员和207名自谋职业人员发放社保卡3678张；为8178人次退休人员报销门、急诊大额药费3790余万元；为255名失业人员办理了自谋职业、灵活就业相关手续；完成辖区1830名“一老一小”、无业居民医疗、城乡居民养老三类人员本年度的缴费收取工作。

（赵文祥）

【社区环境有效改善】 年内，以创建国家卫生区为契机，建立社区卫生志愿者队伍，建立健全与卫生、城管、工商等部门联合执法的工作机制，通过城市清洁日、爱国卫生月等活动，累计发动社区居民6000多人次，铲除卫生死角70余处，清运渣土160吨，清除小广告5000余条，社区环境面貌有较大改善，顺利通过国家级专家组验收。

（曹　芳）

【残疾人康复工作】 年内，克服拆迁工作的不利影响，通过异地建设残疾人康复站、添置康复器材等措施，满足残疾人的康复需求。2010年，新华街道残疾人康复工作经市残联考评验收，实现了人人享有康复服务的工作目标。

（常占伟）

【楼门文化建设向高水平推进】 年内，对楼门实施项目制管理，其中创建更新型楼门200个、自建型楼门64个、创新型楼门30个，创建率达到99.6%，居民对楼门文化建设的认可度明显提升。

（张亚宾）

【高标准完成社区规范化建设】 筹资300余万元，按照“硬件、软件双一流”的标准开展试点社区规范化建设工作。天桥湾、如意两个试点社区用房面积全部超过 350 平方米的建设标准，“党、居、站”分别设置独立办公场所，服务站面积均达到 70 平方米，设置了多功能厅、社区文化园地、图书阅览室、社区会所等社区活动场所。同时，对社区党、居、站的职责进行系统梳理，实现“标识、窗口项目、服务标准”三规范。

（成德卿）

【拆迁改造工作】 运河核心区及西海子棚户区拆迁改造涉及新建、北关、东大街、贡院、如意、司空 6 个社区，改造面积 35 万平方米，涉及拆迁居民约 1.2 万户。为使拆迁政策落到实处，惠及于民，确保改造工作有序推进，办事处迅速成立拆迁工作指挥部，制定工作实施方案，成立组织机构。广大机关、社区干部发挥人熟、地熟、情况熟的优势，不分节假日，不分昼夜扎根工作一线，深入细致地做居民思想工作，最大限度地保障了每一个拆迁户的合法权益，拆迁工作顺利推进，为新城建设奠定了良好基础。截至年底，辖区居民签约 10034 户，签约率 99%。

（李雪松）

北苑街道

【概　况】 北苑街道位于通州城西部，北临通惠河，南至运河西大街，东起新华南北街，西与朝阳区接壤，辖区内有 17 个社区居委会，户籍人口 7.3 万人，登记流动人口 3.3 万人。2010 年，北苑街道全面贯彻落实科学发展观，着力在保障和改善民生、维护辖区稳定、提高服务水平、加强党的建设和队伍建设等方面下工夫，以旧城拆迁改造、创建国家卫生区等工作为重心，求真务实，扎实工作，规范社区建设、楼门文化建设、创建国家卫生区等工作顺利完成。民生工作和社会建设不断加强，基层党建工作不断创新，宣传思想和精神文明建设工作不断深入，为民服务水平进一步提升，居民归属感、安全感进一步增加，整个辖区保持了良好发展态势，逐步走上了科学发展的轨道。2010 年，北苑街道被首都城市建设委员会、首都精神文明建设委员会授予北京市生活垃圾分类街道、乡镇贡献奖。

（金　提）

【完成创卫各项任务】 按照全区创卫工作安排，先后制定了《创建国家卫生区长效管理措施》、《创建国家卫生区任务及标准》等工作方案，完善细化各项基础档案目录。增加辖区绿化面积 10000 平方米，及时清理街巷垃圾、渣土和小广告，对京秦铁路及八通轻轨沿线等重点地区进行环境治理，进一步美化辖区环境。完成官园南北楼进出道路、新仓路 23 至 25 号楼区、玉带路 52 号院、金源泉家园、水泵厂家属院、二毛厂家属院等处硬化路面 6500 平方米；完成新华大街等 20 条大街小巷粉刷油饰 63000 平方米。

（赵全喜）

【基层党组织建设】 以“信息化服务，促进和谐街区建设”为主题，以“践行‘三个心系’实践活动”为载体，实施多元化融合、层次化服务、个性化工作、精细化管理的“四化”工作模式，扎实开展学习实践活动，解决影响北苑街道科学发展的突出问题，取得了较好的成效。将社区信息化建设与党员远程教育进社区工作有机结合起来，将党员管理数字化作为推动社区党建工作的重要机遇，组织党员收看包括政治理论、政策法规、就业技能等各个方面的视频资料，使社区的党员和居民不出社区，就能及时听到党中央和政府的声音。同时，社区党组织将远程教育与基层党建、党员教育、群众文化和精神文明建设等工作结合起来，统筹考虑，加强了对党员的教育和管理。

（赵　宁）

【信息化社区建设工作】 8月27日，北苑街道政务办公系统、北苑街道门户网站（北苑民生网）启动仪式在北苑街道举行，区委书记王云峰等领导参加了启动仪式。区委书记王云峰和北苑街道办事处主任刘德昉共同按下启动球，北苑办公系统和北苑民生网正式开通。

（李卫忠）

【精神文明建设工作】 为提高法制宣传工作的针对性，10月14日，北苑街道举行《法制宣传手册》首发仪式。为普及科学知识，宣传科学思想，努力营造积极健康的区域环境，为辖区居民提供科普服务，街道积极组织社区开展创建工作，年内，果园西、复兴南里、新华西街社区被列入“创新型科普社区”。在京贸国际社区、玉带路等4个社区建立数字科普图书室。北苑街道被首都文明委授予首都文明街道称号。

（李永刚）

【北苑街道总工会成立】 10月22日，召开北苑街道工会第一次代表大会。大会选举产生了北苑街道总工会领导机构，为进一步推进街道工会组织建设规范化、程序化、制度化，为充分发挥街道工会在协调劳动关系、维护职工合法权益，构建和谐社会中的作用，奠定了坚实的组织基础。

（叶国良）

【劳动保障工作进一步加强】 2010年，进行劳动监察巡视走访企业204家，下达询问通知9家，补签劳动合同97人，补缴社会保险16.7万元。年内，处理劳动举报案件8起，为职工追回欠款23.35万元，结案率100%。开展两节劳动用工大检查，检查用工单位37家，检查问题48条，促进了企业规范用工行为。城镇失业人员就业1070人，“4050”就业困难人员实现就业490人，公共就业机构推荐就业613人，1736人接受了职业指导。

（周士宽　宋卫红）

【扎实做好社救工作】 年内，发放低保金、抚恤金等各项资金共计279万元，基本上做到应保尽保。北苑街道保障性住房工作共受理保障性住房申请671份，正式受理581份，截至年底完成入户调查531户、评议531户，公示531户，上报区住保办520户。

（王　刚　赵金虎）

【“平安社区”创建工作】 深入开展“平安社区”创建活动。构建了社区警务工作站、社区联防、单位（物业）自防“三位一体”防控体系。建立了社会矛盾调处中心，加大矛盾纠纷调处力度，形成“一个问题、一名领导、一个小组、一套方案、一抓到底”的“五个一”工作模式，营造安定有序的社区环境。

（王国中　李友田）

【规范化社区建设】 根据辖区社区楼门的实际，专门设立680个特色楼门，包括拓展型楼门、自建型楼门、创新型楼门等。对辖区7个社区进行规范化建设，新华西街和五里店2个社区用房达标。为北苑辖区两条街新安装路灯，对后南仓小区所有老旧路灯进行更换调整。共更换16盏，新安装路灯38盏。

（王　刚　魏志军）

【街区文化生活繁荣活跃】 在京贸国际社区成立了健身俱乐部，优惠服务辖区居民开展健身活动。组织群众文化社团参加全区“我家住在运河旁”等公共文化服务赛事活动。积极组织街道群众文化社团参加合唱、舞蹈、健身操、绝活等演出，有力推动了创建文明街道、文明社区的全面开展。5月，复兴南里社区被北京市体育局评为体育生活化示范社区，8月，北苑街道被评为北京市老年人体育先进单位。

（阴　佺）

【各项服务工作扎实有序】 春节前，走访慰问辖区内15户孤寡老人及老年困难家庭，为20余户老年困难家庭开展了家庭保洁和清洗油烟机服务。协调潞河医院和疾控中心的专业医护人员和健康知识宣传员为老人做健康体检，讲解保健方法。办理生育服务证328个，办理独生子女证149个，为1837

人发放独生子女费 110715 元。

（王文和　刘松霞）

【加强廉政建设】 年内，完成工委书记、主任与班子成员、分管领导与机关工作人员和纪委书记与社区工作者全员式一岗双责党风廉政建设责任书 190 份的签订工作。同时健全完善了机关工作人员和社区工作者新建廉政档案 22 份。以效能建设为切入点，深化全程代办和网上监察工作。

（崔志颖）

玉桥街道

【概　况】 玉桥街道位于通州城东南部，辖区面积 11.2 平方公里，北以京秦铁路为界，西南到果园环岛沿京津公路，东南由大运河接市六环路环绕。辖区下设 13 个社区居委会，有户籍人口 3.6 万人，外来人口 2.3 万人。2010 年，玉桥街道办事处以完善辖区管理为基础，以通州新城建设为重点，以加强完美社区建设为补充，以特色楼门文化为支撑。秉承拼搏创新、攻坚克难、团结奋进的工作精神，街道各项工作取得新成绩。玉桥街道办事处连续五年被首都精神文明办评为“首都文明街道”。

（姚春娜）

【开展“三区一门”党建工作】 2010 年，按照区委创先争优活动的部署和要求，紧紧围绕通州发展需要，以“三区一门”党建新模式为基础，在街道机关和社区党组织、党员中开展“五个好”主题实践活动和以建立“五型党组织”为主题的实践活动。活动中，每个支部均建立了办实事、办好事台账，每名党员签订了《服务承诺书》，对拟办的实事、好事明确内容、具体措施、完成时限。

（姚春娜）

【建立3个社区居委会】 12 月，玉桥街道积极协调各方，争取各方面支持新建立净水园、新通国际、玉桥东里南 3 个社区居委会。争取资金千余万元，着力解决了玉桥东里、葛布店南里和梨花园 3 个社区的办公用房及服务用房基础设施建设，办公和服务用房均在 350 平方米以上，达到新型社区服务站的硬件标准。

（姚春娜）

【创建“新通州”营造“新玉桥”】 2010 年，为实现通州区创建国家卫生区的目标，玉桥街道积极落实属地责任，加大环境整治力度，完善基础设施，狠抓实际效果。在营造宣传氛围上，采取发放材料、悬挂宣传标语、简报报道和设立创卫监督岗等形式，不断扩大创卫知晓率和认知率，提高社区居民自觉爱护环境的意识。创卫期间，玉桥辖区清理垃圾渣土 408 吨、铲除残标广告 64200 多条、捡拾白色污染物 900 多公斤、拆除违建 44 平方米、小区硬化 6190 平方米，累计投入创卫资金 118 万余元，辖区整体环境面貌有了较大改善，圆满完成创卫工作任务。

（姚春娜）

【加大力量做好人口普查工作】 年内，在全国人口普查工作中，坚持抓住重点、统筹兼顾的原则，主管部门精心组织，配备了熟悉居民情况、工作经验丰富、协调能力强、综合素质高的楼门长、积极分子参与人口普查，充实“两员”队伍，夯实普查前期基础。在普查攻坚阶段，进一步强化班子成员和机关科室包社区力度，狠抓关键环节、狠抓规范化和科学化、狠抓及时性和准确性，形成了街道“一把手”亲自过问、亲自抓，分管主任具体协调、具体抓，社区主任一线抓的工作格局，圆满完成人口普查阶段性工作任务。

（姚春娜）

【劳动和社会保障工作】 积极推进社会保障体系全覆盖，办好惠民实事。进一步提高街道社保所的服务水平，努力开发就业岗位，稳步做好失业人员职业介绍服务和职业技能培训工作，全年开发社区岗位780个，实现创业人数22人，发放社保基金5047.2万元。落实劳动合同制度，深入开展创建“劳动关系和谐单位”活动，努力形成企业和职工共建共享的格局。落实“大民政”建设，改善民生，完善街道救助体系，加大对特殊群体的帮扶力度，发放各类民政事业费252万元。

(姚春娜)

【加强维稳工作】 紧密围绕现代化国际新城建设推进平安工程，充分发挥综治、信访、安全、司法等专业部门的作用，积极推行大调解联运机制，完成综治维稳中心建设。充分发挥综治领导小组作用，加强了校园周边环境清理工作，深入全面排查，落实管控措施，对辖区5所学校和4所注册幼儿园实行一警二保安加志愿者分班值守制度。完成春节、“两会”、“六四”和上海世博会等节日及国家重要活动的安保工作。

(姚春娜)

【做好宣传工作】 紧密围绕宣传要点和街道中心工作，加大对内对外宣传报道工作，全年被区电视台采用新闻30条，被《北京日报》、《北京晚报》、《通州时讯》和八通网等新闻媒体刊登新闻30多条，特别是开展的“争做社区文明小使者暨过一个有意义的中国年”活动，得到市级多家新闻媒体的关注，北京电视台、《北京日报》头版头条进行了报道，产生了积极的社会效果。

(姚春娜)

【深入廉政文化建设】 采取多种形式全力打造“运河清风”廉政文化品牌，在玉桥南里文化广场建立“运河清风”廉政文化长廊，以“三区一门”为平台，以社区文娱队伍为载体，将廉政文化推进社区，抓好廉政风险防范管理进社区工作，创造出具有玉桥风清气正特色的廉政文化氛围。

(姚春娜)

【发挥人大和群团作用】 2010年，人大街工委共协调8件涉及道路微循环改造、居委会办公用房等问题，均得到了落实；团工委以青少年进楼门为平台，实现学校与社区的无缝接轨，并由团中央委托央视《大风车》栏目给予集中报道；街道武装部完成民兵整组、冬季征兵和区“双拥”模范城创建工作任务；街道工会完成了玉桥街道总工会成立工作，开展非公企业组织工会发展会员工作；街道妇联大力开展法律知识的宣传教育活动，开展妇女各类劳动技能培训。

(姚春娜)

乡　镇

永顺镇

【概　况】 永顺镇位于通州新城区的中心区域，辖区总面积39.47平方公里，辖25个村。2010年，全镇完成税收8.99亿元，同比增长38.6%。其中国税1.58亿元，同比增长37.9%；地税7.41亿元，同比增长38.8%。全镇人均可支配收入达到1.65万元，同比增长10%。辖区总人口23.1万人，其中常住人口 19.6万人（含户籍人口6.3万人）。全年出生人口2060人，死亡人口412人，人口自然增长率6‰。

（卢恩玲）

【招商引资取得新成果】 全镇引进企业272家，注册资本总额15.3亿元，已投入运营210家。投资1000万元以上项目27家，注册资本14.5亿元，其中注册资本在亿元以上6家、5000万元以上2家、1000万元以上19家，超额完成既定目标。

（卢恩玲）

【重点项目有序推进】 正元矿业大厦项目完成研发用地规划，正在办理建设用地出让手续，拆迁工作有序推进。5月18日，商务园举办北京通州商务园金融街园中园项目奠基仪式，标志着商务园开始由一级开发阶段进入二级项目建设时期。7月20日，“北京市电子商务聚集区”正式挂牌商务园。10月14日，通州商务年会电子商务专场在商务园成功举办，乐友、大唐高鸿、凡客尚品3个项目签约入驻，商务园的电子商务聚集效应日益显现。

（卢恩玲）

【拆迁工作进展顺利】 运河核心区拆迁涉及新建、永顺、前上坡、岳庄4个村的集体土地 640亩，共计1260个院落、3900户、5971人，镇属及集体企业58家，2010年底完成拆迁，签约率100%。商务园完成北马庄22户宅基地的剩余拆迁工作，8个授权地块全部完成拆迁。

（卢恩玲）

【城市开发和旧村改造统筹推进】 全镇有11个项目陆续开复工，其中包括珠江国际城3期、京贸家园、8哩岛等5个开发类项目以及李庄自住楼、焦王庄自住楼、刘庄自住楼等6个旧村改造项目，开复工面积达到113万平方米。

（卢恩玲）

【区镇重点工程全面铺开】 朝阳北路东延二期工程完成60%，2011年将实现全线通车。温榆河大道工程拆迁工作完成。北京小学道路工程仅用一个月的时间完成，确保了学校正常开学。商务园5条道路具备通车条件；滨河森林公园温榆河西段工程基本完工，东段工程正在加紧推进，完成全部工程量的95%以上；完成35千伏高压线、顺福220

千伏高压线、遂营220千伏高压线的迁改工作。

(卢恩玲)

【城市环境明显改善】 永顺镇按照创建国家级卫生区的要求，切实加大市容环境整治力度，重点整治果元、南关、乔庄、杨富店、杨庄等五个村和通惠河北岸的环境脏乱等问题。累计投资1200多万元，完成新建、永顺、前上坡等13个创卫村的环境综合治理，完成乔庄、南关、果元部分道路硬化工作，清理各类垃圾渣土8万多立方米，粉刷油饰临街建筑外立面2万多平方米。9月底，配合全区顺利通过全国创卫验收专家组检查验收。积极配合区园林绿化局、水务局等有关部门推进万亩滨河森林公园、运乔家具城西侧路、玉桥中路东侧等区域的绿化美化工作，完成龙旺庄学校市级花园式单位和运乔嘉园市级园林式社区的创建工作。

(卢恩玲)

【市级挂账村整治取得阶段性成果】 旧村改造方面，杨庄村黄瓜园和西果园两个自然村待拆迁安置，涉及平房院落680个。黄瓜园7栋安置楼，建筑面积12余万平方米，全部封顶。西果园安置楼项目规划意见书报区规划局等待批复，其他前期手续正在办理当中。土地一级开发方面，黄瓜园地区综合开发项目0405街区和0404街区均已获得授权，相关工作按计划有条不紊地进行。社会治安综合治理方面，挂账村整治工作开展以来，镇、村加大工作力度，社会治安秩序明显好转。6月，550平方米的杨庄中心警务站投入使用后，杨庄地区发案情况总体下降40%。

(卢恩玲)

【拆违工作效果明显】 永顺镇协调区规划分局和区国土分局对镇域内的卫星查违进行逐一落实，对涉及本镇的违法用地挂账地块认真梳理，采取措施坚决查处。制定《永顺镇拆违工作实施方案》和《拆违控违任务书》，细化整治实施步骤，将拆违任务完成情况纳入村干部考核评价体系，确保集中清违工作强势推进。在建违章建筑全部叫停，下发《致永顺镇广大村民的一封信》1000余份，下发限期拆除通知书63封，拆除违章建筑面积近3万平方米，协助区法院拆除岳庄自奋学校和物资学院的违章建筑，查处杨庄村木材市场占用耕地违法建设案件，拆除违章建筑，腾退土地。11月，镇政府组织力量拆除5宗40亩违章建筑，有效遏制了私搭乱建快速蔓延的势头。

(卢恩玲)

【产权制度改革加快推进】 年内，永顺镇启动17个村的产权制度改革工作，杨庄、小潞邑、北马庄、岳庄、耿庄、竹木厂、后窑、果园、小圣庙村、乔庄、刘庄、李庄、苏坨、杨富店等14个村的改革工作完成，相关手续上报区有关部门。全镇累计完成15个村改革，完成村的数量达到60%，按期完成任务指标。

(卢恩玲)

【社区建设工作】 加强楼门文化建设，完成楼门文化建设所需宣传栏等材料的筹备工作。圆满完成第六次人口普查入户摸底工作。成功举办五月的鲜花、金秋社区节和“和谐社区 魅力永顺”等丰富多彩的社区文化活动；发动志愿者1500人，完成护校巡逻安保工作，实现社区事故零发生的目标。

(卢恩玲)

【就业促进工作不断加强】 年内，累计提供就业岗位4500余个，成功就业1196人；举办各类培训班19期，完成职业技能培训570人；进一步加强失业人员管理，为745人办理“求职证”、“再就业优惠证”，为135人办理“失业金领取证”，发放失业金110万元；为享受优惠政策的再就业人员报销医药费33万元。

(卢恩玲)

【社会保障工作有序开展】 落实“一老一小”大病医疗保险制度，全镇参保人数达3052人，新增773人；加强1491名社会化退休人员的管理工作，为社会化退休人员发放养老金 2418 万元；为 4828 名退休人员办理医药费报销 940 万元；认真落实低保政策，为低保家庭共发放低保金 110 万元。

（卢恩玲）

【社会稳定形势总体平稳】 加强信访调处工作，较好解决了上营棚户区拆迁改造、运河核心区拆迁、范庄部分村民抢占楼房事件、部分工地拖欠农民工工资等一批重点信访问题，确保社会稳定。强化社会治安综合治理和流动人口管理，加强镇、村治安防控网络建设，组织发动群防群治力量 6000 余人，百日整治行动取得阶段性效果，市级挂账高发案地区顺利“摘牌”。

（卢恩玲）

【残疾人保障工作】 年内，协助 20 名肢体和智力残疾人就业，为 16 名视力残疾人免费做白内障手术，为 233 名贫困残疾人免费和补贴发放辅助器具，为 257 名符合重残标准的残疾人发放生活补助金，为 548 名残疾人办理城乡居民基本养老保险补贴手续。落实《市民居家养老助残服务办法》政策，为 356 名重残人办理和发放助残券，总价值 40 余万元。

（卢恩玲）

【新型农村合作医疗工作】 2010 年，永顺镇有 21 个村 23843 人参加新农合，参合率达到 98%。全镇有 7104 人报销医药费，报销金额 1150 余万元，分别比上年同期增加 4501 人，增加 570 余万元。其中住院 1812 人次，报销金额 758 万元；特病门诊和普通门诊 5292 人次，报销金额 390 余万元。儿童住院报销 70 人次，报销金额 19.2 万元。

（卢恩玲）

【农转非工作】 2010 年，全镇发放超转人员生活补助和医药费补助 510 余万元。报销医药费 450 余人次，报销金额为 230 余万元。其中 16 号令期间超转人员报销药费 390 余人次，金额为 200 余万元。六环路超转人员报销医药费 50 余人次，报销金额为 30 余万元。

（卢恩玲）

【保障性住房办理工作】 全年办理保障性住房 260 户，参加摇号准备选房的 209 户，其中：廉租房 3 户、经适房 69 户、限价房 137 户。此项工作多次得到市区住保办的好评，永顺镇政府连续两年被评为区级先进集体，2010 年被评为市级先进集体。

（卢恩玲）

【社会救助工作】 加强低保、优抚对象的管理和看病报销工作，2010 年为 129 户低保家庭报销医药费 15.7 万元，为 11 名低保家庭的大学生申请助学金共计 3.8 万元，为 60 名优抚对象报销医药费 17.2 万元。

（卢恩玲）

【救灾备灾工作】 开展“红十字”捐款和为内蒙古灾区捐款活动，两项分别捐款 12.8 万元和 7 万元；开展募集善款和临时救助工作，向区慈善协会募集善款 107 万元，为本镇 48 户低保家庭、困难和患大病家庭争取慈善救助款共计 24.5 万元。

（卢恩玲）

【老龄工作】 积极落实《北京市居家养老服务“九养”办法》，做好养老服务券的发放、使用和收缴工作。全镇有 80 岁以上的老年人 1458 人，本年发放养老服务券 103.6 万元。为 60 岁以上老年人办理优待卡、优待证 1219 个，为老年人出行、逛公园、免费乘车提供便利；完成 54 名 90 岁以上高龄老年人津贴发放工作，全年发放补贴金 8.8 万元；积极组织 15 个老年餐桌、4 个托老所、1 个社区就医服务卫生院和 1 个家政服务站，为老年人提供服务；对 4 所敬老院的消防及食品卫生进行 3 次安全检查。

（卢恩玲）

【人口和计划生育工作】 开展以“了解自己、关爱自己”为主题的生殖健康知识大讲堂活动，对 4800 名已婚妇女进行生殖健康检查，计划生育率为 98.9%，兑现独生子女父母奖励费近 180 万元，为贫困母亲捐款 23000 元。

对辖区内1600余名流动儿童的信息进行详细的登记检查，完成全员人口信息管理系统的录入工作。组织2次大型的计划生育条例宣传活动，成立“流动人口之家”，建立3个图书角。

（卢恩玲）

【安全检查工作】 全镇检查企业2421家次，下发各类安全生产文件42份，共召开安全会议23次。与25个村、18个社区居委会、17家重大危险源单位和94家重点企业签订《安全生产责任书》、《烟花爆竹安全管理责任书》和《深入推进平安永顺建设，全面构筑社会消防安全“防火墙”工程责任状》，与106家特种设备使用单位签订《特种设备安全管理承诺书》，与新城基业及其下属22家项目部签订《房屋拆除安全生产责任书》。

（卢恩玲）

【交通安全工作】 制定《2010年交通安全责任书》，与辖区内各村、社区、单位签订责任书200余份。“两会”期间，全面落实“三见面，三把关”，加大对驾驶员交通安全的教育管理，并组织各单位进行“两会”交通安全专题教育工作。

（卢恩玲）

【流动人口管理工作】 开展流动人口服务管理和出租房屋专项整治行动 36次，组织清查活动 58 次，散发宣传资料 8650 多份，清查出租房屋 6850 多户，查验流动人口 63500 多人，摧毁制造假药、假酒 、假证窝点 3个，取缔非法经营 62 户，办理“暂住证”47522份，签订《房屋租赁治安责任书》8005份，为创造和谐社会奠定了扎实的基础。

（卢恩玲）

【“三资”管理工作】 在全区率先执行年初预算制度，采取台账式管理方法，将各村预算数据制成电子台账，在各村上报大额资金需用额度时逐笔记录核减。会同镇纪委等部门对全镇各村经济合同管理工作进行两次全面检查，确定各村考核情况。完成年终村级经营成果审计，多次得到区级好评，完成9个村主要领导的经济责任审计工作，客观反映村级领导干部任期的经济责任。

（卢恩玲）

【人口普查工作】 第六次全国人口普查工作扎实推进，共出动普查员1377名，对全镇25个村和18个社区范围内的795个普查小区的所有住户逐户进行普查，初步统计，永顺镇现有登记人口23.1万人（居住人口21.5万人，户在人不在1.6万人），人口总数居全区之首。

（卢恩玲）

【工会工作】 2010年，新建企业工会11家，发展会员837人，在18个社区、3个村建立工会服务站。召开永顺镇工会第一次代表大会，选举产生永顺镇总工会第一届委员会，第一届经费审查委员会，第一届女职工委员会，为下一步工作的开展奠定良好的组织基础。

（卢恩玲）

【精神文明建设工作】 创新精神文明创建方式，对辖区内的43个精神文明单位实行动态管理。深入开展“做文明有礼的北京人，建生态商务的新永顺”系列活动。积极开展文明村、文明新风户、文明示范街等创建活动，全镇精神文明建设又上一个新的台阶。

（卢恩玲）

【民主法制建设工作】 按照市、区统一部署，严格依法依规，坚持民主选举，顺利完成全镇25个村级党支部、20个村委会、1个村级经济组织合作社换届选举工作。选举后连任的党支部书记16名，9个村实现书记、村长“一人兼”，保持班子相对稳定，确保了工作的连续性。

（卢恩玲）

梨园镇

【概　况】 梨园镇位于通州新城南部，镇域面积24.87平方公里，辖26个行政村、19个社区居委会。辖区总人口20万人，其中户籍人口44580人，全年出生人口559人，计划生育率97%。全镇共有59个基层党支部（党总支），党员总数2264人。

（李克远）

【主要经济指标实现连续高位增长】 全镇税收总额首次突破10亿元大关，绝对值增加2.9亿元，增幅达到40.2%，完成全年计划任务的121.9%。形成区财力3.9亿元，同比增长39.3 %。税收总额、增幅、财政收入等各项经济指标均进入全区乡镇前三位。地区农民人均纯收入达到1.6万元，同比增长10.2%。

（李克远）

【产业内部结构调整进一步优化】 第二产业税收实现1.19亿元，同比增长46.5 %；第三产业税收实现8.96亿元，同比增长39.5%。第三产业内部各行业增长迅猛，其中房地产业、金融业、广告业增幅达到50%以上。三次产业税收比例为0.1 ：11.8 ：88.1 ，主导产业贡献度进一步增强。

（李克远）

【第三产业内部结构调整成效显著】 全年引进单体投资额在1000万元以上的服务业企业20家，投资总额突破9亿元。引进金融服务业取得突破性进展。共引进银行、证券公司、小额贷款公司、担保公司等独立注册并纳税的金融机构9家，村级成立小额贷款公司1家。金融业税收增幅达到149.2%。瑞都国际商圈形成金融服务业集中入驻态势。引进商业项目质量整体提升。品牌商业项目相继入驻。万龙洲餐饮公司、物美通糖总店、蓝岛大厦等4家企业实现开业，倪氏餐饮等4家企业正式签约。引进总部项目取得实质性进展。与二十二冶集团公司签订了框架合作协议，拟将企业总部迁入。同时，迪卡侬、贵友大厦等总部项目也在积极洽谈中。商务资源优质发展。全年新增大型高端商业面积25万平方米，吸纳效应优质显现。京贸新干线实现企业全面入驻，隆孚大厦、园景国际、车里坟综合楼招商工作进展顺利，企业入驻形势良好。砖厂、东小马等村综合楼建设稳步推进，项目洽谈同步展开。房地产业转型趋势明显。新项目中商业地产比重逐渐加大。储备了东方玫瑰、恒隆家园、砖厂地块、B3地块等城市综合体项目，可新增商业、商务面积80万平方米。商业和住宅地产向高端发展。商品房开复工面积139.8万平方米，竣工50.8万平方米，实现销售18.5万平方米，花盛香醍、海棠湾等项目品质较高。

（李克远）

【完善城市基础设施及公共设施】 投入2000余万元，完成云景中街、万盛北街西延、京洲南街、五所南路等道路大街的新建、改造工程。投入1000余万元，完成镇派出所办公场所建设工程。按进度做好消指中心和特勤站代建以及五号燃煤锅炉、三河热力供热管线的对接工程。协调区有关部门，完成小街小学建设及半壁店学校、镇中心幼儿园方案审定、报批工作。认真做好保障性住房建设、内环路拓宽、旧村改造等区、镇重点工程的拆迁工作。投入200余万元，用于照明设施维护、排水系统疏浚、交通信号系统维修、市政设施添置等工作，保障了城市正常运行。

（李克远）

【旧村改造工作取得新进展】 年内，未进行旧村改造的6个村已全部启动旧村改造，高楼金村自住楼主体工程已经竣工；曹园村自住楼主体工程基本完工；东小马、孙王场2

个村自住楼已全面开工；孙庄、将军坟2个村正在办理建设手续，西小马村完成整体搬迁上楼。

(李克远)

【城乡环境卫生和绿化美化管理成效突出】 圆满完成创建国家卫生区所承担的各项任务。顺利通过北京市环境优美乡镇复检。投入100余万元，完成时尚街区交通改造和玉桥西里70号院硬件改造工程。推行了翠屏北里和半壁店共4100户家庭垃圾分类管理工作。投入200余万元，开展园林式小城镇创建工作，新增绿化面积3000平方米。节日期间，在公园及道路重要节点摆放鲜花15万盆，美化了城市环境。配合区环保局做好污染物排放总量控制工作。完成杨家洼、半壁店两家农贸市场升级改造工作。

(李克远)

【城市安全基础更加稳固】 发动群防群治人员8000余人，社会治安大防控体系进一步完善。登记流动人员达到8万余人，流动人口和出租房屋管理更加规范。建立信访、综治、司法等各方参与的矛盾排查调处工作体系，妥善处理和解决旧村改造、拆迁等30余项实际问题。坚持安全生产工作向一线前移，实行建筑行业三方约谈机制，严格落实预防煤气中毒措施，着力发挥安全员队伍作用，消除各类安全隐患6000余处，安全生产亡人事故率同比下降88.9%，全镇未发生重大安全生产事故。全面落实交通安全防范措施，交通违章和事故同比下降83%。协同相关部门对超市、餐饮企业、农贸市场定期开展专项检查，确保了辖区内食品卫生安全。

(李克远)

【产权制度改革全面推进】 在地区农村城市化进程中，加快推动经济体制转变。在试点引路的基础上，年内完成高楼金、曹园、李老、小街一队、小街二队、小街三队等6个村改制工作，西小马、大马庄、孙庄等6个村即将完成，其余12个村的改制工作已全部启动，农村集体经济组织成员切身利益得到了有效维护。

(李克远)

【促进就业工作取得新成绩】 年内，制定并实施镇级促进就业三项奖励政策，投入200万元，对用工企业、劳动就业先进村、参加就业培训或自主创业的劳动力个人进行了奖励。新增充分就业村10个，实现充分就业村百分之百的工作目标。举办首届职业技能和劳动知识竞赛，全年累计完成就业培训500人，同比增长10%。实现农村劳动力转移，困难人员、失业人员就业1500人，同比增长3%。城镇登记失业率控制在2.5%以内，全镇无零就业家庭，保持了良好的就业形势。

(李克远)

【城乡社会保障工作】 镇社保所达到三星级标准。认真落实失业人员社会保险、农村合作医疗等各项社会保障政策，进一步提高了社会保障服务工作水平。全镇共有5900余人参加了城乡居民养老保险，参保覆盖率达到97%以上；参加农村合作医疗14300人，参保率达到98%以上。发放失业金、养老金、报销金、补助金共4700余万元。做好全镇弱势群体、老年人、优抚对象和残疾人的关爱工作，发放各类资金380余万元。

(李克远)

【社区服务管理全面推进】 完成社区居委会区划调整方案和社区建设五年规划制定工作，待区政府批复后逐步实施。完成26个村农村社区服务站建设，初步实现农村社区服务全覆盖。严格落实市、区相关工作标准，完成靓景明居、群芳园、翠屏北里、颐瑞西里4个规范化社区建设工作。协调做好1700余平方米的办公和服务用房建设手续办理工作，新增社区专职工作者25名。19个社区居委会共完成216个楼门文化的创建工作。启动大稿新村等农村社区楼门文化创建试点工作。

(李克远)

【群众文化活动蓬勃开展】 全面实施“文艺

星火、益民书屋、数字影厅、信息资源共享”四大文化惠民工程。完成大马庄同心艺术团、梨园大众艺术团两个单位星火工程非专业演出团队的资质审定、评级工作，组织各类团体演出50余场。组队参加全区益民书屋知识竞赛，分获一、三等奖的好成绩。协调做好12个村的数字影厅设备安装工作。成功举办“五月鲜花歌咏汇演”等文化活动。开展第四届和谐杯乒乓球比赛、首届和谐杯台球比赛等群众体育活动，提高了全民健身运动水平。

（李克远）

【优化发展环境工作取得新进展】 认真落实区政府《关于优化发展环境、建设服务型政府的实施意见》，投入80余万元，建成综合服务大厅，落实机关工作制度，推进标准化服务，努力构建科学服务体系。全面推进依法行政，依法管理经济和社会事务，依法协调解决城市化过程中的矛盾和问题，有效维护了公民、法人和其他组织的合法权益。建立了主要领导包项目制度、企业联席会制度、企业走访制度，解决了项目选址入驻、融资经营、人才引进、开工建设等10余种实际问题，为企业提供全过程、全方位服务。启动计生家庭奖励扶助政策，确定并公布奖励扶助对象、特别扶助对象共148名。加强村级经管服务，按要求做好“村账托管”、“大额资金专储账户”管理工作。完成镇第二次全国经济普查数据的开发利用工作，按要求认真开展第六次全国人口普查工作。发挥全程代办窗口作用，通过网络受理各类事项3800余件，并全部按时限办结，回访满意率100%。成立镇总工会，推进了企业职工服务管理的有效覆盖，为企业优质发展发挥了积极作用。人民武装、妇联、共青团等群团组织工作扎实开展，为地区稳定、发展做出了新贡献。

（李克远）

【人大工作依法开展】 强化人大职能作用，依法组织召开两次镇人代会，对全镇国民经济、社会发展情况进行了审议，对镇“十二五规划纲要”提出了建议。做好区、镇人大代表建议督办工作，共办理人大代表建议20件；组织人大代表开展《中华人民共和国食品卫生法》等相关法律法规的学习；积极发挥代表桥梁纽带作用，开展“代表联系选民月活动”，征求到群众关心的热点、难点问题，促进了政府工作。

（李克远）

【基层组织建设成效明显】 完成第八届村民委员会选举工作。按照区委统一部署，圆满完成第二批学习实践科学发展观活动，群众满意率达到100%，得到中央、市、区检查组的高度评价。扎实开展“三级联创”工作，高质量完成检查组对本镇“五个好”党委、“五个好”党支部的创建检查工作。扎实开展创先争优、践行“三个心系”主题实践活动，加强党的基层组织建设，增强了党的工作活力。扎实开展党员发展工作，发展党员50名，完成党员评议工作，评选优秀党员141名。

（李克远）

【扩大宣传思想工作影响力】 丰富宣传载体，凝聚人心，营造氛围，提升和谐文化新城的认同感和影响力。全年出版《梨园时讯》10期，在区级以上新闻媒体刊发新闻稿件138篇，制作《今日梨园》电视栏目22期，区级电视台采播梨园新闻60次。举办社区居民大讲堂活动6次。新城宣传思想阵地更加巩固，镇党委、政府的中心工作更加深入人心。

（李克远）

【加强党风廉政建设】 加强作风建设，以开展领导干部作风建设年活动为载体，坚持“标本兼治、综合治理、惩防并举、注重预防”的方针，不断增强全镇各级领导干部的思想作风、学风、工作作风和领导作风；强化廉政风险防范，积极推进了全镇廉政风险防范管理工作，进一步建立健全村级党风廉政建设和反腐败工作的监督体系，研究制定《梨园镇关于建立健全村级党风廉政建设和反腐败工作监督体系工作意见》，明确了镇党风廉政建设和反腐败工作领导小组，包村督导员、各村责任人、村监督小组四层监督机构的构成和职责，构建了覆盖全镇的村级“三务”公开民主监督体系，为村级党风廉政建设和反腐败工作提供了制度保障；履行监察职能，对重点工程和机关效能建设、安全生产大检查等项重点工作进行了监督检查，以全程代办为窗口，提高各部门服务质量，通过网络办理事项1900余件。

(李克远)

【惩防体系建设和效能监察工作有效开展】 紧紧围绕全镇中心工作，启动了惩防体系建设工程，建立和完善了《党员干部党风廉政教育培训制度》等7项工作制度，认真抓好廉政文化建设、作风建设、廉政风险防范管理等重点工作。有效开展以优化发展环境为主题的效能监察工作。对市级挂账村建设、玉桥西里北小区环境改造、万盛北街西延等7个项目进行了行政立项检查，促进了工作落实。

(李克远)

宋庄镇

【概　况】 宋庄镇位于通州区北部，东邻潮白河，西邻温榆河，是通州区连接顺义区、朝阳区以及河北省三河市燕郊之间的结合地，北部紧邻首都国际机场。全镇面积116平方公里，下辖47个行政村，人口104051人。2010年，全镇耕地面积55398亩，粮食产量10727吨，年末农户总户数8062户，户籍人口62258人，其中农业人口44969人、非农业人口17589人，流动人口41793人，年出生456人，人口出生率8‰。

(许健雄)

【文化品牌影响力日益扩大】 2010年，集聚艺术家总量达5000余人，画廊100余家，美术馆16家，举办各类艺术展示活动500余场，艺术产品成交额接近10亿元。香港《大公报》组织各国领事馆和跨国财团评选2010年海外最具影响力的乡镇，宋庄镇当选为2010年海外最具影响力的明星镇。

(许健雄)

【经济指标超额完成】 2010年，全镇税收入库总额实现7.03亿元，同比增加1.6亿元，增长25.5%。实现财政收入1.04亿元，同比增加3300万元，增长46%。全镇农民人均纯收入实现13809元，同比增加1048元，增长9%。全镇建筑开复工面积完成110万平方米，其中住宅面积31万平方米，社会固定资产总投资达45亿元以上。

(许健雄)

【优质产业项目快速推进】 2010年，IDC产业城项目、静水园A1区居住项目全面开工，两项目总占地283亩，总建筑面积53万平方米，总投资60亿元。年内签约产业项目6个，包括世贸艺术中心、三辰动漫企业集群、长江商学院、北京国际航空城、天安数码城、保利博纳东方影视城，6个项目总占地5125亩，总规模3786万平方米，总投资383亿元。

(许健雄)

【都市工业、都市农业发展势头良好】 2010年，全镇工业增加值实现15.7亿元，同比增长37%；销售收入实现53.8亿元，同比增长28%；工业利润实现3.6亿元，同比增长30%；工业税收实现5.1亿元，同比增长17%。全镇共引进工业投资项目34个，协议投资总额达18.5亿元。在宋庄农业风情园、平家疃农艺园等一批重点农业项目加速建设的同时申请入库农业项目12个。

(许健雄)

【基础设施建设全面提速】 2010年，潞苑北大街一期、南环路、镇工业区路、徐辛庄中心小学路等一批镇村级道路建成通车。全长6.6公里的徐尹路一期加紧建设，全长2.6公里的窑平路一期完成施工总量的50%，朝阳北路东延二期工程竣工。文化创意产业集聚区内的宋郎路、规划一路、潞苑南大街、规划三路全面开工。

（许健雄）

【公共服务设施相继竣工】 2010年，建筑面积1.28万平方米的文化产业公共服务平台、占地60亩的宋庄中心小学、占地7亩的垃圾中转站相继完工，即将投入使用。重新加固的徐辛庄小学、总建筑面积4000平方米的青年创业就业服务中心、占地15亩的徐辛庄派出所均完工并投入使用。

（许健雄）

【社会救助和社会保障水平不断提升】 2010年，镇财政补贴671万元推进新农合工作，全镇农村合作医疗参保率达到98%以上。区、镇两级向农城低保、残疾人、“五保”户等15类救助对象2146余人，发放各类救助款531万元。兑现独生子女家庭等各项计生奖励资金150万元。共登记求职农村劳动力2670名，开发多形式就业岗位2690个，推荐农村富余劳动力向二、三产业转移就业2066人次。

（许健雄）

【村级经济管理取得新突破】 2010年，通过集体资产的有效经营，有44个村实现股份分红，全镇股份分红受益人数达47844人，最高个股分红达6000元，全镇分红总金额达到6504万元，股民人均分红1360元。同时进一步推进村级重大经济事项招投标、村级合同规范管理工作，全镇村级156个项目实现了公开招投标，增加集体收入500余万元；共签订各类标准经济合同283份，群众无一反映问题。

（许健雄）

【群众性文化活动广泛开展】 2010年，投资105万元为14个村安装数字影厅，全镇共有42个村建有数字影厅。投资200万元为5个村建立村级文化活动室，为18个村更新健身器材。成功举办宋庄镇“五月鲜花”和“第二届全民运动会”。全年送文艺下乡139场，镇村免费放映电影3700余场，丰富农民群众业余文化生活。

（许健雄）

【群众生产生活条件不断改善】 2010年，投资120万元完成翟里社区医疗服务站建设，方便了北部8个村的村民就医。完成26个村58.5万平方米街坊路硬化，16个村7726户厕所改造，9个村43所公厕建设，17个村922盏LED节能路灯安装，27个村20.25万平方米街访路绿化。实现全镇各村垃圾户分类专用小货车的配置，发放垃圾分类桶75000个。举全镇之力，开展冬季城乡环境综合整治月活动，重点解决镇域环境卫生、社会治安、违法建设、违法占地、再生资源回收等问题，进一步改善群众生活环境。

（许健雄）

【社会稳定显现新局面】 2010年，建立六合村、小堡村2个警务站，有序发展保安员、协管员、治安巡防队等群防群治队伍，进一步完善农村治安管理网络，全年社会治安发案率较上一年下降50%。完善安全生产检查体系，安全生产形势持续好转。学校学生交通事故发生率比上年下降100%。信访处置能力进一步提高，全镇上访总量比上年同期下降24.1%，全年无大规模信访事件，形成了安定团结的政治局面。

（许健雄）

【加强基层党建工作】 2010年，全镇村书记、村主任“一人兼”比例提高到57.4%，党员比例提高到62.1%，党员村主任的村比例占68.1%，实现“三升一降两确保”的工作目标。在全镇各村、各企事业单位共76个党支部中深入开展创先争优主题实践活动，积极践行“三个心系”活动。不断增强基层工、青、妇、武组织的生机和活力，使工、青、妇、武更好地担负起团结教育广大工人、青年和妇女的重任。指导30个村创建村报、简报，及时公开村级重大事项。推进党风廉政建设，建立镇村两级廉政风险防范体系。

（许健雄）

张家湾镇

【概　况】 张家湾镇位于通州新城区东南，镇域总面积105.4平方公里，其中城区范围内面积为40.21平方公里，产业以二产为主；京哈路以南地区面积为65.19平方公里，产业以都市型农业为主。全镇下辖57个行政村，户籍人口5.7万人。

（孙凤霞）

【经济指标平稳较快发展】 2010年，全镇完成国地两税7.6亿元，同比增长30%。其中国税4.7亿元，同比增长33%；地税2.9亿元，同比增长25%，提前完成了全年任务。地方财政收入8956万元，同比增长17%，人均纯收入12317元，同比增长10%。

（孙凤霞）

【高端产业项目不断聚集】 年内，全镇引进四环制药、森工集团销售中心等亿元以上项目9个，引进东联集团等千万元以上项目13个，投资总额46.8 亿元。其中盛世龙药业等9个项目开工建设；广东亚仿科技股份有限公司投资建设“中国仿真战略技术研发和新兴产业化基地”、“中关村国家院所通州产业园”等17个项目列入储备库作为在谈重点项目，为“十二五”时期全镇经济发展蓄足了后劲。

（孙凤霞）

【发展环境进一步优化】 年内，为3家企业争取工业保增长资金60万元，为1家企业申请技术改造项目扶持资金180万元；帮助五木服装成功申报了中国驰名商标；盘活土地200亩；帮助葡萄大观园等4家单位申报了市级“信服通”示范工程服务网点，支持3家企业申报高新技术企业；妥善解决老企业历史遗留问题，核销了7家企业的原基金会贷款利息414万元。

（孙凤霞）

【设施农业稳步发展】 完成北京葡萄大观园、天地和农庄、华源发苗木市场等十几家观光采摘园基础设施的改造升级。在苍上、前青山等4个村建设日光温室300栋，发展春秋棚保护地蔬菜基地1000亩。完成东永屯、前青山等村1500亩设施基地节水管道安装工作。完成2万亩小麦直补任务，补贴资金近500万元，5000余农户直接受益。

（孙凤霞）

【新农村建设成绩显著】 积极推进新农村建设工程，对3.1公里长的王各庄路、大北关路、张湾镇村中心路和牛堡屯中学路进行改造；在样田等29个村实施了60万平方米街坊路硬化；完成主街道两侧绿化12.4万平方米，新建71座村级公厕，安装街坊路灯910盏，节能灯改造687盏。

（孙凤霞）

【农村经济体制改革继续深化】 完成32个村集体经济产权制度改革工作。实现农村土地承包经营权规模有序流转，新增流转面积4346亩。新发展专业合作社6家，近500户农户直接受益。加强村级财务管理，审批大额资金840笔，涉及金额1.5亿余元，有效规范了村级资金使用。林权制度改革全部完成。

（孙凤霞）

【基础设施和配套工程相继完工】 张凤路等一批重要道路相继竣工通行。镇卫生服务中心、潞河中学分校二期等百姓关注的重点工程如期进行。实施园区节能减排，提高了全镇城市化建设水平。进一步规范了土地利用，拆除违章建设约2.6万平方米。

（孙凤霞）

【创建“优美乡镇”】 加大以张凤路、张采路为中心的绿化美化和环境整治力度，并以点带面，辐射周边，使本镇的文明生态水平提高到一个新的阶段。9月中旬，顺利通过了市农委组织的创建“优美乡镇”验收。

（孙凤霞）

【落实安全生产属地职责】 按照安全生产基础年的工作要求，明确安全综合监管的属地职责和任务，努力创新工作方法，全面实施九项工作机制，做到了九个到位。全年对企业安全检查5193家次，发现并消除各类安全隐患2000余处，确保了年度内未发生较大的安全生产事故和较大的火灾事故。

（孙凤霞）

【交通设施进一步完善】 交通安全宣教坚持进农村、进家庭、进企业、进学校、进社区，有利提高了全民交通安全意识。对镇域内46辆校班车进行了两次专项整顿，在每个学期开学前对车辆进行检验并发放“检”字合格标志，确保了校班车安全运行。坚持道路建设，对存在安全隐患的路口，增设减速道埂35处共400米，新安装黄闪灯6处，安装交通警示标识牌24块，为易发生事故的路口、路段提供了更加可靠的安全保障。

（孙凤霞）

【流动人口和出租房屋管控工作】 结合第六次人口普查，以控制人口数量、提升人口质量为抓手，健全了流动人口服务管理工作体系和百分考核实施细则，强化“以证管人”、“以房管人”、“以业控人”工作措施，流动人口和出租房屋管理工作得到加强，社会治安局面呈现和谐态势。

（孙凤霞）

【全力做好社会矛盾化解工作】 积极构建“大信访”工作格局，牢牢把握信访工作主动权。建立了重大决策信访风险评估机制，做到重大决策有评估报告和实施预案。圆满完成“两会”安保工作。

（孙凤霞）

【社会保障和新型农村合作医疗工作有序开展】 年内，通过定期招聘会及“春风行动”、“民营企业招聘周”等专场招聘活动解决就业问题；培训农村劳动力及失业人员667人，农村劳动力就业转移1041人，帮助773人实现就业；新型农村合作医疗参合率达到98.4%；城乡居民养老保险参保人数达19148人，参保资金达1975.5万元；“一老一小”大病医疗保险累计参保1207人。

（孙凤霞）

【妥善解决历史遗留问题】 10月，本镇启动梁各庄村开发区南扩区征地转非安置工作，对梁各庄村206人进行转非安置，涉及资金1600余万元，解决了梁各庄村因征地而引发的历史遗留问题，为全镇的发展营造和谐稳定的良好氛围。

（孙凤霞）

【优抚社救对象得到保障】 年内，加大临时救助、医疗救助力度，为9户社救、优抚对象危旧房改造工程补助资金22.5万元；为1700名65岁以上老人办理了优待卡；为1445名80周岁以上老人发放服务券149.48万元；为150名90周岁以上老人发放高龄津贴15.71万余元；积极开展孝星评选活动，评选出市级孝星58名、区级孝星77名，全区评选出的7名优秀孝星中本镇有2名。

（孙凤霞）

【教育事业稳步发展】 年内，对牛堡屯学校中学部、陆辛庄学校、张辛庄小学进行抗震加固工作，为部分自办幼儿园进行了抗震检测。整合教育资源，顺利完成里二泗小学与上店小学的合并工作，圆满完成阶段性校园安保任务。

（孙凤霞）

【工会工作稳步推进】 10月14日，通州区首家乡镇总工会张家湾镇总工会成立，年内新建企业工会45家，覆盖企业15家，新增会员1200人。为夯实工会组织基础，在皇木厂村建立村级联合工会。截至年底，全镇累计建会289家，覆盖65家单位，发展会员13200人。2010年，张家湾镇总工会被全国总工会评为“百家示范乡镇工会”。

（孙凤霞）

【第六次全国人口普查工作完成】 全镇划分

395个普查区，下设112个指导员、395个普查员，按照各时间节点保质保量依次完成建筑物核查、户口整顿、入户登记、表格复查、光电录入、整理存档等一系列工作。全镇登记户数38065户，人口103894人，其中户籍人口57081人、外来人口36428人、其他10385人。

（孙凤霞）

【党建基础工作进一步夯实】 围绕“三个心系”及创先争优活动，开展了千名党员认岗服务和献爱心捐款等系列活动；通过“双推双公示”和票决制，发展党员58名，党员队伍结构进一步优化；顺利完成“两委”班子换届选举工作；实施了科室包村、季度百分考核、村企“五好”支部共建、农村实用人才政府津贴等一系列创新机制，提高了村干部规范履职的能力。

（孙凤霞）

【落实党风廉政建设责任制】 按照“2+3”思路，在村级两委干部中推行了廉政承诺制度，延伸了责任制范围，增强村干部责任意识；创新了《张家湾镇农村基层党风廉政建设季度考核办法》，通过季度考核，推进了责任制落实；狠抓廉政风险防范管理向基层延伸工作，组织265名村干部查找风险点1500余条，制定防范措施1300余条。

（孙凤霞）

【精神文明建设取得新成果】 年内，以开展“和谐建设在基层”和“争做文明有礼张湾人”系列活动为载体，实现“益民书层、有线电视村村通”等工程全覆盖。进行非物质文化遗产申报，各类群众文化活动促进了全民素质提高，保持了首都文明乡镇称号。

（孙凤霞）

漷县镇

【概 况】 漷县镇位于通州区东南部，镇域面积113.68平方公里，辖61个行政村，全镇总户数27829户，总人口77303人，户籍人口55128人。年内出生人口310人，计划生育率98%。工业企业422家，建筑业30家。年内完成税收3.87亿元，同比增长18.4%；完成区级财力9900万元，同比增长33%。实现工业总产值36.8亿元，同比增长17.9%；实现工业增加值8.97亿元，同比增长18%。农民人均劳动所得10802元，同比增长8%。2010年，漷县镇农民就业产业基地晋升为通州经济开发区南区。

（王海山）

【项目引进和盘活工作成绩显著】 年内，引进落地实体企业52家，总投资30.3亿元，达产后税收7.63亿元，其中引进亿元以上企业4家、千万元以上企业6家。盘活闲置资产6200万元，使闲置的厂房、场地得到重新利用。引进嫁接、盘活闲置资产的规模企业有北京中意厨房设备有限公司、北京通州联同工贸有限公司、北京加美澳贸易有限公司、海德集团（中国）有限公司、北京永泰塑料包装有限公司、北京菲莫斯投资有限公司等项目，总占地面积279.6亩。

（王海山）

【强化企业服务与管理】 年内，帮助14家企业贷款8380万元，为企业争取扶持资金85万元。完成4家企业的国际质量体系认证，1家国际安全体系、环境体系、质量体系三项认证和2家国际环境体系认证。协助北京创导奥福精细陶瓷公司等6家企业通过了北京市高新技术企业认定。

（王海山）

【家庭手工业成为农民致富新渠道】　全镇从事家庭手工业专业龙头户50家，年加工生产能力达800余万件，成为全镇富民工程中新的经济增长点。京绢制花厂生产的绢花在北京奥运会、上海世博会、广东亚运会等世界级盛会展示，为家庭手工业的发展起到了示范带动作用。

（王海山）

【都市型现代农业快速发展】　投资3000万元，完成10个村的万亩农田整理工程。完善漷大路4300亩设施农业产业带基础设施及配套设施，实施觅西路产业带700亩设施农业建设。实施集休闲、观光于一体的吉鼎立达“市花园”建设工程，并发挥其龙头示范作用，带动周边村农户种植50个温室的日本神马白菊花，推进了农户由花菜轮作模式向花卉规模种植的转型。投资1500万元，实施布拉格农场扩至550亩的建设工程。全镇花卉种植面积达2500亩，形成十村百户的花卉产业发展新格局。投资2000万元，启动了300亩食用菌示范基地建设工程，推进食用菌种植向规模化、产业化发展，食用菌种植面积达1000亩。创新食用菌阴阳复合棚立体种植模式，实现了阴种蘑菇阳种菜的两种两收循环低碳效益，每棚增收超三成。

（王海山）

【城镇开发建设稳步推进】　委托市规划设计院完成中心区市政管线综合的各专项规划编制。完成61个村的村庄规划、中心镇地名规划并通过审批。完成污水处理厂的试运行和验收工作。完成中心区一级开发及觅子店组团经营性用地一级开发的勘界、市政综合方案咨询和一级开发实施方案及农民安置楼的选址、设计工作。2880亩的产业用地一级开发工作进展顺利，其中A、B、C、D四个分区地块获得区政府前期开发授权，E、F、G三个分区地块上报区国土分局申请前期开发授权。启动觅子店学校建设工程、圣火文化广场改造工程以及西区集中供热中心等新一批政府投资项目的前期工作。完成垃圾转运站、漷兴西二街、绿荫小区道路、漷兴北一街和西一路主路建设工程以及马黄路、漷大路三街至六街道路改造工程。同时，加大土地监督员的巡查力度，严格控制违法占地和违章建设的发生。

（王海山）

【农村综合改革进展顺利】　完成土地承包经营权流转2500亩及25个村的产权制度改革，使农民获得了更多的股金、薪金、租金收入。加快农民专业合作组织建设，成立农民专业合作社23家，创新了“合作社＋基地＋农户”的产业合作模式，通过农民合作组织的协调服务，带动农户发展种植养殖业，不断拓宽农民增收致富的渠道。

（王海山）

【新农村建设取得新成果】　完成村级道路硬化60万平方米及绿化美化工程，完成25个数字影院的设备安装调试及4057户户厕改造任务，建成65座公厕，实施732盏节能路灯的安装及改造任务。完成边槐庄村市级生态村及30个镇级环境达标村创建，全镇实现了垃圾分类管理全覆盖。完成侯黄庄中学、马头小学、草厂小学和靛庄小学校舍安全改造工程。成立金三角、绿茵小区、绿茵西区3个社区居委会并正式挂牌办公，建成55个农村社区服务站，实现了农村社区服务站全覆盖。

（王海山）

【推进劳动和社会保障工作】　年内，农村富余劳动力向二、三产业转移1000人，失业人员再就业202人，“4050”就业困难人员就业47人，受理灵活就业、自主创业34人。办理求职证207人、再就业优惠证207人，发放失业金30人次96182元，报销失业人员医疗费7人次2999元。发放失业人员困难补助25人7500元。发放退休费383万元，接收企业退休人员在居住地报销大额门、急诊费用300人次95万元。办理城乡居民养老保险参保缴费手续19070人，其中续保18416人、新参保654人。发放丧葬补助258人129万元。参加合作医疗37902人，参合率95.19%。受理劳动争议案件35件，涉及金额139万元。

（王海山）

【高度重视民生工作】 对农低保户和城低保户实行动态管理，发放城乡低保过节费及补助金共计121.7万元，有效改善弱势群体的生活质量。为9户优抚社救家庭进行危房翻建，为80周岁以上老人办理养老服务券1266人次，为133户符合申请条件的家庭递交了保障性住房申请表。充分发挥成年智力残疾人职业康复劳动站和残疾人康复站的作用，多渠道开展残疾人康复服务，对全镇54户残疾人家庭进行无障碍改造。成立漷县镇红十字会“博爱基金”，开展博爱基金募捐活动，共募集博爱基金50余万元。

（王海山）

【全力维护社会安全稳定】 完成2个农村社区化管理工程建设。全面做好校园安全工作，建立“校所对接、校警对接”联动工作机制，筑牢校园安全防范网络。加强重点时期对重点人排查看管，减少矛盾隐患。建立健全安全生产监管体系和责任体系。成立安全监管、应急救援、义务消防三支队伍，建设安全生产文化墙3100平方米。组织开展安全生产专项检查活动21次，检查各类企业2100家次，检查小网吧、小商店等“九小单位”1000家次，发现问题及时进行整改。建立和完善食品安全监管长效机制，加强食品安全专项整治工作，确保食品卫生安全。

（王海山）

【强化党建和精神文明建设】 不断深化村级党支部“六服务”创建活动，健全和完善支部书记考核激励机制，村级干部服务群众的意识明显增强，村级党组织的服务功能日趋完善。完成村级两委换届工作，采取集体谈话、集中学习、挂职锻炼等形式，提高新任两委成员处理村级事务的能力。以创先争优和践行“三个心系”为载体，不断推进基层党组织和党员队伍建设。以“加强作风建设，优化发展环境”为主题，深入推进党风廉政建设向基层延伸，完成18个村的勤政廉政示范村建设。全面巩固首都精神文明乡镇创建成果，开展星火工程演出活动180场，全镇51家数字影厅共放映电影6087场次，丰富了群众业余文化生活。以《漷县时报》、通州电视台《魅力漷县》专栏为宣传平台，树立廉洁高效的政府形象，营造良好和谐的社会氛围。

（王海山）

马驹桥镇

【概　况】 马驹桥镇位于通州区西南部，镇域面积82平方公里，辖45个行政村、3个社区居委会。总户籍1.9万户，总人口4.3万人。其中农业户1.17万户，农业人口2.9万人；非农业户7600户，非农业人口1.38万人。

（孙　超）

【经济持续较快增长】 2010年，全镇经济运行质量和效益稳步提升。全年完成税收10.9亿元，同比增长15.6%，总量列全区第二。其中国税4.93亿元，同比增长18%；地税5.97亿元，同比增长14%。地方财政收入实现2.5亿元，同比增长11%。农民人均劳动所得实现1.4万元，同比增长10%。

（孙　超）

【土地一级开发项目稳步推进】 年内，完成西店、马村、大白村3个村的土地一级开发授权、立项、签订征地补偿协议等工作。与此同时，委托相关单位完成了中心区剩余8个未搬迁村土地一级开发的测绘、评估和成本测算等前期准备工作，在做好推介工作的基础上，适时引进信誉好、实力强的开发企业进行一级开发，推动旧村改造步伐。

（孙　超）

【重点工程建设】 总投资约1.3亿元的兴华嘉园安置楼B区项目，建筑面积7.5万平方米，已完成初步设计方案审定工作。新建一所办学规模为12个班的幼儿园，该项目占地4800平方米，总投资约2200万元，已完成设计单位的招标工作，取得了建设项目规划意见书。

（孙　超）

【新农村建设稳步发展】 一是农业产业结构逐步优化。实施产业结构调整战略，大力发展绿色、科技、生态观光等都市型现代农业项目。重点实施了总占地330亩的北京恒达兴食用菌生产基地、小张湾绿丰盛特种果蔬采摘园等7个农业产业项目。二是新农村基础设施建设稳步发展。共投资2780万元，完成辛屯等15个村22万平方米的街坊路改造工程，实施了西田阳等3个村1400户“户改厕”工作，优化了姚辛庄等26个村135盏节能路灯建设，兴建了房辛店等16个村共32座公厕，完成周营、西后街等19个文化活动站和数字影厅建设，进一步方便、丰富了百姓生活。三是农业服务体系不断完善。通过做好“三防一抗”工作，进行菜田GPS卫星定位，完善2.4万亩农作物的农业保险，对5.4万亩小麦和玉米进行粮食直补等多种措施，保障了农业生产的稳定增长。四是合作社与实用人才建设成绩显著。前堰果品、京福园食用菌等4个农民专业合作社及金信食用菌有限公司在大运河合作社成果展上被评为区级先进。全年开展“实用种养殖技术”、“无公害蔬菜种植”、“食用菌栽培技术”等培训11次，培训320人。截至年底，本镇农村实用人才达210名，覆盖了生产、技能、经营、服务等领域。

（孙　超）

【城乡环境综合整治工作】 大力开展综合整治活动，出动各类执法力量上千人次，执法车辆300余辆次，共清查取缔各类黑开场所320家，清查流动人口2000余人，出租房屋340户，辖区治安秩序、经营秩序、环境秩序得到全面优化。全面提升技防设施水平，投资86万元在主干道增加了80个监控探头，整合镇域内治安监控点，在城市综合管理服务中心建立了中控室，有效维护社会治安秩序。同时，投资30万元在神龙红绿灯路口等5处设置了治安岗亭，实现24小时有人值守。全面做好环境卫生工作，在京沪高速公路及进镇主要公路两侧开展多次集中清理活动；投资50万元购置道路清扫车，提高中心区主要街道、重点区域作业力度；落实街面勤打扫、小广告勤冲洗、街道勤巡视制度，进一步提升了镇域环境卫生的管理与维护水平。

（孙　超）

【深入开展安全生产工作】 2010年，为做好生产、消防、交通、公共安全及防灾减灾等工作，共发放各种宣传材料近10万份，悬挂横幅300余条，有效提升了各生产单位及人民群众的安全意识。同时，开展各类安全生产检查，重点抓好事故多发季节的安全工作，全年检查4000余家单位，消除近千处安全隐患。

（孙　超）

【为民办实事工程进展顺利】 投资3850万元实施马桥路、兴华南街道路工程，优化了中心区路网结构；投资700万元完成马桥路综合管线过六环路2号桥工程，实现了中心区与金桥基地雨污水和供电管网对接；投资318万元完成七支路、姚辛庄路等5条村级道路的大修工程。投资670万元完成前银子、柴务等6个村共5000亩中低产田改造工程。投资2080万元对中小学、幼儿园进行抗震加固，改善教学设备，优化了教育环境。开展各种技能、技术培训22期，培训1700人次，提供就业岗位1400个，实现成功就业1300人。与苏宁电器共建“大学生就业基地”，解决大学生“村官”就业难问题。配合交通局增开28路、29路两条镇内环线公交，方便了群众出行。

（孙　超）

【社会保障工作】 全镇有16294人参加了城乡居民养老保险，其中新增人员816人，办理城乡居民养老保险领取手续486人；“一老一小”、“城镇无业居民”医疗保险新增参保人员119人；全年办理求职登记手续438人，为689名失业人员发放失业金22.8万元，失业人员医药费报销33万元。

（孙　超）

【城乡社会救助体系日益完善】 投资285万元，为72户困难家庭翻建房屋，实现全镇民政救助对象无危房的目标。完善城乡低保动态管理，为423户、894人发放低保金126万元。为456名重残、特困残疾人发放补贴92万元，完善了救灾救济、医疗救助等工作。

（孙　超）

【创新工作机制不断巩固】 继续实行村级集体资金专储账户制度，全年审核村级使用大额资金467笔，涉及2.47亿元；继续开展村级集体经济合同监督管理制度，共备案村级经济合同35份，总金额9000万元；继续加强“阳光工程”建设，办理了政府和村级95项建设工程的预结算和施工单位选用招标工作，审核资金1.03亿元，审减资金1560万元。推行由经发科、规划、安监等多部门共同参与的营业执照办理联合审核制度，全年办理1800个营业执照审核手续，有力保障了二、三产业的健康发展。

（孙　超）

【完成村委会换届选举工作】 严格把握关键环节，创新工作方法，注重发挥党员的示范带头作用，确保了村委会选举工作依法、依规、依程序进行。全镇45个村共产生135名村委会委员，年龄结构更趋合理，文化程度普遍提高。“三升一降两确保”的选举目标如期实现。

（孙　超）

【切实加强基层党组织建设】 全面落实村级党员干部任职承诺，进一步完善村级考核管理办法，扎实开展村干部大培训，在11个村试点推行党务、政务、村务事项全面、全过程公开。切实加强临时党支部建设，推行了“党支部＋流动人口服务站＋职能科室”的工作模式，进一步深化党支部的服务功能。大力推进党建工作创新，在基层党组织中开展“四选三联”活动，使基层党建工作充满活力。

（孙　超）

【精神文明建设成果显著】 围绕建设现代化精品城镇，深入开展精神文明建设，加强思想道德建设和科学文化建设。组织群众文艺巡回演出，开展“创先争优在行动、争做文明北京人”系列活动。成功举办了马驹桥镇精神文明建设大会，广泛开展文明创建活动，丰富群众性精神文明创建内容。在中心镇大街打造了长1000米、高2米的精神文明大型宣传文化墙。充分发挥宣传栏、文化墙、益民书屋等阵地作用，促进精神文明建设向纵深发展。

（孙　超）

西集镇

【概　况】 西集镇位于通州区东南部，地处京津冀都市圈的中枢。镇域面积90.65平方公里，耕地面积4.5万亩，其中粮田3.4万亩。全镇下辖57个行政村，年末户籍总数21418户，户籍人口40732人。其中农业人口32106人，非农业户口8626人；农业户数14268户，非农户数7150户。全年出生人口240人，计划生育率98.3%。2010年，全镇税收实现3.34亿元，同比增长24.3%；财政收入4750万元，同比增长26.7%；农民人均纯收入11670元，同比增长 10%。

（张保林）

【开发区东区建设发展成效明显】 通州经济开发区东区围绕汽车零部件、生物医药、电力电气设备三大主导产业，加大招商引资力度和为企业服务力度，顺利实现多个项目的建设、签约洽谈工作，为经济持续发展积蓄了后劲。不断探索招商新模式、新方法，通过加强招商队伍建设，完善招商政策，不断拓宽招商渠道。通过建立网站、参加大型推介会等方式积极对外宣传，大力提升开发区东区的知名度和影响力。开发区东区已成为推进西集经济发展，安置劳动力就业，促进产业聚集的重要载体。2 月 26 日，北京汽车动力总成基地项目在开发区东区开工建设。项目占地约 1000 亩，计划总投资 109 亿元，基地由研发中心、发动机工厂和变速器工厂构成。主要生产具有国际先进水平的发动机及变速器。截至年底，5.9 万平方米的萨博发动机厂房主体工程完工，6.3 万平方米的变速器厂房开工建设。年内，北京乔治费歇尔管路系统有限公司、北京华商三优新能源科技有限公司两个项目竣工投产。北京乔治费歇尔管路系统有限公司项目总投资 1300 万美元，占地 30 亩，总建筑面积 1.7 万平方米，主要生产工业和民用塑料管材和管件。北京华商三优新能源科技有限公司项目利用潞电电气闲置厂房，总投资 3000 万元，是一家以新能源产品为主导、直流电源系列为配套，集设计、开发、生产、销售于一体的科技公司。年内，北京珅诺基医药科技有限公司、北京诺思兰德医药科技有限公司和昆鹏恒通天然气三个项目签订入驻开发区东区协议，三项目投资总额 6.2 亿元，占地 136.6 亩。

（张保林）

【中心区开发建设顺利推进】 中心区土地一级开发的前期工作进展顺利。完成 1.14 平方公里综合配套区和 1.86 平方公里行政服务区土地一级开发方案的编制，综合配套区 48 公顷土地得到一级开发授权。完成 45 万平方米村民回迁楼安置方案的编制。两个中心区路网规划得到市规委批复，进入一期路段建设可研编制、工程设计阶段。

（张保林）

【基础设施建设成效显著】 基础设施及公共设施建设取得明显成效。总投资 2.1 亿元、全长 5.8 公里的通香路二期拆迁工作基本完成，道路建设工程完成 90%；投资 850 万元完成西集中心幼儿园抗震加固和改建工程，于 12 月正式开园；投资 4900 万元的西集中学教学楼建设工程进展顺利，完成地基工程施工；西集镇文体活动中心项目完成可研编制和工程方案设计；中心区污水处理厂建设工程进入前期手续办理阶段。

（张保林）

【都市型现代农业发展取得成效】 大力推进农业结构调整。全年新增大樱桃面积 3500 多亩。与北京市农林科学院果树研究所合作，打造了占地 210 亩的樱桃优质种苗繁育基地和科技示范基地，培育了 68 个优良樱桃品种。充分利用现有的农业设施，大力发展反季节草莓等农产品，促进了农民增收致富。投资 700 多万元，对通香路两侧采摘园进行包装，硬化田间路 4.26 万平方米，修建围栏 1.85 万平方米，从整体上提升了通香路两侧的景观效果，提高了园内的服务功能，改善了采摘环境。全年接待采摘游客 15 万人次，采摘收入达到近 5000 万元。

（张保林）

【新农村建设稳步推进】 完成 24 个村道路硬化、9804 户改厕工作，新装路灯 910 盏，改装 710 盏。加大村庄绿化美化工作力度，按照北京市绿化美化先进村的标准，完成前东仪、史东仪、陈桁、沙古堆等 8 个村绿色村庄创建工作。深化农村综合改革，33 个村产权制度改革顺利进行，对推动村集体经济发展、建立健全各项民主管理制度、构建和谐社区、促进社会稳定起到积极的推动作用。

（张保林）

【环境建设取得实效】 一是建章立制，强化环境整治队伍建设，建立了292人的专业保洁队伍；二是突出重点，加大对主要交通道路、沿河大堤重点区域的整治力度，加大对村级环境卫生整治的力度。针对脏、乱、差时有反弹的现状，进行重点整治，从根本上解决农村脏、乱、差的历史顽疾。三是创新考核机制，制定下发《西集镇环境整治考核办法》，建立健全环境整治考核制度和奖励办法，做到月巡查、季考核。巡查时做到有记录、有录像，检查考核不提前通知，并把考核成绩与党支部书记的绩效工资挂钩。四是加大宣传力度。通过《西集月报》进行宣传报道，营造良好的环境整治工作氛围。

（张保林）

【民生工作不断加强】 积极开展以提高农民就业技能为主的各类培训活动，开办各类培训班20期，实现劳动力转移就业1000人以上。积极落实城乡社会保障政策，全镇城乡居民社会养老保险参保率达到90%，新型农村合作医疗参合率达到98.45%。加大了对低保户、优抚对象、残疾人的救助帮扶力度，改善了他们的生活状况。全年用于社会保障的资金达到1100多万元。

（张保林）

【加大维稳创安工作力度】 投资18万元成立西集镇维稳中心，中心下设“一室、八组”，统一制作了标牌，配置了办公设施。制定工作制度，形成了纪检、综治、信访、司法、派出所等各部门协调配合的维稳工作格局。强化安全生产。利用《西集月报》、村级安全文化教育影厅等平台广泛宣传安全法规和安全知识。深入开展各行业、各领域的安全隐患大排查行动，建立了安全隐患排查台账，实现了对企业安全生产工作的动态管理。

（张保林）

【基层组织建设进一步加强】 以开展创先争优活动和深化党员作风建设年活动为契机，切实加强和改进党的建设，为全镇经济社会发展提供了坚强的组织保证。结合机关包村干部“六大员”实践活动，健全了机关干部考核评价体系，在机关开展“先进科室”创建活动，在机关干部中开展“争当服务标兵”活动，促进了机关干部进一步创新服务理念，转变服务方式和手段，赢取了群众的更高满意度。通过年终考核和基层测评，有12个科室被评为“机关先进科室”，24名机关干部被评为“机关服务标兵”。深入开展“五星级党支部”创建活动，制定了科学合理的考核制度和监督激励机制，形成整体推进基层党组织建设的合力。在全镇农村党员中开展了争创“五星党员”活动，有效地促进广大党员在团结群众、带领群众致富、维护和谐稳定等方面充分发挥战斗堡垒和先锋模范作用。2010年，全镇有9个村达到“五星”的标准，7个村达到“四星”的标准，17个村达到“三星”的标准。全镇2100多名党员中有919名党员达到“五星”标准，532名党员达到“四星”标准，234名党员达到“三星”标准。

（张保林）

【扎实推进党风廉政建设】 切实加强重点工程建设管理，制定了《在基本建设工程中实施“阳光工程”的工作意见》，确保了基本建设工程阳光、廉洁、优质、高效。健全村级组织管理制度，制定了《西集镇村级干部行为规范》，从组织原则、民主程序、财经纪律、廉洁从政4个方面对村干部的从政行为做了20条规范性要求。建立村级监督小组，每村聘请3至5名党风监督员，对村干部廉政建设情况进行日常监督。积极推进廉政风险防范管理向村级延伸工作，组织村干部从“三资”管理、工程项目建设等十个方面查找“风险点”，并制定防范措施。

（张保林）

【完成第八届村委会选举工作】 年内，完成第八届村委会选举工作，实现“三升一降两确保”的目标要求。全镇57个村173名村委会成员中，有党员138人，占79.77%；连选连任的109人，占63.01%；两委交叉任职的119人，占68.79%；“一肩挑”的42人，占73.68%。为加强农村基层组织建设和推进新农村建设奠定了坚实的组织基础。

（张保林）

潞城镇

【概　况】 潞城镇位于通州区东部，镇域面积70.76平方公里。辖56个自然村，54个村民委员会，3个居民社区。常住人口72661人，户籍人口40398人，其中农业人口28392人、非农业人口12007人，乡村户数18948户。全年出生人口242人，出生率6‰，人口自然增长率为0.2‰。2010年，完成税收69790万元，同比增长15.2%，其中国税45301万元、地税24489万元。农民人均劳动所得11016万元，同比增长8%。工业增加值、工业利润分别完成130547万元和21246万元，同比分别增长26%和46%。

（石　慧）

【完成村级“两委”换届选举】 全面完成54个村的换届选举工作，认真落实“三升一降”的工作目标，村两委“交叉任职”113人。为确保“一人兼”比例得到提升，修订了“一人兼”支部书记的工资标准和退休待遇的相关规定，较好地调动了积极性，使“一人兼”的比例提高了23%。村级两委班子新老交接工作如期完成，实现平稳过渡。

（石　慧）

【创先争优活动取得实效】 镇党委以“三个心系”主题实践活动为载体，大力开展创先争优活动并采取“四抓”措施，切实加强作风建设，进一步提升政府行政水平和服务效率。同时开展“为群众办实事大干150天”活动，全镇90个基层组织为民办实事625件，涉及村民福利待遇、劳动就业、环境治理等多个方面，受到群众广泛好评。

（石　慧）

【精神文明建设成果显著】 开展“五月鲜花”、“星火工程”等一系列文化娱乐活动。成功招募世界非物质文化遗产“古琴”落户本镇，打造潞城“乐器之乡”。全镇44个村级活动室和38个“益民书屋”定期向社会开放，服务六万余人次。播放爱国主义题材影片1800余场，举办市民大讲堂15期，积极开展消防法、安全生产法、计生法、劳动法、教育法等法律法规宣传培训100多期，受教育3万余人次。

（石　慧）

【土地腾退工作取得进展】 一批区级重点工程项目在本镇实施，涉及20个村、近500户村民的拆迁和土地腾退。经过镇、村共同努力，共腾退土地约3000亩，保证了工程的顺利实施。其中通州区第三中学项目仅用10多天腾退土地137亩，保障了工程如期施工。镇政府配合区法院，组织相关部门及专业队伍近500人，对运河核心区3号地安置房范围内历时两年难以清除的20多亩林地进行了联合执法，为杨坨村民安置楼建设扫清了障碍。这些项目的落地建设，极大地改善了镇域交通、市政基础设施条件。

（石　慧）

【重点项目提速新城建设】 编制完成06片区4个街区深化方案，已获得市规划委批复。新规划减少了纯住宅用地，增加了多功能用地、医疗康体、文化娱乐等产业用地。成立一级开发公司，开展四个街区的一级开发及“三定三限三结合”安置方案的编制工作。聚集全镇财力，确保北京二中通州分校(二期)工程。该工程总投资共计1.5亿元，镇政府投入8000万元用于工程款和拆迁补偿。运河东大街消防站、区社会福利中心、区妇幼保健中心、奥特莱斯、中韩医院等重点项目完成选址工作，为新城建设打下基础。

（石　慧）

【加大项目引进和企业服务力度】 年内，引进企业65家；盘活本镇资源，完成潞城建筑公司转制和转让，收回出让资金1000万元，实现集体资产保值、增值；盘活工业园区旧厂房，引进TATA木门总部项目；引进苏稻食品有限公司总部及其研发项目，总投资4亿元。积极服务域内优质企业，对成长性好、自主创新能力强的北京博格华纳汽车传动器有限公司进行了重点扶持，博格华纳拟引进的核心业务——自动变速器关键零部件电磁阀的生产，不仅填补国内空白，还给国内汽车厂研发自主品牌的自动变速箱创造了条件。镇政府出资5000万元为博格华纳代建新厂房，项目已竣工投产，此举带动博格华纳新增投资近亿元，产能扩大近2倍。

（石　慧）

【扎实推进产权制度改革】 年内，先后启动30个村集体经济产权制度改革，全镇54个村已有36个村完成集体经营产权制度改革，完成比率66.67%，其中经营性正资产的村有29个，新城范围内完成18个村。共量化经营性净资产23562.99万元，股东人员18357人。

（石　慧）

【强化基础设施建设】 完成三河热力管道铺设工程占地范围内地上物拆迁补偿工作和一批镇级公路大修工程。镇政府累计出资1400多万元，完成东南路、曹大路、杜太路等8条镇级公路大修工程，使东堡、太子府等沿线十几个村村民出行条件得到改善。积极协调电力部门，对线路进行升级改造，保证了居民及企业平稳度夏。对辖区内树线矛盾涉及的600多棵树木进行了修护、清除。共为企业修路、污水暗排管线4000余米。

（石　慧）

【镇域环境持续改善】 做好京秦铁路、通燕快速路、宋梁路等沿途环境整治，加大“三河”沿线、丰字沟、减运沟、榆武沟、武兴沟环境治理力度，武疃、崔楼等8个村被评为北京市“文明生态村”。积极推广垃圾分类和社区菜市场改造工作，投资130万元购置垃圾分类运输车和设备；胡各庄和甘棠农贸市场的升级改造彻底改变脏、乱、差的形象，提高土地利用率，同时解决更多的劳动力就业问题，成为河东地区最具规模化和规范化的社区菜市场。

（石　慧）

【加大新农村建设力度】 争取市区资金2842万元，主要用于36个村共计39万平方米的街坊路建设，建成村级主干路78条、次干路920条。新建公厕79座，安装改造节能路灯1896盏。投资120万元完成大营桥等3座危桥改造。自筹资金623万元完成小营等8个村修缮下水工程。完成武大沟、夏谢沟、大秦铁路渗排坑施工及孙堡沟清淤任务。为李疃、前榆、大东等38个村建设村委会办公楼、群众文化活动室、环境整治等工程提供了资金补贴。大营村被评为市级最美乡村。潞城镇被授予北京市园林式城镇称号。 4月，国家能源局协同市发改委能源处对本镇小豆各庄集中供气项目进行调研并给予了高度认可。

（石　慧）

【大力发展高效农业】 全镇设施农业面积3986亩。后疃村新建春秋大棚190栋，日光温室34栋；前疃村新建育苗温室18栋；潞城农业服务中心新建24栋温室大棚，极大解决了种植结构不合理问题。年内，4个农业项目通过评审，即都市农业培训中心及示范基地项目、玫瑰花基地建设项目、水梦园设施农业建设项目、4000亩中低产田改造项目。这些项目将对新品种新技术推广、观光采摘提供资源，武疃生态采摘园已对外开放。引进两个高科技现代农业项目：崔楼设施农业研发基地和潞城智能农业研发基地项目均完成部分实验设施建设工作。聘请34名指导教师对农民进行培训，涉及种养殖、旅游、文化宣传等多个行业。

（石　慧）

【劳动和社会保障成效显著】 对35家企业进行用工情况大检查，其中12家存在违法、违规行为的企业补签劳动合同130份、补缴社会保险5.8万元。完成社会保险扩面征缴75.1万元，完成全年指标的103%；解决劳动争议、纠纷 33起，涉及人员184人次，金额达210万元。全镇33个村开通了职业介绍子系统，实现群众求职不出村、企业招聘不出村的“村村通”工程。举办大型专场招聘会提供就业岗位1150多个，实现农村劳动力转移就业906人次，完成失业人员推荐就业202人，开办技能培训班11期，全年共培训548人。为9370人报销农村合作医疗516.10万元；为失业、退休、“一老一小”人员报销医药费共计13.15万元；发放丧葬补贴费120万元；安置登记失业人员就业302人；累计发放养老保险金1360万元。

（石　慧）

【民生工作取得新成效】 严格落实国家保障政策，为农低保户、优抚对象翻建房屋40余间；累计为低保户提供医疗救助12万余元；实现残疾人“人人享有康复服务”的目标；受理汽车下乡补贴107件，补贴资金414816元；垫付家电下乡农民补贴资金555994元，涉及1581件；受理136户保障住房申请，其中42户参加经适房摇号、52户参加限价房摇号，38户经适房申请家庭已选房。发放移民生活补助40.33万元，为八各庄村移民申报农业种植项目补助金80万元。落实各项惠“老”政策，累计为490位65岁以上的老人发放老年人优待卡，发放80岁以上老人服务卡10633张；按时发放高龄津贴，集中供养20名五保老人，161名60岁以上享受低保老人得到慈善医疗救助。

（石　慧）

【全力维护安全稳定】 深入开展安全生产“百日平安行动”和“金安企业”创建活动，博格华纳等企业获得全区首批“金安企业”称号，对全镇危险化学品、人员密集场所、特种设备、职业卫生等重点行业进行执法检查，安全生产形势良好。加大食品安全监管力度，取缔了10余家非法制售窝点。不断强化流动人口和出租房屋管理，大力开展矛盾排查调处工作，重点排查拖欠工程款和农民工工资问题。确保全国“两会”、上海世博会、村委会换届选举等特殊时期的稳定。出资500多万元，妥善解决早期征地拆迁、工业企业占地等一批历史遗留问题，帮助少数集体经济困难村解决老年人福利等实际问题，化解了一批社会矛盾和不稳定因素。

（石　慧）

台湖镇

【概　况】 台湖镇位于通州区西部，地处五环路和六环路之间，镇域北侧处于通州国际新城规划范围之内，镇域西侧与朝阳区、大兴区接壤。全镇共辖46个行政村，户籍人口4.9万人，暂住人口8万人，镇域面积81.3平方公里。

（罗兰冰）

【经济持续稳步增长】 2010年，全镇实现工业产值154.9亿元、销售收入165.1亿元、利润8亿元、增加值29.5亿元，同比分别增长22%、32%、16%和22%。完成税收总额16.09亿元，同比增长25%。其中国税完成11.05亿元，同比增长14.6%；地税完成5.04亿元，同比增长53%。农民人均劳动所得达到13500元，同比增长12%。

（罗兰冰）

【环渤海高端总部基地开发项目有序推进】 年内，环渤海高端总部基地开发项目手续办理迅速。高标准完成项目控规，加快了控规深化方案的编制。同时，启动了交通和市政专项规划、市政管线规划以及站点接驳道路外环东路和站前街的道路规划条件设计。完成项目全部58个地块的一级可研报告，取得了30个地块的立项批复和5个地块的征地批复。圆满完成环渤海高端总部基地开发项目非住宅拆迁工作。按照“让群众得实惠，不让老实人吃亏”的原则，借鉴周边地区拆迁工作的成功经验，创造性地采取了六项工作措施，圆满完成非住宅拆迁工作。共涉及2071户，签约比例达到99%，补偿协议总额62亿元。腾退大田土地13149亩，拆除企业面积150万平方米。环渤海高端总部基地开发项目回迁楼建设顺利封顶。回迁楼一期工程75万平方米和二期工程25万平方米主体工程均已封顶；小学、幼儿园等配套公建全部开工建设。全部标段均申报北京市结构长城杯。

（罗兰冰）

【招商引资成果显著】 全年引进企业133家，其中投资过亿元的有汉威电子、经开光谷置业、经开光谷创新置业、三合嘉逸置业等4个项目，另外，红星酒业、中科信电子等投资千万元以上项目17个。

（罗兰冰）

【重点产业项目建设进展顺利】 北京嘉和嘉事医药公司二期、北京畅熙在线科技公司、法液空二期、北京中科信三期等一批重点项目主体完工或竣工投产；北京新华联生物材料有限公司、雨润二期及华北总部、北京市医疗器械检验所、北京长城牡丹模具制造有限公司、北京邮政综合处理中心、利丰雅高二期等一批项目开工在建。

（罗兰冰）

【光机电园区发展再上新水平】 光基电基地发展空间进一步拓展，按照发展新需求，深化调整了基地控规，土地利用率大幅提升，针对于总部企业发展的适应性明显增强。同时，以北京市重点挂账村整治为契机，积极推进了北神树村拆迁整治工作，为基地发展进一步拓展了空间。环境建设水平进一步提升，园区道路及配套市政管线得到完善，全年共投资3000万元，先后完成经海六路、科创七街及嘉创一路等园区路网及配套设施的建设。同时，加大园区的绿美化力度，生态型园区建设稳步推进。产业格局进一步优化，加快推进经开产业园、枢密院白酒总部产业园、光谷创新置业园及以李宁和动向为核心的运动品牌总部区的“三园一区”建设；积极引入和重点培育“物联网”等高端新兴产业，实现基础优势产业和高端特色产业互补协同发展，产业结构得到调整，产业布局进一步优化。

（罗兰冰）

【中心镇建设稳步推进】 在妥善解决了珠江公司遗留问题的基础上，中心镇开发建设加速推进。中心镇土地一级开发项目一期已取得市规委的规划条件批复，立项及征地手续正抓紧办理。完成项目二期各项市政专项规划。完成非住宅拆迁工作。完成14万平方米的台湖村回迁楼二期主体和外装工程。另外，星湖农民就业产业基地剩余地块土地一级开发项目完成了授权批复、规划意见书等前期手续。

（罗兰冰）

【重点挂账村北神树整治工作有序进行】 年内，完成北神树村全部857户（住宅778户，非住宅79户）的清登摸底工作，非住宅拆迁工作已完成。

（罗兰冰）

【都市型现代农业快速发展】 结合城乡一体化发展的需求，通过北大土人景观设计公司对镇域景观的总体规划，依托农田和湿地资源，以生态保育为主、开发建设为辅的都市型现代农业发展方向更加明确。同时，专门委托中国农业大学编制全镇农业产业规划，积极打造生态农业、休闲农业、景观农业。完善了农业龙头企业扶持政策，完成了金福艺农国家级设施蔬菜标准园创建工程、唐大庄观赏鱼节水示范项目，重点推进了金福艺农创意农业园、大唐农业园、金地天合农业园、西部兰花生态园等农业项目建设。特别是投资2.2亿元、占地432亩的荷田“一加三”立体复合都市农业示范基地项目正式启动，该项目开创了“一产结合三产”的绿色产业发展新模式，是对京郊绿隔地区生态、社会、经济共赢发展模式的新探索。金福都市创意农业示范区工程被列入北京市农业重点建设项目。

（罗兰冰）

【农村基础设施建设水平全面提升】 以缩小城乡差距、改善农村生活环境为目标，五项基础设施建设、“三起来”工程和12项全覆盖工程率先提前完成，农民生活质量明显提高。完成12.5万平方米街坊路建设，铺设排水管线3万米，新建公厕11座，改造户厕2286所，安装、改造节能路灯860盏。

（罗兰冰）

【农村各项改革继续深化】 完成18个村的产权制度改革工作，量化资产13亿元；新增土地流转面积1500亩；农民专业合作社良性发展；建立了村级重大经济事项招投标机制，村级资产管理进一步强化；推行农业政策性保险，完成推广面积7200亩。

（罗兰冰）

【环境建设水平大幅提高】 继续加大环卫基础设施投入，新增了一批环卫车辆和设备，做好村级垃圾分类工作，实现生活垃圾村收集、镇运输、区处理。加强镇域环境秩序整治，全年拆除违法违章建设10.1万平方米。生态环境进一步改善，实施京台路西段和九德路的绿化美化工程，完成14个村1.5万平方米的绿化美化工作。

（罗兰冰）

【社会事业蓬勃发展】 教育事业稳步发展，进一步加大教育经费投入，坚持和完善学杂费减免制度，教育环境不断改善。为台湖学校安装了隔音设施，完成私立校、自办校、幼儿园校舍的抗震检测工作。公共卫生水平显著提升，新次渠医院、台湖卫生院正式投入运营，完成区老年病医院与次渠医院的合并，建成定海园社区医院。合作医疗二次报销机制、困难群体报销政策进一步完善，全镇参合率达99%，全年二次报销金额达310万元、4200人次。文化体育事业取得新成绩。全镇46个村及社区健身器材的配套安装实现全覆盖；组建了村级文艺演出队伍50支；高水平开展全民运动会、歌咏比赛等多项群众文体活动；在市、区组织的各项文体比赛中取得了喜人的成绩。精神文明和民主法制建设得到加强。深入开展“五五”普法宣传教育活动；开展“公德之星”、“文明十星户”及“创业之星”争创活动；开展图书配送到村活动。培养了健康向上的新风尚，营造更加文明和谐的社会氛围。加大宣传工作力度，进一步提升了台湖的对外形象。计生办首次被评为市流动红旗单位。

（罗兰冰）

【加强劳动和社会保障工作】 先后举办11次各类招聘洽谈会，成功转移就业928人；建立33个村的职业介绍子系统；设立创业培训基地2家，培训农村富余劳动力1150人；社会保险覆盖面不断扩大，养老保险参保人数达1.44万人；出台了独生子女贫困家庭帮扶政策；设立残疾人扶贫基地；免费为12户困难家庭翻建房屋。

（罗兰冰）

【社会建设稳步推进】 新建10个村级社区服务站，积极推进了社区的规范化管理。深入开展安全生产“百日平安行动”，三级安全网络建设不断完善，有效预防了安全事故的发生。积极抓好信访工作和便民服务，矛盾纠纷排查调处得到加强。完成7个村和全镇幼儿园及中小学的科技创安工作，技防水平得到显著增强。

（罗兰冰）

【完成第八届村委会换届工作】 选举产生村委会班子成员共150名，其中主任46人、副主任8人、委员96人。村委会成员中共有党员120人，占80%，较上届提高25%；“一人兼”共29人，占63%，较上届提高28%；交叉任职108人，占72%，较上届提高33%；村委会成员中女性共22人，占15%，较上届提高1%。

(罗兰冰)

【创新村级干部教育管理机制】 针对两委班子成员知识层次偏低的实际情况，率先在北京市乡镇中开办村级干部大专学历班，力争用三年时间使45岁以下的两委班子成员全部达到大专学历。并依托镇成人学校举办为期两年的村级干部培训班，不断提高村级干部的履职水平。同时，建立村级党支部书记、村委会主任季度考核奖励机制，村级干部自觉履职、依法履职的意识明显增强。

(罗兰冰)

【中央领导到本镇考察】 12月31日，中共中央总书记胡锦涛到台湖镇金福艺农农业科技发展有限公司考察。市委书记刘淇、市长郭金龙等市区领导陪同。

(罗兰冰)

永乐店镇

【概　况】 永乐店镇位于通州区东南部，距通州城区30公里，是京、津、冀三省市的结合部。京津塘高速公路穿境而过，京津第二条高速公路和京津城际高速铁路途经镇域腹地并均在域内设有出入站口和预留站口。镇域面积104.68平方公里。常住人口44476人。辖38个行政村。永乐店镇是北京市33个中心镇之一。2010年，全镇上下认真贯彻落实科学发展观，按照“抓党建、聚民心、促发展”的工作思路，创新体制机制，制定了一系列促经济发展的政策措施，经济实现平稳发展。全镇完成税收3.17亿元，同比增长21.8%。其中国税完成1.03亿元，同比增长12%；地税完成2.14亿元，同比增长27.5%。财政收入8061万元，同比增长167%；工业产值18.3亿元，工业销售收入17.1亿元，工业利润6780万元。同比分别增长10.5%、10%和8.8%；农民人均纯收入11120元，同比增长10.5%。

(杨存田　宋德厚)

【项目引进实现新突破】 年内，创新体制机制、破解发展瓶颈，项目引进新突破。镇开发区管委会与北京珠江北方投资有限公司签署《股权转让协议》，全面解除与珠江公司签订的原合作协议，同时将原合作公司北京京东投资开发有限公司股权全部收购，彻底解决了束缚园区发展的体制机制问题。与首都农业集团公司和永乐店农场签订开发区范围内385亩土地的《土地收储协议》，并及时进行土地的拆迁、整理，加快土地一级开发的进度，确保新项目的用地需求。“永乐惠通现代服务产业园”项目选址永乐店镇中心区，总投资150亿元，将打造以奥特莱斯商业为产业主体，集商业、购物、居住、观光旅游、休闲一体化的欧洲风情小镇。“联东U谷·永乐园”项目选址永乐开发区，总投资100亿元，占地1500亩，拟建设产业聚集、资源集约、生态低碳、可持续发展的生态型产业园。香港协和集团选址德仁务片区，总投资30亿元人民币，占地约1100亩，项目进入一级开发阶段。

(杨存田　宋德厚)

【继续完善基础设施建设】 坚持以规划为先导，规划体系进一步完善，年内完成永乐店镇土地利用规划批复基础上的修编上报工作。38个行政村新农村村庄规划编制完成。启动重点镇绿化规划及永乐店镇地名规划的编制工作。完成污水处理厂、成人教育中心、润泰环保项目及垃圾转运站工程建设。投资40万元完成开发区永开路人行步道地砖11.4万平方米的铺设工程。

(杨存田　宋德厚)

【新农村建设取得新突破】 都市型现代农业发展迅速。林下食用菌种植面积达1万亩，年生产菌棒400万棒以上。从业农户达

3000户，年生产销售食用菌300万公斤，销售收入600万元。投资1480万元的金篮子有机蔬菜生产基地完成全部建设任务。投资200万元发展节水设施700亩。更新机井9眼并铺设农电线路3000多米。“七〇”公社农业创意园、林泽家园、北京奇沃现代农业园项目相继开工。完成2009～2010年中低产农田改造任务，并顺利通过验收。新建农田桥、闸、涵34处。农电线路改造16000米。疏挖主沟二条，完成土方量15000余立方米。新建和维修田间碎石路35400平方米。更新农田防护林网2条，全长3800米。完成农村产权制度改革19个村。农村土地流转210户，流转土地1685亩。全镇发展农民专业合作社48家，入社成员150户，注册资本400万元。农村环境整治力度进一步加强。严格执行“五无”（无裸露垃圾、无柴草码放、无白色污染、无乱堆乱放、无私搭乱建）标准，落实各项长效管理机制，实行环境建设一票否决权制度。推行垃圾分类管理，为全镇各户购垃圾分类桶18000套，投资243万元为各村建垃圾堆肥池和可回收物品储存笼各一处，修筑明、暗排水沟共9630米，砌花墙1000米，建高标准街心花园一处。全镇文明生态村达5个。年内，完成街坊路硬化工程16个村，硬化面积24.6万平方米。实现全镇38个村街坊路全部硬化。完成街坊路绿化18个村，绿化长度3300米，绿化面积19.5万平方米，种植花卉灌木13.7万株。新建农村卫生公厕33座。安装节能路灯456盏。对246户农户进行节能墙体保温改造。

（杨存田　宋德厚）

【社会保障进一步完善】 年内，开办16期劳动力就业技能培训班，解决农村劳动力转移820人。解决失业人员再就业359人，解决“4050”推荐就业898人，超额完成全年任务指标。农村社会保障体系进一步完善。城乡居民养老保险参保率达92%，6291名无保障老人享受福利养老金。新型农村合作医疗参保率达到98.74%，全年发放医疗报销达到450余万元。处理劳动关系举报案件43起。完成14户社保对象的危旧房改造，救助资金66万元。全镇5737名60岁以上老人领取镇政府发放的养老补助金每人480元／年。加大扶残、助残力度，为486名重残人员、特困人员发放补助金50余万元。投资300万元为520户残疾人家庭进行无障碍设施改造。为420人办理助残养老金手续，发放养老券36.5万元。

（杨存田　宋德厚）

【加强农村党建工作】 结合创先争优活动的深入开展，创新工作载体，在全镇范围内开展村级两委班子“三评议、三公开、三达标”活动。全镇38个村的党支部村委会班子成员及责任区党员积极参与到活动中来。掀起了立足本职、服务群众、争先创优的热潮。年末，38个村在验收中，对党支部、村委会的满意率和比较满意率之和达到95%以上的有33个村，837名责任区党员中，满意率和比较满意率之和达到95%的有773人。镇党委、政府对33个达标村进行表彰和奖励。

（杨存田　宋德厚）

【完成村委会换届选举工作】 按照区村委会换届选举工作的总体安排，6月10日，第八届村民委员会选举工作全部圆满完成，共选出村委会成员114名，村委会主任38名，村委会委员76名。党支部书记，村委会主任“一肩挑”的35人，占92.1%；在村委会成员中有党员95人，占村委会成员总数的83.3%；女性委员9名，占村委会成员总数的7.9%；未出现白点村，圆满完成选举换届的各项工作目标。

（杨存田　宋德厚）

【市领导检查指导工作】 6月24日，副市长夏占义、市农委相关领导到永乐店镇视察“三夏”工作，对永乐店麦收工作给予了肯定，并对下阶段工作提出了具体要求。

（杨存田　宋德厚）

【完成第六次人口普查工作】 2010年是国

家五年一次的第六次全国人口普查年，此次普查工作自5月始至年底基本结束。全镇设置普查小区189个，其中虚拟小区21个。全镇有281人参加普查工作，其中有普查指导员48人、普查员233人。对全镇49567人进行普查登记，除常住人口外还包括境外人员14人，暂住人口5222人。

（杨存田　宋德厚）

【精神文明建设取得新进展】 以认真贯彻落实《公民道德实施纲要》为主要内容，以如何做永乐发展的好村民为主题，广泛地开展《文明礼仪读本》进村、进社区、进家庭的活动。年内，有3个村被评为首都文明村，区级文明村27个、文明单位4个、文明示范大街1条、民主法制示范村4个、文明十星户100户，同时永乐店镇被首都精神文明建设委员会评为首都文明乡镇。

（杨存田　宋德厚）

于家务回族乡

【概　况】 于家务回族乡位于通州区南部，距通州城区21公里，是北京市五个少数民族乡之一，也是通州区唯一的少数民族乡。全乡下辖23个行政村，总面积65.7平方公里。2010年，全乡经济和社会各项事业保持平稳快速发展。税收总额超2.1亿元，同比增长19.4%。地方财政收入2645万元，同比增长11.2%。农民人均纯收入12376元，同比增长17%。

（齐　峰）

【招商引资取得新成绩】 积极开展闲置资产盘活，全年签约引进哥伦比尼家具（中国）有限公司等6家企业，投资总额约7.06亿元，盘活国有土地116亩、闲置厂房1.4万平方米，解决劳动力就业1100人。全力推进聚富苑产业园区土地一级开发，破解发展空间制约难题。

（齐　峰）

【项目建设取得新进展】 北京迪马工业有限公司等6家企业开工建设，截至年底前全部竣工达产，开复工面积4.8万平方米，投资总额7900万元。实施高压线路切改工程，增加电力报装容量4000千伏安；完成聚富苑水厂设备升级改造。

（齐　峰）

【推进中心区和次中心区建设】 规划面积为150公顷的中心区一级开发已取得授权，市政规划方案编制完成并获得批准。乡中心A、C地块，拆除宅基地面积8718平方米，征地拆迁工作已经完成，总长4.4公里的道路及6种市政管线等基础设施建设基本完工。中心区安置房规划意见书、环境评价、节能专篇等前期手续获得相关部门批复。次中心区控制性详细规划得到市规委批复，正在编制土地一级开发实施方案。

（齐　峰）

【农业结构调整迈出新步伐】 实施现代农业“六园”建设，打造都市型现代农业旅游观光带。北京通州国际种业园区，引进世界种业综合排名位居前四的利马格兰种业集团、先正达种业公司等11家农业企业，园区初现规模。蓝莓观光园、樱桃采摘园等农业项目建设任务全部完工，旅游观光带的雏形基本形成。完善农业配套基础设施，着力提高农业综合生产能力。占地7000亩的中低产田改造工程、占地4000亩的区级高标准农田核心示范区建设全部完工。

（齐　峰）

【新农村建设取得显著成果】 全乡各村新农村五项基础设施全面覆盖。完成前伏、富各庄等6个村街坊路硬化面积10万平方米，完成渠头等8个村3434户的户厕改造，完成大耕垡、王各庄等5个村的太阳能公共浴室建设，新建公厕6座，整改更换节能路灯694盏。大力开展新农村绿化美化工作，完成4个“首都绿化美化花园式单位”创建，东垡、西垡、后伏、小海子4个村获得市级“生态文明村”称号。

（齐 峰）

【全力服务“三农”】 为北辛店、富各庄村的小麦进行了品种换代，繁种面积3000亩。落实粮食直补政策，发放小麦补贴431万元，发放玉米补贴285万元。全年流转土地5332亩。加快农村产权制度改革，在全区率先完成了23个村产权制度改革任务。新成立农民专业合作社3家，全乡专业合作社总数已达17家。

（齐 峰）

【社会事业全面发展】 深入落实教育系统争先创优工程；组织中小学参加第十三届艺术节，于家务中学取得校级合唱市区二等奖，中心校被评为艺术教育先进集体；启动乡中心幼儿园建设前期手续工作，编制完成于家务中心小学、渠头小学、西垡小学等三所学校的抗震加固工作方案；完成乡成人文化技术学校后期建设工程。举办“五月的鲜花”群众歌咏比赛活动，完成85场“星火工程”文艺演出任务，开展送图书、送电影下村等一系列文化服务工程。完成南仪阁、东马各庄等4个村的村级数字电影放映厅建设。为渠头村、果村新建体育健身广场安装了健身器材，对西垡、王各庄、小海字等6个村的健身器材进行了更新。深化计生家庭利益导向机制，加大独生子女户奖励扶助力度。为计生家庭办理“三结合”贷款55万元；为183名符合计生家庭奖励扶助政策的独生子女父母办理了申请审核手续。

（齐 峰）

【劳动和社会保障体系逐步健全】 开办各类培训班25期，培训农村劳动力476人，实现就业357人，培训就业率达75%，完成全年任务149%。接待各类求职人员550人，推荐513人，推荐成功率为93%；举办农村富余劳动力春季招聘会，41名农村富余劳动力实现就业。完成2011年度合作医疗参合缴费工作，参合17239人，参合率达98.39%；深入城乡居民养老保险政策宣传，参保人数达8472人。乡社保所被评为“北京市五星级社保所”。设立“于家务回族乡博爱基金”，召开乡红十字会第一届理事会。为全乡160户困难家庭发放了爱心救助卡。为31户困难家庭申请各种临时困难补助5万余元。为53户家庭申请了保障性住房。为残疾人发放各类补助金26.61万元。为791名80岁以上老人及重残人办理了养老助残服务券。完成7户优抚、社区救助对象危旧房屋改造及王各庄敬老院修缮等建设。

（齐 峰）

【综治维稳工作稳步开展】 完善人防、物防、技防体系建设，确保重点时期社会秩序稳定。整合力量，建立健全以综治维稳工作中心牵头的联合执法工作机制。全力做好中小学、幼儿园校园及周边地区安全防范工作。加大预防煤气中毒工作宣传、检查力度，增强群众安全意识。全面做好流动人口管理服务工作。采取多种措施加强对邪教重点人、重点精神病人的管控，全年无一起扰乱社会秩序案件发生。先后开展以整治挖沙取土、私搭乱建、环境卫生为内容的“三项整治活动”和“百日整治行动”，维护良好的环境和管理秩序。检查流动饮食摊点、商业门店等各类摊点178家次、出租房565户次，清理、纠正店外设摊153户，检查学校周边门店30家，取缔校园周边食品摊点2家，拆除违规户外广告牌、门牌、灯箱73个，处理违法营运、乱停乱放车辆65辆，发放整改通知书126份，全乡环境卫生秩序有了新的改善。全年刑事及治安案件发案平稳，未发生重特大案件，辖区群众安全感指数不断提高。扎实开展信访排查化解工作。健全完善信访风险评估机制，下移信访工作重心，及时化解农村不稳定因素，信访总量大幅下降，全年未出现一例集体访、越级访。

（齐 峰）

【安全生产监管力度不断加大】 全年检查复

查防火单位、危险化学品等各类生产经营单位1182家次，下达安全生产检查复查记录单762份、各类执法文书332份，排查消除安全隐患922处。对企业安全生产负责人举办各类安全管理培训班8期，为企业举办安全生产大讲堂32场。举办以烟花爆竹、防灾减灾日和安全生产月为主题的大型安全宣传咨询活动4场，累计受教育群众5000余人次。组织40余家企业开展大型综合应急救援实战演练活动。

（齐 峰）

【精神文明和法制建设扎实推进】 扎实开展乡风文明示范村、示范单位创建活动，发挥示范引导作用，提高首都文明乡镇和乡风文明建设整体档次水平。深入实施理想信念、道德建设、清洁绿化、文明示范、文化惠民、全民读书等六大工程，开展群众性精神文明创建活动，以“做文明有礼的北京人”为主题，开展“礼在于家务、学在于家务、爱在于家务、美在于家务”的道德实践活动，评选出100名孝星，提高了公民思想道德素质，提升了乡域文明程度。以益民书屋为载体，开展“益民书屋管理年”演讲比赛、知识竞赛、读书征文等系列活动，评选出25个书香家庭，8名读书明星，仇庄村益民书屋获得北京市唯一一家“全国服务农民、服务农村基层文化建设先进单位”荣誉称号．以《今日于家务》为载体，开展“创先争优从我做起”征文活动，开办“创先争优，争当先进基层党组织”、“创先争优从我做起”专栏，宣传基层党支部和广大党员在创先争优活动中，创造的好经验、好做法。

（齐 峰）

【基层党建创新取得新突破】 健全和完善了村干部届中考察制度、村党支部书记试用期制度，建立健全村级两委班子任期目标承诺制度。在全区率先完成了第八届村委会换届选举工作。选举产生村委会成员71名，村委会主任连选连任15名，占65%，村委会成员平均年龄为50岁。党支部成员兼任村委会成员的57名，兼职率80%，村党支部书记兼任村委会主任的20名，兼职率87%。支部书记兼村主任比例高，支委兼村委比例高，党员在村委会的比例高，整个换届选举工作平稳有序，没有出现越级访事件，达到了“三升一降两确保”的目标要求，为两委班子的团结、和谐奠定了基础。

（齐 峰）

【市领导到于家务乡调研】 6月9日，市委常委牛有成，市委农工委书记、农办主任王孝东，市委农工委副书记、市村委会换届选举办公室副主任白仙畔等市选办领导，到本乡调研村委会换届选举工作，充分肯定了本乡村委会换届选举工作取得的成绩。6月29日，在市民委副主任马中璞的陪同下，全国政协原副秘书长陈虹、全国伊协主席陈广元等全国政协领导到南瓜园参观考察。

（齐 峰）

人　物

组织机构负责人名单

一、区委序列

中国共产党北京市通州区委员会

书　记　王云峰
副书记　邓乃平(2月免)　岳鹏(2月任)
李玉君(3月任)
常　委　王云峰　岳　鹏　李玉君
张秀余　尹双曼(女)　尹燕京
郭旭升　张　勇　储怀森
赵玉影(3月任)　于世疆(6月任)
组织部部长　郭旭升
政法委员会书记　李玉君(4月免)
赵玉影(4月任)
宣传部部长　张秀余
办公室主任　肖志刚(8月免)
尚祖国(8月任)
精神文明建设委员会办公室主任　王增哲
统一战线工作部部长　李淑华(女，回族)
台湾事务办公室主任　孙月山
社会治安综合治理委员会办公室主任
王金成
维护稳定工作领导小组办公室主任
刘海涛
流动人口和出租房屋管理委员会办公室主任　王金成
研究室主任　李彦明
机构编制委员会办公室主任　罗明光(2月免)
陈　宇(8月任)
直属机关工作委员会书记　肖志刚(7月免)
李玉君(7月任)
老干部局党组书记　姚广生
局　长　董思瑞
保密委员会办公室主任　田晓江
区国家保密局局长　田晓江
社会工作委员会书记　宁秋君
社会建设工作办公室主任　宁秋君

中国共产党北京市通州区纪律检查委员会

书　记　尹双曼(女)
副书记　赵潮英(女，2月免)　张希芳
陈广强　王介民(10月任)
常　委　尹双曼(女)　赵潮英(女，2月免)
张希芳　陈广强　王介民
张永胜(8月免)　李俊志
杨泽军

二、人大序列

通州区人民代表大会常务委员会

主　任　石进贤(1月免)　张文山(1月任)
副主任　蒋洪昉　王　平　韩振福
罗明光(1月任)　张晓燕(女)
委　员　马克生　王玉庆　王成江
王金凤(女)　刘玉山
刘学力　刘晓云(女)
刘维佳　杜俊红(女)　李文才
李清俊(女)　张春兰(女)
张俊胜　张梅菊(女)　张慧敏
赵　冬(女)　黄春来
曹岐连　崔大柏　韩克非(女)
潘月东(9月免)
办公室主任　刘学力
财政经济工作委员会主任　潘月东(9月免)
张东凤(女,11月任)
内务司法工作委员会主任　刘晓云(女)
教育科技文化卫生工作委员会主任
曹岐连
城乡建设环保工作委员会主任　黄春来
农村工作委员会主任　马克生
代表联络室主任　李清俊(女)
研究室主任　刘志刚

三、政府序列

通州区人民政府

区　长　邓乃平(2月免)
岳　鹏(2至7月代；7月任)
副区长　岳　鹏(7月免)
张　勇　赵玉影(5月免)
于世疆　刘淑华(女)　张　华
崔志成(5月任)　肖志刚(5月任)

办公室主任　马峰成(9月免)
王岩石(9月任)
监察局局长　赵潮英(女，3月免)
张希芳(3月任)
信访办公室党组书记、主任
汤德月(8月免)
程卫民(8月任)
民防局党组书记　王玉芳
局　长　张玉和
经济和信息化委员会党组书记、主任
陈国庆
园区管委会党组书记　陈国增
主　任　张　华(9月免)
崔志成(9月任)
农村工作委员会书记　张福贵
主任　李柏松
住房和城乡建设委员会
党委书记　张志强
主　任　董维毅
教育工作委员会书记　宋京璋
教育委员会主任　宋京璋
教育督导室主任　孙玉起
商务委员会党组书记、主任
王士杰
科学技术委员会党组书记、主任
季志会(女)
发展和改革委员会党组书记、主任
崔松光
国有资产监督管理委员会党委书记、主任
王栓成
人口和计划生育委员会
党组书记　张湛军
主　任　刘美俊(女)
市政市容管理委员会
党委书记　周鸿武(8月免)
张军领(8月任)
主　任　薄立军
新城建设管理委员会主任　贾君刚
文化委员会党委书记、主任　杜德久

人力资源和社会保障局
　　党委书记　罗明光(2月免)
　　　　　　　王振良(2月任)
　　局　　长　王振良
财政局党委书记、局长　刘汝林
审计局党组书记　吕咸生
　　局　　长　孟繁虎
环境保护局党组书记、局长
　　　　　　　彭殿军
统计局党组书记、局长　张春良
体育局党组书记、局长　车林平(2月免)
　　　　　　　何志强(2月任)
卫生局党委书记　马月明(回族)
　　局　　长　白玉光(蒙古族)
交通局党委书记、局长　姜富龙
园林绿化局党委书记、局长
　　　　　　　刘　卉(女)
绿化委员会办公室主任　刘　卉(女)
水务局党委书记、局长　张冠启
农业局党委书记　刘庆生
　　局　　长　杜中方
旅游局党组书记、局长　李金玺
民政局党委书记　史瑞堂
　　局　　长　苏亚文(女，2月任)
民族事务委员会主任　苏亚文(女，7月任)
司法局党组书记、局长　李永锋
安全生产监督管理局党组书记、局长
　　　　　　　朱志高
法制办公室主任　徐景发
城管监察大队
　　党委书记　闵乃水
　　大 队 长　车林平(7月任，10月去世)
　　　　　　　刘德昉(12月任)

四、政协机关

中国人民政治协商会议北京市通州区委员会

主　席　王玉辉(1月免)　王春元(1月任)
副主席　高志禄　杜宏谋（1月免）
　　　　李淑华(女，回族) 金建华
　　　　杜少勋　王子江　田春华(女，1月任)
秘书长　张丽华(女)
常务委员　王　昆　边学锋(女) 吕　东
　　　　刘进民　池雪斌　许淑泉(女，回族)
　　　　孙大公　杜　伟　李旻杰(女)
　　　　宋金平(女) 张　松　张　京(女)
　　　　张绍武　陈越光　金文岭
　　　　周　正　庞　玉　郑　岩(满族)
　　　　胡建功　洪　岚(女，侗族)
　　　　胥振阳　贾光红(女) 郭　枫
　　　　郭海螺　樊淑玲(女，1月免)
　　　　贾立军(女，1月任)
　　　　贯会学(1月任)　杨玉桥(1月任)
办公室主任　杨克杰(8月免)
　　　　　　杜德耕(12月任)
研究室主任　杨广文
专委会一室主任　李北江
专委会二室主任　赵振华
专委会三室主任　丁振宇(10月任)
专委会四室主任　王　昆(7月免)
　　　　　　　刘宝明(10月任)

五、法院 检察院

通州区人民法院
　　党组书记、院长　高洪涛
　　　　副院长　何惠英（女）史宝山
　　　　　　　康晓东　王成喜(12月任)
　　政治处主任　张永增（11月任）
　　纪检组长　连增平（女，6月任）

通州区人民检察院
党组书记、检察长 东晓钟
副检察长 郭晓宏 甘露（女）
田长江 张树昌
政治处主任 马宝成
反贪污贿赂局局长 向令涛
纪检组长 张守刚

六、群众团体

区总工会党组书记、主席 林殿彪
共青团北京市通州区委员会书记 张若冰
区妇女联合会主席 张小艳(女，8月免)
冯利英(女，8月任)
区科学技术协会主席 杜 伟

区工商业联合会党组书记 曹恒永(11月任)
主 席 金文岭
区残疾人联合会党组书记 尹宝宇
理事长 刘景山
区红十字会常务副会长 安志江
区文学艺术界联合会主席 杜德久

七、区直属事业单位

档案局(档案馆)党组书记 罗文路
局 长 高德澍
投资服务中心主任 王葆刚
党史区志办公室主任 陈宏毅
区委党校党委书记 王青春
校 长 张文山(3月免)
李玉君(3月任)
种植业服务中心党委书记 杜中方
主 任 杜中方
农机服务中心党委书记、主任 刘庆生
农村合作经济经营管理站
党组书记 张玉刚(8月免)
杨克杰(8月任)
站 长 张玉刚(9月免)
杨克杰(9月任)
广播电视中心主任 王志刚
职业教育中心党委书记、主任
王雅岚(女)
成人教育中心党委书记 高孝锋
主 任 张绍武
潞河中学校长 徐 华
潞河医院党委书记 马月明(回族)
院 长 马春光
地震局党组书记 黄志伟
局 长 王德胜(7月免)
投资促进局局长 李 霞
通政国有资产经营公司
董事长 刘汝林
经 理 徐思清

八、街道 乡镇

中仓街道办事处
工委书记 于海春
人大街工委主任 于海春
办事处主任 冯利英(女，9月免)
魏 国(11月任)
新华街道办事处
工委书记 张玉震
人大街工委主任 张玉震
办事处主任 朱军辉
北苑街道办事处
工委书记 孔维民
人大街工委主任 孔维民
办事处主任 刘德昉
玉桥街道办事处
工委书记 袁廷权
人大街工委主任 袁廷权
办事处主任 曹东波
永顺镇
党委书记 刘立新
人大主席 王成江
镇 长 石国辉
梨园镇
党委书记 王岩石(8月免)

马峰戍(8月任)

人大主席　王岩石(10月免)

马峰戍(10月任)

镇　　长　于立东

宋庄镇

党委书记　胡介报

人大主席　范玉全

镇　长　裴志刚(8月免)

潘月东(9月任)

张家湾镇

党委书记　尚祖国(8月免)

张小艳(女，8月任)

人大主席　尚祖国(8月免)

吴长利（9月任）

镇　长　孙奎亮

漷县镇

党委书记　杨连元

人大主席　杨连元

镇　　长　囤国常

马驹桥镇

党委书记　房亚军

人大主席　房亚军

镇　　长　鲁新洪

西集镇

党委书记　刘雪峰

人大主席　刘雪峰

镇　　长　张德启

潞城镇

党委书记　苏亚文(女，2月免)

王　晨(2月任)

人大主席　苏亚文(女，3月免)

王　晨(3月任)

镇　　长　甄　宇(8月免)

雷晓宁(女，8月任)

台湖镇

党委书记　刘贵明

人大主席　刘贵明

镇　　长　倪德才

永乐店镇

党委书记　张振泉

人大主席　董建忠

镇　　长　禹学河

于家务回族乡

党委书记　陈　宇(8月免)

甄　宇(8月任)

人大主席　魏金生

乡　　长　何志强(回族,3月免)

何海龙(回族,3月任)

九、双管单位

北京市规划委员会通州分局

党组书记　禹学垠(8月免)

杨　唯(12月任)

局　　长　禹学垠(6月免)

杨　唯(6月任)

北京市路政局通州公路分局

党委书记　段博新

局　　长　杨　帆

通州区质量技术监督局

党组书记、局长　赵久治

北京市国土资源局通州分局

党组书记、局长　刘占恩

通州区气象局局长　池长春

通州区邮政局党委书记、局长　刘国军

中国人民解放军北京市通州区人民武装部

部　长　芦　峰

政　委　储怀森

通州区国家税务局党组书记　张玉龙

局　　长　张玉龙(7月免)

刘祝轩(7月任)

通州区地方税务局党组书记、局长

牛明奇(6月免)

朱兴有(6月任)

北京市工商行政管理局通州分局

党组书记　廉建设(1月免)

赵　斌(1月任)

局　　长　廉建设(2009年12月免)

赵　斌(1月任)

北京市公安局通州分局

党委书记、局长 尹燕京

政　委 王　健

北京市药品监督管理局通州分局

党组书记、局长 刘术旺

通州区烟草专卖局（公司）

局长（经理） 武玉清(2009年11月免)

张子义(2009年11月任)

十、重点企业

北京珠江房地产开发有限公司

总经理 黄韶海

北京苏宁电器有限公司总经理 范志军

中国烟草总公司北京市公司物流中心

经　理 刘进民(9月免)

殷　刚(9月任)

党委书记 董宇康

北京东方石油化工有限公司东方化工厂

厂　长 宋春波

党委书记 张　琦

北京摩比斯变速器有限公司总经理 金成国

北京中丽制机工程技术有限公司

总经理 仝文奇

党委书记 刘福安

北京万生药业有限责任公司

董事长(总经理) 黄　河

北京东昇农业技术开发(集团)有限公司

董事长 刘宝平

十一、其他单位

中国联合网络通信有限公司北京市通州区分公司

党委书记、总经理(局长) 李　健

中国人民财产保险公司通州支公司

党组书记、总经理 刘玉纯

中国人寿保险公司通州区支公司

经理 胡振英(女)

建设银行通州区支行行长 韩少卿

工商银行通州支行行长 齐兆惠

农业银行通州区支行行长 巩全禄

中国银行通州区支行行长 王海波

华夏银行通州支行行长 杜元平

北京银行通州支行行长 李　伟

农业发展银行通州区支行行长 杨宝生

北京农村商业银行通州支行行长 单国俊

北京电力公司通州供电公司

经　理 王增志（5月免）

党委书记 靳福东（12月免）

北京新城基业投资发展有限公司

董事长 张　洪

总经理 胡克诚

先进人物

王连明 全国劳动模范。1953年出生。中共党员。通州区漷县镇草厂村党支部书记、村委会主任。1994年7月王连明开始任草厂村党支部书记、村委会主任。草厂村地处较偏僻地区，当时农民观念陈旧，集体经济发展落后。面对这种状况，2003年，王连明提出“支部引路、党员带路、群众上路”的发展模式，带动全村党员自筹资金建立了草厂村党员科技示范基地，逐步建立起蔬菜“自生产、自加工、自销售”的综合性产业，同时成立草厂村蔬菜产销合作社，大大降低了群众生产、销售风险，消除农民的后顾之忧。在王连明和村两委班子的带领下，草厂村有了翻天覆地的变化，全村农民的生活、生产环境得到很大改善，并形成了规模化的种植产业，村民的收入也显著提高。

2009年，王连明提出“以作风建设年为契机，抓工作作风转变，打造服务型党支部”的目标，要求村干部加强服务于民的责任意识和为民服务水平。村干部每人联系5至10名村民，下村入户，围绕村集体经济发展、农民增收和村容整改等方面与群众当面沟通，查找问题，听取意见，并认真制定了关于加强村内设施农业管理、增加农民收入、提高代办事务和解决问题的效率及丰富农户业余生活的整改台账。通过村干部和党员的共同努力，在全村村民大力配合下，草厂村经济发展迅速，大大提高了蔬菜大棚的亩产经济效益；村内全面建成了农产品加工厂；完善了村内残疾人、低保户生活保障工作等民生工程。截至2010年，全村有大棚876栋，蔬菜产量9900吨，年销售额1800万元，利润850万元，社员平均分红2.5万元。草厂村的百姓逐步走上了富裕之路，草厂村发展成为京郊闻名的无公害蔬菜种植专业村。2010年，王连明被评为全国劳动模范。

王志红　全国关心下一代先进工作者。曾任区人大常委会常务副主任。1998年退休后，即投入到全区的关心下一代工作中，担任区关心下一代工作委员会常务副主任，至今已十三个年头。

在此期间，王志红在组织策划全区关心下一代工作方面，深刻理解上级精神，创新工作思路，不断推动全区关心下一代工作向前发展。同时，他还克服年高有病等困难，亲自撰写了多部以青少年为对象的思想道德教育图书《与祖国同行》、《心如皓月情似火》、《平凡中的美丽》、《西马坊史话》等，全区广大青少年从中受益。特别是这些作品对于提高中学生业余党校学员的政治思想觉悟、加强他们的党性修养起了很大的促进作用。2010年，王志红被中国关工委、中央文明办评为全国关心下一代先进工作者。

罗敬义　全国关心下一代先进工作者。72岁。曾任通州区文教工委书记。1992年县（区）关心下一代工作委员会成立，他同时担任县（区）关工委副主任，负责全县（区）关心下一代工作的领导工作。1999年退休后，即开始全身心地投入关心下一代的组织工作，担任区关心下一代协会会长。

他工作认真负责，肯于吃苦，在发动和组织广大离退休老党员、老干部、老教师开展关心下一代工作上，做了大量的组织指导工作，并使工作在继承原有优良传统的基础上大胆创新，不断取得新成果。在他的领导下，2000年、2005年和2010年通州区关心下一代协会连续三次被中国关工委、中央文明办评为全国关心下一代工作先进集体。2010年，罗敬义被中国关工委、中央文明办评为全国关心下一代先进工作者。

金熙寅　全国关心下一代先进工作者。73岁。通州区潞河中学退休教师。从事教育工作几十年，先后获得“全国优秀班主任”、“全国优秀语文教师”、“北京市劳动模范”、“北京市优秀共产党员”等荣誉称号。1998年从教师岗位退休后，金熙寅继续发挥余热，无私奉献，全面关心青少年健康成长。他被聘为北京师范大学教师培训学院特聘教授和北京市教育系统“五老”报告团成员、通州区老教师讲师团成员。先后在北京市十余个区县的近百所中小学、在北京市师范大学教师培训学院举办的各种形式的师资培训班上、在国内许多省、市、地区及香港特别行政区，对数万名校长、教师、大中小学校的学生作了百余场有关师德建设、班主任工作和青年学生理想、美德、学习方法等方面的专题讲座，受到教育系统广大干部、教师和学生的热烈欢迎。他先后被评为通州区、北京市和全国教育系统关心下一代工作先进个人。2010年，金熙寅被中国关工委、中央文明办评为全国关心下一代先进工作者。

田俊杰 全国关心下一代先进工作者。通州区西集镇沙古堆人，1928年6月出生，1982年10月加入中国共产党，曾任廊坊师范学院副教授，曾被河北省教育厅评为“关心下一代工作先进个人”和“五老”先进个人。

田俊杰一直以教书为业，1994年退休后，回到家乡沙古堆村。回村后，看到农村英语教学比较薄弱，便主动承担起英语教学任务，教室是他家的三间正房，学生从起初的四、五个很快发展到四十多人。他对所有的孩子都一视同仁，因材施教。基础差的，经他的耐心调教，很快跟上了班。他不仅教英语，还辅导作文，学生曹玉磊等的文章在《中学生》上发表。

田俊杰十几年如一日无偿辅导孩子们学习，得到了家人的大力支持。如今，他辅导过的学生已经超过了200人，一批学生已大学毕业。

2001年8月，央视7套《农业新闻》节目以《农家小院设讲堂，退休教师教英语》为题，播放田俊杰的先进事迹。通州电视台、《通州时讯》等媒体也报道了相关事迹。2007年9月，田俊杰的家庭被评为“首都和谐家庭”。2008年10月，田俊杰被评为首都“迎奥运、讲文明、树新风”活动先进个人。2009年9月，被评为“通州道德模范”。2010年6月，田俊杰被中国关心下一代工作委员会、中央精神文明建设指导委员会办公室评为“全国关心下一代先进工作者”。

刘　嵩 全国宗教工作系统“五五”普法工作先进个人。回族，1983年2月出生，中共党员，2005年调入通州区民族宗教侨务办公室工作。

“五五”普法工作启动后，刘嵩根据北京市民族宗教系统“五五”普法的主要内容，起草了区民宗侨办“五五”普法规划，采取多种形式开展普法宣传活动。奥运前夕，全区开展了迎奥运清真网点清理整顿活动。刘嵩深入街道和民族乡村，上门办理“清真标志牌”，并在整顿同时发放《北京市少数民族权益保障条例》等宣传资料，使外来的少数民族流动人口了解相关的法律法规，积极办理必要手续，引导其合法经营。他还自行设计了清真网点管理信息系统，提高了办理速度，增加了查询、统计功能，为本区清真食品管理工作提供了信息化平台。

为了解区内少数民族流动人口底数及其生活工作现状，更好地为来京少数民族群众服务，他主动到区公安局人口处采集基础数据，深入到乡镇街道了解少数民族流动人口管理与服务工作中存在的问题和不足。通过调研，掌握了基本情况，对管理中存在的问题进行分析，并提出意见，形成的调研报告被评为全市少数民族流动人口管理与服务工作调研报告一等奖。

在日常工作中，刘嵩注重学习和掌握民族宗教方面的法律法规，不断提高依法行政的能力和水平。五年来，全区没有出现因民族宗教部门违法决策或不依法办事而造成影响社会稳定的重大事件，从而维护了本区及首都的社会稳定。

作为一名从事民族工作的少数民族年轻干部，刘嵩在自己的岗位上兢兢业业，特别是在普法工作中，充分发挥自身优势开展工作并取得了优异的成绩。2010年，刘嵩被国家宗教局评为全国宗教工作系统“五五”普法工作先进个人。

施文东　在全国“我推荐，我评议身边好人”活动中获“敬业奉献好人”称号。1968年12月出生，中共党员，1986年10入伍，2007年3月参加公安工作，现任北京市公安局通州分局永顺派出所社区民警。

施文东自2009年5月担任永顺派出所杨庄社区民警以来，爱岗敬业，心系群众，自觉履行党和人民赋予的神圣职责，坚持把“群众满意，社区平安”作为工作目标，用“真心、耐心、全心” 织就社区平安网。面对复杂的社区治安形势，坚持深入走访调查，找准问题症结，加强警情提示、强化巡逻防控、完善物技防建设、发动群防力量、收集破案线索，多措并举，打响了“警民携手保平安”的攻坚战。截至2010年，杨庄社区共发展治安联防力量76人，增加监控探头9处、23个点位，在沿街门店、平房等隐患部位安装红外线报警器600个，发放防撬锁300把，可防性案件同比下降38%，社区整体防控水平得到全面提升。

扎根社区，深怀亲民、爱民、为民之心，从构建和谐警民关系的高度着眼，从事关群众切身利益的小事入手，带着对人民群众的深厚感情，积极化解社会矛盾、热心帮扶困难家庭、全心全意为群众办好事、办实事，用实际行动践行着“人民警察为人民”的光荣承诺，在社区里营造出了“警爱民、民拥警、警民和谐一家亲”的良好氛围。2010年，他累计为群众提供咨询服务360余人次，共收到群众锦旗6面，感谢信、感谢电话40件次。

对待工作高标准、严要求，勤奋努力，不断加强自身建设，积极拓展工作思路，结合社区管理实际创建了以“三勤三严”为主要内容的“施文东工作法”，即“勤思考，严格制定工作计划；勤行动，严格落实工作措施；勤总结，严格评估工作成效”，并被通州公安分局在全局范围内广泛推广应用，更好地发挥先进典型的示范带动作用，为维护通州区的和谐稳定、保障现代化国际新城建设贡献了力量。

因工作成绩突出，2009年施文东获区公安分局嘉奖。2010年，先后被区公安分局授予“群众心目中好党员”荣誉称号；被市局授予“爱民实践活动先进个人”和“市局优秀复转军人”荣誉称号；在首都综治办、北京市公安局等单位联合开展的“百姓心目中最平安社区”评选活动中，施文东分管的杨庄社区被评为全市50个百姓心目中最平安社区之一；施文东在中央文明办在全国开展的“我推荐、我评议身边好人”活动中，被评为“敬业奉献好人”；2011年1月，荣立个人三等功。

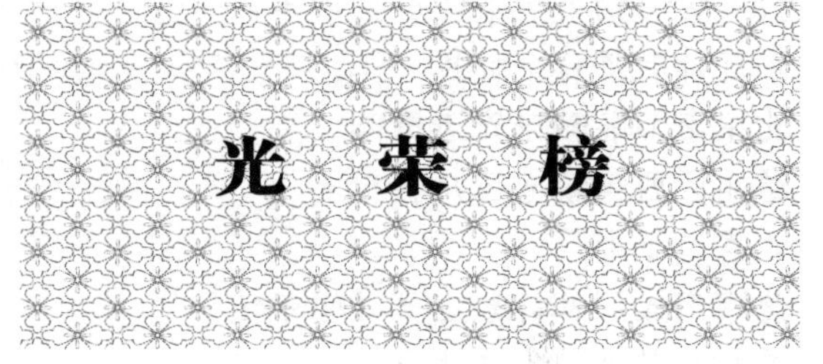

光　荣　榜

全国先进单位

国家卫生区

通州区

全国精神文明建设先进单位

通州区邮政局

全国党史系统先进集体

通州区党史区志办公室

全国方志系统先进集体

通州区人民武装部

全国关心下一代工作先进集体

通州区关心下一代协会

通州区玉桥街道葛布店北里社区关协

全国总工会“百家示范乡镇工会”

通州区张家湾镇总工会

全国宗教工作系统“五五”普法工作先进集体

通州区民族宗教侨务办公室

北京市先进单位、先进个人

首都社会治安综合治理工作先进区县

通州区

北京市2010年度水环境先进奖

通州区

北京市节能减排先进区县

通州区

2010年北京市模范集体

李宁公司室内运动事业部
区妇联综合部
区邮政局梨园分局投递部
蒙牛北京分公司低温部
潞电集团潞电建筑集团第一项目部
区教师研修中心师训部
大本营彩钢公司活动房生产车间
区统计局工业统计科

北京市节能减排先进集体

通州区西集镇老庄户村
北京造纸七厂

北京市人口和计划生育红旗单位

通州区潞城镇人民政府
通州区台湖镇人民政府

北京市人口和计划生育先进集体

通州区西集镇人民政府
通州区宋庄镇人民政府
通州区张家湾镇人民政府
通州区永乐店镇人民政府
通州区于家务乡人民政府
通州区梨园镇人民政府
通州区永顺镇人民政府
通州区漷县镇人民政府
通州区马驹桥镇人民政府
通州区玉桥街道办事处
通州区北苑街道办事处
通州区中仓街道办事处
通州区新华街道办事处
通州区委宣传部
通州区精神文明建设委员会办公室
通州区委直属机关工作委员会
通州区财政局
通州区地方税务局
通州区发展和改革委员会
北京市规划委员会通州分局
通州区人力资源和社会保障局
通州区民政局
北京市公安局通州分局
通州区卫生局
通州区广播电视中心
通州区流动人口和出租房屋管理委员会办公室
通州区教育委员会
通州区环境保护局
通州区住房和城乡建设委员会
通州区水务局

首都绿化美化园林小城镇

潞城镇

首都绿化美化花园式单位

通州区园林绿化局
通州区林业检查站
通州区供销合作总社
北京市交通委员会路政局通州公路分局
天时名苑小区
龙旺庄中学
通州区梨园镇世爵源墅小区
中国化学工程第三建设有限公司北京分公司
北京市大力奥神体育运动地板有限公司
北京方生益达有限公司
通州区马驹桥镇环境卫生管理所
北京万全恒瑞牧业有限公司
北京菲美德机械有限公司
台湖定海园小区
北京市永乐供水有限公司
通州区于家务供水厂
北京天明兴业科技发展有限公司

首都全民义务植树先进单位

共青团北京市通州区委员会
通州区成人教育中心
北京北机机电工业有限责任公司
北京市通州区93427部队

首都绿化美化先进单位
通州区果园
马驹桥镇六郎庄村
漷县镇南丁庄村
首都绿色村庄
潞城镇前疃村
西集镇陈桁村
西集镇大沙务村
漷县镇边槐庄
漷县镇徐官屯村
漷县镇梁家务村
永乐店镇半截河村
永乐店镇大务村
于家务回族乡后伏村
于家务回族乡果村
首都绿化美化花园式社区
北苑街道京贸国际社区
中仓街道办事处滨河社区
梨园镇颐瑞西里社区
永顺镇运乔嘉园社区
北京市卫生村
宋庄镇岗子村
宋庄镇北刘各庄村
潞城镇小豆村
潞城镇八各庄村
西集镇小沙务村
西集镇陈桁村
漷县镇梁家务村
漷县镇翟各庄村
永乐店镇德仁务后街村
永乐店镇小安村
永乐店镇小务村
永乐店镇西槐庄村
永乐店镇永一村
张家湾镇张湾村
张家湾镇马营村
马驹桥镇小张湾村
马驹桥镇小松垡村
台湖镇周坡庄村
北京市健康促进示范村
宋庄镇草寺村
宋庄镇师姑庄村
潞城镇卜落垡村
潞城镇常屯村
西集镇小沙务村
西集镇陈桁村
漷县镇梁家务村
漷县镇翟各庄村
永乐店镇前马坊村
永乐店镇东河村
于家务乡西垡村
于家务乡东垡村
马驹桥镇柴务村
马驹桥镇大杜社村
台湖镇玉甫上营村
北京市健康示范社区
梨园镇半壁店社区
梨园镇小稿村社区
梨园镇车里坟社区
北苑街道锦园社区
北苑街道长桥园社区
中仓街道中上园社区
北京市先进法院
通州区法院
北京市法院系统先进集体
通州区法院行政庭
第六届北京市“人民满意的政法单位”
通州区法院行政庭
北京法院系统集体二等功
通州区法院民三庭
北京市示范司法所
通州区台湖司法所
北京市信访工作先进集体
通州区信访办
通州区人力社保局
通州区永乐店镇
2008～2009年度北京市保密工作系统先进集体
通州区国家保密局

北京市交通安全工作先进单位

通州区邮政局

北京市科学技术普及工作先进集体

通州区科委

北京市妇女儿童工作先进集体

通州区妇女联合会

和谐家庭创建工作优秀单位

通州区妇女联合会

家教工作先进单位

通州区妇女联合会

北京郊区环境优美乡镇

张家湾镇

北京郊区生态村

潞城镇小豆各庄村
潞城镇贾后疃村
宋庄镇北刘各庄村
宋庄镇辛店村
台湖镇北姚园村
马驹桥镇六郎庄村
永乐店镇老槐庄村
漷县镇边槐庄村
张家湾镇苍上村
西集镇史东仪村
于家务乡东垡村
于家务乡西垡村
于家务乡后伏村
于家务乡小海字村

2010年北京市劳动模范

常仕洺 方启华 贾光红 金胜财 蔺宝林
申铁群 师晓雯 王丽萍 王学英 王振清
杨国浦 张万良 周晓政

2010年北京市先进工作者

蔡俊清 曹文明 陈军旺 程宝民 崔海举
东 勇 窦玉平 杜会山 郭少利 霍宝军
李 伟 李 峥 李灵燕 蔺文艳 刘 成
刘汝林 马九林 潘金华 潘玉霞 齐 跃
宋京璋 宋久峰 宋卫红 王 健 王光弟
杨雪华 张福刚 张福志 张佳春 张明海
张千浦 郑雅莲 周彩云 邹秉志

北京市“三八红旗奖章获得者”

李迎新

北京市人口和计划生育先进个人

尚祖国 王岩石 张振伟 渠衍国 陈秋平
徐景发 刘汝林 姚华峰 崔松光 詹懿琳
苏亚文 史宝山 李永锋 刘福忠 郑立利
欧阳宇 张文宽 王志刚 张立芳 杨克杰
孙红珍 姜富龙 彭殿军 张湛军 王 锐
王 晨 杜妍杰 刘贵明 胡立平 湛向东
郭永增 王玉英 李秀兰 张小艳 孙奎亮
禹学河 董建忠 甄 宇 冉金友 王红蕾
冯继云 刘立新 宋淑英 杨连元 倪满荣
鲁新洪 于国秀 曹东波 燕国萍 孔维民
杨国凤 李玉华 韩秋增 袁军荣

第六届北京市“人民满意的政法干警”标兵

周建刚

第六届北京市“人民满意的政法干警”

李迎新

北京法院女调解能手

隋乐音

北京市法院系统个人二等功

孙天舒

北京市法院系统先进法官

刘 梅 王新东 朱 璟

北京市信访工作先进个人

汤德月 刘 鹏 朱赤军 韩秋增 裴剑锋

北京市水务工作先进个人

张冠启

北京市科学技术普及工作先进个人

王立生 杜 伟

首都绿化美化积极分子

石国辉 倪德才 徐德义 李文周 吴振明
马玉春 夏桂森 张会英 刘宝旺 曹士斌
赵洪涛 王文宝 邢维江 王立成 赵全喜
高 华 陈长春 杨俊江 张 银 刘会来
王长顺 陈晓晨 胡文莉 张宝明 田志刚
李玉生 王爱东 张 燕 朱建琳 唐晓川

北京市节能减排先进个人

张 芳 郑 健 卢学智 任春峰 杨 扬
王 征 王 成 刘玉杰 谷志强

统 计 表

2010年通州区社会经济主要指标统计表

项 目		2010年	2009年	2010年比2009年 ±%
区域概况				
全区地域面积	（平方公里）	906.28	906.28	持平
乡镇数	（个）	11	11	持平
#镇	（个）	10	10	持平
街道办事处	（个）	4	4	持平
村民委员会	（个）	475	480	-1.0
居委会	（个）	102	99	3.0
平均气温	（度）	12.7	13.6	-6.6
二级和好于二级天数占全年比例	（%）	74.0	71.8	
人口和劳动力				
常住人口	（万人）	118.4	109.3	8.3
#居住半年以上外来人口	（万人）	43.5	39.9	9.0
总户数	（户）	322941	316112	2.2
农业户	（户）	146279	146035	0.2
非农业户	（户）	176662	170077	3.9
户籍人口	（人）	663303	655509	1.2
男	（人）	329412	325776	1.1
女	（人）	333891	329733	1.3
农业人口	（人）	332992	336133	-0.9
非农业人口	（人）	330311	319376	3.4
乡村从业人员	（人）	388229	347564	11.7
国民经济核算				
地区生产总值	（万元）	3447776	2789280	23.6
第一产业	（万元）	147376	141197	4.4

续表1

项 目		2010年	2009年	2010年比2009年 ±%
第二产业	（万元）	1675669	1180384	42.0
工 业	（万元）	1298055	877011	48.0
建筑业	（万元）	377614	303373	24.5
第三产业	（万元）	1624731	1467699	10.7
财政税收金融				
地方财政收入	（万元）	1746727	660860	164.3
#一般预算收入	（万元）	316524	260607	21.5
地方财政支出	（万元）	1815724	895808	102.7
#一般预算支出	（万元）	742239	704147	5.4
各项税收	（万元）	1033512	836042	23.6
#地税	（万元）	532070	413113	28.8
各项存款余额	（万元）	11022063	8837095	24.7
各项贷款余额	（万元）	3400484	2577038	32.0
对外贸易				
实际利用外资	（万美元）	9042	8088	11.8
新增三资企业个数	（个）	36	31	16.1
出口创汇总额	（亿美元）	14.3	9.4	52.8
进出口贸易总额	（亿美元）	23.6	16.6	42.2
固定资产投资				
全社会固定资产投资额	（万元）	3647468	3101853	17.6
城镇固定资产投资	（万元）	533376	996156	-46.5
房地产开发完成投资	（万元）	2746308	1758048	56.2
农村固定资产投资	（万元）	367784	347649	5.8
农村经济				
全年化肥施用量	（吨）	73025.8	74246.0	-1.6
农业用电量	（万千瓦时）	23426.4	19706.9	18.9
农林牧渔业总产值（现价）	（万元）	397882.1	384584.9	3.5
农 业	（万元）	232287.1	221701.6	4.8
林 业	（万元）	11748.6	9872.8	19.0
牧 业	（万元）	123186.2	123828.0	-0.5
渔 业	（万元）	23028.4	22027.7	4.5
农林牧渔服务业	（万元）	7631.8	7154.8	6.7

续表2

项 目		2010年	2009年	2010年比 2009年 ±%
粮食总产量	（吨）	208405.1	234021.9	-10.9
农作物总播种面积	（公顷）	53672.7	55469.2	-3.2
粮食作物	（公顷）	37564.1	39201.1	-4.2
经济作物	（公顷）	240.7	377.1	-36.2
其他作物	（公顷）	15867.9	15891.0	-0.1
农副产品产量				
蔬菜产量	（吨）	680931.2	685713.9	-0.7
园林水果产量	（吨）	63465.2	58310.1	8.8
出栏生猪	（头）	310433.0	331949.0	-6.5
鲜蛋总产量	（吨）	7257.3	7106.0	2.1
鲜奶产量	（吨）	90213.3	80533.7	12.0
水产品总产量	（吨）	9878.0	9580.0	3.1
肉类总产量	（吨）	41264.5	42435.9	-2.8
#猪	（吨）	24490.6	25366.3	-3.5
牛	（吨）	2377.6	2189.6	8.6
羊	（吨）	1681.8	1748.5	-3.8
禽	（吨）	12712.3	13126.0	-3.2
籽种农业				
总收入	（万元）	4462.7	5868.1	-23.9
农业	（万元）	466.4	655.4	-28.8
林业	（万元）	1108.3	1871.0	-40.8
牧业	（万元）	797.8	1925.4	-58.6
渔业	（万元）	2090.2	1416.3	47.6
观光农业				
农业观光园	（个）	46	32	43.8
从业人员	（人）	1471	2062	-28.7
接待人次	（人）	614543	524663	17.1
观光园总收入	（万元）	7837.0	8920.3	-12.1
#采摘收入	（万元）	2034.2	1254.2	62.2
设施农业				
设施农业销售收入	（万元）	66627.3	61459.1	8.4
设施农业实际利用面积	（公顷）	2335.2	2466.8	-5.3
温室占地面积	（公顷）	1749.1	1829.6	-4.4

续表3

项 目		2010年	2009年	2010年比2009年 ±%
大棚占地面积	（公顷）	415.1	466.3	-11.0
中小棚占地面积	（公顷）	171.0	170.9	0.1
工业				
全部法人单位工业总产值	（万元）	6287802.5	4564133.0	37.8
规模以上工业法人单位	（万元）	5946393.8	4264219.6	39.4
规模以下工业法人单位	（万元）	341408.7	299913.4	13.8
全部法人单位工业主营业务收入	（万元）	6721172.4	4947327.9	35.9
规模以上工业法人单位	（万元）	6388765.8	4669555.7	36.8
规模以下工业法人单位	（万元）	332406.6	277772.2	19.7
全部法人单位工业利润总额	（万元）	275272.4	139792.0	96.9
规模以上工业法人单位	（万元）	275886.7	155010.1	78.0
规模以下工业法人单位	（万元）	-614.3	-15218.1	
建筑业				
建筑业总产值	（万元）	3241632.2	2255186.1	43.7
房屋建筑开复工面积	（万平方米）	2524.4	1558.6	62.0
房屋建筑竣工面积	（万平方米）	298.9	245.5	21.8
竣工产值	（万元）	913907.2	985429.2	-7.3
批发和零售、住宿和餐饮业				
社会消费品零售额	（万元）	1876898	1618463	16.0
按用途分				
吃类商品	（万元）	414592	372770	11.2
穿类商品	（万元）	147716	142764	3.5
用类商品	（万元）	1240939	1041667	19.1
烧类商品	（万元）	73651	61262	20.2
按行业分				
批发和零售贸易业	（万元）	1705524	1536377	11.0
#个体	（万元）	398056	436952	-8.9
餐饮业	（万元）	159217	69768	128.2
#个体	（万元）	123970	43516	184.9
住宿业	（万元）	12157	12318	-1.3
按规模分				
限额以上企业	（万元）	1263733	1080430	17.0
限额以下企业	（万元）	90463	56488	60.1

续表4

项 目		2010年	2009年	2010年比 2009年 ±%
个体工商户	（万元）	522702	481545	8.5
各类商品交易市场成交额	（万元）	596719	458494	30.1
人民生活				
农村居民人均纯收入	（元）	12613.0	11361.0	11.0
农村居民人均生活消费支出	（元）	9840.0	8296.4	18.6
城镇居民人均可支配收入	（元）	24426.6	22454.9	8.8
城镇居民人均消费性支出	（元）	16046.0	14040.8	14.3
城乡居民储蓄余额	（万元）	5655982.0	4588300.0	23.3
劳动工资				
城镇年末在岗职工人数	（人）	210401	205264	2.5
城镇单位职工工资总额	（万元）	861633	680358	26.6
从业人员劳动者报酬	（万元）	900317	715566	25.8
#城镇在岗职工	（万元）	856937	675746	26.8
从业人员平均人数	（人）	220379	215894	2.1
#城镇在岗职工	（人）	210515	205590	2.4
从业人员平均工资	（元）	40853	33144	23.3
城镇在岗职工平均工资	（元）	40707	32869	23.8
旅游				
旅游收入	（万元）	57153.0	52971.0	7.9
接待旅游人数	（万人次）	231.0	271.2	-14.8
劳动就业与社会保障				
城镇登记失业率	（%）	1.89	1.92	
城镇登记失业人员就业率	（%）	72.22	70.31	
城镇登记失业人员就业人数	（人）	11825	12023	-1.6
职业介绍服务机构	（家）	28	25	12.0
失业人员参加培训人数	（人）	1951	2240	-12.9
职业技能鉴定人数	（人）	2324	5115	-54.6
参加职业技能培训人数	（人）	20800	20103	3.5
参加养老保险单位数	（家）	6932	4937	40.4
参加养老保险人数	（人）	268513	187473	43.2
参加基本医疗保险单位数	（家）	7879	6022	30.8
参加基本医疗保险人数	（人）	301871	255415	18.2
参加失业保险单位数	（家）	6677	4979	34.1

续表5

项 目		2010年	2009年	2010年比2009年 ±%
参加失业保险人数	（人）	202693	158546	27.8
参加城乡居民养老保险人数	（人）	210899	195063	8.1
城乡居民养老保险覆盖率	（%）	95.4	93.0	
城镇五险社会保险基金收缴额	（亿元）	17.6	11.3	55.8
城镇五险社会保险基金目标完成率	（%）	119.2	119.4	
企业退休人员基本养老金最低标准	（元/月）	1000	900	11.1
企业退职人员基本养老金最低标准	（元/月）	900	800	12.5
企业退养人员基本养老金最低标准	（元/月）	800	700	14.3
失业保险金最低标准	（元/月）	632	562	12.5
领取失业保险金金额	（万元）	9933.6	7888.5	25.9
领取工伤保险金金额	（万元）	2625.4	2240.0	17.2
职工最低工资标准	（元/月）	960	800	20.0
文化				
公共图书馆	（个）	1	1	持平
公共图书馆藏书	（万册）	33.0	30.0	10.0
区级以上文物保护单位	（个）	54	54	持平
教育				
小学	（所）	85	89	-4.5
在校生	（人）	47912	45795	4.6
普通中学	（所）	43	46	-6.5
在校生	（人）	30594	32034	-4.5
幼儿园	（所）	74	77	-3.9
在园人数	（人）	13514	13259	1.9
卫生				
卫生机构	（个）	257	243	5.8
#医院	（个）	12	12	持平
社区卫生服务中心	（个）	18	18	持平
实有床位数	（张）	2608	2527	3.2
#医院	（张）	1895	1863	1.7
卫生院	（张）	475	458	3.7
卫生技术人员	（人）	5878	5379	9.3
#执业（助理）医师	（人）	2381	2132	11.7
注册护士	（人）	2058	1942	6.0

续表6

项 目		2010年	2009年	2010年比 2009年 ±%
卫生防疫人员数	（人）	238	260	-8.5
5岁以下儿童死亡率	（‰）	5.34	3.52	
婴儿死亡率	（‰）	3.84	2.70	
公共设施				
公园	（个）	6	5	20.0
#区属公园	（个）	1	1	持平
体育场馆	（个）	1	1	持平
道路长度	（公里）	2354.8	2767.3	-14.9

注：①常住人口为第六次人口普查数据。全区地域面积为北京市集体土地调查数据。

②部门数据来源于通州区民政局、气象局、环保局、公安分局、财政局、国税局、地税局、商务委、人力社保局、文化委、教委、卫生局、园林绿化局、体育局、公路分局。

③存贷款数据、城乡居民储蓄数据来源于通州区工行、农行、农商行、建行、中行、交通银行、北京银行、农发行、兴业银行、华夏银行、中信银行、邮储银行。

④全社会固定资产投资为项目建设地口径。

⑤农业用电量来源于通州供电公司。

⑥旅游收入及接待旅游人数为北京市统计局反馈数据。

⑦2010年开始原乡镇卫生院更名为社区卫生服务中心。

附　　录

中共北京市通州区委主要文件目录

中共北京市通州区委文件

京通发〔2010〕1号　中共北京市通州区委关于加强和改进新形势下党的建设的实施意见
京通发〔2010〕2号　中共北京市通州区委 北京市通州区人民政府关于健全北京市通州区新城开发建设领导机构的通知
京通发〔2010〕3号　中共北京市通州区委关于2010年干部理论学习的安排意见
京通发〔2010〕4号　关于中共北京市路政局通州公路分局委员会更名为中共北京市交通委员会路政局通州公路分局委员会的通知
京通发〔2010〕5号　中共北京市通州区委关于印发《中国共产党北京市通州区代表大会代表任期制实施办法(试行)》的通知
京通发〔2010〕6号　中共北京市通州区委关于印发《区委常委会2010年议题计划》的通知
京通发〔2010〕7号　中共北京市通州区委关于做好2010年调查研究工作的意见
京通发〔2010〕8号　中共北京市通州区委 北京市通州区人民政府关于印发《2010年区委、区政府折子工程》的通知
京通发〔2010〕9号　中共北京市通州区委关于区委常委分工的通知
京通发〔2010〕10号　中共北京市通州区委 北京市通州区人民政府关于对2009年度考评优秀单位进行表彰的决定
京通发〔2010〕11号　中共北京市通州区委关于在全区开展“加强作风建设、优化发展环境”活动的意见
京通发〔2010〕12号　中共北京市通州区委关于在全区基层党组织和党员中深入开展创先争优活动的实施意见
京通发〔2010〕13号　中共北京市通州区委关于对帮扶新农村建设工作先进单位和先进个人进行表彰的决定
京通发〔2010〕14号　中共北京市通州区委转发《中共北京市通州区人大常委会党组关于做好当前人大工作的若干意见》的通知
京通发〔2010〕15号　中共北京市通州区委关于进一步加强和改进党校工作的实施意见

京通发〔2010〕16号	关于调整通州区人才工作领导小组组成人员的通知
京通发〔2010〕17号	中共北京市通州区委印发《关于处级领导干部任前公示制的实施办法(试行)》的通知
京通发〔2010〕18号	中共北京市通州区委关于批转《中共北京市通州区人大常委会党组关于召开北京市通州区第四届人民代表大会第六次会议的请示》的通知
京通发〔2010〕19号	中共北京市通州区委 北京市通州区人民政府关于设立“通州杰出人才奖”的决定
京通发〔2010〕20号	中共北京市通州区委 北京市通州区人民政府印发《关于进一步加强通州区经济责任审计工作的意见》的通知
京通发〔2010〕21号	中共北京市通州区委印发《关于中共北京市通州区委常委会讨论任免干部实行票决制的暂行办法》的通知
京通发〔2010〕22号	中共北京市通州区委关于表彰“群众心目中的好党员”的决定
京通发〔2010〕23号	关于对乡镇党委书记抓党建工作实行“两报告、五评议、双考核”制度的意见
京通发〔2010〕24号	中共北京市通州区委 北京市通州区人民政府关于印发《通州区区级领导联系重点产业项目(企业)工作实施方案》的通知
京通发〔2010〕25号	中共北京市通州区委 北京市通州区人民政府关于调整区级领导定点联系农村学校工作的通知
京通发〔2010〕26号	中共北京市通州区委关于进一步加强全区村级“两委”班子建设的意见
京通发〔2010〕27号	中共北京市通州区委印发《关于推进乡镇街道总工会建设的意见(试行)》的通知
京通发〔2010〕28号	中共北京市通州区委关于印发《北京市通州区2010年公开选拔领导干部工作意见》的通知
京通发〔2010〕29号	中共北京市通州区委关于印发《中共北京市通州区委巡视工作暂行办法》的通知
京通发〔2010〕30号	中共北京市通州区委印发《中共北京市通州区委关于处级领导干部改任同级非领导职务干部管理办法(试行)》的通知
京通发〔2010〕31号	关于调整中共北京市通州区委外事工作领导小组组成人员的通知
京通发〔2010〕32号	中共北京市通州区委关于实施“强党性、提素质、建新城”党员教育培训工程的意见
京通发〔2010〕33号	中共北京市通州区委 北京市通州区人民政府关于授予王连明等同志首届“通州杰出人才奖”、甘忠如等同志首届“通州杰出人才提名奖”的决定
京通发〔2010〕34号	中共北京市通州区委关于进一步加强党管人才工作的意见
京通发〔2010〕35号	中共北京市通州区委关于加强人民政协政治协商制度建设的意见
京通发〔2010〕36号	中共北京市通州区委关于批转《中共政协通州区委员会党组关于召开政协通州区第四届委员会第五次会议的请示》的通知
京通发〔2010〕37号	中共北京市通州区委 北京市通州区人民政府关于印发《北京市通州区中长期人才发展规划(2010－2020年)》的通知

京通发〔2010〕38号	中共北京市通州区委 北京市通州区人民政府关于印发《北京市通州区培养引进紧缺适用人才暂行办法》的通知
京通发〔2010〕39号	中共北京市通州区委 北京市通州区人民政府关于印发《通州区2010－2011年深化医药卫生体制改革实施方案》的通知
京通发〔2010〕40号	中共北京市通州区委关于批转《中共北京市通州区人大常委会党组关于召开北京市通州区第四届人民代表大会第七次会议的请示》的通知
京通发〔2010〕41号	中共北京市通州区委 北京市通州区人民政府关于印发《通州区贯彻落实〈北京市社会服务管理创新行动方案〉的实施方案》的通知
京通发〔2010〕42号	中共北京市通州区委 北京市通州区人民政府关于建立北京市通州区处理信访突出问题及群体性事件联席会议的通知
京通发〔2010〕43号	中共北京市通州区委 北京市通州区人民政府关于加强全区纪检监察组织建设的实施意见
京通发〔2010〕44号	关于成立中共北京市通州区行政服务中心党组的通知
京通发〔2010〕45号	中共北京市通州区委关于制定国民经济和社会发展第十二个五年规划的建议

中共北京市通州区委办公室文件

京通办发〔2010〕1号	中共北京市通州区委办公室 北京市通州区人民政府办公室关于印发《中共北京市通州区委 北京市通州区人民政府信访办公室主要职责内设机构和人员编制规定》的通知
京通办发〔2010〕2号	中共北京市通州区委办公室 北京市通州区人民政府办公室关于印发《中共北京市通州区委教育工作委员会 北京市通州区教育委员会主要职责内设机构和人员编制规定》的通知
京通办发〔2010〕3号	中共北京市通州区委办公室 北京市通州区人民政府办公室关于印发《中共北京市通州区委农村工作委员会 北京市通州区农村委员会主要职责内设机构和人员编制规定》的通知
京通办发〔2010〕4号	中共北京市通州区委办公室 北京市通州区人民政府办公室关于印发《中共北京市通州区委社会工作委员会(北京市通州区社会建设工作办公室)主要职责内设机构和人员编制规定》的通知
京通办发〔2010〕5号	中共北京市通州区委办公室 北京市通州区人民政府办公室关于印发《中共北京市通州区委 北京市通州区人民政府信访办公室主要职责内设机构和人员编制规定》的通知
京通办发〔2010〕6号	中共北京市通州区委办公室关于印发《2010年春节期间区级领导慰问活动安排意见》的通知
京通办发〔2010〕7号	中共北京市通州区委办公室 北京市通州区人民政府办公室关于加强现代化国际新城宣传工作的意见
京通办发〔2010〕8号	中共北京市通州区委办公室 北京市通州区人民政府办公室关于做好2010年春节期间有关工作的通知

京通办发〔2010〕9号	中共北京市通州区委办公室 北京市通州区人民政府办公室印发《关于推进北汽控股公司动力总成项目建设工作方案》的通知
京通办发〔2010〕10号	中共北京市通州区委办公室 北京市通州区人民政府办公室印发《关于档案接收进馆的实施意见》的通知
京通办发〔2010〕11号	中共北京市通州区委办公室关于对2009年度通州区党委系统办公室工作先进单位及先进个人进行表彰的通报
京通办发〔2010〕12号	中共北京市通州区委办公室 北京市通州区人民政府办公室关于全面做好全国“两会”期间安全服务保障工作的通知
京通办发〔2010〕13号	中共北京市通州区委办公室关于转发区纪委、区委宣传部、区文明办、区监察局、区文化委、区广电中心《关于打造“运河清风”廉政文化品牌、进一步加强廉政文化建设的意见》的通知
京通办发〔2010〕14号	中共北京市通州区委办公室关于对2009年度办理政协党派团体和委员提案工作先进单位、先进个人进行表彰的通报
京通办发〔2010〕15号	中共北京市通州区委办公室关于转发《共青团北京市通州区委员会、中共北京市通州区委组织部、中共北京市通州区委宣传部、北京市通州区人力资源和社会保障局关于开展“通州青年榜样”评选活动的通知》的通知
京通办发〔2010〕16号	中共北京市通州区委办公室 北京市通州区人民政府办公室关于印发《通州区运河核心区及西海子棚户区拆迁组织实施方案》的通知
京通办发〔2010〕17号	中共北京市通州区委办公室 北京市通州区人民政府办公室关于印发《通州区运河核心区及西海子棚户区非住宅搬迁工作方案》的通知
京通办发〔2010〕18号	中共北京市通州区委办公室 北京市通州区人民政府办公室关于北京市通州区突发公共事件应急委员会和北京市通州区突发公共事件应急委员会办公室更名的通知
京通办发〔2010〕19号	中共北京市通州区委办公室　北京市通州区人民政府办公室关于印发《通州区2010年“加强作风建设、优化发展环境”工作实施方案》的通知
京通办发〔2010〕20号	中共北京市通州区委办公室　北京市通州区人民政府办公室关于认真做好通州区第八届村民委员会选举工作的意见
京通办发〔2010〕21号	中共北京市通州区委办公室　北京市通州区人民政府办公室关于对2009年度调研工作先进单位调研先进工作者和优秀调研成果予以表彰的通报
京通办发〔2010〕22号	中共北京市通州区委办公室关于转发《中共北京市通州区纪委、中共北京市通州区委宣传部、中共北京市通州区直机关工委、共青团北京市通州区委关于开展“运河清风——优化发展环境　青年争当先锋”征文演讲活动的通知》的通知
京通办发〔2010〕23号	中共北京市通州区委办公室　北京市通州区人民政府办公室关于开展通州区第二轮地方志书编纂工作的通知
京通办发〔2010〕24号	中共北京市通州区委办公室　北京市通州区人民政府办公室关于加强全区学校、幼儿园及周边安全工作的通知

京通办发〔2010〕25号	中共北京市通州区委办公室 北京市通州区人民政府办公室印发《关于在加快推进通州新城建设中进一步加强监督工作的意见》的通知
京通办发〔2010〕26号	中共北京市通州区委办公室 北京市通州区人民政府办公室印发《关于在加快推进通州新城建设中督察监察的工作方案》的通知
京通办发〔2010〕27号	关于成立中共北京市通州区委深入开展创先争优活动领导和工作机构的通知
京通办发〔2010〕28号	关于成立北京市通州区城乡结合部建设领导小组的通知
京通办发〔2010〕29号	中共北京市通州区委办公室关于印发《中共北京市通州区委党的建设工作领导小组2010年工作要点》的通知
京通办发〔2010〕30号	中共北京市通州区委办公室关于做好《中共北京市通州区(通县)组织史资料》编纂工作的通知
京通办发〔2010〕31号	中共北京市通州区委办公室 北京市通州区人民政府办公室关于调整通州区依法治区领导小组成员的通知
京通办发〔2010〕32号	中共北京市通州区委办公室 北京市通州区人民政府办公室关于做好迎峰度夏节电工作的通知
京通办发〔2010〕33号	中共北京市通州区委办公室 北京市通州区人民政府办公室印发《关于2010年通州区创建国家卫生区下一步工作方案》的通知
京通办发〔2010〕34号	关于调整通州区引导鼓励高校毕业生到农村基层工作领导小组组成人员的通知
京通办发〔2010〕35号	中共北京市通州区委办公室 北京市通州区人民政府办公室印发《关于加快推进农村社区建设的意见》的通知
京通办发〔2010〕36号	中共北京市通州区委办公室 北京市通州区人民政府办公室关于印发《通州区农村社区建设全覆盖实施方案》的通知
京通办发〔2010〕37号	中共北京市通州区委办公室 北京市通州区人民政府办公室关于全面做好“中秋”、“国庆”节期间安全稳定工作的通知
京通办发〔2010〕38号	中共北京市通州区委办公室 北京市通州区人民政府办公室关于进一步规范外出学习参观考察等活动的紧急通知
京通办发〔2010〕39号	中共北京市通州区委办公室 北京市通州区人民政府办公室关于调整北京市通州区突发事件应急委员会领导成员及组成人员的通知
京通办发〔2010〕40号	中共北京市通州区委办公室 北京市通州区人民政府办公室印发《关于建立行政监督网络体系的意见》的通知
京通办发〔2010〕41号	关于做好2011年度《人民日报》、《求是》杂志和《北京日报》、《前线》杂志等党报党刊发行工作的通知
京通办发〔2010〕42号	中共北京市通州区委办公室 北京市通州区人民政府办公室关于从简安排各类庆典活动的通知
京通办发〔2010〕43号	关于调整通州区老干部工作领导小组组成人员的通知
京通办发〔2010〕44号	中共北京市通州区委办公室 北京市通州区人民政府办公室关于转发《北京市人民政府办公厅转发国务院办公厅关于进一步做好消防工作坚决遏制重特大火灾事故文件的通知》的通知
京通办发〔2010〕45号	中共北京市通州区委办公室 北京市通州区人民政府办公室关于印

	发《通州区社会服务管理创新折子工程》的通知
京通办发〔2010〕46号	中共北京市通州区委办公室 北京市通州区人民政府办公室关于调整部分区属议事协调机构和临时机构的通知
京通办发〔2010〕47号	中共北京市通州区委办公室关于印发《2011年春节期间区级领导慰问活动安排意见》的通知
京通办发〔2010〕48号	中共北京市通州区委办公室 北京市通州区人民政府办公室转发《中共中央办公厅 国务院办公厅关于做好2011年元旦、春节期间有关工作的通知》的通知
京通办发〔2010〕49号	中共北京市通州区委办公室 北京市通州区人民政府办公室关于调整北京市通州区关心下一代工作委员会组成人员的通知
京通办发〔2010〕50号	中共北京市通州区委办公室 北京市通州区人民政府办公室关于开展元旦、春节期间全区安全生产大检查工作的通知

北京市通州区人民政府主要文件目录

北京市通州区人民政府文件

通政发〔2010〕1号	北京市通州区人民政府关于印发区长邓乃平在通州区第四届人民代表大会第五次会议上作的《政府工作报告》的通知
通政发〔2010〕2号	北京市通州区人民政府关于表彰2009年度通州区安全生产先进单位先进企业和先进个人的决定
通政发〔2010〕3号	北京市通州区人民政府关于印发通州区专利资助暂行办法的通知
通政发〔2010〕4号	北京市通州区人民政府关于表彰2009年度政府法制工作先进单位和重视政府法制工作的领导、优秀法制工作者的通报
通政发〔2010〕5号	北京市通州区人民政府关于表彰2009年度民防工作先进单位和先进个人的决定
通政发〔2010〕6号	北京市通州区人民政府 北京市通州区人民武装部关于表彰2009年度先进人民武装部和先进专武干部的通报
通政发〔2010〕7号	北京市通州区人民政府关于印发通州区2009—2010年都市型现代农业基础建设及综合开发项目实施方案的通知
通政发〔2010〕8号	北京市通州区人民政府关于印发通州区2010年在直接关系群众生活方面拟办重要实事的通知
通政发〔2010〕9号	北京市通州区人民政府关于印发通州区行政事业单位国有资产处置管理实施细则的通知
通政发〔2010〕10号	北京市通州区人民政府关于印发通州区2010年重点项目任务表的通知
通政发〔2010〕11号	北京市通州区人民政府关于开展第六次全国人口普查的通知

通政发〔2010〕12号	北京市通州区人民政府关于进一步完善错时上下班措施的通知
通政发〔2010〕13号	北京市通州区人民政府关于印发通州区创建全国农村中医工作先进区实施方案的通知
通政发〔2010〕14号	北京市通州区人民政府关于印发通州区"十二五"规划研究编制工作方案的通知
通政发〔2010〕15号	北京市通州区人民政府关于印发通州区2010年违法用地专项整治工作方案的通知
通政发〔2010〕16号	北京市通州区人民政府关于优化发展环境、建设服务型政府的意见
通政发〔2010〕17号	北京市通州区人民政府关于进一步促进就业工作有关问题的通知
通政发〔2010〕18号	北京市通州区人民政府关于表彰2009年度劳动保障工作先进单位和先进个人的决定
通政发〔2010〕19号	北京市通州区人民政府关于印发通州区城市房屋行政强制拆迁工作办法的通知
通政发〔2010〕20号	北京市通州区人民政府关于印发代区长岳鹏在区政府第四次常务(扩大)会议上讲话的通知
通政发〔2010〕21号	北京市通州区人民政府关于印发通州区土地储备开发项目资金监督管理办法(试行)的通知
通政发〔2010〕22号	北京市通州区人民政府关于印发区政府领导同志工作分工的通知
通政发〔2010〕23号	北京市通州区人民政府关于开展安全生产标准化"金安企业"创建活动的意见
通政发〔2010〕24号	北京市通州区人民政府印发关于调整通州区各相关工作部门安全监管(管理)职责的通知
通政发〔2010〕25号	北京市通州区人民政府关于通州区第十六阶段控制大气污染措施的通知
通政发〔2010〕26号	北京市通州区人民政府关于印发2010年通州区主要污染物总量减排工作方案的通知
通政发〔2010〕27号	北京市通州区人民政府印发关于加快现代化国际新城建设报告的通知
通政发〔2010〕28号	北京市通州区人民政府印发关于建立制止和查处违法用地违法建设联动工作机制若干规定的通知
通政发〔2010〕29号	北京市通州区人民政府关于成立通州区城乡环境建设委员会的通知
通政发〔2010〕30号	北京市通州区人民政府关于授予刘宝胜、马九林等12名同志通州区"名校长"、"名教师"称号的决定
通政发〔2010〕31号	北京市通州区人民政府关于印发北京市通州区大运河森林公园暂行管理办法的通知
通政发〔2010〕32号	北京市通州区人民政府关于印发通州区公费医疗单位医疗保障制度改革方案的通知
通政发〔2010〕33号	北京市通州区人民政府关于张勇等任免职的通知
通政发〔2010〕34号	北京市通州区人民政府关于王岩石等任免职的通知
通政发〔2010〕35号	北京市通州区人民政府 北京市通州区人民武装部2010年冬季征兵命令

通政发〔2010〕36号 北京市通州区人民政府关于实施北京市通州区突发事件总体应急预案的决定

通政发〔2010〕37号 北京市通州区人民政府关于表彰2010年安全生产标准化“金安企业”和“安全生产标准化创建标兵”的决定

通政发〔2010〕38号 北京市通州区人民政府关于加强全区防空防灾公共安全宣传教育培训工作的意见

通政发〔2010〕39号 北京市通州区人民政府关于2008、2009年度通州区科学技术奖励的决定

通政发〔2010〕40号 北京市通州区人民政府印发关于推进基层林业工作站改革实施方案的通知

北京市通州区人民政府办公室文件

通政办发〔2010〕1号 北京市通州区人民政府办公室印发关于加强液化石油气安全管理工作意见的通知

通政办发〔2010〕2号 北京市通州区人民政府办公室关于成立通州区第六次全国人口普查领导小组的通知

通政办发〔2010〕3号 北京市通州区人民政府办公室关于办理北京城市服务管理广播群众反映问题情况的通报

通政办发〔2010〕4号 北京市通州区人民政府办公室关于印发通州区行政规范性文件备案规定的通知

通政办发〔2010〕5号 北京市通州区人民政府办公室关于做好通州区四届人大五次会议代表建议和政协通州区四届四次会议委员提案办理工作的通知

通政办发〔2010〕6号 北京市通州区人民政府办公室关于印发通州区行政执法案卷评查员资格管理制度规定的通知

通政办发〔2010〕7号 北京市通州区人民政府办公室关于清明节期间加强殡葬管理工作的通知

通政办发〔2010〕8号 北京市通州区人民政府办公室关于加强2010年度政务信息工作的意见

通政办发〔2010〕9号 北京市通州区人民政府办公室关于印发通州区促进电子商务企业发展暂行办法的通知

通政办发〔2010〕10号 北京市通州区人民政府办公室关于表彰2009年度区政府系统办公室工作先进单位及先进个人的通报

通政办发〔2010〕11号 北京市通州区人民政府办公室关于设立北京市通州区农村土地承包仲裁委员会的通知

通政办发〔2010〕12号 北京市通州区人民政府办公室关于贯彻国务院办公厅北京市人民政府办公厅通知精神为青海玉树地震遇难同胞举行全国哀悼活动的通知

通政办发〔2010〕13号 北京市通州区人民政府办公室关于成立北京市通州区创建全国农村

	中医工作先进区领导小组的通知
通政办发〔2010〕14号	北京市通州区人民政府办公室关于2010年安全隐患整改工作任务的通知
通政办发〔2010〕15号	北京市通州区人民政府办公室关于2010年通州区政府信息公开工作要点的通知
通政办发〔2010〕16号	北京市通州区人民政府办公室关于印发通州区政府信息公开工作考核办法的通知
通政办发〔2010〕17号	北京市通州区人民政府办公室印发关于落实《北京市市民居家养老(助残)服务(“九养”)办法》实施方案(试行)的通知
通政办发〔2010〕18号	北京市通州区人民政府办公室转发市政府办公厅关于在城乡结合部建设中坚决制止和查处违法建设的紧急通知
通政办发〔2010〕19号	北京市通州区人民政府办公室关于印发通州区2010年拟立项开展行政监察项目计划的通知
通政办发〔2010〕20号	北京市通州区人民政府办公室关于认真落实市政府办公厅《关于在城乡结合部建设中坚决制止和查处违法建设的紧急通知》的实施意见
通政办发〔2010〕21号	北京市通州区人民政府办公室关于印发通州区集体林权制度改革实施细则(试行)的通知
通政办发〔2010〕22号	北京市通州区人民政府办公室关于印发通州区公共排水、再生水管网设施普查实施方案的通知
通政办发〔2010〕23号	北京市通州区人民政府办公室关于成立通州区公共排水、再生水管网设施普查工作领导小组的通知
通政办发〔2010〕24号	北京市通州区人民政府办公室关于成立通州区违法用地专项整治指挥部的通知
通政办发〔2010〕25号	北京市通州区人民政府办公室转发市防火委关于印发社会单位消防安全“四个能力”建设标准的通知
通政办发〔2010〕26号	北京市通州区人民政府办公室关于开展行政规范性文件清理工作的通知
通政办发〔2010〕27号	北京市通州区人民政府办公室关于做好2010年开斋(尔代)节及斋月期间工作的通知
通政办发〔2010〕28号	北京市通州区人民政府办公室关于调整区政府食品安全监督协调领导小组组成人员的通知
通政办发〔2010〕29号	北京市通州区人民政府办公室转发市政府办公厅关于贯彻国务院办公厅通知精神为甘肃舟曲特大山洪泥石流遇难同胞举行全国哀悼活动的通知
通政办发〔2010〕30号	北京市通州区人民政府办公室关于印发通州老城供热整合方案的通知
通政办发〔2010〕31号	北京市通州区人民政府办公室关于印发通州区盗采砂石、非指定区域游泳和垂钓、非法洗车百日整治行动方案的通知
通政办发〔2010〕32号	北京市通州区人民政府办公室关于部分少数民族职工开斋(尔代)节放假的通知

通政办发〔2010〕33号	北京市通州区人民政府办公室印发关于提高行政执行力监察办法(试行)的通知
通政办发〔2010〕34号	北京市通州区人民政府办公室关于印发通州区创建服务示范窗口评审工作方案的通知
通政办发〔2010〕35号	北京市通州区人民政府办公室关于印发通州区民办自办中小学幼儿园校舍安全工程实施方案的通知
通政办发〔2010〕36号	北京市通州区人民政府办公室关于印发通州区2010-2011采暖季供热工作方案的通知
通政办发〔2010〕37号	北京市通州区人民政府办公室关于编制《通州区2011年在直接关系群众生活方面拟办的重要实事》的通知
通政办发〔2010〕38号	北京市通州区人民政府办公室关于征集通州区招商资源工作的通知
通政办发〔2010〕39号	北京市通州区人民政府办公室关于印发通州区深化医药卫生体制改革2010年主要工作任务的通知
通政办发〔2010〕40号	北京市通州区人民政府办公室关于成立通州区深化医药卫生体制改革领导小组及主要职责的通知
通政办发〔2010〕41号	北京市通州区人民政府关于做好2010年圣诞节工作的通知

通州区社区居委会名录

北苑街道办事处(17个)

新华西街	新华西街5号院北门外	69531046
新城南街	新城南街36号	69519160
后南仓	后南仓12号楼南侧	69553562
帅府	帅府小区40号楼北侧	69516593
玉带路	复兴庄37号	80886601
果园西	运河西大街甲19号院内平房	81531314
新北苑	杨庄1号院新北苑社区	60534924
五里店	杨庄路5号	60533861
长桥园	长桥园小区会所206室	89503063
西关	西关大街107号	80880548
中山街	新华大街174号201室	80880623
复兴南里	北苑南路38号院底商2楼6号	80814056
北苑桥	八里桥南街1号院E座地下室	60530243
锦园	五里店西路6号院6号楼底商101号	60536578
新华联家园北区	新华联家园北区东北门旁	80812378

滨惠南三街	北苑135号院	69555117
京贸国际	八里桥南街16号院D座地下室	89506243

中仓街道办事处(16个)

中　仓	中仓小区10号楼东侧平房	69513099
四员厅	三官庙1号院	69536342
东　里	东里小区17号楼北平房	69536431
西　营	玉带河大街甲50号院内	69548171
悟仙观	南大街周仓庵2号楼北平房	69555872
莲花寺	南大街莲花寺5号	69554865
白将军	南大街东顺城街甲8号	69551915
小　园	窑场10号院	69513149
西上园	西上园小区物业办公楼一层	60562853
上　营	赵登禹大街53号	60561778
东　关	赵登禹大街35号	60561467
新华园	新华小区北侧平房	69536809
星　河	河东果园66号楼3单元地下室	80855652
中上园	玉带河东大街115号	60563020
运河园	通州区兽医站南侧	80852774
滨　河	玉带河东街2号运河明珠家园5号楼地下室	52113080

新华街道办事处(7个)

天桥湾	天桥湾13号楼前平房	69519272
东大街	东大街60号	69555734
新　建	新建小区1号楼前平房	69551274
贡　院	瓷器胡同10号	69519271
司　空	司空小区9号楼前平房	69526371
如　意	吉祥园甲18—1	69522210
北　关	姜厂子53号	80880104

玉桥街道办事处(16个)

乔庄北街	乔庄北街1号院	81585317
土　　桥	滨河路108号	80586390
玉桥东里	幸福艺居14-422	81546160
艺　　苑	艺苑西里7号楼南	81534001
运河东大街	格兰晴天21号楼111号	81525744
玉桥南里	玉桥南里22号楼北	81586364

玉桥北里	玉桥北里47号楼	81586392
葛布店南里	北杨洼262号院	81512199
葛布店北里	果园47号2-102	81524780
梨 花 园	梨花园6号楼北	60526533
柳岸方园	玉桥西里86号楼西一底商（柳岸方园小区）	52101079
柳 馨 园	柳馨园小区7号楼4单元地下室	60549175
玉桥南里南	玉桥南里31号楼南	81584071
净 水 园	净水园小区内	
玉桥东里南	玉桥东里新城康居家园内	
新通国际	新通国际小区内	

永 顺 镇(21个)

天赐良园	天赐良园二期15号楼地下室	80544295
富河园	富河园小区29号楼104号	69556193
运乔嘉园	运乔嘉园小区23号楼地下室	81588242
盛业家园	芙蓉园小区209号楼3101号	51070549
龙旺庄	龙旺庄煤气站东院停车场院内平房	89517535
潞苑南里	潞苑南里三号院18号楼底商5门	89596035
东潞苑西区	东潞苑小区60号楼4单元302室	89596690
潞邑	新潮家园小区三区三单元201室	89597806
运通园	潞苑南大街85号北通集团院内西侧平房	89557072
西马庄	西马庄小区二期售楼处（17号楼南侧）	60512196
苏荷雅居	苏荷雅居14号楼地下室	58014723
世纪星城兴业园	通朝大街323号商务楼二层	52106137
杨庄南里西区	杨庄小区1号楼平房院内	60533302
永顺南里	永顺村甲266号院内	60514252
永顺西里	永顺西里甲36号院内（天线厂宿舍）	60511094
竹木厂	永顺镇竹木厂村	
岳庄	永顺镇岳庄村	
杨富店	永顺镇杨富店村	
艺苑东里	永顺镇南关村医院东里小区	81538215
杨庄南里南区	杨庄村22号院	60531051
潞苑嘉园	潞苑嘉园小区物业公司办公楼内	89590326

梨 园 镇(19个)

新华联家园南区	新华联家园南区10号楼502号	81557495
格瑞雅居	格瑞雅居小区北平房	81573413
靓景明居	怡乐园三区靓景明居会所三区	58013927

万盛北里	万盛北里小区361号楼地下室	81573410
龙 鼎 园	翠景南里西区6号楼104号	81551873
金侨时代家园	金侨时代小区353号楼411号	60524454
梨园东里	梨园东里南区物业楼一层	81573402
京洲园	梨园镇京洲南路40号（中泽雅园底商40号）	60545691
翠景北里	梨园镇瑞都国际小区（南区9号楼）	81518043
葛布店东里	北杨洼小区28号楼前平房	81541462
群芳园	云景东路66号院群芳园小区老年活动中心二楼	81524368
云景东里	梨园镇时尚街区南门平房5-7号	81577966
云景里	云景里小区25号、26号楼之间平房	60529914
颐瑞西里	梨园镇颐瑞西里5号楼底商	60529747
颐瑞东里	梨园镇颐瑞东里127号、128号楼之间平房	81578395
欣达园	九棵树东路998号1层	
曼城家园	曼城家园小区公建1层	
云景北里	云景北里小区公建1层	
翠屏北里	翠屏北里小区1号楼北侧	

潞 城 镇(3个)

三元	三元楼甲14号楼	89522535
紫荆雅园	紫荆雅园1号楼179单元一层	89524333
水 仙 园	水仙园9号楼7单元	89524333

漷 县 镇(3个)

绿茵小区	绿茵小区院内	80586010
绿茵西区	绿茵小区院内	80586382
金三角	金三角商贸城内	80566298

马驹桥镇(3个)

新海南里	新海家园A区39号楼二单元101室	
新海北里	新海家园B区	
新海祥和	新海家园C区8号楼一单元101、102室	

通州区村民委员会名录

永 顺 镇(21个)

上 营	69544959	乔 庄	81589096

小圣庙	69571336	范　庄	69545204
南　关	69559898	焦王庄	89590597
果　园	81525324	王家场	89597701
杨　庄	81566933	刘　庄	89597700
永　顺	89532837	李　庄	89591962
前上坡	69556752	耿　庄	89593773
西马庄	60513606	龙旺庄	89590357
邓家窑	60519196	小潞邑	89597311
新　建	69535187	苏　坨	89597682
北马庄	89551644		

梨园镇(26个)

半壁店	81567623	孙　庄	60521755
李老公庄	81563244	车里坟	60521574
刘老公庄	81522440	孙王场	60522744
小稿村	60522734	九棵树	60522782
东总屯	81525795	东小马庄	60521855
西总屯	81522184	魏家坟	60521733
小街一队	60525633	将军坟	60524095
小街二队	60525822	高楼金	61567166
小街三队	60525079	三间房	60526667
西小马庄	81521609	梨　园	60524999
大稿村	81564910	北杨洼	81514009
曹　园	60524038	公　庄	60522577
大马庄	81514851	砖　厂	69573088

宋庄镇(47个)

关辛庄	89571470	辛　店	69591318
郝各庄	89572596	大兴庄	69596764
西赵村	89572556	宋　庄	69591208
港　北	89572534	小　堡	69595829
南马庄	89572537	疃　里	89599022
高各庄	89571189	六　合	69591536
翟　里	89571481	后夏公庄	69591012
北寺庄	89571591	前夏公庄	69591015
小杨各庄	89571519	邢各庄	69591031
白　庙	69595380	丁各庄	69593741
任　庄	69592297	高辛庄	69591049
喇嘛庄	69596776	菜　园	69591050

小邓各庄	69599158
大邓各庄	69594178
师 姑 庄	69595098
北刘各庄	69591072
摇 不 动	69591082
平 家 疃	89572384
大 庞 村	89567534
小 营	89567347
内 军 庄	89567704
徐 辛 庄	89567417
沟 渠 庄	89567694
双 埠 头	89567409
富 豪	89551542
尹 各 庄	89551774
草 寺	89567384
岗 子	89567814
北 窑 上	89567864
王 辛 庄	89567764
寨 里	89559724
寨 辛 庄	89559934
葛 渠 庄	89559534
吴 各 庄	89559640
管 头	89559504

张家湾镇(57个)

张 湾 村	69573172
张 湾 镇	61568516
施 元	69573004
宽 街	69572972
小 庄	69573703
立 禅 庵	69573724
大高力庄	69573432
南 许 场	69571033
北 许 场	69571866
土 桥	69572643
皇 木 厂	69573040
上 马 头	69571606
张 辛 庄	69573093
梁 各 庄	69572441
东定福庄	69573431
西定福庄	69574789
贾 各 庄	69573743
姚 辛 庄	69573493
里 二 泗	69573348
烧 酒 巷	69573451
上 店	69571313
大 辛 庄	69571097
枣 林 庄	69577014
何 各 庄	69573746
瓜 厂	69573747
南 姚 园	69572939
齐 善 庄	69572938
牌 楼 营	69573014
马 营	69573714
前 街	69581366
中 街	69581403
后 街	69581407
后 坨	69581443
小 耕 垡	69583531
前 南 关	69581776
后 南 关	69571430
北 仪 阁	69571669
前 青 山	69581450
后 青 山	69571440
苍 上	69588655
王 各 庄	69581457
东永和屯	69571462
西永和屯	69581459
小 北 关	69582358
大 北 关	69581417
垡 头	69581420
三 间 房	69588620
北 大 化	69585050
陆 辛 庄	69581126
苍 头	69581153

南火堡	69585262	坨　堤	69584487
十里庄	69581432	高　营	69587741
南大化	69581415	样　田	69581147
柳　营	69582178		

漷县镇(61个)

马　头	80586102	周起营	69568414
马　堤	80586103	北堤寺	69568405
三黄庄	80586945	黄厂铺	69568457
石　槽	80586105	小　屯	80566043
毛　庄	80586107	曹　庄	80566082
高　庄	80586040	纪各庄	80569674
沈　庄	80585757	侯黄庄	80566515
后　地	80586760	马　庄	80566842
小香仪	80580180	张　庄	80563274
大香仪	80588888	东寺庄	80566123
东黄堡	80586034	凌　庄	80566350
西黄堡	80586024	前尖平	
漷　县	80586132	后尖平	80566149
杨　堤	80586109	徐官屯	80562346
长凌营	80586121	东定安	80561195
榆林庄	80586095	西定安	80562348
苏　庄	80586097	军　屯	80564522
马　务	80586007	柏　庄	80561195
翟各庄	80585242	龙　庄	80566131
许各庄	80586275	李辛庄	80566059
南　阳	80586090	尚武集	80565257
靛　庄	80586094	觅子店	80566221
吴　营	80589309	南　屯	80566042
王　楼	80586092	穆家坟	
郭　庄	80587172	军　庄	80566535
中辛庄	80586091	边槐庄	80566038
南丁庄	69568406	梁家务	80565218
东　鲁	69569754	罗　庄	80566045
西　鲁	69569348	前元化	80561003
草　厂	80571215	后元化	80564186
大柳树	80573774		

马驹桥镇(45个)

北门口	60509484
马二街	60509416
马三街	60509202
马一街	60509492
西后街	60509494
辛屯	60509516
大葛庄	60500272
东店	60509861
西店	60509403
马村	60509581
小白村	60509327
姚村	60505858
张各庄	60509272
大白村	60509745
张村	60509227
古庄	60509490
房辛店	60509517
小张湾	60505058
周营	60509228
杨秀店	60509417
郭村	60501226
柴务	60509519
小周易	60506702
大周易	60509219
史村	60509491
前银子	60509338
后银子	60500244
駙马庄	60591198
南堤	60591108
大杜社	61585729
小杜社	61585740
西马各庄	61582737
六郎营	61582733
大松垡	61584561
小松垡	61585747
神驹	61585753
柏福	61585752
东田阳	61583398
南小营	61582571
团瓢庄	61582666
姚辛庄	61585996
前堰上	61585951
后堰上	61585935
陈各庄	61583508
西田阳	61582058

西集镇(57个)

曹刘各庄	61576083
南小庄	61576061
上坡	61576063
和合站	61576065
安辛庄	61578189
吕家湾	61576014
杨家洼	61579713
辛集	61576238
肖家林	61576040
前寨府	61577119
后寨府	61576093
东辛庄	61576095
大灰店	61576109
大沙务	61576046
小灰店	61576113
小沙务	61576119
牛牧屯	61576584
桥上	61576107
杜店	61576105
前东仪	61576121
史东仪	61576004
侯东仪	61576005

黄东仪　61576009
尹家河　61576124
赵庄　61513442
侯各庄　61576013
于辛庄　61576015
车屯　61571336
武辛庄　61576371
胡庄　61579436
协各庄　61576043
西集　61576041
石上　61516914
王上　61576115
林屯　61576059
岳上　61576081
郎东　61558071
郎西　61558003
老庄户　61558374
冯各庄　61558147
耿楼　61558230
陈桁　61558203
王庄　61558204
金坨　61558993
何各庄　61558213
金各庄　61558240
张各庄　61558132
望君疃　61558243
杜柳棵　61558259
马坊　61558126
任辛庄　61558047
太平庄　61558008
小屯　61558186
小辛庄　61558148
供给店　61558618
儒林　61558184
沙古堆　61558610

潞城镇(54个)

东杨庄　89521604
魏庄　89521688
霍屯　89521653
古城　89582750
杨坨　89582757
郝家府　89581857
辛安屯　89582031
胡各庄　89582070
大台　89582151
留庄　89582352
东夏园　89582453
庙上　89582475
大营　89584001
东小营　89582652
前北营　89582674
后北营　89582760
黎辛庄　89581373
南刘各庄　89581206
八各庄　89583992
七级　89581804
堡辛　69594175
常屯　69594280
东堡　89581927
西堡　89592060
召里　69594138
后屯村　69594387
孙各庄　89598871
兴各庄　61521186
燕山营　61521238
凌家庙　61521313
李疃　61521264
武疃　61521995
前疃　61521284
东前营　61521294
贾后疃　61521244
前榆林庄　61522190
后榆林庄　61522642
卜落垡　61521711

村名	电话	村名	电话
刘庄	61521314	夏店	61521385
岔道	61521075	崔楼	61521364
侉店	61521297	肖庄	61521090
大甘棠	61522818	大东各庄	61521324
小甘棠	61521214	小东各庄	61521046
大豆各庄	61521394	谢楼	61559044
小豆各庄	61521242	康各庄	61559204
武窑	61521505	太子府	61551656

台湖镇(46个)

村名	电话	村名	电话
董村	81501387	垛子	69509471
北神树	81501276	徐庄	69500545
丁庄	69501281	台湖	61536096
白庄	69501282	玉甫上营	61531617
马庄	69501280	西下营	61531639
孟庄	69501384	东下营	61531705
郑庄	69508385	北姚园	61531732
安定营	69508386	唐大庄	61534299
北堤	69501822	碱厂	61531737
崔窑	69502246	尖垡	61531743
水南	69503089	兴武林	61531754
北小营	69502245	窑上	61531763
西太平庄	69502474	北火垡	61534143
次一村	69501725	蒋辛庄	61531907
次二村	69501237	外郎营	61531916
东石	69502248	周坡庄	61532380
桂家坟	69501578	胡家垡	61531936
麦庄	69502417	江场	61531950
永隆屯	69503727	口子	61531952
大地	69509494	铺头	61531962
新河	69500546	前营	61532014
高古庄	69500416	田府	61531335
桑园	69501548	朱家垡	61531895

永乐店镇(38个)

村名	电话	村名	电话
永乐店一村	69569024	新西庄	69568493
永乐店二村	69568744	南堤寺东村	69568489
永乐店三村	69568632	南堤寺西村	69568487

小南地	69569155	马合店	80553586
大　羊	69569314	后　营	80551315
孔　庄	69567366	西槐庄	80551454
老槐庄	69568751	坚　村	80551313
陈辛庄	69560538	小　安	80551312
邓　庄	69567975	临沟屯	80511342
后　甫	69568355	应　寺	80511306
东张各庄	69568736	胡家村	80512105
德仁务前街	69569990	柴厂屯	80511241
德仁务中街	69568153	熬硝营	80511248
德仁务后街	69568308	小甸屯	80511475
西河各庄	80551310	三　垡	80511407
东河各庄	80551978	半截河	80511097
小　务	80551012	兴隆庄	80511424
大　务	80551192	前马坊	80511397
鲁　城	80551414	后马坊	80511492

于家务回族乡（23个）

于家务	80531963	小海字	80522196
东马各庄	80531950	渠　头	80521362
西马坊	80531951	南三间房	80521397
果　村	80531776	富各庄	80521367
神　仙	80531934	王各庄	80523898
北辛店	80532820	满　庄	80522084
大耕垡	80532945	崔各庄	80522074
南仪阁	80531946	东　垡	80521474
仇　庄	80521158	西　垡	80521359
南刘庄	80521997	前　伏	80521379
吴　寺	80522067	后　伏	80521543
枣　林	80521014		

通州区中小学校、幼儿园名录

中　学

通州区潞河中学	新华南路135号	69546337
通州区第二中学	玉带河西街28号	69544963

通州区第三中学	女师胡同3号	69542090
通州区第四中学	新华西街45号	69522231
通州区第六中学	西顺城街32号	69543268
通州区运河中学	运河西大街107号	81523528
通州区玉桥中学	梨园北街23号	81588780
通州区北关中学	永顺西街62号	69555728
通州区新华学校	新华大街77号	69549645
通州区宋庄中学	宋庄镇政府大街	69595470
通州区潞州中学	宋庄镇徐辛庄村	89569796
通州区胡各庄中学	潞城镇胡各庄村	89583666
通州区南刘中学	潞城镇南刘村	89581056
通州区甘棠中学	潞城镇侉子店村	61521142
北京市第二中学通州分校	潞城镇三元村	80851527
通州区西集中学	西集镇国防路47号	61576275
通州区郎府中学	西集镇郎东村	61558070
通州区漷县中学	漷县镇漷兴一街	80585485
通州区觅子店中学	漷县镇觅子店村	80566041
通州区侯黄庄中学	漷县镇侯黄庄村	80566129
通州区永乐店中学	永乐店镇永三村1号	69568463
通州区小务中学	永乐店镇小务村555号	80552859
通州区柴厂屯中学	永乐店镇柴厂屯村	80511402
通州区于家务中学	于家务回族乡于家务村	80531147
通州区第一实验中学	马驹桥镇新海西路88号	60509266
通州区大杜社中学	马驹桥镇大杜社村	61582377
通州区台湖学校	台湖镇台湖村	61536208
通州区次渠中学	台湖镇次一村	69502312
通州区潞河中学分校	通州经济开发区西区广源西街8号	69571821
通州区牛堡屯学校	张家湾镇中街村	69581391
通州区陆辛庄学校	张家湾镇陆辛庄村	69585189
通州区龙旺庄中学	永顺镇小潞邑村	89591907
通州区梨园中学	梨园镇公庄村	60523283
北京市育才学校通州分校	梨园镇群芳中二街3号	81576606
北京市私立树人•瑞贝学校	宋庄镇小堡南区甲一号	80856788
北京市剑桥中学	台湖镇台湖村	57188070
北京市时代中学	运河西大街35号	81584862
北京中加学校	宋庄镇丛林庄园	89598885
北京潞河国际教育学园	玉带河西街10号	69557324
通州区月河学校	台湖镇次一村	81509419
通州区新未来实验学校	宋庄镇宋庄村	89578346
通州区立华学校	梨园镇高楼金村	81528665

通州区七彩学校	台湖镇田家府村	61533117

特　教

通州区培智学校	运河西大街6号	81524430

小　学

通州区东关小学	顾家坡1号	60562767
通州区南关小学	东营后街9号	80886253
通州区中山街小学	新华西街16号	69544116
通州区后南仓小学	新仓路53号	69534153
通州区东方小学	西顺城街甲32号	69542593
通州区运河小学	运河西大街246号	80108006
通州区官园小学	新仓路29号	80886996
通州区贡院小学	芙蓉路300号	69545603
通州区司空分署街小学	司空小区10号楼	69543921
通州区玉桥小学	玉桥东路1号	81587322
通州区民族小学	回民胡同47号	69553754
通州区永顺小学	永顺南街75号	69544474
北京教育科学研究院通州区第一实验小学	梨园镇刘老村	81526570
北京市史家小学通州分校	玉桥东路东小区A1区	81590986
北京小学通州分校	芙蓉路300号	80853103
通州区北苑学校	北苑杨富店104号	69542948
通州区新华学校	新华大街77号	69549645
通州区宋庄镇中心小学	宋庄镇宋庄村	69592651
通州区北寺庄小学	宋庄镇北寺庄村	89571779
通州区师姑庄小学	宋庄镇师姑庄村	52119225
通州区翟里小学	宋庄镇翟里村	89573246
通州区徐辛庄小学	宋庄镇徐辛庄村	89563232
通州区双埠头小学	宋庄镇双埠头村	52116030
通州区富豪小学	宋庄镇富豪村	89551130
通州区葛渠小学	宋庄镇葛渠村	89559876
通州区潞城镇中心小学	潞城镇召里村	69591524
通州区南刘小学	潞城镇南刘村	89583724
通州区大营小学	潞城镇大营村	89582099
通州区后屯小学	潞城镇后屯村	69595020
通州区大东各庄小学	潞城镇大东各庄村	61521136
通州区大豆各庄小学	潞城镇大豆各庄村	61521334
通州区卜落垡小学	潞城镇卜落垡村	61521714

北京市第二中学通州分校	潞城镇三元村	
通州区西集镇中心小学	西集镇政府街25号	
通州区肖林小学	西集镇肖家林村	61576144
通州区大灰店小学	西集镇大灰店村	61576408
通州区新东仪小学	西集镇黄东仪村	61576064
通州区郎府小学	西集镇郎东村	61558074
通州区杜柳棵小学	西集镇杜柳棵村	61558108
通州区沙古堆小学	西集镇沙古堆村	61558162
通州区漷县镇中心小学	漷县镇漷县村	80586050
通州区靛庄小学	漷县镇靛庄村	80586567
通州区草厂小学	漷县镇草厂村	69569035
通州区马头小学	漷县镇马堤村	80599336
通州区黄厂铺小学	漷县镇黄厂铺村	69564035
通州区觅子店小学	漷县镇觅子店村	80566040
通州区东定安小学	漷县镇东定安村	80566385
通州区张庄小学	漷县镇张庄村	80566079
通州区曹庄小学	漷县镇曹庄村	80566583
通州区永乐店镇中心小学	永乐店镇永一村	80571768
通州区德仁务小学	永乐店镇德仁务中街村	69569364
通州区小务小学	永乐店镇小务村	80551547
通州区柴厂屯小学	永乐店镇柴厂屯村	80511545
通州区于家务乡中心小学	于家务乡于家务村	80531942
通州区于家务乡渠头小学	于家务乡渠头村	80521541
通州区西垡小学	于家务乡西垡村	80521422
通州区马驹桥镇中心小学	马驹桥镇兴华大街9号	60500123
通州区小张湾小学	马驹桥镇小张湾村	60500604
通州区大杜社小学	马驹桥镇小杜社村	61586608
通州区台湖镇中心小学	台湖镇次渠村	69504907
通州区北神树小学	台湖镇北神树村	81502319
通州区东石小学	台湖镇东石村	69505272
通州区台湖镇麦庄小学	台湖镇麦庄村	69506220
通州区台湖学校	台湖镇台湖村	61536208
通州区张家湾镇中心小学	张家湾镇新镇	69572781
通州区张家湾镇张湾村民族小学	张家湾镇张湾村	61561781
通州区张湾镇民族小学	张家湾镇张湾村	69571173
通州区枣林庄民族小学	张家湾镇枣林庄村	69573469
通州区上店小学	张家湾镇上店村	61562587
通州区张辛庄小学	张家湾镇张辛庄村	69573197
通州区牛堡屯学校	张家湾镇中街村	69581391
通州区陆辛庄学校	张家湾镇陆辛庄村	69585189

通州区永顺镇中心小学	永顺镇杨庄村	81564281
通州区西马庄小学	永顺镇西马庄村	60513380
通州区乔庄小学	永顺镇乔庄村	81585845
通州区发电厂小学	永顺镇小圣庙村	61563183
通州区龙旺庄小学	永顺镇小潞邑村	89519604
通州区焦王庄小学	永顺镇焦王庄村	89597737
通州区范庄小学	永顺镇范庄村	69553172
通州区梨园镇中心小学	梨园镇群芳园小区东	60523455
通州区大稿新村小学	梨园镇大稿新村	81566724
通州区小街小学	梨园镇小街村	60528166
北京市育才学校通州分校	梨园镇群芳二街3号	81576606
北京探矿机械厂子弟小学校	梨园地区半壁店大街8号院	81563601
北京市私立树人•瑞贝学校	宋庄镇小堡南区甲一号	80856788
通州区月河学校	台湖镇次一村	81509419
通州区新未来实验学校	宋庄镇宋庄村	89578346
通州区立华学校	梨园镇高楼金村	81528665
通州区七彩学校	台湖镇田府村	61533117
通州区私立博羽小学	台湖镇麦庄村	69508984
通州区艺才小学	马驹桥镇大葛庄124号	60500839
通州区红星小学	马驹桥镇二街村15号	60593305
通州区兴顺实验小学	永顺镇刘庄村	60511476
通州区明星小学	宋庄镇尹各庄村	89576788
通州区台湖镇培彦学校	台湖镇东石村	81509183
通州区古城小学	潞城镇古城村	89583721

幼 儿 园

通州区幼儿园	中山街36号	69544030
通州区新城东里幼儿园	西营前街25号	69545284
通州区教工幼儿园	后南仓甲35号	69544818
通州区民族幼儿园	芙蓉路300号	69542233
通州区如意中心幼儿园	如意园小区甲12号	69541360
通州区新通幼儿园	梨园西里21号	69510646
通州区西集镇西集中心幼儿园	西集镇西集村	61511846
通州区漷县镇漷县中心幼儿园	漷县镇漷县村	80588440
通州区马驹桥镇马驹桥中心幼儿园	马驹桥镇西店村	60599598
通州区马驹桥镇大杜社中心幼儿园	马驹桥镇大杜社村	61586059
通州区张家湾镇张家湾中心幼儿园	张家湾镇西定福庄丙51号	69573184
通州区张家湾镇牛堡屯中心幼儿园	张家湾镇牛堡屯中街村	69582371
通州区宋庄镇中心幼儿园	宋庄镇宋庄村	69596550

通州区宋庄镇邢各庄幼儿园	宋庄镇邢各庄村	69597879
通州区宋庄镇大邓幼儿园	宋庄镇大邓村	69595160
通州区宋庄镇任庄幼儿园	宋庄镇任庄村	69596550
通州区宋庄镇徐辛庄中心幼儿园	宋庄镇徐辛庄村	89567104
通州区宋庄镇葛渠幼儿园	宋庄镇葛渠村	89559899
通州区宋庄镇尹各庄幼儿园	宋庄镇尹各庄村	89552251
通州区宋庄镇沟渠庄幼儿园	宋庄镇沟渠庄村	69556550
通州区宋庄镇寨辛庄幼儿园	宋庄镇寨辛庄村	89559266
通州区潞城镇中心幼儿园	潞城镇胡各庄村	89583867
通州区潞城镇宝宝乐幼儿园	潞城镇孙各庄村	89591427
通州区潞城镇郝家府幼儿园	潞城镇郝家府村	52110116
通州区潞城镇武窑幼儿园	潞城镇武窑村	52119714
通州区漷县镇靛庄幼儿园	漷县镇靛庄村	80589620
通州区漷县镇西黄垡幼儿园	漷县镇西黄垡村	80587780
通州区漷县镇高庄幼儿园	漷县镇高庄村	80585523
通州区漷县镇马头幼儿园	漷县镇马头村	52337760
通州区漷县镇吴营幼儿园	漷县镇吴营村	80580493
通州区漷县镇黄厂铺幼儿园	漷县镇黄厂铺村	69564035
通州区漷县镇东鲁村一园	漷县镇东鲁村	69560733
通州区漷县镇东鲁二园	漷县镇东鲁村	69567959
通州区漷县镇北寺一园	漷县镇北堤寺村	80571686
通州区漷县镇北寺二园	漷县镇北堤寺村	69565937
通州区漷县镇漷县二园	漷县镇漷县村	80588750
通州区漷县镇曹庄幼儿园	漷县镇曹庄村	80561893
通州区漷县镇觅子店幼儿园	漷县镇觅子店村	80566932
通州区漷县镇小屯幼儿园	漷县镇小屯村	80503705
通州区漷县镇侯黄庄幼儿园	漷县镇侯黄庄村	80563771
通州区台湖镇中心幼儿园	台湖镇台湖村	61531059
通州区永顺镇中心幼儿园	永顺镇杨庄村	81564281
通州区永顺镇小潞邑幼儿园	永顺镇小潞邑村	81564281
通州区梨园地区中心幼儿园	梨园镇群芳园小区1号	81529807
通州区梨园地区杨洼幼儿园	梨园镇北杨洼村	60527505
通州区梨园镇大稿村幼儿园	梨园镇大稿村	81563179
通州区情智幼儿园	通惠南路1号	60519296
北京市双鹿艺术幼儿园	玉桥西路1号	69545541
通州区玉桥街道运河幼儿园	葛布店北里8号	81528111
中国科学院印刷厂幼儿园	北苑南路63号	60533411
北京七色光艺术幼儿园	永顺镇新建工业区5号	81579191
北京市运乔蓝天幼儿园	运河大街乔庄东区2号	81591155
通州区天使宝贝双语艺术幼儿园	通胡大街25号	80855170

通州区贝乐康双语艺术幼儿园	梨园镇半壁店大街10号	81568844
通州区春蕾双语艺术幼儿园	艺苑小区东里1号	81510266
通州区玉桥幼儿园	玉桥北里47号	81587114
通州区新苗幼儿园	永顺镇焦王庄村	89558599
通州区童乐幼儿园	通惠南路29号	69545714
通州区瀚林华馨幼儿园	台湖镇次渠大街19号	69505829
通州区东方幼儿园	玉带河大街141号	69546339
通州区小脚丫幼儿园	潞城镇三元村	89529068
通州区龙旺庄双语艺术幼儿园	永顺镇龙旺庄村	89595336
北京通州哈佛摇篮幼儿园	通胡大街68号	89527785
北京武夷大地幼儿园	通胡大街68号	69546339
通州区芬芳幼儿园	梨园镇砖厂村	69546339
通州区星河幼儿园	玉桥西里70号	81537959
通州区运河宝宝双语艺术幼儿园	永顺西街32号	80883815
通州区启智贝尔幼儿园	玉桥东路58号	81598268
北京通州天天双语艺术幼儿园	漷县镇长陵营村商业广场B段	80588786
通州区小海豚双语艺术幼儿园	潞苑南大街85号	89512389
通州区童心幼儿园	永顺镇西马庄村	60516183
通州区淘乐思艺术幼儿园	永顺镇果园路果园北区226号	81573037
通州区东旭英华双语艺术幼儿园	梨园北街256号	86872673
中国人民解放军总参谋部陆航部幼儿园	张家湾镇三间房村806号	66858361

通州区卫生机构名录

潞河医院	佟麟阁大街54号	69543901
中医医院	翠屏西路116号	69542682
妇幼保健院	玉桥中路38号	81588625
新华医院	新华大街47号	69544236
中西医结合骨伤医院	车站路31号	69545941
老年病医院	台湖镇次渠村	69544987
第二医院	马驹桥镇	60509269
梨园卫生院	梨园镇葛布店南里11号楼	81511566
次渠卫生院	台湖镇次渠村	69502154
宋庄卫生院	宋庄镇宋庄村	69595708
漷县卫生院	漷县镇漷县村	69586031
郎府卫生院	西集镇郎府村	69578015
徐辛庄卫生院	宋庄镇徐辛庄村	69597032
西集卫生院	西集镇西集村	69576285

张家湾卫生院	张家湾镇张湾村	69572762
于家务卫生院	于家务乡于家务村	80534409
牛堡屯卫生院	张家湾镇牛堡屯村	69581337
永乐店卫生院	永乐店镇永乐店村	69568653
觅子店卫生院	漷县镇觅子店村	69566218
甘棠卫生院	潞城镇侉店村	61521017-8020
大杜社卫生院	马驹桥镇大杜社村	61585937
潞城卫生院	潞城镇胡各庄村	89584074
台湖卫生院	台湖镇	61532140
结核病防治所	梨园北杨洼221号	60526582
疾病预防控制中心	新城南关2号	69540023
卫生局卫生监督所	新城南关2号	69542957
中心血站	通胡大街21号	69543732
医学会	梨园北街6号	81591787
新型农村合作医疗办公室	西大街62号	69545239
社区卫生服务管理中心	西大街62号	80883994
药物依赖性医治疗养院	永乐店镇柴厂屯村	80513806
农村改水领导小组办公室	梨园镇西总屯村	81520382

通州区公证处、法律服务所及律师事务所名录

北京市潞洲公证处	中仓路5号	69553774
中仓街道法律服务所	玉带河大街人寿保险公司后身	69551794
玉桥街道法律服务所	玉桥北里41号楼玉桥办事处院内	81585143
北苑街道法律服务所	新仓路33号北苑办事处院内	69549401
新华街道法律服务所	吉祥路17号新华办事处院内	69531138
永顺镇法律服务所	新华北街33号永顺镇政府院内	69543029
梨园镇法律服务所	梨园镇云景东路80号梨园镇政府院内	60524279
西集镇法律服务所	西集镇政府院内	61576541
宋庄镇法律服务所	宋庄镇政府院内	69596207
台湖镇法律服务所	台湖镇政府院内	61531526
张家湾镇法律服务所	张家湾镇政府院内	61567086
漷县镇法律服务所	漷县镇政府社区服务中心	80580362
马驹桥镇法律服务所	马驹桥镇社会保障服务中心	60509802
永乐店镇法律服务所	永乐店镇政府综合楼	80572599
潞城镇法律服务所	潞城镇政府院内	89581506
于家务乡法律服务所	于家务乡政府院内	80532826
北京市致宏律师事务所	玉桥西里致宏楼	60527953
北京市天正律师事务所	玉桥西里天正律师楼	60523545
北京市天安律师事务所	玉桥西里小区79号楼5单元307室	52101033

北京市宝隆律师事务所	玉桥西里70号院8号楼612室	81536297
北京市亚东律师事务所	梨园北街10号	81576077
北京市德通律师事务所	西上园三区8号321室	81528173
北京市隆康律师事务所	玉桥西里79号楼3层313室	60528650
北京市明非律师事务所	京贸国际公寓C座	170589505953
北京市金帝律师事务所	翠景北里1号瑞都国际中心	170581522233
北京陈晓琼律师事务所	玉桥西里70号楼111室	81534843
北京市廉峰律师事务所	梨园北街186号301室	52101313
内蒙古大法杨律师事务所北京分所	梨园北街186号302室	81964999
北京邵蹟律师事务所	梨园北街18号院	60557251
北京薛鹏律师事务所	梨园7号楼442号	81515031
北京市诚汇律师事务所	梨园路126号	52101906
北京李文恒律师事务所	梨园村51号楼512室	81513272
北京荣罡律师事务所	梨园镇群芳园81号楼东侧	81532788
北京母福奎律师事务所	梨园东里北区5号楼112号	81542547
北京市方禾律师事务所	八里桥南街68号院京贸国际公寓C座	160885376022
北京崔慧律师事务所	西大街70号	69523040
北京王鸿飞律师事务所	梨园51号	60524955
北京蔡丽萍律师事务所	玉桥西里70号院12号楼112室	81915531
北京市卓冕律师事务所	梨园北街186号律师楼3层303室	
北京泽达律师事务所	梨园东里北区5号楼421号（法院东）	13522362131
北京强力律师事务所	梨园东里5号楼7门713号（法院西）	13520166100

1995 年—2010 年通州区新建小区名录

建筑物名称	核准时间	地址
天桥湾住宅楼	1995—04—06	新华北路东侧(区政府对面)
运通花园	1995—04—07	潞苑南大街南侧(原王家场西)
丛林庄别墅（丛林庄公寓）	1995—04—22	疃里新村北侧
云景苑	1995—05—09	云景里
枫露苑	1995—05—25	陈列馆路西
西潞苑	1996—06—25	安顺路东侧(原永顺镇范庄村)
华兴苑	1996—07—09	华兴园(原五里店)
东潞苑	1996—09—02	陈列馆路东(原焦王庄村)
武夷花园	1998—04—13	通胡大街两侧
梨花园	1998—07—23	梨园北街南侧
潞河名苑	1999—07—21	四员厅街两侧
源泉苑	1999—08—10	玉桥东路东侧
新华小区		故城东路西侧
西马庄园	2000—04—18	永顺镇西马庄

天赐良园	2000-05-30	永顺镇西富河园
鑫苑	2000-07-17	杨庄南街南侧(科印厂南)
运乔嘉园	2000-07-17	乔庄东区
景欣园	2000-08-31	九棵树东路东北侧(原肉联厂)
至善家园	2000-09-05	潞苑南大街北侧(原通县构件厂)
中泽园	2000-11-01	梨园镇京洲园(原大稿村)
新华联家园	2000-11-28	通朝大街南侧
荞馨园	2000-11-28	乔庄东区
运河园	2001-02-06	通胡大街南侧(东关大桥东)
怡佳家园	2001-04-26	新华西街北侧(原筛子庄)
达富苑	2001-05-16	北苑南路北侧(原酿造厂)
美然百度园	2001-07-27	玉桥东里北侧 运河西大街南侧
京贸国际公寓	2001-08-30	八里桥南街南侧
长桥星园	2001-09-20	八里桥南街北侧(长桥园)
新华联锦园	2001-09-24	五里店西路东侧
潇雅居	2001-11-12	新华南路东侧(红旗宿舍院内)
皓月苑	2001-12-20	玉桥西路西侧(原低压电器厂)
馨通家园	2002-01-10	永顺南街北侧(263医院西侧)
金源泉家园	2002-01-29	北苑南路北侧(原北京挂车厂)
岸芷汀兰家园	2002-04-08	西潞苑
龙鼎园	2002-04-22	翠景南里（西区）(梨园镇)
海通梧桐苑	2002-05-14	万盛北里(原梨园镇后场)
恒隆家园	2002-06-27	梨园村
园景阁	2002-07-08	云景东路
新华经典丽园	2002-07-15	新仓路
东逸佳苑	2002-07-23	潞邑西路东侧(原市农机仓库)
雅景嘉园	2002-08-22	新华南路东侧(原油脂公司)
京通新潮嘉园	2002-08-22	小潞邑村
柳岸景园	2002-09-25	运河西大街北侧
朝通嘉园	2002-10-11	三八友谊林西侧
亮雅嘉苑	2002-10-11	通胡大街北侧(原电机厂)
京艺天朗嘉园	2002-10-11	运河西大街南侧
澜花语岸佳园	2002-12-09	潞苑南大街南侧
中泽雅园	2003-02-19	京洲南街南侧(原大稿村南)
天地美墅家园	2003-02-25	万盛北里(梨园镇)
一世情园	2003-02-25	马驹桥兴华大街南侧
金侨时代家园	2003-02-25	云景南大街北侧
莲水怡园	2003-03-17	马驹桥西后街村
久居雅园	2003-05-25	云景东路东侧(原魏家坟村)
新华联家园北区	2003-05-26	通朝大街北侧(原北机厂)

蓝调沙龙雅园	2003-06-02	翠屏里(梨园镇)
映翠居	2003-06-02	云景西里（南区）
东阁雅舍	2003-06-11	永顺东里(万福家园内)
苏荷雅居	2003-06-20	翠屏北里（西区）
当代名筑家园	2003-07-08	九棵树东路东侧(原肉联厂)
达富雅园	2003-07-17	复兴北里(原农机修造厂)
靓景明居	2003-07-17	怡乐中街南侧
锋阁嘉园	2003-07-25	怡乐园二区
群芳丽景苑	2003-07-25	云景东路西侧
格瑞雅居	2003-07-28	翠屏西路东侧
月亮河休闲寓所	2003-08-07	运潮减河南堤外
通典铭居	2003-08-12	八里桥南街北侧(原塑料二厂)
祥云天地家园	2003-09-10	新华东街南侧（原二毛厂，现称摩卡空间）
土博仕园	2003-09-11	宋庄镇吴各庄东
瑞都景园	2003-09-23	翠景北里（果园环岛南侧 原铸石厂）
碧水明珠阁	2003-09-23	富河园居住小区
北杨名居	2003-10-10	北杨洼居住小区
世纪星河名苑	2003-10-14	东果园（运河园路东侧）
格兰晴天家园	2003-11-17	梨园路西侧
雅丽世居	2003-12-02	北苑南路东侧（原通县木材厂）
荔景园	2004-01-13	紫运西里
蓝谷竹园	2004-02-11	京洲园（原氮肥厂）
水恋佳庭	2004-03-11	芙蓉园（通胡大街北侧）
盛业家园	2004-03-22	芙蓉园（通胡大街北侧）
世纪星城兴业园	2004-05-24	杨庄南里（通朝大街北侧）
天时名苑	2004-11-29	杨庄北里（原北京水泵厂）
运河明珠家园	2005-03-15	玉带河东街南侧
泉蔷佳苑	2005-03-23	云景东里
龙尚小筑	2005-03-23	翠屏北里
上河美墅	2005-04-29	潞城镇普欣南里
润都嘉苑	2005-05-19	马驹桥镇新海南里
海阔名园	2005-05-23	云景北里
万福家园	2005-06-02	永顺东里
曼城家园	2005-06-24	万盛北里
柳岸方园	2005-07-18	玉桥西里
运乔嘉园北区	2005-08-01	乔庄东区
翠海花园	2005-09-12	芙蓉园
雅士居	2005-09-26	漷县镇长凌营村北
亦语林居	2005-11-22	马驹桥镇新海南里
云景大厦	2005-11-22	群芳三园

万驰家园	2006-01-10	漷县镇漷兴北大街
君合家园	2006-03-01	临河里（原小街村）
北美佳苑	2006-10-24	宋庄镇疃里东区
金地格外翠园	2006-12-15	马驹桥镇新海南里
金隅上河名居	2007-01-15	净水东路东侧（原水泥厂）
珠江逸景家园	2007-04-24	马驹桥镇环保园区内
中泽馨园	2007-04-24	梨园镇京洲园（原大稿村）
北京国际图书城	2007-07-18	台湖镇
钱潮古运家园	2007-09-18	梨园镇梨园西里
珠江逸景科技园	2007-09-18	马驹桥镇环保园区内
古韵新居	2007-10-22	潞苑南大街
京艺天朗雅园	2008-02-25	玉桥东里
欣艺景园	2008-03-17	玉桥南里
大方居	2008-04-21	怡乐中路西侧
华盛香堤苑	2008-04-21	怡乐中路西侧
香雪兰溪家园	2008-07-10	马驹桥镇国家环保园区
嘉明阳光苑	2008-07-25	颐瑞中二路东侧
蔚澜香堤苑	2008-09-10	马驹桥镇国家环保园区
新城康居家园	2009-04-09	永顺镇乔庄村
榆韵华都家园	2009-04-09	永顺镇新建村
京贸家园	2009-04-13	芙蓉东路东侧
东亚瑞晶苑	2009-05-25	马驹桥镇
海棠湾嘉园	2009-06-04	云景东路
珠江拉维家园	2009-08-31	永顺镇苏坨村
清水湾嘉园	2009-10-16	永顺镇王家场
合生时代中心	2009-11-09	马驹桥镇
东方玫瑰家园	2009-11-18	梨园镇小街（原君合家园）
怡然世家小区	2009-11-18	梨园镇半壁店
运河湾家园	2010-01-29	京秦铁路北侧运河东侧
金隅花石苑	2010-04-12	梨园镇砖厂村
富力金禧家园	2010-04-02	新城南街
远洋东方嘉园	2010-07-15	梨园镇三间房村
百合湾嘉园	2010-08-26	通胡大街
朗峰嘉园	2010-09-17	杨庄路
融科钧廷苑	2010-11-02	马驹桥镇
米拉家园	2010-11-22	马驹桥镇
珠江丽景家园	2010-11-26	永顺镇耿庄村

通州区标准地名命名

地名	命名时间	地　点
鑫隅二街	2010-06-21	通州区漷县镇
鑫隅三街	2010-06-21	通州区漷县镇
鑫隅四街	2010-06-21	通州区漷县镇
鑫觅西二路	2010-06-21	通州区漷县镇
商通大道	2010-09-07	通州区永顺镇
源盛西街	2010-09-07	通州区永顺镇
源盛东街	2010-09-07	通州区永顺镇
滨榆东路	2010-09-07	通州区永顺镇
榆东一街	2010-09-07	通州区永顺镇
榆东二街	2010-09-07	通州区永顺镇
榆东四街	2010-09-07	通州区永顺镇
榆东五街	2010-09-07	通州区永顺镇
安北一路	2010-09-07	通州区永顺镇
榆西二街	2010-09-07	通州区永顺镇
榆西三街	2010-09-07	通州区永顺镇
榆景中路	2010-09-07	通州区永顺镇
榆景东路	2010-09-07	通州区永顺镇

通州区2010年度纳税千万元以上企业名录

北京天旭运河房地产开发有限责任公司
上海烟草集团北京卷烟厂
北京亚通房地产开发有限责任公司
北京龙湖中佰置业有限公司
北京珠江房地产开发有限公司
北京苏宁电器有限公司
北京新华联伟业房地产有限公司
北京豪光房地产开发有限公司
北京融科卓越房地产开发有限公司
北京潞电电力建设（集团）有限公司
北京中天顺通房地产开发有限公司
北京市土地整理储备中心通州区分中心
北京合生北方房地产开发有限公司
北京顺华房地产开发有限公司
北京宸京房地产开发有限公司
北京北亚华欣置业有限公司
北京嘉禾远东置业有限公司
北京联东金桥置业有限责任公司
北京龙湖天行置业有限公司
北京泰禾房地产开发有限公司
中国烟草总公司北京市公司
曼城置业（北京）有限公司
北京卓越房地产开发有限公司
国美电器有限公司
北京通州商务园开发建设有限公司
北京华成通房地产有限公司
北京泽丰房地产开发有限公司
李宁（中国）体育用品有限公司
北京博宏房地产开发有限公司
北京天时房地产开发有限公司

北京太和保兴房地产开发有限公司
北京龙湖时代置业有限公司
北京光谷科技园开发建设有限公司
北京恒盛阳光房地产开发有限公司
中国建筑技术集团有限公司
北京泰和基业房地产开发有限责任公司
北京金桥科技产业基地开发有限公司
北京东亚信文国际会展中心有限公司一分公司
北京君合百年房地产开发有限公司
北京海港房地产开发有限公司
北京东亚信鸿国际会展中心有限公司
北京市开原房地产开发有限责任公司
北京同仁堂健康药品经营有限公司
北京京投置地房地产有限公司
北京天宇朗通通信设备股份有限公司
中国工商银行股份有限公司北京通州支行
北京新城基业投资发展有限公司
北京古城房地产开发有限公司
北京珠江投资开发有限公司
北京景欣世纪房地产开发有限公司
阳光人寿保险股份有限公司
北京华信鸿业房地产开发有限公司
北京贵源房地产开发有限公司
北京东安恒新房地产开发有限公司
北京八里桥农产品中心批发市场有限公司
北京凯瑞房地产开发有限公司
北京珠江房地产开发有限公司珠江逸景分公司
中国农业银行股份有限公司北京通州支行
中国银行股份有限公司北京通州支行
中国建筑第二工程局有限公司
北京东亚信诚国际会展中心有限公司
北京中泽房地产开发有限公司
北京星湖置地有限公司
中国建设银行股份有限公司北京通州支行
北京百纳威尔科技有限公司
北京同马房地产开发有限公司
北京信达五洲装饰有限公司
中国联合网络通信有限公司北京市通州区分公司
北京三元建设有限公司绿桥分公司
北京潞电电气设备有限公司
北京鹏润房地产开发有限责任公司
北京金隅嘉业房地产开发有限公司
北京金时代置业有限公司
北京马桥神龙房地产开发有限公司
北京联成房地产开发有限公司
北京社团住宅合作社
上海复地投资管理有限公司北京分公司
北京静水园房地产开发有限公司
蒙牛乳业（北京）有限责任公司
北京市民望房地产开发有限责任公司
北京泽通水务建设有限公司
北京通州次渠建筑集团有限公司
北京中佰龙置业有限公司
北京银行股份有限公司通州支行
北京市春立正达医疗器械股份有限公司

永顺镇

◀ 区领导到永顺镇调研

区镇领导为全区第一个税收亿元村——永顺镇杨庄村揭牌▶

永顺镇党委政府及爱心人士捐助贫困学生

永顺镇举办创先争优先进事迹报告会

永顺镇加大基础设施建设

永顺镇积极配合区委区政府搞好新建、永顺、前上坡三个村拆迁工作 拆迁率达到100%

永顺镇群众文化活动红红火火

经典诗文朗诵在永顺镇举办，众多名家登台献艺

中仓街道

区委书记王云峰在重阳节到中仓街道进行慰问

通州区社区科普气象站暨科普数字视窗揭牌仪式

中仓街道组织召开深化和谐6+1工作推进会

中仓街道联手宝洁公司举办社区共建主题公益服务活动

金秋社区节文艺演出

中仓街道与区个私协会在运河园社区组织开展楼门文化共建活动

中仓街道积极开展普法宣传

中仓街道与消防支队组织开展庆八一警民共建活动

中仓街道与派出所联合开展社区文明养犬宣传活动

中仓街道在国际红十字日组织宣传捐款活动

中仓街道开展安全防火宣传活动

中仓街道组织举办失业人员专场招聘会

中仓街道慰问辖区敬老院老人

社区义工为居民免费理发

中仓街道与京通医院开展社区健康义诊活动

中仓街道组织开展楼门文化展示活动

北苑街道

区委书记王云峰等领导视察北苑街道社区工作

北苑街道创先争优暨“三个心系”主题实践活动座谈会

北苑街道大学生社区工作交流暨新招录大学生社工欢迎会

心系群众，排忧解难

先进社区工作者颁奖仪式

北苑街道后南仓全彩屏投入使用

北苑街道政务办公网络系统——北苑民生网开网仪式

北苑街道全国第六次人口普查户口整顿动员大会

城乡社区携手开展社区节活动启动仪式

北苑街道关于加强学校、幼儿园及周边安全工作会

北苑街道工会第一次代表大会

北苑街道庆“七一”歌颂党运河清风文艺演出

宋庄镇

市政协主席阳安江，副主席陈平、傅惠民、王永庆等 50 余人，在市政府副秘书长安刚及区领导岳鹏、王春元、李玉君等人的陪同下，到宋庄镇视察文化创意产业发展情况。宋庄美术馆、上上国际美术馆等一座座现代化艺术场馆和国防工事艺术区、吉祥伯乐国际艺术区、环岛艺术区等连接成片的艺术区已经成为国际著名艺术家大本营。中国 · 宋庄已真正成为现代艺术的摇篮

市委常委牛有成就加快城乡结合部建设、推进城乡一体化发展进行专题调研，实地考察重点挂账村之一的六合村安置房新址建设情况，对项目工程质量、村民就业、产业发展、工程进展等问题进行了详细了解。六合新村工程建成后，可安置 350 余人就业，同时整理出 1600 余亩产业用地，为三辰动漫、世贸中心等重点文化创意产业项目建设以及文化产业集聚区开发提供充足的发展空间

天安数码城项目和北京东方影视城项目正式签约落户宋庄镇。天安数码城项目拟建成以数码产业研发区、中型企业总部基地、数码设计中心为主导的综合性城市功能体的科技园区，以科技创新引领区域产业升级。东方影视城项目将以影视发行为载体，以打造“东方好莱坞”为目标，建设多个配套完善的大型摄影棚以及达到国际化制作水平的后期工作室，让未来的宋庄成为中国电影的梦工厂

2010 年第六届中国 · 宋庄文化艺术节隆重开幕。本届艺术节主题为“跨界(CROSSOVER)”，目标是跨越全球与地区的边界、文化和产业的边界、创意与日常生活的边界、政府和社会的边界、以及文化创意各门类之间的界限。本届艺术节为大家贡献一个全新的宋庄，一个可以在全球范围内为中国贡献软实力的宋庄、一个可以为首都城市能量转型提供新的兴奋点的宋庄、作为北京国际都市中央艺术区的宋庄、一个可以跟世博会城市舞台遥相呼应的新农村原生态新创意的基层舞台、一个持续不断生产当下鲜活生活方式的时尚宋庄以及无时不艺术无处不艺术的“现成艺术品”的宋庄

文化创意产业聚集区

市委常委、宣传部部长、副市长蔡赴朝在区委书记王云峰等领导陪同下，就文化创意产业发展情况和重点项目进展情况到宋庄镇考察。领导们先后考察了正在建设中的六合新村安置房建设、宋庄文化创意产业集聚区公共服务平台建设，以及国防工事艺术区、东区艺术中心和艺术家工作室。蔡赴朝结合通州新城建设提出：在新城建设中离不开文化产业，要将古运河文化与现代高端文化加以融合体现，打造高水平 365 天永不落幕的文化游

宋庄镇成立了全市首家“集体资产交易市场”。镇域内凡涉及集体资产购置、出租、处置、土地出租(发包)、村政工程建设和新农村建设工程等的重大经济事项都要到该市场统一进行招投标。集体资产交易市场的成立，是进一步规范宋庄镇村级重大经济事项招投标工作所采取的一项重大措施，是对农村“三资”管理的一个创新，是基层民主政治建设向前迈进的一大步，对促进宋庄镇经济发展、农村和谐稳定、加强党风廉政建设具有重要意义

宋庄镇徐辛庄派出所新址落成。徐辛庄派出所新办公楼的落成极大地改善了干警的办公和居住条件，提高了干警“服务群众、方便群众”的质量，对于进一步维护好辖区内的政治稳定和社会安定、保障人民群众生命和财产安全起到了积极作用，为徐辛庄地区的经济发展奠定了坚实的基础

北京 IDC 商务特区项目奠基仪式举行。IDC 项目将为全球最具竞争力的产业集团量身打造高品质的落地之所。IDC 项目建成后将带动宋庄镇临空产业区的总体发展，实现 5 亿元以上的税收，为宋庄镇“十二五”末税收突破 30 亿元打下坚实基础。在宋庄温榆河区域，长江商学院、天安数码城、东方影视城、北京国际航空城将相继开工

张家湾镇

张家湾镇党委书记 张小艳

张家湾镇镇长 孙奎亮

副区长肖志刚到张家湾镇企业调研

镇党委书记张晓艳参加第26个教师节并向109名优秀教育管理工作者表彰奖励

本镇开展“百日平安行动”彻查企业安全隐患

镇党委、政府主要领导在2010年党委扩大会为各类先进颁奖

经过14个月的建设，6月26日贯通镇南北的张凤路改建工程竣工

镇红十字博爱基金启动仪式

区委书记王云峰听取本镇规划汇报

区委常委、政法委书记赵玉影参加本镇在凉水河畔举办2010年春季环境整治暨绿化美化活动启动仪式

镇党委书记张小艳到枣林庄清真寺看望统战人士

镇召开总结表彰会并部署2010年工作任务

通州经济开发区西区新年喜签39亿大单

参加市计生工作汇演

北京万生药业有限公司

拆除违章建设现场

西 集 镇

北京汽车动力总成基地项目在开发区东区举行奠基仪式，北京汽车动力总成有限公司正式揭牌成立。副市长苟仲文、区委书记王云峰、区长岳鹏、区人大常委会主任张文山、区政协主席王春元等市区领导参加开工仪式。

乔治费歇尔管路系统、华商三优新能源两个项目建成投产；珠江钢琴、冶科纳米科技、华商京海智能科技三个项目在建；珅奥基生物医药、诺思兰德生物医药、中石油昆仑天然气三个项目签订入区协议。

大力推进农业结构调整，强化农旅结合，促进农民增收

北方水乡 生态西集

以开展创先争优活动和深化党员作风建设年活动为契机，切实加强和改进党的建设，为全镇经济社会发展提供了坚强的组织保证

以镇成人文化技术学校为阵地，整合教育资源，搭建培训平台，积极开展以提高农民就业技能为主的各类培训活动

圆满完成第八届村委会选举工作

新一届村级两委班子培训

基础设施建设成效显著。通香路二期拆迁工作基本完成，道路建设工程完成90%，投资800多万的西集中心幼儿园抗震加固和改建工程完工，于12月正式开园；投资4900万元的西集中学教学楼建设工程正在进行基础施工

潞城镇

镇党委书记王晨、镇长雷晓宁等领导教师节期间慰问教育工作者

潞城镇对食品安全、安全生产进行检查

区委书记王云峰到潞城镇调研经济工作

区人大常委会主任张文山等领导到潞城镇贾后疃村调研新农村工作

政协主席王春元到潞城镇贾后疃村调研

潞城镇清腾运河核心区三号地土地

三元村高压线下市场进行强制拆除后，商家搬入新市场

北京潞城建设开发有限公司成立

潞城镇二届九次人代会圆满闭幕

开展争做文明有礼北京人“五进”系列活动

潞城镇开展统战人士座谈会

潞城镇对村两委班子成员进行培训

潞城镇举办社区文化节

潞城镇举办安全生产应急演练

台湖镇

国家主席胡锦涛视察金福艺农公司

荷田“一加三”立体复合都市农业示范基地项目奠基仪式

区委书记王云峰视察环渤海高端总部基地回迁楼建设工地

环渤海高端总部基地拆迁动员大会

雨润华北总部项目奠基仪式

环渤海高端总部基地（两站一街）回迁楼封顶仪式

地铁L2线通车运行

镇领导春节慰问

新建次渠派出所启用仪式

第三届全民运动会

台湖镇社会工委成立

五月鲜花歌咏比赛

村级干部大专学历班开学典礼

北京青少年科技创新大赛

永乐店镇

副市长夏占义等市区领导在小麦收割现场视察

永乐惠通现代服务产业园项目签约仪式

联东U谷永乐园项目签约仪式

各村党支部书记依次向群众公开述职

村党支部书记述职大会现场

区委书记王云峰在熬硝营村和村干部交谈

应寺村投资500万元建成占地14000平方米的文化活动中心。区委常委、宣传部长张秀余，区文化委主任杜德久等到现场视察

市委农工委副书记白仙畔在区、镇领导的陪同下到永乐店镇调研农村基层党建及农村实用人才工作

市、区安监局到永乐店镇检查安全生产工作

创立“党委+基地、支部+协会”的富民模式，建立融科技培训、生产、加工和销售为一体的林菌间作示范基地。菌棒基地正加班加点进行菌棒生产

于家务回族乡

区委书记王云峰，区委常委、组织部长郭旭升在乡党委书记甄宇的陪同下视察于家务回族乡西垡村建设情况

乡党委书记甄宇，乡党委副书记、乡长何海龙等领导到华德永佳地毯有限公司进行安全检查

乡党委书记甄宇，乡党委副书记、乡长何海龙等领导到西垡村进行食品卫生安全检查

北京德农种业玉米良种繁育及加工基地落户于家务

于家务回族乡党委书记甄宇，副书记、乡长何海龙与于家务村穆斯林群众共度开斋节

于家务回族乡党委书记甄宇向西垡村党支部书记了解商业街建设情况

于家务乡五十亩苑农场开业，图为开业当天引来全市各界朋友参观

于家务乡在通州区率先实行村两委班子及成员任期目标承诺制

在重阳节到来之际，于家务乡党委书记甄宇慰问于家务村92岁高龄的何如敏老人

ICBC 中国工商银行 北京通州支行

通州支行召开年度工作会议

中国工商银行股份有限公司北京通州支行位于通州区新华西街47号，全行在职员工近360人，全行共设9个内设部室、15个营业网点，代理人民银行国库业务和发行基金保管库业务。2010年，通州支行坚持以科学发展观为指引，积极开拓市场，推进结构调整，转变发展方式，加快改革创新，加速提升竞争能力，提高风险控制水平，加强党建和队伍建设调动积极性和增强战斗力，有效提高服务管理水平和服务效率，各项工作取得显著成绩。

通州支行开展“纪念英烈 回顾平西抗日战争史”主题党日活动

支行办公大楼

九棵树支行贵宾理财中心贵宾接待区

运河上园支行财富中心贵宾接待区

梨园支行营业大厅

新华分理处营业大厅

中国农业发展银行北京市通州区支行

分行行长左志赴通州区吉鼎立达科贸有限公司调研

分行副行长王建荣赴通州区吉鼎立达科贸有限公司调研

农发行北京市通州区支行党支部书记、行长 杨宝生

中国农业发展银行北京市通州区支行位于通州区新华北路55号，是直属国务院领导的农业政策性银行，主要职责承担国家规定的农业政策性金融业务，代理财政支农资金的拨付，为农业和农村经济发展服务。贷款种类除政策性贷款、准政策性贷款外，有新农村建设和农村基础设施建设、农业综合开发贷款、农业科技贷款、农村流通体系建设贷款、农业产业化龙头企业贷款、农业小企业贷款及县域城镇建设贷款等。

分行行长左志出席“通州现代化国际新城核心区开工启动仪式”

支行行长杨宝生进行县级储备贷后检查

分行行长左志与支行行长杨宝生出席通州新城运河核心区项目银团贷款签约仪式

浦发银行北京通州支行

浦发银行北京通州支行行长 高杰

浦发银行北京通州支行位于通州区云景东路432号隆孚大厦。是浦发北京分行专门为支持通州区的建设、服务于通州区的发展而设立的综合性全功能营业网点，填补了浦发北京分行在通州区营业网点的空白。浦发银行北京通州支行的正式开业，标志着浦发银行与通州区的合作跨入了新的、更广阔的发展空间。

浦发北京通州支行将秉承“笃守诚信，追求卓越”的浦发理念，立足于“为社会主义金融事业闯新路，服务于首都北京的经济建设与发展”的办行宗旨，传承并发扬浦发银行的优质特色金融服务，全力支持通州区企业的经营发展，全面满足当地居民的金融服务需求，竭诚与通州区政府、企业和居民一道，为通州区经济的跨越式发展和国际新城建设多做贡献，实现互利双赢。

浦发银行通州支行开业庆典

支行行长高杰在开业仪式上致词

办公楼

支行营业大厅

华夏银行北京通州支行

华夏银行北京通州支行行长　杜元平

华夏银行股份有限公司北京通州支行成立于2008年，是华夏银行北京分行在远郊区设立的第一家郊区支行。位于通州区梨园北杨洼25号商务楼，支行内设3个部室：公司业务部、个人业务部和营业室。华夏银行通州支行以市场经济发展为导向，努力开拓市场，优化金融产品结构，不断推出适应通州地区客户需求的金融组合产品，服务通州经济发展，为通州企业和居民提供优质的金融服务。

华夏银行北京通州支行成立两年多以来，先后为通州地区多家企业提供金融服务，支持企业的快速发展，特别是为一些中小企业提供信贷支持，解决其资金瓶颈，促进其快速发展。

在支持通州企业发展的同时，华夏银行北京通州支行为通州地区私营企业和个人客户提供信贷服务，特别是经济适用房按揭业务，解决了低收入家庭的住房困难。为解决私营企业发展中遇到的资金难题，华夏银行北京通州支行推出私营企业主和个体工商户贷款业务，帮助私营企业走出资金困境。

2010年初，华夏银行与北京快通公司合作，推出华夏速通卡，在实现高速公路的快速通行，减少排队等候时间的同时，华夏速通卡客户还可享受快通公司的通行费95折优惠。2010年，华夏银行北京通州支行在通州地区发放5200多张华夏速通卡，为通州居民出行提供了极大便利。

为提高公众对银行知识的了解，华夏银行北京分行积极组织“2010年银行业公众教育服务日”通州地区宣传日活动，宣传银行业务、普及与百姓生活密切相关的金融知识、为百姓提供财富保障。

支行营业网点

支行全体党员

营业大厅

银行业公众教育服务日

北京农村商业银行通州支行

通州支行2010年年终决算工作会议

北京银监局及总行领导到通州支行检查指导工作

通州支行第一届理财沙龙

安全大检查动员会在徐辛庄分理处召开

总行副书记龚丽与支行领导慰问退休员工

2010年，北京农村商业银行通州支行坚持以科学发展观为统领，深入分析和应对经济金融形势的变化，以“经营质量攻坚年”、“制度建设年”和“流程优化年”为工作主线，强化内控和风险管理、优化客户和贷款结构，积极谋划、开源挖潜，实现各项业务快速稳定发展。截至2010年末，资产总额295.21亿元，比年初增长54.25亿元，增长率22.51%。各项贷款余额51.37亿元（含贴现）。营业网点51个，其中城区网点22个，农村乡镇网点29个。在职员工585人。

在总行第二届职工运动会上支行获得团体总分第二名

通州支行原创小品登上银行业协会大舞台

北京聚龙集团

董事长兼总裁　夏曲

北京聚龙集团座落于北京市通州区永顺镇北马庄工业园，占地25000平方米，有员工370名，年产值近3亿。环境宜人，交通便捷，距首都机场16公里、北京站20公里。其下属聚龙科技发展有限公司和磁通设备制造有限公司均系北京市高新技术企业。

集团主要从事无损检测设备及铁路机车车辆检修工艺装备的研发、生产和销售，服务于国内铁路系统及国外相关企业，有相对固定用户500多家。研发团队阵容庞大，与国内众多高校、科研院所及西方国家的科研机构有着广泛的合作。自主研发的大型自动化和半自动化无损检测设备及成套工艺装备及检修流水线等产品百余种。机车转向架在线更换装置及动车组检修作业平台已成功运用于上海南、北京西、广州东等数十个动车所，为我国铁路安全运行作出了突出贡献。

近年，集团的生产经营和文明管理等各方面得到了和谐、快速发展。党建和工会工作多次受到市、区的表彰，开展的系列工作为企业持续、健康发展创造了良好的环境，其搭建的职工和企业领导交流的平台在北京率先建立了工资集体协商制度，为社会主义新型劳动关系建立树立了榜样。

与外商技术对接

领导出国考察

休闲区一角

集团全景

北京市碧水污水处理厂

北京市碧水污水处理厂，位于通州区梨园镇砖厂村北，占地面积330亩，服务面积26.5平方公里，服务人口40万人。该项目由通州区政府通过招投标与北京通州开关有限公司合作，采用国际惯用的BOT运作模式建设。2002年10月开工建设，2005年4月正式投入运行，主要用于接纳并处理通州区部分生活污水，性质为市政公共设施。工程总投资1.04亿元。

北京市碧水污水处理厂设计处理能力为10万吨/天，最大处理能力为15万吨/天。出水达到《城镇污水处理厂污染物排放标准》（GB 18918-2002）中的一级B标准。通州区生活污水经政府污水管网引入污水处理厂，处理后出水排入北运河做为大运河区段景观用水、补充地下水、调整空气湿度、中水回用及农田灌溉、道路浇洒、城市绿化。

污水处理厂在国内首例采用从美国Sheaffer& Roland（S&R）公司引进并改良的“深池曝气污水再生与回用”（简称DCWWRR）生态处理技术。其先进的技术理念，使其在建设与运行成本上明显优于国内应用的各种传统污水处理工艺。

污水处理量由2005年平均3.8万吨/天上升到2010年平均处理污水8.5万吨/天左右，其中部分出水用于三河电厂冷却用水（2万吨/天左右），部分用于通州区市政道路浇洒和城市绿化，其余排入玉带河并汇入北运河。

区水务局根据通州区人口变化和本厂的实际处理能力，将在2011年扩大本厂污水处理的服务面积，提高进水量到10.5万吨/天左右，规划于2015年将进水量提升到最大设计进水量达到15万吨/天。

污水处理厂冬天成群的野鸭、白鹭栖息在曝气区，形成美丽的生态景观

强大的充氧系统保证了生化曝气池的正常运行

原水务局局长焦志忠到污水处理厂参观

各省市环保局局长到污水处理厂参观考察

南非外宾到污水处理厂参观

市环保局领导陪同国家老干部到厂参观指导

宁夏市委领导到污水处理厂参观考察

华北珠江地产布局

——多层次、多元化、多品类

华北珠江公司一二级联动开发，在”集约化、规模化、标准化“企业经营战略的引领下，公司形成了集投资规划、开发建设、商业管理和物业服务为一体的成本控制能力、快速的项目运作能力和稳健的价值增长能力，产品覆盖了普通住宅、写字楼、高层公寓、花园洋房、别墅、综合商业及大型城市综合体等多种业态，每一种业态都拥有城市标杆性的代表作品。以多层次、多元化、多品类的产品组合，为北京建设世界城市提供坚实基础和优质保证。

万千荣誉辉煌 锤炼更好的未来

多年来，珠江地产在缔造诚信品牌的道路上，始终秉承以人为本的开发理念，每个项目都紧紧围绕“好生活，在珠江”的经营核心，一方面在产品上严保质量、不断创新，一方面在服务上继续做到尽善尽美，为业主的居住生活增加附加价值。

二十年发展历程积累了丰富社会资源和雄厚资金实力，强烈的社会责任感赢得了良好的社会声誉。成立至今，公司多次荣获“中国房地产品牌价值10强”、“中国房地产30年城市建设杰出成就奖”等实力奖项，面对无数荣誉，珠江地产以平常心对待，将过去的辉煌化作未来打造优质项目的无穷动力。

精品楼盘代表

珠江·紫宸山

坐落于800年的中轴龙脉之上，占地16.59公顷，共211栋，户型804.76——737.03㎡，四重礼序空间、澳洲砂岩外立面、私家专属电梯，考究的用料，精湛的技艺，领军奥北高端独栋别墅。

珠江·京津国际城

位于京津国际商贸港中心地带，占地258平方公里，综合教育、旅游、投资、养老、文化、产业六大功能。现有珠江大学城、帝景温泉度假村、凯悦大酒店、玉佛宫、大觉禅寺551会所养生堂等，是华北珠江在津的首个大型住宅项目。

珠江·摩尔国际中心

作为国内唯一别墅级商务项目、世界第二大城市综合体、北京商业地产热销标杆，项目占地约208万平方米，产品为5.49米层高，4.9米挑高，80—123㎡、61—65㎡空间的新形态商务MOHO空间。

珠江·帝景温泉度假村

集温泉沐浴、休闲保健、生态旅游于一体的新型综合绿色度假村，东邻潮白河，占地400亩，囊括SPA中心、酒吧、综合按摩、茶艺厅、28间星宿主题VIP温泉泉疗室、春夏秋冬园、国际风情区、11套VIP温泉别墅等。

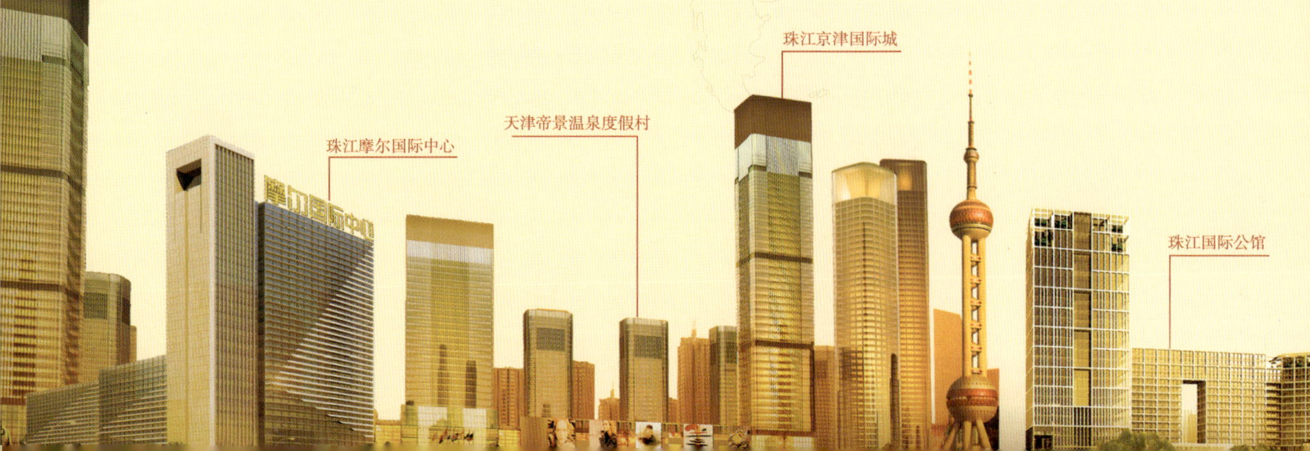

华北珠江鼎力助阵通州建设世界新城

倾力建造保障住房 稳定社会安居乐业

自2003年进驻通州以来，珠江地产为区域建设了几十万平米的保障性住房，其建设标准符合国家有关规范、规程和技术水平，这些保障性住房极大改善了低收入居民的居住条件，对于改善通州民生、扩大消费、促进社会和谐稳定具有重要意义。

住宅、商业双轮驱动 引发新城价值崛起

珠江地产以“运营城市、服务社会”为企业愿景，加大在通州国际新城的投资布局力度，一方面发挥普通住宅建筑优势，一方面重视商业地产、创意地产、旅游地产的运营，加大对城市商业综合体的投资和关注，通过系列举措推动通州商务发展、引领新城价值崛起。

通州项目典范

珠江·科技创意CBD

科技创意CBD通过整合国内外优势资源，让中小科技企业专注科技创新，在平等高效的平台上运作，营造国际知名品牌，促进区域经济增长，带动周边地区及相关行业全面发展。

北京家居示范园

北京唯一的家居产业园区，汇聚与家居产业相关联的品牌企业，集北方地区代理商辐射平台、消费者直营店等多元化的国际贸易综合体，缔造中国泛家居产业发展新模式！

珠江·御景湾

60万平米珠江·御景湾涵盖豪宅、商务、休闲、国际健康医疗等模块，包括两栋230米地标性玻璃建筑，一栋100米的5星级酒店及两栋近百米高的豪宅，是北京新城的重点规划任务之一。

珠江·东都国际广场

屹立北京新城东部核心，紧邻京哈高速；157万平米超大复合型城市综合体涵盖商务、办公、贸易、居住等众多功能，助力新城成为中国第二个政治、经济、文化中心！

珠江·国际公馆

处于北京新城运河核心地块，一刻钟联动CBD及国际机场，零距离畅享珠江10万平米大型商业，S6、R1月亮湾站就在项目入口；私属高端会所、全天候购物中心等立体打造投资居住两相宜的绝版产品。

珠江·拉维小镇

北京新城运河核心全精装花园洋房，12亿销量荣登通州销冠；M6、S6、R1在项目周边交汇，大型SHOPPINGMAL、便利超市、餐饮街、商业步行街、幼儿园等一应俱全，精致生活典范。

通州国际新城 高尚居住区日渐成型

通州新城在 CBD 东扩后成为北京东部价值的引领者，其在北京建设世界城市的战略高度上，承载着世界城市的国际化新城地位，担负北京未来发展的城市综合服务职能。

通州新城规划蓝图中，新城中心区域将出现 318 米国际化都市核心地标建筑，国际商业配套，集商业、办公、文化、休闲、娱乐、购物于一体；8 条轨道交通，国际化交通网覆盖全城；五河交汇，坐拥广阔水域和两条绿化带；更享有西海子公园等城市级绿肺氧润。通州新城区尽享城市、自然资源，以飞速崛起之势俯瞰通州未来。

华业 · 东方玫瑰，择址新城高端居住核心区，出则繁华，入则宁静，以百万平方米人居蓝图紧随新城发展大势，将成为未来新城最具宜居价值和增值潜力的城市人居标杆。

合成效果图

11万平米国际主题商街，尚品生活不彰自显

华业 · 东方玫瑰，近享"通州世界之城"的顶级商业配套，更在社区内规划出 11 万平方米的国际主题商街，致力打造未来将辐射整个通州新城的商圈核心。

示意图

示意图

一站式优教体系，高尚居住区实至名归

华业 · 东方玫瑰与品牌幼教机构进入签约倒计时，为玫瑰业主的"小太阳"提供顶尖的教育服务。为每个华业 · 东方玫瑰的孩子奠定腾飞的基础。

合成效果图

从ART DECO到精装空间，百万名城鼎级品质

华业 · 东方玫瑰从 ART DECO 中汲取建筑的优雅元素，选择国际级一线家装品牌。再次践行华业地产恒久不变的理念——"为你建筑风景"。

实景图

90m²全南观景 超赠空间

VIP Hotline: 81518883

北京通州梨园，临河里路与梨园南街交汇处

通州国际新城　高尚居住区日渐成型

百万平米城市华章，多元物业缔造新城华宅典范

华业·东方玫瑰位于通州国际新城，以百万平米的总建筑面积，为寻找幸福栖居的人们恢弘呈现高品质的国际化都市社区。华业·东方玫瑰，“为你建筑风景”。

实景拍摄

立体化交通体系，东方玫瑰纵贯新都会

立体化的交通网，是华业·东方玫瑰享受城级配套的首要亮点。拥享三条城市主干道、八条轨道交通、多条高速公路等交通优势。咫尺城市核心，中央生活一以贯之。

18万平米墅级四季园林，以幸福之名定义四季的风景

华业·东方玫瑰浪漫的四季园林理念，开启“四季有景”的浪漫园居时代。社区布局多功能健身区、中心水景区，融汇150余种珍稀花草成树，一园一主题。幸福在此自然盛放。

实景拍摄

全明通透，宜居户型，全面触碰大自然

南向客厅、全明户型、阳光主卧，清凉宁静，采撷更多与阳光亲密接触的可能。多阳台设计，多角度触碰大自然，让空间里随时流淌着绿色与清新。

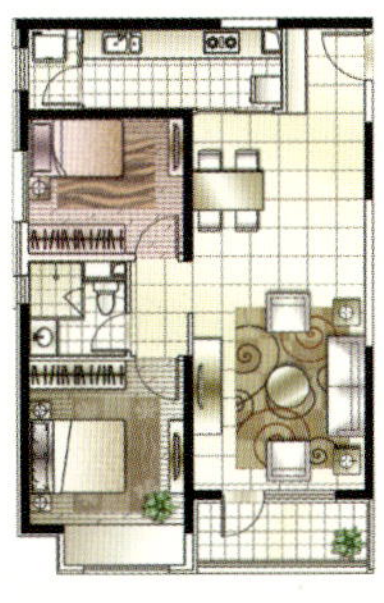

悦荣阁

A9-1-03

香泽雅调

建筑面积：约 92 M^2

- 空间布局方正实用，功能齐备分区合理，舒适生活演绎空间新美学；
- 灵动拓展二居空间，挥洒极致创意，叠加生活宽度；
- 仪式化入户玄关，私密之中舒缓工作到归家的怡然心境；
- 南向主卧匹配大尺度飘窗，坐拥广阔瞰景视野；
- 考究厨房配比生活阳台，邂逅室外风景，以悠然心情烹制生活美食；
- 阳光明卫布局精巧，演绎生活品质。

悦荣阁

A9-1-04

香榭光影

建筑面积：约 90 M^2

- 至臻全明空间，纳阳光清风入怀，旷然神飘逸；
- 大尺度采光面，引阳光入室，惊艳极致感官享受；
- 动静分明，功能分区紧致合理，兼顾实用与美感；
- 豪阔客厅，际会亲朋挚友，彰显主人非凡气度；
- 奢华主卧增设大面宽飘窗，宽广视野，纵览无垠美景；
- 精致厨房配备生活阳台，悠然享受烹调之乐。

华业·东方玫瑰，坐拥通州国际核心片区，以 18 万平米四季园林留驻一生风景，ART DECO 建筑风格浸染生活优雅，精装居室与世界一线品牌共融。拉近您与幸福的距离，用幸福重新定义都市繁华。

一生风景，一生真爱，一生停留华业·东方玫瑰。

表作

新华联运河湾 · 京杭大运河东岸 · 实景合成图

an.com

华联伟业房地产有限公司 / 物业管理顾问：北京悦豪物业 / 全案推广：众智集成

千年运河传世品 · 一席美宅家天下

教育、医疗、商业、商务配套日益成熟/生活必备要素一应俱全

紧依大运河/怀抱三大公园/罕有水生态/尊享绿色健康生活

新华联集团实力出品/申请建筑结构长城杯/安全质优/居者无忧

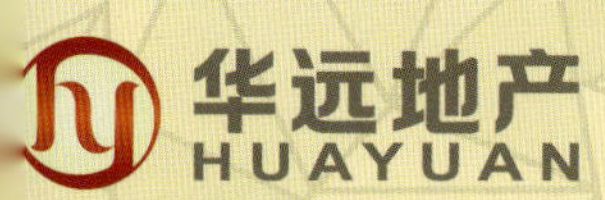

华远·铭悦

CBD主轴领袖美宅　华远地产品质钜献

“华远”是国内房地产业最早创立的品牌之一，至今已诞生二十余年，一直致力于开发高品质、具有市场代表性的房地产产品。2001年至今，华远地产在京城中心区域开发的项目涵盖顶级住宅、商务公寓、购物广场、TOWNHOUSE 等多种业态，彰显其市场多样、产品多元、高端精品的旗舰企业实力。

华远·铭悦是华远地产继裘马都、昆仑公寓、九都汇之后又一力作。项目本着“责任地产、品质建筑”的专业核心理念，力邀国际顶级团队实力加盟，精心配置高标准的配套设施，苛求打造每一处细节，为居者带来非凡的生活体验。

华远·铭悦位于CBD辐射范围，通州新城梨园镇，地处城铁八通线土桥站，距城铁仅1.2公里。随着通州国际新城发展规划逐步提速，华远·铭悦必将以其卓越的品质优势成为通州区标志性社区。

联东集团 LIANDO 北京联东投资（集团）有限公司

BEIJING LIANDO INVESTMENT (GROUP)CO.,LTD

北京联东投资（集团）有限公司（简称联东集团，英文名称LIANDO）成立于1991年，集团总部位于北京市中关村科技园区通州园光机电一体化产业基地，是一家集地产开发，建筑模板和钢结构的研发、制造、租售，建筑总承包，金融投资等业务于一体的集团公司。集团公司注册资本6.2亿元，下辖十多家子公司，分布于北京、天津、上海、西安、沈阳、成都、无锡、唐山等地，总资产90亿元人民币，员工5000多人。

北京联东投资集团董事长：刘振东

北京联东集团总部

市、区领导参观考察联东U谷项目

证书

授予 刘振东

首都劳动奖章

北京市总工会

电话/Tel：8610 8150 3022

传真/Fax：8610 8150 3002

网址：www.liando.cn

地址：北京市中关村科技园通州园光机电一体化产业基地经海七路一号

Add:No.1 Jinghai Rosd 7 Opto-mechatronics Industrial Park Zhongguancun Science&Tongzhou Park

联东集团核心业务包括地产开发、建筑模板和钢结构制造。在地产开发领域，联东集团在北京、天津、上海、沈阳、无锡拥有“联东U谷·北京金桥”、“联东U谷·沈阳”、“联东U谷·无锡总部商务园”、“联东U谷·南上海国际企业港”、“联东U谷·总部大观”、“联东U谷·北方耀谷”、“联东U谷·北京永乐店等8座产业园区。总占地约10000亩，建筑面积约1000万平方米。至2010年底，北京园区入驻企业近700家。

联东U谷·北京金桥

联东U谷·无锡总部商务园

联东U谷·南上海国际企业港

联东U谷·总部大观

联东U谷·沈阳

联东U谷·北方耀谷

在建筑模板领域，联东模板公司集全钢大模板的研发、生产、租售服务于一体，是国内规模最大的模板企业，连续8年被中国模板协会评为优秀品牌，综合评比行业第一名。典型工程包括京津城际轨道交通工程、郑西铁路客运专线、北京电视台新址等。在钢结构领域，联东钢构公司是享誉国内的综合型轻、重钢结构制造基地之一，年产能力10万吨，先后为奥体中心体育场、“水立方”、中央电视台新总部大楼等著名工程提供钢结构产品。

联东集团模版钢结构事业部承接经典工程

中央电视台总部新址

太原南站

奥体中心体育场

国家游泳中心

有更多空间，才有无限的可能。

金融街园中园，以0.5超低容积规划植根温榆河畔,用简约明快的立面风格，

营造时尚丰富建筑表情，与蜿蜒河水相映生辉。550–900㎡独栋空间，灵活多变自由组合，

为您的工作与生活赋予全新定义。

风靡全球的花园式低密生态办公模式，影响世界的商务变革，

以节能、环保、低碳为基础，为您的工作与生活赋予全新定义，在这里，想象力是唯一的界限。

是的，我们创建空间，您智造可能。

效果合成图

地址：通州区朝阳北路与温榆河西路交汇路口北2公里项目接待中心 www.jrjyzy.com TEL 6953 6666